一部精彩绝伦的探秘百科全书 充分满足你的猎奇心理

千奇百怪

春之霖 —————— 编著

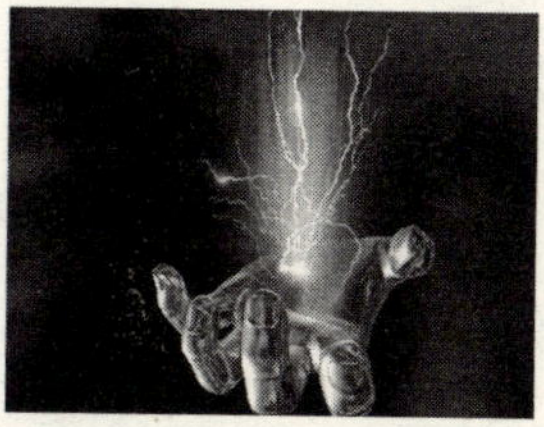

江西美术出版社
全国百佳出版单位

图书在版编目（CIP）数据

千奇百怪 / 春之霖编著 . -- 南昌 : 江西美术出版
社 , 2018.5
ISBN 978-7-5480-5992-9

Ⅰ . ①千… Ⅱ . ①春… Ⅲ . ①科学知识 – 普及读物
Ⅳ . ① Z228

中国版本图书馆 CIP 数据核字 (2018) 第 026193 号

出 品 人：周建森
责任编辑：陈军 廖静
责任印制：谭勋

千奇百怪

春之霖 编著

出 版：江西美术出版社
社 址：南昌市子安路 66 号 邮编：330025
电 话：0791-86566274
发 行：010-88893001
印 刷：北京海石通印刷有限公司
版 次：2018 年 5 月第 1 版
印 次：2018 年 5 月第 1 次印刷
开 本：830mm × 1180mm 1/32
印 张：22
ISBN：978-7-5480-5992-9
定 价：39.80 元

前言
PREFACE

“世界之大，无奇不有”，自然界中奇妙的事件比电视剧还精彩——为我们导演这些奇闻逸事的是我们无法解释的未知力量。爱因斯坦曾经信誓旦旦地说“上帝从不掷骰子”，这些奇闻逸事究竟是不是上帝掷出的骰子我们不得而知，然而通过这本书可以了解，我们所身处的，是一个远远超出你我想象的神秘世界。

可怕的“杀人石”到底隐藏着什么秘密？蛇岛为何只有蝮蛇？鲸鱼为什么会“集体自杀”？灵魂之说是不是巫婆神汉的杜撰？人体为什么会爆炸？千奇百怪的事情层出不穷，“每一刻都存在不一样的精彩”。

1959年，瑞典人弗里德·里奇·于根生，到他别墅附近的一个乡村，想用录音机录些鸟鸣声。后来发现，他所收录的声音中不仅有鸟鸣声，还有微弱的人声在用瑞典语和挪威语讨论夜鸟的歌唱。刚开始，于根生并不觉得奇怪，他以为可能是自己无意中录下了收音机某个波段的内容。但是当他再次录音时，听到了更多的声音，声音里有人告诉他，说是他死去的亲戚和朋友。这下，于根生才开始认真对待这件事情，开始搜集相关的信息。以后几年，他收集了大量证据，于1964年发表了《宇宙之音》一书，证明灵魂是有声音的。

在极冷环境下死亡，通过抢救后挽回生命的情况并不少见，但是在俄罗斯发现的一具怀孕女尸，恢复“生机”的竟然是其体内的婴儿，确实让人难以置信。在温度低至零下70摄氏度以下的华耶西伯尔岛上的一堵雪墙里，人们发现了一具600年前的女尸，死者20多岁。尸体运回实验室后，科学家们将其浸在充满氧溶液的金属箱内缓解，在尸体软化后，经X光透视，发现有胎儿在母体内。经剖腹手术后，医生取出仍在“冰冻”状态、重7千克的胎儿，在一只特别的器皿内存放不久，婴儿的器官开始运转，心脏开始跳动，他竟然“活”了起来，活了72小时，创造了医学史上的奇迹。

人们都认为“返老还童”是武侠小说里才会出现的情节，但是现实生活中，真的有这种事情发生。中国湖北省武昌县城86岁的夏孙林老太太，本来满头白发，牙齿也快掉光了，1983年初，她突然卧病不起，治疗半个月不见好转。可是到了8月份的时候，老人的满头白发全部变黑，还长出五颗新牙。怎么会出现“返老还童”的现象呢？其实这与人们的牙齿生长有关。一般人一生只有两套牙，个别人会有第三套牙，这种牙叫“恒后牙”，它是由于人体造牙器官——牙板的功能过剩，在胚胎期就多了一套恒牙。这第三套牙齿埋伏在牙槽骨内，等到第二套牙齿全部脱落后，它们才慢慢长出。这种牙可以长成满口新牙，是极罕见的现象。

有些事件科学能够解答，有些事件我们只能视其为自然之奥秘，期待随着文明的发展、科学的进步能逐步解开这些秘密。本书精选了大千世界里的千奇百怪、难以琢磨的谜团，从浩瀚宇宙的神奇现象到自然界的玄奇景象，从世界各处的奇景怪象到大千世界形色各异的人类。编者参阅了大量文献资料、考古发现，极力发掘事件之真相，破解自然之谜题，力求内容玄奇，包罗万象，同时能拓展读者的认知空间，打开文化视野，引导读者进入精彩奇妙的世界畅游。

目录

CONTENTS

上篇　千奇百怪的自然与科学世界

第一章　探索浩瀚宇宙的神奇现象

第二章　自然界留下的玄奇幻象

第八章 科学世界大观园

中篇　迥然各异的历史文化奇谈

第一章　奇妙的村落城镇与水上文明

第二章 全球奇闻异趣

第三章　出人意料的世间奇事

第四章　特异的民俗风情

下篇　世界各地的奇异事件

第一章　神秘的灵幻世界

第二章　离奇的百变梦境

上篇

千奇百怪的自然与科学世界

浩瀚宇宙的神奇景观，自然界的玄奇幻象，世界各处的地域奇景，千奇百怪的动植物……构成了我们生活的世界，这个世界既神秘奇幻又充满了科学，等待我们一一去破解。

第一章

探索浩瀚宇宙的神奇现象

天象奇观：金钩挂日

2009年7月22日上午7点多，“天狗”开始一点点地咬食太阳。太阳逐渐“瘦削”起来，到了上午9点多，它已经被天狗吃去了一大半，此时的太阳就变得像一个弯弯的“金钩”。在美丽的云彩的映衬下，便形成了“金钩挂日”的天象奇观。

这是500年难遇一次的天象奇观！中国的长江流域是最佳的观赏地点。一个多小时之后，太阳又慢慢地恢复了正常。

“金钩挂日”属于“日食”的一种。日食又作“日蚀”，是一种天文现象，只在月球运行至太阳与地球之间时发生。日食发生时，月球恰好在太阳与地球的中间，三个天体正好处在一条直线，太阳射向地球的光被月球挡住了，月球的投影落在地球上，在地球上的人看来，就好像有一只动物在一点点地啃噬太阳。

太阳表面出现缺痕一般都是从太阳圆面的西侧边缘开始的，这是因为月亮总是自西向东绕地球运转，当月面的东边缘与日面的西边缘相外切的时候，日食也就开始了，这种现象被称为“初亏”；经过“初亏”之后，太阳就成为弯弯的“金钩”，形成“金钩挂日”的奇观，即“食甚”；随后，月面继续移离日面，太阳被遮蔽的部分就会逐渐减少，当月面的西边缘与日面的东边缘相切的刹那，就出现了月面与日面的第二次相切，这种位置关系被称为“复圆”。太阳又会呈现出圆盘形状，整个日全食宣告结束。

孕育之中的新太阳系

在距离地球约5500光年的地方，有一个稠密的宇宙云，它的内部挤满了萌芽状态的恒星和行星系统。科学家们预言，这个位于船帆座（VELA）星座方向的星云，它的核心将有可能成为孕育新太阳系的“子宫”。

欧洲南方天文台的科学家将这个神秘的宇宙空间称为RCW 38宇宙云。

在这里，年轻的恒星与幼年的太阳以及行星相互冲击，形成强大的风力。在炫目光线的辉映下，寿命不长的大质量恒星不断发生爆炸，并变成超新星。这种状态若持续下去，宇宙中很可能将会出现一个新的太阳系，因为这种环境与我们的太阳系诞生之前的情况是那么的相似！

这个稠密的RCW 38星云跟猎户座Cluster星云一样，也属于“内埋星团”，新生的尘埃和气体笼罩着其中的星体。大多数星体诞生于这种物质结构丰富的星团中，包括低质量的在宇宙中呈现红色的那部分星体也是如此。

在RCW 38星云的核心处，有一颗散发着灼热白蓝色光的巨大星体，被称为IRS2。它在此处许多的恒星中，具有最热的表面温度。事实上，这颗特殊的星体其实是由两颗恒星组成，它们之间的距离是地球与太阳距离的500倍左右。在IRS2强大的紫外线辐射下，几十颗“候选星体”努力维持着自己的生命，但是，它们之中的一些很可能因IRS2强劲的辐射能量而被驱散，再也没有机会形成原恒星或者原行星盘。而那些侥幸存留下来的，则有可能发展成为原行星盘，再经过几百万年，这些原行星盘就会渐渐发展成如同太阳系中的行星、卫星和彗星一样的星球。到那时，一个新的太阳系很可能也会随之出现。

当然，这些可能出现和不可能出现的现象肉眼是看不到的，只有借助欧洲南方天文台的超大望远镜的特殊适应性光学仪器才能看到。

变色又变形的太阳

一般来说，人们所看到的太阳总是圆的，但天空中也曾出现过方形的太阳。1933年9月13日日落时，在美国西海岸，一位叫查贝尔的学者拍下了方形太阳的照片。照片上的太阳有棱有角，而且并没有被云彩遮住。那么，为什么太阳会变成方形的呢？

原来，这和变幻莫测的大气有关。在地球的南北两极，上层空气温度比较高，靠近地面和海面的空气层温度则相对较低，这样就使得下层空气密集，上层空气稀薄。日落时，光线穿过密度不同的两个空气层，就会发生折射——光线会弯向地面一侧，而不再是走直线。这样一来，太阳上部和下部的光线被折射得几乎成了平行于地平线的直线，这种光线反映到人的眼睛里，就会形成太阳被压扁的视觉效果，也就出现了奇妙的“方太阳”。

太阳不仅会变形，还会变色，比如有人曾经见过绿色的太阳。

人们平时看到的太阳光是白光，实际上它是由红、橙、黄、绿、蓝、靛、紫七种单色光组成的。和太阳变形的原因一样，当太阳光穿过密度不均匀的大气层时，七种颜色的光都会发生一定角度的偏折，偏转角度的大小与光的颜色（波长）密切相关。这种“色散现象”会使白光重新被分解成七种单色光。

在这七种单色光中，紫光的波长最短，色散时角度最大；红光的波长最长，色散时角度最小，其他的单色光依照顺序排列其中。

日落时，首先没入地下的是红光，其次是橙光、黄光，这时地平线上还留着绿光、蓝光、靛光和紫光。由于后三种光波长太短，穿过厚厚的大气时，会被大气中的尘埃微粒散射开，所以人的肉眼几乎觉察不到，能够到达人眼的就只剩下绿光，于是，人们眼中就出现了绿色的太阳。当然，所谓“绿色的太阳”不是指整个太阳都是绿色的，而是太阳的边缘呈现绿色，但在观看者看来，绝对是绿色的太阳！

这种自然造物创造的神奇景象并不是任何时候都能看到的，因为形成绿色太阳奇观的条件之一是要让红光、橙光、黄光偏转到地平线之下，所以这种现象只能在太阳刚露出地平线或快落入地平线时才能见到。

月球未解之谜

人类的祖先都曾因月亮而着迷，并在历法或文字问世之前用月亮的阴晴圆缺来计时。

现代科学研究显示，月球上是一个极端干燥的荒凉世界，上面布满了大大小小的坑穴（环形山），长年累月处于一片死寂之中，月面昼夜温差极大，有日照的地方可达127℃，但夜晚却可能降至-183℃。月球的真实状况与古人一直视其为黑夜里光明使者的想象有着天壤之别。

2007年10月，美国航空航天局的前雇员理查德·霍格兰出版了一本书——《黑暗任务——揭秘美国航空航天局》。他在这本书中道出了许多惊天秘密，其中包括在美国宇航员到达月球之前，已经有智能生物到达过月球，甚至还留下了玻璃穹顶、塔状建筑等证据。霍格兰的说法到底是为了新书的炒作，还是确有其事，至今仍是一个无法破解的谜。

除此之外，还有许多与月球有关的秘密，等待着人类的最终破解。

1.神秘建筑之谜

1969年7月至1972年12月，在美国执行“阿波罗”登月计划的过程中，宇航员拍下了一些月球表面环形山的照片。照片显示，这些环形山上有明显人工改造的痕迹。例如，在戈克莱纽斯环形山的内部，有一个直角，每个边长为25千米；山的外侧有一个倾斜的正方形坡面，坡面上一个十字把正方形等分成了对称的各部分。

2.空心球似的撞击声音之谜

同样是在“阿波罗”的探险过程中，废弃火箭的第三节推进器会撞击月球表面。“每一次这样的响声，听起来仿佛是一个大铃铛的声音。”这是美国航空航天局文中的记录，至今也没人能够解释当月球受到外力撞击时，为何会发出这样的声音。

3.不明光点之谜

1821年底，英国天文学家约翰·赫谢尔爵士发现月球上出现了来历不明的光点，这个光点随着月球一起运动，所以绝不可能是星星之类的存在体，至于究竟是什么，约翰·赫谢尔爵士只能解释说，“有可能是一些人类尚未发现的物体”。

4.水气之谜

月球比“戈壁大沙漠干燥100万倍”，这是一位科学家之前作出的判断，因为最初几次月球探险都表明月球是个干燥的天体，没有人在月球表面发现过水的痕迹。但是，之后的一次月球探测中，科学家在月球表面发现了一处面积达100平方英里的水气团。有人认为这是由于美国宇航员废弃在月亮上的两个小水箱漏水造成的，但是那么小的水箱怎么会产生这样一大片水气呢?

5.月球年龄之谜

作为地球的卫星，月球的年龄到底有多大呢?

美国航天员阿姆斯特朗是第一个登上月球的地球人，他在“寂静海”降落后拣起的第一块岩石的年龄是36亿岁，其他一些岩石的年龄分别是43亿岁、46亿岁和45亿岁。这些从月球上带回来的岩石标本的年龄要比地球上年龄最大的岩石更加年长。迄今为止，地球上最古老的岩石是37亿岁。而世界月球研讨会曾在1973年测定了一块年龄为53亿岁的月球岩石。更令人惊讶的是，这些古老的岩石都采自科学家认为的月球上最年轻的区域。

围绕着地球卫星——月球而出现的这一系列无法解释的现象，使科学家们警觉到：在地球之外，或许有人们所不能想象到的某种地外智能力量正在“使用”人类所认知的月球。

月球上的人形雕像

戴着头盔，有一双深邃而呈橄榄形的眼睛，高且直的鼻子：人类完成这样一件精致而复杂的雕像是需要精密机械帮助的，所以，当苏联科学家在月球上发现了这个有着人形头部的雕像时，不由得开始怀疑：或许是某些具有极高文明的外星人创造了它。如果这个设想成立，那么从雕像的精细程度可以联想到这些外星人的智慧或许要远远高出于地球人，科学技术水平也要比地球人高出很多。

继前苏联和美国的太空探测船于1975、1976 年先后在金星及火星上发现两个人面形的雕像之后，前苏联科学家又宣布，在月球上发现了第三个同样的人形雕像，这个雕像的面积比前两者小，但构图却和前两个一模一样。

“外星人是这些雕像的制造者”的观点仍然只是假设，科学家们一直在研究，为什么会有这些雕像？这些雕像是否有什么暗示意义？这个难解的题目使玄妙的太空又多了几分神秘的色彩。

金星表面浮现神秘斑点

“在紫外线波长范围内，金星上的斑点比周围区域更加明亮。”2009年7月，美国纽约市业余天文学爱好者弗兰克·梅利罗观测到了浮现在金星表面的明亮斑点。同一天，一位澳大利亚天文学爱好者也发现木星表面存在一个暗斑，他推测那个暗斑很可能是由于陨星体碰撞造成的。

金星等一些星球表面存在或明或暗的斑点的说法早已引起了天文学家的注意。唯一环绕金星运行的航天器——欧洲宇航局“金星快车号”探测器拍摄到了一个明亮的斑点，这一事实更证实了天文爱好者们的观测结果。其实，该探测器在梅利罗之前4天就已经观测到了这个明亮斑点，但是天文学家却希望能够通过“金星快车号”获得更多的观测数据。

这并不是天文学家第一次观测到金星大气层中具有明亮区域，

早在几十年前，天文学家就已经发现了这一现象，但当时他们并不能作出清楚的解释。其实直到今天，也没有人能够准确地推断金星光斑形成的原因。天文学家们猜测这一现象可能是由火山活动、金星大气层涡流或者太阳的带电粒子导致的，但无论是想要肯定或者推翻这些观点，都需要进一步的观测。

金星上一次出现明亮区域发生于2007年1月。当时金星南半球和北半球都处于发亮状态，是一种局部化发亮现象。时隔两年，天文学家再次观测到了金星光斑。有人提出这些光斑可能是由于陨星碰撞造成的。但是一名“金星快车号”的研究成员、威斯康星州大学麦迪逊分校的桑贾伊·利马耶却表示他并不完全认同这个观点。他认为，当陨星残骸吸收光线，除富含冰水的岩石陨星之外都可能导致碰撞地点在紫外线波长下变暗。

同时，从太阳释放的带电粒子通过对大气层顶端通电形成发亮区域，也许大气层的气流波可引发涡流，携带物质上下波动，使浓缩明亮物质形成一个明亮区域，这是利马耶提出的关于金星光斑形成的另一种可能性。

还有人认为，金星上的火山喷发也可能导致光斑的出现。众所周知，金星曾被天文学家称为太阳系内地表火山最多的行星。在金星表面，覆盖的玄武岩火山熔岩流达到了90%以上，虽然当前活跃的火山中没有释放火山灰尘的“烟枪”，但是这种火山一旦喷发，其强大的力量足以穿过金星大气层中的密集层，并在金星表面64～70千米的高空处形成一个明亮的斑点。

如果火山是形成金星明亮区域的主要成因，对其进行证实将是非常困难的。虽然“金星快车号”探测器上的两个分光仪能够揭示大气层中分布微粒的大小变化，以及大气层中分子的浓度变化，比如可以暗示火山喷发活跃性的二氧化硫的浓度，但是这些二氧化硫很可能是由于阳光分解了金星云层中的硫酸所致。这就意味着，即使“金星快车号”在大气层中发现了高于平均指数的二氧化硫，这项观测也可以通过非火山活跃性进行解释，并不一定和金星光斑有关。

神奇的“火星脸”

1938年10月30日，由于火星人“入侵”，美国新泽西州发生了一场骚乱。

当天晚上8点到9点，美国哥伦比亚广播公司播放了广播剧《大战火星人》，剧中故事的时间即是当时，火星人入侵的着陆地点设定在了新泽西州。

一些人在转换广播频道时，突然听到了这段光波。逼真的广播剧艺术使他们把故事当成了即时新闻，于是新泽西州大街上有数百人钻进汽车掉头而逃，一些人潮水般地从四面八方涌来，想亲眼看看火星人的模样，还有一些胆小的人出于恐惧竟然自杀了！一时间，新泽西州陷入了混乱，政府只好出动了军队来安抚市民，直到第二天中午，事件才得到平息。

在太阳系的所有行星中，最引人瞩目的要属火星了。关于火星人的猜测由来已久，早在1903年，美国天文学家洛威尔就声称，他用望远镜发现了火星上的运河。既然有运河，那么必然就存在开凿运河的“火星人”，从那之后，火星人的说法就愈传愈广了。实际上，在20世纪60年代，人们就已经发现那些被称为“火星运河”的深色直线只是火星上一些偶然排列的环形山和陨石坑。

迄今为止，人们也没有确凿的证据可以证明火星上存在智慧生物，但1976年7月，美国的火星探测器“海盗1号”却传回了一张神奇的火星照片：这张照片上竟然有一座巨大的建筑，形状与人脸极为相似。美国宇航局研究小组使用最新的技术手段对照片进行分析之后，认定这座人脸形建筑修筑在一个巨大的长方形台基上，以鼻子为中心，有左右对称的眼睛和略为张开的嘴巴。

有人怀疑这是由于光线投影关系造成的假象，但是根据“海盗1号”从不同角度拍下的多幅照片判断，这种可能性比较小。“火星脸”的发现令世界哗然。如果这座建筑确实存在，那么，到底是谁修建了它呢？显然，这不是依靠低等的微型生物能够完成的，而必须是一种与人类智商接近甚至高于人类的智慧生物。难道真的存在

“火星人”吗？

于是，一些科学家进行了假设，他们认为在距今几亿年前，火星上可能存在丰富的水源，气候也很湿润，与现在地球环境比较接近，从现在可以发现的一些遗迹可以推断当时火星上有许多河流，空气成分也与地球相似。所以，当时的火星上很可能存在与地球人相似的生物，这些建筑是他们建造的。甚至有人认为，人脸形建筑眼睛下方具有眼泪状的痕迹，也就是火星人灭亡前向宇宙生物界发出的警告。

但如果火星人真的存在过，现在他们又到哪去了呢？这是持“火星人说”的人难以回答的问题。于是另一些持反对态度的人认为，人脸形建筑与火星人无关，而是由具有高度外星系智慧的其他生物所建。火星不过是这些外星系智慧生物建立在太阳系的一个基地而已。

当然，还是有人坚持认为这座“火星脸”建筑，不过是一些山丘投影造成的偶然巧合而已。谜底究竟是什么，只能等待人类对火星进行了更深入的研究之后才有可能揭晓了。

火星上的闪电

当地球上出现尘暴和风暴时，就有可能形成闪电。那么，火星上如果发生尘暴，是否也会有闪电形成呢？美国科学家们证实，这个答案是肯定的。

2006年6月8日，美国科学家找到火星尘暴中能够形成闪电的相关证据。当天火星上发生了一次尘暴，科学家们利用一架射电望远镜上的新型探测器，捕获到了闪电发出的辐射信号，首次探测到了火星闪电。

这种新型探测器是密歇根州大学安娜堡分校的克里斯托弗·拉夫率先研制出来的，是用于地球轨道气象卫星研究的。虽然科学家们一直都相信火星上也会有闪电，但是探测器所捕捉到的闪电信号之强烈还是令他们感到吃惊。

当时望远镜探测到的尘暴规模巨大，波及范围达到22英里（约合35千米），这场闪电相应地也持续了几个小时之久。但是，拉夫发现火星上的闪电与地球上发生雷暴时出现的闪电并不完全相同，火星上的闪电更接近于地球上的无雷声闪电，像一道划破了云层的闪光。

拉夫认为，虽然6月8日的闪电源于一场巨大的火星风暴，但是“一些较小的尘暴也会发生”，由此，他得出了“火星上经常出闪电”的结论。由于电流能够孕育更为复杂的分子，所以，拉夫觉得闪电能够影响火星过去或现在可能存在的生命，生命甚至有可能因闪电的发生而出现。

火星闪电的发现，使人们开始担心那些跋涉在火星表面的探测器以及未来的机器人或者人类探险家的安全。但事实上这些闪电并不会形成多大的威胁，就像地球上的闪电不会对地球人的安全造成巨大影响一样，只有在火星探测器所在地区云层内发生放电现象，才可能导致安全威胁。不过，闪电引发的某些化学反应却是应该注意的，因为它们可能会影响火星大气层及表面的化学性质，产生一系列腐蚀性化合物，这些物质将会影响探测设备和仪器的正常使用。所以，科学家们在今后的探测仪器设计中应该综合考虑此类因素，进一步改进技术手段。

火星上的矩形“纪念碑”

“当人们发现它时，他们会说，‘谁将它放在那里的？到底是谁？’是宇宙放在那里的，如果你愿意相信，可能是上帝。”谈起曾在火星的卫星火卫一上发现过的一块石碑状巨石时，被称为“登月第二人”的美国宇航员巴兹·奥尔德林不由得发出了这样的感慨。

在外形酷似马铃薯的火卫一上，有一整块结构非同寻常的巨石，这种神奇的现象使奥尔德林坚定地认为人们应该造访火星的卫星，去研究一下这块如建筑物般大小的巨石到底是从哪里来的，或者到底是谁建造出来的。

鉴于此，加拿大航天局曾经资助了一项火卫一无人探测任务的研究，该研究名为“火卫一勘测与国际火星探索”，简称PRIME。他们将那块神秘巨石作为主要的着陆点。参与这项研究任务的科学家艾伦·希尔德布兰德博士认为，如果人们可以降落在那个物体上面，可能就不必去其他地方了。

这块看上去像是矩形纪念碑的巨石周围是否存在不明飞行物活动，还是说这个神秘物体只不过是一块相对来说在距离现在很近的时间里暴露于火卫一上的巨石？这个问题尚且没有得到完美的解答，美国火星探测器又在火星上捕捉到了一块类似的神秘矩形石碑。这块巨石是由“火星勘测轨道飞行器”携带的专用高清相机在165英里（约合265千米）远处拍摄到的。

看上去，这块巨石就像是曾在美国导演斯坦利·库布里克执导的科幻影片《2001：太空漫游》中亮相的黑石板，它在人类进化的一个重要时刻出现。那么，这块仿佛存在雕琢痕迹的巨石是否和火星生命有关呢？这在太空迷中引发了激烈的争论。“火星上过去是否可能存在古文明？美国宇航局是否可能早已知道答案？这难道是揭开谜底的最后一根稻草？”前蒙特利尔电台主持人戴维·泰勒显然对火星生命有着极大的兴趣。

但是，捕捉到原图的美国亚利桑那大学科学家却给兴奋的太空迷们泼了一盆冷水，他认为，这只不过是一块5米宽的普普通通的大石头。它甚至不能被称为“整块巨石”或“某种结构”，因为这种说法意味着它是一种人造物体，好像是人类放在火星上的一样。事实上，那块大石头更有可能是从基岩裂开以后变成矩形形状的。

亚利桑那大学HIRISE部门首席科学家阿尔弗雷德·迈克伊文在谈到这块巨石时说：“地球、火星和其他星球上有大量矩形巨石。岩石沉积导致的分层，再加上构造带破裂，使得直角面偏软，这样一来，矩形石块通常会风化，从基岩分离出来。”

所以，把这样一块巨石看成一座雄伟的纪念碑，也许不过是人们一厢情愿的幻想罢了。

外星人的秘密基地

火星一直被认为是最有可能存在外星人的星球。虽然1976年美国发送的“维京”号登陆火星并没有在火星上发现生命迹象，但有些科学家们仍然相信“维京”号没有发现并不表示火星上没有生命，生命可能存于地面或地底下。

2009年4月，火星奥德赛太空船拍摄到了一些低分辨率的火星影像，在画面上隐约可见数个黑点，但它们很黑，里面什么也看不到。其中有一个宽度大约为100米的黑点。科学家们认为，这很可能是通往地下深洞的神秘入口。

这个黑点位于巨大的火星火山Arsia Mons的斜坡上。如果那里存在生命的话，就意味着这个不同寻常的洞穴能给火星生命提供保护，它很可能是外星人居住的秘密基地。

这些洞和地下洞穴可能成为未来太空船和飞行器的主要目标，甚至为下一代人类行星探测器提供栖息地。

火星南极的冰冠为何不对称

不仅地球有南北两极，火星上也有冰冻的极地冰冠。这两者之间存在一些差异：地球的极地是由冰水物质构成的，但火星极地冰冠则是由二氧化碳构成。

火星的两极大多数时候被固态二氧化碳覆盖着，这个冰罩的结构是层叠式的，它是由冰层与变化着的二氧化碳层轮流叠加而成。在火星南半球的夏季，多数冰冠会发生升华——固态冰会直接转换成气态形式，升华完成之后，极地表面会有一些残留物质，主要以冰态二氧化碳为主，这种物质也被称为“干冰”。当冬季来临时，火星南极的冰冠会呈现对称的分布形态，此时，残留的冰冠将会发生3到4度的偏移。

这种偏移现象是如何产生的呢？

最初，科学家们认为这是由于冬季降落在极地西半球的雪偏多，在夏季和春季，有一些表层积雪被保留了下来，从而导致了冰冠的偏倚。但是，根据欧洲宇航局“火星快车号”探测器机载的傅立叶行星分光计发回的探测资料，这种说法是站不住脚的。意大利IIFSI研究机构的研究员马科·吉乌拉那和他的同事对火星南极大气层的温度和其他条件进行了测试，并对南极冰冠二氧化碳堆积进行了分析。最终认为火星极地冰冠可能存在轻微的机制差异，风、雪和太阳的奇特交互性反应都是极地冰冠不对称现象的构成因素。

他们发现极地冰冠的偏移现象开始于火星中纬度向东强烈的风力，这股风力直接吹向海腊斯盆地，这个盆地的直径为1429英里，深度为4英里，是火星表面最大的碰撞结构。当强劲的风经过海腊斯盆地时，由于接触到陡峭的壁面，风力发生了偏移，并引起了大气层的强大波动，改变了火星高纬度风力的路程，促使气候系统接近于南极区域。

在火星西半球，强低压系统接近于南极区域，而一个高压系统位于东半球，然后再接近南极区域。西半球的低压系统使气温变得更低，这一温度仅能将二氧化碳浓缩成为雪状结构，这意味着南极西半球是由雪和霜冻构成的。

所谓的霜冻，也就是火星极地夜晚出现在火星表面上的浓缩的二氧化碳。一旦这些二氧化碳气体接触到极地表面，就会被立即冻结。由于高压系统的存在，东半球的温度总是相对暖和，无法形成冰雪，所以东半球上仅存在着霜冻。因此东西半球极地冰冠的构成存在着差异。

另外，由于霜冻的颗粒比雪颗粒更大，而且表面更加粗糙，所以霜冻能够吸收更多的阳光，促进升华作用。而覆盖在西半球的大量雪将向太空反射更多的阳光。因此，由雪和霜冻构成的南极冰冠的西部区域，不仅有大量的二氧化碳冰堆积，而且在夏季时升华得更慢，而该区域的霜冻在夏季时则会完全消失。

在上述因素的综合作用下，火星南极的冰冠出现了非对称性分布。

西班牙的“天然”火星实验室

发源于西班牙塞维拉西部的力拓河，是研究可在酸性高、含铁量大的极端环境中生存的有机体的一个理想场所。在这里进行的实验，在如何研究含铁丰富的火星的问题上，给科学家提供了宝贵信息。

长期以来，科学家一直希望能在地球上进行高度仿真的模拟实验，以便更好地研究火星的生态环境。2008年8月，科学家们发现的力拓河满足了他们的需要。

这条河流的生态环境和火星非常相似。2亿年前，河水源泉附近有铁矿石，后来由于地热活跃性作用，铁矿石沉积下来。泉水从铁矿石中分离出硫化铁矿物质，使河水变成了红色。同时，硫化铁矿物质分离形成硫黄酸。当pH值达到1.5 ~ 3时，力拓河水将变得像醋一样酸。这种酸性环境仿佛是一个地表下的“生化反应炉”，直接可以模拟火星地表下的环境。如今，科学家已经在这条河流上开始利用先进的生命探测技术进行高仿真的实验，并且取得了一定的成果。

令人吃惊的是，科学家们竟然在力拓河中找到了各种各样生命体的存在，如：细菌、藻类、原生生物的单细胞生物体和生长于酸性河水上游的真菌。如此的结果，是否也意味着与之环境相仿的火星上也可能存在生命呢?

为了研制一种先进的火星生命探测仪器，西班牙天体生物学中心的专家费尔南多·佩雷斯一直在力拓河上进行实验并收集相关数据。他希望可以开发一种装置，用来探测矿物质和有机物，并最终建立一个科学模型，用于探测火星生命。

在这个过程中，有一项技术至关重要，甚至决定着研究的成败，即“现场光谱技术”。佩雷斯认为，科学家们可以利用力拓河的生态环境进行生命探测技术的测试，但是他们必须开发一种实用的技术，使采集到的样本能够得到及时的分析。“现场光谱技术”就意味着一旦收集到了火星样本，不用运回地球实验室，就可以进行现场分析，这样既提高了效率，也避免了样本在运回途中被污染的可能性。

力拓河的生态环境为科学家们提供了测试生命探测仪器的好场所，但这个过程仍将是漫长且艰巨的。怀着对宇宙的无限好奇，人类一直在认真地为未来火星生命探测做着准备。

美国小镇的UFO坠毁事件

一天清晨，美国德克萨斯州奥罗拉镇郊区沃斯城堡小镇的居民们像往常一样，悠闲地开始了一天的生活。但是，有个人突然停下了脚步，他表情惊恐，嘴巴微微张开似乎忘了闭上，瞪大双眼诧异地望着天空。旁边的路人顺着他的目光看过去，也不由得惊呆了——一个巨大的银色雪茄形的物体正飘在空中。在他们的注视下，这个奇怪的飞行物撞上了普洛克特法官住宅的塔楼。他们的惊叫声瞬间便被湮没在震耳欲聋的爆炸声中。

奥罗拉镇的居民们匆忙赶往普洛克特法官家的农场，希望能够见证这个奇观，或许也能施以援手。但是，这个飞行物已经在爆炸中变成了碎片，而飞行物中唯一的飞行员的遗体已经严重变形。这具尸体身材瘦小，看上去很奇怪，似乎并不像正常的人类，连之后当地的报纸都称其绝非地球上的生物。

按照基督教的仪式，奥罗拉镇的居民埋葬了这具遗体。在一个小小的葬礼上，人们都怀着极其复杂的心情，他们有些恐慌，但更多的是好奇，这神秘的飞行物和不明生物究竟从何而来，目的是什么，又是什么导致了相撞与爆炸？

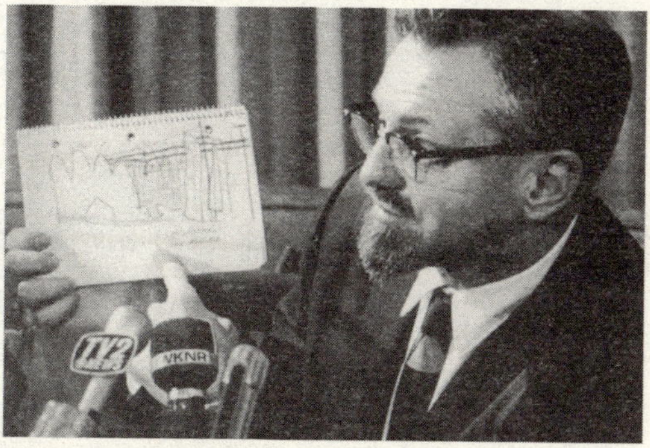

海奈克展示 UFO 草图

在 1966 年 3 月的一次记者招待会上，美国空军蓝皮书作业组织的顾问海奈克展示一幅密歇根 UFO 目击者所绘的草图。美国政府自此开始调查 UFO 事件。

后来，人们将一块小石板放置在墓地

上，以表明这里是遇难飞行员的墓地，而飞行器的残骸则被扔到了一口井内。

事件发生的时间是1897年4月17日，两天之后《达拉斯晨报》上详细刊载了这个事故。这令全世界的UFO研究者们为之兴奋，他们认为那个不明飞行物应该是外星人的飞碟，遇难的飞行员一定是怀着某种目的光临地球的“天外来客”。

但是，那架飞行物会不会是热气球，或者是一艘人类驾驶的飞艇呢？

这样的观点很快就被研究者们否定了。因为在19世纪末期，尽管热气球已经广泛使用，但它无法完成目击者所描述的如直角转弯、快速升降等复杂动作。更为先进的飞艇技术虽然已经注册了专利，但在那一时期并没有任何实际飞行的记录。当然，那更不可能是一架飞机，因为这一时间比莱特兄弟首次飞机试飞还早5年，飞机还没有被发明出来。

这个故事流传很广，但是在奥罗拉镇坠毁事件被报道之后，却再也没有类似的事件发生，以至于有人开始怀疑这个故事可能是镇上居民制造出的一个大骗局。

为了揭开事实的真相，1973年，“国际UFO组织”创始人海登·海威斯首次来到了奥罗拉镇。他坚定地认为这个故事是UFO存在的最好例证，所以，他带着专家小组，来到这里进行实地调查。奥罗拉镇居民给予了他们热情的接待，但却没有兴趣帮助海威斯揭开飞艇的谜团。

后来，奥罗拉镇的居民布罗雷·欧茨给调查带来了转机。布罗雷·欧茨在1945年左右搬到了这座小镇。他居住的地方距离飞艇坠毁地点很近，搬到那里之后，他发现房子旁边的水井里塞满了金属物质及碎片，便让人帮忙清洗了一下。然而，在这之后的几年中，他的手上出现了一些非常严重的关节炎症状，他认为这是因为他一直喝那口井的井水所致。于是，布罗雷·欧茨将水井盖上了一块厚重的水泥块，再不用井里的水。

海登·海威斯想要去调查这口水井，但却遭到了当地居民的阻止，所有与谜团有关的关键证据就这样被封存在了井里。

直觉告诉海登·海威斯真相就在这里，2005年，他再次来到奥罗拉镇。此时，城镇的规模已经明显缩小了，过去的3000多名居民如今只剩下400多。这一次，海威斯试图寻找那名神秘飞行员的墓地，但由于原先那块石板标记已经被人偷走了，所以，人们再也不可能知道埋葬飞行员的确切位置了，海威斯只好退而求其次再从那口水井中寻找答案。

在那口早已被水泥封住的水井上面，镇上的居民又盖了一座小屋，还在其前面竖起了围栏。海登·海威斯多次申请进入那片区域，但都未得到回复，只能远距离对其进行观察。

水井的周围没有任何植物存活，海威斯认为正是由于当年填埋进去的金属碎片污染了周围的土壤，才会造成这种寸草不生的情况。虽然这只是一种猜测，但海威斯认为：至少有85%的概率可以确定，在这座小镇上确实发生过UFO坠毁事件。

无独有偶，另一位UFO研究者约翰·舒斯勒也认为奥罗拉镇上流传的飞碟故事是真实的，因为不论是在当年媒体的报道里，还是镇上居民的口口相传中，这个事件的时间、地点、过程，甚至结果都是一致的，不存在任何矛盾，它们可以充分证明这不是一次误判，更不是一个弥天大谎。

关于奥罗拉镇事件的真相，也许只有等到那口水井被重新打开的时候才能被真正破解。

“黑色骑士”和不明残骸

在童话《女妖和瓦西莉莎》中，有一个穿黑盔甲，骑黑马，连缰绳都是黑色的骑士，他象征着黑夜，一出现夜幕即会降临，是女妖巴芭雅卡的忠实仆人，被称为“黑色骑士”。

在浩渺的宇宙中，有一颗地球卫星与童话故事中的这个人物同名，也被称为“黑色骑士”。它非常“怪异”，因为其运行方向与其他卫星的运行方向恰好相反。这颗卫星是在巴黎天文台观测站工作的法国学者雅克·瓦莱于1961年发现的。随后，按照瓦莱提供的精确数据，世界上许多天文学家也发现了这颗环绕地球逆向旋转的独特卫星。

法国著名学者亚历山大·洛吉尔推断，“黑色骑士”可能与UFO有联系。因为那种绕地球运行的与众不同的方式，表明它具有能够改变重力的巨大能量，而这似乎只有UFO才能做到。

“黑色骑士”的秘密还没揭开，1983年，美国的红外天文卫星在北部天空执行任务时，又发现了一颗神秘的卫星。这颗体积异常巨大、具有钻石般美丽外形的卫星两次出现在猎户座方向，两次现身时隔6个月，表明它在空中的运行轨道比较稳定。

根据天文学家对卫星和地面站的跟踪研究显示，这颗卫星内部装有十分先进的探测仪器，外围有强大的磁场保护。它似乎一直在通过某种先进的扫描仪器探测地球的秘密，并使用强大的发报设备将搜集到的资料传送到了遥远的外太空。

没有人知道“黑色骑士”以及这颗诡异卫星的真正“身份”，但可以肯定的是它们不是来自地球，所以有人认为它们可能是来自外太空某一个星球的人造天体。法国天文学家佐治·米拉博士甚至认为，在猎户星座附近出现的卫星至少已制成5万年之久。

在地球轨道上运行的不仅有这些完好的外来卫星，还有一些来历不明的飞行器残骸，有人推测它们是爆炸后存留的外星太空船残骸。20世纪60年代初期，在离地球2000千米的宇宙空间里，前苏联科学家首次发现了特殊的太空残骸。这些残骸由10片破损的碎片组成，莫斯科大学的著名天体物理学家玻希克教授和他的助手认为它们原先本是一个整体，从一个相同的地点分离出来，并且由一次强烈的爆炸所导致。

10片碎片中最大的两个直径约有30米，由此，人们推断这艘太空船至少长60米，宽30米。美国核物理学家与宇航专家斯丹顿·费德曼认为在一段时间之后，人类有能力把这些残骸重新拼合起来。

根据设想的飞船结构，这架飞船内部设备非常先进，还有供探视使用的舷窗，外部有一定数目的小型圆顶，大概是装设望远镜、碟形无线以供通信之用。

但到目前为止，科学家们依然不知道那颗5万年前被发射升空的人造卫星究竟是从何而来的，它绕地球运动的目的又是什么，也不知道在地球轨道上漂浮着的太空船残骸又是怎样来到地球并被毁灭的。无边神秘的宇宙，总是给人们带来了太多的猜想，制造了种种“谜团”，等待人们去一一揭开它的面纱。

“诺母”传说中的天狼伴星

月朗星稀的夜晚，在深邃高远的天幕上，人们很容易看见一颗明亮耀眼的恒星，它就是天狼星。天狼星其实是一个双星系统，由两颗恒星组成，其中一颗是人类能够用肉眼看到的天狼星A，也是夜空中所能看到的最亮的恒星；天狼星A还拥有另一颗肉眼看不见的伴星，也就是天狼星B。由于天狼星A的亮度是天狼星B的一万倍之多，所以当人类仰望宇宙时，很难发现这颗小小的伴星，同时，天狼星 A的高亮度也影响了科学家们对天狼星B进行精确观测。

但是，在多贡族的传说中就有关于这颗伴星的最早记载。多贡族是非洲的一个古老民族，他们居住在廷巴克图以南的山区，属于现在的马里共和国辖下，以耕种和游牧为生，生活艰难贫苦，大多数人还居住在山洞里。他们没有文字，只凭口授传述知识。多贡族的传说中曾提到了一颗叫做“波托罗”的星球，“波”是一种细小的谷物，“托罗”是星的意思，也就是说这是一颗细小如谷的星球。“波托罗”是围绕天狼星运动的，它是黑暗的、质密的、肉眼看不见的，所以多贡族人又称它是天狼星的“黑暗的伙伴”。然而，他们又说这颗星球是白色的，所以，“小、重、白”是他们总结的天狼伴星的特征。

事实证明，多贡人口头流传了400多年的传说是正确的。1834年，天文学家开始从天狼星运行的异常轨迹推测它可能拥有另一颗伴星；1862年，有人证实了天狼伴星的存在；1928年，人们借助高倍数望远镜等各种现代天文学仪器观测到它是一颗体积很小而密度极大的白矮星。它的直径大约为12000千米，比地球还稍微小一些，但是质量却达到了太阳的98%，这也就意味着它的密度十分惊人，茶杯般大的天狼伴星的物质重量可以达到12吨，这恰恰证明了多贡族传说中“最重的星”的说法。

毫无疑问，生活在非洲山洞里的多贡人显然没有高科技的天文观测仪器，那么，他们是怎样早于天文学家们发现了这颗天狼伴星呢?

在多贡族的传说中，诺母神是从天狼星系来到地球的智慧生物，它们来到地球就是为了将一些天文学知识传授给他们。据说，诺母长得既像鱼又像人，是一种两栖生物，大多时候生活在水中。它们是乘坐飞行器来到地球的，飞行器盘旋下降，发出巨大的响声并掀起大风，降落后在地面上划出了深深的印痕。至今，多贡人还保存着一张画，内容就是诺母乘坐着拖着火焰的巨大飞船，从天而降的场景。在多贡人的舞蹈中，也还保留着有关诺母的传说。

此外，多贡人说诺母还传授给他们许多天文学知识，如：多贡人有4种历法，分别以太阳、月亮、天狼星和金星为依据；他们认为宇宙的核心就是天狼伴星，它是神所创造的第一颗星；他们早就知道行星绕太阳运行，土星上有光环，木星有4个主要卫星。

如果多贡人的传说是真的，那么诺母很可能就是一种高智商的外星生物。它们拥有高于人类的智慧，对浩渺宇宙的了解显然也要多于人类。从它们的口中，多贡人很早就知道了天狼伴星的轨道周期为50年［实际正确数字为（50.04±0.9）年］，其本身绕自转轴自转（这也是事实），他们甚至还在沙上准确地画出了天狼伴星绕天狼星运行的椭圆形轨迹，与天文学的准确绘图极为相似。多贡人还说，天狼星系中还有第三颗星，叫做“恩美雅”，有一颗卫星一直在环绕“恩美雅”运行。虽然直至今天，天文学家仍未发现“恩美雅”，但古老的多贡族传说使人们似乎已经默认了这颗星球的存在。

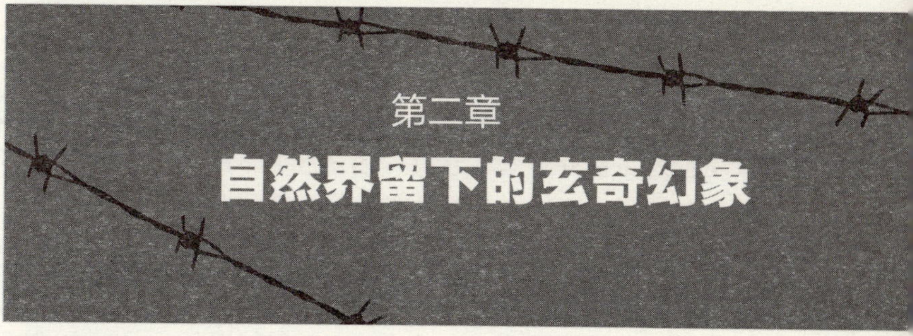

第二章
自然界留下的玄奇幻象

多“日”同辉

后羿射日是流传于中国民间的一个古老神话传说，相传天空中曾经出现过10个太阳的景象。这种多“日”同辉的景象是否只存在于传说中呢?

2008年2月，在中国陕西省黄陵县上空出现了“多日同辉”的奇观。上午，当太阳渐渐升起时，太阳两侧和上方出现了二三团明亮的光晕，由一道彩虹相连，包围着太阳，宛如天空中有三四个“太阳”。这种现象一直持续到上午10点左右，随着太阳的升高才逐步消失。

而在此两年之前，中国的大庆地区也曾出现过类似的景象。那天清晨，在冉冉升起的太阳两侧同时出现了两个“小太阳”，大太阳光环正上方有一道淡淡的彩虹。而在头顶上空，还有一道色彩鲜亮的彩虹，它的旁边也有一个“小太阳”。这样看上去天上好像同时出现了四个太阳一样。由于观测角度的差异，有的人看到的是“两日同辉”“三日同辉”，只有部分居民看到了“四日同辉”的奇观。这个奇特的景观过程持续了大约1小时50分钟，直到上午9点左右才渐渐消失，大庆市区正南方晴朗的天空才逐渐恢复了正常。

这种壮观景象的成因是什么呢？它的出现是否遵循着某种规律呢?

这种景观只有在特定的气候环境或气象条件下才会形成。气象专家解释说，这种现象在气象学中被称为“假日现象”。当气温比较低的时候，空气中水汽充足，水汽在云层中凝结成冰晶，阳光透过冰晶产生折射，会分解成红、黄、绿、紫等多种颜色，从而会出现人们所看到的彩虹。同时，从冰晶中射出来的多条光线会射到人的眼睛中，中间那条太阳光线，是由中间位置的太阳直接射来的，是真正的太阳；而其他光线，则是太阳光经过六角形晶柱折射而来的。这样，人们就看到了多个太阳，其实一般情况下，只有中间那个才是真正的太阳，而两旁的则是太阳的虚像。

“假日”的种类很多，有的呈环形，称为圆晕；有的则呈光斑。这种天文现象看上去虽然比较奇特，但实际上却是一种虽不常见，却很正常的气象现象。

罕见的月虹奇景

1987年6月7日子夜，中国新疆乌苏县出现了一条呈乳黄色的夜虹。有幸看到这一奇观的人描述说：“那条夜虹部分地方色彩浓郁，在月光和闪电的映衬下，婀娜多姿，十分动人。”

通常情况下，彩虹一般出现在白天，那么夜间为什么也能产生虹呢？虹是由空中雨滴像三棱镜那样折射分解阳光而形成的，按照常理分析，虹似乎只有在白天有太阳的时候才会出现。所以，夜间出现的又被称为“月虹”的彩虹，肯定不是直接借助太阳直射的光线形成的。但是，月亮分明是不会发光的星球，这到底是怎么回事呢？

其实，月亮虽然不能发光，却可以反射太阳光，这也正是月光的由来。太阳光是七色光，所以月球反射的光线也是由赤、橙、黄、绿、青、蓝、紫这七种可见的单色光组成的。如果晚上月光足够明亮，而大气中又有适当的云雨滴，同样可以形成彩色的月虹。

不过，由于月光毕竟比太阳光弱很多，所以大多数月虹都被误认为呈白色，因为微弱的光线使月虹显得特别暗，颜色也就自然难以分辨出来了。如果能够将看上去是白色的月虹拍摄下来，结果照片肯定会显示出和日虹一样的彩色。

其实，中国对月虹现象早有记载。在《魏书》中就有一段详细的记载：“世宗正始四年（公元243年）十一月丙子，月晕……东有白虹长二丈许，西有白虹长一匹，北有虹长一丈余，外赤内青黄，虹北有背……”这里所说“虹北有背”，很有可能就是指在虹外侧还有色彩较淡的副虹。中国的古人不仅将月虹的现象记录在了史书里，还用美丽的诗歌描绘着这种奇妙的景象：“谁把青红线两条，和云和雨系天腰？玉皇昨夜銮舆出，万里长空架彩桥。”

现在，人们对月虹的成因了解得越来越清楚，却依然保持着非常浓厚的兴趣，因为月光毕竟比太阳光弱得多，所以形成的月虹往往没有日虹那么明亮，有时候人们甚至很难发现。所以，月虹的出现还是格外新奇的，以至于1987年出现在美国克邦斯普敦城的月虹引发了极为壮观的观赏盛况。

天上掉下来的星星冻

1979年8月10日夜，一道亮光划破天空，坠落到美国德克萨斯州达拉斯市附近。有人循着光团的坠落方向找过去，发现了三堆紫色的物体，其中一堆已经溶解了，另外两堆则被冷冻起来并被送去研究。这就是发生在20世纪的最著名的星星冻事件。

“星星冻”是指相当奇怪的亮光或流星似的物体从天空飞过之后，落在地面上的胶冻状物质。关于这种现象的最早描述发生在1541年，之后类似的目击事件时常发生。

比如在1819年的某个深夜，一个火球慢慢出现在深邃的夜空中，缓慢移动并最终降落在美国马萨诸塞州阿默斯特市一户人家的院子里。当天晚上，这家人并没有察觉到什么不同，第二天早上，主人在家门口附近发现了一些棕色的奇特物质。

这堆物质是圆形的，直径大约为20厘米，有一层相对坚硬的外壳，掀开之后，露出柔软的中心，并释放着令人恶心的臭味。那家主人本来想把这堆东西处理掉，但发现它的颜色从棕色变成了血红色，并不断地从空气中吸取水分。他觉得有几分奇怪，于是把其中一部分收集到玻璃瓶子里。三天之后，他惊奇地发现玻璃瓶里只剩下一层深色的薄膜，用手轻轻一捏，那些薄膜就变了纤细无味的灰烬。

在威尔士方言里，“星星冻”的意思是“来自星星的腐烂物”，所以长期以来人们一直认为星星冻和流星、陨星一样，与宇宙中的星球有着某种关系，但是美国的科学家曾经对“星星冻”进行仔细的化验，没有任何迹象证明它们是来自星星的腐烂物。

所以，科学家开始寻找更加现实的解释。有些人认为星星冻可能是鸟类的呕吐物；植物学家却相信那是一种蓝绿色的念珠藻；加拿大的一位教授认为那可能是在腐烂木头上生长出来的一种凝胶状菌类……但上述的任何一种解释，都无法和星星冻被发现之前，天空中出现的亮光联系起来。所以，星星冻的成因至今仍是个谜。

不可思议的晴空坠冰

试想一下，在一个风和日丽，万里无云的日子悠闲地行走在郊外，将是多么舒服和惬意，但是假如这时突然从天上掉下一些大冰块。不管是谁，都一定会惊慌失措！

某年1月份的一天，在西班牙南部塞维利亚省的托西那市，一辆轿车停在了路边，车主摇下车窗，看到了一位朋友。朋友朝他招了招手，车主便打开车门走出来朝朋友走去。正在这时，只听见身后传来“啪”的一声巨响，他回头看去，不由得目瞪口呆——他的轿车车顶已经被什么东西砸得稀烂！

这位车主本以为自己遭遇了坏人的袭击，大惊失色。但是，之后的调查结果更让他后怕不已。他的车居然是被一块重4千克左右的大冰块砸坏的，而且很明显这场事故并非人为，也就是说，砸坏他爱车的罪魁祸首很可能是从天而降的。假如当时不是他的朋友把他叫了出来，那么，他将会成为世界上第一位坠冰的“牺牲品”。

21世纪初的西班牙曾经连续发生过多次“空中降冰”事件，其中的两次出现时间间隔只有七八天！西班牙国家气象局的专家已经否定了“冰雹”的可能性，这些冰块是否来自太空还有待证实，但从很多迹象来看，“坠冰”的可能性相当大。

中国也曾经出现过类似的现象。1955年，一块较大的坠冰碎成三块并落在了浙江省余杭东塘镇的水田中，这些碎冰原重估计约为900克。当时，发现者对它进行了妥善的保护，并及时送到了紫金山天文台。中国的无锡地区也曾受过这种空中坠冰的“青睐”，在1982年至1993年短短11年间，无锡竟然连续发生了5次坠冰事件，这不能不令人感到蹊跷。

经过多年的研究探索，科学家们已经初步认定这些晴空坠冰，其中至少有一部分来自太空，就像为人熟知的陨石一样，所以，这些坠冰也可以被称作“陨冰”。陨冰的成因和陨石类似，它最初的母体可能是太空中硕大无比的巨大冰山，原本在太空中绕着太阳而转动，但是某一天却脱离了正常的轨道，受到地球引力的吸引，被迫改变轨道落向地面。但是在经过地球周围稠密的大气层时它们会与大气层产生摩擦，同时，几千度的高温焚烧下使绝大多数的陨落物都消失在了大气中。只有少数原先非常巨大的母体，才可能留下残骸并降落到地面上，成为陨冰（其实，陨石、陨铁的成因也是如此）。

或许，降临到地球上的陨石、陨铁是幸运的，因为只要经受住了地球大气层的高温考验，它们就能在地球上找到自己的“栖息之所”，即使是原始时代坠落下来的陨石，也往往能够被科学家们所发现，但陨冰就没有这么好的运气了。它们一旦落下，很快就会融化，如果不能被及时发现和保存，很快就会化成污水而无从辨别。因此，到20世纪末为止，被正式确凿证明的陨冰数量还不到两位数。最早确认的陨冰是1955年落于美国的“卡什顿陨冰”；第二块陨冰于1963年降于莫斯科地区某集体农庄，重达5千克。

还有人认为，这些陨冰可能来自彗星的彗核，并且包含有彗星以及太阳系形成之前的有关信息。不论这种推测是否正确，都说明这些常常令人惊讶不已的陨冰的确是不可怠慢的贵宾。

穿堂入室的球形闪电

闪电是云与云之间、云与地之间或者云体内各部位之间发生的强烈放电现象。一般来说，人们看到的闪电都是明亮夺目的闪光，球形闪电相对少见得多。

顾名思义，球形闪电形如圆球，有时很小，有时却比足球还大。它的颜色也很多变，有时是鲜红色或淡玫瑰色，有时是蓝色或青色，有时是刺眼的银白色，还有的时候竟然是黑色。球形闪电行进的方向与风向基本一致，常常随风飘游，所以一旦房屋门窗敞开，形成了过堂风，它很可能就会通过开着的门窗或各种缝隙钻进室内。有时它还停止不动，悬挂在人们的头顶上。而一旦碰到障碍物时，它常会爆炸并发出巨响。

1978年8月17日，一团橙色的球形闪电曾经造访了前苏联西高加索山区的特拉佩齐亚山。当天夜里，5名登山运动员在这座山上过夜。半夜里，其中一个叫卡乌年科的人突然觉得帐篷内似乎有一团亮光，于是他惊醒过来，然后就看见一团橙色的火球在帐篷中游走，他惊叫出声，那团火焰仿佛也受到了惊吓一般，突然就钻进了一个登山队员的睡袋，并立即发生了爆炸。结果非常惨烈，这名队员当场被炸死，帐篷里的其他人也受了伤。

闪电形成示意图

在雷暴云内部，水和冰的微粒相撞使正负电荷不断积累，当电荷之差达到足够大的程度时，就开始通过闪电的形式释放电荷。

一般来说，球形闪电的运行速度比较缓慢，有时甚至与人们跑步的速度差不多。人们很容易跟踪、观察它，因为球形闪电出现时往往伴随着轻微的呼哨声、嘶嘶声或嗞嗞声。

这种球形闪电虽然相对罕见，但相关的历史记载却很早就有。中国北宋著名科学家沈括（1031～1095年）就曾遇见过一次球形闪电。当时，球形闪电从天空进入“堂之西室”后，又从窗间檐下钻出来，雷鸣电闪过后，房屋安然无恙，只是墙壁窗纸被熏黑了。屋内易燃的木架以及架内的器皿都未被电火烧毁，但是一个漆器上镶嵌的银饰却被电火熔化了。更令人费解的是，钢质的宝刀也被熔化成了汁水，但是用竹木、皮革制作的刀鞘却完好无损。沈括将这段经历记录在了《梦溪笔谈》中，成了历史上的一个悬案。

一个半世纪以来，人类记录了4000多次有关球形闪电的现象。这些发着耀眼的黄色、白色或橙色亮光的球体可以穿过玻璃窗和金属隔板，也可以从电话听筒和电插销座里“钻出来”。它们可能只是在天空中游走一番便会突然消失，也可能会引发爆炸带来灾难。

雷电带来的福音与奇闻

当两根被施加了高电压的电极慢慢靠近时，一旦近到一定距离，它们之间就会出现“弧光放电”现象，也就是人们通常会看到的电火花。雷雨天产生的闪电，与这种现象的成因相似，不过电极之间的火花可以长时间存在，而闪电是转瞬即逝的。

在地球上，雷电出现的频率非常高。有人曾经这样描述过：“当你阅读一篇文章的时候，世界各地大约正有1800个雷电交作在进行中。它们每秒钟约发出600次闪电，其中有100次袭击地球。”这些频频光临地球的闪电，给人们带来的大多是灾难，但有时候也会给人们带来福音。一天，一位主妇回到家后，发现电冰箱里的生鸭子竟然“变”成了烤鸭。她本以为是自己的丈夫将鸭子烤过了，可是丈夫却说自己一直在公司。这件奇特的事情引发了科学家的关注，经过一段时间的研究，科学家告诉这家人这是球状闪电跟他们开的玩笑。当时，闪电可能通过某个缝隙进入到了冰箱里，瞬时间，冰箱就变成了电炉，里面的鸭子就这样被烤熟了。这是发生在美国龙尼昂威尔小城里的怪事。最令人奇怪的是，冰箱竟然丝毫没有损坏！

雷击会使人丧命并不奇怪，有趣的是，有些身患不治之症的人竟会因为受到雷击而得到治愈。1980年夏天，一位患白内障双目失明的印度老人在家中遭到了雷击。当时，他感觉到脑子震动了几秒钟。第二天一觉醒来，他惊喜地发现自己竟然重见光明。和他有同样遭遇的还有一位70多岁的西班牙老人，他在遭雷击后也复明了，而且视力不断增强，到最后不戴眼睛竟能阅读书报。此外，还有一位法国人，手脚因患风湿病而不能动，但在被雷击昏苏醒后却发现自己已经康复如初。

与雷电带来的福音相比，其带来的怪诞不经、奇闻逸事更胜一筹。

1.在前苏联某个集体农庄，两个在牛棚屋檐下躲雨的孩子突然发现一个橙黄色的火球，它缓慢地朝他们移动过来，一个孩子好奇地踢了它一下，火球轰隆一声便爆炸了，其实，这个火球本是球状闪电，孩子们被它击倒在地，幸好没有受伤。

2.法国的一座小城下了一场雷雨。雨后，路人看到有3名士兵一直站在树下一动不动，便上前同他们搭讪。哪知这三个人竟然毫不理睬，路人好奇地推了其中一个人一下，哪知这个人顿时倒地，化成了一堆灰烬。原来，这3名士兵已经被与雷雨相伴随的闪电击毙了，他们只是“若无其事”地保持着死前的站姿而已。

3.1973年夏季，在中国河南省的一个小村庄里，突然下起了暴雨，狂风夹杂着豆大的雨点。阴郁的天空突然出现了一个球状闪电，它先是游走到了村东头，把一棵粗壮的钻天杨拦腰击断，然后，它又破墙而入，在一户农民家里发生了爆炸，牲口房里的驴子被当场击死。

4.1962年9 月，美国衣阿华州遭受一场雷雨袭击。雨后，一位市民在家中的餐厅里发现了一幕奇怪的景象：餐桌上放着的一叠盘子，共12个，表面看上去它们依旧完整地叠放着，但实际上每隔一个被雷击碎了一个，同时，餐桌也是完好无损的。至今也没用人能对这种怪现象作出令人信服的科学解释。

5.“挑战者号”航天飞机在空中爆炸之后，美国航天史上又出现了一次罕见的事故，这场事故也与雷电有关。当时，位于美国弗吉尼亚州瓦罗普斯岛发射场的5枚小型试验火箭即将升空，却遭遇了雷电的突然袭击。被雷电击中的3枚火箭自行点火升空。其中两枚升空后飞行了大约4千米，之后在预定轨道上呈75度角并最终坠毁；而另一枚射出100米左右后便坠入了大西洋。

6.1982年9月的一天傍晚，中国河北省保定西郊发生了一件不幸的事情。当时乌云密布，大雨滂沱。突然，一户农民家里遭到了雷电的袭击，巨大的火光在东屋房顶升起。这个屋顶被击出了一个直径约40厘米的窟窿；同时，一名33岁的妇女在相隔两个房间的西屋倒地身亡。

7.1987年夏季的某一天，在加拿大的红鹿公园，雷电袭击了一名7 个月大的男婴。当时，数百万伏特的高压加到了男孩占美的身上。他的母亲嘉丽被吓得几乎晕了过去，在路人的帮助下，她把儿子送到了附近医院抢救。出人意料的是占美只是受到一点惊吓，皮肤略有烧伤。两天之后，嘉丽把占美接回到家中，晚上熄灯后，奇怪的事情发生了，占美的身体一直闪闪发光，这种现象一直持续了3个月。医生解释说，这种情况可能是由雷击到造成的。当时雷击带来的电力可能被储存在了占美的体内，而后来恢复正常可能是因为电力完全外泄了出去。

这些由雷电带来的奇怪事件，有的得到了破解，有的仍然是未解之谜，它们吸引着人们不断地对其进行研究，而人类自身也希望有一天能够将雷电的秘密彻底研究清楚。

日本东京下起 “蝌蚪雨”

日本东京的雨季刚刚开始，位于日本中部石川县能登半岛上的滨海小城七尾市却下起了一场别开生面的“蝌蚪雨”。

当天，一位公司职员在停车场停车时，突然下起“雨”来。不同寻常的“噼里啪啦”的声音让他感到诧异，紧接着他便在车的挡风玻璃和地上看到了很多黑色的物体，仔细辨认后竟发现，都是蝌蚪的尸体，大概有100多只。

这场诡异的“蝌蚪雨”影响范围很大，不断有市民向气象部门反映自己也看到了这一奇特现象。这种“天降异物”的现象曾经出现在世界各地。1876年，美国肯塔基州曾经下过一场肉雨，如同雪片一样大小的肉块“唰唰”地落了下来；1977年，美国加利福尼亚州的天空，曾经落下几百只半死不活的鸽子；还有一些小动物，如水母、青蛙和蛇偶尔会出人意料地从空中落下，有时甚至在离水域数千米远的地方。

对这种现象，科学家们一直解释说动物雨很可能是龙卷风造成的。因为当龙卷风急速地经过湖泊或海洋上方时，可能会把水以及水里的一些东西带进云层中。它们会随着暴风云中的强风翻山越岭，漂洋过海，进行长途穿行，最后，随着风力的减弱，它们便会从云端坠落下来，有时可能伴随着雨水，而有时落到地面的可能只有这些动物的尸体。

七尾市的“蝌蚪雨”出现后，一时间议论纷纷，很多人也认为蝌蚪可能是由龙卷风带到空中，而后又甩向了地面，但一名气象局官员却称这种可能性非常小，他说：“人们猜测是海上龙卷风将这些蝌蚪带到空中去的，但从气象学角度来讲，我认为这不可能。我们已经调查了上周的气候报告，的确有旋风经过了这里，但并不强烈，没有造成任何破坏。”按照这种说法，这种连人都没有感知的旋风级别很小，不大可能把蝌蚪带到空中去。

还有另外一种更加奇特的说法，日本鸟类保护联盟的专家认为，很可能是苍鹭等鸟类进食后，在飞行中受到了惊吓，所以将刚刚吃进腹中的蝌蚪吐了出来。显然，这种观点更加经不住推敲，因为虽然大型的苍鹭一次进食可能达到100多只蝌蚪的数量，但是其经过消化后的呕吐物，只可能是模糊的团状物，而不可能是整只蝌蚪。

这场“蝌蚪雨”究竟是怎样开始的，还没有统一的答案。但是人们所感兴趣的或许并非一个合理的解释，而是这样奇特的现象所带来的格外有趣的故事。

可怕的“火雨”

大约100年前，一场火雨袭击了亚速尔群岛地区，在这场灾难中，整整一支舰队被火雨完全摧毁。“火雨”又称干雨，很早的时候，火雨就被人发现过，当时这种现象还相对罕见，近些年来这种现象出现越来越频繁。火雨曾经在非洲的萨凡纳引发了火灾，还曾经使德克萨斯的草原陷入了火海。这令很多人深感不安。于是，全世界天体物理学家都将注意力集中到了与火雨有关的研究中。

一般来说，火雨产生的火灾很难被扑灭。因为火雨引发燃烧时会产生瀑布式倾热，所以灭火时不仅要扑灭燃烧着的物质，还要对付高达2000℃的雨热。这个时候，水并不是最有效的灭火手段，因为对这种雨热来说，水只是一种“清凉淋浴”。所以，灭火时除了用水，还要使用特殊的硅质粉，以使热源无法接触到氧气。

而关于火雨现象的成因主要有这两种解释。一种观点认为，火雨现象产生于散落的彗星，是由落到地球的某些散落的特质引起的。一般来说，火雨会在彗星散落到地球之后的2~6年内出现。如果这种假设成立，那么在最近6~15年内将会出现一些火雨。这是因为近年来越来越多的彗星散落到了地球，所以，6~15年后，火雨引发的火灾数量将达到每年8起，而50年后甚至会升至每年30起左右。

另一种观点认为，火雨现象是人们尚未认识的一种对文明的破坏活动。虽然很多人认为火雨同宇宙中的彗星有关，但是化学家对火雨的光谱分析结果显示，这种现象似乎与彗星的化学成分没有什么关系。坚持火雨与彗星有关的人认为可能是因为很多物质在大火之中被焚毁了，但反对者又说火不可能消灭掉所有的物质成分。

两种说法都各有道理，但都需要进一步研究证实。

骇人听闻的“五彩雨”

1891年11月2日，在比利时的布兰肯伯格地区下起了一场特别的大雨。这场雨的不同之处在于雨水都是红色的。

经验告诉人们，雨水应该是无色无味的，但是这场红雨究竟是怎么一回事呢?

或许是因为龙卷风带起的红沙混杂进了雨水中吧！人们抱着这样的想法对雨水进行了成分分析，结果与他们的设想并不吻合。他们对144盎司红雨水进行了试验，当雨水减少至4盎司时，仍然没有发现任何红沙。但是，在进一步的分析中，人们发现了一种叫抓化钻的物质。然而，这个发现也并不能解释红雨的成因。

无独有偶，世界上的其他地方也曾经下过各种色彩的雨。1955年7月的某一天清晨，在美国俄亥俄州，爱德华·姆茨先生像往常一样来到花园中，但眼前的情景让他惊呆了，只见花园中的桃树和树下的草皮都死掉了，树枝上挂满的桃子也已经干瘪了。

到底发生了什么？突然，他的目光被草皮上的一个塑料袋吸引住了，因为那个塑料袋上有一些红色的水滴。于是，他想起了前一天下午那场奇怪的红色雨水。

当时，他正在花园里工作。突然，他感觉到一滴温暖的水滴滴落在他的胳膊上。“下雨了！”爱德华·姆茨先生一边想着一边抬起头看了看天，他发现天空的云层中居然有一块奇特的云团，因为那团云呈现出暗绿、红色和粉色，颜色非常诡异。他再低头看自己的胳膊，才发现胳膊上的雨滴居然是红色的。

雨越下越大，不断地从那团云彩中落下来，正好落在花园里的桃树上。爱德华·姆茨先生并没有急于进屋，这场红色的雨让他感到非常奇怪，于是他又抬头望望天，但这时他突然感觉到疼痛，之前被雨滴淋湿的双手开始有被烧灼的感觉。这让爱德华非常害怕，他赶快跑回屋子，用清水和肥皂仔细地清洗了双手。清洗的过程中，疼痛感一直没有消失，就像是松节油涂在了割破的伤口上一样。他隔着玻璃看向外面，红雨已经下得很大了，那些“雨”水就像鲜血一样红。

第二天，爱德华先生就在自己的花园里看到了之前的一幕，他没有预料到，这场雨的杀伤力竟然如此强大。后来，美国科研机构的人取走了桃树果实和草坪的样品。不过，最后他们并没有公布研究的结果。或许他们也没有搞清楚这种有颜色的雨到底是怎么一回事。

邻居们开玩笑地对爱德华先生说，是不是当时恰好有一架飞机从天空中经过，并倾倒下了这些红色的液体。爱德华·姆茨先生却斩钉截铁地表示他抬头看了很久，除了那团诡异的云彩，他并没有看到其他值得注意的现象发生。美国航空局也证实了当时那一带没有飞机经过。有的专家则表示那些红色雨水和化工厂排出的废气造成的污染似乎也没有什么关系。

那么，这些奇怪的“雨”究竟是从哪儿来的？这个问题至今也仍然没有人能说清楚。由此看来，这种雨水的来历还真是有些奇怪。

为何会天降怪雪

“六月飞雪，必有奇冤”，中国人素来爱用这样的说法形容怪异的气候现象。2006年8月2日，中国深圳市气象部门发布了台风即将来袭的警报，但是某小区的高层居民还没迎来台风，却先看到了“八月飞雪”的奇异现象。

深圳市在中国南方，冬季都很少会降雪，更何况是炎热的8月。空中飞舞的雪花大约黄豆大小，在风中仿佛像是飘飞的柳絮，一旦落在树木或碰到墙壁，便会迅速地消融，同时，空中还飘着毛毛细雨。“飞雪”的现象仅仅持续了两分钟，不久之后，风力逐渐加大，雪也就渐渐消失了。

其实，深圳市民们所看到的飞雪并不是真正的“雪花”，而是一种叫“霰”的天气现象。所谓的“霰”，是一种固体颗粒，呈白色，不透明，形状像是球形的米粒一样，由于形成机理与冰雹一样，也被称为“软雹”。霰的外形虽然和雪相似，但却和雪有着本质区别，它形成于气团上升、气层较不稳定的条件下。这种天气现象在中国的北方比较普遍，但在南方却很少出现，这是它在中国深圳的首次“现身”，因此对深圳市民来说，显得格外稀奇。

除了“霰”之外，还有另外一种类似雪花但又迥然不同的“降雪”天气。2005年1月4日夜间，在中国西北部的兰州市西固区、七里河区曾天降大雪，但让人惊异的是，落到地上的米粒状雪花就像一粒粒塑胶泡沫，它们落到地上后不仅长时间不融化，甚至还会随风滚动。其实，这种类似于降雪的现象是“米雪”，又被人们称为“米糁”，它是从高度较低的云层中降落下来的，有时也可能出现于浓厚的雾中。

除了以上这些神奇的降雪现象之外，还有些地方曾经发生过天降“彩色雪花”的神奇现象。比如俄罗斯远东地区就曾经降过一场粉色的大雪，当时大雪把地面笼罩成了粉色。与俄罗斯的“粉雪”同时，韩国首都首尔及其全国多地都降下了黄色的雪花。

那么，这些有颜色的雪又是如何形成的呢？

气象专家解释说：初春以来，蒙古东部荒漠地区气候非常干燥，地上的浮尘颗粒被大风卷到高空，并随着风向俄罗斯及韩国境内移动。一旦这些浮尘颗粒与来自北太平洋的冷湿气旋相遇，就会与水蒸气发生微小的化学作用，夹杂着浮尘的雪花便呈现出了粉色或黄色。

会跳舞的北极光

“极光”这个词来源于拉丁文“伊欧斯”一词，传说伊欧斯是希腊神话中“黎明”的化身，是希腊神泰坦的女儿，是太阳神和月亮女神的妹妹。极光是一种大自然的天文奇观，颜色以绿、黄、白、蓝居多，偶尔也会呈现艳丽的红紫色，形态可以分为带状极光、弧状极光、放射状极光和幕状极光等多种。

一般来说，只有在严寒的秋冬夜晚，在高纬度地区，才会出现曼妙多姿又神秘难测的极光。尤其是北极地区的夜色里，那五彩斑斓、变幻莫测的动态极光，简直像是在舞蹈一样。多年来，动态极光的成因一直没有定论。

极光产生于太阳向外发射的高速带电粒子与地球大气原子的冲撞。但是这种情况下产生的极光都极其微弱，人类很难用肉眼观测到。那么，动态极光是怎么产生的呢？

2008年7月，借助美国宇航局5颗“西弥斯”卫星及北美地区的20个地面观测站，美国科研人员解开了北极光会“跳舞”的谜团，他们认为动态北极光的成因是磁重联，它发生在地球和月球间距地球大约1/3处。

由于太阳风把地磁场磁力线向远离太阳的方向“拉扯”，从而改变了地磁场磁力线的分布，磁力线突然的重新排布也就是磁重联现象。在距地面约13万千米处，地磁场磁力线就像一条被拼命拉扯的橡皮筋，一旦发生断裂，就会向着地面方向“弹”过去，而后再重新连接。在这个过程中，磁能就会转化成动能和热能，促使北极光闪烁起来，配合着深邃的夜色，看上去就像在跳舞一样。

海上燃烧着的光轮

在印度洋或印度洋邻近海域，很多人都曾经目睹到神奇的“海上光轮”，但这种现象在其他海域却鲜有发生。

“海上光轮”是一种神奇的光圈，出现在夜里，看上去就像是在海平面以上的空中奔驰的轮子一样，它的出现往往还伴随着其他令人难以解释的现象。

英国的一艘轮船曾经在海上遭遇了“燃烧着的砂轮”。当时，船员们看到两个巨大的光圈从远处“奔跑”而来，它们旋转着靠近了船只。就在光圈即将触到轮船的一刹那，桅杆倒了，随后，船员们闻到了一股强烈的硫黄气味。

美国的“帕特纳”号轮船也曾在波斯湾海面遇到过类似的现象。那是1880年5月的一个黑夜，轮船正按照正常的航向和航速行驶，两个直径约500～600米的圆形光轮突然出现在船的两侧。这两个奇怪的光轮，跟随轮船旋转前进，几乎擦到了船舷。所有人都惊呆了。大概过了20分钟，光轮才逐渐消失。当时，美国作家查尔斯·福特恰好也在船上，他亲眼见证了这个现象，并收录到了自己的书里。

在此后一个多世纪的时间里，人们做了种种推论和假设去解释这类奇怪的现象。有人认为，两组海浪相互干扰时，会使海洋浮游生物产生某种运动，而有些海洋浮游生物是可以发光的，从而会导致海水泛起美丽的光芒，并形成旋转的光圈；还有人认为，航船的桅杆、吊索电缆等的结合可能会产生旋转的光圈；还有人猜测，这种现象是由于球形闪电的电击而引起的，还有可能是其他物理现象造成的。

虽然人们作出了多种假设，但似乎都存在一些疑点。起码上述任何一种猜测，都不能解释为何这些海上光轮出现在海平面之上的空中，而不是在海水表面。

这种现象的形成原理还没有得到破解，海上光轮却仍然不断出现在海航者的视野中。

1909年6月深夜，在马六甲海峡，一艘丹麦汽船正在航行。突然，前方不远处与海面相接的天空中突然出现了一个圆型光轮，在空中旋转着。船长宾坦被吓得目瞪口呆，随即命令减速前进，就在汽船渐渐靠近光轮的时候，它突然消失不见了。

荷兰“瓦伦廷”号轮船在中国海域航行时，也遭遇了一个与“马六甲光轮”类似的光轮。不同的是，这个光轮的出现使船员们产生了一种不舒服的感觉。

海洋这个奇妙的世界，自古以来就流传着许多神秘的故事。虽然人们不断地向海洋进军，试图去解释一些神奇的现象，但总有一些谜团难以破解。变幻莫测的“海上光轮”就是其中之一。

海火带来的灾难信号

1975年9月，中国江苏省近海地区发生了一次地震。在地震发生之前，附近郎家沙一带海面上曾经出现过神奇的“海火”。海火是一种会随着波浪起伏跳跃的亮光，像燃烧的火焰一样，它在海面上整整翻腾了一个晚上，直到天亮才逐渐消失。第二天、第三天……海火持续出现，直到第七天，海面上涌出了很多泡沫，水中甚至出现了珍珠般闪闪发光的颗粒。几小时以后，地震就发生了。

大约一年之后，这种海水发光的现象出现在了中国河北的唐山市，也就是震惊世界的唐山大地震发生之前。7月27日晚上，也就是大地震发生的前一天，秦皇岛、北戴河一带的海面上出现了这种“海火”。

从上面的事件中不难看出，海火常常出现在地震或海啸前后。那么，海火是怎样产生的呢？为了回答这个问题，科学家们进行了深入的研究和实验，最后，观点主要统一为两种：岩石爆裂发光和生物发光。

持前种观点的主要是美国学者，他们对圆柱形的花岗岩、大理岩、玄武岩等多种岩石试样进行破裂试验。结果发现，如果压力足够大，这些试样便会爆炸性地碎裂，并在爆裂的瞬间释放出一股电子流，从而激发周围的气体分子发出微弱的光亮。如果这些岩石发生碎裂的环境是水中，那一瞬间产生的电子流也会使水面发出亮光。也就是说，当地震发生时，大量的岩石爆裂可能造成海火现象。

然而，反对者提出，海啸并不像地震一样能够造成大量岩石爆裂，如果按照上述观点，海啸时就不应有海火的出现。所以，他们更愿意相信这些光亮来自水中的生物。他们列举出了自己的证据：拉丁美洲大巴哈马岛的“火湖”里有大量甲藻，当水面因船桨摆动而受到震荡时，这些受到刺激的甲藻就会发光。所以，海火的出现可能就是因为水里会发光的生物受到地震或海啸来临之前的扰动而发光所致。一些甲壳类、多毛类的水生动物，以及许多细菌和放射性虫、水螅、水母、鞭毛虫，都会在受到刺激的时候发光。

当然，这种观点也没有得到最终的证实，因为还有一些研究者持有异议。他们提出，这些发光生物并不会因为狂风大浪扰动了海水而受刺激发光。所以，这种解释也依然存在疑点。

还会有人将这两种观点统一起来，认为海火的出现可能存在不同的成因。以上两种观点都有可能成立，生物发光和岩石爆裂发光只是这种奇妙的自然景观形成的两种可能机制而已。

会“报时”的怪石

在澳大利亚中部阿利斯西南的茫茫沙漠中，有一块怪异的石头：早晨，太阳升起时，阳光照射在石头表面，它呈棕色；中午，烈日当空，沙漠中的温度急剧增高，这块石头呈灰蓝色；傍晚，太阳渐渐落山，它又变成了红色。

每天，这块怪石都遵循着固定的规律，通过改变颜色的方式来告诉人们时间的流逝。从发现这块石头开始，当地居民就把它看成了“标准时钟”，根据它一日三次的颜色变化来安排日常生活，甚至安排农事。

“报时”奇石表面上看没有什么特别的地方，高348米，周长约8000米，密度比较大，仅露在地面上的部分就可能有几亿吨重。但它为何会具有“报时”的功能呢？这究竟是源于怪石所处的气候条件、地理环境，还是与怪石的结构成分有关？

对怪石的研究持续了多年。近期，古学家和地质学家才对这种奇怪的现象做出了比较合理的解释：沙漠地区昼夜温差很大，白天温度极高，而天空终日无云，空气稀薄。这块怪石所处的地方十分平坦，怪石表面又非常光滑，简直像是一面镜子。在这种情况下，当阳光均匀地照射在怪石表面时，怪石就会反射太阳光，这样一来，从清晨到傍晚天空中颜色的变化能相应地呈现在怪石上，而怪石也就拥有了神奇的“报时”功能。

澳大利亚怪石

其实，这块石头除了会随太阳光强度不同而改变颜色之外，还会随着太阳光照射角度的变化而变换形象：有时候它像鲨鱼的背鳍，有时候像一艘半浮在海面上的潜艇；还有时像一位穿着青衣、斜卧在床上的巨人……

对这种现象，科学家们也给出了解释：在不同的气候条件下，太阳光活动产生反射、折射的数量及角度是不同的，当这些被巨石“处理”过的光线反映到人的眼睛中时，就会形成不同的视觉效果，看上去就好像巨石的形状发生了变化一样。

虽然科学家的解释还不能令所有人信服，但可以肯定的是，这是一种正常的自然奇观，是一个完全可以依靠科学破解的谜团。

会飞的石头

传说，中国唐代大诗人王维（701～761年）曾经为岐王画过一幅画，画上的高山巨石形象逼真、峥嵘伟岸，于是题为《山石》。一天晚上，风雨大作，第二天王维起床之后，竟发现画中的一块巨石不见了，而这张画上从此原本巨石所在的位置就成了一片空白。

若干年后，高丽王突遣使者来访，说他们那儿的一座山上飞来了一块巨石，石上赫然有王维的印迹。高丽王怀疑这块石头是大唐圣物，所以派遣使者前来奉还。人们大惊失色，此时王维已经逝去，人们只能到岐王府中一探究竟。幸好岐王的后人还保存着这幅画，两相对比，使者带来的巨石形状果真与《山石》画上的空白处完全吻合！

这是中国古代一则巨石移位的神话故事。现代社会中，中国广西阳朔城关乡双淮村前的漓江畔，真的飞来一块重达两吨、形如海马的巨石。

同传说中所讲的一样，奇石飞来的前一天下午，一场特大的暴风雨“光临”了双淮村。一时间天昏地暗，雷电交加。风雨过后，人们在漓江江畔发现了这块神奇的巨石，众人纷纷猜测大概就是在下雨之时，大风把这块巨石送来的。

此外，中国的黄山有块奇石，被称作“飞来石”；杭州灵隐寺前有座山，被叫作“飞来峰”。这“飞来”二字似乎在无声地解说着诸种神秘的现象。

石头真的会飞吗？它从何处飞来，如何飞来，人们不得而知。但总有一天，巨石腾空而起，变化移位的真正原因会揭示在世人面前。

冰雪世界里的热水湖

南极是世界上最寒冷的地方之一，这里终年冰雪茫茫，95%的大陆被冰层覆盖，冰层厚度达到2000米，平均气温低达零下几十度。然而，就是在这片素有“白色大陆”之称的地方，却有一个叫做范达湖的热水湖。

这个湖泊最早是由美国人发现的。当时，美国航天卫星在大西洋南部南极洲沿海的威德尔海发现了这个人类从未见过的巨大的“湖”。冬季的大部分时间，它都会出现，但有时又忽隐忽现，通过卫星图像很容易忽略它的存在。

1960年，日本学者鸟居铁也通过测量资料，对范达湖的水温和所含物质进行了详细的分析。他发现，范达湖表面薄冰层下的水温为0℃左右。但是，随着深度的增加，水温会不断地增高。到15~16米深处，水温升至7.7℃左右。到了40米以下，水温升高的幅度会渐渐缩小。但是，在50米处，水温升高的幅度又突然加剧。至68.8米的湖底，水温竟高达25℃，与中国东海的夏季表面水温相差无几。在寒冷的南极大陆竟然有这样的热水湖，不得不令人感到惊讶。

南极大陆冰层的年平均温度一般在−25℃左右，而范达湖的最高温度达到了25℃，这将近50℃的温差究竟是怎样形成的呢？这个深陷在茫茫冰原之中的热水湖，留给极地考察科学家们一串串难解的谜团。

由于很难对这种现象作出合理的解释，所以有些人认为这是由于观测错误造成的，又或者是某种偶然的因素使然。为了批驳这种偶然论和观测错误论，科学家们又进行了多次测试，结果依然证明这个热水湖确实存在，而且其温度变化规律和鸟居铁也的观点吻合。

既然事实已经确定，那么重要的问题就在于对其进行解释。为此，新西兰、美国、日本和英国等国的南极考察队纷纷加入了研究队伍中，他们从不同角度予以说明，彼此争论不休。最后，地热活动说和太阳辐射说成为最受关注的两种观点。

支持地热活动说的专家认为，南极大陆上有很多火山，其中不乏目前仍在喷发的活火山。火山喷发时，地底岩浆活动比较剧烈，岩浆也会不断上涌，受地热影响，湖水的温度就会出现上冷下热的现象。范达湖距罗斯海只有50千米，而墨尔本火山和埃里伯斯活火山就在罗斯海附近，这是两座活火山，所以很可能就是它们直接影响了范达湖的水温变化。这种解释似乎是最容易被人们接受的。但是，国际南极干谷钻探计划实施后，人们了解到范达湖所在的赖特干谷区中并没有地热活动，这就彻底否定了地热活动说。

如此一来，太阳辐射说便得到了更多人的支持。

太阳辐射说也曾经引起很大的争议。最初，持这种观点的人认为，南极地区夏季日照时间长，湖面接受的太阳辐射能多，湖面水温会升高。但由于冬季结冰，湖面水的盐度增高，密度就会变大。因此，即使夏季水温升高，由于表面水的密度仍维持较大的数值，导致温暖的表面水下沉，所以湖底的水温反而会变高。可是，反对者却指出，南极夏季天气终日阴沉，即使日照时间长，能够到达地面的太阳辐射仍然很有限，况且冰面会反射太阳的辐射能，反射幅度甚至可以达到90%以上，到达地面的辐射能就更少了，不可能使表面水温升得很高。况且，暖水下沉后，必然使整个水层的水温升高，而不可能仅仅使底层的水温增高。这样一来，太阳辐射说便很难成立。

为了进一步论证太阳辐射说的合理性，美国学者威尔逊和日本学者鸟居铁也进行了更深入的研究，提出了新的论点。

他们认为，按照反对者的观点，地面接收到的太阳辐射能确实少得可怜。但是，具有一定透明度的冰层对太阳光有一定的透射率，所以湖面以下的冰层也能或多或少地得到一定的太阳辐射的能量。范达湖所处地区风很大，冬天大风肆虐的时候，积雪都会被风吹走，岩石便裸露出来，使得夏季地面吸热增多，气候较为温暖。长年累月，表层及以下的冰层的温度便有所上升，最后甚至会渐渐融化。由于湖底水的盐度比较高、密度较大，所以底层水不会升至表层，结果，就使高温的特性保留了下来。同时，表层冬季有失热现象，底层则依靠其上水层的保护，失热微小，因而底层水温特高。

近年来，范达湖底层水温呈现缓慢升高的趋势，而科学家们也发现远远多出海水的氯化钙之类的盐类溶液能有效地蓄积太阳热，这些新发现都为太阳辐射说提供了有利的依据。

尽管太阳辐射说的支持者似乎提出了充分的理论和事实依据，但持地热说者仍然不能信服。他们提出了很多疑问，比如十几米厚的冰层究竟能透过多少阳光？而这些有限的阳光又如何能使冰层融化并使水温升达如此高的程度？更何况如果太阳辐射说成立，那么南极大陆上应该会有很多像范达湖一样的热水湖，但事实却并非如此。质疑者仍然坚持着自己的观点，他们认为（南极干谷钻探计划）虽然提出在范达湖附近并没有地热活动的报告，但实际上这可能是因为钻孔数量有限，深度也不够，导致该地区的地热活动尚未被发现而已。

千年石棺涌现“神奇药水”

法国比利牛斯山脉附近有一座小村庄。村里的警官加贝斯·希沙的妻子患了感冒，一直未愈。一天中午，他们的儿子带回来一瓶水，对妈妈说是从阿尔·修·提休石老教堂求来的神奇之水。加贝斯·希沙的妻子喝了这些水之后，身体竟奇迹般地痊愈了。

这件事情发生在1000多年前，神奇之水来自法国南部阿尔·修·提休石老教堂内停放的一具奇特的“清泉”石棺。石棺每年滴出的水量多达700升，但没有人知道石棺里的水来自何处。

村民发现这座石棺渗水大约是在公元960年。一开始，人们发现从石棺中滴出来的水即使放进没有盖子的容器也不会蒸发，长期装在密封的瓶子里也不会发臭变浊。后来，他们又发现这奇迹之水对治疗湿疹、慢性胃病及肝病颇有神效，甚至连村里的内科医生安德鲁·欧利尔也承认，奇迹之水具有令人不可思议的药效。

从这之后，村民们长年在这里汲取奇迹之水治病。但是石棺里的水究竟是从哪里来的，没有人能够说清楚。

传说，石棺的主人是两位修道士，分别叫阿普顿和歇诺。当年，两人的遗骨被埋葬在这里的时候，教民们别出心裁地在棺盖上安了一根铜管。谁也没有想到，数年之后的某一天，突然有清水从棺内向外滴出，开始有人认为可能是由于湿气所致，但时间久了，人们发现滴水一直不断，年复一年，昼夜不息。

难道水是教堂里的神职人员放进石棺里的？研究者们派人日夜看护，但除了求水治病的居民和前来参观的游客和研究人员外，很少有人接近这座神奇的“清泉”石棺。

莫非是雨水滴落到了石棺里？为了证明这个猜想，1971年，研究者曾连续两周用塑料布包裹石棺，阻绝雨水及其他外来水源。但是，水仍然一滴一滴地掉落下来，并没有因此而间断。

还有人认为，奇迹之水是地下水流入石棺所致。于是，两位法国工程师将石棺垫高，期望找到地下水的源头，仍然没有任何发现，泉水一如既往地长流不息。人们还将整个石棺悬吊在半空中，经过几天仔细的调查，没有发现任何暗藏的沟、管或是夹板之类设施。

会是由于湿气渗入了石棺中吗？这个猜想很快就被人们否决了，因为这座教堂所处的比利牛斯山脉是法国最干燥的地区之一，更何况每年700余升的水量也实在太多了！

为了揭开这个谜团，教堂准备了1000枚金币，作为对揭秘者的奖赏。但时至今日，依然没有人将这1000枚金币领走。1970年，英国《泰晤士报》也悬赏数万英镑，鼓励人们探访揭秘，慕名而来的学者和专家络绎不绝，但基本都无功而返。

“粘”船的海水

在航海史上，曾经屡次发生海水像胶水一样“粘”住航行船只的事故。当船只进入到“死水”区之后，会陷入一种几乎静止的状态，渔船的渔网可能会被拧成一缕，船舵会失灵，船只甚至会因迷航而葬身大海。

这到底是怎么回事呢?

一般来说，在不同的地方，海水的密度是有差异的。在海岸附近或者江河入海口处，水流的盐度和密度显著降低，形成“冲淡水”。如果“冲淡水”下面的海水密度大、盐度高，那么在两者之间就会形成“密度跃层”。这种密度跃层有的就像一条线一样，上下海水的密度迥然有异；还有的可能厚达几米，它会把海水分成两种水团，一旦风、海流的摩擦力或者月亮、太阳的引潮力等外力作用在两团海水的相邻界面上，就会形成波浪。由于波浪发生在海面以下，人们通过肉眼很难观测到，所以又被称为“内波”。内波正是粘住船只的罪魁祸首。

1893年，挪威著名探险家南森的“弗雷姆”号就曾经在大海上遇到了被海水“粘”住的怪事。

当时南森带领船员驾驶“弗雷姆”号从奥斯陆港出发前往北极，此行的目的是为了证实北冰洋里有一条向西的海流经过北极再流到格陵兰岛的东岸。但是，当船只行驶到泰梅尔半岛沿岸时，“弗雷姆”号突然走不动了，好像被海水“粘”住了一样。

船员们惊慌失措，以为遇到了海怪。但南森凭借多年的探险经验，沉着地观察着周围的环境：海面上没有一丝风浪，船只离岸很远，不可能是搁浅，也没有触礁。难道遇到传说中的“死水”了?这个发现甚至让南森有几分激动，他开始认真测量并记录一些相关的数据，包括船只的航向、航速、海面的景象、附近的海水深度、密度等等。

当南森认真地整理观测结果时，海上刮起了大风，“弗雷姆”号的船帆鼓了起来，并开始缓缓移动。船员们欢呼雀跃，庆祝着自己的死里逃生。

三年之后，南森终于结束了这次探险，他不仅弄清了北冰洋中心区的冰层和极地冷水下面，确实有大西洋流来的一条海流，还总结了浮冰的规律。但是回到挪威的南森，依然牵挂着自己亲历的“死水”之谜，于是他着手同海洋学家埃克曼一起研究这一奇怪的现象。

在研究过程中，南森根据当时的观测记录发现，当船被困住时，附近的海水有些奇怪：靠近海面是一层不深的淡水，下面才是咸咸的海水，也就是说海水是分层的。当然，“弗雷姆”号遇到的情况不同于海岸附近的“冲淡水”现象，而是因为夏季的到来，寒冷地区海上浮冰发生了融化，含盐低的水层会浮动到高盐高密度的海水之上，从而形成了“密度跃层”。

一旦船只进入这个区域，船只的吃水深度又恰好等于上层水的厚度，螺旋桨的搅动就会在“密度跃层”上产生内波，内波的运动方向同船航行方向相反。如果船的航速比较低，巨大的内波阻力就会迫使船只减速，甚至停下来。这时候，船员们就会感觉到船只像是被海水粘住或者被海上的某种神秘力量吸引了一样，寸步难行。

如今，航海技术发展迅速，舰船速度大大超过可能产生的内波的速度，所以，海水“粘”船的现象已经成为历史，几乎不可能再发生。

美丽可怕的杀人湖

喀麦隆素有“中部非洲粮仓”之称，在这个国家的西部，有着葱绿的重峦叠嶂和悬崖峭壁，还有几十个高原湖泊，这里的风景美得惊世骇俗。但是，在这美丽的表象背后，却潜伏着恐怖的致命“杀手”——尼尔斯湖，它有一个令人谈虎色变的绰号——杀人湖。

1986年，尼尔斯湖附近发生了一起震惊世界的特大惨案。一夜之间，至少有1200多人离奇死亡，还有人统计说最后的死亡数字达到了1800人。事后，喀麦隆政府和世界各国的科研机构组织了大量科学家深入到尼尔斯湖地区。“这是科学家们调查过的最令人迷惑的灾难之一，湖水没有泛滥竟然就夺取了上千人的性命！”美国密歇根大学生态科学家乔治·柯灵这样说道。

在这场灾难中侥幸逃生的幸存者说，事发之前，天空布满了阴霾，所有人都认为可能有一场暴风雨即将来临。于是，尼尔斯湖附近的村民们都早早地进入了睡梦之中。就在半夜，一股强风吹过，有人闻到了阵阵恶臭，那味道就像腐烂的臭鸡蛋一样，还有人闻到了火药的味道。一些人就这样因窒息而死亡，还有一些人惊醒之后非常恐惧，他们想要逃离这里，出门之后却只看见一团白色的迷雾，于是就在一片热烘烘的感觉中迅速地失去了知觉。还有些距离尼尔斯湖很近的村民，看到一股巨大的气柱从湖中升起，然后开始弥漫散开，转眼间就吞没了视野以内的所有民房。

在部分幸存者的身上，科学家们发现他们身体表面出现了烧伤和水泡的伤痕。他们带着种种疑问进行实地调查，终于揭开了“杀人湖”的神秘面纱。

实际上，尼尔斯湖是一个火山湖，多年以来，湖底深部的熔岩中不断向外释放着二氧化碳，这些气体渐渐溶入湖底深层的湖水中，密度不断增大，但由于湖水的巨大压力，这些气体不会上升到湖面。平静的尼尔斯湖湖面就像是一个神奇的盖子，将这种可能致命的可怕气体笼罩在下面。

灾难发生之前，湖底地壳深处可能发生了地震；或者尼尔斯附近出现了滑坡，大量岩石涌入湖中破坏了湖水的平衡结构；飓风和暴雨的袭击也可能是导致气体喷涌而出的原因；还有一种可能，便是湖水各层间温度发生了骤变。

不论是上述哪一种原因，总之，尼尔斯湖受到了强烈的“刺激”，于是，湖水中聚积多年的气体像“囚禁在小瓶中的魔鬼”一样被释放了出来，其成分以二氧化碳和一氧化碳为主，这些有毒气体快速向周围扩散，包围了附近的村庄，并酿成了惨剧。

在正常情况下，二氧化碳可能并没有什么威力，但是过量的二氧化碳却足以导致窒息，这便是很多人在睡眠中丧命的原因。那么，幸存者身上的烧伤和水泡又怎么解释呢？

参与调查的英国医生彼得·巴斯特经过仔细调查发现，这些烧伤与一般的烧伤有明显区别，更像是溃疡。在后来的研究中，他终于找到了合理的解释：尼尔斯湖释放出的气体中还含有一定量的一氧化碳，这种气体能让人昏迷，昏迷的人们因不能翻身，皮肤中的体液循环减少，氧气供应不足，最终就会出现水泡性溃疡反应。另外，这些毒气本来是无色无味的，而村民们闻到的臭鸡蛋味和火药味很可能是窒息之时产生的幻觉。

尼尔斯湖杀人之谜虽然真相大白，但这些发现也令喀麦隆政府非常不安，因为这些发现意味着，如果尼尔斯湖中的有毒气体累积到一定程度，在某种外力刺激下，它随时都可能会再次“发威”，即使将尼尔斯湖畔的居民全部迁移，也并不一定能够完全杜绝惨剧。所以，如何从根本上制伏这美丽而残忍的杀人湖，可能需要全世界科学家的共同探讨。

能起死回生的“圣泉”

传说1858年，圣母玛利亚突然降临。玛利亚告诉一个名叫玛莉·伯纳·索毕拉斯的女孩，在她玩耍的岩洞后面有一眼清泉，涌出的泉水能治百病，玛莉正要到泉水旁边洗手洗脸，玛利亚便消失了。这眼传说中的清泉位于法国比利牛斯山脉中一个叫劳狄斯的小集镇上。

1963年，一名叫维托利奥·密查利的意大利青年长途跋涉，来到劳狄斯寻访神秘的“圣泉”。当时，密查利身患绝症，医生预言他最多只能再活一年。当时，癌细胞已经破坏了他左髋骨部位的骨头和肌肉。在X光透视下，医生可以看到在他的左腿与盆骨相连处，几乎看不到一点骨头成分，仅靠一些软组织束维持。

为了继续自己的生命，密查利在母亲和护理人员的陪伴下，拖着左侧从腰部至脚趾被打上厚厚石膏的身体，从意大利出发，经过16个小时的跋涉来到了劳狄斯。

到达小镇之后的第二天，密查利便到圣泉沐浴。在护理人员的帮助下，他脱去衣服，光着身子进入冰冷的泉水中，打着石膏的部位无法浸入水中，只能用泉水进行冲淋。就这样，他在圣泉里泡了几乎一整天。

奇迹从那天晚上就开始了。那天回到宾馆之后，密查利就对母亲说他觉得很饿，想要吃东西。其实很长一段时间以来，由于疾病的折磨，密查利已经因没有食欲而很少主动进食了。母亲听了非常高兴，为他准备了丰盛的晚餐，密查利那天的胃口之好是数月来所未有过的。

回到意大利之后，密查利依旧长时间卧床休息。但某一天，他突然很想站起来走一走，在家人的帮助下，他艰难地从病榻上爬了起来，并开始在屋内行走，虽然走得有些踉跄，竟能拖着那条打着石膏的左腿从屋子的一头走到了另一头。

此后的一段时间内，他坚持每天在屋子里来回走动，并且饮食也逐渐恢复了正常。到了年底，癌症带来的疼痛感竟然全部消失了。

从法国归来的第九个月，医生们为密查利除去了左腿上的石膏，并进行了仔细的检查。X光透视结果令医生们大吃一惊：片子上清晰显示那完全损坏的骨盆组织和骨头竟然出人意料地再生了。

两个月之后，密查利完全康复，不久之后还重新开始工作。这一病例，令现代医学无法解释，而密查利自己却常常说，这都归功于“圣泉”的神奇疗效。

就是这眼圣泉，每年吸引着大约430万人去劳狄斯，其中不少人身患疾病、甚至病入膏肓。但是这些已被现代医学宣判“死刑”的病人，却在这眼泉水中得到了救治，他们有的人病情得到了减轻，有的回家之后不久便神奇地痊愈了。在短短的100年中，为医学界所承认的这样的医疗奇迹多达64例。

虽然现代医学仍然无法解释泉水“起死回生”的秘密所在。但是100多年以来，劳狄斯的清泉不停地流淌，以神奇的治病功效吸引了世界各地成千上万的人，成为闻名全球的神秘“圣泉”。

“行走”在水面上的水珠

如果一滴水珠掉进了湖中，它会很快地溶于水中。但是，在一些特殊的情况下，水珠不仅不会溶于水中，甚至还会在水上到处“游走”。

这种水珠在水上漂动的情景并不少见，但直到最近，法国巴黎第十一和第七大学的科学家才揭示出了其中的奥秘。

科学家们说，当水珠接触到水面时，一些空气没能及时“跑掉”，这样在水珠与水之间就会形成一个空气层。所以，此时的水珠并没有附着在水面，而是停留在了空气上。由于水珠质量的存在，它会轻轻地向下沉并不断压迫空气层，当水珠快要接触到水面时，就有可能产生一种振动波，从而在附近水面产生微小的同心波。在水面的振动作用下，水珠会在小波浪间滑来滑去，这样的运动最终使小水珠逐渐在水上“游走”。

如果两个“游走”的小水珠相遇，可能会出现两种情况：第一种是水珠相遇之后会各自开始新的运动方向，分道扬镳；第二种情况是两颗水珠被各自的振动波捕捉，其中一个会围绕另一个开始转动。这两颗水珠就像两个相遇的弹球，它们之间呈现的现象叫做限定状态下的相互作用。

热水竟然比冷水先结冰

把一杯冷水和一杯热水同时放进冰箱，哪杯水会先结成冰块？

很明显，大多数人都会选择冷水先结冰，但事实并非如此。1963年的一天，坦桑尼亚一名中学生的偶然发现，证实在某些情况下，热水会比冷水先结冰。这一实验彻底打破了人们的惯性思维，这种现象以这个学生的名字命名为“姆佩巴效应”（MpembaEffect）。

当时，老师要求学生们自己动手做一些冰品。埃拉斯托·姆佩巴想做冰淇淋。他担心等到自己的热牛奶变凉之后，别的同学可能已经把冰箱占满了，于是他在热牛奶里加了糖后就直接放进了冰箱。当他打开冰箱时，其他同学用冷水做的冰淇淋还没有结冰，而自己的那杯热牛奶却已经变成了冰淇淋。姆佩巴感到很奇怪，他左思右想也找不到答案，于是就去请教奥斯博尔内博士—达累萨拉姆大学的物理学教授。

虽然奥斯博尔内教授相信姆佩巴的描述是真实的，但这种有悖“常理”的事情依然让他感到困惑。按照常理来讲，如果把一杯20℃和一杯50℃的水同时放入冰箱，假设20℃的水凝结成冰需要10分钟，那么，50℃的水必须先耗用一段时间降到20℃，然后再在10分钟之后结成冰。冷水和热水结冰的某一个阶段是重合的，所以热水结冰应该比较慢才对。这种假设似乎没有什么不合理的地方，那么，为什么会出现热水先结冰的状况呢？

带着疑问，奥斯博尔内教授按照姆佩巴的叙述又进行了同样的实验，结果与姆佩巴的描述完全吻合：在低温环境中，热水比冷水先结成了冰块。奥斯博尔内的实验迅速引起了其他科学家的关注，这种现象逐渐被人们所熟知。

这种现象产生的原因，影响因素可能包括以下四种：

1.对流。

在实验中，科学家们发现了热顶现象和水的对流。所谓“热顶”，就是指水的表面比水底部热一些，这是由于在冷却过程中，水会形成对流和不均匀的温度分布。如果温度上升，水的密度就会下降，较热的水就会聚集在表面。如果水的失热主要在表面进行，那么，“热顶”的水失热会比温度均匀的快。所以当热水冷却到冷水的初温时，它会出现热顶，因此与平均温度相同，但与温度均匀的水相比，它的冷却速率会较快。

2.蒸发。

热水逐渐冷却的过程中，会由于蒸发而失去一部分水。水的质量就会减少，从而导致水较容易冷却和结冰。所以，热水就可能较冷水早结冰，不过整体的质量却会较少。这个解释存在一定的合理性，似乎能够揭开“姆佩巴效应”的奥秘，但是，当实验在一个封闭的容器内进行时，水蒸气不可能离开，而热水依然先结成了冰。所以很明显，蒸发的确是很重要的一个因素，但并不是唯一的原因。

3.溶解。

与冷水相比，热水中的溶解气体比较少。因为在加热甚至沸腾的过程中，大量气体都会从水中逃脱。水的性质因为溶解气体而发生改变，或许会更容易形成对流（因而较易冷却）；或许沸点会发生改变；或许单位质量的水结冰所需的热量会减少。这种解释得到了一些实验结果的支持，但目前还没有实际理论数据的支撑。

4.周围的环境。

两杯水放在了形状一样的杯子里，有着相同的体积，除了温度不同，似乎一切都没有差别。其实，人们往往忽略了一点：它们周围的环境可能因水温的差异发生了变化。例如，如果这杯水放在了一层霜上面，霜的导热性能很差。热水可能会把这层霜熔化，为自己创立了一个较好的冷却系统。所以，那杯热水可能就是以这种复杂的方式，改变了它周围的环境，从而影响到冷却过程。

虽然科学界已经肯定了姆佩巴效应的存在，但并不是在任何的初始温度、容器形状和冷却条件下，都可看到这种情况。比如一杯99.9℃的热水和一杯0.01℃的冷水，自然是后者先结冰。

至今，姆佩巴效应仍然是个谜，以上的各种推测可能都产生了影响，但都有破绽，仍不能完整全面地解开其中的谜团。

第三章

世界各处的地域奇景

神奇的旋转岛

西印度群岛中有一个面积不大的无人小岛，岛上分布着一片一片的沼泽地，看起来没有任何的稀奇之处。实际上这个小岛非常特别，足以用神奇来形容，因为这座岛可以像地球一样自转，旋转一周是24小时，从不停息，而且从没出现过反转的现象，也不会出现任何异象。

这个旋转的神奇小岛是在1964年被发现的，当时一艘命名为“参捷”号的货船途经此地，船长看到这个小岛有着茂盛的植被，还随处可见泥潭沼泽，便率领船员登上小岛，想找找看有没有什么奇花异草、珍禽异兽之类的宝贝。

小岛很小，人们巡视了一番后，没有找到自己想要的东西，船长便打算带领船员离开这个地方，在临上船前，船长在一棵树上刻下了自己的名字，还有他的船名和他登上这个岛的时间。

回到船上，正准备启航时，一个船员忽然大叫起来：“这儿不是我们刚才下船的地方吗，为什么抛下锚的船会自己移动呢？”在这名船员的提醒下，船长和其他成员也惊讶地发现事实的确如此，确切地说这里不是他们下船的地方，距离最初停船的地方差着几十米。

他们检查了所有设备，但一无所获，铁锚十分牢固地勾着海底，不像是人为做出来的事情，那么唯一的可能就是岛自己在移动了。这个发现让他们震惊，继续观察更让船长和船员们吃惊，这个小岛在快速地旋转，很快，船长就发现，自己刚才刻字的树木离自己越来越远了。

这个意外的发现使得这个无名小岛一下变得举世瞩目，人们对于小岛自转的现象半信半疑，于是有人亲自登上小岛观察，结论便是这个小岛真的在自己运转，而且速度之快，可以让在岛上的人亲身感受到。

这样一个孤岛，为何会自己旋转呢？有人解释说这座岛其实是一座冰山，它漂浮在海面上，随着海浪的涨落而运转，但这种推测很快被推翻，因为漂浮在海面上的冰山还有很多，那些冰山却不能自己旋转，而且这个岛如此有规律地旋转，像地球一样每24小时转一周，这点实在让人费解。

时至今日，对于旋转岛，人们还是无法解释。

促人长高的岛

个头矮小的人总希望借助后天的力量让自己长得更高一些，但绝大多数的尝试都失败了，可在加勒比海东部的西印度群岛中，有一个神奇的小岛，可以实现矮人们长高的愿望，这个岛叫做马提尼克岛。

这个岛上的居民个子都很高大，很少有个头矮的人，所以，一些旅客来到这里，希望自己能长高一些。果然，在这里待上一段时间，真的能长高几厘米，就算是停止骨骼发育的中老年人也会长高。

所以说这个岛真是矮个子人的福音岛。这里吸引了世界上许许多多希望长高的人，这个岛也因此闻名天下，还被人们称为“能使人长高的岛”。

但是，为什么这个岛能起到这种药物也无法达到的神奇功效呢？

根据地质科学家的研究考察得出结论，这个岛上的岩石中有一种能使人们头部的脑垂体机能发生变化的放射性物质。但这种物质的放射性并不强大，不会对人体造成伤害，只会促进人体的新陈代谢发生变化，也就是促使人们长高。

大西洋的“坟场”塞布尔岛

加拿大哈利法克斯东南约110海里的海面上，有个名叫塞布尔岛的海岛，这个海岛有个不吉利的别称，叫做大西洋的坟场。因为近几百年来，在这个岛周围，遇难舰船多达数百艘，有近万人在这里葬身海底。船员们一提起塞布尔岛，就“谈岛色变”，认为这座海岛上住着魔鬼，是死亡的居所。

但为什么这个岛会让那么多船遇难呢？是否和百慕大一样，有着难解的奥妙，这一直是个谜，直到近年来经过科学家反复调查，才终于揭开谜底，原来这个岛的沙滩会吞噬舰船，“魔鬼”就藏在这里。

塞布尔岛高出海面最高点34米，岛的西端4海里处，有个咸的鸟奥拉耳湖，湖水最深处只有4米，海浪不时越过沙滩进入湖中。很难被海上的航船发现，只有在天气好的日子里，人们站在甲板上才能看到远方天际线上那条狭长的沙条。

一些渔民说，那条沙线就好像变色龙一样，会随着海洋颜色的变化而发生相应变化。所以，一些航船才会分不清楚，进入险区，偏偏这座岛位于世界上最活跃最繁忙的航线上，它的这种地理结构，令这里成为大西洋最危险的海路之一。

不仅如此，塞布尔岛海域还经常弥漫着层层浓雾，看着就让人心生敬畏，每年9月至10月，大风几乎不息，从年底到来年3月，这里又是风雨交加，巨浪滔天，风暴一吹就可能让船只失去方向，这可能也是舰船遇难的重要原因。

美国科学家贝尔曾到塞布尔岛考察，他就曾亲眼见到在大雾弥漫中，一艘货船陷入浅滩，渐渐下沉，成了大西洋坟场的牺牲品。贝尔本以为轮船下陷的地方离海岛距离很近，船员定会游上岸去，但他在那里观察了十几天，却没有见到一个生还者。

此外，那里环境十分恶劣，植被很少，很难找到树木和灌木丛，只有低矮的沙土中长点野草。但塞布尔岛最大的危险，还是浅滩那些变化无常的锯齿形流沙，它成了危险的海洋沼泽地，无情地将那些船舶吞噬掉，不论多大的船，也逃脱不了这可怕的命运，两个月就会被浅滩区消化得无影无踪。

科学家们说，塞布尔岛的浓雾、风暴和流沙，是三条魔鬼绞索，把数百艘舰船毁灭在这个岛上。

如今的塞布尔岛却是大变样了，岛上设立了水文气象中心，无线电台和灯塔，救生站人员经过专业培训，有高速救生艇和直升机。夜里的时候，岛上的两座现代化灯塔就会闪烁不停，指引舰船航行。在风浪浓雾不大时，灯塔之光在16海里之外就可见到。而海岛上也种植了树木和野草，还养了马匹，令这座岛变得美丽了许多。

这样的措施，令塞布尔岛的危险性减少，安全性也增加了，最近几年遇难船明显减少。但这并不能表明大西洋坟场的称号就可以摘除了，因为大西洋送给它的那三条魔鬼绞索还存在，所以，它的恶名还是不能完全摘除。

“有去无回”的小岛

在肯尼亚鲁道夫湖附近，有一个荒废的小岛，只有几千米长和宽，荒无人烟，据当地人说这个岛之前住过人，他们依靠捕鱼、打猎，以及与岛外居民交换特产为生。但不知道为什么，岛民在一夜之间全都莫名其妙失踪了。此后，这个岛像是受到了诅咒，凡是登上这个岛的人都无法再返回。因此，这个岛被命名为“Envaitenet”，在当地的土著人语言中的意思是“有去无回”。

1935年，英国探险家维维安·福斯带着一队探险人员来到小岛勘察，在此之前，他的同事马丁·谢弗里斯和比尔·戴森先提前动身前往这个神秘小岛了。但去了之后一直都没有消息，5天之后，福斯派出救援队，救援队不仅没有找到任何关于马丁和比尔的痕迹，他俩也像之前去的人一样无迹失踪。

在小岛上，探险队发现有人生活的痕迹，屋子里的物件摆放有致，还有烤鱼放在熄灭的火上，但就是找不到人。后来福斯还出动飞机对小岛进行勘查，却是毫无线索。岛上的居民都哪里去了呢？

这真是一个令人难解的谜题。

“通古斯”河原始森林大爆炸

1908年6月30日早上7点17分，一场大爆炸在俄罗斯帝国西伯利亚森林的通古斯河畔发生。爆炸发生的那一刹那，巨大的蘑菇云腾空而起，气温在瞬间升高，爆炸波及的范围十分广，不但周围的草木被烧焦，就连70千米以外的人也被高温热气灼伤，还有人被巨大的爆炸声震聋了耳朵。

这次爆炸的破坏力相当于10～15百万吨TNT炸药，并且让超过2150平方千米内的6千万棵树倒下，影响力甚至还波及了周边的国家，许多欧洲国家看到了巨大的闪光，英国伦敦出现了大面积的停电。后来，人们将这次巨大的爆炸称为“通古斯大爆炸”，爆炸原因一直不详。

1921年时，苏维埃政权派了物理学家库利克率领考察队前往通古斯地区考察。考察的结果是一次陨星造成的，但他们却没有找到合理的证据来证明这个说法。因为缺乏证据，“陨星说”站不住脚。此后，库利克又两次率队前往通古斯考察，并进行了空中勘测，发现爆炸所造成的破坏面积达20000多平方千米。

同时他们还发现了许多奇怪的现象，在爆炸的中心，树木除了树叶被烧焦，并无其他大碍，反而生长的速度加快，年轮宽度由0.4～2毫米增加到5毫米以上；还有爆炸地区的驯鹿居然得了一种怪异的皮肤病等，种种奇怪的现象让人们无法解释这次爆炸的原因和造成的后果。1945年12月，前苏联物理学家卡萨耶夫访问日本时，看到广岛被原子弹摧残的废墟，他忽然联想起了通古斯，两者显然有着众多的相似之处：

在爆炸中心的树木直立没有倒下；爆炸中人畜死亡，是核辐射烧伤造成的；还有蘑菇云的形状也是相同的。因此卡萨耶夫产生了一个大胆的想法，他认为通古斯大爆炸是一次外星人驾驶的核动力宇宙飞船，在降落时因为故障而引发的一次核爆炸。

他推测这艘飞船来到地球是为了取得贝加尔湖的淡水，还指出通古斯地区驯鹿所得的癞皮病与美国1945年在新墨西哥进行核测验后当地牛群因受到辐射引起的皮肤病十分近似，还有那些生长过快的树木，都和美国在太平洋岛屿进行核试验后的情况相同。

而坚持“陨星说”的人则认为自己的看法是正确的，他们互相争执，谁也说服不了谁。到了1973年，美国的一些科学家又提出了新的见解，认为爆炸是宇宙黑洞造成的。他们认为某个小型黑洞运行在冰岛和纽芬兰之间的太平洋上空时，引发了这场爆炸。但同样的，关于细节，他们也无法加以论证，所以到现在为止，这场大爆炸还是一个谜。

让人害怕的“卡什库拉克”山洞

西伯利亚有一个神秘的洞穴，1985年的时候，这个洞穴内发生了一件奇事，西伯利亚医学研究所的巴库林带着一批洞穴专家来此考察，经过几小时工作后，众人依次向洞口走去，最后一个是巴库林。他胸部戴着专用防护带，防护带上牢牢地系着绳子，正准备往上攀登。忽然他感觉到了一双专注的目光投射在他的身上，然后他就感到一阵全身发热，第一个念头便是逃跑，但他的腿就好像被定在了原地，无法动弹。

因为害怕，巴库林不敢看身后的事情，但是很快地，他便感到自己似乎是在被人催眠，一股神秘的力量让他转过了头，在距离5米的地方，他看到一位中年萨满（即巫师），带着皮帽子，眼神犀利。

这个巫师示意巴库林向前走，巴库林便无意识地向深处走了几步。但突然之间，他又好像摆脱了魔法似的，可以自由动弹了，这时，他便拼命拉起那根和上面同伴联系的绳子，也发出请求紧急救援的信号。

后来过了很久，提起这件事情，他还是心有余悸。这个故事刊登在了1992年9月的《奥妙》杂志上，名为《西伯利亚的神秘洞穴》，这篇文章顿时引起了专家对这个洞穴的兴趣。

巴库林在卡什库拉克洞穴里的遭遇非常不可思议，而且根据文章的记载，那个山洞十分阴冷黑暗，是哈卡西里、库兹泛茨河阿拉陶山支脉一个不大的陷坑，根本不适合人类生存，而令人惊疑的是，怎么会出现一个中年萨满呢?

遇到萨满的并不只有巴库林一个人，根据新西伯利亚洞探测俱乐部的一些年轻人的讲述，在一间地下大厅里，他们也曾和一个黑色的躯体相遇，但那个黑影随后便躲闪进了暗处，想来，应该是一个人。

后来，凡是考察过西伯利亚卡什库拉克洞穴的人都经历了一些令人震惊的故事，诸如当他们走到山洞的某一个地点时，他们会无缘无故地感到惊慌失措，继而扔下装备，不顾一切地冲向洞口，直到看到光亮为止。

但他们清醒后，却又无法解释自己为何会惊慌，他们不知道这是人在黑暗下产生的幻觉，还是自己真的看到了不可思议的事物。洞穴专家们对此越来越感兴趣，因为他们无法解释洞穴对人类身体的魔法般的作用是如何产生的；也不知道那个洞穴通向何方，是否是另一个世界的入口。

《西伯利亚的神秘洞穴》一文的作者巴诺夫斯基教授为了进一步弄清卡什库拉克洞穴的秘密，近年曾和其他学者一起亲自进洞考察。

进入洞穴后，教授和工作人员小心翼翼地前行着，洞里温度很低，四周还有水滴的声音不断地回响着，洞里的路就好像是结了冰的斜坡，总让人觉得有股力量拉着自己向下滑。教授一行在前行过程中发现了路面上出现了一条大裂缝，深约70米，绕过这条裂缝，必须经过一段狭窄的斜坡。

经过斜坡的时候，因为过于狭窄，他们只能四肢都撑到地上，双手摸索前进，到了洞穴深处宽敞些的地方，他们开辟了一个专用的洞穴试验室，在一块岩石上，安置着一台磁力仪，仪器刻度盘上数字闪烁着，探险队的学者们在那里进行试验，观察、测量着人的心理变化。

他们发现，仪器刻度盘上的数字在不停地变化。这就表明，洞穴的电磁场是经常摆动的。在众多的信号中，有一个严格固定的脉冲出现。经过一系列试验，教授终于弄清楚了，它来自洞穴深处。

巴诺夫斯基教授开始以为是岩石的地球物理特性决定的，但是在研究了信号的记录后，他得出结论：在卡什库拉克记录到的信号和任何自然现象无关，具有这种振幅变化的频率脉冲只能是人工装置发出的。

尔后的进一步研究更是惊人，记录到脉冲信号的时间和人们出现神经过敏，感到压抑以及惊慌失措并跑向光亮地方的时间精确地保持着一致，越往洞穴深处这种情况越明显。这种时刻，在洞口的蝙蝠、鸽子也会出现骚动，出现在洞内乱飞的情况。

这也就可以解释为什么有人进入洞穴内会觉得惊慌失措了。为了研究这种现象，他们将一些软体动物带入地下进行试验，当信号一出现，软体动物就蠕动起来。他们虽然发现了这种信号，却无法找到信号的来源。

这种人工装置到底在哪里？是在山洞的某个黑暗角落里，还是在山洞外，或者是在遥远的外星球？而这个山洞只是在特定的物理条件下具有接收的功能或者说是储存的功能？这一切都不得而知。

对于这一切，人们只能进行猜测，这种信号会干扰人的记忆，因为记忆不单单属于人，各种物体也都有记忆，它们的记忆可称之为"无机记忆"，这种记忆可以被看作是人类精神前史中的最初级的形式。所以，物体在特定条件下也能把外部得到的信息复述出来。

不可思议的洞穴

地球上最著名的无底洞在希腊亚各斯古城的海滨，这个深不可测的洞穴靠近大海，每当海水涨潮时，汹涌的海水就会迅速地涌进洞里，并发出"哗哗哗"的巨大响声。据说，每天大概都会有3 万多吨的海水流进这个无底洞里，长年累月，却一直没有被灌满。

如果这个无底洞类似于石灰岩地区的漏斗、竖井、落水洞之类的地形，那么，它就应该存在一个出口。人们在亚各斯古城海滨寻找多年，包括把一种经久不变的深色染料放在海水中，把一种会浮在水面的浅玫瑰色塑料粒子注入洞里，以期能够在附近的海域发现这些痕迹，但多年过去，他们依然没有找到它的出口。

除了这个无底洞，世界上还存在很多神奇的洞穴，每一个都令人感到不可思议。

1.宾汉姆峡谷铜矿“无底洞”

宾汉姆峡谷铜矿位于美国犹他州的奥克尔山脉，它是目前为止全世界上最大的人工洞穴，从1863年至今还在持续挖掘当中。

这座铜矿位于山脉当中，呈现出层峦叠嶂的迂回型纹路，令人叹为观止，虽然目前它仍在挖掘中，但人们确信终有一天它所蕴含的有用物质会被人类开采完毕。它像是一个巨大的无底洞，沿着其中的矿路似乎可以走到“无底洞”的尽头。所以，很多人认为矿石被开采尽的那一天，这里可能会成为一个“无底洞”的观光点。

2.蒙地赛罗水坝“荣耀之洞”

这个被称为“荣耀之洞”的坑洞位于美国加州的蒙地赛罗水坝。它像一面内凹的镜子，映照着平静河面以及两岸的美丽的风景。当蒙地赛罗水坝到达满水位时，这个洞被用来宣泄水量，每秒钟注入洞中的水量可以达到14400立方英尺。

3.危地马拉“污水池洞”

2007年，位于中美洲北部的危地马拉共和国突然出现严重的地面塌方，十几间房屋瞬间落入一个约100米深的污水池洞，从而形成了这个臭名昭著的污水坑。这个危险的大洞吞掉了12间房子，造成3人丧生，多人受伤。

有人说，污水坑形成的原因是由于大量的水（通常是雨水或污水）被泥土大量地吸收之后，地面因此塌陷下去；还有人说，这件事故应该引起人们对自己行为的反思，因为它可能是环境问题产生的后遗症。

4.西伯利亚“钻石矿陷阱”

这个世界上最大的钻石矿位于西伯利亚，矿坑深度超过525米，直径超越1200米，在它的周围，一辆庞大的巨型卡车也会显得格外渺小。这个矿坑非常深，呈漩涡状，里面埋藏着大量的钻石。但是，这笔诱惑极大的财富却更像是一个“陷阱”，曾经有一些直升机被吸入洞中杳无踪迹，所以这个钻石矿坑附近至今仍有一个禁航区。

5.南非钻石洞

这座位于南非的钻石矿中曾经出产了3吨的钻石，形成了一个1097米深的大矿坑。1914年，这座钻石矿因为被挖掘殆尽而关门大吉。如今，这座绿树环绕的矿中已经不可能看到钻石的踪影，但其中是否还会有其他秘密，就要依靠感兴趣的人们自行去开发了。

6.神秘“蓝洞”

在距离贝里斯本岛约96.5千米的外海上，有一个被称作“Blue · hole”的地理奇迹。它的宽度约为402米，中央深度达到145米，有着接近完美圆形的外观。蓝洞中似乎隐藏着无数秘密，自然而然地蓝洞便成了著名的旅游景点。同时，它还吸引着世界上无数潜水爱好者去探寻海洋的故事。

这些神奇的洞穴像一张张惊讶的嘴，在地面上无声地宣布着秘密的存在，危险的潜伏，深不可测但又引人深思。

万年不化的冰洞

中国山西省宁武县管涔山有一个神奇的山洞，里面的冰万年不化，引起了各路学者的关注。关于山洞里的冰为何不消融，专家给出了两种说法，一是这个山洞形成于约300万年前的冰河时期，大量冰碴在冰川移动的过程中被推进洞中，形成了原生冰，虽然后来冰河世纪结束了，但这里的冰却不会融化。第二种说法是由于地壳层在某种特殊情况下，会产生地热负异常现象，越往地层深处温度越低，很可能在这个山洞下方存在一个永冻层，像冰箱制冷机制一样不断地补充冷能，使洞里的冰万年不化。

这些推测虽然有道理，却不能完全解释山洞的冰不融化的原因。经过研究科学家们得知这个山洞的成分为碳酸钙，而山阳的煤层被地质运动抬升到地表，由此可以看出，这里曾发生过玄武岩岩基侵入碳酸钙地层的事故，这次事故不但使得煤层被拱上来，还在山体中形成了一堵坚硬的间隔石板墙，使山阴和山阳之间的热交换受到很大的阻拦。这样一来，山阳虽然不断发生煤的自燃现象，却不会影响到山阴的一面。而洞里的冰不融化还应该有一个最重要的自我调节机制，才能解释是什么力量使得山洞结出第一块冰，这块母冰怎样调节机制，令之后的冰从不融化。

追溯过去，大约在1亿多年前，山西地区还处在比现在更南的纬度，地势远较今天要低。而那时的宁武地区是一片低洼湿地，雨水充沛，气候温暖，植物丰茂，之后死亡的植物被大量堆积在地下，形成煤层。后来地质变动，这里又成为了碳酸钙地貌。

大约在几千万年前，受到玄武岩基入侵，地质运动反复抬升，又把宁武地区拱上来。地下水开始侵蚀溶洞，便形成了这个特殊的山洞，由于山洞底低口高，外部热空气很难进入洞内与之进行热交换，因为山洞里没有热能补充，洞里的温度便越来越低，而随着地壳的运动，山洞逐渐被抬升到了 1 千米以上，受到外部气候的影响，山洞的气温就更低。

这时地下暖水和从碳酸钙节里中渗出的水遇到冰冻的岩石立即凝固成小水滴，随着碳酸钙一起长成石柱、石花、石幔、石荀等各种形状。热量在几百年中一直丢失，得不到补充，最后洞里的温度降到冰点，也便形成了难以融化的冰。

这个缓慢的过程长达数十万年，属于低温环境下由蒸腾作用产生失温的地下奇观。从外观来看，除了它奇特的构造，使得它的热易于失去却难于补充之外，宁武山洞的情况与其他的石灰岩溶洞并没有什么两样。这个山洞就是一个普通的石灰岩溶洞，每天不断渗出水和碳酸钙不断生长，形成各种各样的景色。

这种温带地区低海拔地带，居然能形成万年不化的冰洞，真是罕见，可以说是罕见，也可以说是偶然，或者说这是一次历史开的玩笑。

冬暖夏凉的怪山

中国的安阳林州市有两座奇怪的山，一座叫做太极山，一座叫冰冰背山。之所以奇怪，是因为山上的山洞在炎热夏季里不热反而结出大块的冰柱、冰凌，揭开冰块后会落下鸡蛋大小的冰雹；冬天寒冷季节则往外冒热气。如此违反自然规律，这座山到底隐藏了什么样的秘密？

太极山位于中国境内林州市石板岩乡桃花谷村，原先并不叫做太极山，因为冬热夏冷，一直被村民们称为阴阳山。阴阳山的独特景观吸引了不少的游客，夏日暴雨后，整座山雾气蒸腾，十分壮观，而紧邻的山脉，却没有一丝雾气；在风轻云淡的时候，动物也不敢上到山上，因为很容易被冻僵，山上居然还生长着只有在东北和俄罗斯等寒冷地带生长的白桦树和漆树。

相隔不远的韩家洼村在桃花谷村北10千米的冰冰背山，和太极山有着一样的景观，冰冰背山一到炎热的夏天，山上的山洞口就会凝结大块的冰块。村民不理解这种现象，对这两座山一直保持敬畏。

而一位专家研究后认为，冰冰背山的制冷机制是因为地壳深部的高密度气体上升，到地表密度降低后吸热从而导致制冷。这符合电冰箱原理，冰冰背地区其实就是个天然巨大的制冷源。

制冷的先决条件是：太平洋板块西移，挤压华北板块，在太行山东侧形成俯冲带，南段为汤阴地堑，西侧隆起带为太行山，现在汤阴地带仍在继续下降，而太行山在不断升高，这说明造山运动一直在进行，太行山地下一定有着巨大的挤压力，迫使地壳深处的气体压缩上升。

然后就是冰冰背山处于郭家庄断裂带上，而郭家庄断裂带向西进入下古生界地层后隐伏，这样容易储存上升的气体；而由于地壳的运动，使古生界地层厚脆性石英岩形成张性断裂，形成导气条件；冰冰背山正好位于页岩与石英岩交界处附近，是地壳深处高压气体沿断裂上升的出气点。这样就具备了良好的储气条件和导气条件。

最后便是气压了。夏天因为热，气压低，地下上升气流快，所以制冷也就快，其他季节的制冷作用就慢。

这只是解释了这两座山为何夏天冷冬天热，却无法解释这两座山的成因，为了弄清楚它们的成因，有的科学家从以下几点进行了分析：

1.天气原因。从大气候上看，当地山区只有冰冰背山和太极山两处小范围内有这种现象，无法从区域面积上的大气候条件来解释；从小气候上看，每个冰洞影响范围只有几平方米，只能算作气候异常，无法从区域气候角度来解释。这基本排除了气候的因素。

2.地表因素。也许是受到浅表岩石或土壤的影响，因为岩石有吸热放热的功能，不同的岩石吸热放热功能不同。冰冰背山上的岩石和土壤吸热放热功能正常。这也排除了地表因素。

既然天气和地表的因素都没有，那就只有地下的原因了，在岩石和地面下通常会有一个保温层，在保温层以下，无法进行热交换，温度也不会变化，而在保温层内，则不断进行热交换，温度可以随着季节变化而不断变化。

这也可以说是一个热量自我循环的空间，这两座山的成因，应该和地下保温层的冷热交替、自我循环有关。地下蕴藏有较大的冰块，并且这块冰是在某一个较冷的冰期或冰期与类冰期之间的时段形成，由于冰川作用，这块冰滑落谷底没有融化，被保存在一个封闭的环境中到现今。

在夏天热的时候地表热空气通过冰洞大量进入保温层，冰块开始融化，导致保温层温度降低形成冷气，通过洞隙上升到洞口结冰；冬季则因为冷空气进入，夏季被融化的冰水开始结冰释放热量，所以在洞口就能感觉到热气。

这样的解释可以说得通，但是否是这两座山真正的谜底，却没有一个确凿的定论，也许，真正的谜底一直隐藏在地下，还需要后人的探查。

奇怪的双层湖

努沃克湖，在北美洲阿拉斯加北部，这个湖的上部两米多深的淡水层，因为受到北极冷空气的侵袭，常年结着厚厚的冰层。但这个湖有个奇怪的特性便是湖里的湖水分为两层：上层是淡水；下层是略带苦涩的咸水。这听起来不可思议，但却是真实的事情，当地的爱斯基摩人一直都清楚这个秘密。

这个伸入北冰洋很远的巴罗沃海角上的湖泊，是不流动的。正常情况下，湖水都是流动的，但在努沃克湖里，淡水层与咸水层之间，存在一层很明显的界线。有人认为这个湖是由海湾形成，冬天的积雪在春天融化成雪水流入湖里，形成上层的淡水，而在风暴刮过的时候，常常将大洋中的海水通过围堤掀入湖中。因海水比重大，于是下沉成为下层的咸水。

同时，在努沃克湖的两层水中，生存着截然不同的生物。淡水区的动植物与阿拉斯加其他地区的江河中的完全一样。但在下层，则生长着与北冰洋相同的海洋动植物。

“斯托肯立石圈”

威尔特郡平原上有一些高高竖起的石头，一根接一根地排列成残缺的圆形，大石柱顶上三三两两横架着巨大的石板，围成的这个圆形直径达70余米，看起来十分神秘，被人们称之为“斯托肯立石圈”。

这些大石柱群具有多种建筑的特点：一个两层的立石群、几组马蹄型的巨石建筑以及与单件立石或石盖不一样的“三支石”（两块立石支撑起一块过梁石），有几件重达三四十吨以上的巨石就这样悬置在半空中。

每一年夏至的时候，这里会出现一种迷人的景色，凌晨时分，太阳升起时，与一条又一条的石柱倒影融为一体，形成一种迷人的绮丽景色。而当朝阳普照或夕阳西下时，红霞染红天边，大石柱群这里又好像披上了一身绚丽的彩霞，显得更加巍峨神秘。

随着季节、早晚、晴雨的不同，大石柱群的景色多姿多彩，就好像锦绣的画卷，吸引了许多游人参观，但这些神秘的大石柱群是什么时候建造的？

许多学者对这个问题无法达成统一的观点，中世纪时的一些历史著作认为它们是太古时代的巨人建造的，这让本就神秘的大石柱群更显得神秘万分，许多人将大石柱群说得神乎其神，更让人们无法看透。

后来的一些考古发掘迹象却表明，这些大石柱群并非神话传说的所谓巨人遗迹，而是原始人群的制品。近代的一些考古学家推测，它们大约是在距今3700～3400年之间建成的。

考古学家维勒·里拜和他的同事们用碳—14测定法测准了年代数据，后来又使用了最新的地质年代测定法（即热发光年代测定法），进一步予以证实了这些大石柱的年代。这些石柱比古希腊克里特岛上诺萨斯、费斯多斯和伯罗奔尼撒半岛上迈锡尼、太林斯、派罗斯等地著名的石头建筑物还要早，比古埃及金字塔还要早。

这些大石柱群分别在三个时期建成：第一阶段是距今约4800～4400年间，第二阶段是距今约4100～4000年间，第三阶段包括三个小阶段，最后是在距今3100年前全部竣工。

大石柱群的石头都不是原地的，而是从200千米之外的地方开采和搬运来的，一部分是来自马尔博罗丘陵砂岩与威尔士丘陵的蓝灰砂岩。在4000多年前，那个生产力水平和科学技术水平极为低下的时代里，既没有火车，也没有起重机这些高级的工具，人们是如何将如此巨大的石材运输了这么远的距离，又如何矗立起来的呢？这让人们百思不得其解。

有学者认为巨石阵是原始人狩猎的特殊装置。由于巨石阵的全部建筑时间都属于新石器时代，所以，一些学者认为，当时的人们为了猎取较大的野兽，例如猛犸、熊、河马、犀牛等，又不想使自己受到伤害，便想了这种办法。

根据专家复原后的大石柱群应该是这样的：巨石柱围着的是一个院子，在两根石柱之间留有一个洞口，大小程度应该是可以通过较大的野兽，然后在每个洞口的上方，安置一块用木棍支撑的数十千克重的大石头，利用一些诱饵，吸引野兽进来，当野兽从外面闯进来的时候，石头便会砸下来，同时发出声响。

这时，院子里面，紧对洞口的地方还安放了第二道防线，是一块巨大的“打击石”。当野兽闯过第一道防线时，站立棚顶的人，便牵动操纵绳，使打击石劈头盖脸地砸下来。这样野兽就无法逃脱了。

在院子的中央还建了一座二层的小楼，应该是由圆形的木头和一些巨石柱围建而成的，楼板铺在巨石柱的上面。为了便于监视大院及其周围，从楼板到第一圈石柱有木桥相联。当野兽被杀死后，人们便把野兽拖上二楼进行加工，剥皮、取出内脏、把肉分成小块。然后再将大石柱群恢复原样，等待下一次狩猎。

以上种种猜测和假说，究竟是真是假，很难判断，所以，至今这些大石柱群仍是无法彻底揭开的一个奇谜。

马耳他岛的巨石建筑

地中海上的马耳他岛，位于利比亚与西西里岛之间。这个岛屿的面积很小，仅246平方千米。但就在这样一个小岛上，却发现了30多处巨石神庙的遗址。

1902年，马耳他岛的首府瓦莱塔发生了一件怪事，在这里的一条小路上，有人盖房时，无意中发现了一个洞穴，经过考察，人们才知道，原来这里竟然埋藏着一座史前的建筑物。

这座建筑物线条清晰，棱角分明，甚至那些粗大的石架也很整齐，没有发现用石头镶嵌补漏的地方。整个建筑物由上下交错、多层重叠的房间组成，里边有一些进出洞口和奇妙的小房间，旁边还有一些大小不等的壁孔。中央大厅耸立着直接由巨大的石料凿成的大圆柱和小支柱，支撑着半圆形屋顶。

毫无裂缝的石板上耸立着巨大的独石柱，整个建筑共分三层，最深处达12米。这样神秘完美的史前建筑物是谁建造的，在那个落后的石器时代，人们为什么要建造这样一座地下建筑？这实在是不可思议的事情。

这个遗址发现11年后，在马耳他岛的塔尔申村人们又一次发现了巨大的石制建筑。经过考古学家们挖掘和鉴定，认为这是一座石器时代的庙宇的废墟，也是欧洲最大的石器时代遗址。

这座占地面积达8万平方米的庙宇，大约在5000多年前建造。同之前发现的地下建筑相比，这个庙宇的布局更为精巧，更为雄伟壮观，许多个祭坛上都刻有精美的螺纹雕刻。

这座神庙有着一道宏伟的大门，应该是主门，通往厅堂的走廊错综复杂，就好像迷宫一样。此后，在马耳他岛的哈加琴姆、穆那德利亚、哈尔萨夫里尼等地，人们又陆续发现了一些类似的精心设计的庞大建筑物，都是用巨石建造而成，属于最复杂的石器时代遗迹。

这些建筑大多保存完整，其中最令人不可理解的是“蒙娜亚德拉”神庙，这座庙宇又被人们称为“太阳神”庙。一个名叫保罗·麦克列夫的马耳他绘图员仔细地测量了这座神庙后发现，这座神庙实际上是一座相当精确的太阳钟。

它根据太阳光线投射在神庙内的祭坛和石柱上的位置，然后可以准确地显示夏至、冬至等主要节令。这样伟大的智慧令人震惊，而更让人震惊的是从太阳光线与祭坛的关系推测，这座神庙是公元前10205年建成的，离现在已经整整1.2万年了。

这座神庙的存在，让人们又一次陷入了迷茫之中，在1.2万年以前，神庙的建造者们居然能有那么高深的天文学和历法知识，能够周密地计算出太阳光线的位置，设计出那么精确的太阳钟和日历柱，他们到底是怎么做到的呢？

现在许多证据已经表明，这些巨石建筑的建造者们在天文学、数学、历法、建筑学等方面都有极高的造诣。石器时代的马耳他岛居民就真的已经拥有了这么高的智慧了吗？如果不是他们，那又该怎么解释呢？种种疑问无法解答。

“比金字塔更神秘”的石柱群

在法国的布列塔尼半岛上挖掘出的呈不规则排列的巨大石柱群，预示着世界考古史上最神奇的大发现就此诞生。这个石柱群被英国考古学家海丁翰教授称为“比金字塔更神秘”的石柱群，无论从它们的重量、数量、高度和历史的久远程度来看，都足以取代英国梭斯百利平原上的石群，成为名副其实的世界巨石之最。

这些石柱之间的距离不怎么规则，高度也不太相同，最高的大约9米，散落在森林和沼泽之间，有12排。石面大都像史前石具一样削磨得光滑洁亮。让人感到有趣的是，这些石柱越向东则越变越小，直至完全消失。

而在卡奈镇的另一侧还可见到另一组仅有7排的巨石。过了此镇进入卡勒斯肯，又可以看到13排长360米的石柱群，在接下来约5千米的路程中，还会路过1471个石柱。这样大规模的石柱群在18世纪以前的历史中居然只字未提，给这些石柱群增添了几分神秘。

既然无法从文献中得到答案，人们便开始了种种猜测，有人说卡奈镇守护神可内利在公元前56年，为抵御凯撒大帝的罗马大兵入侵而亲登镇北山丘。在获得了神奇的神力后，将一个个追赶中的罗马人封死在原地，变成今日的石柱。也有人说，在19世纪的早期，人们崇拜蛇蝎之风开始盛行，这些石头呈蛇蜓状排列，就是为了配合当时的社会风气。还有人认为，罗马人竖立石柱，是为了作为庇护帐篷的挡风墙。此外，当然还有所谓外星人借以登陆的基地之说。

石柱群之谜靠这些推测是无法解开的，但有一点可以肯定，这些石柱群早于公元前4650年便已经存在了，它们是新石器时代文化最伟大的源泉。

神秘的美利坚石像

美国北卡罗来纳州山谷发现了神秘的石头像，这个消息一经传开，考古学家们纷纷为之震惊。因为这些石头像与远离美国8045千米的南太平洋复活节岛上的大型石雕像基本相同。

这种在整块巨石上雕刻的雕像用的材料是松软火山岩，这种材料在美国十分罕见。它意味着石像是在哥伦布1492年发现美洲新大陆前的一个世纪，就有人从复活节岛移到美国。

理查德·克拉特博士率领的考古小组于1994年10月28日首先发现这些“神秘石像”。“这是考古学上一项惊人的发现！”他惊讶地说。两地的石像如此相似，让他不得不想到这是出自同一雕刻家之手。

而且这两个地方的石像都是用火山岩——泉华为材料的，这种泉华虽然在复活节岛很常见，但在美国却是没有的，所以人们才会得出有人把石头像搬到美国的结论。但这样巨大的石头，是怎样移到美国的呢?

这些石像大小不一，小的高3.05米，大的却高达12.19米，足有50吨重。克拉特博士及他的考古队在离公路31千米处一个封闭的山谷里首先发现了第一个石头像，它面向北方。随后，考古队又发现了另一个埋在土壤和石头下的石头像。后来在特殊的扫描仪扫描下，考古队一共发现了山谷里埋藏着的23个石头像，这些石头像排列成半圆环形状。这种排列方式似乎与某种宗教有关，但人们又无从考证。

克拉特博士说：“复活节岛上的石像也排列成一种特殊队形，而人们无法考证为何要把石像排成如此队列。”专家们纷纷猜测，波列尼西亚人和神秘的远东人在内的有关民族于1300年前发现复活节岛，在岛上立起石像，目的是为吓唬入侵者和讨上帝欢喜。所以，美国发现的石像，或许也有着类似的原因。

纳玛托岛的巨大石柱

密克罗尼西亚群岛共有500多个岛屿，像珍珠一样，散落在蔚蓝的南太平洋上。其中一个最大的岛屿名叫波纳佩岛，面积约500平方千米。在波纳佩岛对面，有一个极小的小岛，名叫纳玛托岛。

1595年，葡萄牙海军上尉佩德罗乘“圣耶罗尼默号”帆船来到这个小岛，他惊讶地发现岛上没有人烟，却有着无数巨型石柱整整齐齐码放在那里，堆成了一座10多米高的石头山。如果岛上没有人，那这些石头山是谁堆积的，如果岛上有人居住过，他们又是如何建造的？

这个谜团吸引了不少地质学家和考古学家们来到这个岛上进行研究，发现这原来是一处远古时代的建筑废墟。这些石柱是加工过的玄武岩柱，由冷却的火山熔岩凝成，每根重达数吨。

瑞士人冯·丹尼肯清点了这些石柱，石山共由4328根石柱组成。地上散乱的石柱，连同若干墓室和一道860米长的石柱围墙，算下来纳玛托岛上的古建筑废墟共用了约40万根石柱。

纳马托岛本身并不产这种玄武岩，石柱是从波纳佩岛运来的，两处距离虽不远，但只有水路通航。数量如此众多的石柱是如何被运到岛上的？人们猜测，或许是用当地一种叫卡塔玛兰斯的独木舟来运输的。但人们转而计算了一下，如果一天运4根，一年才能运1460根。照这样计算，波纳佩的岛民要工作296年才能把40万根石柱统统运到纳玛托岛。

花费几百年的时间运这些石柱到底是派什么用场呢？这个岛上除了数不完的石柱，再没有其他建筑物。到底是谁在这个岛上建造了这些建筑，还是这些石柱另有来头？

当地流传着一个关于这些石柱的传说。

传说波纳佩土著人把纳玛托遗址叫作“圣鸽神庙”。300年前，一只鸽子驾船穿过水道来到这里。在鸽子到来之前，岛上的统治者是一条喷火的巨龙，它吹一口气就挖好了运河，石柱也是它从邻岛运到这里的。

但传说毕竟不可靠，到底是谁建造了纳玛托岛上的石柱建筑？太平洋当地的岛民慵懒、散漫而自足，这样的大工程，对他们来说实在是太困难了。但如果不是他们所为，那么还有谁呢？这个难题实在难以解释。

世界六大怪石

1.会“走路”的巨石

前苏联普列谢耶湖东北处，有一块能够自行移动、直径近1.5米、重达数吨的蓝色石头。这块石头在最近的300多年来，已经数次变换过位置。

最初发现这件怪事应该是在17世纪，人们在阿列克赛山脚下，发现了这块会“走路”的巨石，人们将它放于一个挖好的大坑里，但几十年以后，这块石头不知道什么原因被移到了大坑边上。

后来在1785年冬天，人们决定用这块石头建造一座新钟楼，但在冰面上移动它的时候，却不小心将这块石头落入湖底。到了1840年，这块巨大蓝石竟躺在普列谢耶湖岸边了。如今它又向南移动了数千米。

一块石头居然会自己移动，真是令人匪夷所思，科学家虽然对此进行长期分析研究，却没有找到原因。

这块石头的秘密还没有解决，人们又在美国内华达山脉东边的一条山谷里，发现了许多会“走路”的石头，并留下许多移动的痕迹。美国科学家夏普对这一奇特现象进行了观察研究，他把25块石头按顺序排列并逐个准确标出位置，定期进行测量，果然发现这些石头几乎全部改变了原先的位置。有几块石头竟然爬了几段山坡，“行走”了长达64米的路程。

这同样无法用科学的方法解释，因而也成为世界奇观。

2.自行增减重量的怪石

中国贵州省惠水县有一块椭圆形石头，可以自行增减重量2千克左右。根据石头的主人介绍，这块石头一开始有22.5千克重，但有天一称，居然成了25千克。后来主人每天对石头称重量，他换了许多杆秤反复校验，发现此石最重时达25千克，最轻时22.5千克，上下变化达2.5千克。

研究人员在一次测定中记录了当天11时13分、11时43分、12时28分这3个时刻圆石的重量分别为21.8千克，22.8千克，23.8千克。在短短的75分钟内，圆石的重量竟增加了2千克。

3.自行升空的“圣石”

印度西部马哈拉斯特拉邦的希沃布里村子，有一座苏菲派教徒圣人库马尔·阿利·达尔维奇的神庙。神庙前方的空地上有两块“圣石”，大概各重90千克左右。人们之所以将其称为“圣石”，是因为这两块石头能随人们的喊叫声而自动离地腾空而起。

人们用右手的食指放在“圣石”底部，异口同声且不停顿地喊着“库马尔·阿利 ·达尔维-奇-奇-奇”，且发“奇”字时的声音尽可能拖得长一些，石头就会从地上弹跳起来，上升悬浮在空中，直到人们喊声落下，它才落在地面上。

石头听到喊声居然会如尘埃般漂浮起来，是不是人体的信息（语言与动作）在某种程度上抵消了重力的结果呢？还是人们能改变这种石头的重力？都不得而知，这真是难解之谜。

4.带剧毒的“杀生石”

日本枥木县那须镇的山上，有一种石头，带有剧毒，无论是昆虫还是鸟类，一旦接触到这种石头，很快就会死亡，当地人把它叫做“杀生石”。这种石头多在火山口附近，由于被火山喷出的亚硫酸和硫化氢气体浸熏，从而有了毒性，能够杀死生物。有些寺庙认为它是神物，还搬去一些，放于寺庙里安置。

5.“哭泣”的石头

西班牙的比利牛斯山顶上有一块会“哭泣”的岩石，它发出的声音就像女人低声饮泣一样，听来十分伤感，但哭泣的时间很短暂，大概只有一二分钟，而且这块岩石只有在晴天的傍晚才会哭泣。

6.神秘多变的纹圈石

中美洲中部的卡隆芭拉，有一些卵形的石块，被当地土著视为宝物，因为这些石头上有神秘的纹圈。这些石块在下午时是平滑的，但经过一晚之后，石头上就会出现一些神秘的纹圈。经太阳晒过以后，这些刻纹便自动在下午全部消失。

地质学家曾用仪器拍摄这些石块夜间变化的过程，他们发现在午夜12点以后，好像有无数隐形的手在这些石块上面刻出图案。至于为什么会出现这种情况，他们找不到答案。

可怕的“杀人石”

非洲马里境内有一座耶名山，1967年春天，这座山发生强烈地震。地震后山的东麓出现时隐时现、飘忽不定的光晕，特别到了雷雨天气，光晕更为强烈，这引起了人们的好奇，纷纷猜测是什么在发光。

有人认为这是土著酋长的珍宝，藏于山洞中，地震时暴露了出来，也有人认为那是一种神奇的自然现象。总之众说纷纭，各有各的看法。为了弄清真相，马里政府派出以阿勃为队长的8人探险队，进入耶名山东麓进行实地考察。

耶名山上森林密布，林中各种飞禽走兽应有尽有，但东麓却鲜有飞禽走兽的踪迹。探险队一路上跋山涉水，终于接近了他们的目的地。就在此时，天空忽然降下大雨，电闪雷鸣中，阿勃队长再次看到了那令人惊讶的光晕，十分耀眼夺目。

光晕由红色变为金黄色，最后变成碧蓝色，在暴雨中显得姹紫嫣红。雨停后，探险队继续往光晕的发光点走去，等他们到达那片地方时，却意外地发现地上躺了许多死人，死相恐怖，身躯扭曲，口眼歪斜，看起来死前必定经受了很大的痛苦。从尸体上看这些人应该死了很久了，但奇怪的是，尸体居然没有腐烂。在非洲这样炎热的地方，简直是不可能的奇迹。

这些人看起来像是寻宝者，为何会无故死在这里？真是令人费解。探险队心存疑惑，继续搜寻光晕的来源，忽然一个队员发现在一条地缝里透射出五颜六色的光芒，于是，探险队员们开始挖掘。在历经一个多小时的挖掘工作后，他们终于从泥土中清理出一块重约5000千克的椭圆形巨石。半透明的巨石上半部透着蓝色，下半部泛着金黄色光，通体呈嫣红色。

就在探险队员们猜测这石头是什么东西的时候，一个队员忽然倒地，四肢抽搐，痛苦异常。随后不久，其他队员也纷纷倒地。阿勃忽然想到四周那些死因不明的尸体，不由得也浑身一颤。为了救队友，他摇摇晃晃地下山寻找救援。但由于体力不支，还未到达山下，他已一头栽倒在了路上，要不是路人及时将他送到医院，估计他也性命难保。抢救之后，他醒了过来，并将事情的来龙去脉告诉了医生。医生将诊断的结果告诉了他，才知他是受到了强烈的放射线的照射。

与此同时，有关部门已经派人去山上抢救其他的7名队员了，但他们已经死亡多时。而那块杀人的石头则因为滚落山崖底部，无法找到。这个“杀人巨石”就成了自然界又一个未解之谜。

会“笑”的石头

中国重庆石柱县新乐乡九蟒村有块“怕痒”的石头，位于九蟒村的龙洞坪。当地的村民认为这是一块灵石，能给予人帮助，因此每当有人生病或遇到不好的事情，就会去拜祭这块石头。

之所以称视这块石头为灵石，其实源自于一个传说。几百年前，有个村民在地里干活，中间休息的时候无意中将手指塞进了巨石里一个拇指大小的坑洞里挠了挠，结果巨石立刻晃动了起来。

这让这个村民吃惊不小，他立刻跑回村里，叫来其他村民。村民们纷纷将手伸进坑里，挠这块巨石，巨石晃动得十分剧烈，甚至连周围的大地都在颤动。村民们开始推巨石，想看看巨石底下有什么东西。但几个壮汉使出了吃奶的力气，也没有推巨石挪动一丝一毫。后来村民便认为巨石底下藏着一条蛟龙，为了表示敬畏，每到逢年过节，村民都会去给巨石烧香烧纸。这个习俗延续了近百年，成了村子里的惯例。

后来，为了找出石头怕痒的秘密，中国西南大学地理科学院教授罗来麟亲自到村里找到那块巨石。经过观察他发现，这块巨石是一块大概4吨重的石灰石。而石头之所以会在挠一挠之后动弹是另有原因。这块巨石呈燕尾形，露出地面约4立方米，在这块巨石的下面，还有一块露出地面的巨大石头，两块石头的接连处大概1米宽，而且由于接触面不平滑，形成了多个受力点，而那个小坑是最敏感的受力点，一动那个小坑，便能起到“四两拨千斤”的作用。这才是石头会痒的真正原因，并非是神灵显灵。

产蛋的石崖

中国贵州省三都县有一座登赶山，漫山的绿树杂草中，在山腰处有一块裸露的崖壁，大概长20多米，高6米，表面极不平整。这块看似普通的崖壁其实并不普通，它每隔30年就会自动掉落出一些石蛋，当地人称它为产蛋崖。

在崖壁上能看到一些石蛋有的快要与山体分离了，有的还只是刚刚冒出来。石崖居然会下蛋，这让当地人十分惊讶。登赶山附近的姑鲁寨，虽然是三都县典型的一个水族村寨，并保留了水族最原始的风貌和生活习俗，但还有一个水族没有的习俗，就是各家各户都以收集石蛋为荣。

姑鲁寨只有20几户人家，却已保留了68颗石蛋，村寨里的人认为谁家拥有石蛋，谁家就会兴旺发达，但到底这种石蛋是如何产生的，又到底能否起到保佑人们兴旺的作用呢？

2005年6月，中国贵州省地质矿产勘查开发局的总工程师王尚彦博士在网上浏览新闻时看到了产蛋崖上石蛋的照片，他作出了这样的猜测，“它绝大部分都是圆形的、椭圆形的，而且颜色有一些淡黄色的，就很像恐龙蛋。”随后就开始了进一步的调查研究。

王尚彦经过对岩石特性的充分测定和实验，发现了其中的奥秘。这些石蛋形成的地质年代十分久远，大概有5亿年的历史，而且产蛋崖上的石壁是由一种泥岩构成，这两种不同年代的成分是如何混在一起的？

随着调查的深入得知，5亿年前地球处于寒武纪，那时的贵州三都还是一片深海，当时有一些碳酸钙分子游离于深海的软泥中，在特定化学作用下它们渐渐凝聚在一起形成结核，经过上层沉积物的不断压实，软泥和结核都变成了埋藏于深海底下的岩石，软泥成了泥岩，而结核成了石蛋，经过亿万年的地质运动，最后暴露于地表。

从这样的解释来看，让姑鲁寨人视为神物的石蛋只是一些很普通的石头而已。石蛋的来源之谜虽然解开了，但仍然存在一个为什么石蛋会每30年自动孕育而出的问题。这便要提到风化作用了。石蛋暴露于地表后，因为风化作用，岩石层层脱落，石蛋便也渐渐出来了，因为围岩和石蛋的风化速度大约相差30年，所以才有了30年降生石蛋的事。这才是贵州三都县的产蛋崖千年石生蛋的真正奥秘。

神奇的“水晶棺”

琥珀又名血琥珀、血珀、红琥珀、光珀，是第三纪松柏科植物的树胶。在地质作用下被掩埋在地下，树脂失去挥发成分并聚合，固化形成琥珀。因此，琥珀的形成过程非常漫长。

常见的琥珀颜色和里面的包裹物都不一样，类型很多，但多数是金黄色、褐红色、紫色等，而包裹物的类型多为昆虫、植物等类。其中，昆虫类的琥珀化石是比较珍贵和稀少的，也就是人们常称的“虫珀”。

“虫珀”是如何形成以及琥珀里的昆虫是怎样保留下来的呢？

这就是一个复杂而残忍的过程了。黏稠的树脂顺着树干流淌下来时，正好滴落在树干上栖息的昆虫身上，树脂将昆虫包裹，昆虫无法挣脱黏稠的树脂，只能被包裹在树脂里，因此就成了琥珀中的昆虫。

然后经过千万年的地质变迁，树木倒塌被埋藏底下，连同树脂一起在黑暗的地下，而被包裹在树脂中的昆虫，也便随同树脂一同被埋藏，树脂就仿佛昆虫的棺材一样。直到重新被挖出的那一刻，它们才重见天日，琥珀晶莹剔透，而里面的昆虫依然栩栩如生。看起来，琥珀就像是昆虫的“水晶棺”一样。

钟摆般游移不定的罗布泊

20世纪，瑞典探险家斯文·赫定认为罗布泊是一个“游移湖”，他经过实地考察后得出，罗布泊由北向南和由南向北的游移周期为1500年。

赫定认为罗布泊之所以会移动，是因为进入湖中的河水挟带有大量泥沙，沉积在湖盆里，使得湖底抬高，令湖水往地势低的地方移动。而过一段时间后，被泥沙抬高露出的湖底，又遭受风的吹蚀而降低，这时湖水又回到原来的湖盆中。就这样，罗布泊像老式的大钟钟摆一样，南北游移不定。

这个理论一推出，罗布泊的“游移说”得到了许多人的肯定。但在中国的夏训诚等科学家实地考察后，发现事情并不是那么回事，罗布泊并没有因为大面积的地面风蚀而发生明显的湖体游移，它的水体变化受控于入湖水系变迁，所以也就推翻了赫定的结论，他认为罗布泊并不是“游移湖”。

夏训诚等人经过观察发现，罗布泊属于小洼地，它和南面的喀拉和顺都是平原中局部陷落的地势，而罗布泊更要低一些。夏训诚带领的科考队探测出罗布泊最低处为778米，与其相邻的喀拉和顺湖最低处为788米，两者相差10米，水往低处流，不大可能发生罗布泊倒流喀拉和顺的现象。而且他们还发现干涸的湖底都是坚硬的盐壳，用铁锤都很难敲碎，所以风的吹蚀作用并不容易让湖底重新降低。

而按照斯文·赫定的推测，1500年左右会形成10米以上的沉积物。但在湖底钻探取样测定年代的结果发现，湖底沉积物1.5米深处，是3600年前的沉积物。而且沉积物中含有香蒲属和莎草科植物花粉，不同层次中都有这些水生植物花粉的分布。夏训诚认为，这说明近万年来，罗布泊经常有水停积物。

为了更好地研究罗布泊，夏训诚带领科考队在湖底实际测量了一条50千米的水平线，最大高差仅3.02米。可以看出罗布泊及周围地区是宽浅洼地，高差很小。夏训诚说:“由于塔里木河和孔雀河下游水系经常变动改道，这会使终点湖罗布泊位置、大小、形状发生较大的变化。”

后来，夏训诚于1980年5月参加中国科学院沙漠考察团访问美国时，在华盛顿遥感专家艾尔·巴兹家做客，看到艾尔家挂着一张罗布泊的卫星拍摄图，极像人的耳朵轮廓，艾尔指着“耳轮”“耳垂”和“耳孔”问夏训诚它们分别代表什么。当时夏训诚不能给出答案，但他跟艾尔说：“我以后会告诉你。”

多次研究后，夏训诚终于找到了大耳朵的答案，将“大耳朵”按位置套叠在有地形标高的地形图上，“大耳朵”的范围恰恰是罗布泊海拔高程780米等高线，测量面积为5350平方千米。

“‘耳轮’是湖水退缩蒸发的痕迹；‘耳孔’是伸入湖中的半岛，将罗布泊分成东西两湖；‘耳垂’是喀拉和顺湖注入罗布泊形成的三角洲。”夏训诚和项目组的科研人员通过水准测量、光谱测定、分段采样分析等综合分析后，进一步得出对罗布泊“大耳朵”的新认识：罗布泊“大耳朵”形态形成受原湖岸地形的控制，特别是受伸入湖中半岛的影响；“大耳朵”图像上“耳轮线”，是湖水退缩盐壳形成过程中的年、季韵律线。

北海曾是淡水湖

英国和德国的科研人员提出一个新结论，那就是位于英国和欧洲大陆之间的北海曾经与大西洋隔绝，而且在大约5500万年前它曾是一个巨大的淡水湖。这一结论源自于科研人员最近对鲨鱼牙齿化石的研究。

鲨鱼的牙齿比较硬，是比较容易保存到现在的化石。研究人员对北海周边的几个国家发现的鲨鱼牙齿化石进行分析，结果发现，这些化石距离如今差不多已经有了6000万年到4000万年的历史。

英国朴茨茅斯大学的研究人员及德国的研究员，通过对鲨鱼牙齿化石中氧同位素的含量进行分析，判断出这些化石在当初还是生物的时候生长的环境情况，那时的北海海水盐度要比现在低很多，不仅低于当时周围海洋的含盐量，甚至低于现在一些淡水湖的含盐量。

在英国《地质学会会刊》上，科研人员发表了这样的观点：在大约5500万年前，海平面下降和地球板块运动导致陆地上升等因素使得北海与周围海洋隔绝。随着周围河流淡水的不断涌入，北海成为一个巨大的淡水湖。

沙漠里的歌声——响沙

响沙，是沙漠里独有的一种自然现象。沙子干燥的时候，人从具备响沙条件的沙丘顶端往下滑，沙子便会发出很大的响声，有时候像飞机起飞的声音，有时候像机器运作的响声。

关于响沙的记载，最初出现于8世纪中国的古书中。此后，马可波罗、达尔文和许多探险家对此也多有描述。目前，全世界已在大漠中发现31处可听到“响沙”的景点，其中尤以美国加利福尼亚莫哈韦沙漠中死亡之谷的几处景点最为著名。

中国甘肃敦煌市南郊的鸣沙山和内蒙古鄂尔多斯市库布其沙漠的响沙湾，响沙也十分出名，引得许多游人参观。但关于响沙的成因，至今仍是个谜团，有人认为沙子之所以会响，是因为其干燥性造成的。

茫茫大漠中时而出现的这种浓重、悠长、和谐、震耳欲聋的声音，让人们心向往之。根据法国研究人员的说法，长期以来，人们只知“响沙”是由于沙丘侧面崩塌产生的，而且条件是所有发声沙砾的体积一样，但其物理原理一直是个谜。

为揭开这一谜底，法国研究人员自2000年开始两度进入摩洛哥沙漠，对靠近马法亚的沙漠地带进行研究考察，并成功在实验室真实模拟出“响沙”。通过研究模拟“响沙”，法国研究人员得出了所谓“响沙”实际上是沙丘侧面崩塌导致的沙砾共振，其频率为100赫兹，声音强度为100分贝。响沙产生的原因不是风，也不是与沙丘本身有关的一种回声现象，而是沙丘侧面崩塌造成沙层运动所产生的一种声波的蔓延。

“海底托儿所”

美国加利福尼亚州北部海岸1600米深海处，有一处海洋生物繁衍的“海底托儿所”。如同人类的托儿所一样，海洋生物也将自己的孩子安置在这里，各种来自海洋不同角落的鱼类与章鱼常常密集于海底山脊，在漆黑的“海底托儿所”产卵，生儿育女。然后成千上万的各种有色鱼卵粘贴在岩石上，而这些鱼卵的父母则停留在不远处。

这间所谓的“海底托儿所”位于加州海岸吉尔达断岩带，距离加州生活海岸大约160千米。美国加利福尼亚州研究人员借助蒙特雷湾海洋生物研究所（Mbari）的遥控深潜望远镜可以看到这个奇特的世界，而且研究员还观察到海蟹、海葵、海星、海百合以及海扇等动物也都喜欢在此处“安家落户”，这处断裂带是深海生物的繁育中心。

2000年，Mbari地质学家斯达克斯最先发现这个不寻常的海域地带。同年7月，研究员德拉恩第一次准确地统计了该海域的生物数量。但他们却无法搞清楚什么原因导致大量生物群选择在这里繁衍后代。

而科学家们最担心的是，一旦捕鱼商业活动进入该深层海域，可能会破坏这个特殊的“海底托儿所”，那样会对科学研究造成损害。有可能的话，人们还可能通过这个“海底托儿所”，发现更多“海底托儿所”。

“迄今为止，我们还是第一次发现如此深海中多种生物集中的繁衍海域。”Mbari研究员杰夫里·德拉恩说。这项发现是目前所知的深海鱼类繁衍后代的第一个现实例子。按照之前的理论来说，在这样的深海里，是不可能进行这么大量的生物繁殖的，但是事实胜于雄辩，这个海底繁衍地带打破了之前的认识。

这个加州“海底托儿所”，属于新型海洋“生态热点”带，这一地带的生物群量是其他同一深度海域生物群的几百倍。根据德拉恩的猜测，此处大量生物群居可能与周围环境有关。在这里，洋流速度明显较快，生物群聚居区正位于海底高原的前缘地带。在这里，洋流的转化可帮助消除各种垃圾并补充呼吸氧气。所以，这里为鱼类等其他生物繁衍提供了优越的条件。

神秘怪圈30年寸草不生

非洲的纳米比亚海岸线附近，存在着许多神秘的“精灵怪圈”，这些怪圈周围杂草丛生，圈内却寸草不生。从空中俯瞰，这些直径从2米到10米不等的怪圈异常醒目。科学家对此找不到合理的解释，不明白为什么这些怪圈内什么植被都无法生长。

在他们研究看来，这些怪圈至少存在了30年，因此已可以将“人为炮制”的因素排除掉了。那又是什么原因造成这样的怪圈呢？科学家们提出了三种可能性：

第一种是怪圈里的泥土可能有放射性，从而阻止了植物生长；第二种可能是怪圈的地下藏有白蚁，它们将植物种子全部吃光了，从而使得这片土地寸草不生；第三种可能是怪圈中的泥土里含有某种有毒的蛋白质，科学家们推测这种有毒蛋白来自一种被称作“牛奶灌木”的沙漠有毒植物，使得植物不能生长。

三种解释似乎都无法确切地解释出怪圈的谜团，这个问题就这么一直困扰着科学家们。在后来的研究中，科学家们发现怪圈中的泥土就是普通泥土，也不存在什么白蚁，而且这些泥土被科学家带回实验室后，居然能够生长植物，这让科学家们更加困惑。

为什么怪圈内寸草不生呢，这个问题还要更深入地探究。

摩天大楼般的三维麦田怪圈

“麦田怪圈”在被谈论得沸沸扬扬一段时间后，已不再新鲜，但英国牛津郡的一块麦田上竟出现了一个给人立体感觉的“三维”麦田怪圈。这使“麦田怪圈”再次掀起议论热潮。

英国这个“三维”怪圈直径达110米，科学家们排除了人为的可能性，因为以人的力量在一夜之间造出这么庞大的怪圈来，实在是不可能办到的事情。这个奇怪的“三维”麦田怪圈是被一名飞行员发现的，它乍一看上去仿佛是从中央的十二角形中伸出了12根长短不等的立体柱子。从空中往下看，它就像是一个广场旁边围着12座“摩天大楼”。

这个麦田怪圈距一个拥有5000多年历史的新石器时代墓葬坑遗址只有几百米，这不禁让人们浮想联翩。研究麦田怪圈超过15年的英国戈斯波特市摄影师斯蒂夫·亚历山大说：“这是迄今为止最惊人的麦田怪圈之一，麦田怪圈界人士都对这一发现感到非常兴奋和震惊。”

专家相信，这是世界上首例具有立体感的“三维”麦田怪圈。虽然很多人怀疑这个怪圈是神秘的力量所为，或者是外星人干的，但居住在附近艾什布里村的一些村民还是坚持认为，它只是某些神秘人物搞出的恶作剧。

不过，亚历山大不相信有人能够一夜之间造出这么完美的麦田怪圈。他说：“需要花7小时在黑暗中不停地割麦子，才能创造出这样完美的图案，我认为人类在这么短的时间内做到这一点几乎是不可能的事。”

神秘的“麦田怪圈”吸引了世界各地人们好奇的目光。对于“麦田怪圈”形成的原因，却始终无人能够解释，这个怪圈背后藏着怎样的隐情，成为人们需要进一步研究和探索的一个课题。

墨西哥的“寂静之地”

墨西哥北部杜兰戈州有一片神秘的地带，那里有着漫天的黄沙飞舞，还有炙热的阳光，更有毒蛇蜥蜴等毒虫让人闻风丧胆。然而这里即便是毒虫也纷纷躲进了地下，似乎害怕这片区域的威力，这片地带便是墨西哥木马皮米盆地国家生态保护区“寂静之地”。

1966年的某一天，墨西哥国家石油公司的工程师哈里·贝里亚在这里勘探时发现，收音机、电视、无线电对讲机、卫星遥感系统到了这里完全失去效用，“这里如同电磁风暴的风眼一般，无法接收人类世界的信息”，因此当时贝里亚给这里取名为“寂静之地”。

“寂静之地”位于北纬27度，与百慕大三角和埃及金字塔处于同一纬度，电磁波到了那里便消失得无影无踪，飞机飞越上空时，导航系统完全失灵，而且在那里各种古生物化石，如同垃圾一样遍地都是，陨石也到处都是，流星雨更是随时可见。这片地带是周围居民的饭后谈资，人们认为那里和飞船、外星有着某种神秘的联系。

这块土地为什么会出现这么多神奇的现象，实在令人费解，人类掺杂了一些想象去解释这个现象。其中一种“磁场说”认为，这一地区的下方存在一个强大的电磁能量场，会使得一些电波失灵，但为什么这里会具有强大的磁场，人们又无法解释，只能将其归结为外星的超能量。

现在无法解释清楚的一些事情，将来应该会解释清楚，相信“寂静之地”不会永远沉寂下去。

神农架的“凹陷巨坑”

中国湖北省的神农架境内有一个木鱼坪，从那里出发，大概翻过一道山口，就可以到达 “凹陷巨坑”的坑口了。这个坑北高东低、西南相平，直径大约为410米，深度据声波雷达遥侧为600米，凹坑的北缘比东、西、南三边边缘高出200米，由一堵巨岩石直竖而成，与陷坑底平面呈90度直角。

这块巨大的凹陷坑壁上，有着数不清的鸟巢在上面，栖息了大概有3万只板斧鸟。这种鸟生性凶残，它们的嘴大而坚硬，翅膀强健有力，人们称它们为“凹陷巨坑的警察”。这是因为它们几乎从不离坑，一直坚守在巢穴中，就像警察坚守自己的岗位一样，而且它们一旦遇到其他异种鸟类飞入坑中，便咆哮着群起而攻之，直到入侵者被咬得粉身碎骨为止。

1983年7月23日，加拿大旅行家探险队领队哥夫列耶一行10人，来到中国湖北省神农架七曜峰七溪坪“凹陷巨坑”坑口时，连声赞叹：“天下竟有这样的奇景，妙不可言。”1989年5月13日，英国旅游团领队列西在七溪坪凹陷边缘驻足伫立，竟达5小时之久。末了，感慨万千地说：“世界上那么多奇景都没能折服我，没想到这儿深山老林的一处天外来客留下的凹陷，却让我迷恋到如此程度。”临走又说：“天下绝对没有第二处如此壮观的凹陷景观了。”

1996年7月27日，加拿大PY旅游团的全体游客亲睹了一场“鸟之战”，其场面之激烈、壮观，令这些外国友人目瞪口呆、大开眼界。

只见3只隼鹰飞到陷坑上空时，正准备俯冲而下，企图在这块新的“大陆”开拓新食源，只听见北沿岩壁上“叽—喳—叽喳”的长啸鸟鸣，顿时便有上万只板斧鸟凶猛前来，自上而下扑向3只隼鹰，板斧鸟越来越密，不一会形成一张巨大密不透风的“鸟网”，朝3只巨鹰猛“撒”过来。

随着板斧鸟有节奏地鸣叫，这张“鸟网”在空中移动，巨鹰感到不妙，想要冲出重围，但板斧鸟却不允许它们这么做。双方斗争了十几个回合，巨鹰败下阵来，“鸟类网”呈下罩收拢之势，迅速内卷成一圆球状，将3只巨鹰困入其中。10分钟后，巨鹰就被吃得精光，只剩下羽毛飞在空中了。

这是凹陷巨坑的一大奇观，而在巨坑的西沿，还有块大约3米长的条石横跨坑口，并且有一块5米的石条悬空于坑口上空，这块石头被称为“鹰嘴石”。上面长了一些上千年的古木。其实，那里才是凹陷坑真正神秘和绝妙的所在，因为，坑体呈瓮形——口小底大，坑底面积据航测为0.53平方千米左右。其中长满千年常绿的树木，人只能吊绳而下。

在这个巨坑的底部除了有古树，还有暖水瓶粗的蟒蛇、药瓶盖大的蚂蚁、几十只凶残的野狼，这些动物为何会在毫无出路也无入口的坑底生活，它们如何维持生命？这让人难以想象与解答。

在巨坑低端正中央有一个天然的喷泉，大约为10平方米，间歇性喷涌，泉水冬暖夏凉，泉水清澈见底。泉水在喷射时，有通体透明、长33厘米左右的阴河鲮鱼随水冲出泉面，当泉水安静的时候，鱼便游回去了。

这种鱼又是从何而来，也不得而知。根据当地山民的介绍，每年一到农历五月初十这天清晨，从坑口往下看，就会看到坑底的森林剧烈摆动，好像有大风刮过一样，还会发出巨大的声响，十分惨烈，更有呻吟声、惨叫声传出来，让人无法明白，这个坑底到底是怎样的一个世界。

世界最著名的七大恐怖风景区

1.不能经过的死亡之洞——印尼爪哇谷洞

印尼爪哇谷洞可算是世界著名的恐怖景区，其诡异莫测程度让它排在了首位。这个谷有6个大山洞，都呈喇叭状，就像食人花一样，能将靠近的生命吞噬干净。这个谷洞，不要说误入的人性命不保，就连距离近的也会被它吸入谷洞里。距离6～7米的时候，人或者动物就会被强大的吸力“吸”进去，然后一口吞下。为了研究这个神秘的现象，有人曾用先进的仪器探测过，谷洞里白骨累累，十分恐怖。

2.难免一死的死亡地带——堪察加半岛

前苏联的堪察加半岛克罗诺基山区的“死亡谷”，地势凸凹不平，坑坑洼洼。这条山谷长达2千米，宽100～300米左右。山谷中的不少地方有天然硫黄嶙峋露出地面，到处可见狗熊、狼獾以及其他野兽的尸骨，十分凄凉。

据统计，这个“死亡谷”已吞噬过30条人命。前苏联的科学家曾对这个“死亡谷”进行过多次探险考察，无一定论。有人认为，杀害人畜的祸首是积聚在凹陷深坑中的硫化氢和二氧化碳；有人则认为，致命原因可能是烈性毒剂氢氰酸和它的衍生物。可是，住在距离“死亡谷”仅一箭之地，而且没有山岳和森林阻隔的村舍农民，却不曾受到过这些毒气的影响。

3.无脑婴儿产地——巴西库巴唐

巴西有一座令人闻之色变的城市，那就是库巴唐。在巴西热带群山的丛林掩映下，这座城市看起来风光不错，但就在这里，出现过一件怪事。大约20年前，这个城市降生了几十个没有脑子的婴儿，库巴唐一夜之间得到了一个恐惧的名字——“死亡之谷”。

婴儿居然没有脑子，这让科学家百思不得其解。他们对库巴唐进行研究，发现市内的烟囱，不间断地释放着色彩斑斓的工业废气，整个城市里也弥漫着一股腐臭的气味，这应该就是婴儿没有脑子的主要根源，空气污染使得人体受到破坏，从而导致了婴儿的残缺。

不过后来在库巴唐政府的努力下，摘掉了“地球上污染最严重的城市”的帽子。但对于环保组织和科学家们来说，这里仍然是一个危险的地区，库巴唐市的居民患各种癌症的概率高得惊人：在库巴唐及毗邻的桑托斯市等地区，膀胱癌患者的比率比其他城市要高6倍；神经系统（包括脑部）的癌症患病率是其他城市的4倍；另外，肺癌、咽喉癌、口腔癌和胰腺癌的患病率也是其他城市的2倍。

所以，这里的环境改造依然刻不容缓，因为这里被严重污染的空气和土壤以及水源都在不停地侵害着当地人的生命。

4.“人间地狱，动物天堂”——美国死人谷

在美国加州与内华达州的相连处，有一条长达300千米，窄处宽6千米，阔处宽26千米的山谷，号称是世界上特大的山谷，这个山谷地势险恶，尽是悬崖峭壁，被人们称为美国的死人谷。

1949年春，有一支做黄金美梦的勘探队来到这个“未开垦的处女地”，结果有去无回，全军覆没。后来许多探险者都来到山谷里，想要揭开死亡之谜，但后果与探金队一样，全都未能再走出来。

之后，这里便是见者不寒而栗、闻者谈之色变的死人谷了。为了解开死人谷的谜题，科学家用航空侦察对山谷进行勘察，他们惊讶地发现，这个所谓的死人谷，却是禽兽的天堂。据航测统计，在这死人谷里，有鸟儿近300种，野驴约2000头，蛇类20余种，蜥蜴也有17种。

看起来，那些禽兽在死人谷里生活得十分逍遥自在，但为什么人类进去就是有进无回呢？这个奥秘还未揭晓。

5.“动物墓场，人类天堂”——意大利死亡谷

意大利那不勒斯和瓦维尔诺附近的死亡谷却和美国的死人谷恰恰相反，这个死亡谷专门夺取动物的生命，对人类却是毫无损害，因此被称为“动物的墓场”。

在山谷中发现大量死于非命的飞禽走兽、各种各样的大小动物的尸骸已超过4000只（头）。其中粗略地统计一下，鸟类大概几十种，爬行类19种，哺乳动物也有上10种。这些动物并不是自相残杀，也不是集体自杀，更不是人为杀害。

每年在此死于非命的动物多达3万多头，但人们就是找不出它们死亡的原因。

6.不再无人的无人区——藏北

中国青藏高原的中部，有一块被各国学者和专家称为“生命的禁区”的地方，便是藏北无人区。它位于西藏的西北部，面积60万平方千米，平均海拔5000米。这里荒无人烟，除了高山、湖泊、草原和野生动物，几乎看不到生命的存在。有些人曾去探险，但到了那里不是因为迷失方向，就是缺乏干粮而饿死，很少有人能活着回来，“无人区”成了一个恐怖的人间地狱。

但这只是没去过的人的一种想象，其实那里的风光十分美丽，蓝天和大地的色彩对比强烈，没有任何空气污染，空气透明度很高，一切看起来都很清新，往往在距离上给人以错觉，让人觉得和天离得特别近。

“无人区”的腹地“双湖”一带，更是给人一种远离了地球的感觉，这里的景色远远超出了许多人以往的审美经验，那是一种粗犷、原始的美丽。

那里还是一个野生的动物园，草原宽广，成群的野马和羚羊奔驰其中，还有鹿、藏野驴、野牦牛，甚至狼、熊等等也常常出现在那里。但“无人区”恶劣的生存条件却让人类无法生存。

首先这里的空气中的含氧量很低，气候变化反复无常，湖泊虽然很多，但都是盐碱水。虽然近年来在政府的帮助下，一些当地牧民迁徙到了那里，“无人区”已经不再无人，但还是不可掉以轻心，因为那里毕竟曾经是人类的“禁区”。

7.最多人征服过的死亡地带——罗布泊

因为罗布泊的种种特点，这片土地有过许多名称：例如坳泽、盐泽、涸海等，是因为它的特征得名；蒲昌海、牢兰海、孔雀海等名称则是因为它的位置而得名；还有时代不同，罗布泊也有不同的名字，元代以后，称罗布淖尔，现代才称其为罗布泊的。

汉代的时候，罗布泊“广袤三百里，其水亭居，冬夏不增减”，可见当时的罗布泊多么的宽广，甚至被当时的人们误认为是黄河的起源，但到了公元4世纪，罗布泊竟到了要用法令限制用水的拮据境地。

在清代末年时期，罗布泊水涨之时，仅有“东西长八九十里，南北宽二三里或一二里不等”，成了区区一小湖。1921年，塔里木河改道东流，经注罗布泊。至50年代，湖的面积又达2000多平方千米。60年代因塔里木河下游断流，使罗布泊渐渐干涸。1972年底，它便彻底干涸了。罗布泊在人们心中，已不单单是一个地域名称，它给人的感觉更多的是神秘，有一段文字对她的描绘非常贴切：“罗布泊其实是汇入多水湖之意，为内陆最大的移动咸水湖。大自然曾造就了5400平方千米湖面的罗布泊，在最近的百年间，湖水已干涸见底。如今，展现给我们的是一片荒芜的景象：湖泊干涸、河水断流、古堡沧桑，生命仿佛在这里戛然停止。这难道就是当年唐玄奘西去取经的大道吗？这难道就是马可·波罗从威尼斯至古老东方经过的地方吗？当年丝绸路上的驼铃、楼兰古城的歌舞一切都已远去，留下的只有那不解之谜，让探险者冒生命之险去挖掘、去破解……”

蛇岛为何多蝮蛇

中国辽宁省旅顺西北的渤海附近，有一个小岛，面积约为1平方千米，岛上到处是石英岩，灌木丛生，洞穴繁多，海拔大约是215.5米，因为岛上有许多蛇，这个岛被当地人称为蛇岛，又称之为小龙岛。

在蛇岛上，处处都可见到蛇，无论是树干还是草丛，岩洞还是石缝间，这些蛇千姿百态地盘踞在小岛上，而蛇岛更是以蝮蛇的数量众多而驰名中外。蝮蛇又称“草上飞”“土公蛇”，是爬行纲蝮蛇科的一种毒蛇，长60～70厘米，大的可达94厘米。

蝮蛇头呈三角形，脖颈细，背上是灰褐色，两侧各有一处黑褐色圆斑；腹部为灰褐色，上面有黑白斑点。这种蛇分布的范围还算广泛，多数生活在平原较低的山区。中国除了在云南、广东、广西沿海地区没有发现外，其余地区都能见到蝮蛇的存在。而蛇岛上的蝮蛇数量却是最大的。目前据统计，蛇岛上的蝮蛇有14000多条，并且每年以1000多左右的数量在增加。

蛇岛为何会有如此多的蝮蛇？中国科学工作者考察研究后得出结论，蛇岛特殊的地理位置为蝮蛇的生存提供了有利的条件，蛇岛虽然面积很小，但这个岛屿的形成基本属于“大大陆岛”，也就是说，蛇岛上的生存环境和旅顺地区的情况差不多，在岛上的石英岩等岩石中存在着许多的大小裂缝，这为蛇提供了良好的居所。

还有蛇岛地处温带海洋气候地带，这里的气候温和湿润，对动植物的生长繁衍十分有利，其中最重要的一点是，蛇岛还处于候鸟迁徙的路线上，而蝮蛇主要以鼠、鸟、蛙、蜥蜴等为食的。这样一来，每当春秋两季，候鸟迁徙的时候，蛇岛便成了它们必经的歇脚处，蝮蛇也就有了饱餐的机会。蝮蛇逮鸟的技术十分高超，它们的鼻孔两侧的颊窝是灵敏度极高的热测位器，能测出0.001℃的温差，因此只要鸟停留在距离蝮蛇1米左右的枝头，蝮蛇就能准确地探测到鸟的位置，从而令它们成为自己的美餐。

岛上土壤深厚，土质疏松，而且人迹罕至，动物也很少。蛇生活得舒适，且没有敌人，这些都为蛇提供了方便，这就解释了为什么蛇岛上的蛇如此众多。但要说起蝮蛇为何占绝大多数的原因，则是因为蛇岛的面积太小，能为蛇提供食物的来源有限，所以，为了生存，弱肉强食自然成了岛上的生存法则，而生存能力强的蝮蛇，自然成了长期演化过程中的胜利者。

但也有人提出不同意见，它们认为蛇岛周围的海域上还有其他的小岛，情况和蛇岛都差不多，但却没有蝮蛇，而蛇岛上却有如此众多的蝮蛇，这个谜题确实还有待科学工作者们进一步探究。

“怪树”晴天“下雨”

中国四川仁寿县的虞丞乡，在2009年2月的时候，出现了一个奇怪的现象，大树居然下起了雨，这个现象惊动了四面八方的人前去观看。这棵树长在南宋抗金名相虞允文的墓地里，大树平白无故下雨就很让人觉得惊奇了，而它生长在墓地的坟头上，更让大家觉得神秘。人们对此议论纷纷，有人说这是沾染了丞相的灵气，是神仙显灵的表现。

这种说法一传十十传百，越来越多的人赶来，为的就是沾沾灵气。当地气象局和林业局的工作人员为了找出大树下雨的真正原因，也派了专人过来调查，他们为这件稀奇的事情找出了一个合理的解释。

虞允文墓地的这棵大树是棉丝树，学名滇朴，这是一种乔木，树干挺拔高大，在中国的南方十分常见。而且这种常见的树木叶子通常为卵形、卵状椭圆形或带菱形，并不是碗状的，也无法把水包起来。最为重要的一点是，这棵大树“下雨”的时候，树干是光秃秃的，不存在叶子积水而形成滴水的现象。

为了彻底查出大树下雨的真相，仁寿县派出消防队员爬上大树，取下了大树的一根树枝研究。结果，人们发现在干枯的树枝上布满了密密麻麻的小昆虫，这种昆虫让在场的博士们一时叫不出名字来，只能带回去研究。

后经过北京林业大学的骆有庆教授的研究和仔细检查，他认为这是一种名叫朴巢沫蝉的昆虫。骆有庆教授说这种小虫子其实和知了是一个家族体系的，虽然这种虫子的个头比知了小了很多，只有一个米粒那么大，但他们的分泌物却很多。这种昆虫依赖于植物的汁液生存，而它们在吸取汁液的同时也在迅速地将汁液排出体外。

它们排出体外的液体，其实就是通过消化道肛门排出来的一些多余的新陈代谢的物质。

谜题就这样被揭开了，人们一直困惑的大树显灵的问题，其实就是这些小虫子在作怪，它们遍布于大树的枝干上，吃饱喝足后将身体里不需要的水分排出，让人们误以为是大树在下雨。

虽然这种虫子给人们带来了困惑，但它们的危害并不大，不需要采取什么杀灭措施。

“泼水现竹”的奇象

中国的仁寿县黑龙滩水库库尾有一座古龙兴寺，寺侧一个佛龛右侧的峭壁上，有号称蜀中奇观的“泼水现竹”壁画，这是北宋名家文同留下的作品。在寺庙左侧的峭壁上还有南宋孝宗乾道五年（公元1169年）的碑文，曰：“霜月澄凛，天风清劲，御史公刚明英烈之气，其钟于斯云。乾道五年冬十月。峨眉杨季友。”

文同，四川人，字与可，号笑笑居士，才情纵横，所以很受君王的赏识，仕途一帆风顺。宋神宗熙宁四年（公元1071年），文同被调任仁寿县，因喜爱画竹，常以各种笔法画竹，就留下了龙兴寺的那幅壁画。这本没什么稀奇的，自古以来文人墨客都喜爱在墙壁上题字泼墨，但稀奇的是这画自从明代以后，便无法显现。人们只有用水泼湿墙壁后，画才能显现出来。

这就是“泼水现竹”的由来，人们称之为“怪石墨竹”，干燥的时候画就好像隐形了一样无法被人看到，而潮湿后便能显形，前人对此的描述十分传神，“既无墨迹，又无雕镂痕，用水涤石，画面犹新”，千年以来无人能解这个疑谜。

文同当年在墙壁上作画，想来也是一时兴起，不会刻意设下什么机关，所以，画的时隐时现应当是一种化学现象，被不明原因的物体覆盖了。为了解开这个难题，物理学章正刚教授，化学胡忠䌹教授、袁毅工程师等，共同组成一个工作组前往考察。

经过勘察，这些专家得出了以下结论：

1.“泼水现竹”现象是明代覆盖后发生的。

2.整个壁龛上下完全粉刷为同一浅黄色的现象，可以推断出这个寺庙被后人粉刷过，而因为不懂得文同画的价值，便没有保留，统统涂上了颜料，虽然这样愚昧的做法让书画受到了破坏，但另一方面，也是一种保护。

南宋距今太过遥远，如果不是这层粉刷的保护膜，只怕文同的画在风吹雨打、岁月侵蚀中会变得斑驳。因为那是露天龛穴，极易受到风雨侵袭。所以说这也叫做无心插柳柳成荫。

后人在无意中发现使得墙壁受潮，可以显现壁画的奇观，完全是歪打正着。经过专家们在高倍放大镜的检测下，他们发现这些黄色的颜料，颗粒粗糙，密布缝隙，这样带来的一点好处便是能够使得水分浸入后迅速渗透，而通过光线的折射，使得被涂料遮盖住的壁画显现出来。

为了更好地验证这一点，章正刚教授事先制作了一个类似的模型：使用孔隙度较大的宣纸蒙罩一幅字帖，无法看见下面的字体。将宣纸浸湿后，下面字体立刻清楚显现出来，就是同样的原理。

俄勒冈格兰特漩涡

提起“漩涡”，人们最先想到的便是江河湖海中，由于水流的旋转而形成的漩涡。但陆地上其实也是有漩涡的，在美国俄勒冈州格兰特山岭和沙甸之间的地方，就有这么一个陆地上的漩涡。

它被人们称为是“俄勒冈格兰特漩涡”，面积大概50平方米，处于一片森林的中央地带，这个漩涡有股神奇的力量，当飞鸟飞过漩涡上空时，会不由自主地下坠，而当其他牲畜来到这里时，也会本能地发出惊恐的哀鸣，似乎眼前有着无法靠近的危险。

为了探究“俄勒冈格兰特漩涡”的奥秘，许多科学家亲赴当地勘察，在他们留下的记录中，后人惊讶地发现，这个森林的树木都向着中心的漩涡倾斜，而且在漩涡附近的草地上，所有的树叶也是垂向地面的。

在这个漩涡中心，还有一个很小的木屋，看起来很古老，且歪斜得厉害，好像比萨斜塔一样。这间木屋是古时候的淘金人住的，他们在这间木屋里秤沙金，但到了1890年之后，淘金人发现秤变得不再准确，随后，他们便废弃了这个木屋，离开了这里。

但奇怪的事情还在发生，这间木屋本来是建造在山丘的顶端，但却不知何时开始慢慢地向山坡下移动，不但如此，在这座木屋里，还有着许多不可思议的现象。人们一走进木屋，就感觉有着无形的拉力拖拽着自己的身体，不由自主向前倾，如果想走出木屋，就要费一些力气，因为那股拉力始终在往回拉人们的身体。

木屋里任何东西都会受到拉力的牵引，无论是硕大的空瓶子还是小小的一颗棋子，只要轻轻推动一下，都会滚向“漩涡”的中心。因为木屋是倾斜的，而“漩涡”的中心是处于高处的方位，所以，这些物品沿着斜面从低处滚向高处，而绝不会后退半寸的奇怪现象更是让人们瞠目结舌。

“俄勒冈格兰特漩涡”具有的这种神秘的力量到底是怎样产生的？人们无法作出精确的解释。曾有科学家用仪器探测过木屋周围的地形，他们发现这里有一个直径大约为50米的磁力圈，以9天为周期，沿着圆形轨道移动。所以，有人认为这是重力与电磁力在配合作怪，因为重磁异常，强大的重力转变为磁力，而强大的磁力又导致重力异常。

但是什么让这个地方产生如此强大的重力呢？众说纷纭，这个奇怪的陆地漩涡留下了尚待破解的谜团，留待后人揭开。

西诺亚洞中的“魔潭”

非洲西诺亚洞位于津巴布韦哈拉雷的西北部，是一处古人类穴居遗址。西诺亚洞由一个明洞、一个暗洞以及两洞间的一个深潭组成。

这个深潭具有强引力场，就像宇宙中的黑洞一样，被人们称之为“魔潭”。在这个仅仅10余米宽的潭面上，好像有着一种神奇的力量，能把上空的东西都吸入潭里。

按照常理，把一块石头扔出10余米并不是什么困难的事情，但在“魔潭”这里，就算是大力士也无法将石头扔过去。石头途径潭面的时候，一定会掉入水中。这个看似平常的潭位于一个类似于水井的石洞底部，距离地面大概几十米深，潭里的水十分清澈，人们无法理解，为什么这样的一潭水，会产生如此的魔力。

有人尝试新的方法，用器械试验，子弹发射出去，同样会被深潭吸下去，而无法击中深潭对面的石壁。类似的实验还进行过许多次，但没有一次能打破“魔潭”的魔力，直到今天，人们还在为揭开这个秘密而努力。

冷热颠倒的地域奇观

“冬暖夏凉”是人们一直渴望的，但天气的气温变化还是要取决于太阳的光热，而地球的公转会让这一切变得有规律可循，便是“冬冷夏热”。但这并不是绝对的，在一些地方，这种自然规律就被打破，出现了冷热颠倒的神奇现象。

中国辽宁省东部山区桓仁县境内，就有一个被人们称为“地温异常带”的地方。这个地带一端始于中国浑江左岸满族镇政府驻地南1.5千米处的船营沟里，另一端终于浑江右岸宽甸县境内的牛蹄山麓。整个“地温异常带”长约15千米，面积约10.6万平方米。

在这个神奇的地带里，夏天来的时候，地下的温度就开始降低，竟能达到零下12℃；然而到了隆冬时节，这里又是热气腾腾，好像过夏天。

不论外面如何的风霜雨雪，在“地温异常带”这里，总是作物幽绿，青草肥美，经过人为的测定，这里的气温可保持17℃，地温保持15℃。

有些科学家指出，这种奇异的地带是因为地下有寒热两条储气带同时释放气流，遇寒则出热气，遇热则出冷气。正是因为地下储存着不同的气流，所以形成了庞大的储气结构和特殊的保温层，这便是特殊地质构成的主要原因。

除此之外，还有一种说法便是“阀门说”，这种说法认为这种冬暖夏凉的现象是由于地下庞大的储气带的上面带有一特殊的阀门，冬春自动开闭，从而导致这种现象的产生。

不论如何，这些分析只是推论，具体的实际依据却是拿不出来，到底这里有什么奇特之处，造成了这么与众不同的地域风貌，还有待于进一步的考察。

消失在百慕大三角

大自然的各种奇异事件中，不得不提百慕大三角。那一连串的飞机和轮船失踪案，让人们提起这个地方总是又恨又怕。在百慕大三角，似乎有着一种神秘的力量在吞噬着过往的船只飞机，对于这种神秘的力量，全世界的科学家都无法解释清楚，但他们似乎已经打定了主意，不允许百慕大三角的谜继续存在下去，他们各自运用智慧，解释发生在百慕大三角的怪事。

失踪的中队

代号28的美国鱼雷轰炸机全体机组人员于1945年执行任务时消失在百慕大三角海域。

其中以下几种说法比较常见：

1.磁场说。因为在百慕大失踪的飞机轮船，多是因罗盘失灵而发生的灾难，不由得让人们联系到了地磁，而且失事的时间多在月初和月中，那正好是月球对地球潮汐作用最强的时候，地磁在那个时候也最强烈。

2.黑洞说。黑洞是指天体中那些晚期恒星所具有的高磁场超密度的聚吸现象，它虽然肉眼不可见却能吞噬一切物质。飞机突然消失在百慕大，就好像被黑洞吞噬掉一样。

3.次声说。声音也会产生极强的破坏力。频率低于20次／秒的声音是人的耳朵听不见的次声，百慕大海域地形复杂，也许是加强次声令飞机和轮船失灵的原因。这种推测也受到了一些人的认同。

4.晴空湍流说。晴空湍流是一种极特殊的风，产生于高空，当风速达到一定程度的时候，就会产生“气穴”，使得飞机或者航船受到强烈的震动。而当这种风剧烈到一定程度时，飞机和轮船就会被它撕碎。

5.水桥说。这种说法的依据便是海潮，人们认为是海难将船只吞没，而后被一股潜流将残骸卷走，这就是为什么在事故现场找不到船只的原因，但这点却无法解释飞机为什么也会失踪。

无论是哪一种，毕竟都只是推测和假设而已，都不全面，无法彻底揭开百慕大的谜题。而且，除了飞机和船只无端失踪之外，百慕大还有其他的怪事在不断发生。

卡尼古山的“飞机墓地”

西地中海“死亡三角区”的三个顶点，分别是比利牛斯的卡尼古山，摩洛哥、阿尔及利亚、毛里塔尼亚接壤处的延杜夫，再加上加那利群岛。在这片海域不断发生着飞机遇难和失踪事件，这里也因此被称为“飞机墓地”。

1975年7月11日上午10点多钟，西班牙空军学院的4架“萨埃塔式”飞机正在进行集结队形的训练飞行。突然一道闪光掠过，紧接着，4架飞机一齐向海面栽了下去。附近的军舰、渔船以及潜水员们都参加了营救遇难者和打捞飞机的行动。他们很快就找到了5名机组人员的尸体。但是这4架刚刚起飞几分钟的飞机为什么会一齐朝大海扑去呢？西班牙军事当局对此没有作任何解释，而媒体的说法则是“不明气体的阻碍”。

有人做过统计，从1945年第二次世界大战结束到1969年的20多年和平时期中，地图的这个小点上竟发生过11起空难，229人丧生。飞行员们都十分害怕从这里飞过。他们说，每当飞机经过这里时，机上的仪表和无线电都会受到奇怪的干扰，甚至定位系统也常出毛病，以致搞不清自己所处的方位。这大概就是他们把这里称作“飞机墓地”的原因吧。

遇见传说中的美人鱼

自古以来，有关海洋的神奇传说数不胜数，其中流传最广和最引人入胜的莫过于美人鱼的传说了。虽然人们与它保持着一定距离，小心翼翼地赞美着它，但它的迷人魅力仍使它流传于世，而且愈传愈真。

传说中的美人鱼，腰部以上为女人，腰部以下为逐渐缩小的披满鱼鳞的鱼身，鱼尾各不相同。美国自然科学家普利尼在其著作《自然历史》中认为，它们是真实的，只不过身体粗糙，遍体有鳞，甚至像女人的那些部位也有鳞片。

生活于18世纪的挪威博物学家艾里克·彭特是研究美人鱼的“专家”。为了证明美人鱼确实存在，他在著作《挪威博物志》中用了整整8页的篇幅来记叙美人鱼的真实历史。那么，美人鱼是否像传说的那样真实地存在于海洋中呢?

其实，在早期的海上探险中，便有人偶然看见过美人鱼，甚至在哥伦布1492年的航海日记中也提到过美人鱼。他写道：“我看见三条美人鱼，它们从海上跃起很高，虽然在一定程度上有人样的面孔，但不像传说中的那样美丽。”在另一篇航海日记里，哥伦布还写道："在波尔内岛附近抓到了一条美人鱼般的怪物，它有1.5米长，陆地上活了4天，又在装满水的大桶里活了7小时。从一开始，它就发出如老鼠般的轻微叫声。我们给它喂小鱼、贝类、蟹和虾等，但它都不吃。"

有许多科学家认为，传说中的美人鱼实际上就是海中再普通不过的海牛、儒艮或海豹类动物，它们拥有与美人鱼相似的特征：海牛的身体虽说比妇女的体躯略大，但雌海牛的胸部乳房的位置与人类女性乳房的位置相似。至于在寒带或温带海洋看见的"美人鱼"，则很可能就是海豹。海豹除了有肢状前鳍和逐渐缩小的身体外，还有一双温柔迷人的眼睛，而且它还会跳跃，这些特点都和传说中的美人鱼十分相似。

美国斯密森尼安博物馆脊椎动物部主任居格博士是位著名的隐匿动物学家。一次有人问他美人鱼究竟属于哺乳动物还是属于鱼类时，他说除非他看到美人鱼的标本，否则对这个问题任何一种回答都是臆测。

沧海变桑田的古地中海

今天的地中海，位于欧、亚、非三大洲陆地海岸的环抱之中。如果没有西面的直布罗陀海峡与大西洋相连，它就是个典型的内陆海了。地中海东西长4000多千米，南北最大宽度为1800余千米，总面积为251.6万平方千米，平均水深为1491米，是世界上最深、最大的陆间海。

令人难以想象的是，如今的地中海过去曾是一个比现在大数百倍的喇叭形巨洋。更令人惊奇的是，它曾有过一个完全干涸的历史时期。近几十年，为了探索古地中海这个千古之谜，各国科学家运用各种先进的手段，进行了大量调查研究工作，使人们对古地中海的演化过程有了一个清晰的认识。

距今2.8亿年前的地球海陆分布格局与今天完全不同。那时，在冈瓦纳古陆的北部与欧亚古陆的南部，是一片规模巨大的古海洋——古地中海，地质学家也称它为“特提斯海”。当时的古地中海面积非常大，它不仅覆盖了整个中东以及今天的印度次大陆，就连中国大陆和中亚地区，也几乎全被它浸漫。

大约距今2.5亿年前，冈瓦纳古陆开始向北漂移，到2亿年前，冈瓦纳古陆开始与欧亚大陆相撞，逐渐使古地中海封闭。古地中海从中国大陆退出，可能发生在1.8亿年前；而古地中海从中国西藏北部、东部和云南西部完全退出，可能发生在1亿年前。

到了距今7000万年前，西藏、云南等地地壳开始上升，迫使古地中海完全退出中国大陆。距今800万年前，范围辽阔的古地中海，由于两个大陆靠拢并发生碰撞，它的面积不仅大为缩小，而且逐步呈现封闭状态，与世界大洋失去了联系。

地中海完全封闭之后，成为一潭死水。由于气候炎热，风急沙多，降雨少，蒸发量大，地中海逐年缩小。大约在距今600万年前，地中海干枯了，留下了个比大西洋海平面低3000米的沙漠盆地。

这个沙漠盆地起码比今天的地中海要大，这个干枯的大沙漠在地球上存在了数十万年。大约到了550万年前，地壳发生了一次大规模构造变动，把直布罗陀海峡崩裂开来，大西洋的海水由这个裂口灌入地中海盆，4万立方千米的大西洋海水像湍急的山洪，倾入地中海盆，其流量比今天尼亚加拉瀑布大1000多倍。尽管如此，把地中海灌到今天的样子，也花了数百年的时间。

吞噬大船的神秘海洞

1886年5月13日，一艘名叫“格兰特将军”号的船接近了新西兰南部一个叫奥克兰的岛屿。天色慢慢地黑了下来，风也越刮越小了。“格兰特将军”号的船长命令舵手放慢了速度，朝着奥克兰岛缓缓地开了过去。

到了半夜，船长命令舵手把船的速度放得更慢了，劳累了一天的船员们都渐渐进入休息状态。整个海面上显得特别安静，只有船桅上的绳索发出一阵阵轻轻的声响。

“格兰特将军”号又往前航行了一段路程。一个负责瞻望的水手报告大副说，奥克兰岛就在眼前了。大副于是传下命令，改变航向，绕过奥克兰岛，继续前进。舵手接到命令，立刻转舵。没想到，船仍然停留在原来的航向上，没有改变。舵手感到很奇怪，一连转了几次舵柄，船还是纹丝未动。这是怎么回事儿呢？原来，“格兰特将军”号已经陷到了强流当中，陷入了特别危险的境地，如果再不改变航向，就会撞到奥克兰岛上。船长和水手们齐心协力想转动舵柄，但都不起作用。最后，随着“轰隆”一声巨响，“格兰特将军”号撞到了奥克兰岛的石壁上，船舵随之折断。

这突如其来的声响一下惊醒了正在安稳睡觉的旅客们。他们睁开惺忪的睡眼，立刻被眼前的情景吓呆了。只见“格兰特将军”号正在强烈的海流当中不停地打着转儿。这时，又冲过来一股海流，冲击着船转了一个大圈以后，就朝着岛屿的另一处石壁撞了过去。更可怕的是，人们发现那个石壁上隐隐约约出现了一个黑乎乎的大海洞正张着凶恶的大嘴，好像要把整个“格兰特将军”号吞进去。水手们强作镇定，凭着多年的航海经验，做着最后的努力以挽救“格兰特将军”号和船上的众多条生命。

几个小时以后，黎明的曙光露了出来，天终于亮了。船长借着黎明的光线一看，“格兰特将军”号正在大海洞的洞口里边，船的桅杆紧紧地顶在海洞洞口的上部。看样子，如果不是桅杆挡在洞口，整个船只早就被吞进去了。

海底沉船

正在这个时候，海水开始涨潮了，汹涌的浪潮猛烈地冲击着“格兰特将军”号，发出一阵阵吓人的声响。顷刻，“格兰特将军”号的船底就被浪潮巨大的力量冲撞出了一个大窟窿，海水顿时“咕嘟咕嘟”地涌进了船舱。“格兰特将军”号开始慢慢下沉。船上的旅客们惊慌失措，一些身体强壮的男人纷纷跳进海里逃生。可是，那个黑乎乎的大海洞好像有一股巨大的吸引力，一下就把那些人吸进了海洞里。只有少数几个人侥幸逃到了洞外的救生船上。

海浪还在无情地冲击着“格兰特将军”号，海水还在不停地涌进船舱。最后，它终于慢慢地沉入了深不可测的海洞当中，船长和船上的人们都不见了踪影。逃到救生船上的人们眼睁睁地看着“格兰特将军”号沉入了海洞，心里又惊又怕。幸运逃出的大副先让大家镇静下来，他想到附近有一个叫做失望岛的小岛，于是，他和水手们拿起船桨，划起救生船，带着那些幸存的旅客，朝着失望岛划去。

第二年春天的一天，滞留在小岛上的人们忽然发现远方的海面上出现了两艘船，顿时兴奋起来，一边扯着嗓门高声呼喊，一边不停地挥舞着手里的海豹皮。可是，那两艘船离失望岛太远了，船上的人们根本发现不了他们，慢慢地开走了。

这件事情过去不久，有一个水手建议岛上的人们一起动手做一艘小船，这样再遇见有船只经过的时候，大家一起划船去追赶，也许会得到救援。

过了些日子，失望岛上的人们已经把小船做成了。一天，海面上又出现了一艘船。这时候，两个水手急忙登上小船，拼命地朝着那艘船划了过去。其他人拼命地喊叫，不停地挥舞着手里的海豹皮。就这样，那艘船上的人发现了这些人，他们得救了，结束了两年的孤独艰难的生活。

当失望岛上的人们从海上归来时，“格兰特将军”号沉船的消息很快地传播开。船上那些沉入海底的黄金立刻吸引了大量敢于冒险的人，他们组成一个个探险队，怀着发财的梦想，陆陆续续朝着奥克兰群岛开了过来。但是，探险者往往从此就一去不返，连同他们的船只也都一起离奇地失踪了。

那些寻找“格兰特将军”号沉船上黄金的人们和船只到底又发生了什么事情？这些问题，谁也不知道。探险队当中几个侥幸活着回来的人说，他们根本就没有发现什么“格兰特将军”号，甚至连传说中的大海洞也没有看见。

这又是怎么回事呢？难道说，大海为了保住自己的秘密，把奥克兰群岛的那个大海洞藏起来了吗？谁也说不清楚，也许这又是一个永远也解不开的谜。

让人费解的死亡公路

美国一条名为爱达荷州立的公路，被司机们称为是“爱达荷魔鬼三角地”的恐怖翻车带。这条公路离因支姆14千米，看似平常，却是事故的多发地带。

正常速度行驶的车辆一旦进入这个地带，总会被一股不知名的力量抛向高空，然后摔落在地，多数会造成车毁人亡的惨剧，能生还者很少。

无独有偶，在距离中国兰州至新疆公路430千米处，也有一条同样的公路，时常有车祸发生，而且原因也是神秘莫测。一辆正常行驶的汽车开到那里，就会莫名其妙失控，进而翻车，每年都会发生事故几十起。

虽然途经这两个地方的司机都是严加防范，不敢有丝毫的懈怠，但惨剧依然在发生，事故的发生总是突如其来，让人无法防备，就算当地的交通部门再怎么改建公路，也无法改变这段公路频繁出事的事实，于是，这两条被人称为“恐怖的死亡公路”，成了令人费解的谜。

南极“无雪干谷”

南极洲总面积达1400万平方千米，因为气候寒冷，终年飘雪，冰层的平均厚度为2000米，最厚的地方可达4800米，所以很少有人涉足。但人们还是发现在这个常年飘雪的冰川雪原中，居然有着许多的无雪地区，其中“无雪干谷”最为神秘。

南极洲东北方有一个麦克默多海湾，穿过海湾，就可以看到所谓的“无雪干谷”地区。这片山谷是利亚谷、赖特谷、地拉谷三个山谷依次向北排列而成。山上有冰川，而且这些冰川向着谷地里边流落而去，形成了冰瀑。不过他们在到达山谷的时候便没有了。在没有冰川流入的山谷里，终年不下雪，这就是“无雪干谷”的由来。

最初的探险家进入无雪干谷的时候，发现了许多海豹等兽类的骸骨，他们认为这些海豹无意中闯入这片谷地，因为缺少饮用水，最后干渴而死。可为何海豹会来到这个山谷，是否像大象那样来找一个地方结束自己的生命，但是因为无证可靠，这种推测也不能成立。

除了大堆的兽骨外，无雪干谷还有许多让人无法解释的景观。例如这个干谷中有一个范达湖，范达湖的水温在三四米厚的冰层下是0℃左右，水温在15米～16米深的地方升到了7.7℃，到了40米以下，水温竟然跟温带地区海水的温度相当，达到了25℃。

除了范达湖，人们还发现了“永冻之湖”——皮达湖，整个皮达湖几乎是一个完整的大冰块，只有在夏季，才会有少量的水流，这里聚合了千奇百怪的各种现象，实在让人费解，仍需要尽力探索。

第四章

千奇百怪的动物

鸟类王国的“蒙娜丽莎”

鸟也会微笑？没错。有一种鸟，呈弧形上弯的喙看起来好像是带着一个神秘的微笑。这种鸟的活动范围非常小，并且栖居于偏远的山区，因此对微笑鸟的观测记录一直非常有限。甚至于在1965年至2004年期间，因为不见它们的踪影，人们一度认为它们已经灭绝。

可是在消失了约40年之后，科学家却在哥伦比亚城镇奥卡纳附近毗邻托科罗马神殿的自然保护区发现了这种鸟，该保护区占地约合101公顷。尽管美洲野生鸟类保护协会的保罗·萨拉曼说：“当越来越多的原始森林被野蛮开发的时候，这种濒危的奇特微笑鸟提醒我们要尽最大努力保护所剩无几的野生动物栖居地。因为也许有很多奇特罕见的物种在我们发现它们以前就被人类活动赶上了灭绝之路。”可是，这个保护区并没有受到过多的破坏，反而成了野生动物的庇护所。

原来，在1709年，本地居民在保护区附近的一棵树的树根上发现了圣母玛利亚的图案，于是在这里修建了天主教神殿。几个世纪以来，因为神殿的关系，这里受到了天主教会的保护，附近的森林才幸免于难，罕见的动物才会出现在这里。

“四个翅膀”的始祖鸟

1.5亿年前的始祖鸟是四翼飞翔，两个后肢也能像翅膀一样飞行，这是加拿大的一项研究结果。根据加拿大卡尔加里大学博士生尼克·隆格瑞彻说：“这项研究是证实早期鸟类具备从树枝等高处滑翔飞行特征的强有力证据，这一特征与飞鼠十分相似。”

始祖鸟是类似于乌鸦的动物，它既具备鸟类的羽毛和叉骨，同时它的长尾骨、爪子和牙齿又兼具爬行动物的特征，其外表界于鸟类与恐龙之间。隆格瑞彻博士使用解剖显微镜对5具始祖鸟后肢羽毛化石进行检测后，发现这些羽毛具备现代鸟类飞羽的特征：羽毛具有曲线轴、自平衡交叠和风向不对称模式，同时构成飞羽的平行羽支要比另一侧的更长。

随后，隆格瑞彻博士使用标准数学模型计算始祖鸟两个后肢是如何飞行的，他发现后肢的羽毛能使始祖鸟飞行减缓并急速转向。飞行减缓可以使始祖鸟及时躲避障碍物，安全着陆，而急速转向可提高始祖鸟捕获猎物的能力。

这项研究与早期鸟类在达到丰羽飞行之前就学会了从树上滑翔降落的理论相一致。虽然人们现在还无法确切地知道具体是在什么时候出现了“四翼鸟类”，但获得他们一致认同的一点就是用四翼飞行必然失去后肢的其他功能，例如奔跑、游泳等。

始祖鸟是用四个翅膀飞行，却很少被关注，隆格瑞彻认为，可能是人们都倾向于自己所期望的观点，多数人都相信鸟类是不会四翼飞行的，因此，在研究始祖鸟过程中即使科学家能发现这一特征，最终却是擦肩而过。

群鸟“自杀”

2007年9月，在中国大连老铁山自然保护区的一个海滨轮渡工地上，莫名多了100多只死鸟。工人们请来旅顺口区农林局的专家们进行勘察，专家们却被眼前的景象惊呆了：这些鸟大都刚死亡不久，身体还是温热的，而没有发现枪弹和伤口。有的鸟儿，甚至还在扑腾着翅膀!

为了弄清楚事情的真相，专家们对这些死鸟进行了品种对比，他发现这里的死鸟形体不同，品种不同，但有一点相同的是他们都是候鸟，没有一只是本地的鸟类。这些鸟为什么会死在工地上，而且身上没有伤痕，不是人为捕杀？如果不是有人捕杀，那会不会是鸟群当中爆发了某种可怕的瘟疫呢？

难题还没解开，工地上又传来了坏消息，连着三天，每天都能在工地上发现100多只死鸟。在多次研究后，旅顺区的动物检疫站站长陈启辉得出了结论：这些鸟是一头撞死的，它们的颅部有出血迹象，有的鸟颅骨已是全部撞碎，十分惨烈。

原来，候鸟撞死的那一片地方有三幢蓝色的楼房，在工地晚上灯光的映照下，十分像蓝天，候鸟误以为楼房是蓝天，在晚上飞行的候鸟，路过工地时，被工地如白昼的灯光照得晕头转向，忽然发现了前方一片蓝天，自然是争先恐后地要飞过去，这也就是惨剧酿成的真正原因。

飞上万里都不累的黑尾豫

鸟类的主要特质是飞行，有一种鸟是飞行的高手，它们飞行上万里都不会累，即便不吃不喝也能够不停歇地连续飞行8天，这种鸟被美国科学家称为黑尾豫，科学家们在一只代号为“E7”的雌性黑尾豫身上安装了远程追踪仪器，以监视它的一举一动，结果发现它竟能昼夜不停地从美国加利福尼亚州一路飞到新西兰。在这期间，它没有进食、没有喝水，更没有停下来休息，航程约达10171千米。

科学家的这次试验共选择了9只鸟，“E7”的表现最为出色，创下了鸟类长时间“不停留飞行”的世界纪录。

九个脑袋的神鸟

中国有句俗话为“天上九头鸟，地下湖北佬”。这句俗语中的九头鸟是真的存在还是古人的杜撰，一直是人们争论不休的话题，尤其是在近20年来，中国国内报刊频繁报道了湖北恩施、湖南石门等地有人目睹过九头鸟的消息，愈发引起了国内外的关注。

近年来，有人宣称在中国湖北的神农架地区发现过九头鸟。1993年9月15日上午，湖北省施恩县南坪河乡鹰子尖村民张承文在神农架砍柴时，忽然感到天空刮起一阵风，继而一团黑乎乎的东西停在一棵大树上，他抬头一看，是一只比非洲鸵鸟还要大的怪鸟。

这只鸟的长相十分怪异，根据张承文的形容：这只鸟的大头上面还长着一串小头，每个头上都有鼻子和眼睛。当时张承文见了吓得魂飞魄荡，拔脚就跑，回到村子里，张承文将见到怪鸟的事情告诉了父亲，父亲神秘地告诉他，这种九头鸟很久前就有人见过，但大家都认为这是灾祸，不敢讲出来而已。

动物学家认为，九头鸟应该只是一个传说。但除了张承文，神农架林区松柏镇堂房村村民张新全也称自己见到过九头鸟，他的描述和张承文的基本吻合。为了验证此事，中国组织了科学考察队前去神农架探秘，如果有进一步的发现，那不但是揭开了神话的谜，也会为生物工程学做出巨大贡献。

无法原地起飞的大鸟

鸟类有大有小，根据最新的研究成果发现，世界上最大的鸟应该是阿根廷巨鸟，重达150磅重（约合70千克），载着这样巨大的身体飞行真可谓是困难重重，所以，对于这种鸟来说，原地起飞就是一件不可能的事。

尽管阿根廷巨鸟拥有强劲的飞行肌肉和宽达21英尺（约合6.4米）的翼展，但过重的身体使得它们无法在地面上造出足够的升力。为了解决这个问题，这种鸟只能滑翔起飞，来自鲁伯克的德克萨斯州科技大学的科学家桑科尔·查特里说：“这就像人类操纵滑翔机的原理一样，阿根廷巨鸟通过沿着山坡滑跑并借助顺风而起飞。”

这种600万年前生活在如今安第斯山区和阿根廷境内潘帕斯草原地区的巨大鸟类，虽因为个体体型过大，而无法原地起飞，但它们一旦飞上高空，便不再笨拙，绝对是滑翔飞行的好手，类似于专业的滑翔机。

科学家们通过测量阿根廷巨鸟的化石数据，得出了以上的结论，而且他们还发现这种鸟类的飞行过程和飞机起飞的原理十分类似。

会安装“空调”的白蚁

白蚁的危害十分巨大，被人类视为重点消灭对象。在危害人类建筑物的同时，白蚁自身却是自己巢穴的很好的建筑师，它们的蚁穴构造繁复，令人类自愧弗如。在澳大利亚西部有一种白蚁巢穴更是神奇，不论外面的温度如何变化，蚁穴内的温度适中，保持在30℃~32℃。

白蚁是如何做到这一点的？令科学家十分费解。他们仔细研究了白蚁巢穴的构造，发现蚁穴分为上下两层，底层是白蚁的生活区，有个约3米高的泥塔，泥塔断面呈楔形，总是像罗盘一样准确地指向北方，因此，科学家又将这种白蚁称为“罗盘白蚁”。这个泥塔的表面凹凸不平，表面积十分大，所以也能最大限度地吸收阳光的热量，在早晨和傍晚的时候，将阳光吸收，而泥塔顶部呈尖锥形，表面积较小，在正午时分，阳光就无法被吸收进来。泥塔内还有一些空气通道通到白蚁的地下生活区。

正因为有了这个奇特的建筑，蚁穴才能保持恒温，“罗盘白蚁”建造这种特殊的泥塔，能令蚁穴内的白蚁感受到温度的变化。因为泥塔在阳光下受热后，塔内的空气通道中的气温也会上升，随之空气体积膨胀，产生了气流——风，会吹过蚁穴的底部。

这时，工蚁就能感受到各处的温度，通过风来感受温度的升降，然后阻断或扩大巢穴内的通道，以调节气流，很像人类开关窗户来调节室内温度一样，所以这种白蚁巢穴调节温度的能力被人类比喻为“空调系统”。

建筑学家从白蚁巢穴的构造得到启示，建造出了有自然通风系统的楼房。1994年，英国建筑师在诺丁汉兴建7幢仿白蚁巢穴的办公楼，每栋大楼都安置有一根高大的圆柱，充当蚁穴中的泥塔，然后通过计算机系统对温度进行控制。果然这样的楼房比那些安装空调系统的楼房好很多，可以通风流畅，人们患空调综合征的概率也小了很多。

蚂蚁地下城

蚂蚁的巢穴形式多样，大多数蚂蚁选择在土中建筑巢穴，它们挖出隧道，并将挖掘出的物体和落叶堆积到入口附近，起到保护和隐蔽的作用。

当然，这并不是蚂蚁唯一的建巢方式，还有的蚂蚁选择用植物叶片、茎秆、叶柄等筑成纸样巢挂在树上或岩石间，也有的将巢穴建于林区的干枯树干中。更为奇特的是，有的蚂蚁将自己的巢筑在别的种类蚁巢中间或旁边，并且保证两“家”和睦相处，不发生纠纷。这样的蚁巢叫做混合性蚁巢，也叫做异种共栖。

蚂蚁巢穴还有一个副巢，构造像蜂窝状，而且比较松散，蚁王、蚁后居住的皇宫在主巢里面，皇宫的顶部是拱形或抛物线形，底部是水平的，形状好像一些大的飞机库房，比其他房间大10多倍以上，又被人们称为“平台”。

每一个蚁巢都有空气孔，用来调节巢内的温度，并使巢内空气产生对流更换新鲜空气。

分飞孔是蚁繁殖蚁飞出来的地方，一般都在蚁巢的上方较高的位置，或通过一条粗大的蚁路到较高的地方修筑分飞孔。分飞孔比空气孔大些，里面有一定的空间，是繁殖蚁停留准备飞翔的地方，也叫“候飞室”。一般在飞季节白蚁才将分飞孔扩大，平时或冬天会将其堵上或缩小。分飞孔和空气孔都有较多兵蚁守卫，防止敌人的侵入。

不同的蚁类或同种的蚂蚁，它们所建造的巢穴内蚂蚁的数目有着很大的差别，有的可能就是几十只，有的会是几百只，也有的会是成千上万，甚至更多。

蚂蚁最常打交道的植物是树，它们喜欢用叼来的腐质物以及从树上啃下来的老树皮，再掺杂上从嘴里吐出来的黏性汁液，在树上筑成足球大的巢。巢内分成许多层次，分别住着雄蚁、蚁后和工蚁，并在巢中生儿育女，成为一个“独立王国”。

在蚂蚁群体还没有发展过大的时候，是一树一巢；但当群体过大，新的蚁后出生了，它们便要开始建造新的住所，这时还可能会因为争夺领域，相互间展开恶战。但一般来说，蚂蚁总是齐心协力，很团结。例如捕捉食物，蚂蚁常捕捉树上的小虫为食物，如果两树相距较近，它们为了免去长途的辛劳，便会巧妙地互相咬住后足，垂吊下来，借风飘荡，摇到另一棵树上去，搭成一条“蚁索桥”。为了较长时间地连接两树之间的通途，承担搭桥任务的工蚁还能不断替换。树上的食物捕尽，又结队顺树而下，长途奔袭，捕捉地面上的小动物。当猎物被捕获后，它们会齐心协力将猎物拖回巢穴，即便是一只超过它们体重百倍的螳螂或蚯蚓，也能被它们轻而易举地拖回巢中。

奇异的双头蛇

中国山西省稷山县翟店镇西小宁村，一位名叫张培武的村民在前往果园送粪的时候，意外发现了一条蛇。仔细观察后，他发现这是一条双头蛇。双头蛇是村里流传的“蛇神”，属于稀世珍宝，本来张培武不相信，但这次亲眼所见，就不得不信了。

这条蛇长约尺许，粗如食指，浑体金黄，已冻僵成一根“冰棍儿”了。出于好奇，张培武决定要养起这条怪物，但养育的工作却不好做。当张培武将“蛇神”带回家后，他和老伴对于该喂蛇吃什么犯了难。

为了防止蛇伤人，张培武将它放进一个敞口大玻璃瓶中，当他发现两张蛇嘴吐着黑亮的芯子左右闪动时，张培武就将熟鸡蛋、饺子、鸡腿等好吃的丢到了玻璃瓶里，但蛇神竟无动于衷，只是偶尔喝点水。

一次灵光一闪，张培武捕捉了几只老鼠，喂给“蛇神”。没想到双头蛇果然爱吃，这下，张培武夫妇才算放心下来。就这样过了四个月，双头蛇在他们夫妻二人的精心呵护下，长得活泼可爱，双头蛇十分听张培武的话，只要张培武一示意，双头蛇就知道要做什么。而且这双头蛇还是个天气预报员：如果第二天天气好，那蛇便显得很温顺；如果第二天是个风雨天，那蛇便躁动地昂起双头绕圈儿溜。从其躁动的急缓，便会判断出来日的风雨大小了。

双头蛇和连体人同理，属于“一卵双胎”。虽然道理简单，但双头蛇因为是野生，难以见到，所以，还是属于难得一见的动物。

最小的蛇

一种属于细盲蛇科（thread snakes）、名叫“Leptotyphlops carlae”的蛇，被科学家认定为世界上最小的蛇。这种蛇是在加勒比海的巴巴多斯海岛上发现的，平均长度只有10厘米，粗细则只相当于一根意大利面条。

发现这种蛇的美国宾夕法尼亚州州立大学生物学教授布莱尔·赫吉斯称，这种蛇是他偶然于巴巴多斯岛上发现的，主要分布于美洲热带、亚热带地区和非洲，少数种类见于美国西南部、阿拉伯、印度和巴基斯坦。赫吉斯常年致力于发掘海岛上未知的爬行动物，并取得了辉煌的成就，他还于1993年及2001年先后发现了世界上最小的壁虎和最小的青蛙。

细盲蛇科的蛇体型比盲蛇纤细，而且构造也与其他盲蛇不太一样，细盲蛇科的蛇牙齿长在下颌而非上颌，用于捕捉幼虫及吞食猎物。但这种蛇通常是无毒性的，眼睛也没有视觉功能。赫吉斯发现，这种蛇盘起直径只有2.4厘米，相当于一枚25美分的硬币。他们的体内只能够孕育一个蛇卵，由此也可以推断出世界上不可能再找到比这更小的蛇了。因为体型再细小一些，从生物学的角度上说它们是不可能产卵繁殖的。

神秘海妖海蛇

生物界浩瀚无边，人们没有探寻到的生物实在还有太多，在生物学领域，自从生物学家林奈1758年发明了生物分类的双名命名法以来，用拉丁语登录的全世界的动植物名字已有150 万种了。几乎所有的动植物都包括在门、纲、目、科、属、种的6 个等级里。

但在自然界中，还是有许多生物没有被人们知道，就好像大海中的怪兽，很早以来，人们就传说大海里有神秘的怪兽：有的说是像蛇一样的巨大海兽，有的说像个大爬虫，还有的说是有点像人的恐龙鱼。

关于海兽的传闻真假难辨。早在公元前4世纪，古希腊哲学家亚里士多德就在自己的著作中写道："沿着海岸航行的海员们说，他们看见了许多牛的骨头，它们是被海蛇吃掉的。因为他们的船继续航行，遭到了海蛇的攻击。"后世还有许多著作中都记录着类似这样的情节。

在北大西洋、非洲南部海域、巴西海面、加勒比海、日本近海、中国南部的北部湾、印尼海域、俄罗斯海域和新西兰附近的南太平洋里，来往的渔船和客船都曾有过类似的发现怪兽的记录。而且怪兽的形状不外乎两种，有的说像个大海蛇，有的说像蛇颈龙，但不论描述得如何生动，毕竟没有一只活的怪兽被世人看到。

1734年，在挪威到格陵兰的一艘船上，一个叫汉斯·艾凯德的船员称自己见过一个海兽，他描述的这个海兽模样就像海蛇一般，后来他还画了一副图出来，当时极为轰动，还给这个海兽起了个名字，叫"Sea—Serpent"，这也是最早关于怪兽存在的一个证据了。

从这之后，海兽被人们遇见的事情就越来越多了，许多海航日志上都有关于海兽的记录。1904年，德国军舰"德西"号停靠在阿龙湾的时候，船上有人看到了海兽，根据日志描述："我们看到了怪兽，身长约30米，皮肤呈黑色，身上长满了疙瘩，头像巨大的海龙的头，不久就消失了。除了我以外，很多军官和水兵都看到了。"

1905年，两个英国动物学家协会的成员，梅河德·瓦尔多和米切尔·尼柯尔在巴西海岸目睹了海蛇。他们写道："我看到了一个很大的鳍，或者是（动物的）脊背钻出了水面。它是深褐色的，身上有皱皮。它大约有1.8米，露出水面半米左右，我能看到水下的褶皱身体。接着一个大脑袋和脖子伸出了水面，脖子有人身体那么粗，脑袋呈龟状，有眼睛。它以一种独特的方式从一方向另一方移动。它的头和颈是深棕色的……在14个小时内，除我们两位动物学家外，船上的其他人也都看到了那个'海蛇'。它虽然静静地游着，但比船的速度快（当时那艘船速约为8.5节），那么它的游水速度至少大于每小时16千米。"

这些记录已经多达上千份，人们相信海洋里有着神奇生物的存在，因为海洋是生命的摇篮，世界上现存的动物可以分为26门，而所有主要门类的动物，在海洋里都可以找到。所以，海洋里有海兽也是可以想象的，还有那些几百年来关于海兽的记录，也不会都是妄谈的。

更何况，根据科学家的研究，的确有些地方是能够给海兽提供适宜的生存环境的。例如新西兰以东的南太平洋海域，水温10℃左右，海中氧的含量比太平洋其他地区高5倍，浮游生物非常丰富，就是一个理想的生存环境。

对于海兽的研究还在继续，而现在也还不断有人宣称自己看到了海兽，或许有朝一日，我们真的能见到海兽的真面目吧。

拒绝长大的美西螈

美西螈是一种两栖动物，也指虎纹钝口螈（Ambystoma tigrinum）中任何一种仍具外鳃但已充分发育的幼体（从出生到性成熟产卵为止，均为幼体的形态），也称六角恐龙或墨西哥行走鱼或墨西哥水怪。它的学名Ambystoma mexicanum或Siredon mexicanum。

这种动物可断体再生，平均寿命大概在10～15年，因为永远保留着幼体阶段的特征而著称。这种产于墨西哥附近湖泊里的动物，一直以来都是当地人猎取的食物之一。美西螈体长大概25厘米，深棕色带黑色斑点。白化体、白色突变体以及其他颜色的突变体均常见。肢和足甚小，但尾颇长，背鳍由头背向后延伸于尾端，腹鳍从两个后肢中间延伸到尾末端。

它们的幼体一生生活在水里，多变的体色是它们的特征。据现有的统计，全世界有超过30种种类，常见的有普通体色、白化种（黑眼）、白化种（白眼）、金黄体色（白眼）和全黑个体。

这种动物有能力再生身体上的大部分肢体，此外它们也因“呜帕鲁帕”的奇特叫声而名声大噪，属于人气很高的两栖动物，又被人们称为是“世界上最可爱的动物”。但因为环境污染，它们正在面临着灭绝的危险。

为了挽救这种珍稀动物，科学家对它进行了饲养试验。实验证明，不论是哪种体色的美西螈，在幼体未发育成熟前，在其食物中添加相应激素，可诱导其幼体发育成类似蝾螈的个体，生理结构、功能及其器官均发生类似改变。再如：外鳃退化消失，体内发育可呼吸的肺，趾端形态趋近蝾螈，并可由水生转为两栖，可爬行，但四肢不协调。这项实验在一定程度上验证了爬行动物进化的过程，在生物进化、动物学科方面有重要的意义。

“透明”的蝴蝶

蝴蝶是一种美丽的昆虫，斑斓的翅膀令它们深受人们的喜爱，常被做成标本放置于屋内做装饰，但有一种蝴蝶的翅膀却如薄纱般透明。

这种蝴蝶虽不常见，但根据台北市立师范学院自然科学教育学系副教授陈建志表示，那些蝴蝶却是真实存在的。陈建志教授亲眼见到过，在美国的蝴蝶园中，他通过比对翅膀上的花纹，证实这种蝴蝶的学名为Gretaoto，中文名为“透翅蝶”，属于蛱蝶科Nymphalidae，蜓斑蝶亚科Ithomiinae。

但翅膀为透明色的蝴蝶不止“透翅蝶”一种，在同科之中，还有几个种类的蝴蝶，同样拥有着透明的翅膀。这些蝴蝶主要分布在中、南美洲的巴拿马到墨西哥之间，翅膀薄如蝉翼，既没有色彩，也没有鳞片，就好像上帝在制造它时，忘记给它添加一笔似的。但同时，这个特点也成了“透翅蝶”的优势，令它能瞬间消失于森林里，不易被察觉。

不过透明的蝴蝶虽然不多见，却不算是稀有物种，因为它们在生长地的数量也不在少数。

美丽的蝴蝶泉

300多年前，中国一位有名的地质学家徐霞客曾在游记中写“蛱蝶泉之异，余闻之已久”，以此来表示他对蝴蝶泉的向往。徐霞客笔下的蝴蝶泉，位于云南大理点苍山最北峰云弄峰麓神摩山下，景色优美，泉水清澈。概括起来有“三绝”：泉、蝶、树。

“泉”之所说绝是因为蝴蝶泉的泉水是从岩缝沙层中浸透出来的，水质特别清冽，一出地表便汇聚成潭，没有任何污染。近年来，公园管理者把蝴蝶泉的泉水积蓄于3个水潭中，供游人观赏，每个水潭大约10亩。

另一绝是“蝶”。蝴蝶泉内，蝴蝶种类繁多，特别是到了每年阳春三月到五月间，各类蝴蝶在这里翩翩起舞，大的像人的巴掌那样大，小的也就和蜜蜂差不多大。对于这一点，徐霞客也曾记录过：“还有真蝶万千，连须钩足，自树巅倒悬而下及于泉面，缤纷络绎，五色焕然。”

鉴于蝴蝶在蝴蝶泉边的盛况，白族人还选定一日为蝴蝶会。每逢4月15日，白族人就会和这些蝴蝶一起狂欢，当日著名诗人郭沫若在蝴蝶泉边游玩时，也写下了“蝴蝶泉头蝴蝶树，蝴蝶飞来万千数，首尾连接数公尺，自树下垂疑花序”的诗句。

一个说蝴蝶“连须钩足”，一个说蝴蝶“首尾一连接”，徐霞客和郭沫若都因为错过了观赏蝴蝶成串挂于泉边树下的景象而遗憾，可见这种景象是如何的使人震撼。

最后一绝是“树”。在蝴蝶泉公园内，有“蝶泉之美在于绿，请君爱护树和木”的环境标语牌，这句话的意思是说蝴蝶泉的美得益于周边的树木，在蝴蝶泉周围栽种的凤尾竹、圣诞树以及泉后满山遍野的松林、柏林、棕榈林、茶林、杜鹃林、毛竹林，使得蝴蝶泉更增添了几分亮丽。尤其是蝴蝶泉边的一株夜合欢树，每当4月初开花时节，白天花瓣开放就好像一只只美丽的蝴蝶，而夜晚花瓣合拢后又散发阵阵清香，这也算是蝴蝶泉的一大奇观。

美女蜘蛛

西夏王陵三号陵园内的神墙墙体1.8米高处，有一个直径约4厘米的小洞，洞口约10厘米处布有一张巴掌大小的蜘蛛网，蜘蛛网上粘着一些蚂蚁、苍蝇、蚊子等小昆虫，一只蜘蛛正在网上品尝它捕获的美食。

这种蜘蛛头部呈深黑色，有丝绒，很像人的头发；嘴部有两条触角，好像一把钳子；腹部为浅黑色；左右4条腿均为淡灰色，均匀地分布着小白点；背部为橙黄色，并有4个小黑点点缀，形状十分漂亮；尾部还有白点黑底的条纹，就好像女孩子的裙带一样。基于这些特点，人们将这种蜘蛛命名为“美女蜘蛛”，也叫做“人面蜘蛛”。

当时，陵区的工作人员正在野外作业，偶然看到了这种蜘蛛，它们悠然自得地生活在陵区里，俨然以西夏王陵的“主人”自居。

神秘巨型大猫

露营者安德鲁·伯斯顿在澳大利亚维多利亚州西部的丛林中拍摄到了一只野生动物，类似于猫，但却比一般的猫大很多。

由于拍摄的距离较远，无法看清这只动物到底长什么样子，却记录下了它当时和一只袋鼠较量的画面，十分精彩。根据拍摄者自己的判断，这只动物应该就是澳大利亚传闻中已经灭绝的“大猫”——塔斯马尼亚虎。

塔斯马尼亚虎是一种食肉动物，一直生活在澳大利亚，因为这种动物过于频繁地攻击当地人的羊群，干扰了人们的生活，便惹来了猎人们的疯狂捕杀，很快就销声匿迹了，人们一直以为这种动物已经灭绝了。

不过，安德鲁·伯斯顿的画面向人们证实了这种“大猫”存在的可能性，看来当时它们并未完全灭绝，只是数量大大锐减，幸存者躲到了森林的某个角落里，依然进行着繁衍生息。

像野牛的巨鼠

“想象一下，一只怪异的天竺鼠，非常庞大，它的后腿靠一只长尾来支撑，还有不断生长的牙齿。”德国某大学教授维纳格拉（Marcelo Marcelo R.Sanchez- Villagra）在《科学》杂志中如此描述了一种老鼠。

老鼠真的能长得如此巨大吗？听起来不可思议，但却真有其事，在南美洲的科学家们就发现了体重1.545磅的巨鼠化石。这块化石在委内瑞拉的一个半荒漠地区被找到，经过研究推断得出结论，这种巨大老鼠的生活时代大概是600万到800万年以前。

那个时候到处是茂盛的草木，是大型食草动物的天堂。这种巨大的老鼠就是那个时代的产物。维纳格拉教授还说，巨鼠是吃草的，身上有软毛，一个光滑的头，小小耳朵和眼睛，有着强有力的尾巴来作为它身体的支撑。

生物链是环环相扣的，有食草动物，自然也少不了食肉动物，在当地也发现了巨大的鳄鱼化石，尺寸同样巨大，长度超过了10米，他们捕食的猎物就是类似于巨鼠这样的食草动物。那个时候，南美洲和北美洲还没有连接，所以，这些生活在南美洲上的动物可以不受其他大陆干扰，独立地发展进化。

但在大约300万年前，地壳的不断运动改变了这种平静的进化，巴拿马地峡露出水面，其他大陆的动物通过巴拿马地峡进入南美洲，巨鼠可能因抵不过其他的物种而灭亡，“优胜劣汰，适者生存”一向是自然界的竞争规律。

英国里兹大学的教授表示，巨鼠灭亡还另有原因，就是它巨大的体型，使得它们无法逃脱追捕者的追逐，找不到合适的洞穴和隐蔽藏所，因为这种巨鼠现在通过化石来看更像一只羊，而不是一只老鼠。正如维纳格拉说的那样，“从远处看，它更像一只美洲野牛，而不像它的近亲天竺鼠。”

“魔鬼蹄印”

1855年2月9日晚，英国的迪文郡下了一场大雪，到处都是冰天雪地。第二天清晨，人们在茫茫的白雪地上发现了一串神秘的蹄印，大概长4英寸、宽2.75英寸，每个蹄印之间相距8英寸，且蹄印的形状完全一致。这些蹄印从托尼斯教区花园开始出现，走过平原，走过田野，翻过屋顶，越过草堆，跨过围墙，一直往前。似乎什么高墙深沟都阻止不了它。在一个村子里，有一条6英寸粗的水渠管，蹄印好像是从管子一头进去，从另一头出来。完全不受障碍物的阻隔，在横贯全郡的这100多英里，这些蹄印整齐有序地排列着，最后消失在利都汉的田间。

凡是看过的人都说，绝不会是鹿、牛等四足动物的蹄印，似乎是一只用两腿直立行走的分趾有蹄动物所留下来的。但哪会有这样奇怪的动物呢？当时的人们为了探索蹄印的真相，还带着猎狗去找，但当走到一处树林的时候，无论猎狗的主人如何驱使，那些猎狗就是不肯向前迈进，只是对着树林吼叫。人们担心里面藏着什么猛兽，便带着武器进去搜索，却是一无所获。

后来一位博物学家认为那些蹄印和袋鼠的蹄印有些相似。可这也解释不通，因为英国并不产袋鼠，于是有人怀疑是有人饲养的袋鼠跑了出来，但当时并没有报失宠物走丢，而且这只袋鼠也无法走出如此整齐的蹄印。

于是当地的神父开始认为，这是魔鬼留下的分趾蹄印，因为只有魔鬼才是有蹄子而又用两腿直立行走的。科学家当然不相信什么魔鬼，但到底是什么蹄印呢？这至今还是一个不解之谜。

欧哥波哥怪物

一提到水怪，人们最先想到的会是尼斯湖水怪，虽然后来有人承认尼斯湖水怪是人为制造出来的，但丝毫没有减弱人们前去尼斯湖寻找水怪的兴趣。其实比起苏格兰和斯堪的纳维亚的众多湖泊，加拿大的湖泊更有研究意义。

许多人都说自己曾在加拿大的内陆水域中见过水怪，他们常常提到一种自奥卡纳贡湖叫作欧哥波哥的怪物。

加拿大流传着一个关于欧哥波哥怪物的久远传说，据说在一个名为奥卡纳贡的湖旁，一个叫老肯海克的人被谋杀，为了纪念他，人们便用他的名字命名这个湖。为了惩罚凶手，上帝将凶犯变成了一条巨大的水蛇，并且判决他永远以这种模样留在他犯罪的现场。后来这条水蛇就一直生活在响尾蛇岛附近的“暴风角”海面的深水岩洞，也就是欧哥波哥怪物。当地人为了安抚它，常向水里投入小动物作为它的食物。

虽然只是传说，却已遍及了加拿大和北美洲。类似于这样大型水怪的传说还有很多，在纽约州北部的艾丽奎人就有自己的水兽故事，还有印第安纳州的波塔瓦托米人也有类似的传说，他们将水兽视为神明，不允许任何人打扰水兽的安宁。

再往西部走，肖尼人也有一个关于水兽的传说。据说在很久很久以前，他们一个伟大的巫师和一个半鱼样的怪物进行过决斗。一个年轻的姑娘参与了此事，并且在使英雄打败怪物的过程起了决定性作用。

这个故事类似于童话中王子战胜野兽，从而救出公主的故事，但不管怎么说，水兽的传说经久不衰，人们相信，在水下，有着某种不可知的生灵在游动，随时可能冒出水面。

太平洋海怪

1977年4月25日，日本大洋渔业公司的一艘远洋拖网船“瑞弹丸”号，在新西兰克拉斯特彻奇市以东50多千米的海面上捕鱼，船员们从海下300米处的地方拉上来一个庞然大物，并且散发着阵阵腐臭味道。

由于怪物被捕鱼网罩着，船员们看不清楚它的真面目。于是，他们把绳索拴在怪兽尸体的中部，用起重机把它吊了起来。随着起重机的升起，网着怪物的网兜里掉下了一堆脂肪和肌肉，拉着长长的粘丝掉在甲板上，令人作呕。

细看之下，才发现这个庞然大物有长长的脖子，小小的脑袋，长着4个很大的鳍和很大很大的肚子，但腹部已经空了，五脏六腑都没了。船员们后来测量出，这个怪兽身长大约10米，颈长1.5米，尾部长2 米，重量约2 吨，死了大概有一个多月了。

在事后的研究分析中，确认它其实已经死了一年左右。这个怪兽看起来既不是鱼类，也不像是海龟，在海上捕鱼多年的船员谁也不认识它。大家发出了惊奇的议论："这和尼斯湖里的蛇颈龙不是一样吗？""是尼斯湖的怪兽——尼西吧？"

这时听到动静的船长出来，看到众人围着一具腐烂的尸体议论纷纷，十分生气，便下令将怪兽丢进海里。当时在船上的日本人矢野道彦先生，觉得此事非同寻常，便在怪兽被抛下大海之前，拍摄了几张照片并做了相关记录。

后来，这几张照片引起了轰动，动物学家和古生物学家尤其激动，他们分析后认为："这不像是鱼类，一定是非常珍贵的动物。""非常惊人呀！这是不次于发现矛尾鱼那样的世纪性的大发现。""本世纪最大的发现——活着的蛇颈龙。"……

船长把尸体又扔回海里的做法也让他们深感遗憾，并发表了强烈的谴责，尤其是日本的一些生物学家。当时日本的生物学权威鹿间时夫教授说："怎么也不该扔掉，看来日本的教育太差了，才会发生这样的事。为了2亿日元的商品，竟然把国宝扔掉，简直是国际上的大笑话。"

尽管后来很多国家都曾派船前去打捞怪兽的尸体，但茫茫大海中，始终一无所获，所幸还有些证据留下，为他们研究这种动物提供了便利：一是怪兽的4张彩色照片，二是四五十根怪兽的鳍须（鳍端部像纤维一样的须条），三就是矢野道彦先生在现场画的怪兽骨骼草图。

从照片上看，这个怪兽为白色，有一个硕大的脊椎，海洋里只有鲸鱼、巨鲨、大乌贼可以与它的个头相比。这个怪兽的头部十分小，和现在生存的所有鲸鱼都不一样，并且颈部过长，那4个对称的大鳍更是现在海洋动物没有的。

能直接研究怪兽的证据便是它的鳍须，长23.8厘米，粗0.2厘米，呈米黄色的透明胶状，尖端分成更细的3股，很像人参的根须。还有那份手工的骨骼图，图纸上方有着矢野先生当时的记录："10时40分吊起，尼西（即尼斯湖里的怪兽）拍了照片。"

据矢野先生的记载，可以知道怪兽骨骼长10米，头和颈部长约2米，其中头部45厘米，颈的骨骼粗20厘米，尾部长2 米，根部粗12厘米，尾端部粗3 厘米，身体部分长约6.05米。

因为无法找到怪兽的尸体，缺少根本性的依据，便无法确定怪兽究竟属于哪一种动物，所以科学家们至今对此还是争论不休，众说纷纭。自1977年报道了这一事件后，对于怪兽的争论就没有停歇过，大概经历了"蛇颈龙说——鲨鱼说——爬虫类动物说——不认识的动物说"这样几个过程。

水底现古兽

在玻西葛木克湖中发现了不明巨兽之前，巨妖"欧哥波哥"一直藏匿在卑诗省的奥卡纳甘湖中的故事，在加拿大早已家喻户晓。现在玻西葛木克湖的巨兽，又引起了人们的关注。人们对于巨兽的追寻孜孜不倦，关于水底巨兽的记载可以追溯到200年前的19世纪，太平洋上就曾打捞到触手达21米的乌贼。

而玻西葛木克湖中的巨兽，是加拿大魁北克的渔业公司自己发现的。"玻西葛木克"，在印第安人的话语中就是"怪兽"的意思。印第安人始终相信，一种巨鱼悠游在湖中。而当某天灾祸降临后，便再也见不到它的踪迹。

科学家并不相信这些，英国布里斯托大学古生物学家班顿长期钻研水底史前巨兽，他认为由于某种原因，少数远古生物存活下来，就像今天与我们共生的许多活化石生物一样，这些水底的巨兽也是如此。

班顿说在1.5亿年前的侏罗纪时代，横行海上的主要是三种重量级巨兽。第一种是鱼龙，它们泳技高超，以各种鱼类为食；第二种是沧龙，它们长达12米，有特殊的颚骨，可与任何动物搏斗；第三种是庞大的蛇颈龙，它们游速缓慢，但感觉灵敏。这些巨兽很有可能在时代的变迁中存活了下来，并藏在了某个不为人知的地方，或许就是隐藏在水底的深处。

班顿提到的这个观点在英国南海岸的来姆利吉峭壁上得到过印证。1810年的某天，一个12岁的女孩玛莉安宁在海边寻找可变卖的贝壳化石，填补家用。在这期间，她偶然发现了世界上首座完整的鱼龙骸骨！玛莉一夜成名，并成为化石研究创始人之一。

而在美国的内华达州有一个著名的鱼龙公园，公园内现存的最大的鱼龙长达17米。珍妮·佛雷格勒是园内的古生物学家，她说："2亿年前这里是一片汪洋，海域中到处都是鱼龙。如今这座峡谷有全球最丰富的鱼龙资料，山壁上到处是化石。"

这些鱼龙就是鱼形蜥蜴，嘴部圆长，牙尖，双眼硕大，身形很适合在水里高速行进，很像今日的海豚，它们在世界几大洋徜徉了1.5亿年。英国古生物学家班顿说："它们是流线型的游泳健将。"

这些鱼龙也就是班顿所研究的史前巨兽之一，但这些鱼龙后来为什么会灭绝，直到今天依然是个谜。或许真如印第安人的传说一样，当巨鱼悠游于西边的拉荷登湖的时候，某天灾祸降临，风云突变，山崩地裂。自此之后，再也见不到巨鱼的踪迹。

又或许这些鱼龙并没有完全消失，而是经过长期的变异后，隐藏在了深水中，人们在加拿大见到的巨兽，或许就是它们的后代。对于鱼龙古兽的研究，世界各地的科学家都在进行。

美国古生物学家崔波从100多年前的历史博物馆的地下室中抢救

出大批沧龙骸骨，成功地拼组沧龙整体骨架。这是一部世界上最大的沧龙骨骸，长达14米。崔波说："从鼻尖到颚底有1.9米，我塞它们的牙缝都不够。"

南达科塔麦斯学院的贝尔是沧龙研究权威："沧龙的尾部是推进器官，如同鳗鱼游动般左右摇曳，这大大提高了它的动能，使沧龙成为最厉害的伏击手。它的四肢控制方向，前肢控制左右上下，后肢则平衡躯干，与飞机的功能类似。下颌就能前后伸展，上颚的锯齿状牙齿是用来撕肉的内弯型，上下颚交互运动，把食物纳入咽喉，这就是龙进食的模式。"

这些已有的古兽研究，加上人们宣称自己看到的巨兽，不免会让人们联想到史前巨兽，但到底现在是否存在巨兽，还是人们的杜撰，实在不好说。像尼斯湖水怪，后来就证明是人为制造的。

真与伪总是显得特别扑朔迷离。多年以后，25岁的英国女子玛莉又有惊人的发现，她在峭壁上发现了完整的蛇颈龙骨骸。她为此声名大噪。泰洛说："我认为她的成就超过了儿时的发现，这是科学界首度发现的蛇颈龙化石，当时轰动了伦敦。"

但当蛇颈龙的绘图被送到当时人才荟萃的巴黎时，法国专家却称是伪造的。人们认为这是一次人为的欺骗。最后证实：玛莉是对的，她发现了真实的古爬行生物化石，证实了古爬行生物的存在。

玛莉发现的蛇颈龙是奇妙的长颈水栖爬行类动物，南达科塔麦斯学院的首席古生物学家马西相信："蛇颈龙前肢如船桨形很窄很长，前肢适于水中滑行。就像企鹅一样，它们的速度比企鹅慢得多，就像是深藏不露的伏击手，而不像是敏捷的掠食者。"

蛇颈龙还有一个特别之处，便是它要吞食大量的石头，这是因为它要用石头当作配重，使得自己游动的时候保持身体笔直，另一个作用就是助于磨碎食物。马西还说，蛇颈龙很适合原始的海洋环境。

那么，在加拿大发现的巨兽，会是这种蛇颈龙的后代吗，还是鱼龙的后代？这些骇人听闻的生物，真的能繁衍1亿多年生存至今吗？在冰冷的水下到底有没有生物存在，如果存在，又会是什么呢？这只能留待人们以后慢慢探寻了。

屎壳郎建奇功

20世纪80年代，中国的农牧专家去澳大利亚考察。他们在羊毛产地，先听了饲养科技学术讲座，然后又进行实地考察，在饲养场看到无边无际的羊群时，中国专家都十分惊讶。而后又为另一种景象所惊呆了：扑头盖脸的马苍蝇无计其数，团团围住参观者嗡嗡乱碰，大家瞠目而视，实在让人窒息。

牧场的主人十分尴尬，他无奈地解释道：因为杀虫剂对牲畜有不好的影响，所以他们不能使用杀虫剂对付蚊虫，但又想不到更好的办法灭蚊虫，这就使得苍蝇蚊虫成灾。在中国考察团回国之前，牧场主人请教中国是否有最有效的方法治理这种问题。

这是个难题，当时的专家一时也想不到合理的办法，团长便答应回国后，请示农业部长再作正式答复。考察团回国后，专家们绞尽脑汁认真研究着“苍蝇”问题，反复实验过多种药品，都未达预期效果。

但一位年轻农民专家却提议用“屎壳郎”搬家。他认为以生态治理，能使得牲畜粪便滋生地洁净起来，后来选种结束，实验室开始大批量繁殖培养出屎壳郎，经审批正式出口澳大利亚，第一批屎壳郎运往澳大利亚，开始治理实验。

这些屎壳郎们辗转来到实验牧区，在澳大利亚的农场里开始进行“搬家”工作。没几天，牲畜的粪便就被屎壳郎们搬运一空，随着粪便的减少，苍蝇蚊虫也大大地减少了，这完全是屎壳郎的功劳，而中国专家也赢得了外国人的赞许。

鲸鱼为何集体“自杀”

深海里的鲸鱼突然集体上岸不再回到海里，这样的事情常有发生。1976年，美国佛罗里达州的海滩上，突然有250条鲸鱼游入浅水中，当潮水退下时它们被搁浅在海滩上，鲸鱼缺水很快就会死掉。

为了阻止鲸鱼这种自杀行为，美国海岸警卫队员们带领数百名自愿救鲸者用消防水管向鲸鱼喷水，想以此延缓它们的生命，有的人则开来起重机，试图把鲸鱼拖回大海，但因鲸鱼太重，反而拖翻了起重机。这些方法都失败了，鲸鱼最终还是死在了海滩上。

但到底为什么鲸鱼要搁浅自杀呢？对此众说纷纭，但大多数人认为是同海豚相似，与它们的回声定位系统有关。

鲸鱼辨别方向靠的不是眼睛，因为一头巨鲸的眼睛只有一个小西瓜那样大，而且视觉极度退化，一般只能看到17米以内的物体。为了生存，鲸鱼发展出了一种高灵敏度的回声测距本领。它们能发射出频率范围极广的超声波，这种超声波遇到障碍物即反射回来，形成回声。鲸鱼就根据这种超声的往返来准确地判断自己与障碍物的距离，定位的误差一般很小。

鲸鱼为了追捕鱼群而游进海湾，当鲸鱼靠近海边，向着有较大斜坡的海滩发射超声波时，回声往往误差很大，甚至完全接收不到回声，鲸鱼因此迷失方向，从而酿成丧身之祸。这个解释是对鲸鱼自杀现象最为贴切的一种。

但是，并不是所有的鲸鱼都会受到干扰，所以，也有人认为是环境污染造成了鲸鱼自杀，那些被化学物质污染了的海水，扰乱了鲸鱼的感觉。

通过对自杀鲸鱼的解剖，科学家们发现，绝大多数死鲸的气腔两面红肿病变，因此他们认为导致鲸鱼搁浅的原因可能是由于其定位系统发生病变，使它丧失了定向、定位的能力。鲸鱼是恋群动物，如果有一头鲸鱼冲进海滩而搁浅，那么其余的就会奋不顾身地跟上去，以致接二连三地搁浅，形成集体自杀的惨剧。

而美国拉斯帕尔马斯大学兽医系胡德拉教授和伦敦大学生物系西蒙德斯教授则认为鲸鱼集体自杀是由于水下爆炸、军舰发动机和声呐的噪音引起的。他们分析了一系列的鲸鱼集体自杀事件，证实了这一点。

如1989年10月，24头剑吻鲸冲上加那利群岛沿岸的浅滩，当时该群岛附近海域正在进行军事演习。1985年，12头鲸鱼在海上进行军事演习时冲上海滩。1986年4头鲸鱼冲进兰萨罗特岛搁浅，另两头鲸鱼冲上附近一座岛屿的浅滩，其间这两个岛屿海域正在进行海军演习。此外，成群鲸鱼搁浅于委内瑞拉沿岸时，刚好附近也正在进行水下爆炸。

法国海洋哺乳类动物研究中心的科列德博士也同意这一点。他认为鲸鱼拥有能在海洋深处定向、定标的发达的定位系统，而军舰声呐和回声探测仪所发出的声波及水下爆炸的噪音，会使鲸鱼的回声定位系统发生紊乱，这是导致鲸鱼集体冲上海滩自杀的主要原因。

对鲸鱼的自杀之谜，种种猜测各有各的道理，人们还在进行着更进一步的分析和判断，在做出精确定论之前，人们只能想尽办法将搁浅的鲸鱼拖回大海，以挽救它们的生命。

神奇的动物时钟

动物的生物钟各有不同，家畜和禽类喜欢在白天活动、夜晚入睡；可是猫却喜欢在白天睡大觉，夜晚才开始活跃。同样夜间活动的动物还有鼯鼠、猫头鹰，它们白天待在树洞里，晚上出来寻找食物。

这就是大自然安排的“作息时间表”。每种动物都有它们自己的时刻表，但在美国加利福尼亚州的一个农场里，动物的作息时刻表似乎改变了。那里有100多匹毛驴劳作，但一到正午12点，所有的毛驴都会自动停止工作，谁也无法强迫它们继续干活。而到了下午6点，它们又会重新干起活来。

其他的一些动物的时刻表也很奇特，例如燕子每年都要进行一次“长途旅行”。冬天，燕子南飞，到南洋群岛、印度和澳大利亚等地“避寒”；春暖花开的时节，它们又成群结队地北上，早春二月，它们飞到我国的广东，3月间到达福建、浙江及长江下游，4月初就可以在秦皇岛看到它们的踪迹。

有一种生活在海滩上的螃蟹，因为雄蟹有一只巨大的螯，看上去就像一位正在拉小提琴的琴师，为此人们就把它叫做琴师蟹，它们的动物时钟也很奇特。白天，琴师蟹藏在暗处，这时它们身体的颜色会变深；夜晚，它们四处活动，身体的颜色又会变浅。更为奇特的是，琴师蟹体色最深的时间，每天会推迟50分钟。因为大海涨潮和落潮的时间，每天也恰好推迟50分钟。螃蟹虽然没有钟表，但它们对于时间的把握却是比钟表还要准确。

除了琴师蟹和大海有着某种默契之外，在墨西哥的加利福尼亚半岛沿海，有一种来自北冰洋的灰鲸时钟也很奇特。它们一年来一次，在北半球漫长的冬天开始后，成百头灰鲸以每小时6.4千米的速度南游，穿越白令海峡，横渡太平洋，在2月初到达墨西哥，旅程长达1万千米。它们从不失约，到达的时间每年都差不多，最多相差四五天。

还有美国太平洋沿岸上，每年5月在月圆之后，会有一群银鱼随着美国这次最大的海潮上岸，完成产卵的任务后，又随海浪回到大海里，从不错过。

动物们的这种时间观念是因为他们的体内有一种类似时钟的结构，也是人们常说的生物钟，正是它使动物的活动显示出了极强的规律性。

科学家研究蟑螂，蟑螂最活跃的时间是每天傍晚，而它们的活动周期是23小时53分，这和地球的自转周期非常相近，而蟑螂的这种生物钟是存在于食道下方的，是一种神经组织，这一组织能在体内有节律地产生控制蟑螂活动的激素。如果把它摘除，那么蟑螂就不会在每天傍晚那么活跃了。

动物的生物钟五花八门，有的和地球自转有关，有的和海潮有关，这些生物钟，控制着动物们的生活与活动。

动物的“心灵感应”

在一次对美国和英国宠物主人的随机调查中，48%养狗的人和33%的养猫人，承认所养的宠物同自己有心灵感应。

住在伦敦的简·西格尔说：“每次去看兽医前，我都非常小心不让我的猫看出任何苗头，但早晨我起床后，它会用怀疑的目光打量着我，一反常态地对我充满了警惕。就在出门的时间到来前，它会想方设法地溜走。”猫总能预感到主人何时会带自己去看兽医，这种心灵感应真是奇特。

对于狗来说，它们的心灵感应往往表现在它们知道主人何时决定出去散步。有的狗即便不和主人在一间屋子里，也能预见到主人何时要带自己去散步，哪怕只是一些主人临时决定的散步，它们也能感觉到。

澳大利亚的吉莉安·科里曼说自己的马耳他犬很聪明：“它总是知道我们什么时候出去散步，哪怕它正躺在车库的窝里睡觉，当我心里刚做完决定，它就会立即激动地跑到我的卧室门口，上下乱窜。而我从来都不清楚它究竟是怎么知道的。我既没有换鞋，也没有换衣服，也没有任何别的表示，但它就是知道！”

这些调查虽然表明了狗和猫能读懂主人的心思，但最有权威性的还是科学测试。在一项特别的科学测试中，科学家把狗关在房屋外的仓库里，并用摄像机记录它的举动。而随便抽个时间，让狗的主人在心里默念要带狗出去散步，这时，绝大多数接受测试的狗会很快走到门边，站或坐在那里，有的还会讨好地摇尾巴。它们一直带着明显的期待，保持同一姿势，直到主人来带它们出去散步。而在别的时候它们从来不会等待在门旁。

这个测试表明，狗的确有心灵感应，这点，一些驯狗员也可以证明，一位英国的驯狗师就说：“你得记住，狗有敏锐的心灵感应，能够读懂你大脑里的想法，所以想一套做一套，对狗来说是没用的。我相信，当你在想某件事时，这件事会同时进入狗的大脑里。”

除了猫和狗以外，别的宠物也和主人有心灵感应，马也同样具有这样的本领，许多骑手发现马儿能对他们的想法做出回应。虽然由于骑手和马的身体接触非常紧密，因此要想把精神的影响和无意识的身体信号分开有些困难，比如说肌肉紧张程度的一些细小变化。

可实验证明，当马在被人骑着时，细微的动作几乎不可能对它们有影响。“有时候我会觉得我的马就像我身体的一部分，有时当我心里正在想着指令，还没有发出一点动静时，马会立即跑到我所需要的位置。”一位骑手说。

这些有心灵感应的动物中，最神奇的还要算是鹦鹉。一位美国作家迈克·佛罗雷拉养了一只非洲灰鹦鹉，每当他准备离开房间或者出门的时候，它就会说：“再见！待会儿见！祝你今天快乐！”然后悲伤地吹起口哨来。

这让迈克·佛罗雷拉十分惊奇，他说：“当我准备离开房间时，它居然能提前知道，而此时它根本就看不到我，比如一次我在楼上连续工作了好几个小时后，我停下来简单地想了一下，‘现在该出去溜达一下了。’刚想完，楼下的鹦鹉就开始发出悲哀的叫声，以示抗议。我完全相信它是靠感官以外的东西来知道我的想法的。”

艾米·莫格拉是一名生活在纽约的艺术家，她养的4岁大的鹦鹉在2002年1月时已经掌握了7000多个单词。而且她还注意到，她的鹦鹉能清楚地表达出她内心的意图。例如当艾米想要吃饭的时候，鹦鹉就说：“你想要一些美味”；当艾米想要洗澡的时候，鹦鹉就说：“你想泡个澡”。艾米将这些事情一一记录了下来，两年多的时间，她一共记录了630多条。不论是打电话，还是外出，或者看电视，鹦鹉都能准确地描述出艾米的想法，这真是太神奇了。

“虎父多犬女”

爱丁堡大学的生物学博士Loeske Kruuk和Kathi Foerster，还有其他研究生物学的同事们，对英国赫布底里群岛上的野生马鹿进行了一项长期研究。他们研究的结果表明，在争夺雌性的战争中获胜的雄性，生下的女儿生育能力较弱。相反的，相对失败的雄性生下的女儿，生育能力就要强一些。这就说明了雄性和雌性的成功特性是不同的，父亲的优势并不能遗传给女儿，也就是说基因无法使得优秀的父亲生下同样优秀的女儿。

Kruuk博士说：“自然选择就意味着，最成功的个体传递他们基因要比失败者频繁得多，因此，在第二代的个体中，更多的人拥有那些好的基因。我们希望，随着时间的流逝，低质量的基因会逐渐消失，导致个体之间的变化变小。”

“但是，我们依然看到一个种群中，个体之间存在巨大的差异。最优秀的男性没有生下最优秀的女儿所产生的效应，或许是这些差异存在的最主要的原因。或许，‘某些基因比另一些基因好’的念头其实过于简单化了：它取决于那些动物个体的生殖能力。”

这项研究发表在《自然》杂志上，这就解释了，为什么尽管经历了那么多的自然选择，物竞天择，地球上的生物仍然存在着多样性。

长“猪尾”的猴子

长尾巴猴子已经在人们的头脑当中形成了固定的印象，可是生活在亚热带的豚尾猴却远超出了人们的想象。这种猴子尾巴很短，占体长的3/10左右，尾巴上的毛很稀疏，只是在末端有一簇长毛。它们喜欢栖息在森林之中，是一种树栖、杂食、昼行性动物，在地面上活动较多，行动的时候常呈“S”形弯曲，状似扫帚或猪尾，所以也叫猪尾猴。

这种猴子额头较窄，吻部长而粗，略有些像狒狒；面部较长，呈肉色，有较长的黄褐色须毛；冠毛短而黑，头顶上有放射状的毛旋；前额辐射排列为平顶的帽状，像是留着“板寸”发型，所以又被叫做平顶猴。

它们喜欢群居。在野外的生活习性与猕猴相似，主要以热带果实和昆虫、小鸟和鸟卵等为食。行走、奔跑时用四肢着地，趾行性，但在树上行走是跖行性。

它们的体型和特性雄雌各有不同，但差别不是很大。雄兽的体长为50～77厘米，体重为6～15千克，在发情期显得异常凶猛而强悍；雌兽的体长为40～57厘米，体重4～11千克。3～5岁时性成熟，寿命为26年。雌兽每胎产1仔，哺乳期为6～8个月。

豚尾猴主要分布于中国云南和西藏东南部一带，以及缅甸、新加坡、孟加拉国、马来西亚、柬埔寨、老挝、印度等地，但中国的豚尾猴数量不多，估计野外最多不过1000只。

世界上最丑的动物——指狐猴

在全球最丑动物排行榜上，指狐猴是上榜频率最高的动物之一。这种产于马达加斯加岛的狐猴科唯一的成员，尽管很丑，却非常珍贵，而且因为很多原因正变得越来越稀少。

原因一：长长的中指是造成指狐猴数量骤减的原因之一。指狐猴的手指特别长、特别细，松开时，很容易让人联想到童话故事里的女巫。更糟糕的是，中指是其他手指的3倍长，看上去确实非常可怕。

很多人认为，如果一只指狐猴用中指指着你，死神马上就会找到你。马达加斯加岛的萨卡拉瓦人的想法更恐怖，他们认为，指狐猴会悄悄藏在你家里，然后到了晚上用它那长长的中指刺穿“受害人”的心脏。当然，这纯属无稽之谈，但这种迷信思想却从根本上导致了指狐猴数量的大幅减少。

原因二：尽管指狐猴在一年中的任何时候都可以生儿育女，但雌性经常会在生了一胎之后过3年再生。这样，种群的数量就不能很快得到补充。而且，由于人类的无休止的砍伐，雨林栖息地遭到破坏，指狐猴的生存地也受到了严重的威胁。这也是这种动物数量减少的重要原因。

如今，人类正在想方设法保护这种奇丑无比的动物。美国杜克狐猴中心和英国的相关单位都开展了对这种动物的繁育工程，可是成果并不乐观。至于现在野外究竟还剩多少只指狐猴，人类也无法估算。它已被列为高度濒危动物。

“独耳”兔

只长了一只耳朵的兔子，你见过吗？在中国北京市门头沟区龙泉镇城子村一村民家中就有这样奇怪的事情发生：他家有一只3个月大的小兔子，只长了一只耳朵。

2009年5月，村民周先生家里饲养的母兔产下一窝幼兔，总共8只。因为要哺乳，幼兔和母兔待在同一个笼子里，周先生也没留意这些小兔子有没有什么特别的地方。一个月后，周先生准备将这些兔子出售的时候，才发现其中一只小兔子只长了一只耳朵。他十分诧异，孩子对这只特殊的兔子更是好奇，在孩子的央求下他将这只兔子留了下来没有出售。

村民们听说了这件事，都纷纷跑来观看。只见在周先生的院子里，这只小兔子悠闲地吃着菜叶，完全没有因为身体的差异而受到任何的影响。它通体雪白，身长30厘米，脑袋左边竖着一只十几厘米长的大耳朵，向右倾斜，看起来仿佛长在脑门上一般，右边却空无一物。可能是因为两只耳朵的营养都供给了一只耳朵，所以这只兔子的耳朵比别的兔子的都要长，而且小兔的听力并不差，只要有一点动静，它就会变得很警觉。

周先生向村民介绍说，这只兔子是由两只不同品种的兔子杂交而成，他之前也经常用这种方法培育兔子，但第一次见到“一只耳”的情况。

对于周先生家的这只独耳兔，有人特意询问了动物专家。对此，中国畜牧兽医学会工作人员阎先生表示，这属于典型的畸形变异。他说：“导致畸形变异的情况一般有两种：一是外部原因，如环境问题或吃了有害的物质导致物种的卵子或者精子产生缺陷，使后代的生理发育受影响；二是本身基因存在一定的缺陷。物种出现畸形变异的现象是自然现象，但概率不高，像周先生家的独耳兔十分罕见，此前从未接触过。”

长出两个犄角的小黄狗

2007年，中国境内的栾城县窦妪镇赵庄村老田家传出了这样一条奇闻：狗会长犄角。这可算是村子里的大新闻了，不少村民都到他家里参观这条长了“犄角“的小狗。这只小狗呈黄色，于2006年出生。它身长约1米，高不到半米，尾巴像条大刷子，看起来很威风，身上的毛有点长。当然，最吸引人们注意的并不是这些，而是它耳朵后面那两个对称的肉色的“犄角”。

这两个“犄角”每个都有成人小指粗细，五六厘米长，上面长着稀疏的黄毛。因为两个“犄角”的出现，这条小黄狗也平添了几分威风。有人趁着它安静的时候摸了一下它的“犄角”，发现并不是像牛羊那样硬的角。可是，这两个犄角到底怎么长出来的呢？这个问题，老田一家也说不清原因。他只告诉村民，半个月之前，他发现黄狗总是伸出爪子去挠两个耳朵后面的部位，有一天他仔细看了看，发现那里竟长出了两个肉色的硬疙瘩。半个月后，那两个硬疙瘩竟然长成了“犄角”，黄狗也恢复了正常，每天蹦蹦跳跳地看家护院。

对此，中国石家庄市动物园兽医院的白院长说，这种情况很少见，这条黄狗可能生病了，也可能发生了基因突变，具体原因他们也无法给出确切的解释。

小狗成为“验钞机”

狗是人类的好朋友，是很棒的助手，有缉毒犬，也有排除炸药的狗，但你知道还有小狗用嗅觉来验钞的吗？中国北京市宣武区石女士的家中，就有这样一只小狗。

这只4岁的“财迷”小狗露露，不仅会拿钱买菜，寻找藏起来的钱，而且还具有识别真钞假钞的“特异功能”，并且屡试不爽。石女士特意找来一张与50元纸币大小、颜色均相同的广告纸，把它和一张50元纸币分别裹在报纸中，并下令让它去找。

露露在两堆纸上闻了闻，咬下装着钱的纸包，然后用嘴拱开，叼出纸币等待主人的表扬。

石女士说，露露是朋友送的纯种英国激飞猎犬，从来没有对它做过训练。养了半年后，突然发现它对纸币很感兴趣，家人将钱藏在什么地方它都能找出来。

有一次，石女士女儿拿一张20元的纸币逗它，它毫无反应，后来到银行一验才知道是张假钞！有人曾分别用自带的10元、20元、50元和100元面值纸钞做了数次试验，不论是混在纸里还是藏在地毯下，露露均能“百发百中”地将其叼出，成功率达100%。

对此，动物行为专家王连华认为，这是动物的一种条件反射，且狗的嗅觉是人的几万倍。露露无意中被发现“喜欢”钱，它在得到主人的表扬后，就会在脑中形成固定的模式——狗会懂得找到钱就会得到表扬。

会“走路”的鲨鱼

2006年，被称作“地球上最美丽的海洋”之一的印度尼西亚东北部海域引起了美国科学家的兴趣。它们派出了大量的研究人员，对那里进行考察，结果收获甚丰：科学家们在当地发现了52个新物种，其中包括24种新鱼类，20种珊瑚和8种造型非常奇特的虾类。特别值得指出的是，它们还从中发现了一种颇有意思的动物——“可以用鳍来走路”的鲨鱼。

发现特殊鲨鱼的这片神秘海域位于印度尼西亚巴布亚省东北部，这里生活着1200多种鱼类和600多种珊瑚，几乎囊括了全球75%的已知珊瑚品种，一度被誉为亚洲的“珊瑚三角区”。可是由于此前很少有科学家对这片神秘的海域开展调查研究工作，结果造成了很多奇特的物种始终不能为外界所知。

经过这一次的发现，人们将继续研究当地的生物多样性现象，以及如何对其进行有效保护的问题。根据这一次的勘察，人们也发现，这个海域正在遭受渔民使用高强度电网和致命毒药反复开展的“滥捕滥捞行动”，这种被人们发现的奇特的鲨鱼或者别的尚未被人类发现的新奇物种可能会最终难逃灭绝的厄运。

为此，美国专家呼吁当地政府采取有效措施制止渔民“疯狂捕捞水产品”的活动，并且设立海洋公园的办法来保护这里的自然环境免受破坏。

双翅色彩斑斓的飞鱼

2006年6月12日晚7时许，中国鸟类摄影专家边缘从西沙永兴岛返回文昌时，拍摄到一条长着蝴蝶一样翅膀的飞鱼，这件事引起了海洋鱼类专家的极大兴趣。

拍摄照片的专家称，自己非常喜欢拍摄。在回来的路上，见海面出现为数不多的飞鱼，就当即拍下了几张飞鱼的照片。等到整理照片的时候，他突然发现有一条飞鱼竟然不是长着普通飞鱼特有的银色的翅膀，而是长着蝴蝶一样的翅膀。

对此，中国海洋鱼类专家潘骏博士说："我与海洋鱼类打交道22年，还没见到过翅膀是这种颜色的飞鱼。这种飞鱼不排除是南海5种常见飞鱼的一种，这种飞鱼通常在每年的这个季节产卵，此时雄鱼的翅膀会变色，这种变色现象称为'婚姻色'。"

亚马孙流域的粉色海豚

海豚属于哺乳动物，仍旧要靠肺呼吸，这就使得它们不得不时常浮出水面来换气。可是，在亚马逊雨林生长着的一种粉色海豚，能在水里潜足15分钟，成年雄性竟然还能在水里睡觉。

海豚跳跃

海豚素有"海洋智者"之称，经过训练能够按照人们的要求做一些有趣的表演。

这种海豚全身都呈粉红色，据说与生活在亚马逊河流和每天的食物有关。它们总是在不停地寻找食物，因为它们对食物的需求量特别大；它们喜欢群体行动，不仅可以躲避大型的动物，还可以很轻松地包围小鱼群，并把小鱼群轰吓到水面从而被其他的粉色海豚吃掉。到了晚上，它们仍旧需要进食，于是不得不又把目标放在浮游生物上。

这种海豚体长2.5到3米，重约90千克。不同于普通灰海豚在背部的鳍，粉色海豚背部仅有一个突出的小丘；它们的尾巴巨大，看起来像两片巨大的树叶。人们至今还无法知道粉色海豚成熟交配的年龄，只能根据它们的体型进行推算。一般来说雄性长到2米，雌性长到1.7米便预示着海豚快进入交配期了。它们的交配季节一般在夏季，并且小海豚要在母亲肚子待上大约9到12个月。

粉色海豚的身体光滑柔韧，游行的速度能达到每小时20英里。这么多年来，粉色海豚除了那双有所缩小的眼睛以便它们能在水里更好地观察之外，并没有发生太大的基因变异，它们一直保持着海豚原始的状态。

在日光浴里听佛经的大鳄鱼

鳄鱼喜欢听佛经！事情就发生在中国台湾的台南县。

据鳄鱼的主人描述，大鳄鱼刚来的时候非常凶恶，是晚上翻墙爬过来的。后来，每天早晚主人给它听佛经，渐渐鳄鱼的性情开始有了变化。有时候，饲主还经常让大鳄鱼趴在浴池里一边做日光浴，一边听佛经。它仿佛喜欢上了这种雅致的生活方式。每次做日光浴，看起来都相当悠闲自在。如果有参观者想要逗一逗它，大鳄鱼理都不理，最多也只是动动爪子。主人抠抠它的背，大鳄鱼也只是动动爪子，好像是在告诉主人：“别闹了！我正在怡情养性听佛经。”

视觉精确的四眼鱼

人类世界在鱼的眼中会是什么样子？这一直是一项很有意思的研究。现在，科学家们在一种“四眼鱼”的身上找到了独特的视觉成像系统，它们以此来有效地保护自己在深海环境中不被掠食者吞食。

这种长着四只眼睛的深海鱼叫做“褐嘴幽灵鱼”（brownsnout spookfish），第一次被发现是120年前，但直到2008年一支海洋科学勘测队在太平洋南部东加海沟2000～2600英尺以下海域捕到一条褐嘴幽灵鱼时，才对这种鱼类有了深入了解，科学家也从此开始了对褐嘴幽灵鱼活标本的研究。

褐嘴幽灵鱼的体长大约10厘米，长着小牙齿，它栖息的深海环境食物十分匮乏，研究人员认为它们会吞食任何能够捕到的有机生物。它们还向上长着两只具有普通透镜晶体的眼睛，在这两只眼睛旁又长着装配微小镜片向下观看的两只眼睛，是迄今唯一一种不使用透镜而使用镜面成像的脊椎动物。

研究人员认为这种微小镜片结构是由鸟嘌呤水晶体构成的，这种排列可使光线进入眼睛后被反射，从而图像聚焦在视网膜上，使这种鱼能够看到潜伏在其水下的掠食者，进而实现对掠食者的早期预警。科学家此前曾发现一些甲壳类动物具有排列好的微小视觉镜片结构，但幽灵鱼却是第一种进化形成帮助视力的脊椎动物。

该镜面结构能够反射更多可见光进入视网膜，因此在黑暗海底世界中非常有效。长着球面透镜晶体的鱼类往往存在少量视觉偏差，会影响成像的质量。英国布里斯托尔大学朱莉娅·帕特里奇教授称，镜面成像眼睛不仅对于深海环境，而且还对其他栖息环境具有较好的视觉效应，但透镜晶体进化却首次出现在脊椎动物身上。正是透镜晶体进化的成熟化使得脊椎动物很少形成镜面视觉系统。她还认为，这对向下观看的眼睛与透镜晶体眼睛的相连，也就是说这对镜面成像眼睛相当于“附加”在这种鱼的一对真眼上。这对镜面眼睛通常用于观察海洋掠食性动物之间发出诱捕猎物的冷光线。

帕特里奇教授说：“在接近5亿年的脊椎动物进化历程中，数千种脊椎物种孕育消亡，幽灵鱼却是唯一一种使用镜面成像有效解决视觉问题的脊椎动物。它是一种非同寻常的动物，它完全不同于其他脊椎动物，使用镜面成像可实现非常高亮对比度的图像。”

用尾巴呼吸的弹涂鱼

鱼生活在水里，用鳃呼吸，这是人们了解到的常识。在印度却生长着一种让人琢磨不透的鱼，它们长期生活在淤泥里，虽然离不开水，但却可以上陆地活动，甚至能爬树，捕食昆虫，这种鱼叫做弹涂鱼。

弹涂鱼之所以能如此自由地生活，是因为它们独特的生理结构，弹涂鱼是靠尾巴呼吸的，在弹涂鱼的尾部皮肤上布满了血管分支。在它上岸捉虫时，总是将尾巴连同尾鳍伸进水里，在腾空捕食飞虫、身体着地后，尾巴仍然会留在水中。

看起来，弹涂鱼是用尾巴从水里摄取氧气，维持它在陆地上的活动，但科学家通过测试很快又推翻了这种推论，因为弹涂鱼将尾巴伸进水里并非吸氧而是取水。这样做的目的是为了保持身体的潮湿状态，满足用体表分泌大量黏液，这样才能从空气中获得充足的氧气，通过尾巴来满足氧气的需求，弹涂鱼真算是自然界的一绝。

连体小猫

在美国俄勒冈州罗斯堡市居民李·布鲁蒂尔的家中，诞生了一只让所有人都为之吃惊的小猫——这只小猫竟然有2张脸、2张嘴、2个鼻子和4只眼睛。

布鲁蒂尔是一个非常喜欢动物的人。从1980年以来，他家养过不同的小动物。几年前，他们一家发现了一窝比正常猫咪更小的小猫，他们称其为“袖珍猫”，而这只双脸猫正是一只“袖珍猫”母亲和一只正常猫父亲的后代。

刚开始看到这只猫的时候，布鲁蒂尔对它充满同情，因为他无法知道它是否能够活下来。如果它能活下来，那么他想它一定会是一只正常和健康的猫，尽管它有2张脸孔。于是，他将这只猫送到兽医院进行了检查。

当地兽医阿兰·罗思接待了他，可是他对布鲁蒂尔说，他无法预测这只猫能活多长时间。因为当他见到这只猫第一眼时，他就认为它活下来的机会不会超过10%。罗思又找来了另外3名兽医，他们共同对这只猫进行了诊断。可是，凭借他们一共有50年的兽医经验，还是没有办法对这件奇怪的事情做出合理的解释和恰当的判断。

准确预知死亡的神奇小猫

猫虽然是一种很有灵性的动物，但谁也想不到一只名叫奥斯卡的小猫竟然能够嗅出死亡的气味。美国普罗维登斯市布朗大学医学助教和老人学专家戴维·多萨博士日前在《新英格兰医学杂志》上首次披露了这只“奇猫”的本领。

这只2岁的小猫从小就在美国罗得岛州普罗维登斯市的斯蒂尔屋看护和康复中心疗养院3楼痴呆科病房区长大，这家疗养院专门治疗阿尔茨海默病、帕金森病和其他老年疾病，如同医生和护士一样，奥斯卡经常到各个病房中转悠。

在它6个月大时，医生和护士惊奇地发现，如果奥斯卡在哪个病人的病房中进行逗留，并开始蜷伏在病人的床边或身旁，那么这个病人多半会在几小时内死亡。奥斯卡似乎有一种神奇的“预知死亡”能力，能够预感到了他们的死亡。

两年来，每当奥斯卡“选中”某个病人并蜷伏在他的身边时，疗养院的医生和护士就会立刻给病人的家属打电话，让他们来和亲人进行最后的告别，因为不管奥斯卡“选中”哪个病人，这都意味着他们通常都会在4小时内死亡。奥斯卡已经成功提前“预感”了25名病人的死亡事件。

当奥斯卡第13次成功提前“预测”病人的死亡后，疗养院医疗专家兼布朗大学教授琼·蒂诺博士开始相信奥斯卡确实拥有这一神奇的本领，并非出于纯粹的巧合。一次，蒂诺博士看到一名女病人不再进食，呼吸困难，同时双腿也变蓝——这经常都是死亡将至的症状。但奥斯卡并没有待在这个女病人的病房中，所以蒂诺觉得奥斯卡“预知”死亡的能力可能并不精确。可结果蒂诺博士发现，是她对病人的死亡预测时间提早了10小时——预测有误的是她自己。在这名女病人离世前2个小时，奥斯卡走进了她的病房，陪伴在她身边直到她离开。

戴维·多萨博士说，它似乎知道病人将在什么时候离开人世。许多病人的家庭成员都对此感到安慰，他们感谢它能够在最后时刻陪伴他们垂死的亲人。

不过蒂诺博士相信，奥斯卡可能是因为闻到了某种警告性的气味，或是从从小将它养大的护士们的行动上读出了某种信号，而并不是一只“通灵猫”。而至今尚无科学家确定奥斯卡“预知死亡”的能力是否真的具有科学上的依据。

动物界的同性恋癖好

黑猩猩在寻找性快乐上非常开放，它们在解决争端时采用的常常是“做爱而非战争”的方式，所以几乎所有喜好和平生活的黑猩猩都具有双重“性”格。它们会频繁地和其他动物交配，而且跟人类十分相似的是，交配中还会由于快感到来不断地发出尖叫。同性交配也常常使它们乐此不疲，大约2/3的同性恋行为都是在雌性黑猩猩间发生的。

由于雌性野牛和公牛一年只有一次交配，异性野牛之间的交配行为相应较少，所以雄性野牛之间更容易发生同性恋。超过55%的年轻公牛的性生活都是在同性之间展开的。在野牛发情期，公牛一天会有几次要和同性发生性关系。

此外，具有同性恋癖好的还有日本猕猴、瓶鼻海豚、长颈鹿、非洲羚羊等动物，这些动物常常因为生存环境等原因，在同性间的性行为世界找到了自己的乐趣。

动物世界里那些“隐私”的事儿

熊猫

吸引异性，大熊猫有绝招。雌熊猫喜欢在树干接近地面的部位留下尿液召唤对方，而雄熊猫会以撒尿方式留记号。它们喜欢玩倒立，以屁股朝天的高难度倒立撒尿动作在树干上留下记号，因为谁尿得越高，就证明谁越强大。

蜜蜂

雄蜜蜂为了防止雌蜂再和其他雄蜂交配，会在跟雌蜂交配后，将生殖器遗留在雌蜂的体内，它这有点像是昆虫界的“贞操带”。鲜为人知的是，某些种类的鲨鱼、蛇、蜥蜴或一些甲壳类动物，雄性还有两个生殖器官。

萤火虫

昆虫界中最残忍的“唯利是图”者是雌萤火虫，它常引诱雄萤火虫，然后将对方活活吃掉。这是因为雄性体内能自然产生一种对付天敌蜘蛛的生化血清，而雌性却无法产生。

蓝鲸

刚出生的小蓝鲸差不多平均每小时体重就增加至少4.5千克，一天下来体重能增加110多千克。为了不让小蓝鲸饿着，蓝鲸妈妈一天需要哺乳50次，必须分泌94加仑以上的乳汁才能满足小蓝鲸的胃口。

蜘蛛

当雄性漏斗网蜘蛛和异性交配时，身体会分泌出一种令雌蜘蛛昏迷的气体，使雌蜘蛛进入虚弱和轻微昏厥状态。雄性蜘蛛之所以会有这种特殊的“化学武器”，是因为它们通常会在交配后吃掉异性。

科学家发现，有一种红蜘蛛完全由雌性组成，它们可以单性繁殖，并且只生“女孩”，是名副其实的“女权世界”。

羊

羊的记忆力非常好。科学家实验发现，有些绵羊可以识别出50张“绵羊伙伴”的面孔以及10多张人类的面孔，而且这种记忆能够保持2年之久。

达尔文蛙

多见于南美洲的达尔文蛙，雌蛙产卵后，雄蛙会一直小心地守护这些卵，然后再用舌头把卵全部吞进自己的嘴中，这些蛙卵会在父亲的发声囊中成长，等到变成真正的蛙后，就会从父亲的嘴巴里跳出来。

章鱼

在所有动物中，雌雄之间差异最大的要数海洋中的紫毯章鱼，一位科学家曾将它们的交配过程比喻成麻雀和战斗机“做爱”。因为雌紫毯章鱼的体重是雄章鱼的4万倍，在体形上，雄性只有雌性的一颗眼珠子那么大。

蚂蚁

动物界的举重冠军竟然是蚂蚁。它可以举起比自身重50倍的东西。另外，蚂蚁不敢跨越粉笔线，因此如果你想阻止它们前进，只需在地上划道粉笔线就可以了。

猩猩

猩猩也会像人类一样谈论美食。英国爱丁堡动物园的一项研究发现，猩猩在谈论食物时会发出各种不同的咕哝声，低沉的咕哝声表示它们正在谈论苹果等不爱吃的东西，而尖锐的咕哝声通常表示它们正谈论着面包等爱吃的东西。

鸽子

鸽子必须看到同类才能下蛋。单独的一只雌鸽子不会下蛋，它必须看到其他鸽子，卵巢功能才会正常运作，如果实在没有其他鸽子可看，它可以看能够反射自己影像的东西，也能产生同样的效果。

鲨鱼

鲨鱼对包括癌症在内的所有疾病都具有免疫能力，是动物世界中已知的唯一一种不会生病的动物。另外如果它掉了一颗牙齿，那么只需短短一天里就能重新长出一颗新牙来。

袋鼠

怀孕的袋鼠能让自己的胚胎处于“假死状态”。如果生存环境不好，或者碰上天气恶劣、食物不足，母袋鼠的乳腺会分泌出一种物质，抑制胚胎的生长，直到环境重新变好。

能给人指路的奶牛

如果你在野外迷失了方向，又刚好没有带指南针，那怎么办？如果有奶牛在的话就用不着惊慌了，只要看一看奶牛的头朝向哪一边，你就可以知道哪边是北边了。

科学家在对数千头奶牛的行为做了监视之后，发现它们不仅有第六感，知道地球的南北方位，而且还总是面朝北站立。牛群的这种惊人能力其实是从远古祖先那里遗传下来的，这些驯养牛群的狂野祖先正是利用其自身的内置指南针，才找到了自己穿越欧亚非大陆的迁徙之路。

德国杜伊斯堡—埃森大学的动物学家萨宾·贝盖尔派人在地面对这些动物进行了现场观察。他们发现，阴冷天里的强风或强日照更有力地证实了这一点：大多数动物都以地球磁场的北南方向排列。比如，他们在捷克斯洛伐克对几千头鹿做了地面直接观察并拍摄了相关照片后，发现牛群和鹿群不是按照地理位置的北南方向，而是地球磁场的北南方向排列的。而地球磁场的北南方向与地球的北南极又不是完全重合的。

科学家认为，大型动物磁场方向感的发现，可能会引发对其他农业问题的关注，比如圈养奶牛的东西方向排列与它们的产奶量是否有关系。

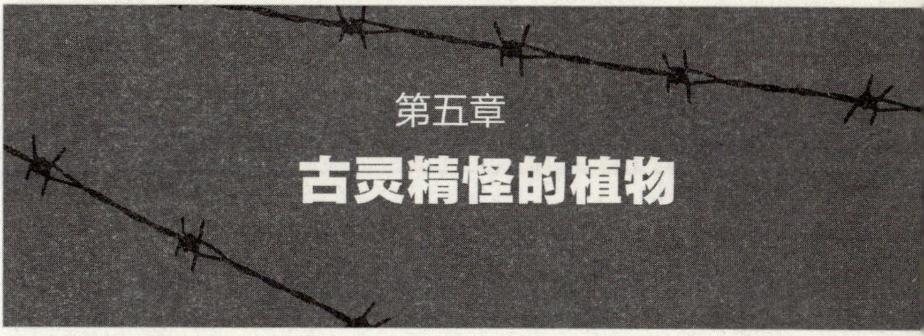

第五章

古灵精怪的植物

会预报地震的植物

日本科学家研究发现，含羞草等植物可用来预测预报地震。正常情况下，白天含羞草的叶片是张开的，到了夜晚叶片就闭合了。如果含羞草出现了白天叶片闭合而夜间张开的情况，便是发生地震的先兆。例如，1938年1月11日上午7时，含羞草叶开始张开，但是到了10时，叶片全部闭合，果然在当月13日发生了强烈地震。1976年日本地震预报俱乐部的会员，曾几次观察到含羞草的小叶出现反常的闭合现象，结果随后都有地震发生。由于植物具有预测地震的奇特本领，所以人们称赞它为地震的“监测器”。

20世纪70年代，中国曾发生过多次地震，科学工作调查了地震前植物出现的异常现象：1970年中国宁夏西吉发生5.1级地震，震前一个月，距震中60千米的隆德县在初冬蒲公英就提前开了花;1972年中国长江口地区发生4.2级地震，震前附近地方的山芋藤突然开花;1976年7月中国唐山发生大地震，震前那里出现竹子开花，柳树枝条枯死，一些果树结果后又再度开花等不正常现象……

那么，在地震前夕，植物为什么能预感到地震即将来临呢？科学家认为，地震在孕育的过程中，由于地球深处的巨大压力，便在石英石中造成电压，于是就产生了电流，植物根系受到地层中电流的刺激，便在体内出现相应的电位变化。例如，日本科学家用高灵敏度的记录仪对合欢的生物电位进行长期测定，并认真分析了记录下来的电位变化，发现这种植物能感知震前的电流刺激，出现显著的电位变化和较强的电流。比如，1978年6月10日和11日，连续两天测得合欢出现异常强大的电流，果然当地在11日下午发生了7.4级的地震，余震持续10多天，合欢的电流也随之慢慢变小。

不仅能够预测地震，植物还能将地震情况记录下来。美国科学家哥尔顿·杰可比发现，树木的年轮具有记录地震的作用。这位植物学家在阿拉斯加州的某地发现松树的年轮长得很不规则，相互挤在一起，于是他查阅有关资料，果然在1899年这里曾发生过大地震，并且震后地面有些上升。对此，杰可比给出了这样的解释，由于发生地震后，树木的生长环境发生了很大变化，从而影响了树木的生长。比如，地面上升或下降，能改变地下水对树木的供应；地面的裂口会损坏树根，从而影响树木对水分和养料的吸收。这些环境变化，都会在树木的年轮上留下痕迹。因此，经历过地下断层活动期的树木，在它的年轮上都会记录下当时地震的有关情况，为人类研究地震、预测地震，提供了有益的资料和数据。

当然，人们对植物能预测地震的研究还刚刚开始，科学家预言，随着研究工作的逐步深入，再结合其他手段，利用植物这个天然的地震“监测器”，肯定会对地震预报有着积极意义。

会跳舞的风流草

1983年秋，中国广西融安县的退伍军人余德堂，在采药时，发现有两株植物在无风的情况下摆动着叶子，仿佛在跳舞一般。他觉得十分稀奇，就把这两株植物挖回了家。在他的精心培育下，这两株植物当年就开花结籽了。

其实，这种会跳舞的植物，叫做“跳舞草”，生长在中国南方的山坡野地里，在印度、斯里兰卡等热带地区也能见到。这种草在跳舞的时候时而会像鸡毛一样飘动，会像鸳鸯相戏，丹凤求凰，所以也有人叫它“鸡毛草”或“风流草”。民间说它跳得迷人魂魄，又叫“迷魂草”。也有人见它两片小叶永远无限忠诚地围绕大叶舞动，似忠臣保卫君主，便又称之为“二将保皇”。

这种草是蝶形花科、山绿豆属多年生落叶灌木，高约五六十厘米，茎干粗若拇指；枝干上每个叶柄顶端有一片大叶子，大叶子后面对称长着两片小叶；这些叶子对阳光特别敏感，每当阳光照射的时候，两片小叶就会迎着太阳不停地绕着叶柄翩翩起舞，从太阳升起来一直舞到太阳下山，它才疲倦地顺着枝干倒垂下来，开始休息。第二天太阳出来，它继续舞动。

气温的高低会影响跳舞草的“舞蹈动作”。据观察，随着气温的升高，小叶的转动速度加快。当气温升到30℃时，小叶转动最为活跃。即使是阴天，它的小叶也会像蜻蜓或蝴蝶在花丛中翩翩起舞那样摆动旋转，妙趣横生。

永不落叶的安哥拉百岁兰

一般来说，植物都会落叶。即使是常绿树也不例外，只不过这类植物的树叶寿命相对较长，而且会交替落叶，表面看上去似乎一直都是绿色。那么，世界上有没有永不落叶的植物呢?

在安哥拉靠海岸的一片沙漠里，生长着一种植物，它的叶子常年不落，寿命可以达到100多年，因此被人们称为“百岁兰”，当地人则称其为“纳多门巴”。

百岁兰，属裸子植物，它的茎秆一般为4米左右，露出地面的部分只有20厘米，且匍匐在地上，看上去像一截矮树桩。整株植物只一对叶子，百年不凋，最高寿命可以达到2000年以上。百岁兰的两片叶子长出来后，只会越长越大，不会脱落换新叶。一般来说，叶片宽达1米多，长达10余米，非常珍贵。百岁兰的叶肉腐烂后，会只剩下盘卷弯曲的木质纤维。

那么，百岁兰永不落叶的原因是什么呢?

植物学家认为，百岁兰的生长条件非常恶劣，当地年降雨量甚至少于25毫米。幸好这片沙漠近海，所以常常有大量的海雾，百岁兰便依靠这些雾水生存；百岁兰的根系非常发达，深深地扎入地下，将吸收到的大量水分送往叶片，雾水又能使叶面保持湿润，所以，虽然生存环境干燥，但百岁兰的叶子一年到头都不会缺水，能保持旺盛的生命力。

另外一个原因在于其叶子的特殊构造。百岁兰形状十分奇特，其叶形似皮带，靠近基端的部分既硬又厚，呈肉质状，而叶尖部分却又软又薄，两片叶子各自朝相反方向延伸。这种构造使百岁兰的叶子不容易失水。

百岁兰和它的叶子二者寿命是相同的，一旦叶子枯萎，那也就意味着百岁兰生命的结束。

“人参精”与“何首乌精”之谜

在中国古代神话里，任何东西都会吸取“日月精华”，时间久了就会成“精”，具人形、通人性。最常被提到的可以成精的中药是人参和何首乌。

在中草药中，说到像人形，当首推何首乌。据说，中国道家神话“八仙过海”中的张果老就是服食了这种药而成仙的。

1985年5月，中国湖南省新化县采掘出两株何首乌块根，它们酷似孩童，并且极像一对男女，因此被称为“童男玉女”。当地人都说这对身长达20厘米，体重约400克的何首乌根是千载难逢的“何首乌精”，

1993年，中国福建省寿宁县发现了一对形似“夫妻”的何首乌块根，其中“男性”高18厘米，“女性”高17厘米，五官、四肢及性别分明。后来，在相隔不远的武平县也发现了一对“夫妻”何首乌。

何首乌长得酷似人形本来就已经有几分奇怪了，而且还多为“一男一女”，这种现象就成了一个值得探讨的问题摆在了科学家的面前。

除了何首乌之外，“人参精”的说法也由来已久，并被认为食用之后可以长生不老、得道成仙。

相传，古时候，中国有位忠厚老实、常年吃斋的老者。一天，他遇到了一位道骨仙风的道人，便忙上前施礼，并把他请到家中。老者本就乐善好施，又深深地被那道人不俗的谈吐吸引。从此，道人每从老者家门经过，老者便请他入室，敬如上宾。

后来，那道人邀请老者到山中茅舍做客。两人正在聊天，又来了三位客人，竟然是三个疯疯癫癫的道人。主客坐定之后，主人用盘子托出一个又白又胖的娃娃。老者吓得浑身打战，众人却拍手叫好。一顿饭下来，虽然道人一再相请，但老者一口菜也没吃。

饭后，道人询问原因，老者说："尔等出家人怎么能做这样的恶事？"

道人哈哈大笑，解释道："那孩儿实为千年人参，服后可以成仙，看来你的缘分还没到啊。"老者听了连连叹息。

这固然只是一个传说，但也有少数的人参却真有人的样子：它们有头有脚，长着人一样的脑袋，脸上还有眼睛、鼻子，"头"上甚至还有"毛发"。

中国民间流传着很多与人参和何首乌有关的传说，但它们究竟为何会长成人形，至今也没有科学的解释。

神奇的致幻植物

体内含有裸头草碱的墨西哥裸头草蘑菇，人一旦误食，就会变得肌肉松弛无力，瞳孔放大，不久就会情绪紊乱，对周围环境产生隔离的感觉，如同进入梦境一般，但从外表看起来没什么特别，好像还是很清醒的样子，因此所作所为常常使人感到莫名其妙。

这就是一种致幻植物。"致幻植物"，指的是那些食后能使人或动物产生幻觉的植物。具体地讲，就是有些植物因体内含有某种有毒成分，如四氢大麻醇、裸头草碱等，当人或动物吃下这类植物后，可导致神经或血液中毒。中毒后的表现多种多样：有的情绪变化无常，有的精神错乱，有的头脑中出现种种幻觉，常常把真的当成假的，把梦幻当成真实，从而做出许多不正常的行为来。

美国学者海·姆，曾在墨西哥的古代玛雅文明中发现有致幻蘑菇的记载。以后，人们在危地马拉的玛雅遗迹中又发掘到崇拜蘑菇的石雕。原来，早在3000多年前，生活在南美丛林里的玛雅人就对这种具有特殊致幻作用的蘑菇产生了充满神秘感的崇敬心情，认为它是具有无边法力的“圣物”，能够将人的灵魂引向天堂，恭恭敬敬地尊称它为“神之肉”。

国外有不少科学家相继对有致幻作用的蘑菇进行过研究，他们发现在科学尚未昌明的古代，秘鲁、几内亚、印度、西伯利亚和欧洲等地有些少数民族在进行宗教仪典时，往往利用致幻蘑菇的“魅力”为宗教盛典增添神秘气氛。

而人们利用的致幻植物，除了墨西哥裸头草蘑菇，还有哈莫菌和褐鳞灰生菌等物。当人服用哈莫菌以后，服用者的眼里会产生奇特的幻觉，一个普通人转眼间变成了硕大无比的庞然大物，一切影像都会被放大。据说，猫误食了这种菌，也会慑于老鼠忽然间变得硕大的身躯，而失去捕食老鼠的勇气。这种现象在医学上称为“视物显大性幻觉症”。

大孢斑褶生的服用者会丧失时间观念，面前出现五彩幻觉，时而感到四周绿雾弥漫，令人天旋地转；时而觉得身陷火海，奇光闪耀。

褐鳞灰生的致幻作用则是另外一种情形。服用者面前会出现种种畸形怪人：或者身体修长，或者面目狰狞可怕。很快，服用者就会神志不清、昏睡不醒。

世上最毒的五种植物

颠茄

颠茄是多年生草本植物，全草入药。原产欧洲中南部及小亚细亚，喜温暖湿润气候，忌高温，怕寒冷，在20℃～25℃的气温条件下生长快，超过30℃生长缓慢。雨水多，易患根病。在土壤丰富、水分充足的地方生长茂盛，在世界一些地方大量存在。在美国，仅看到有人工种植的颠茄，野外几乎没有它的踪影。

这种植物种子多数褐色，小而扁，呈肾形。株高1～1.2米。叶互生，叶片广卵圆形或卵状长圆形，叶表面呈蝉绿色，背面灰绿色。花冠钟状，淡紫褐色。浆果球形，成熟时黑紫色。花期6月至8月。果熟期8月至10月。

颠茄的叶、果实和根部都含有毒性成分颠茄生物碱，包括莨菪碱等。颠茄里面的致命毒素，如果吸入足够的剂量，将严重影响到中枢神经系统，这些毒素神不知鬼不觉地麻痹侵入者肌肉里面的神经末梢，比如血管肌、心脏肌和胃肠道肌里面的神经末梢。致命的中毒症状包括：瞳孔放大，对光敏感，视力模糊，头痛，思维混乱以及抽搐。

颠茄长成到0.6至1.2米高时，毒性最强，此时它的叶子呈深绿色，花为紫色钟形状。浆果为甜味多汁，经常会迷惑儿童食用。两个浆果的摄取量就可以使一个小孩丧命，10至20个浆果会杀死一个成年人。即使砍伐它，都要小心翼翼，以免引起过敏症状。

可是，奇怪的是，虽然它对人类和某些动物是致命性的，但是并非所有的动物吃了它都会中毒，马、兔和羊吃了它的叶子相安无事，鸟类吃了它的浆果也不会丧命。

夹竹桃

夹竹桃是一种矮小的灌木，原产于远东和地中海地区，现今已经被引种到世界各地。夹竹桃容易生长，在土质较差和天气干旱的地方也能种植。它的花有香气，形状像漏斗，花瓣相互重叠，有红色和白色两种，其中，红色是它自然的色彩，白色是人工长期培育造就的新品种。花集中长在枝条的顶端，聚集在一起好像一把张开的伞，很是漂亮，所以对人们有极大的诱惑力，很多人会用它来做装饰品。

可是，这种植物并没有因为人们的喜爱就减弱自己的毒性，相反的，它往往被很多人认为是世界上毒性最强的植物。因为这种植物的所有部位都含有毒性：新鲜树皮的毒性比叶强，干燥后毒性减弱，花的毒性较弱。而且，这种植物的毒性并不单一，它美丽的外表之外蕴含着多种毒性。其中夹竹桃苷、糖苷是其中毒性最强的两种，它们对动物的心脏具有很强的伤害作用。夹竹桃的毒药是如此强大，人吃了蜜蜂采集过夹竹桃花所酿造的蜂蜜，就会中毒。

夹竹桃分泌出的乳白色汁液含有一种叫夹竹桃苷的有毒物质，误食会中毒。人中毒后初期以胃肠道症状为主，有食欲不振、恶心、呕吐、腹泻、腹痛，进而出现心脏症状，有心悸、脉搏细慢不齐、期前收缩，心电图具有窦性心动徐缓、房室传导阻滞、室性或房性心动过速，神经系统症状尚有流涎、眩晕、嗜睡、四肢麻木。严重者瞳孔散大、血便、昏睡、抽搐死亡。

夹竹桃的毒性对人类及大多数动物都是致命的，一片夹竹桃叶的吞噬量，就可以使一名小孩毙命。受害者在误食后24小时内为关键时刻，可对病人进行被动呕吐，洗胃处理，给病人喂食活性炭，让活性炭吸收尽可能多的毒性，并尽快送往医院救治，过了24小时后，病人的生还概率会大大降低。

尽管夹竹桃的毒性很高，可是它对二氧化硫、氯气等有毒气体有较强的抗性，所以也常被用于高速公路的绿化树种。

鸡母珠

鸡母珠，原产于印尼，现已遍布世界各地热带和亚热带地区，甚至在美国的亚拉巴马州、佛罗里达州、阿肯色州、佐治亚州和夏威夷都可以发现它的踪影。

这种植物属于豆科，别称相思子、红珠木、鸡母子、鸡母真珠等。喜欢生长在开阔、向阳的河边、海滨、林缘或荒地。鸡母珠生长性非常强，如果不加控制，它甚至可以排挤占据其他植物的生存空间，成为该地的领主。

鸡母珠结出来的种子非常漂亮，为椭圆形，种子2/3为红色，顶部1/3为黑色，种子可用于装饰，受到很多人的喜爱。这种首饰在一些宗教国家非常流行，因为那里的人们把它当作念珠来使用。可是这样漂亮的种子却含有剧毒，它的毒性要远远超过叶和根。

原来，鸡母珠的种子里含有鸡母珠毒蛋白，这种物质比蓖麻毒蛋白更具致命性，吸入不到3微克的鸡母珠毒蛋白就可以使人丧命，而1颗鸡母珠豆的含毒量要大于3微克。它破坏细胞膜，阻止蛋白质的合成，让细胞最重要的职责不能够完成。吸入后中毒的症状为：在很短的时间内出现食欲不振、恶心、呕吐、肠绞痛、腹泻、无尿、便血、瞳孔散大、惊厥、呼吸困难和心力衰竭，严重的呕吐和腹泻可导致脱水、酸中毒和休克，甚至出现黄疸、血尿等溶血现象，一般因呼吸衰竭而死亡。尸检可见胃和肠内大面积溃疡及出血。

不过，鸡母珠的种子外壳较硬，完好的种子不容易对人构成伤害，所以误食无破损的种子不易中毒，只有将涂层弄破时才有危险性。如果种子被刮伤或损坏，对人的危害将是致命性的。所以制造这种首饰的人面临的危险性要远远高于佩戴的人。所以，报纸上经常会见到有关制造者在处理首饰时因刺伤手指而毙命的报道。

蓖麻籽

蓖麻籽可能起源于非洲，但现在世界各地都能看到它。因为耐寒，这种大型的灌木植物普遍在园林中使用。即使在贫瘠的地区，也生长得很好，而且不需要特别照顾，是一种被广泛栽培的植物。

这种植物可以用来提取蓖麻油。蓖麻油是一种味道温和的植物油，用在许多食品添加剂、香料和糖的生产中。它也可作为泻药和起减轻疲劳的作用。在古代，蓖麻籽用作药膏。据说，埃及最后一位女王克娄巴特拉用蓖麻涂在白眼部分，使眼睛看起来更明亮。

蓖麻花是黄绿色的，花的中心是红色的。叶子大而且呈锯齿状边缘，远远观看很是美观，所以也常常作观赏之物。

可是，无论是榨油还是观赏，这两种作用都不能跟有毒物质联系起来。很少有人能想到这种植物竟然含有致命的成分：蓖麻毒蛋白。

蓖麻毒素在蓖麻中的含量算是少的，主要集中在种子壁上。种子中毒是罕见的，小孩或动物有时会沾惹上，一旦沾惹，那可是致命的。它的种子呈褐绿色，只要3粒种子，就可以让吞食它的小孩毙命。

蓖麻籽中毒症状包括恶心、腹痛、呕吐、内部出血、肾脏和体液流通不畅。在豆类加工用于商业用途的地区，因粉尘中毒是常有的事。许多人因吸进含有蓖麻籽的灰尘而出现过敏反应，可能会出现咳嗽、肌肉疼痛和呼吸困难等症状。

水毒芹

水毒芹（英文名为：Waterhemlock），平均高为0.6～1.3米，可以长到1.8米高。原产于北美洲，多生于沼泽地、水边、沟旁、湿草甸子和林下湿地处。属于伞形科植物。水毒芹气味令人难受，有毒，其毒性更甚于毒芹。

它的主要有毒成分为毒芹碱、毒芹毒素和甲基毒芹碱。毒芹碱的作用类似箭毒，能麻痹运动神经，抑制延髓中枢。人中毒量为30～60毫克，致死量为120～150毫克；加热与干燥可降低毒芹毒性。

毒芹毒素主要兴奋中枢神经系统。水毒芹所含有的毒芹素，食后不久即感口腔、咽喉部烧灼刺痛，随即出现胸闷、头痛、恶心、呕吐，吐出物有鼠尿样特殊臭味，乏力、嗜睡；继则四肢无力，步履困难，痉挛，肌肉震颤；四肢麻痹（先下肢再延及上肢），眼睑下垂，瞳孔散大，失声，常因呼吸肌麻痹窒息而死。致死期最短者数分钟，长者可达25小时。即使幸运生存下来，也可能患上失忆症或将长期面临亚健康状况的困扰。

很多人把它误认作荷兰防风草，从而犯下潜在的致命误食错误，水毒芹的毒素主要集中在根部位置，对于任何把它当成荷兰防风草而误食者，都将面临迅速死亡的危险。所以水毒芹被很多人认为是北美洲最致命的植物。

植物的自我保护高招

在遭遇危险时，有些动物会改变自己的颜色，以和周围的环境一样，不让天敌发现；有的动物则依靠身上的毒或者刺，让敌人望而却步。植物是否也具有这种自我保护的本领呢？答案是肯定的。在漫长的进化过程中，植物形成了很强的自我保护能力，而且，招式多种多样。

1.繁殖

这是禾本科植物所采取的主要手段。生长快、繁殖茂盛，只有这样，才能避免因牛、羊等草食动物的吞食而被彻底毁灭。像这种几乎没有防御能力的植物，只能依靠数量来保证安全。

2.针、刺等武器

有些植物天生长有锐利的针、刺或者荆棘。用这些作为自我保护的武器，敌人就不敢接近它们了。如皂荚树的树干和枝条上长了许多大而分枝的枝刺，不仅动物不会故意“招惹”它们，连人类有时候也不敢攀登。还有一种产于南非的锚草，它的果实形似铁锚，硬刺四伸，刺上还有钩，一旦扎入动物的口腔、鼻孔，就很难拔出，甚至会导致动物无法进食而致死，所以连狮子见了它也要退避三舍。

3.毒性

许多植物含有有毒物质，对抵抗动物侵害很有威力。比如夹竹桃中含强心苷，昆虫一旦咬食它们，就会因肌肉松弛而丧命；比如一些金合欢植物含有氰化物，能够损坏细胞的呼吸作用；而丝兰和龙舌兰中则含有可使动物红细胞破裂的植物类固醇……当植物被触摸或被吃掉时，这种有毒物质便会发挥作用，保护自己。

4.异味物质

有的植物虽不含毒素，但体内的某些物质却使它们成为不受动物欢迎的植物。比如橡树叶子含鞣质，与蛋白质结合时会形成一种络合物，降低了叶子的营养价值，使昆虫主动远离它们。还有些植物含有或苦或酸的物质，多数动物可以嗅到它们散发出来的气味，或者在尝过之后就再也不会问津了。

5.落叶

这也是植物的一种自我保护方法，但这种方式不是为了对付动物的侵犯，而是为了适应环境。这些植物多要面对严寒、酷暑等恶劣气候，所以，它们会主动地落叶，以减少水分蒸发，顺利地度过恶劣环境。如梧桐树、苦楝树、水杉等植物都会在严寒来临之际脱落所有的叶子，进行自我保护。

除此之外，植物分布的地理环境也会决定其防御武器的形式。有一些植物会利用拟态来保护自己。比如非洲南部原野的番杏科的圆石草和角石草，植株矮小，外形酷似卵石，混生于沙砾之间，其色泽与纹痕与天然石头相差无几。动物很难发觉到它们。再比如生长在干燥和干旱地区的植物，叶子一般都是针状的，除了能够贮水之外，还能起到自我保护的作用。因为这些地区植物稀少，动物可以为食的植物非常有限，所以，它们只能通过这种坚硬的针状叶子来保护自己。

植物的这种自我保护本领非常重要，因为大自然中的病菌、昆虫和高等动物，无时无刻不在向植物进行侵袭，如果它们缺少这些本领，将无法保证自己的生存。也正是因为这些“高招”，才使绿色植物在地球上一直保持着绝对优势。

会认亲的神奇植物

“植物拥有秘密的社会生活，植物生态学家对这种情况相当了解。”加拿大安大略省麦克马斯特大学的苏珊·达德利教授提出了植物也会认亲的观点，但植物的这种能力以前似乎没有得到很好的证明。

人们都知道，动物可以通过叫声、气味等辨认出自己的“亲戚”，那么，植物是不是也有这种能力呢？达德利和他的同事菲尔通研究证明：不相干的植物生长在一起时，竞争得非常厉害，而同属植物生长在一起相对好一些，也就是说植物不仅能识别出自己的“亲戚”，并且它们对待陌生植物相当不友好。

在达德利的实验中，他们在4个容器里种了一批适于海滩生长的卡克勒植物，其中一盆与来自相同的母系家族的植物种在一起，而其他3盆则栽种了不同母系家族的植物。两个月后，达德利发现那些生长在陌生植物附近的海滩植物，拥有更加庞大的根系。

海南芥同样具有这项“特异功能”，它能将那些和自己有亲属关系的植物与那些和自己不相干的植物区分开。当海南芥发现周围生长着和自己不相干的植物时，就会将庞大的根系铺展开来，最大限度汲取养分；如果它发现周围的植物是自己的“三姑六婆”，就会礼貌地克制自己。这就是植物“社交性”的体现，与之类似的还有菟丝子，它也具备识别亲属的能力。

但是，植物如何分辨出自己的“亲戚”，现在仍然是一个未解之谜。达德利认为，每个植物家族都拥有特定的蛋白质或化学信号，在生长过程中会不断地将这些信息分泌到周围的土壤中，并且它们还拥有捕捉土壤之中其他植物散布的信号的能力。

所以，植物并不是对周围环境“一无所知”。恰恰相反，它们能够通过土壤中的化学暗示，或者通过周围可利用的水分或养料的改变，意识到附近植物的存在，并分辨其属性，从而调整自己的生长情况。

酷似人类身体的海椰子

很久以前，一位马尔代夫渔民在印度洋上捕鱼时，捞上了一颗奇特的椰子——它的形状竟像是女人的骨盆。他将这颗椰子带回了岛上，人们闻讯纷纷赶来观赏。最后，人们一致认为这种奇形怪状的椰子是生长在海底的椰树的果实，所以就给它起了一个名字，叫做“海椰子”。

后来，人们在塞舌尔群岛的第二大岛普拉斯兰岛发现了这种椰树，那里的“五月山谷”里，挂满了这种巨型的椰子。如今，这种神奇灵异的植物已经成为游客到塞舌尔群岛必定会去观赏的植物，俨然成了风光旖旎、花香袭人的神秘岛国塞舌尔的一个象征。

海椰子树的生命力非常旺盛，能活1000多年，并能连续结果850年以上。但是它的生长极其缓慢，25年才会结果，而果实还要经过7年才会成熟。它的果实呈墨绿色，比普通的椰子大得多，每个都重达20几千克，还分雌雄两种。无论是形状还是大小，都容易使人联想到人的身体，其中雌椰子的果实呈骨盆形，雄椰子树的果实呈长棒形。

海椰子

塞舌尔当地厕所门上常常画着雌、雄海椰子，表示男女有别。

海椰子浑身是宝，成熟之后，椰子汁味道醇美，不仅能治疗中风，还是酿酒的好原料；坚硬的白色椰肉也有很好的药效，被作为上等的补药出售；椰子的果核是贵重的工艺品原料；叶子可制席、织帽和作建筑材料……因此，海椰子被称为“塞舌尔的国宝”。

在塞舌尔首都维多利亚的植物园里，种植着很多海椰子树。这种神奇的植物雌雄异株，就像一对对热恋的情侣。公树一般都高大挺拔，最高可达30多米，比母树高出五六米左右；母树则像一个娇俏的姑娘亭亭玉立，依偎在公树旁边。海椰子树公树和母树总是并肩生长，连扎在地下的根也是牵牵连连、勾勾拌拌地缠绕在一起。如果其中一棵被砍伐，不久之后，另一棵树也会悲壮地“殉情而死”。

塞舌尔岛上流传着许多关于海椰子的浪漫传说：在满月的夜晚，雄性海椰子树会自行移动去和雌性海椰子树共度良宵。

预报气象的树

中国广西的忻城县龙顶村，有一棵能预报气象的青冈树。这棵已经有百年树龄了，它是通过叶片的颜色来预报天气的。晴天时，叶片呈深绿色；天将要下雨前，就会变成红色。当地的村民们不用听天气预报，只要看到这棵青冈树的叶子颜色变化，就知道天气的情况。

在美洲的多米尼加，也流传这样的一句话：“要想知道天下不下雨，先看雨蕉哭不哭”。他们所说的“雨蕉”是当地生长的一种树，它能准确预报出天气晴雨。雨蕉的叶片和茎干的表皮组织十分细密，全身好像披上了一层防雨布。下雨之前，空气的湿度很大，雨蕉树体内的水分很难依靠蒸腾作用散发出去，只能从叶片上溢泌出，形成水滴，不断地流下来，这就是人们所说的雨蕉树在“哭泣”。所以，人们便把雨蕉树“流泪”当作要下雨的征兆。

正是因为雨蕉树的这种特殊的功能，多米尼加人都要在自家门前栽种上几棵，外出以前看一看，好掌握天气情况。

会笑的树

树会发笑？听起来是不是很奇怪？在非洲卢旺达首都的一家植物园，人们就常常会见到这种现象：刮风的时候，这里总能听到“哈、哈……”的笑声。可是，不知缘由的游人即使很努力地想找出那个发笑的人，也往往不能如愿。这个时候，当地人就会手指一棵大树，自豪地来为你解开谜团——这是一种会发笑的树。它以笑声表示对你的欢迎。

原来，这种笑树的每根丫杈间，都长着一个像小铃铛般的皮果，很薄很脆，里面是个空腔，生着许多小滚珠似的皮蕊，能自由滚动；皮果外壳长满斑斑点点的小孔。一阵风吹来，皮果来回摆动，皮蕊在空腔里来回滚动，不断撞击清脆的外壳，就发出了那种像是人在发笑的声音。因此。当地人称它为“笑树”。

巴西有一种更为奇特的树，它是一种名叫“莫尔纳尔蒂”的灌木。它白天“笑”，晚上“哭”，会发出不同的声响，经过植物学家研究后，他们认为这一奇妙的现象与阳光的照射有着密切的关系。

能产出饭食的树

能够产米的树

有一种树能够产出“稻米”，这在印尼诸岛、马来半岛、马来西亚、菲律宾等地已经不足为奇。这种树属于棕榈科植物，树高可达20米。树的寿命10～20年不等。树干中心柔软，树皮内都是淀粉。一生只开一次花，但开花后不久，树就会枯死。所以人们总是在树开花前就把它砍倒，因为这时树干内积累的淀粉最多。

把树干内的淀粉刮出后，用水浸泡，沉淀后把清水倒掉，把淀粉晾干，就可加工成一粒一粒的“米”。一棵树可产“米”200~400千克。这种米俗称“西米”，用它煮出来的饭与稻米相似。

可以产鸡蛋的树

“鸡蛋树”在欧美的一些国家里很常见。这种树长得不高，只有半米左右。树上开着星形的淡紫色小花，绿叶下挂着一只只白色的椭圆形的“鸡蛋”。“蛋”的表皮异常光滑、坚硬，味道类似甜瓜，可以直接生吃，也可做冷盘。

结面包的树

“面包树”， 原产于南太平洋一些岛屿国家，在巴西、印度、斯里兰卡等国家和非洲热带地区均有种植，我国的广东和台湾等地也有种植。这种树的果实富含淀粉和丰富的维生素A和B及少量的蛋白质和脂肪，烤制之后松软可口，酸中有甜，风味和面包差不多，故称之为“面包树”。

中国台湾兰屿岛上的达悟族人和东部的阿美族都会取食面包树的果实，阿美族人在果实快要成熟时，摘下来去皮水煮食用，此外还会将白色乳汁拿给小孩子当成口香糖一样咀嚼。

会结白菜的树

中国云南临沧县有一种树，能结出白菜。这种树只有手臂粗细，成人的小腿那么高，但是能够结出很多的白菜，每棵白菜都比排球还大。

可以当炒菜作料的树

可做味精的树

中国云南省贡山独龙族自治县境内有一棵长得像百年古柏的阔叶大树，叶阔大如掌，叶脉清晰，肉厚实，树皮呈深褐色。奇特的是，多少年来，这棵树成了山寨里公用的“味精”树。当地人做菜时只需从这棵树上摘一点树皮置于锅内，菜味就会变得格外鲜美香甜。

能产食油的树

中国的陕西有一种叫“白乳木”的树，把它的皮切开后，会有一种白色液体流出。这种液体含油丰富，既可做燃料，又可食用。在尼日利亚、马来西亚、扎伊尔等国，有一种油棕，果实含油量非常高，可以产出能食用的油。

能生产醋的树

中国西北、华北山区，普遍生长着一种醋树，这种树叫沙棘，又名醋柳，是灌木状小乔木。其果实成熟后，采摘下来，压榨成汁，色味如醋，当地人便用它来代替醋用。

能产盐的树

树会出“汗”。汗水蒸发后，留下了一层雪白的结晶物，尝一尝，咸咸的，竟然是盐。这是怎么回事？

原来，因为地里的盐分太高，甚至地表上都出现了很多的盐碱物，生长在这种土地上的植物，当然要有些特殊的本领了。因为体内积存太多的盐，如果不懂得消化和排解，难免会中毒而死。为了生存下去，有些植物的茎叶上密布着专门排放盐水的盐腺。当含盐的水蒸发后剩余的结晶盐对植物体就没什么危害了。这其中的代表就首推木盐树了。

此外，在中国的华北、西北等地，生有一种叫盐角草的植物，除水烧干后，人们发现盐的比重可达45%。阿根廷有一种藜科植物滨藜，能大量吸收盐碱地盐分。1 公顷的滨藜 1年可吸收1吨盐碱，滨藜又是一种牛、羊爱吃的牧草，阿根廷人在盐碱地上种植大量的滨藜，这样既改善了土质，又养了牧畜。

能存水发电的树

可以存水的树

有一种树，能够像储水桶一样存水，而且所存水量相当多，这种树长在南美巴西。每逢下雨，它的“大肚子”能储存多达两吨水。干旱的时候，别的树都因缺水而变得枯黄，它却安然无恙。行路的人口渴找不到水，可饮此树中的水解渴。

会发电的树

印度有一种会发电的树，有发电和蓄电的本事。如果人们不小心碰到它的枝条，立刻就会感到像触电一样难受，而且它的蓄电量还会随着时间而发生变化，中午所带电量最多，午夜所带电量最少。对此，人们推测，这可能与太阳光的照射有关。

散发醇香的树

据说，日本新潟县城川村有一棵长相很像杉树的“酒树”。它流出的白色液汁，好似芳香醇浓的美酒，喝起来略带苦味。

在非洲中部和东部也生长着“酒树”，这种树名叫休洛树，常年分泌出含有酒精的液体，人们在树下经过时，就会闻到阵阵的酒香。当地蒲拉拉族人常常邀朋约友，带上下酒菜，坐在树下取酒痛饮。因为只要在树上挖个小洞，美酒就会源源不断地流出。

酒树奇，酒竹更妙。有一种奇特的小青竹，生长在坦桑尼亚的蒙古拉大森林中。它能产出醇厚芳香的美酒，所以当地居民称它“酒竹”。这种竹酒含酒精30度左右，不仅味道纯正，清香可口，而且有解暑清心、消烦止渴和强身健胃的作用，是不可多得的佳品。当人们想喝竹酒时，就把竹尖削去，再把酒瓶放置好，第二天早上，瓶子里便装满了乳白色的竹酒。

当地人十分喜欢这种竹酒，因此在款待挚友亲朋，或在盛大的节日里或喜庆的宴席上，都少不了这种竹酒佳酿。

除此之外，有一些椴树还能酿蜜，主要分布于北温带和亚热带。中国拥有此树种32种，坚果类主产温带，核果类主产亚热带；会开花，花期在7月上旬至中旬，最早年份为 6月26日。花具蜜腺，香甜芳香，为优良蜜源树种。很多人会选择在这种树的附近养蜂，以采集蜂蜜。

会产奶的树

自然界里，有一种能像牛一样产出奶汁的树，叫做“牛奶树”。

在亚马逊河流域，生长着一种被当地居民叫做“乳头”的牛奶树。这种树每天能定量供应 2 ~ 4 千克乳液，液汁浓厚，略带辣味。但是，这种奶只要加水煮沸，苦辣味便会消失，同样能成为营养丰富又很美味的饮料。

在南美洲的厄瓜多尔、哥斯达黎加、委内瑞拉等国也可以见到牛奶树。这种树的果实很小，不能食用，可树内的汁液味道很美，富含的糖、脂肪、蛋白质等成分，完全可以与最优质的牛奶相媲美。当地居民什么时候想喝牛奶，只要用刀在树上划个小口子，乳白色的汁液就可源源不断地流出来，供他们饮用。据说，一小时就能收集到 1 公升左右。

不过，这种奶必须现吃现挤，不能长时间存放。因为放久了会变质，汁液变浓、发苦。为了便于随时取奶，人们就把这种树栽到房前屋后。

如果将牛奶树的乳汁放在锅里煮沸，乳汁上面还会出现一种蜡质。当地居民就用这种蜡质制作蜡烛，供照明用。

奇怪的“妇女树”

在尼日利亚丛林处的土著居民的居住地，有一棵奇异的树，高约4米，茎长42厘米，茎的顶端长有一个“性器官”。这是在1863年意大利自然科学家罗利斯发现的。

经过18个月的观察，罗利斯初步发现了这棵奇树的秘密。它没有花蕾，就像动物生育后代一样，它从“性器官”分娩出来了35朵花。奇树分娩后15天，鲜花开始枯萎，树的“性器官”也开始萎缩。这种奇特的现象到了12月份，尼日利亚夏天来临的时候，又会重新出现。

奇树结果也是在“性器官”内进行，生长期长达9个月，就像母体内的胎儿那样。它的外胎呈灰色，成熟后就离开母体。但种子不会发芽生长，没有任何生命力。

罗利斯根据奇树的这些特质，把它命名为“妇女树”。他认为“妇女树”大概是土著居民从密林中其他同类树上切树芽移植到居留地，经过精心培育而成的。为了进一步证实这一设想，罗利斯在森林中徒步跋涉500千米，终于发现了两样同类的“妇女树”。他因此而证实这种树非常稀有，濒于绝种。

这种奇树已引起了植物界的注意，但它特异的生理机能，至今无人能解。

“流血”的树

在中国云南和广东等地有一种树，被称作胭脂树。如果把它的树枝折断或切开，会流出像“血”一样的液汁，干后凝结成血块状的东西。这是很珍贵的中药，称之为“血竭”或“麒麟竭”。经分析，血竭中含有鞣质、还原性糖和树脂类的物质，可治疗筋骨疼痛，并有去痛、祛风、散气、通经活血之效。这种树叫做麒麟血藤，是多年生藤本植物。它的茎可以长达10余米，通常像蛇一样缠绕在其他树木上。

无独有偶，在中国西双版纳的热带雨林中还生长着一种龙血树。当它受伤之后，也会流出一种紫红色的树脂，把受伤部分染红，这块被染的坏死木，在中药里也称为“血竭”或“麒麟竭”，与麒麟血藤所产的“血竭”具有同样的功效。龙血树还是长寿的树木，最长的可达6000多岁。

植物也吃肉

植物并不都是通过光合作用获取养分生长的，也有可能依靠食用荤类昆虫来养活自己。这类植物靠消化酶、细菌或两者的作用将其分解，然后吸收其养分。它们能借助特别的结构引诱捕捉昆虫甚至是一些小蜥蜴、蛙类、小鸟等小动物，因此被称为食虫植物，也称食肉植物。

食虫植物之所以有其他普通植物所不具备的特质，奥秘在于“捕虫器”上。“捕虫器”是这些植物叶的变态，形态多种多样：如，茅膏菜的捕虫叶为匙形或球形，表面长有突出的腺毛，顶端分泌黏液，当小虫触动叶片上的一些腺毛时，其他腺毛同时卷曲，将捕获物团团围住；猪笼草的叶在延长的卷须上部扩大成一瓶状体，上面还有半开的盖子，在瓶口附近及盖上生有蜜腺，用来引诱昆虫；捕蝇草在叶的顶端长有一个酷似“贝壳”的捕虫夹，能分泌蜜汁，当有小虫闯入时，能以极快的速度将其夹住；瓶子草的瓶状叶，外表色彩鲜艳，能分泌蜜汁和消化液，受蜜汁引诱的昆虫失足掉落瓶中，就会被消化吸收。

食虫植物不仅可以当作观赏植物，也可以用来捕捉苍蝇、蚊子等害虫，实为有趣有益的植物。可是，食虫植物非常稀有，已知的食虫植物全世界共有10科21属，约600多种。它们大多生活在高山湿地或低地沼泽中，因为土地贫瘠，所以以诱捕昆虫或小动物这种特有的方式来满足营养物质的需求。

神奇的“蝴蝶树”

美国南方蒙特利松林中，有一种蝴蝶树。乍一看，它与其他松树并无明显差异，但每到秋天，成千上万从北方定期飞到这里越冬的彩蝶，会不约而同地降落在这种松树上。它们将色彩斑斓的双翅紧紧闭合起来，一只挨着一只，密密麻麻地爬满了松树的枝叶，之后纹丝不动。霎时间，松树都变成了五光十色的彩虹树，这儿顿时变成了“蝴蝶世界 ”。这里的“蝴蝶树”为什么能吸引众多的蝴蝶栖息，至今仍是个谜！

会发出人声的古树

在中国东北地区沐抚办事处大峡谷风景区营上村，有个叫大树子的地方，这里有一棵需5个人合围才能抱住的大古树，被当地的老百姓唤作小叶楠木树。其实这样的称呼是不对的，这种树实际上叫黄心夜合，别名长叶含笑树，属木兰科，至今已有约400多年的树龄了。这棵树不仅生命力强盛，还总是发出一种沉闷的哼哼的声音，就好像在怀念自己昔日的恋人。

原本，在这棵树的旁边还有另外一棵樟树，两棵树相生相惜，宛如一对恋人。但在20世纪50年代中国的大炼钢铁运动中，樟树被人们砍倒炼了樟油，从此，就只剩下这棵楠木树孤零零地生长着。从那以后，这棵古树就总会发出哼哼的声音，就如同土家人的民歌一样。

20世纪70年代，村民堆放在古树边的柴禾意外失火，大树树根部被烧焦了一大片。很多年过去了，大树干上烧焦的地方已经变成了一个大洞。这棵古树不但顽强地生长着，而且在树洞里面又生长出了四五根新的根须。现在这棵树一年四季枝叶茂盛，没有衰败枯萎的痕迹，但它依然经常发出哼哼的声音，犹如唱着一首怨曲，又好像是在向人诉说着自己的孤独和对樟树“恋人”的思念。

古树为什么会发出这样的声音，现在还没办法用科学的方法去解释，但人们应该相信，终会有这么一天，科学家终会解开古树发声的奥秘。

不同功效的药树

驱蚊树

在中国南部生长着一种名叫“山胡椒”的落叶小乔木，人们称其为“驱蚊树”。之所以会有这样的名字，是因为这种树的枝叶熏烧出来的烟雾能驱赶蚊虫。不但如此，这种树的种子榨出的油香味浓烈，是特效的防蚊油，如果涂擦在伤口上，有止痛杀菌的功效。

抗癌树

生长在中国南方诸省的喜树，是一种30多米高的落叶乔木。这种树的树枝、树皮与叶子内含有一种生物碱，可以用来治疗白血病；还有一种树木，叫美母登。它的体内含有卫柔醇、美登素、丁香酸等成分，能够抑制癌细胞的分裂繁殖。

膏药树

“膏药树”生长在中国云南兰呼县，高10米左右。每年6～7月份，当地群众像割胶一样，在树上开一个裂口，裂口上便有一种乳白色的汁液流出来。这种香味浓郁的胶汁可以制成膏药，用以治疗跌打损伤和风湿等病。

维生素C树

世界珍稀果树“维生素之王”生长在中国海南省保亭热带植物研究所，这种“皇牌树”结下的一粒小小的阿西多拉果，就够一个人一天维生素C的需要量。

能治牙痛的树

有一种生长在阿拉伯的奇怪的灌木，果实呈黑色，稍许吃一点就能起到镇静止痛作用，当地的人们常用它来治疗牙痛等病症。

会喷火的大槐树

1988年4月16日中午，中国上海的一条马路旁，一棵大槐树突然从树洞里窜出熊熊的火焰。人们见状，赶紧报警。几分钟之后，消防人员赶到了现场，他们用灭火器扑灭了乱窜的火苗。人们以为没事了，可谁知道，几分钟后，腾腾的火苗再次从树洞里窜了出来。消防队员又用高压水枪猛射了一阵，才算熄灭了火舌。

树为什么会喷火呢？人们议论纷纷。对此，消防队员推测，可能是地下的煤气管道泄漏，煤气蓄积在树洞里，散发不出来，之后可能有人往树洞里扔了烟头，导致失火。但煤气公司工作人员现场做了探漏检查，并没有发现管道有漏气的现象，显然这个推测不成立。所以为什么树会喷火，这个谜底至今无人能解。

会走路的树

树会走路？中国台东县森林博物馆馆长阿力曼确认了这件事情的真实性。

阿力曼表示，榕树会长出许多气根，当母树老死，气根会长成树干变成另一棵树，就像原来的母树走到别的地方一样。在延平乡榕山部落，就有这样一棵母树。这株老榕树的母树，有五六个大男人双手合抱那么粗，上百根气根有的笔直地扎在地上，就像在走路般，有的像展开的双臂一样往前伸展，有的则盘旋在树幅上，非常壮观。

阿力曼说，过去榕山部落拥有上千棵茂密的榕树，这些榕树不仅有会走路的奇景，也孕育丰富的生态。榕树的果实是鸟类、松鼠的最爱，榕树结了果实后，就像鸟类的天堂般，吸引许多不同鸟类。另外，榕树皮、汁液也有可利用的地方。

可是二三十年前，族人将老榕树以一棵500元新台币的价钱卖给纸浆业者。经过大量的砍伐以后，榕山部落现在只剩下了十几棵老榕树，所幸还留有一棵相当壮观的老榕树。

为了避免这棵“会走路的树”被破坏，当地民众没有为它竖立路标，所以即使是想去参观的人，也未必能够找到正确的位置，只能依靠人们口舌之传。

不怕原子弹的树

二战时，日本广岛遭美国原子弹轰炸，变成废墟，全市死伤达到几十万人，许多树木都被射线摧毁，可是在唐宋年间从中国引种过去的公孙树却岿然不动，顽强挺拔地继续生长着。

公孙树是一种长寿树，在中国山东莒县浮来山寺大殿前就有一棵。这棵公孙树高24.7米，粗12.7米，相传为商代所植，距今3000余年，被当地人们称之为“银杏爷爷”。

公孙树为什么会这样长寿呢？经过研究，科学家分析，它的细胞组织内有α－乙烯醛和多种有机酸，如银杏黄素和白果黄素等多种双黄酮素，它们往往与糖结合成苷的状态，或以游离的方式存在，具有抑菌杀虫的作用。当病菌侵入其叶子时，叶子的细胞壁增厚，形成了“铜墙铁壁”，病菌就无能为力了。即使有一些病菌侵入了它的机体内部，也会被银杏杀死。但是银杏为何能抵御核爆炸，不怕原子弹的侵袭，这一点还有待研究。

会唱歌的金橘树

金橘树是一种观赏植物，可对于中国一位年过七旬的老人来说，金橘却是一种奇特的树，因为他们家栽种的那颗金橘树会唱歌。

这位老人是蒙古族退休干部，平时喜欢养花种草，退休后更是专注于当一个“花农”。有一年3月底，老人居住的阿左旗街道上出现了从外地运来贩卖的一些花卉。老人的老伴看中了其中一盆小金橘树。当时这盆小金橘树上结的金橘并不多，除个别显黄色外，大多还是青绿色的。不过老伴认为很喜庆，老两口就当场花50元抱回家了。

开始的时候，这盆小金橘树也没什么特别。虽然也结了一些小金橘，可多是味道苦涩，无法下咽。所以，老人也就只把它当作摆设，不指望它能够提供果实了。

有一天，老人的小外孙在外面玩耍的时候，突然像发现了宝物一样的兴奋，急忙跑到老人的屋子里，大声说：“姥爷，姥爷，你家小金橘树会唱歌呀！”老人和老伴急忙赶到养花的大客厅里。果然，自家的小金橘树竟发出阵阵莫名其妙的声音。细细一听，一会儿像田野的蛐蛐在叫，一会儿像河边的青蛙在叫，一会儿也听不出到底算什么声音。自此以后，老人家就没了安静的夜晚。每天晚上从8点左右开始，这株金橘就像百灵鸟一样按时在老人家“唱起歌”来，发出的声音不间断，一般都会持续到晚上11点左右，全家几间屋都可听到。

终于，老人在好奇心的驱使下，开始四处打听这种现象产生的原因。但得到的结果是没有人遇到过金橘树会发出声音的怪事，并且有人提出了质疑。于是，很多人慕名到老人家里参观。

这个消息也吸引了新闻媒体的关注。但是到目前为止，这一奇怪现象还没有专家能够作出科学的解释。

吃人的树

有一种会吃人的树生长在非洲的马达加斯加，它像一棵巨型的菠萝，高约3.1米，树干呈圆筒状，枝条如蛇样，因此当地人也称它为“蛇树”。美国植物学家里斯尔曾在1937年亲身感受到了这种树的威力：他无意中一只手碰到树枝时，手很快就被缠住了。结果费了很大气力才挣脱出来，但手背上的皮肤被拉掉了一大块肉。这种树极为敏感，当鸟儿落在它的枝条上，很快就会被它的枝条缠住，一会儿，鸟儿就不见了。

在印度尼西亚的爪哇岛上，同样生长着一种可怕的吃人树。这种树叫“奠柏”，长得很高大，有许多枝条，很多长得像快要断了的电线一样一直拖到地上。这种树能够分泌出一种很黏的胶液，把人牢牢粘住，再将其消化掉。随后，重新展开枝条，等待下一次“饱餐”的机会。所以，当有好心人想要帮它把快要断了的枝条绑好时，吃人树往往会毫不留情地将其抓住，很快，这个人就不见了踪影。

据动物学家研究发现，这种树得以维持生命，完全是依靠腐烂的人和动物的尸体来做养料的。然而，这种树分泌出的黏液是一种极其贵重的药材和工业原料，因此当地不少人赖以为生。所以尽管吃人树如此凶残可怕，当地人却竭力加以保护，不愿将其砍伐毁掉。当地人为了安全采集这种珍贵药材，在采集前，先养一箩鲜鱼，把鱼一条一条地“喂”给大树，待吃人树“吃”饱后，变得懒洋洋时，人们便可以安然无恙地采集黏液了。

毒性最强的树

在中国西双版纳海拔1000米以下的常绿林中，生长着一种叫做箭毒木的树。此树是一种剧毒植物和药用植物。箭毒木的乳白色汁液含有剧毒，一经接触人畜伤口，即可使中毒者心脏麻痹，血管封闭，血液凝固，以至窒息死亡，所以人们又称它为“见血封喉”。据分析，见血封喉植物的主要成分具有强心、加速心律、增加血液输出量的功能，是一种有较好开发前景的药用植物。

在历史上，当地少数民族曾将见血封喉的枝叶、树皮等捣烂取其汁液涂在箭头，射猎野兽。据说，凡被射中的野兽，上坡的跑七步，下坡的跑八步，平路的跑九步的就必死无疑，当地人称为“七上八下九不活”。

性别可以转变的树

动物变性不足为奇，黄鳝就是一个很好的例子。这种动物一生中，先是雌的，后来变成雄的。红绸鱼只能由雌性变成雄性，而雄性却不能变换为雌性。既然动物的性别可以变，植物会不会也能变性呢？当然可以，但为数不多。

北美洲的一种最普通的树木——红枫树，有异乎寻常的变性情况。根据传统，红枫树有时呈雌性，有时呈雄性，有时却雌雄同株。美国波士顿大学植物学家曾经对这种现象进行研究，他们用7年时间共考察了麻省的79株红枫树，记录了每年每株树的性别与开花的数量。考察结果表明，有4株雄性红枫树会开出一些雌性的花序。另外18株雌性红枫树中的6株却会开出少量雄性花序。还有2株红枫树却是雌雄难辨，它们每年在雌性与雄性之间发生扑朔迷离的变化。但大多数红枫树（55株）还是能够一直为雄性的。

红枫树这种性别转变意味着什么呢？波士顿大学植物学家认为，依照常理，雌雄同株植物个体的性变应该大于性别正常的植物，因为它们需要更多的能量来产生性变。可是，事实却不是这样，雌雄同株红枫树的个体并非很大，一般情况下反而小于其他植物。他们推测，这种性别上自相矛盾的树木，可能经历了一个不正常的性发展过程。至于为什么会产生这种现象，科学家们目前还不能给予更详尽的解释。但是随着科技的发展，越来越多这样的植物被发现，印度天南星就是其中的一种。

生长在温带和亚热带地区潮湿的林下或小溪旁的印度天南星是多年生草本。植株有3种类型，分别为雄株、雌株和无性别的中性株。有趣的是，这些不同性别的植株可以互相转变。

经过长期的研究和观察，科学家们发现，印度天南星的变性同植株体型大小密切相关，植株高度值以398毫米为界，超过这高度的植株，多数为雌株；小于这个高度值的植株，多数为雄株。科学家们还发现，植株的高度值在100～700毫米间，都可能发生变性，而380毫米却是雌株变为雄株的最佳高度。

这是为什么呢？原来，植物在开花结实时，需要消耗大量营养物质，只有高大的植株才能满足这种需要，所以大型植株都为雌性。同样原因，小型植株营养补给不足，多为雄株。但是营养的补给不是永远不变的，植物对于营养物质的吸收也不是永远固定的。所以很多印度天南星前一年为雌株（大体型）的，由于结实消耗了大量营养，第二年便变成了雄株（小体型）。雄株变雌株的道理相同。中性植株的存在，也是由营养条件决定的，当它不能变为雌株时，就暂时为中性株存在。

能“互通情报”的植物

每年冬季，南非的克鲁格公园里的捻角羚羊会莫名其妙地大量死去，死亡率有时达39%。这种奇怪的现象引起了人们的关注，所以在1986年，相关人士邀请了南非的动物学家范·霍文来对此进行研究，以找到捻角羚羊死亡的真正原因。

范·霍文观察和检验了死羚羊胃里的东西，发现羚羊所吃的金合欢树叶的丹宁酸含量异乎寻常地高。过高的丹宁酸毒害了羚羊的肝脏，所以吃过金合欢树叶的羚羊大约两星期后就会死亡。

金合欢树叶具有保护自己的功能，它们能大量分泌丹宁酸，增加叶中的丹宁酸含量， 而且被羚羊吃过叶子的金合欢树，不仅自身分泌出更多的丹宁酸，还能迅速向周围的金合欢树发出“有危险”的警告，让同伴们也增加叶中的丹宁酸浓度。于是，许多羚羊因为食用了这种树叶而受害。冬季食物较少，羚羊又被围养在不大的公园一角，没有更多的选择其他食物的机会，只能大量吞食金合欢树叶。这就是很多羚羊莫名其妙死去的原因。

不仅金合欢树有“互通情报”的本领，其他植物也有。科学家早就注意到，在美国西雅图的一座森林里，每当4月初，当第一株柳树被当地的一种毛虫袭击时，它周围的柳树甚至30米以外的柳树都很快采取“自卫”措施：柳叶中增加生物碱的含量，使叶子变得苦涩难吃而又无法消化。这些毛虫常常会因为“食物”无法消化而纷纷死去。显然，被毛虫侵犯的柳树迅速向同伴们传达了“有敌来犯”的情报，从而保护了其他的柳树免遭虫害。

曾有两位生物学家做过这样的试验：他们在温室里放了45棵盆栽杨树，其中同一间屋子里放了30棵，远处的另一间屋子里放了15棵。 他们将30棵树中的15棵的叶子打破。52小时后，两位科学家对树叶进行了分析发现：已打破叶子的15棵杨树与在同一屋中的另外15棵杨树的叶中都含有大量的抗害虫物质，而在远处另一间屋中的杨树叶却和先前一样没有变化。

不怕火烧的“英雄树”

树能灭火？听起来是不是很新鲜？

生长在非洲安哥拉的一种叫作梓柯的树，就有这样的功效。它的枝杈间长着一个个馒头似的节苞，里面储满了液体，节苞满布小孔。当它们遇到火光的时候，就立即从小孔喷出液体，这种液体含有四氯化碳，是一种灭火能力很强的化学物质。因此，人们称这种树为“灭火树”。

木荷树也是一种防火树，能阻止火焰蔓延。它通常生长在中国粤西山区森林中，树叶含水量高达45%，在烈火的烧烤下焦而不燃。它的叶片浓密，覆盖面大，树下又没有杂草滋生，因此既能阻止树冠上部着火蔓延，又能防止地面火焰延伸。

美国林业专家发现常春藤等几种植物也不怕火烧，甚至可以称为灭火植物。原来它们接触火苗后本身并不燃烧，只是表面发焦，因而能阻止火焰蔓延。根据这样的特性，有人开始设想，如果将常春藤成排地种植在森林的周围，就能形成防火林带。

落叶松也是不怕火烧的树种。这是因为落叶松挺拔的树干外面包裹着一层几乎不含树脂的粗皮。这层厚厚的树皮很难被烧透，因为大火不会伤害到它里面的组织，而只能把它的表皮烤煳。即使树干被烧伤了，它也能分泌出一种棕色透明的树脂，将身上的伤口涂满涂严，随后凝固，把那些趁火打劫的真菌、病毒及害虫都隔离了。因此，落叶松就成了熊熊林火中令人瞩目的“英雄树”。

生长在中国海南的海松也是一种不怕火烧的树。用它做成的烟斗，即使长年累月地烟熏火燎也不会被烧坏。这是因为海松具有特殊的散热能力，木质又坚硬，特别耐高温。

南非乔治森林研究站的工作者也发现，芦荟不怕火烧。一般来说，植物的叶子枯萎后便脱落了，而非洲大草原上的一些芦荟的枯叶却死而不落。一场火灾后，死叶覆盖主干的芦荟中有90%以上经受了炼狱的考验活了下来。由于芦荟的死叶有某种不易燃的物质，在死叶的保护下，大火无法达到致芦荟于死地的高温，芦荟就能逃过劫难。

不怕火烧的植物还有很多，可是存在这些植物并不奇怪，因为很多物种在其漫长的进化过程中，都能逐渐形成一种自身保护能力。

分大小年的果树

果树各年产量有明显的不同，会呈现高低起伏波动的现象。根据这一现象，人们把果树的收成按照多少分成了大小年。

大年、小年分别指产量较高和较低的年份。在果树生产上，大小年是长期普遍存在而迄今未得到彻底解决的一个主要问题，常对果品产量和果园经济收入带来很大影响。

不同的果树种类，其大小年的轻重程度有很大差异：柑橘的大小年表现程度较重，核果类、小浆果等则较轻。同一种果树不同的大小年的表现也各异。即使是同一个果园里的同一个品种，也往往出现同一年份有些植株是大年而另一些是小年。甚至在同一植株上，一个或几个主枝是大年，而其他几个主枝是小年，不同主枝的大小年表现有相对的独立性。

成熟期的早晚和果树的年龄，与大小年程度的轻重有一定关系。一般是晚熟品种比早、中熟品种重；成年和老年树比幼年树重。对大多数果树来说，造成大小年的一个直接原因是大量的结果抑制了花芽形成。过去对这一现象的解释是果实的生长发育消耗了很多养分，以致不能有足够的养分供花芽形成之用。但随着对内源激素认识的深化，已有很多证据说明正在发育的种子产生抑制花芽孕育的激素，主要是赤霉素，也是形成大小年的原因之一。如某些无子苹果品种可不发生这种抑制作用；苹果结了果的短果枝，一般当年（大年）不能形成花芽，但用赤霉素的一种对抗物质阿拉处理后，却能形成花芽。此外，大小年的出现还同果树生长环境和栽培管理的条件有关。在适宜的环境条件下，大小年的表现较轻，反之则重。花期气象条件不利，冬季低温或春季晚霜导致花芽严重。幼果生长期的低温或高温、干旱、涝害、病虫害等引起大量落果或落叶，都可使一定地区内当年的果树生产成为小年，从而引发大小年的恶性循环。反之，如某一年份的气象条件特别有利于花芽形成和次年春季坐果，也可形成大小年。

目前最有效的措施是在大年花芽开始孕育之前进行疏花疏果。这一措施既可减少由种子所产生的抑制花芽孕育的物质，又可增大叶/果比例（即一植株上每一个果实所占有的叶片数目或面积）。由于叶片除能产生果实生长和花芽形成所必需的营养物质外，还产生花芽孕育所必需的某些激素，适当的叶/果比例是形成足够花芽的重要条件。这个比例因果树的种类和品种而异。苹果一般为每一果实平均20～40片叶。短果枝型和矮化砧苹果的叶片在一天内受阳光直射的时间比乔化砧树长，光合作用率高，最适叶/果比例可比乔化砧树小。除疏花疏果外，克服大小年的其他措施包括：选用最适合该地区环境条件和大小年程度轻的果树种类和品种，改进果园土壤管理，注意整形修剪，预防病虫害等。此外，也可用植物生长调节剂来调节花芽的形成和坐果。大小年问题的进一步解决，则有赖于对花芽形成和坐果机理的更深入的了解。

会发光的树

在第四冰川之后，很多生物因遭受毁灭性打击而绝迹，而一种稀有树种却神奇地存活了下来，它就是生长在中国贵州省三都水族自治县境内的“月亮树”。这种树数量不多，干粗、枝多、叶茂，多隐匿在瑶人山自然保护区的深山老林里。之所以叫它“月亮树”，就是因为每当夜晚来临时，它便会发光，它的叶片边缘会发出小半圈荧光，就像上弦月的弧影一样，所以，当地的水族人民给它取了这样的名字。

世界上奇树很多，发光树也并不只有这一种。

在非洲也生长着一种会发光的奇树。夜晚，当地居民可以在树下看书读报，甚至能做针线活，所以这种树又叫做照明树、魔树。白天看上去，这种树与普通的树没有什么区别，可是一到夜晚，从树干到树枝都发出明亮的荧光，附近几米之内都可以被照亮。这种树之所以会发光，是因为树皮里含有大量的磷。众所周知，当磷与氧接触时，便会发出亮光。但至于树中的磷是从哪里来的，科学家们暂时就无法解释了。

几年前，中国江苏省内的某个村庄也出现了一棵会发光的柳树。这棵柳树常年闪烁着淡蓝色的光芒，即使下雨天也从不熄灭。更神奇的是，这棵树还能治病。据说，曾有一位经常腹痛的老大娘，一天突发奇想，在夜里取下了树的一些发光部分，用来煎汤服用。几天之后，她的腹痛竟然好转了。原来，这竟然是假蜜环菌发挥的神奇作用。科学家们解释说，这棵老柳树上生长着一种真菌——假蜜环菌，它靠分解和吸收树木的纤维素和木质素为营养，进行生长繁殖。这种真菌本身就能发出淡蓝色的亮光，所以又叫“亮菌”，而其菌丝中含有的亮菌甲素，正是胆囊炎的克星，那位老大娘的腹痛病其实就是胆囊炎。

除了发光树之外，在美洲中部的巴拿马还有一种有趣的蜡烛树。这种树的果实不仅形状酷似蜡烛，晚上真的能够被点燃用来照明，所以人们叫它“蜡烛树”，它的果实为“天然的蜡烛”。科学家们通过化验分析发现，蜡烛树的果实里含有60%的油脂，因此才能被点燃，并发出均匀而柔和的亮光。每当蜡烛树结果的时候，当地居民就会纷纷前来采摘，因为这种果实点燃起来不会冒黑烟，甚至比普通蜡烛还好用。

神奇的探矿兵

很多植物，具有“报矿”功能，人们称其为“指示植物”。地质队员有时也会借助它们提供的信息在普查找矿中大显身手。

“指示植物”生长在土壤深处的真菌能分解矿物，使金属原子溶于地下水中，而植物根能把水中的金属原子吸收，然后输送到茎秆和花叶里，此种金属原子对花瓣的颜色和花草树木高矮会产生影响。

因此，“指示植物”花瓣的颜色、花草树木的高矮以及叶子里含有的金属原子，能为人们提供报矿信息。镍矿石会使花瓣失去色泽；铜矿石会把花瓣染成蓝色；锰矿石会使花瓣变成红色；青蒿在一般的土壤中长得相当高大，但会随土壤中含硼量的变化而成为“矮老头”；有的树木害一种“巨树症”，树枝伸得比树干还长，而叶子却小得可怜。这种畸形是由于吸收了地下埋藏的石油造成的，因此成了油田的指示植物。忍冬草丛则预示着地下有金和银；美国地质调查局的科学家通过对冷杉、松树和云杉树叶的分析，收集到约30种不同微量金属；另外，金银花、水木贼、苜蓿等植物也能为人们提供报矿信息。

上千年古莲种子能发芽

中国科学工作者经过研究发现，上千年的古莲子居然会发芽。

1952年，在中国境内的辽宁省新金县西泡子洼地里，科学工作者从1～2米深泥炭层中挖掘出了一些古莲子。尽管它们的外皮坚硬得像小铁弹，可是科学家们还是想看看它们是否能够发出新芽。他们把古莲浸泡在水里达20个月之久，还是发不出芽来。但是，他们并没有放弃，而是想出了新的方法：在莲子的外壳钻上个小孔，或者把两头磨掉一两毫米，然后再进行培养。结果两天后，古莲子抽出了嫩绿的幼苗，而且发芽率高达96%。

在科学家细心照料下，1955年夏季，这些古莲开出了漂亮的淡红色的莲花。古莲的叶子、花朵等性状，都和常见的莲花相似，只是花蕾稍长，花色稍深。后来，这些古莲还结出了果实。

经过研究，中国科学院考古研究所测定，这些古莲子的寿命约在830～1250岁之间，是世界上寿命最长的种子。

未解身世的疏花水柏枝

在中国长江岸边江水消涨带的沙滩上、石缝中，生长着疏花水柏枝的种群。这种生物的身世至今还有许多未解之谜，与它同属的其他10多种植物都分布在以喜马拉雅山为中心的西部地区，而只有它们，选择了在三峡地区安家落户。

疏花水柏枝的家园在135米水位线以下。春夏时节，江水上涨，疏花水柏枝在水下度过数月的漫长汛期。到了秋冬季节，江水枯竭，它开始狠劲地吮吸着江水沉淀下来的养分，无拘无束地疯长。它一丛丛一簇簇地顺着江水沿线，从旮旯缝中探身而出。很短的几天时间，就蹿到一米左右。然后，它不再往高里蹿，而是相互拉扯着，让所有枝条都齐崭崭地长得一般高，紧接着松针状的叶片就蓬松开来，像一条条松鼠的尾巴，肥肥绿绿地在风中摇曳。

让人感到奇怪的是，疏花水柏枝仅见于白帝城至南津关一带，其他地方很难找寻到它们的踪影。

针对这种奇特的生物，植物学家们初步分析认为，这是在中国青藏高原逐步抬升和长江的形成过程中，疏花水柏枝祖先的种子顺江传播，辗转数千年才到达三峡地区的。此地区多为暖冬，气候更适合这种植物的生长，所以才会出现上述的现象。但是这其中的具体原因，目前还不得而知。

竹子会开花

竹子是有花植物，自然要开花结果。大概是由于竹子的大多数种类，不像一般有花植物那样每年开花结实， 因此有人误认为竹子不开花。

其实，竹子开花在中国古书中早有记载。《山海经》中有出现过这样的文字："竹六十年一易根，而根必生花，生花必结实，结实必枯死，实落又复生。"《晋书》中也有记载："晋惠帝元康二年，草、竹皆结子如麦，又二年春巴西群竹生花。"近代，中外有关竹子开花的记载也不少。

有趣的是，有时竹子还会越山隔省、跨海隔洲地开花。例如：1907年日本的淡竹开花，而远隔万里的英国皇家植物园中的淡竹也同时开了花。又如：1933年中国浙江嘉兴的竹林开花，而安徽六安马头镇的竹林也全部同时开花。

根据竹子的不同种类，开花周期也有不同，这是遗传基因的影响。有的竹子一年开一次花，如群蕊竹、线痕；有的十几年、几十年才开花，如牡竹、版纳甜竹30年左右才开花，茨竹、马甲竹要32年，有的种类则需要80多年；有的甚至上百年才开花，如桂竹需要120年才开花。当然，也有少数例外，唐竹、孝顺竹开花就没什么规律性。

大面积竹林开花，会造成很大损失。1984年夏季，中国四川卧龙自然保护区内的箭竹大量开花，随后大片竹林枯死，造成珍稀动物大熊猫因缺食而死亡。

为什么竹子开花之后会成片枯死呢？在这个问题上，科学家们一直有异议。有的科学家认为，竹子生长到一定的年龄，必然会出现衰老，为繁衍后代，在生命结束之前开花、结果。他们这样解释：植物的根、茎、叶叫做营养器官，它们的生长称为营养生长；植物的花、果实、种子叫生殖器官，它们的生长称为生殖生长。

植物的开花习性可分为两大类：一类是多次开花植物，如苹果、梨等，另一类是一次开花植物，如稻、麦、竹子等。一次开花植物一生就开一次花，其特点是，生长前期营养生长占优势，当营养生长达到一定阶段后，生殖生长就渐渐转向优势，最后开花结实。因为开花结实要消耗掉大量的有机养料，而这些养料来自根、茎、叶，所以开花结实后，营养器官中贮存的养料大部分被消耗，不能再生活下去，就逐渐枯死了。一次开花植物小麦和水稻是这样，当然竹子也不例外。竹子开花，使竹鞭和竹竿贮藏的养分被消耗尽，多数种类，如梨竹、毛竹等，开花后地上和地下部分全部枯死。但是，像桂竹、斑竹、雅竹等少数竹种，开花后地上部分死亡，而地下部分的芽仍能复壮更新；也有个别竹种如水竹、花竹等，开花后植株叶片仍保持绿色，地下部分也不枯死。不过，应尽快砍去花枝，以减少营养消耗，从而保证竹林的正常生长。

竹子开花是一种自然的生理现象。在天气长期干旱、竹林土壤板结、杂草丛生、老鞭纵横的竹园中更容易发生。这是因为竹子严重缺水，营养不足，光合作用减弱，氮素代谢降低，糖浓度相应增高，造成糖氮比较高，为花芽的形成和开花创造了条件。可见，恶劣的生长环境才造成了竹子开花。因此，我们可以根据竹种的特性，采取适当的管理措施，为竹子创造适宜的生长环境，就可避免竹林出现开花现象。

净化污水的“能手”

植物不仅能绿化环境，还能净化污水，近年来越来越受到人们的青睐。丹麦曾经利用海莴苣净化受到污染的浅水湾，美国圣地亚哥市建成了大规模的水生植物活水净化系统，中国也曾利用放养凤眼莲来净化太湖水，都取得了很好的效果。

那么，植物为何能净化污水呢？

植物在生长发育过程中，需要不断地吸收水分溶解在水中的营养物质，这样污染物质也能被植物吸收到体内。这些被吸收的物质有的被植物利用，有的富集在植物体内，从而减少了水中的污染物质，使污染的水质得到改善和净化。

科学家还发现，如凤眼莲（又叫凤眼兰或水葫芦）、菱角、芦苇、水浮莲、水风信子和蒲草等水生和沼生植物，都能从污水中吸收汞、铅、镉等重金属，可用来净化水中有害金属。中国太湖地区就曾放养了3公顷凤眼莲，半年时间内净化污水达到了5000万吨。有关数据显示，1公顷水浮莲，每4天就可从污水中吸收1.125千克的汞；而1公顷凤眼莲1天内可从污水中吸收银1.25千克，吸收金、铅、镍、镉、汞等有毒金属2.175千克。这样做可谓一举两得，一方面净化了污水，另一方面还可以从污水中回收一些贵重金属。

芦苇能够很好地吸收污水中的磷酸盐、有机氮、氨和氯化物等。有人曾经做过一个实验，将芦苇栽种在含有上述物质的污水试验池中，一段时间之后，水体中的磷酸盐、有机氮、氨等有害物质都得到了明显的减少。

小球藻是净化污水中氮、磷等元素的“能手”。这种藻类植物繁殖速度很快，如果将它放养在含有机质特别是含氮较多的污水中，又得到适宜的温度和光照，一昼夜内，它的个体数会几倍甚至几十倍地增加。新繁殖出来的藻类在生长过程中，又会不断地吸收污水中的氮、磷及其他的污染物，从而达到净化污水的目的。

除了吸收污水中的有害物质，有一些植物还能分泌具有杀菌作用的化学物质，使污水中的细菌大大减少。还有一些植物可以分泌特殊的化学物质，并与水中的污染物发生化学反应，将有害物质变为无害物质。比如水葱、水生薄荷和田蓟就有更强的杀菌本领，有人将它们种植在细菌含量极高的污水池里，2天后水中的大肠杆菌就全部消失了。国外有的城市还会将河水先用氯气消毒后，再从水葱丛中流过，这样水中剩下的大肠杆菌就会被全部消灭，达到自来水的饮用标准。

利用植物净化水污染，既经济又有效。这样做避免了复杂的机械劳动，又减少了污水治理耗费的时间和经济成本。所以，越来越多的国家和地区开始着手开展相关的项目。

奇怪的黏菌，是动物也是植物

1992年10月26日，日本明仁天皇来华访问西安市。这位在海洋生物研究方面造诣很深的天皇，在参观大型黏菌复合体的时候，用手触摸着这个“怪物”，高兴地说：“谢谢你们让我参观如此稀有的东西。”据说在2008年的时候，该生物依然活着，而且每年以3%的增长速度生长着，已经长到了39千克。

这个被明仁天皇称赞的“黏菌”被放在一个装有自来水的大玻璃缸中，它到底是什么稀奇的东西，连天皇都啧啧称奇？这样稀有的物种，又是如何被发现的呢？

故事还得从1992年8月的一天讲起。这一天，陕西省周至县尚村乡张寨村的农民杜战盟，在邻县永安村边的渭河中捞浮柴。忽然，他感觉到自己的左脚踩到了软乎乎的一块东西。在伙伴们的帮助下，他们把这团有点像“烂肉”的东西拖上岸，拉回了家，称了一下发现重达23.5千克。他喜出望外，切了一小块下来煮着吃，结果味道十分好吃，非常独特。

但万万没想到的是，3天后，剩下的那块巨大的“肉团”已长成35千克。杜战盟一家惊讶不已，赶紧跑到县城向有关部门报告了这个怪异的事情。

随后，由市科委组织西北大学、西安医科大学、西安动物研究所等科研单位，组织了动物、植物、细胞、微生物、真菌、生化、生理等13位各方面的专家，进行充分的鉴定。专家组从动植物器官、真菌分离、活体培养、蛋白质含量和呼吸等方面进行了全面的测定，得出的结论是：这是罕见的黏菌复合体，有极高的科学研究价值。

这个放在杜战盟家盛满水的大铁锅中的“肉团”，原来如此神奇！

经过缜密的测量，人们得知这个黏菌周长110厘米，长75厘米，宽50厘米，通体褐黄色，内部呈白色，有明显分层，局部呈珊瑚孔状，摸上去，手感柔软。这个看似“怪物”的东西，既有真菌的特点，也有原生动物的特质，是世界上罕见的大型黏菌复合体，也是中国首次发现的珍稀生物。

在国际上，黏菌的研究依然是一片空白，属于世界动植物学领域的攻关难题。全世界旷世罕有的黏菌仅仅有过2次记载。一次是在1973年美国阿拉斯加有过类似的发现。另一次，则是在中国遥远的唐代珍贵的文献里有过记载。由于对黏菌保管不善，美国发现的那个黏菌只活了3 个星期就死去了，研究人员为此追悔莫及。而唐代的简单记载，更不足为科学鉴定所依据。

黏菌是一类介于动物和植物之间的生物体，属于黏菌门。营养体无叶绿素，无细胞壁，行动与摄食方法与原生动物相同。但生殖时间产生的孢子具有纤维素壁，这又是植物的特性。所以，虽然人们对它的研究现在还不够深入，但它具有上述两种物种的特征，已经是确定无疑的了。也就是说，这种稀有而罕见的黏菌，既是植物也是动物。

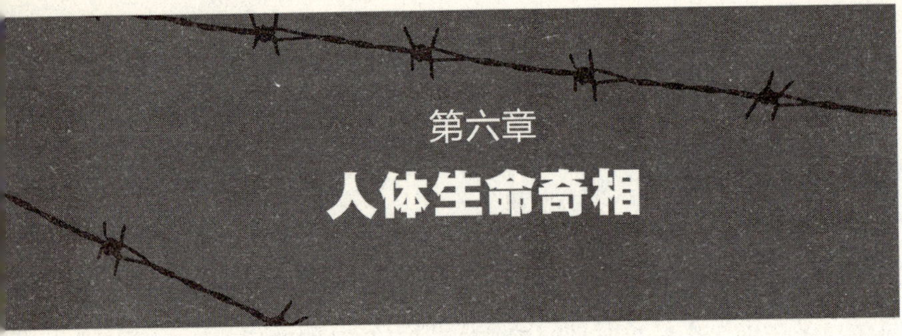

第六章 人体生命奇相

人类有无灵魂

千百年来，大家一直就有没有灵魂这个问题争论不休。关于灵魂，宗教定义的本质是存在于人类和其他生物（包括植物）体之中的力量。而中国民间传说中的“三魂七魄”，则认为灵魂由“魂”和“魄”两部分组成，魂主要指精神，魄主要指身体。但是，无神论者却完全否定灵魂的存在。那么灵魂到底是否真的存在？

1907年4月，美国麻省理工学院的邓肯·麦克道高曾发表过一篇题目为“关于灵魂是物质的假说并用实验证明灵魂物质的存在”的文章。在文章中他提到，如果人的灵魂真的存在，那么在人死亡的瞬间，灵魂离开人的身体，人的体重也就会下降。而这瞬间轻了的部分就是因死亡而丢失的部分，也就是灵魂的重量。他为了验证这一说法，特殊设计了一种安装在一种很灵敏的秤上的床，让快死的人躺在上面，然后一直精确测量这个人在死亡的瞬间的体重变化。

在实验过程中，麦克道高一共测量了6个人：4个结核病人、1名糖尿病昏迷的病人、另一个不明原因。第一个被测量的人是一个患结核病的垂死男人，因为他死的时候基本上已经不能动了，这样才能很好地保持秤的平衡，以便于准确测量。这个人死亡前观察的3小时40分钟里，他的重量以每小时28.3495克的速度缓慢地下降，麦克道高估计这时消失的体重应该是体液蒸发导致的。为了更清楚地观察死亡瞬间体重的变化，麦克道高把秤的平衡调到接近上限条。惊奇的是，就在死亡的瞬间，秤的指针快速下降到了秤的下限条，而且再没有弹回来，在这一瞬间这个人的体量下降了3/4安士（3/4 × 28.3495=21.26克），这就是著名的21克。

但遗憾的是在其后的5例测量中，再没有出现类似的结果。除了第3例的结果可以使用以外，其他几例的结果都因为各种原因而不能算数。第2例因为没有办法确认具体的死亡时间，所以结果不能用。第3例则比较有意思，重量居然下降了2次：在人死亡的瞬间，重量下降了1.5安士，随后的几分钟，又下降了1安士。按照麦克道高的推理，就是说死的时候灵魂先走一部分，剩下依依不舍的在十几分钟以后才不得不离开。而第4例和第5例虽然人死的时候重量都分别下降了3/8到半安士，但是由于称的原因，数据都不能用。第6例则因为病人刚放到床上不到5分钟就死了，秤还没来得及调整，所以也不能算。

因此，在麦克道高的6次实验中，只有第一次的数据是让他满意的。随后，麦克道高又在狗的身上做了许多研究，但是奇怪的是，狗死的时候，重量没有任何变化，于是麦克道高认为，狗是没有灵魂的。

此外，美国心理学家也对灵魂问题进行了研究。经过对150例“濒死体验”的研究发现：绝大多数人在濒临死亡的时候都会感觉自己的灵魂离开了身体，甚至有一些人感到自己正在通过一条黑暗的通道；还有的人会看到医生、护士在抢救自己，或者是进行一生的回顾。

但是，后来科学家发现，所谓的“濒死体验”，只是人类生理上剧烈变化所引发的心理幻象。因为，人们要观察外界事物和感知自己身体所在的确切位置，需要人体大脑的特定部位对人的视觉、听觉、触觉以及其他生理和心理反应进行整合。不过，由于人类视觉信息传输速度远远超过了听觉，同时，在人体大脑特定部位整合处理的时候，一旦是用电流刺激这个特定部位，人类对外界世界的观察和感觉就会发生明显的改变。这直接造成了人类对自己身体的认知感产生了严重偏差，也就有了“神秘影子”或“离开身体”现象。

除了科学的实验以外，民间也有许多关于灵魂的传说。在中国民间有这样一种说法，惊吓就有可能使一个人的灵魂离开身体，若不好好处理的话，人就会步向死亡。因此，当有人被吓至昏迷之时，民间会举行一种特别的“招魂”仪式，意图使昏迷的人起死回生。

有灵魂的存在，就会有灵魂转世。确实也有人在研究灵魂转世的问题，但都是一些孤例，科学界也没有找到一个例子可以系统地加以研究。在一些相关的报道中也有一些自称灵魂转世的人，他们的说法其实也是模棱两可。比如说，他声称自己的家门口前有两棵大树，但是，你会发现差不多家家门口都有树。还比如叫出以前邻居的名字，其实很可能是他无意识间听到别人之间是怎么称呼的，所以随口叫出来。大家听了都很吃惊，就觉得太不可思议了，就会联想到转世，然后这种暗示的作用加强，人也越来越信。

有时候，人们还有可能把“记忆错觉”误认为是灵魂转世。所谓“记忆错觉”就是指人们在看见某样东西的时候，会突然觉得，这事曾经发生过或者自己曾经到过那里，做过相同的事，听过相同的话，甚至连环境也是一模一样的……在那一瞬间，大脑给我们发出一个信号，说是它认出了发生的事。出现这种情况，有的人会认为这是自己前世的记忆，其实它并不是。

死而复活

在法医学上，有假死真生的说法，它是指某些人的生命特征（呼吸、心搏、血压、脉搏等）极其微弱，处于看似死亡，其实还活着的状态，这就是人们口中常说的死而复活的现象。现实生活中不乏这类死而复活的实例。

1982年，中国江苏省扬州地区的一位50余岁的妇女，患有贫血和子宫脱垂，久病不起。一天，她突然不省人事，呼吸、脉搏都停止了，家属忙为其做寿衣、棺材，筹办后事，第3天将其埋在山坡上。按照当地风俗，人死埋葬后的3天之内，棺材头不封口，由子女轮流送饭上坟，直到第4天才用长钉子钉死棺材，垒坟树碑。第1天死者次子送供饭上坟时，听到棺材内有声音。他立即回家告诉亲友，大家都不相信。第2天，长子和次子二人一起去送供饭时，又听到里面有微弱的声音："我没死，你们怎么把我装进了棺材，我快闷死了！"后来，在生产队长和亲友的帮助下，终于将农妇救了出来。农妇从棺材出来后，第一餐就吃了1斤多米饭。

人们之所以会进入假死状态，是由于脑血液缺氧所造成的。它常见于各种机械性窒息，催眠药、麻醉药以及其他毒药中毒、电击伤、寒冷昏睡、日射病、热射病、深度昏迷、霍乱或砷中毒所致剧烈腹泻和脱水，产后大出血、缺氧和营养障碍以及尿毒症等。一般来说，新生儿，特别是未成熟儿，是最容易出现假死状态的。但是，并不是说成人就不会假死，在某些特定的情况下，如酒精中毒、贫血、缺氧血症、脑损伤、鸦片、催眠药及麻醉药、尿毒症及糖尿病性昏迷等，成人也有可能进入假死状态。

死亡是一个渐进的过程，其时间具有不可逆性；人们也很难从外表上把假死者和真死者区分开来。如果假死者能得到及时抢救，他的身体功能和呼吸、心跳恢复的可能性极大，但是如果延误了救治的时机，那么就有可能"弄假成真"，使假死者真的死去。所以，及时确定人是否是进入假死状态可以说是人命关天。

如何确定被检查者是假死呢?

从理论上讲：一方面，人们应当在人死亡后相当长时间，或者待其出现尸斑、尸僵等早期尸体现象，确定人已经死亡后，再对尸体进行解剖，施行防腐措施或者进行处理；另一方面，应当进一步从理论上弄清死亡的概念和判断标准。

从实践上讲：

第一，眼部检查。这种方法有许多不同的做法，最为简便的方法是观察眼底视网膜血管是否有血液流动，如果有，说明病人还没有真正死亡。另外一种做法是用1%荧光素钠滴入眼内，它会立即染黄眼膜和巩膜。如果在2 ~ 5分钟后即褪色，说明是假死；如果经过

24小时也不褪色，说明是真正死亡。压迫眼球使瞳孔变形也是一种检验方法，如果是假死，解除压迫后瞳孔会立即恢复圆形；若是真正死亡，则解除压迫后瞳孔仍是变形的。

第二，用微弱呼吸检查。这种检查法的做法也有很多。例如可以用冷却的镜片放在被检查者的鼻孔前，如果人是假死，尚有呼吸，那么镜片就会出现模糊不清的现象；还可以用羽毛放在被检查者的嘴唇、鼻孔前，因为羽毛极轻，如果人还有呼吸，羽毛就会被人的呼吸吹动。根据相同的道理，也可以用肥皂泡来检查人是否假死。另外一个检查呼吸的方法是将装有水的玻璃杯放在被检查者的胸部，观察水杯和液面的变化，来判断人是否还有呼吸。

以上这两种检查法都相对简单。下面还有两种使用仪器的检查方法。

第三，使用X线检查。用X线较长时间地透视脑部，就可以观察到心脏结构的形态和运动状况。如果心脏仍在搏动，则说明是假死，反之，则已经死亡。

第四，心电图检查。在人的心音、脉搏已经测不到的情况下，心电图检查仍能显示心脏功能，因而可以用这种方法来判定死亡的真假。

人体自燃

人体没有同外部火源接触，内部发生燃烧化为灰烬，而灰烬周围一切可燃物体保持原样的现象被称为自燃。

迄今为止，全世界有记载的人体自燃现象已达220多例，自燃年龄最小的4个月，最大的114岁。这些事例都发生在日常生活中，甚至走路、开车、跳舞、洗澡时，简直使人猝不及防。

1673年，在意大利，一名男子躺在草垫床上莫名化为灰烬，而草垫床及周围物品却安然无恙。

1938年9月20日，在英国利物浦市的一个舞厅里，突然，有一位女郎发出“啊”的惨叫声，人们看见这位女郎身上腾出一股火焰，顿时整个身体变成了一团火球。在众目睽睽之下，女子被活活烧死了。经过调查，女郎本身及周围无任何可导致火灾的因素。前来验尸的法医惊得目瞪口呆，他说："在我漫长的验尸生涯中，还从没遇到过这种莫名其妙的事！"

接下来在1951年7月2日清晨，美国佛罗里达州，一位男子发现他的母亲玛丽夫人离奇失踪了，他回忆说他的母亲昨天傍晚还很舒适地坐在椅子上休息，但是今天他发现母亲和椅子都不知去向。却在地面上发现有几个烧变形的发卡、几小块焙干的椎骨和一个缩成棒球大小的头盖骨，一只完好的左脚。但是，离尸骨很近的报纸和几英寸之外的一块亚麻布都完整无损。

1966年12月5日，在美国宾夕法尼亚州的波特城，一位煤气工人在班特莱医生家的地下室，发现地上有一堆灰烬，并且在灰烬上方的天花板有一个烧穿了的大窟窿。他在整间屋内都没有发现老医生，却在卫生间看到烧穿窟窿的地板上，有一只剩下的半条人腿，老人的身体已化为灰烬，但是整个现场没有丝毫发生火灾的迹象。

1990年8月，比利时布鲁塞尔市，一对青年情侣在马路上接吻时，突然背上起火，火焰一直窜到15英尺，不一会儿，两人在马路旁变成了一堆焦灰。同月，法国巴黎圣玛丽大学女生马斯在澡堂洗澡时，她体内突然冒出浓烟，紧接着整个人变成一团火球，几分钟后除了地上的一堆骨灰外，马斯杳无踪影了。

这些自燃现象到底为何而产生，科学界对此也是众说纷纭。一部分人认为这些都是虚假报道；一部分人认为是某种天然的"电流体"造成了体内可燃物质燃烧，而他们也无法解释"电流体"为何物。另外，还有几种比较有科学根据的说法：

1.物质反应说。英国化学家菲丝普教授曾对这些人体自燃现象做过深入调查，调查中发现：遇难者多为25～30岁妇女，而且往往都是穿厚衣服的人。之所以产生自燃可能是由于人体汗气、分泌物、尿等湿气与衣服的化学物质产生化学反应，由于某种作用发生摩擦而生火，从而引起人体燃烧。但这并不能完全解释自燃惨剧。

因为从这些自燃事件当中，发生的时间是一年四季都可能发生，而且有的当时并未出汗，有的穿着很少，甚至在裸身淋浴时也可发生，所以这种观点不能令人信服。

2.人体静电放电。这种说法是由美国纽约布鲁克林理工学院的毕奇教授提出来的。他认为：少数静电压特别高的人，在某些特定的条件下，可能发生人体喷火生电现象，造成人体自燃。虽然有事实根据，但这种理论也并未获得科学界的公认，因为虽然人体静电放电有时是可以引起火灾或电器引爆，但已知的任何一种静电放电形式都不可使人体自燃。

3.体内磷质积累过多的结果，即属一种分子的化学分解现象。如果人体内磷质过多，体内比原子还小的“燃粒子”过量，在某种条件下通过化学分解或化合作用可能会引起人体自燃。但这种理论也尚未得到证实。更何况，人体磷质过多的标准是什么？自燃磷的临界值是多少？燃粒子的结构及启动方式、电流体的触发途径如何等等，这一系列理论关键问题，还没有人拿出试验结果作出科学解释。

4.自然界中的球状闪电引起的，所以不是自燃，而是他燃。持这种观点的人解释道：球状闪电像一个大火球，在空中飘飘忽忽，忽高忽低地移动，常使夜间行路的人大惊失色。球状闪电能穿过门窗的缝隙、登堂入室、钻进人家，它有时发生爆炸，毁坏建筑物，造成人畜伤亡。它在行经的沿途，遇到任何障碍物时无坚不摧，却又不烧坏周围的可燃之物。通常，一个球状闪电爆炸时释放出的能量，约相当于10千克TNT炸药爆炸时放出的能量。而且当球状闪电消失后，一般会留下烧焦、硫黄或臭氧的气味。

虽然人们对人体自燃现象已经作了种种探索和研究，但是迄今为止，科学家们所提出的各种设想均无法得到科学界的普遍认可，人体自燃现象迄今为止仍然是一个令人费解的“世界之谜”。但是，随着科学技术的不断进步，相信总有一天人们会揭开这一层面纱。

吃石成瘾的老太太

在中国重庆綦江县郭扶镇的一个普普通通的小村庄，有一位神奇的老太太，大家都喊她罗婆婆，70多年来她以石头为食，从不间断。

罗婆婆出生在解放前一个非常贫穷的家庭，由于家里兄妹较多加上家境贫寒，到两三岁了都还不能走路，那时候她的生活基本上都是在地上趴着度过的。正是由于缺少食物，营养不良，又缺乏照顾，罗婆婆从小就开始了吃泥土的生涯。19岁出嫁到綦江以后，由于这里没有她喜欢吃的泥土而改吃石头，这一吃又是整整50多年。在这期间罗婆婆也尝试过改掉这个习惯，但都没有成功。罗婆婆说不吃石头不行，因为一直习惯了，如果有一天不吃，就觉得不舒服，如果不吃的话，就像抽烟、抽鸦片一样会犯瘾。

罗婆婆吃石头一吃就是70多年，还曾经吃掉了半壁墙。更为神奇的是她竟然长有4个乳房，而且身体非常健康，没有生过病。罗婆婆虽然已经70多岁了，走起路来却能健步如飞，还能在冬天的时候打着赤脚在田里背东西、砍柴，比村里的年轻人都还要能干。罗婆婆和其家人都认为，是因为吃了石头才治好了罗婆婆从小不会走路的软骨病，而她身体健康也是因为吃了石头的关系。

为什么罗婆婆能将令旁人作呕的石头送入口中，并嚼得津津有味，还能够轻松地咽下去而没有丝毫不适呢？为什么罗婆婆又会吃石成瘾，戒不掉呢？

专家认为，这可能和罗婆婆从小开始吃泥土以及她的饮食习惯有关系。

罗婆婆之所以能吃下石子，其实这是条件反射，人在小的时候神经系统发育还不完全，条件反射比较容易建立。罗婆婆在很小的时候就开始吃泥土，她的味觉未发育完全，她并不知道泥土不能吃或者泥土难吃，慢慢地适应了泥土的味道。

另外一个原因是罗婆婆的两个生活习惯避免她胃肠受到损害，所以她吃了70年的石子也安然无恙。一是她每次吃石子儿的时候都把它嚼得很细以后才下咽；二是她的饮食习惯非常科学，平时的饮食也都是以粗纤维的蔬菜为主，几乎不吃辛辣的食物，这对她顺利地将石头排出是很有帮助的。

至于罗婆婆吃石成瘾，戒不掉的原因，也并不是像罗婆婆所说的“上瘾”。

人们都知道烟和毒品里面所含的一些物质能够刺激大脑，激活相应的神经系统，然后使人兴奋产生快感，从而使人产生依赖而上瘾。但是，罗婆婆所吃的石子儿的主要成分是硅和钙，在我们中枢系统里也没有相应的受体，它也不能激活我们中枢，产生愉快感有关的这些受体，所以这是不存在物质成瘾的问题的。

那么究竟是什么原因能够让罗婆婆对石头产生如此强烈的依赖性呢？经过专家们对罗婆婆吃石头的历史做了详细的调查认为：吃石头不可能对人的身体健康有好的帮助，罗婆婆之所以对吃泥土和吃石子儿产生强烈的依赖性，是因为罗婆婆父母的默许以及认识上的误导而导致的。

罗婆婆吃石头之谜现在有了一个准确的答案：她并没有什么神奇的特异功能，她有的只是一种被称为异食癖的病症，由于一些错误的认识导致她吃了70多年的石头。

血缘之间的信息遥感

血缘是一个奇怪的现象。血缘亲属之间有时会存在一种超越空间的信息传递，会发生奇妙的作用。生活中，人们常常发现这样的现象：家里有事远在外地的亲人就会心慌。

中国古代历史中就有这样的记载。相传曾子是有名的孝子，他与母亲之间总是有一种特殊的信息感知能力。一日，曾子外出打柴，家里来了客人，曾母便在自己手指上咬了一口，曾子顿时觉得心惊肉跳，丢下柴禾赶回家中。

唐代的时候，有个小吏叫张志宽，有日突然感到心痛，他赶紧向县官告假，说是自己心痛，必定是乡下母亲生了重病。县官不信，派人去访查，竟然如其所言。

现代生活中，也不乏这样的事情。1985年1月1日，在中国境内齐齐哈尔市的小冯的儿子王宇不慎摔下楼，额前碰了一个大紫包。第二天，奇异的事情发生了：小冯也在自己的额头上发现了一个跟儿子一样的大包，奇怪的是自己根本就没有被碰过。

经过现代科学的实践，血缘之间相互传递信息之谜已经破解。科学实践告诉我们：任何物体都有自己的场，不同的物质会产生不同的场，场的强弱与它们的质量成正比。就人体场而言，场不仅随人体而存在，而且可以离开人体而存在于一定的空间，场与场的作用，便形成了信息传递。血缘愈近，信息愈强。

由于母子之间特殊的血缘关系和感情，使他们的场之间能够形成强烈的信息链传递信息。但是，信息链作用在孪生子之间表现得最为突出。这些孪生子之间总是会发生一些奇怪的现象：比如知道对方心里在想什么，发生在一个人身上的事，往往在另一个身上也会发生，如同生病甚至还会一同死亡。

在英国一个小镇诺斯维克，有一对孪生姐妹，她们不但一同出生，一同讲话，而且还一同死亡。她们俩人有一种特别的感应能力，两人不发一言，也能知道对方的脑海里想的是什么。最明显的就是生病，其中一个生病，另一个也会生病。1994年4月8日，她们双双死于心脏病，倒在自家的后门旁。还有一对孪生兄弟约翰和亚瑟，他们之间也有类似的事情发生。

孪生子之间，不管相隔多远，他们之间的信息链传递也总是会存在。居住在澳大利亚的现年45岁的玛志尔和同龄的妻子丝莎，是在一个教堂里相识而结成夫妻的，一起生活以后，两人之间常发生一些不可思议的怪事，一个生病，另一个就痛苦。两人常不约而同地去做同一件事情。后来经调查才知道两人原来是一对小时候失散的孪生兄妹。

如果血亲之间是因为彼此之间相似的场而产生的信息传递，那么，最奇异的事情是，有时不仅血缘之间，即便是朋友、同事之间也有信息在互相传递，感情愈深，信息愈强。例如这样的事就在唐代大诗人白居易和元稹之间发生过。白居易和元稹之间交谊深厚，有一次，元稹梦见自己看到白居易在长安慈恩寺游玩，不可思议的是，在元稹做梦的那一天，白居易果真去慈恩寺游玩过。

怪病“狮子大开口”

世界之大，无奇不有。在中国四川省南部县流马镇狮子口村二社就发生了一连串奇特而恐怖的事。

1996年6月23日，26岁的赵丕芳从四川省绵阳市一面包厂打工归来，在家干活时她突然感到头晕、乏力，接着抽风倒地，口吐白沫和血水，不到20分钟时间，赵丕芳就离开了人世。赵丕芳自从嫁到狮子口村二社后，一直都身体健康，没有患过任何疾病。她的死非常离奇。

从这时开始，这种怪病就打破村子往日的宁静，在短短的3年多时间内夺走了该社8条鲜活的人命。这个只有27户115名村民的小山村，山清水秀、土地肥沃，曾是南部县农村工作及农业生产的示范基地，村民民风淳朴、安居乐业。而现在，由于这种“狮子大开口”的怪病，人们把这里称为北川地区的死亡“百慕大”。

1997年8月11日，31岁的何杰珍跟赵丕芳一样，在劳动中突然抽风倒地，口吐白沫和血水，30分钟后死亡。1997年12月6日，25岁的谢琼华以同样的病症倒地后再也没有起来。1998年3月12日，从外地来探亲的兰碧珍自踏进狮子口村二社的土地后不久，好端端的一个人却抽风，倒地后一小时内死亡。随后的1998年7月6日、8月31日，1999年10月21日、12月13日，先后又有刘蓉、张秀珍等3名女性和二社社长何德杰（唯一的一名男性）死亡。

最典型的是，1998年9月，该社有一妇女染上这种怪病，当天经医院及时抢救而获救。该妇女回到狮子口村二社的土地上，怪病在其身上又发作，再次送医院抢救，才捡回了性命。病好后，该妇女不敢再回狮子口村二社。另外，该社还有3名6岁左右的小孩和4名大人得过此怪病，在倒地之前被人发现，经抢救脱离危险。更让人难以理解的是狮子口村二社的10只鸡也跟着得怪病，有一部分抽风后倒地死亡，其他牲畜却安然无恙。

接连发生在狮子口村二社的怪病，使当地居民感到害怕和不解。但是后来，人们从死亡的人身上发现：死亡的8人中，其中7名都是从外地嫁过来或者来探亲的成年女性。这种病发病在时间上具有周期性，它每间隔100天左右准时发作一次，每次时间一到必定有村民发病甚至死亡。这些发病的人，发病前兆均为身体感冒，病发后来势凶猛而突然，抽风，口吐白沫，口吐血水是其共同症状。而且，这些死亡的女性均乳房收缩干瘪，男性则阴茎消失，而且发病时间短暂，病人发病倒地后，往往在20分钟至2小时之内迅速死亡。最为奇怪的是，病人发病后，只要身体接触地面，均在极短的时间内死亡。而在发病时被人及时发现，将病人扶着不让其接触地面，并从其口中掏出白沫和痰，病人就可得救。因为一直查不出病因，狮子口村二社的村民仍旧在按时地发病并神秘地死亡。

人体的自我爆炸

1997年11月的一天上午，在美国纽约市曼哈顿岛上的一家医院的手术室里，医生正为一名病人做胃部切除手术。手术刀刚进入病人的胃，一缕青蓝色的火焰从病人的身体发出来，如同一道被点燃了的煤气，历时20秒钟之久，堪称奇观。接着胃部像气球一样，“砰”的一声爆炸了。在场的医护人员手足无措，目瞪口呆。

后来查明，这位病人因患胃癌，胃通十二指肠的幽门口被堵塞，只剩针尖般细的一点通道。胃里塞满了几天前的食物，一直不断发酵产生甲烷（即沼气）。在动手术前，大量的沼气已将胃壁撑得很薄。这时，胃已经如同一个炸弹，当手术刀将胃开了一个小口时，处于高压中的沼气在一瞬间就从小口中喷出，加上旁边有“导燃物”，沼气就被点燃了。燃烧大大加速了沼气的膨胀，最后产生爆炸。

这种身体自我爆炸现象，在中国和澳大利亚也曾发生过。并且两例还都是头颅爆炸。

19岁的孙某是中国湖北省襄阳市的一名学生，一天晚上约8时许，孙某和家人正在兴致勃勃地看电视，突然一声巨响，孙某的头顶侧裂了一个大口，脑组织不断外溢，还冒着热气。

42岁的凯文·南斯利是澳大利亚的一名会计师，长久以来，他都被严重的忧郁症和失眠症所困扰。每天晚上都噩梦不断，经常在梦中惊吓而醒。因此，他总是要求医生给他服大量的安眠药。一种药失效后，又缠着医生再换一种。医生没法，常常照办。于是，南斯利又超量服用另一种安眠药。一天晚上，凯文·南斯利突然在睡梦中牙齿打战，全身抽搐， 发出狼嚎般的惊叫，脑袋也开始像气球一样膨胀。妻子唐纳吓得尖叫起来。在这一刹那，凯文·南斯利的整个脑袋已经四分五裂。救护人员火速赶到时，南斯利早已命归黄泉，脑瓜子支离破碎，七零八落，但躯体却完好无缺。

随后，世界大脑生理学界对这起奇闻进行了研究。专家们各抒己见，其中长期为南斯利治病的精神病学家哈罗德的看法较有说服力。他认为凯文·南斯利的头颅自我爆炸与其长久服用过量的安眠药有关。大量使用安眠药对大脑神经有破坏作用，由于南斯利颅脑内残存的各种药物毒素越来越多，到了某一个临界点，进入颅腔内的空气就会出不去，形成奇特的“只进不出”。这样，到了一定时刻，头颅就有可能“自我爆炸”了。

由于人体的各种各样的奇异现象不断出现，一门新型的学科——“异常人体生理学”正在引起世界上越来越多的生理学家的关注，而“人体的自我爆炸”正是异常人体生理学探索的重要课题。

体内发电

1983年，在意大利罗马南方的一条村子里，艾斯拉模·斯毕诺发现：自己年仅16岁的侄子斯毕诺的身体总是会出现一些与电有关的问题。例如：只要斯毕诺来他家时，屋内的电气制品就会出故障。不仅如此，在他身边的床铺会自燃，油漆罐着火爆炸等，如此奇怪的现象接二连三发生。

后来，超自然现象研究家克劳德博士对斯毕诺进行了各项实验，得到的结论是斯毕诺的这种“超能力”是在无意识的环境下，超越他自己所能控制的范围产生的。也就是说，和他本人的意识无关，他无法利用这种能力，即使是要使它停下来，他自己都不能做到，当然其他人都无法办到。

在英国，也有另一个“电气人”——贾姬普利斯曼夫人。因为带电，使贾姬普利斯曼夫人连最平常的生活也无法进行。每次只要她一靠近电气制品，灯泡会爆炸、电视会自动转台。她损坏的电气制品共计有吸尘机24台、吹风机12台、除草机9台、电锅19个、手表5支、电炉8台、洗衣机3台。她甚至到超级市场买东西的时候，店内的电线会短路。深受困扰的贾姬也曾接受过医师的诊察，但是经过了四位医师诊断，都是说她“神经衰弱”。而另一方面带电的状态亦影响了她自身，头痛、失神等症状开始出现。

但是，贾姬的丈夫普利斯曼先生是位电气技师。他察觉到在放电之前的贾姬，体内积存有大量的静电。其实任何人的体内多少都有静电，只是贾姬比常人多了10倍以上。了解到这是体质上酸、碱的不平衡所致，于是贾姬开始大量摄食水果和蔬菜。他认为洋葱和酸性很高的电池相似，皮和皮之间，就好像储存电气的蓄电池一样，所以洋葱最具效用。就这样，贾姬不单只吃洋葱，还经常将洋葱持在手上来回踱步，将多余的电气释放到洋葱中。

电脑制作的人体发电现象

为了解开这个不可思议的“电气人”之谜，科学家便从反向的方法研究。

1902年，纽约州立监狱的南萨姆医师

就做了相关的实验。他由电鳗的健康与发电力的相关关系得到灵感，所以想要制造虚拟的电气人。事实上他也做到了，他在囚犯身上注射“肉毒杆菌”，让其暂时发病，成功地制造虚拟的电气人，并且还从患者的体内，检测出大量的静电。不过，一回到原来的健康状态，电气的现象便消失了。根据这个实验证明，可以说电气人是由于生理机能的平衡发生变化而产生的。

可见，只要是人，就隐伏着成为“电气人”的潜在能力。

不朽之身

世界科学界至今还有一个未解之谜：圣女贝尔纳黛特的不朽之身。

贝尔纳黛特·苏毕胡是法国卢尔德的一名农村少女。14岁时，她第一次梦见了圣母马利亚，后来又多次梦到。不久，贝尔纳黛特便离开家人，进入讷韦尔的修道院，也就是如今她的遗体所在之处。这名性格温和的修女终生体弱多病，但她却使周围人经常感受到鼓舞。在天主教会正式封她为圣徒前，所有认识贝尔纳黛特的人都认为她是圣人。

圣女贝尔纳黛特35岁逝世，至今已经去世126年，但她的遗体依然栩栩如生。在她被封为圣徒之前，天主教会三次要求挖出她的遗体进行检查。许多医生、神父与名望之士目睹了各次挖掘的过程。贝尔纳黛特的遗体并未腐朽，它逃过了肉身腐坏的自然规律。天主教将“不朽之身”定义为“如同活人一般柔软有弹性，不会腐烂”。

在经过126年之后，遗体应该只剩下骨架。然而，圣女贝尔纳黛特的每次出土记录中都提到，尽管她手里握的念珠已经生锈，她的遗体却保存得相当完好：皮肤柔软而富有弹性，面容栩栩如生。

如今，朝圣者涌到法国的讷韦尔，瞻仰安详地躺在玻璃棺内的圣女遗容，目睹她奇迹般完美的容颜。她的故事也将许多现代科学家吸引到法国的讷韦尔，他们将对圣女贝尔纳黛特的遗体进行研究。睡美人“不朽之身”之谜能否被揭开？

杰奎琳·泰勒，马萨诸塞州波士顿郊外的芒特艾达学院丧葬服务教育教授。她除了从事丧葬服务教育，同时也是享誉国际的遗体修复与保存专家。杰奎琳说：“在我对不朽之身的研究过程中，最让人着迷的，就是圣女贝尔纳黛特。她栩栩如生，是保存最完好的不朽之身。”杰奎琳·泰勒还邀请了意大利特异现象调查委员会成员——保罗·波契提一起研究不朽之身，并为他们拍照。保罗·波契提和导师路易吉·加拉切利一起调查过许多所谓的灵异现象，因此许多信徒对他很是反感。保罗相信，某些不朽之身可能被信徒暗中做过防腐处理。埋葬的环境会影响腐坏速度，湿热环境会加快尸体腐烂。然而，并非所有的不朽之身都经过防腐保存，或是葬在稳定的环境中。

杰奎琳和保罗来到法国的讷韦尔，他们对圣女贝尔纳黛特的遗体进行了研究，许多谜题无法揭开。

在研究过程中，杰奎琳也充分考虑了尸体皂化的可能性。因为尸体在分解过程中会发生一种现象，就是所谓的“皂化”，也就是身体的脂肪转化为一种蜡一样的黏稠物质——“尸蜡”。简而言之，体内脂肪转化为某种肥皂，使得肌肤丰腴、容光焕发。皂化有其神秘之处。科学家还不了解，是什么促使体内脂肪转化为类似肥皂的物质的。有人认为应该是化学与地理条件的共同作用。

杰奎琳认为，皂化妙就妙在它并不是随处可见的现象，它应该是遗体内外因素的结果。但是圣女贝尔纳黛特不是风干的木乃伊，也没有因为皂化而肿胀滑腻。这似乎也成了一个无法解释的谜团，也许更深入的研究才能解开谜底。

睡美人依旧静静躺在金边玻璃棺中，秘密仍然埋藏在庄严的微笑之后。这微笑已经保持了126年。她的遗体将过去与现在连接在一起，她是温和与谦恭的楷模。但是圣女贝尔纳黛特的秘密，远远超越肉眼所见的完美外表。

科学家们决定继续探究谜团。杰奎琳要求保罗查阅一下文献记录。某些段落或许可以提供答案，但保罗查阅了文献记录后，睡美人秘密仍然笼罩在重重迷雾之中。因为三次挖出遗体的报告中都说，圣女贝尔纳黛特的遗体保存得相当完好。

“交错在胸前的双手很完美。”“毫无尸体腐烂的气味。”医生的结论是圣女贝尔纳黛特的遗体完好无损。“美丽的双手握着一串生锈的念珠，胸口上的十字架上也布满了铜锈。”十字架项链上有铜锈，表示空气与湿气钻进了棺木。为何唯独遗体没有腐烂呢?

圣女贝尔纳黛特美丽的遗容引导千百万人坚定了信仰。其完好的状况被视为奇迹，然而，科学家们却另有看法。

杰奎琳认为后人曾经用蜡修复过遗体，可能用的是模具，或者是出于某位技艺精湛的雕刻师的手笔。如今我们看到的圣女贝尔纳黛特应该是蜡模，也就是遗容的面具。蜡模不见得是艺术品，只是完全相同的复制品，带有皱纹，具有皮肤的质感。保罗在研究文献资料时，发现了一段特别有意思的文字。这段文字指出，第三次挖出圣女遗体时，人们拓制了面具，并用这些拓制品制作了一个蜡制面具。杰奎琳似乎说中了。

尽管两位科学家可能已经揭开了圣女青春面容的秘密，然而，贝尔纳黛特不朽之身的其他谜团，或许将永远无法解开。

其中最让人震惊的是，第三次挖出遗体时，有个医生在报告中指出，圣女贝尔纳黛特的骨架保存非常完好，肌肉“结实而有弹性”，肝脏“柔软”，而且“软硬程度几乎正常”。他指出这种情况似乎并不是自然现象。

关于这一点，科学似乎无法提供解释。杰奎琳说：“我们得出的结论，有些也只是猜测而已。关于不朽之身，还有许多问题无法解释。”

照相不留影

关于青春，每个人都想留下一些回忆，一些只属于自己的照片，留作纪念。谁又会想到，这种简单的权利对于某些人来说也是一种奢望？说起来让人感到不可思议，有个老年妇女，她没有照过一张照片，不曾留下任何痕迹。

假如说照相机没有问题，底片也很正常，摄影师对曝光时间也能运用得相当准确，一般情况下，无论是人物还是景物，其真实影像都会留下来。但生活中总有例外，在提济乌祖省，这个阿尔及利亚以东的城市，年届70名叫哈利马·巴德科弗的妇女，她的生活似乎与照片绝缘，不仅所有的证件上都没有她的照片，就连日常生活中的照片，不论是她自己的还是她和家人一起照的，也无一例外都没有她的影像。

起初，人们以为她不喜欢照相，因此没有照片。后来，她告诉人们，她照过很多像，但是每次拍照，自己都会昏厥过去。但是毕竟证件上的照片还是要解决的，她也想为自己留下些有纪念意义的照片，所以自己还是很喜欢照相这件事情的。于是，她跑去向摄影师咨询，得到的答案却是：你的影像根本就没有出现在底片上。

之后，有些人听说这件事，其中不乏阿尔及利亚一些高级摄影师，他们还特地邀请她到城里来，准备最好的相机，挑选最好的胶卷，分别在室内、室外、灯光下、日光下给她照了许多像。而且为了郑重起见，还特意让她和别人合了影。这些技艺过人的摄影师们在暗室里努力工作的时候满怀信心。但是最终这些劳碌的人们不得不承认所做的一切全部是徒劳无功，因为，哈利马·巴德科弗自己的照片上除了一块黑迹什么影像都没有，即便她与别人合影的底片，底片上也有别人清楚的影像，而她所站立的地方依然是一块黑色的印迹！

身体的神秘失踪

如果一个人在你面前突然消失，你会不会觉得是自己的眼睛出了问题？世界上确实发生过这样的事情，虽然对这些失踪事件，人们也说不清真正的原因。

1956年夏天，在美洲班西尼亚的赫马勒弗克一家旅馆前，一个喝醉酒的醉汉在众人面前离奇消失了！据目睹这起离奇失踪事件的旅馆工作人员回忆，当时大家清楚地看见一个醉汉从旅馆门前经过，大家还对这个大白天就喝得烂醉的人议论纷纷。可是那醉汉走出大约200米左右，突然清晰地传来他呼叫求救的声音，大家不约而同地往那个方向跑去看个究竟，奇怪的是那求救声还在大家的耳边响着，却看不到他的影子。一群人在附近拼命寻找，可是却怎么也找不到那个醉汉，仅在他消失的地方清楚地留下了脚印。只听那叫嚷声渐渐远去，终于听不到声音了，人们依旧找不到醉汉的踪影。

无独有偶，这种离奇失踪的事件还在继续发生，谁也答不上来这是怎么回事。

约翰·森汉是美国加州洛杉矶的一个邮差先生。1964年8月的一个早上，他送信到百货业巨子洛克路夫的公馆，当女仆妮艾接过信后，约翰·森汉却突然如烟雾般不见了人影。妮艾立刻通报当地警局，但是警官也没有查出一个究竟来。但是更不可思议的事情发生了：当警方大力追寻邮差下落的同时，距洛杉矶很远的芝加哥棒球场却发生了和这桩失踪事件有关的怪事。场上防守的球队有位选手竟突然倒地，只听见他惨叫一声"我是邮差约翰·森汉"后就断气了。半个小时后，那位叫森里的球员在医务人员的救护下猛然醒来。但是他对方才在场上大喊的名字忘得一干二净。

人与植物的心灵沟通

人与植物进行心灵沟通，听起来好像有点离奇，但早在16世纪，德国有位名叫雅可布·贝姆的方士就声称他有这种功能。当他看一株植物时，可以突然感觉意念与植物融成一体，成为植物的一部分，觉得生命在"奋力向着光明"。他说此时他同植物的单纯意愿相同，并且与愉快生长的叶子共享水分。

美国加利福尼亚洛斯托斯国际通用机器公司的化学师马塞尔·沃格尔，在这方面的研究也取得了很大的成果，引起了人们的普遍关注。

马塞尔·沃格尔做了一个实验，他从树上摘下3片榆树叶，放到床边的一个碟子里。每天早饭后，他都要集中1分钟思想，注视碟子中的2片叶子，劝勉它们继续活下去，而对中间那片叶子不予理睬。1周后，中间的那片叶子已经枯萎，另外2片仍然青绿，样子健康，而且活着的2片叶子的小茎，由于摘自树上而留的伤痕已经愈合。

这件事给沃格尔很大的鼓舞，他想，如果人的精神力量可以使一片叶子超过它的生命时间保持绿色，那么这种力量会不会影响到液晶呢？于是，他用显微镜将液晶活动放大300倍，并制成幻灯片。在制作幻灯片时，他用心灵寻找人们肉眼看不到的东西，结果他发现有某种更高的灵在指引着它，这说明植物可以获知人的意图。

但不同的植物对人意识的反应也不同。拿海芋属的植物来说，有的反应较快，有的反应较慢，有的很清楚，有的则模糊不清。整株植物是这样，就其叶子来说，也是各自具有特性和个性。电阻大的叶子特别难以合作，水分多的新鲜叶子特别难以合作。

一年后沃格尔又开始了新的实验，他想要获得海芋属植物进入与人沟通联系的准确时刻。他将氢电流计连在一株海芋属植物上，然后他站在植物前面，深呼吸，手指伸开几乎够到植物。同时，他开始向植物倾注一种像对待友人一样的亲密感情。他每次做这样的实验时，图表上的笔录都发生一丝的向上波动，他能感到在他手心里，某种能量从植物身上发出来。

过了3～5分钟，沃格尔再进一步表示这种感情却未引起植物的进一步行动，好像对他的热情反应它已放出全部能量。因此沃格尔认为，他和海芋属植物之间的反应似乎与他和爱人或挚友间的感情反应有同样的规律，即互相反应的热烈情绪引起一阵阵能量的释放，直到最后耗尽，必须重新得到补充。

在同植物进行感情交流时，千万不能伤害植物的感情。沃格尔请一心理学家在15英尺外对一株海芋属植物表示强烈的感情。试验时，植物作出了不断的强烈反应，然后突然停止了。沃格尔问他心中是否出现了什么别样的想法，他说他拿自己家里的海芋属植物和沃格尔的作比较，认为沃格尔的远比不上自己的，显然这想法刺伤了沃格尔的海芋植物的“感情”。在这一天里，它再也没有反应，事实上两周内都没有反应。这说明，它对那位心理学家是反感的。

像雅可布·贝姆一样，沃格尔还曾帮助一位名叫戴比·萨普来的姑娘，化入一种海芋属植物。戴比描述当时情景时说："我是从植物的底部进入杆子的。进入之后，我看到运动着的细胞和水分在主干中上行，我也随着它们上行。当我抵达伸开的树木时，感到自己进入一个不能自控的领域。没有思虑，只感到自己已涨满，成为植物表面的一部分。我感到我已被植物接纳和保护，没有时间感，只有一种存在和空间结合在一起的感觉。"

沃格尔的研究为植物界打开了一个新领域。植物王国似乎能够揭示出任何恶意或善意的信息，这种信息比用语言表达的更为真实。这种研究，其意义无疑是深远的，但怎样进一步开发它，让它为人类服务，还是一个远未解决的问题。

各种不同的带电人

美国俄亥俄州发生过这样一件事：一家电机厂曾频频发生小火灾，有时一天竟达8次之多。为此厂家特意请来一位专家对所有的员工进行检查。专家让员工们轮流手握电线站到金属板上。其中有位女工刚踏上金属板，电压计就急剧地狂跳不止。这位女工身上的静电是3万伏特，电阻是50万欧姆。当她接触易燃物品时，随时可能引发火灾。那个女工调走后，电机厂果然没有再发生过火灾。

在美国的利物浦，有一位名叫天娜的妙龄女郎，今年刚满18岁。一天，在利物浦公园里，天娜和男友愉快地谈情说爱，兴奋之际，天娜情不自禁去吻自己的男朋友。谁料，当姑娘的红唇一触到男朋友的脸颊时，那男士大叫一声！眼前金星乱舞，头发直立，一阵剧烈的疼痛，差点昏死过去。

从这一天起，这位美丽的姑娘才发现自己有一种特异功能。她的舌吻竟然能发出一种电压极高的静电电流，可将她献吻的男朋友电得魂飞魄散，以至于他再也不敢对她有任何友好的表示了。自此，天娜就十分担心永生永世也难找到如意郎君。平日里，偶然有极少数敢于冒险的小伙子，也只能敬而远之地与天娜姑娘聊聊天，而不敢冒险斗胆接受她的香吻。另有几个小伙子期待着天娜的香吻有“大停电”的日子。可是这日子何时才能到来呢？

在英国曼彻斯特城的普琳夫人，也是一位带电者。普琳夫人41岁，是3个孩子的母亲。但是她在接触任何东西的时候，经常有电光和响声。当她洗熨衣服时，电熨斗经常发出爆裂声。她曾在家中的温水养鱼缸中“电”死了9条鱼。普琳夫人一天冲几次凉，并在足关节都缠一段铁线，这样她可以接“地”将电流导入地下。其丈夫说，她躺在床上的时候便会引起静电感应，从而发出噼噼啪啪的声音，同妻子接吻时也会有痉挛感。经过测试，牛津大学天体物理学家尚理斯说，普琳夫人身上的静电超过一般人的5倍。

另外，在马来西亚的一个垦殖区里，一家7个孩子都是带电人，他们的体内都带有超人的静电。其中6岁的女孩索英哈是最先带电的，也是电量最强的。索英哈是在一场小病之后身上才带电的，甚至人们触摸索英哈时会有轻微的电击感。之后，其他孩子也变得像索英哈一样带电了。当孩子们骑坐童车让身体离地时，头发就会竖起。

最为神奇的是，在意大利南西西里西利修斯以南的邦塞拉村还有一位自身能发电的“电女”，她叫罗莎·莫斯科妮，今年48岁。她的体内可随时发出高达500伏的电，但一般情况下是120伏，处于这种状态时她感觉比较舒服。她在使用电炉时，只要用手抓着电线插头，就能很快将水烧开。而且罗莎在一般情况下能控制放电，但在发怒或特别兴奋时就难以控制。她曾发生过两次难忘的失控现象。一次是在8岁那年，两名试图强奸她的男子，被她的电流击昏，当警察发现他们的时候早已不省人事。另一次发生在新婚之夜，她发出的电流竟把新郎从床上打倒在地上。意大利医学专家在对罗莎的奇异功能研究后表示，她的体内有一些与一般人不同的器官，而且与脊神经相连。

在前苏联乌克兰加盟共和国，还有一位“火孩儿”萨沙。萨沙所到之处，总是火灾四起。不管火孩儿出现在谁家的房间里，屋内的地毯、家具和电器都会莫名其妙地瞬间起火燃烧。而且科学家也无法从他那里找出任何原因。1987年11月至今，这个“火孩儿”已引起100多次火灾。“火孩儿”萨沙的致火奇能引起了有关科学家的关注和重视，但对他的调查和研究表明，从他身上并未发现带电现象。

人体丹香

麝是自然界中一种特殊的动物，它能把香味储于一个囊体之中，并且散发出特殊的香味，借以吸引异性，或与同类进行联系。其他的动物，如灵猫也有类似的功能。部分人类也有这种功能。

人们把人体所散发出来的神秘香气叫做丹香。例如：在中国元代，道家气功大师邱长卷“羽化”后，据传他的遗体就终日散发出一种异香。东南亚不少高僧“坐化”后，也会发出异香，在当地高温之下尸身数日不化，而且身上散发着类似檀香的阵阵清香。

作为人体之谜，丹香很值得探索。中国武林内功家认为，丹香和气血锻炼有关，气功锻炼会影响人体内分泌，所以古文献中有“练精化气，缘血化浆，其味异香”的描述。

那么，什么是人体散发香气的基础呢？科学研究发现，在人的汗液和尿的挥发成分中，具有麝香味。我们之所以察觉不到这种香味，是因为这种麝香味太微弱了，而气功能够激发人体的内在潜能。许多实验表明，气功可以促使胆汁、胃液、唾液等分泌物质的增多，可以想见，人体固有的麝香味也不能排除在外。

虽然丹香现象仍是一个谜，这方面的研究也正在进行中。不过，研究和开发丹香的意义不可小估。蚊子从不叮咬能发丹香的人，恐怕只是人体“丹香”效用的一种罢了。

睡眠方式特殊的老人

李志明是中国内江市中区交通乡红星村5社一个普通居民，同时他也是这里的一个名人，因为他的睡眠方式实在很特殊。他常常一睡就半年，接下来又有好几个月不睡觉。李志明出生于1936年，年轻时身体与常人无异，每天睡觉六七个小时。但到了1972年，他的瞌睡变得越来越多，一天睡八九个小时都不够。随着时间的推移，症状还进一步加重。1981年，李志明提前退休回到乡下，他睡眠的情况也更加糟糕，由先前的瞌睡转变成了睡一觉一两个月，不睡时，又可一两个月清醒。到了1989年，李志明甚至一口气睡了半年，接下来又连续三四个月没有睡觉。

睡眠期间，李志明往往就是一睡几个月，饿了起床吃饭，吃好喝好后又继续蒙头大睡。而长时间睡不着时，李志明就会四处闲逛，不论是白天还是夜晚，他都在行走不止，他也因此而走遍了内江的各个乡镇。

李志明独特的睡觉方式，让人困惑。这样的睡眠方式并没有影响到老人的身体健康，甚至连感冒都不轻易患。但是他的家人还是非常担心，四处寻医问药，但都没有收到效果。

对于老人的这种情况，孙女利君认为：爷爷的这种情况，或许和情绪相关。“爷爷精神受到刺激时就会睡不着，每年春节前后，家人团聚，爷爷就会因为兴奋长时间不睡觉。”

根据神经内科医生推测，大脑功能紊乱，睡眠、觉醒周期失调都可能导致类似情况发生，但情况如此严重的，则从未见过。

“吐”彩色晶石的脚趾

在马来西亚有个23岁的女子西蒂得了一种闻所未闻的怪病——她的脚趾甲下会长出一颗颗五颜六色的晶石。2006年10月，西蒂突然又呕吐又牙痛，10分钟后，她的脚趾甲下的皮肤裂开，吐出了一颗白色、看似珊瑚的小晶石，之后皮肤自动闭合。接下来的几年时间，西蒂又陆续“吐”出色彩缤纷的晶石，状似水晶，而且每次通常排出5颗晶石。西蒂在每次排石前10分钟，会又呕吐又牙痛，但是偶尔也会在她睡觉时排出，部分较大的晶石更需人工挖出来。西蒂说：“那时我没有想到痛楚，只是想晶石快点出来。”

这个秘密被发现之后，她迅速成为公众焦点，医生啧啧称奇。

但是，医院所拍的X光检查并未发现任何异样。国际医药大学人类生物系副教授贾德森认为，西蒂的异能在生物学上是不可能的，因为人体是能长出如肾脏和胆囊的钙石的石块，虽然有时胆结石吸收了胆囊的颜色后，看起来似钻石和宝石，但脚趾长出石块听来犹如传说，几乎是不可能的。

复活的冰人

科幻小说中常描绘这样的情景：自感行将就木的绝症患者的最佳求生之道就是将自己冷冻起来。现实生活中也有这样的实证。

小埃里卡是加拿大埃德蒙顿一个12个月大的女孩。2001年2月24日，还在蹒跚学步的她身上只套着一条纸尿布和一件粉色T恤，在凌晨时分摇摇晃晃出了家门，当时的室外气温约为-30℃左右，她在冰天雪地里就被冻成了冰人。当日凌晨3时，小埃里卡的母亲莱拉·诺尔德比醒来，发现身边少了女儿，顿时方寸大乱。

不久，她发现通向庭院的后门是敞开的。母亲一边哭泣，一边打起火炬，顺着足印一路找过去，她穿过整个庭院，走了近13米距离，才在一处偏僻角落，发现了趴在冰雪上的女儿。当时她的心跳已经停止，眼睑和积雪冻到了一处，脚趾也全都冻成一团，就连小嘴巴也被冰封了，而且胳膊与腿上满是亮红色斑点，这是严重冻伤留下的印记。

10分钟后，救护车赶到，儿科医生克里斯塔·蕾培尔将孩子抱进救护车，并在车上开始对孩子进行全身检查。医生发现，女孩已经没了脉搏，体温骤降至16℃，不及正常人体温的一半。这位资深女医生断定，小埃里卡体内的大动脉已不再向心脏供血，血液竟流向了她的面部及腹部，这是她这两处出现红斑的原因所在。凌晨4点刚过，埃里卡一送进病房，她的身体就被接上了心肺仪，以防在向孩子体内输入常温血液时发生意外。但几乎就在输进血液的同时，医生惊讶地发现，小埃里卡的心跳自动恢复了，小家伙的生命力强得惊人。

埃里卡究竟是如何下床的，又如何穿过后门并穿越庭院大门的？目前还是难解之谜。不管最终原因何在，但埃里卡的奇迹生还却有其深远意义。

首先，小埃里卡的奇迹生还经历激发了媒体对冷冻医疗的浓厚兴趣。不少媒体指出，这一领域很可能将成为新世纪医学的前沿课题。冷冻疗法已开始应用于诸如胚胎、卵子及精子储存等生育诊疗领域。在俄罗斯西伯利亚地区，医生在给病人进行心脏病手术时，已尝试先行将病人的身体迅速冷冻，使其心脏停跳，在手术完成、缝合病人躯体后，再用温水垫让病人的躯体逐渐回暖，这样就可提高手术效果。在美国，医生进行某些高难度的脑部手术时，也会先将病人的躯体冷冻，以防手术对病人的大脑造成后遗症。此外，医疗专家还在尝试给一些严重烧伤病人施以冷冻，令其置于短期冬眠状态，医生再利用细胞块技术采集病人的细胞，在实验室环境下培育新器官或新组织后，就可以其替代病人的烧伤或受损部位。当然，冷冻疗法最荒诞的做法莫过于冷冻尸体。一些异想天开者相信，在人死后将其尸体冷冻，待未来技术发展成熟之时，医生们又可重新将尸体激活。

未来冷冻疗法必将进一步普及，一些科学家甚至大胆预言，在太空旅行中也将使用冷冻术。宇航员在进入太空舱前先行冷冻，其人体生物钟被强行中止，当经历漫漫行程，抵达星际旅行目的地时再重新激活。如此一来，就生理意义而言，宇航员太空旅行所耗的时间几乎就可一笔勾销了。

其次，小埃里卡的事件还表明，有许多低温环境下的“死亡”其实只不过是假死，只有在现实环境中才能得到验证。英国皇家医疗学会的一位前医生弗兰克·戈尔登也对此做了研究，戈尔登医生认为，冷冻冰人存活的关键在于病人本身的体质以及外界气温冷却病人大脑的速度。如果病人大脑能迅速冻僵，即使心跳仍在进行，但大脑也会停止功能，这样就可避免受损伤，人体就不会留下永久的后遗症。

但有一点却是医学界无法解释的——人的意志力。面对死神，有的人选择了放弃抵抗，但有些人却选择坚持到底，小埃里卡就是最好的证明，这种顽强的生命力是无法解释的。戈尔登医生目前正在对一些在冰天雪地高寒环境下大难不死者的人体基因进行深入研究，以探索推而广之、抗御高温病的新途径。

地球上的另一个自己

你是否听说过有惊人相似的两个人，特别是长得像的名人。例如，罗马皇帝马克西敏的长相酷似希特勒，而且两人还都是残忍的暴君，马克西敏的军队反叛后杀死了他，而希特勒最后也不得不自杀。

没有完全相同的两个人，没有完全相同的两片树叶。我们一直认为所有人都有不同。除了我们在镜子中会看到一个相同的自己，要想在现实生活中，找到一个和自己完全无关、可容貌和性格却极其相似的人，是不可能的。所以如果有人告诉你有一个与你几乎完全一样的人时，一定会让你大吃一惊。

但事实上，这种人的确存在。同时，这也是世界上最难解的谜题之一：至今为止，科学家们还无法解释这种自然现象。不过，研究各种谜团的专家们相信，生活在地球上的人们都有一个酷似自己的人，人们还给这个人起了一个很浪漫的名字，叫“守护天使”。

遗传学上时常会出现孩子长得不像父母的情况，这是由于每个人身体里的隐性细胞所造成的。遗传学者尼古拉就一直致力于这方面的研究，他一直想知道，世界上到底有多少对极其相似的人。遇到酷似的名人并不是偶然的现象，名人之间有酷似的，普通老百姓也应该有。因此他开始思考如何挑选、分配不同的基因物质，研究如何使人体内的隐性基因苏醒。

尼古拉认为，虽然科学理论还无法解释为什么大自然要创造这种“复制”，但是现在可能得出的理论是：这些酷似的人，基因组成也相同，不过原因不明。

神奇的双胞胎村

全球有许多因双胞胎而闻名的地区，例如阿拉哈巴德邦附近的普尔乌姆里村，双胞胎的出生率就很高；巴西南部的坎迪多-戈多伊镇，也素以双胞胎出生率高而著称，甚至被称为“世界双胞胎之都”。世界上双胞胎出生率最高的地方是尼日利亚的约鲁巴部落，那里的双胞胎出生率高达45‰，而全球双胞胎平均出生率只在6‰左右。

在亚洲，也有一座因双胞胎而闻名的“双胞胎之城”，它就是印度喀拉拉邦一座默默无闻的偏远村庄——科金希村。村中约2000户人家至少有220对双胞胎，双胞胎出生概率高达30‰~40‰，几乎是双胞胎世界平均出生率的6倍。而且更奇怪的是，科金希村的双胞胎现象开始于3代以前，也就是60年至70年以前。在过去5年间，就有60对双胞胎降生。单是2008年，村里新添的300名健康婴儿中就有15对双胞胎，而且双胞胎占新生儿比例正在逐年递增。

由于双胞胎太多，科金希村民自称生活在“双胞胎城”。

作为双胞胎之一，现年16岁的少年阿努·巴斯卡兰说，他上小学时，身边有几十对双胞胎。如此众多的双胞胎很难分辨，让当地教师非常为难。16岁的阿巴希站在哥哥旁边，他说：“我的头发向右梳，他的头发向左梳。此外，我的脖子上有个胎记。除了这些特征外，我们几乎一模一样。”

在2008年12月，为了便于登记生于科金希村的双胞胎及其家属并为他们提供帮助，村里专门成立了双胞胎协会。也因为双胞胎是社区内令人瞩目的少数群体，所以家有双胞胎的村民感到有必要联合起来，解决双胞胎特有问题。比如生养双胞胎比较费钱，以及孕妇怀孕双胞胎中遇到的问题，因为从医学角度来说，孕妇怀双胞胎更为棘手。双胞胎及家属协会可以发挥有众多双胞胎会员的优势，向村民传授有关双胞胎知识，并为他们提供相应支持。

迄今，这家协会已有超过220对双胞胎注册成为会员，其中年龄最小的仅1个月，最高龄者65岁。还有30对双胞胎正在申请成为会员。包括一些双胞胎父母在内，协会会员已超过600人。

斯里比朱和当地医生过去两年来致力于研究科金希村双胞胎现象。他说，虽然当地正式登记的双胞胎数量为220对，但经他考察，实际人数可能更多。按斯里比朱的医学见解，在科金希村界内大约有300对至350对双胞胎。但是在印度所属的南亚次大陆的双胞胎出生率大约为4‰，这是世界公认的最低水平。而科金希村的双胞胎出生率大约为45‰，远远高出了这个地区的双胞胎出生率。其次，双胞胎在世界，尤其是西方国家的出生率之所以上升，主要源于人工授精，但是由于科金希村的人难以承受体外受精高昂花销，当地无人接受人工生育手术。第三，在世界上双胞胎母亲通常为年纪较大的成熟女性，但在科金希村并非如此。当地村民通常在18岁至20岁就结婚生子。最后，能够孕育双胞胎婴儿的女性还有另外一个特征，她们的身高在5英尺3英寸以上，然而在科汀赫村女性的身高平均为5英尺。

考虑到当地的自然环境，斯里比朱排除了基因因素引发科金希村多生双胞胎的可能性。此外，由于当地双胞胎大多数健康无畸形，他不认为污染物质是成因。由于尚未实施生化分析，斯里比朱也无法确定这种现象的成因，但是他认为这可能与当地的饮食有关。如果确实如此，则这种引发双胞胎超高出生水平的因素可得到控制，同时也能为不孕夫妇造福。

折磨欧美人的皮肤病

搜狐网上曾刊载了一条消息，上面这样写道：“英国、美国、澳大利亚等国家近日有不少人患上一种奇怪的皮肤疾病——莫吉隆斯症。但是在中国还没有发现这类病例。”所谓“莫吉隆斯症”，是一种与寄生虫妄想症相似的症状。患者时常会感到皮肤下似有上千寄生虫在爬行蠕动，而且他们的伤口痕痒灼痛又非常难愈合，更会凸出有如线状或颗粒状的蓝色和白色纤维物质。

这些纤维物质有时粗得就像意大利面条，如果患者试图把这些纤维物质从伤口里抽出来，就会引发以伤口为中心向四周扩散的剧烈疼痛。

但专家认为：那些皮肤上的伤口，是病者想象体内有寄生虫继而抓伤身体造成的。至于患者在伤处凸出的“纤维物”，可能只是衣服上的绒毛、棉花或聚酯等物的纤维。但是，透过高倍数显微镜，可以看到在患者完好无损的皮肤也有这些纤维物。

对于莫吉隆斯症这种罕见的疾病，相关研究也刚刚起步，专家们也无法解释，具体病因和治疗方法还无从了解。美国疾病控制及预防中心（CDC）为此特别成立了委员会调查此症，如果此病获得确诊，或许将会成为伊波拉病毒和禽流感后又一超级疾病。在中国，解放军总医院附属第一医院皮肤科主任医师邹先彪开始收集相关资料，希望能在解决这种病症上能有新的突破。

男孩下颌神秘“消失”

2006年，在英国伦敦大欧蒙德医院，一个年仅5岁的小男孩接受了一次长达11个小时的手术，而这个手术的目的就是为了重建小男孩神秘消失的下颌骨。

这个小男孩名叫阿列克斯，是英国斯塔福德郡特伦特河畔巴顿市人。2005年，阿列克斯不慎摔了一跤，把他的4颗牙齿撞掉了，经牙医治疗后，阿列克斯仍感到十分疼痛，于是父母只好又找到另一名医生为儿子检查。但是结果却是相当令人震惊：X光片显示，阿列克斯下颌骨竟完全“消失”了！

阿列克斯这样的情况令医生困惑不已。在多名资深专家会诊之后，阿列克斯最终被诊断为患上了一种名为“哥哈姆和斯淘特综合征”，又名“溶骨症”的疾病。一般来讲，在正常情况下人类的骨骼每天都在不断死亡，但同时也在不断进行再生——和皮肤组织以及其他人体细胞一样。然而，由于阿列克斯不幸患有“溶骨症”，令他的下颌骨细胞在死亡之后没有新的再生细胞进行替换，导致他的下颌骨就仿佛“溶解”了一般。

阿列克斯是全英国唯一一个“溶骨症”患者，而全世界总共也只有不到200个“溶骨症”病例。为了重建阿列克斯已“溶解”掉的下颌骨，医生从他的腿部取了一小段腿骨充当新的“下颌骨”，然后用金属框架将之固定在下巴上。

半脑女童

2003年4月，在英国大曼彻斯特的一家医院，医生为一个当时仅17个月大的女童，实施了长达7小时的大脑半球切除手术，摘除了她的半边右脑。

这名女童名叫科迪莉娅·考西尔，她一出生就患有一种罕见的基因遗传疾病——结节性硬化症，尽管这一病症的发病概率是1/7000，但科迪莉娅却属于最严重的类型，她的哥哥奥利弗也患有轻度的结节性硬化症，科迪莉娅是家族中第6个遗传了这一疾病的人。

这一遗传疾病导致科迪莉娅的右脑和其他器官中都长出了一些不含癌细胞的良性肿瘤。科迪莉娅在曼彻斯特皇家儿童医院出生后，每隔几分钟就要发作一次癫痫性痉挛，平均每天要遭遇70次癫痫痉挛发作。科迪莉娅的任何一次癫痫发作，都可能会要了她的命。要让科迪莉娅停止痉挛，唯一的办法就是移除掉已经吞噬了她大部分右脑的肿瘤。但在手术中，科迪莉娅只有50%的生存机会，即使手术成功，科迪莉娅能够存活下来，但她也将永远无法像其他正常孩子一样走路、说话、哭泣或微笑。而科迪莉娅被摘除的右脑的大部分功能，将来都会由左脑来执行。

尽管让她接受大脑半球切除术是一个艰难的决定，但是为了使女儿能够活下去，科迪莉娅的母亲阿曼达却决心让女儿接受这一手术。结果出乎所有人的意料，科迪莉娅不仅在手术中幸存了下来，一个月内就出院回了家，医生们原本认为失去了一半大脑的她，将永远无法像正常孩子一样走路、说话和哭泣，然而科迪莉娅竟在6岁的时候学会了走路并且还迷上了踢足球！

在世界上还有不少像科迪莉娅这样的“半脑人”。例如，在美国北卡罗来纳州一个名叫卡梅伦·莫特的6岁女童，她的右脑因被细菌侵蚀，也被切除，可她在3个月后就能够走路了，尽管她的脚仍有点跛。美国约翰·霍普金斯医学协会专家乔治·盖罗博士认为，幼童的大脑具有惊人的重新组织能力，所以剩下的一半大脑会有效而快速地接管已经切除的另一半大脑的功能。

大脸盘男子更具攻击性

在加拿大安大略布鲁克大学的科学家做过一项调查，他们对一些大学的曲棍球运动员脸的宽度和长度进行了测量，他们发现脸越宽的运动员越能发起进攻。这一点可以从他们在比赛时所受到的处罚次数中体现出来。他们之所以选择曲棍球运动员，是因为曲棍球运动的一大优势是运动员能以可接受方式成功表现出他们的进攻行为，而不会因这样打人而进监狱，因此这可以清楚地观看到运动员的进攻行为。

这项曲棍球运动员的最新研究显示：大脸盘男子更具进攻性。在通常情况下，大脸盘男子比女子多，这种差别是从青春期开始出现的，因为这时男子的睾丸激素水平明显升高，而睾丸激素与进攻行为密切相关，从而导致研究人员探查进攻性与大脸盘之间的关系。

为了使这个研究结果更有说服力，在此研究中，科学家还调查了88名玩电脑游戏的人，从中测试他们的进攻性。这个游戏中，被测试者按一个按钮可以得分，按另一个按钮可保护他们的得分不被人盗走，按第三个按钮可以进攻性地盗取对手的得分。在实验中，大盘脸的男子按第三个按钮的次数明显的比其他人多。科学家发现，大脸盘与进攻性强的关系只出现在男子身上，不涉及女子。布鲁克大学的行为神经科学家谢丽尔·麦考密克说：“我们在实验性的电脑游戏中惊讶地看到，简单地测量面孔就能预知男性的进攻性有多大，之后我们又惊讶地发现同样的测量也能预知现实世界特别是运动比赛中的这种进攻行为。”

这项新发现表明脸型是进攻性进化的标识。人生气的时候也是最具攻击性的时候，这时候人的脸表现为眉毛下垂而上嘴唇上扬，这也使脸型扯得更扁了。在比赛中，竞争者可以将此线索当成一种潜在的评判标准，以确定对手是不是一位强大的劲敌。

人们知道睾丸激素塑造男人的种种体征，比如手指的长度能预测男子的进攻性有多大。现在，科学家们把研究的重点放在了人们是否能确实感知这种脸型上的差异，并由此预测他人进攻性的准确率会有多大。比如，如果让人们通过一位男子的相片来评定其进攻性有多大，那么人们打出来的分数的准确度有多高呢？或者，如果人们来选择二位对手中的一位，那么大脸盘会影响他们的选择吗？这些后续问题都是科学家们正在调查研究的问题。

人也可以“冬眠”

美国生化学家马克·罗斯用老鼠做了一个实验，他用化学方法让老鼠吸入氢化硫，一旦吸入过量，氢化硫会导致动物的细胞新陈代谢停止，最终导致动物死亡。罗斯研究小组在他们的报告上写道：“当老鼠被暴露在大量的氢化硫中时，在5分钟内，它们的氧气消耗量会减少50%，二氧化碳输出量降低60%。如果在这种环境中待上6个小时，老鼠的新陈代谢率就会降低90%。”

在整个实验过程中，尽管过量吸入氢化硫气体将会引发中毒，但也可能会激活引起其他动物进入冬眠状态的一些生理反应。所以研究者们让老鼠吸入适量氢化硫气体使其进入假死状态，事实上是暂时将老鼠从温血动物变成冷血动物，使它们与哺乳动物冬眠时的自然状态一样。这也有可能是所有哺乳动物所具有的潜在能力，甚至人类也具有这种能力。研究者们想利用哺乳动物的这种潜在能力，把它启动后再关闭，诱发动物进入需要的一种冬眠状态。

一般而言，熊可以冬眠，两栖动物也可以冬眠，而人类偶尔也能冬眠。有许多案例表明，当儿童的体温下降，并停止呼吸超过一个小时后，他们仍能从在冰冷的水中近乎溺死的状况中苏醒过来，而成年人偶尔也出现这种情况。罗斯说：“如果了解了所谓临床上死亡的人奇迹般的、无法解释的复活事例与我们诱发和逆转模型有机体的新陈代谢停止的联系，这可能会对医学治疗具有巨大的影响。最后，我认为这将存在临床上的好处，将改变目前所实施医学的方式，因为我们可以为急病患者争取更多的治疗时间。”

那么这一发现也许有助于挽救很多人的生命。佛瑞德·哈钦森癌症研究中心的研究小组成员认为，如果人类能找到假死的一个安全途径，那么这可能会使研究人员找到治疗癌症以及预防因失血过多而引起的伤病和死亡的新方法，另外，这还有助于使做完手术的患者迅速恢复。

进入冬眠状态的动物，其新陈代谢自然降低。新陈代谢的降低会减少对氧气的需要。如果这种情况发生在人类身上，这可能有助于为那些上了器官移植名单，在手术室、急救室中治疗以及其他一些等待救治的临床患者争取时间。这也许能改善癌症治疗的方法，如果在假死状态时把健康的组织移植到癌症患者身上，这有可能提高杀死肿瘤细胞的概率。

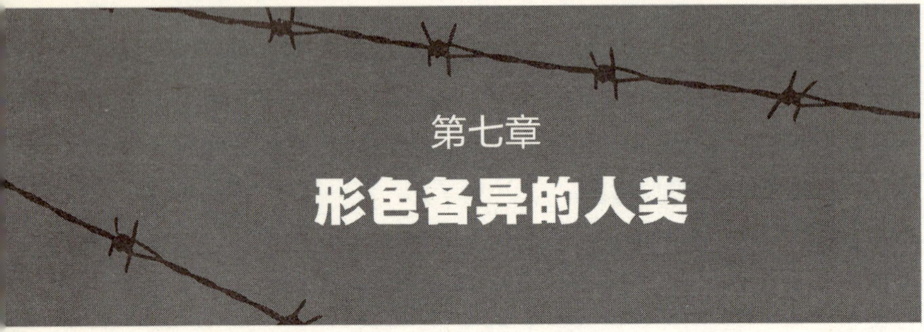

第七章

形色各异的人类

世界上最高的四位巨人

吉尼斯世界纪录上，曾记载了四位世界最高的巨人，这几位巨人的身高令人咋舌。许多报纸媒体也曾报道过他们，虽然作为巨人，他们会引来人们羡慕的目光，但是过高的身高常常会让他们遭遇到常人难以想象的麻烦，比如很难购买到合适的鞋子，会遭到酒店门卫的敌视等。

世界第一高人——罗伯特·瓦德劳

罗伯特·瓦德劳（Robert Wadlow）是吉尼斯纪录在案的世界第一高人。到去世之时，他的身高已达到8英尺11英寸（合2.72 米）。瓦德劳出生于美国伊利诺伊州奥尔顿，因此也被称为“奥尔顿巨人”。瓦德劳的身高并不是天生的，他出生时身高也算正常，后来脑垂体肥大导致生长激素分泌过盛而使他的身高猛长。

瓦德劳过高的身高，严重影响到了他后来的学习和工作。瓦德劳获得一所大学的奖学金，打算成为一名律师，但超高的个头让瓦德劳很难毕业，甚至连铅笔和钢笔都拿不住，还担心会摔倒在上学路上。

瓦德劳去世后，超过3万人参加了他的葬礼。他被放在一个半吨重的棺材里下葬，坟墓上面用混凝土建成拱顶状，以防止被盗。他的家人还将瓦德劳的物品付之一炬，以防收藏家将这些东西作为古怪的展品展出。但是，在美国，瓦德劳的雕像和肖像还是到处可见。

自然生长的高人——鲍喜顺

1999年4月，突尼斯人拉德胡阿尼·沙尔比伯以实测为2.35米的身高成为吉尼斯世界纪录上“世界上健在的最高男人”。但是，这项纪录却被来自中国蒙古族的55岁男子鲍喜顺打破。鲍喜顺1951年出生于内蒙古自治区翁牛特旗。兄弟姐妹有5人，身高都正常。鲍喜顺童年时发育也很正常，但从15岁起突然疯长。那一年，他已长到了1.89米，20岁更达到了2.1米左右。现在鲍喜顺的身高为2.36米，体重是165千克，双腿长1.5米，手掌大如蒲扇，脚长38厘米，做一身衣服要5米多布。

鲍喜顺曾到中国医科大学附属第二医院做过全面身体检查，但是检查发现其心肺功能及脑垂体分泌均属正常，那么他的身高属于自然生长而成。也因此，鲍喜顺成为吉尼斯世界纪录中“世界上健在的最高男人”这一纪录的现在保持者。

世界第一女巨人——姚德芬

在中国安徽省舒城县，有一个身高2.36米的女巨人，她名叫姚德芬，出生于1973年7月15日。姚德芬20年前因患垂体瘤、生长激素分泌过盛而导致自己的身高不断“疯长”。因为过高的身高，她收到来自上海大世界吉尼斯总部寄来的证书，被“大世界吉尼斯之最”收录，将其确认为“最高的女子”。

与此同时，德国某著名鞋店老板韦塞尔斯不远万里亲自送来特制鞋，解除了姚德芬无鞋可穿的烦恼。同样的，过高的身高也阻碍了“世界第一女巨人”的事业发展，尽管她具有成为中国体育界超级巨星的潜力，不过因肢端肥大症而导致体质很差。但是，比较幸运的是， 1999年广东三九脑科医院为她施行了巨大脑垂体瘤切除术，并且取得了成功。后来，在脑科医院医护人员的精心准备和严密观察下，姚德芬也顺利过关，而且竟然没有出现任何手术并发症，这在此类病人的医疗护理史上，十分罕见。

未获认可的第一高人——列昂尼德·斯塔德尼克

列昂尼德·斯塔德尼克（Leonid Stadnyk）是地球上长得最高的人，身高达2.58米。巨人的身高也为这个37岁的乌克兰人来带来了重重困难。为了过一种安静的生活，斯塔德尼克一直拒绝吉尼斯世界纪录委员会对其身高进行测量。到了2007年，吉尼斯世界纪录委员会依据他的医生的书信，把他正式授予“世界身高最高的人”。在他之前最高的是一位身高2.36米的中国人——鲍喜顺。不过，由于现在吉尼斯的规定变得更加严格，不再接受非吉尼斯的测量结果。所以，2009年9月出版的《吉尼斯世界纪录大全》上，鲍喜顺取代斯塔德尼克，再次加冕世界最高之人的称号。

狼人

世界各民族的文化里都有关于人变为野兽的神话传说，中国有狐妖，非洲有狮人，秘鲁有豹人，印度有虎妖，这些野兽在当地人眼里令人生畏；欧洲人对于狼有着特别的恐惧，这种恐惧起源于北欧和东南欧的一些民间传说，在这些地方，狼被视为致命的野兽，尤其是对于穷人。近半个世纪以来，狼人无疑已经成为西方神秘文化中最热门的话题之一，这种怪物平时从外表看与常人并无不同，但一到月圆之夜就会变身为狼。“即便一个心地纯洁的人，一个不忘在夜间祈祷的人，也难免在乌头草盛开的月圆之夜变身为狼。”

阿卡迪亚人在18世纪遭到放逐，此后移居美国，居住在阿拉巴马南部和密西西比东南部，混有白人、黑人和印第安人的血统，他们将狼人称为“Loup-garou”。

在欧洲传说当中，也有有关狼人的说法。古世纪的欧洲，大陆暴发瘟疫，人们纷纷死去，村落里一个名叫科维努斯的年轻人为了生存下去摆脱瘟疫的困扰，经过研究生命的起源得到启示，而成为村落里唯一的幸存者。科维努斯的后代一共有3位，不幸的是这3位中的一位被染过病毒的蝙蝠咬伤，另一个被染了病毒的狼咬伤，只有一位是完整的作为人的形态活了下来，他的两个兄弟由于染上病毒产生变异，一位成为吸血鬼的始祖，另一位成为狼人的始祖。从此狼人和吸血鬼便在欧洲流传开来。

希腊神话中也有有关狼人的故事：

相传莱卡翁（Lycaon）是阿卡迪亚（古希腊山地牧区，以境内居民生活淳朴与宁静著称，后来成为“世外桃源”的代名词）的国王，拥有许多妻子、50个儿子和一个名叫卡里斯托的女儿，有的故事说莱卡翁是一个残暴的国王，有的故事说莱卡翁是个好国王，但他的儿子们却不敬神，总之，宙斯在前往阿卡迪亚的时候因其招待不周而大为光火，遂将莱卡翁变为一匹狼。

因此，希腊神话中把狼人称为“Lycanthrope”，其中“Lykos”是“狼”的意思，“Anthropos”是“人”的意思。“Lycanthrope”这个单词用在医学方面表示“变狼狂患者”，指那些臆想自己为狼的心理病人。

在古萨克森语中，狼人被称为“Werewolf”，是“were”（义为“人”）和“wolf”（义为“狼”）的结合词，之所以把“人”放在前面，把“狼”放在后面，是因为狼人的变形过程是由人至狼，而在《柏德之门2》里有一种怪物则正好相反，它们的变形过程是由狼至人，因此被称为“Wolfwere”。

蜥蜴人

美国南加利福尼亚州李县，是一个以“蜥蜴人”闻名的城市。在这里“蜥蜴人”已成为李县一带旅游业的招牌，大批游客慕名而来，小贩高声叫卖塑像纪念品和沼泽区地图，十分抢手，有人还发起组织了“蜥蜴人联络中心”，为各地游客服务，以吸引更多的四方来客。

李县一个名叫“毕肖维勒”的村庄外，有一片沼泽地，是世界上第一个发现“蜥蜴人”的地方。在那里有一个身高2米的怪物，到处游荡，皮肤呈绿色鳞状，有一双血红的眼睛，每只脚上只有3个足趾，手指也是3个，长长的利爪足有4英寸，手臂也特别长，模样极像蜥蜴，因此取名“蜥蜴人”。

此后，在美国不断地有人宣称见到了“蜥蜴人”。在南卡罗来纳州比维尔市郊的沼泽地区，人们12次目击一种半人半兽的“蜥蜴人”，它的身高达2米，有一对红眼睛，全身披满厚厚的绿色鳞甲，每只手仅有3根手指，直立行走，力气很大，能轻易掀翻汽车，跑起来比汽车还快，每小时可达65千米。它能在水泽里行走如飞，因此人们无法抓住它。许多人据此猜测这个怪物可能就是爬上岸的海底人。

据传人们最后一次看见“蜥蜴人”是在1988 年。这年6月29日下午，一个名叫克利斯·达维斯的17岁小伙子正蹲在略带咸味的沼泽地边停车换车胎时，忽然听到身后有响动， 他回头一看，顿时吓得目瞪口呆: 离他约25米处有一个红眼睛的怪物正朝他走过来。他慌忙逃进车内，并想拉上车门，不料那状似蜥蜴的怪物已奔到面前，同时抓住了车门，双方对拉起来，就在此时达维斯清清楚楚地看见这个怪物的双手只有3个指头，又黑又粗又长，绿色的皮肤非常粗糙。

隐秘动物学会的创立人埃利克·贝克乔分析: “蜥蜴人似乎也极爱吃麦克唐纳快餐馆的夹鱼三明治，它们以沼泽地为家，也许是由于饥饿，才袭击了达维斯的车子，因为车内有这种三明治，还有汉堡包和法式炸牛排。”

除达维斯外，少年罗德尼·诺尔菲和山尼·斯托基斯也看见过“蜥蜴人”从他们的汽车前面飞快跑过去。工人乔治·霍罗曼说，他在世界20号公路和15号公路汇合处不远的沼泽地一眼自流井抽水时，也曾看到“蜥蜴人”在不远处徘徊。

诺尔菲和斯托基斯两人遇到“蜥蜴人”的消息传出后，南加州骑警麦克·霍奇和李县副行政司法长官韦恩·阿特金森等人曾专程仔细查勘了发现地周围一大片地区，发现有三处被搅得乱七八糟的纸板堆，体积约40加仑，离地2.5米高处的纸板给扯了下来。据霍奇透露，他们找到几个像人一样的脚印，面积35至45厘米，十分清晰地印在发硬的红色沙地上。阿特金森则在离脚印350米处看到地面印着另外一行脚印，显然是他们搜寻期间有位不速之客来到汽车旁边，待了一会儿又溜回去了，把脚印留在汽车的轮胎辗出的印痕上。

1988年夏天美国大旱，活动在沼泽地区的熊都随着野餐旅游者到尤斯麦蒂国家公园去了，而“蜥蜴人”和其他大脚怪有可能留在原地没有走，成了干旱的牺牲品，所以人们就很少再听到有关“蜥蜴人”的消息。

美国真有“蜥蜴人”吗?

达维斯等人的描述与目前存档的大脚人记录材料基本一致：身材高大，红眼睛，全身披着长毛，唯一不同的是手指脚趾，过去的记录都是5个，只有蜥蜴人例外，所以具有特殊的研究价值。

不少人认为达维斯等人的报告是可信的，但是根据最基本的生物学原理来讲，“蜥蜴人”是缺乏生存和传宗接代条件的，因为任何一个高级物种要维持生存，都必须拥有一个适合的生存环境和最低基数的种群，没有足够的食物和不够这个基数，或者够这个基数但由于分散，这个种群就要灭亡。而这些人看见的都是孤身的“蜥蜴人”，未见过其群体或家族，所以不可能传宗接代，由于现代动物学研究的工具发达，当今世界上大型兽类已被人找遍，不可能再发现新种，所以也有许多专家认为“蜥蜴人”的存在不足为信。

奇特的“变色人”

世界上有一些人在突然之间改变了自己的肤色，这种情形非常罕见，也让科学工作者迷惘不解。

1980年，巴西有个名叫曼努埃的8岁黑人男孩。他在发了几天高烧以后，竟然由一个黑人男孩变成一个金黄头发、白皮肤的孩子。

在纽约，一个黑人女青年埃迪，有一次因患肺结核住院，在手术中一度心脏停搏，其后昏迷了3天。就在她昏迷不省人事时，她的黑色皮肤居然奇迹般地变白了。

在印尼的中加里曼丹，有个妇女生下了三胞胎，奇怪的是她们竟是“三色人”：其中一个是黑色，仅胸部有红与白的斑点；另一个是红色，全身布满绿色的斑点；还有一个是正常的黄种人肤色。

在中国，也发现了这类变色人种。

首先是在中国广西合山市，1982年6月12日晚，一个24岁的妇女生下了一个黑人女孩，她全身皮肤75%～80%为黑色，而孩子的爸爸妈妈都是地道的黄种人。

其次是中国的一位侗族男青年，他身高1.66米，体重54千克，发育正常，体格健壮，唯一与全家人不同的是全身的皮肤半红半白。由头顶至躯干、四肢，在前后中线把他分成不同的两部分：左边的皮肤深红色，像猪肝那样；右边的皮肤黄白色，比常人要白，肤色交界的地方界限分明，令人惊奇。

把机油当水喝的奇人

在中国甘肃省天祝县有一个十分奇特的人，他名叫宋连华加，他之所以奇特是因为爱吃油，而且“最爱的饮料”竟然是机油。

宋连华加是一个天生的哑巴，但吃饭胃口很好，每天要喝许多水。他是在8岁时开始喝油的。有一天他的父亲偶然发现他正津津有味地嚼着一块油毡纸，这个怪异举动吓坏了父亲，他害怕孩子吃坏了身体，就赶忙跑过去阻拦，奇怪的是孩子并没有感到任何的身体不适。从此，宋连华加就成了一个不折不扣的“油耗子”，喜欢吃各种各样的油类产品。有一次当地一位牧民买了一罐红色油漆准备给自家的绵羊做标记，当他把绵羊赶进羊圈回来拿油漆时，却被眼前的情景惊呆了，宋连华加快把整罐油漆喝光了。

每次只要家门口来车，宋连华加的鼻子非常好使，立刻跑出来眼巴巴地望着车主人要点油喝。即便如此，他的胃口仍很好，肝脏的解毒功能也没有问题。宋连华加还曾误把剧毒的苍蝇药当成小食品吃了下去，家人赶紧送他去医院，在途中他在路边呕吐了一阵，然后就摇摇摆摆地回家了。

宋连华加爱“喝油”的事在当地已不是什么新鲜事了，几乎人人皆知。如今，宋连华加已经演变到见油就喝，无论柴油、汽油还是油漆，这些油类“饮料”中他最喜欢的是机油。

为此，宋连华加曾两次去兰州检查，结果都是一切正常，医生却说，虽然人本身的肝脏和肾脏都有排毒解毒功能，当吃进肠胃里不良食物时，人就会自然地产生呕吐和拉肚子的排毒反应。可是机油等油类产品中含有大量的重金属和其他物质，对人体的健康危害极大，如果像宋连华加这样长期饮用油类产品，体内会大量积蓄有害金属，对身体会有潜藏损害。

喝油奇人为何会对难以下咽的机油情有独钟？这种奇怪的食物癖好究竟因何而起？对于含有甲醛类化学物质的油类产品，人的肠胃能消化吗？

对宋连华加的怪异行为，北京解放军总医院消化科副主任医师刘迎娣刘医师说这是典型的“异食癖”。这种病在2～5岁的儿童发育阶段中比较常见，例如吃粉笔、沙土、纸片、头发等，会引发各种古怪病症，如肠寄生虫病、铅中毒和肠梗阻。当不让孩子吃的时候，他们就变得焦躁不安。

那么产生这种异食癖的原因是什么呢？

首先异食癖与缺铁、缺锌等微量元素有关。当他们服用补铁、补锌的药剂后，这种症状会逐渐消失。

异食癖现象是一种心理失常的强迫行为，往往和家长忽视对孩子的照料、环境不正常的现象有关。宋连华加在一岁时就失去了疼爱他的母亲，再加上自己又是个聋哑人，很多心里话和想法都不能及时有效地和家人进行沟通疏导，这些因素很容易导致他性格上的孤僻，当然也包括养成擅自拿取异物的习惯。久而久之就形成了条件反射，当他吃这种东西时，会产生莫名的幸福感。所以，治疗的关键要从心病开始着手。

异食癖的另外一个原因可能是与儿童脑神经系统发育不全、肠道有寄生虫病有关。有些儿童对食品需要的满足与否，不是以是否吃饱为标准，而是以嘴的运动需要是否得到满足来衡量，所以导致有的农村孩子因为没有零食吃，就以嚼泥土为乐趣。

对于这种异食癖的治疗手段，目前也只能是服用一些健脑和调节植物神经系统的药物，如谷维素、维生素B1、维生素B6等。如果属于贫血，可以在日常饮食中适当增加猪肝、瘦肉等食品，来补充人体内所必需的铁和锌。

吞硬币的人

法国有一位62岁的老者，原来患有精神病，如果在他看不见家人的时候，他就会偷吃硬币。到2002年，他已吞咽的硬币各种各样，有法国硬币，也有后来发行的欧元，共计达350枚硬币，合计650美元，同时还发现有项链和钢针等。这些东西在他的胃里面形成一个约12磅重的不透明物质，大小与保龄球一样，致使老人的胃下垂。后来，老人因胃痛难忍，不能下咽任何食物，来到法国西部的让丽特总医院急救。在老人住院的第5天，医生为他做了手术，取出了胃里的物体。但是，术后12天，老人因并发症而去世。

吃肥皂的人

在中国云南昆明也有一位奇人，以爱吃肥皂而闻名。这位奇人是一名叫赵新的女子，在昆明某单位工作。从2007年开始，她就开始忍不住肥皂味道的诱惑，每天吃一点，后来发展到每天要吃一整块儿肥皂。但是，虽然吃了那么多肥皂，赵新的身体却没有受到多少影响，看上去与正常人没有任何区别。虽然有时候吃后会闹肚子，但没感到其他不适。赵新也到医院去检查过，仍没发现什么问题，身体一直很棒。

这一吃肥皂就是两年，曾经有一段时间赵新也特意克制住自己不去吃肥皂。不吃肥皂的日子她的身体反而出现问题了，那段时间里身体各部位功能似乎失控了，头晕、肚子疼、胃疼、月经紊乱都随之而来，浑身难受、乏力，躺在床上不能动弹。最后，她又不得不重新吃起肥皂来，而奇怪的是，一吃肥皂那些不适症状也都随之消失了。

嚼沙土的人

通常来说，汽车发动机若不慎落入几粒沙子，就可能导致发动机报废。但是如果有人以沙土为食，你会不会觉得这是天方夜谭呢？

在中国新疆阿勒泰市就有一位以沙土为食的人。这名食沙之人叫库丽巴西，哈萨克族，39岁，住在阿勒泰市区。她从1995年开始食沙，至今已有8年的时间。她每次食沙之前会先将沙土用铁锅炒成糊状，冷却后才开始食用。她感觉这种“食物”甜脆可口、油香浓郁，最后她养成了不食沙土，米面就难进的习惯。从1995年至1999年，库丽巴西每日食沙1千克，吃饭仅300克，饮水量可达3.5千克。

到了2000年，库丽巴西已习惯于将沙子放入碗中，像吃抓羊肉似的把沙土送到嘴里，边嚼边把坚硬的石块吐出，然后将可食的沙土吞下，日食沙量300克左右。

食沙多年，库丽巴西的身体却没有出现任何毛病，始终安然无恙。而且最为奇特的是，库丽巴西只吃娘家阿勒泰地区二牧场的沙土。由于阿勒泰市区没有她要食用的沙土，每个季度，她都托人从30千米之外的娘家捎带两袋沙土。

吃玻璃的怪人

韩国SBS电视台曾制作了一个专题片《世界上还有这样的事》，介绍了一位能吞玻璃的奇人。他住中国丹东市振兴区，名字叫高建，能在几十秒的时间内吃下一个玻璃杯，着实不是常人能做到的事情。

高建1958年出生在丹东市元宝区九道沟村，11岁那年，随父母下乡到宽甸县毛甸子乡二道沟村。当时国家正处于困难时期，家家都吃不饱饭。18岁那年，一次偶然的机会，他吃了一碗香喷喷的高粱米饭，当时饭里有一块碎玻璃，他竟把玻璃和米饭一起咀嚼并咽到了肚子里，吃完后身体也没什么异常反应。这次吃玻璃的经历，使高建上了瘾，他喜欢咀嚼玻璃、吞咽玻璃的感觉，有时候几天不吃还会想吃！开始时，家人朋友都反对高建吃玻璃，因为怕吃出毛病来，久而久之，看高建也没有出现什么不良反应，也就不再阻拦。

到现在为止，高建已经吃了30年的玻璃，近百个玻璃杯子，还有点滴瓶、废旧灯泡、玻璃镜子和缺角的钢化玻璃也都是他的“餐点”。他只要把玻璃放进嘴里，“嘎嘣、嘎嘣”几声，就能将一大块玻璃嚼碎咽下，声音就像嚼水果糖，嚼完后用凉白开送服。不管什么样的玻璃他都能轻而易举地吃下去，不管这种玻璃的硬度有多高。韩国SBS电视台的记者就曾目睹高建吃一种硬度很高的钢化玻璃，当时酒店服务员连摔了十几下才把那个钢化玻璃摔碎，摔碎后高建的吃玻璃表演让这些韩国人目瞪口呆。

正常人的胃肠里有很多小血管，玻璃很容易就会把胃肠里的血管割破，高建却吃了30年都安然无恙。在医院胃部检查时，未发现异常，而且他的各类器官和普通人无异。高建嚼玻璃的本事归功于牙齿好、胃肠好。而且，高建小时候跟随父亲练过初级长拳和气功，1992年，他曾到上海学过2个月的武当无极门气功，自觉受益匪浅。尽管父亲和哥哥都会些武术和气功，但却都不曾尝试过吃玻璃。

高建能吃玻璃这一绝活，刚开始是没有多少人知道的，但自从1996年后，他就因这一项绝活而成了名人。1996年，高建回到丹东工作，成了某公司员工，有时也跑跑销售。由于高建不喝白酒，但在酒桌上又免不了应酬，实在摆脱不掉的时候，他就表演他的绝活：吃玻璃。而他这个“杀手锏”，每每让食客们大开眼界，也逃避了不少喝酒之苦。

久而久之，高建的这个“绝活”渐渐远近闻名，这吃玻璃的绝活就渐渐传到了工商局打假办一位姓孟的工作人员耳里，孟先生觉得这件事太不可思议了，便找到高建想要亲眼看看。高建当面在公司里给孟先生表演，看完后孟先生还是半信半疑，又领着高建回到自己家中表演，拿出家里使用的钢化玻璃杯，打碎后对高建说：“你嚼两口让我看看。”高建当场演示，吞下玻璃杯碎块后，孟先生确信高建是真的能吃玻璃。

一次，高建的公司下乡扶贫，随行的《丹东广播电视报》的记者无意中发现了高建吃玻璃的本事。从此高建走进了媒体的视野。随后，来自省内的多家媒体前来采访，后来还引来了韩国SBS电视台来到丹东对高建进行采访。高建也逐渐成为大家所熟知的名人。

食草上瘾的奇人

中国巫山官渡镇店子村一组的村民龚春孝是一个喜欢吃草的奇人，他有一手吃草的“绝活”，对他来说，草就是他生活中的“零食”。

龚春孝第一次吃草是1976年，因为无意中吃了几根草，他发现自己的胃部居然没有感到任何不适，他没想到自己居然还能够消化野草，从此他便开始食草。平时，他会从田间扯来几片一尺来长叶片锋利的丝毛草，放进嘴里咀嚼，丝毫没有任何不适呈现。没过多久，他就能将经过咀嚼的这几片草吞入腹中。多年之后，龚春孝吃草还吃出了“心得”，总结出哪种草好吃、哪种草对身体无害。虽然龚春孝能吃草，但他还是以粮食为主食，只是草已经是他生活中不可缺少的调剂品了。

以阳光为食的人

俄罗斯《真理报》上报道了这样一则消息：在乌克兰第聂伯地区，一位名叫尼古拉·多尔戈鲁奇的男子自称是一个“吃阳光的人”。

多尔戈鲁奇是一个靠呼吸太阳能为生的人，这一特殊本领开始于2003年8月25日。在他完全放弃进食前，他曾连续14年保持斋戒，开始只吃麦粥、蔬菜、水果和坚果，接着只吃流质，蔬菜汤、可可饮料和热巧克力。突然有一天，他惊奇地发现自己可以不吃东西了，每天只是引导自己的内脏摄取太阳能3次，喝加蜂蜜的茶和放入鱼汤调料的开水即可。水要在即将沸腾前从炉子上取下来，而且每天要喝10杯。刚开始以阳光为食的两周，他的身体产生了强烈的不适，心脏和胃部感觉到疼痛。他曾做梦想吃黄油卷。到后来，饥饿感完全消失了，体重却下降了7千克。

在他生活的村庄，人们经常可以看到他穿一件胸部绣着一轮金灿灿太阳的鲜亮的橘黄色上衣，打着赤脚站在自家的走廊上。虽然多年未进食，只以水和太阳为生，多尔戈鲁奇仍然双目有光，面带笑容，而且面部丰满，眼上也没有眼袋，皮肤也异常红润。

其实，多尔戈鲁奇决定成为一个“吃阳光的人”也并不是为了省钱。他认为这是一种精神修炼的方式。为的就是净化人的灵魂，鼓励人们思考崇高的事情，戒除精神上的低级欲望。不再进食意味着可以摆脱许多肉体上的依赖，不同的是，他选用太空的能量取代了自然食品。现在，多尔戈鲁奇每天的主食就是阳光，但是他却感觉到自己的血液越发有活力。

现在的多尔戈鲁奇说：“很久之前我就不知道饿了。我就像电池，太阳给我充入能量。有一天，人人都可以以太阳能为生。树和花之所以存在是因为光合作用。人也是自然的一部分。放弃进食后，人体可以释放出大量能量。这些能量以前是用来消化食物的。那个时候人的心理和身体都将达到一个全新的层面。”

为什么多尔戈鲁奇能以太阳光能为生呢？第聂伯非传统医学中心的医生认为，多尔戈鲁奇不进食可以保持健康与太阳或太空能量毫无关系。尽管多尔戈鲁奇会每天吸收阳光，但是这并不是赖以维生的主食，真正能使他活下来的是他每天吃喝的奶、茶、蜂蜜，因为这些物质中有人体必需的基本营养成分，包括钙、蛋白质、碳水化合物和微量元素。他的生活方式非常健康，意志力强大，有很强的自我暗示的力量，这些都是帮助他健康生活的重要因素。

不吃饭的人

常言说，人是铁，饭是钢，一顿不吃饿得慌。然而，英国7岁男童泰勒·米尔从1岁时就拒绝吃饭。7年来，泰勒从来没有吃过一顿饭，只是有时会尝试吃一调羹捣碎的马铃薯。泰勒只能通过胃管滴注高卡路里牛奶的方法吸收营养维持生长。尽管泰勒从不张嘴吃东西，但他看起来还是很正常。

中国境内驻马店市汝南县也有一位不吃饭的老人。老人名叫郭友才，是一位79岁的离休老干部，从1985年离退后，他已有10年不曾吃饭了，只喝啤酒，身体却很健康。

郭友才1927年11月生于商丘市永城县郭集村，建国前曾经当过兵。1949年，他从部队转业到汝南县油脂公司任经理，后来历任镇长、镇党委书记、县烟酒专卖局局长、县粮食局副局长、县建设局副局长。这些年来他的生活一直与常人无异，只是他的酒量非常好，从来没有喝醉过。

有一次，他还一个人喝倒了7个人。1985年离休后，他的饭量开始减少，从开始的一顿只吃半碗饭，到后来隔一顿才吃一顿，直到最后停止进食。但是他每天都要喝2～3瓶啤酒。这样持续了10年，有时候家人劝他吃点饭，但吃了以后他往往会呕吐不止，甚至是昏倒。每年检查身体，也没有发现什么毛病，而且他的身体还很健康，从来也不得感冒等小病。

一位医学专家认为，郭友才之所以十多年不吃饭只喝啤酒，身体还能保持健康，主要是因为郭有才是一八旬老人，每天活动消耗不多，而新陈代谢也很缓慢，所以每天所需要摄入的热量并不很多，而老人每天所喝的啤酒里含有人体需要的营养成分，已经足够他身体的消耗所需。

吃煤的女人

很多人都有自己奇怪的饮食习惯，可中国的李淑霞拿煤当粮食，确实罕见。

1987年的时候，李淑霞还在中国的昌图农村，那时他们刚开始用煤来烤烟。头一次用上了煤，人们都对煤烟子味敬而远之，生炉冒烟也都要躲出去，而李淑霞却对煤烟气味“情有独钟”，特别爱闻。她突发奇想：既然煤烟气味这么好闻，这煤是不是也能吃？于是她找了一块乌黑锃亮的煤用水冲洗后，试着掰了一块放到嘴里，没想到越嚼越香，从此她吃煤就吃上了瘾。

她的家搬到沈阳之后，她觉得吃煤毕竟不是什么好事，而且在这里找煤也困难，她开始尝试不吃了。但是她一停止吃煤，就感觉自己像犯了烟瘾一样，不吃实在不行。所以每天早上出去卖豆包的时候，兜里都要带上一些碎煤块，隔一会儿就得吃点。

平日，李淑霞的饮食正常，而且她家族里也没有吃煤的人。但是李淑霞却能在不到15分钟的时间里，把一块重约300克乌黑锃亮的煤块，像吃麻花一样香甜地吞下肚。李淑霞吃完煤以后，除了有时候感觉鼻子发干发热外，也没什么特别的反应。更不可思议的是她自从开始吃煤以后，还奇迹般地把抽了四五年的烟给戒了。

其实，李淑霞的家人和她本人都感觉吃煤不是什么好事，但却没办法，想戒也戒不掉。为了戒掉这种怪癖，李淑霞也曾到过医院，很多医生也解释不了这个现象。

死不了的人

每个人的生命轨迹都像一个圆，从出生开始走过或长或短的人生，最终都会面对死亡，回到原点。所以，死神最终会敲响我们每一个人的门，只是不知何时，以何种方式而已。有时死神潜入睡梦，悄无声息地掠走生命；而有时，它的大镰刀又会在千钧一发之际的时候迟疑。下面是人类史上最不可思议的10位战胜死神的壮士。

伊斯特罗·梅加

2004年，梅加在施工时，不慎从屋顶高处跌落。跌落的高度并不致命，致命的是插入颈部和颅腔的6根9厘米长的钉子，钉子与脑干、脊髓差之毫厘。但他却活了下来。时至今日，他脑袋里一根钉子也没有了。

理查德·布拉斯

理查德·布拉斯是加拿大黑帮的头目，他曾多次历经死亡风险，却神奇地活了下来。

1968年，黑手党终于决定要杀掉布拉斯。就在布拉斯在酒吧喝酒时，两个职业杀手突然闯入，对他连开了数枪，而他毫发无伤地逃走了。

布拉斯一直藏身在蒙特利尔市郊的“欢乐大厦”旅馆，两周之后又被黑手党发现。黑手党的人放火点燃了旅馆，熊熊大火中有三人被烧死，但是布拉斯再次逃离劫难。

1968年10月，黑手党并未放弃要杀掉布拉斯的计划。在一个汽配店里，他们伏击了布拉斯和他的同伙。布拉斯的头部和背部都中了枪，但是，他却在最后关头开车逃亡，潜入医院接受治疗。

1969年1月，布拉斯因抢劫银行和枪击警察，在法庭上两名黑帮分子背叛了他，布拉斯被判入狱。一年后他成功地越狱了，但是不久之后再次被捕，又再次越狱。这次越狱后，布拉斯决定报复在法庭上背叛他的那两个黑帮分子，他在一个酒吧中把这两人杀死以后，又把其他人反锁在酒吧里，点燃了整个屋子。三天之后，布拉斯终于身中23枪而亡。

香侬·马洛伊

香侬·马洛伊曾经遭遇了一场严重的车祸，这场车祸使她的脑袋和身体分了家，颈椎错位，颈部所有韧带和肌腱撕裂，只剩下皮肤相连。但她却奇迹般地活了下来。之后，香侬进行了几次大手术，包括把颅骨和脊椎重新接合。等到大脑和脊髓的肿胀消除后，医生又对她遭到严重骨折的骨盆和脚踝进行手术。如今的香侬，因神经受损而时常对眼，语言能力也大不如前。但是，至少她活了下来。

阿海德·伊斯拉斐

1987年，年仅14岁的伊斯拉斐因为枪支走火而被崩掉了半个脑袋。但是他仍活了下来。为了使他外观上尽可能像一个正常人，医生用硅脂将他脑袋上的大洞填满，之后移植了头皮，种上了头发。

颅骨成形手术让这个勇敢的孩子绽放出天使般的笑容。“我学会以一颗感恩之心面对世界，因为你不知道什么时候就会失去一切。”如今伊斯拉斐已经以全新的面貌投入生活，还以全优成绩从大学毕业。

魏斯娜·乌洛维奇

1972年1月26日，塞尔维亚JAT航空公司JU367航班在飞越捷克斯洛伐克上空时遭遇恐怖组织“克罗地亚建国运动”的炸弹袭击。当时飞机上的22岁的空姐魏斯娜·乌洛维奇从一万米高空飞速下落，身上没背降落伞包。令人震惊的是，魏斯娜竟然没有死。虽然颅骨、双腿和三节脊椎骨折，而且由此导致了暂时瘫痪，但是手术后，她很快就恢复如常，继续她的空姐生涯。她至今仍是自由落体生还的吉尼斯纪录保持者。

罗伊·沙利文

在纽约和南卡罗来纳的吉尼斯博物馆内，一直保存着罗伊·沙利文的“雷电帽”。

罗伊·沙利文是世界上被雷击中次数最多却奇迹生还的人，也是这项世界纪录的保持者。

人被雷电劈中的概率微乎其微，在不同时间两次被雷击中的概率几乎为零，然而罗伊·沙利文却在一生中被雷击中了七次。

第一次被雷电击中是在1942年，沙利文在瞭望塔上，被雷电击中了他的小腿，而他因此丧失了一块脚趾甲。

第二次被雷电击中是在1969年，沙利文驾车行驶在盘山公路上，他被雷击得昏死过去，眉毛也全被烧掉。

第三次是在1970年，他在自家庭院被雷击中了左肩。

第四次是在1972年，在森林哨所，他被雷电击中后头发起火，从此以后他都随身携带一壶水。

第五次是在1973年，这一次雷电击中了沙利文的脑袋，将他从车里震飞，并再次令其头发起火。

第六次是在1974年，沙利文在野营时被雷电击中，导致他的膝盖受伤。

第七次是在1977年，这也是沙利文最后一次被雷电击中，当时他正在钓鱼。雷击使他的胸部和胃部烧伤，他也因此而住院治疗。

菲利斯·盖吉

菲利斯·盖吉是一名铁路工人，1848年9月13日，盖吉向预先钻好的孔洞中塞满炸药、铺设引信、盖上沙土，用铁棍捣实。就在这时，炸药却意外地爆炸了，铁棍穿过他下巴，贯穿整个脑袋，飞出10米远。没过几分钟，盖吉拍拍屁股爬起来，慢慢走开。但是在几天之后，他的脑袋中长出一个真菌瘤。又过了几周，他的头部流出200多毫升脓液。由于额叶皮质严重受损，盖吉完全忘记了社会禁忌，经常行为不端。他的朋友和家人也发现他脾性大变。

直到今天，盖吉的头骨和那根铁棒还陈列于波士顿沃伦解剖博物馆。

安·霍吉斯

在阿拉巴马自然历史博物馆的展品里，有一颗4千克重的陨石，从1955年起就一直安静地躺在那里。这颗陨石是由一对叫霍吉斯的夫妇捐出来的，它也是霍吉斯太太受伤的“元凶”。

1954年，亚拉巴马州斯拉考加市，霍吉斯太太正在客厅打盹。一颗柚子大小的陨石从天而降，击穿房顶，在收音机上弹了一下，狠狠地砸在霍吉斯太太的手臂和臀部。霍吉斯太太虽然受伤严重，但尚能行走。后来，这颗陨石被闻风而至的美国空军带走，霍吉斯先生通过打赢官司把陨石要了回来，可是控告方却在一年后才归还了陨石。房东认为他们应该把陨石卖了，赔偿房子被砸坏的损失。可是此时公众热情早已减退，没有人对这块4千克重的陨石感兴趣了。于是他将陨石捐给阿拉巴马自然历史博物馆，展览至今。

鲁格·希布利斯

在美丽的马丁提克岛上，一座监狱墙上写着：“犯人希布利斯是皮贝利火山爆发唯一幸存者”。马丁提克岛半地下的监狱，是全城最牢固的建筑。1902年，希布利斯就被关在这座监狱的单人牢房中，三面都是密不透风的石墙，背对火山的一面是仅有一条透气缝的铁门。也是这座监狱救了希布利斯一命。

加勒比海皮贝利火山爆发时掀起遮天蔽日的烟尘，热空气卷携着火山灰飘向四周，蒸汽混合着毒气和尘土，温度已超过1000度。火焰将所过之处夷为平地，全岛百姓都死于高温和窒息。但是，希布利斯所在的监狱的特殊地势，阻隔了大量的毒气和尘土。希布利斯把尿浇在衣服上堵住门缝，这没能阻挡炙热的火山灰灌进牢房，以致他四肢和背部严重烧伤，但湿衣服使他没有吸入滚烫的空气，所以希布利斯成为这次火山爆发中唯一的幸存者。

本·卡朋特

21岁的本·卡朋特也有一段起死回生的人生惊险之旅。

一天，卡朋特坐着轮椅穿越泡泡镇的马路，一辆卡车在红灯关停下，卡车司机却没能看到卡朋特，“意外地”勾住了他，以时速80千米将他拖行了6千米，直到轮椅的支架掀翻了卡车格栅。在这次起死回生的经历后，卡朋特就成了名人。但是他每天都要忍受电视台和报纸的连番轰炸，卡朋特这样说道，“这件事让我明白，世界上最恐怖的事就是成为好莱坞明星。我不知道那些明星如何能忍受天天被摄影机指着，还要成天在镜头前摆出各种造型。一次两次感觉还行，但几天之后我就受不了了。”

无法淹死的人

澳大利亚阿德雷德城，有一个名叫毕格斯的妇女，她有一项特异功能，那就是只要她一进水里，她就会像块木头一样地浮起来，就算在她身上绑块大石头，仍然不妨碍她的漂浮。

毕格斯第一次游泳时，就发现了自己的这项特异功能，因为她从来没有学习过游泳，却能漂浮在水上。

无独有偶，在美国也发现了一个与毕格斯一样拥有这种特异功能的人。这个人名叫安吉罗，他是一个身高185厘米、体重达90千克，而且是那种让人望而生畏的彪形大汉。可是到了水中，他能像鹅毛一样漂浮起来。对他来说，水简直就是天然的席梦思床，不但可以在水面上安然睡觉，还可以像在床上一样自由自在地打滚。即使在他的脚上挂上10千克重的铅球，仍然不会使其沉入水中。还有人曾经把安吉罗装进了一个用重达23千克的炮弹作坠子的口袋里，然后再把安吉罗放进海里，奇怪的是他竟然还在海上安然地漂荡了8个小时。

由于毕格斯和安吉罗都能漂浮在水中，那么他们的比重显然不会比水轻，所以专家们一开始便设想他们是否会像鱼一样长有一个鱼鳔，或者他们的内脏就像鱼鳔一样能储存空气。但是，医学检查很快就否定了这种猜想，他们的内脏与普通人的内脏没有任何区别。最后，这个问题只能像谜一般把所有的专家和学者们难倒了。

长相奇怪的人

脸上长字的人

中国湖南省新化县杨木洲乡新大桥村，有一个相貌奇特的小男孩，他的脸上看上去有一个明显的"天"字。他的双眉相连，又黑又粗，且额头上有一带绒毛的黑迹与双眉平行，恰如"天"字上面的长短两横；他的鼻梁两侧各有一缕黑毛，这两缕黑毛和常人的头发一样粗，看起来恰似"天"字一撇一捺，当地人都风趣地称他为农家"小天子"。

乌鸦人

所谓的乌鸦人是在墨西哥发现的4个相貌奇怪的男人。他们全身黝黑，皮肤干燥，秃顶，没有牙齿，颌骨突出，鼻子扁平，外表看起来极像乌鸦。另外，他们以捕鱼和采集野生植物为生，也不会讲当地的西班牙语，过着孤立无援的生活。

蟹人

中国福建省建欧县东游乡，有一个长得像蟹的青年李某。李某的头顶有4只骨质硬角，右手中指和左手食指也异常肥大，而且，左手食指比他左手中指长出两倍。因他的外表看起来有些像螃蟹，人们都叫他"蟹人"。

橡皮人

著名的巴林贝里马戏团里有一个全世界著名的"橡皮人"，他的名字叫詹士·莫里斯，1859年出生在美国纽约州。莫里斯的皮肤能够随意拉长，在他表演时，可以将胸口的皮肤拉到头顶，将一只腿的皮肤拉起盖在另一只腿上。莫里斯是在幼年时，无意中发现自己的皮肤能够拉长的，于是他常常拉长自己的皮肤去吓唬邻居、亲友。后来，一些联谊、慈善筹款就请他去表演。1882年，他被当作“天才”，被拉入了巴林贝里马戏团。

后经检查，医生认为莫里斯因皮肤纤维生长不正常患了“弹性皮肤病”。

半面脸不出汗的人

中国内蒙古杭锦后旗建筑工程队，有一个名叫范贵生的男子，1958年出生。不管天气多么热，他始终都是半面脸不出汗，而另半面脸与正常人一样出汗。他还有一个与众不同的怪癖：睡觉从来不要枕头。

单头双面人

1988年 1月23日在美国迈阿密市杰克逊纪念医院，出生了一个头上长着两副面孔的男婴。这名男婴只长着一个脑袋，但是头部却有两副完全独立的面孔，每副面孔都有口、鼻和两只眼睛。他身体的其他部位，除脊骨有些外露外，也没有别的异常之处。经过医生检查，发现这名婴儿虽然只有一个脑袋，但他的脑组织不健全，他即使能活下去，也将成为植物人。

花脸人

在中国河南省南召县板山坪乡沙石村，有一个长着花脸的男孩。该男孩出生于1986年7月30日，出生时两鬓各有一块上宽下尖的三角形白色皮肤，每块分别从左右大眼角处，而且都以30度夹角过鬓延伸到头发之中。不同肤色的边沿齐得如尺子量过一般。鼻翼和下颌皮肤也为白色，其他面部均为红色。红色的皮肤红如涂丹，白色的皮肤白如敷粉，整个面部红白鲜明，分界清晰。整张脸就像中国戏剧中的脸谱一样。

男孩的父母都是农民，身体健康，家族里也都未出现过类似的花脸人。后来，孩子并未在身体上出现任何不适，一直都体格健壮，发育良好，一切正常。

双头怪人

在美国一个马戏团中曾经有一个双头怪人，名叫巴斯卡，墨西哥人。巴卡斯一生下来就有两个头。因为模样怪异，巴卡斯从小就被父母抛弃了，人们都骂他是妖怪，他一直过着行乞的生活。12岁时，巴卡斯曾苦苦哀求医生为他割下其中的小头。但是医生告诉他，这小头是他的孪生弟弟。如果切下来的话，两人都生命难保，巴斯卡绝望了。但小头却渐渐长大，约有 3 千克重。有一天，巴卡斯在睡觉时，小头居然开口对他说："哥哥，侧过头来睡，我右耳痛。"从此巴斯卡也有了谈天的对象，减少了寂寞之苦。32岁那年，他加入了一个美国马戏团。他悟性很高，稍经训练，就能出场表演了。在巴卡斯的表演中，他总是先向观众说几句客气话，然后再揭开特制的帽子让"弟弟"也向观众问候一番。就这样，巴卡斯度过了15年的表演生涯。1985年深夜狂欢时，巴卡斯心脏病突发去世。

长角长刺的人

人的皮肤是人的第一防御线， 而如果人头上长角，身上长刺，你会不会觉得很奇怪呢?

在中国历史的记载中，就有大量关于身体长角的人。比如中国晋朝的《华阳国志》上说，四川涪陵有个妇女，"头上角，长三寸，凡三截之"。明代的徐应秋在《玉芝堂谈荟》里，一口气记载了9个头上长角的人。元代名医朱丹溪、清代名医陆定圃都曾遇到过头上长角的患者。近些年来，山西、江苏、广东、河北、山东等地都发现有头上长角的病例。也有人论证，《诗经》中的"黄发儿齿"，出土文物上的"万年羊角"，都是指头上长角这一怪事。

在国外，医生也发现了大量身上长角的患者。1844年，美国的威尔逊首次公布了90例“长角”的人。1889年，美国学者哈灵根统计，在123700个美国人中，长角的竟有42例。

通过对这些长角的人的研究发现：

首先，他们的角不一定长在头上，也可长在面上和身上。1917年有报纸报道，一位21岁的朝鲜青年，除胸部外，全身皮肤长满了大小不一的角，总计至少有1600只。

其次，角的长短也不一样。有的人角长得很长，一位黑人妇女的角长18厘米；中国解放前东北有一男子的角长26厘米；国外更有角长30多厘米的人。

第三，长角的大多是古稀老人，虽然也有从3岁起就开始长角的人。但由于多数是老人才有，因而被认为是种寿兆。

那么，人为什么会身上长角呢？医学界认为，人体长角是一种皮肤高度角化症，但这些人的皮肤高度角化的原因还不清楚。

如果你觉得长角的人奇怪，那么更奇怪的是身上长满刺的人，而且这些人身上的刺都是拔了会再长的，永远也拔不尽。

20世纪70年代末，丹麦有一个名叫尤克的27岁男子，他就是著名的“带刺人”。尤克并不是天生长刺的，他是在一次野外旅行时不慎摔倒在荆棘丛中，身上扎满了小刺。但是，当他把这些小刺拔尽后，令人惊奇的是，他的身上又慢慢地长出了新的刺。为了治疗这些刺，尤克去过医院147次，拔出了3900根小刺，但小刺仍不断长出。

中国陕西省商洛地区，在1984年的统计中，这个地区就有5人身上长有“仙人掌刺”那样的毛发，其中1人小腿上段外侧较多，手指、口角等处也有。医院已先后为这个人拔除100多根刺，但毛刺依然继续出现。还有一个奇怪的南斯拉夫妇女，从1972年起，从她的皮肤针刺点上会定期“冒出”1毫米到1厘米大小的金属颗粒，这些地方长期不能愈合。研究人员分析了这些颗粒，发现它含有硅、镁和银，因为是“全球独一无二”的病例，所以医生也不知道如何来治疗她的怪病。

长尾巴的人

人们都知道，尾骨是人类进化残留的一个痕迹，当人类从猿类进化而来时，人类已有很长时间停止尾巴生长了。

可是，在印度西孟加拉Alipurduar地区，就有一个叫钱德瑞－奥拉姆的男子，他竟然长有13英寸的尾巴，因此而成为当地人倍受崇拜的人物。因为当地的人们认为奥拉姆是猴神转世。这个尾巴给他带来了许多好运，每天都会有数以千计的人排着长队获得他的祝福。在他家中庭院的一个角落，他还建造了一个简单的猴神庙，在这里他将接纳的贡品以神的名义传送给猴神。

经过医生诊断说，奥拉姆的尾巴其实是一种疾病，因为人体长出真实的尾巴十分罕见，一些不同程度长有尾巴迹象的人，他们的尾巴大多是从脊椎骨末端的尾骨长出来的，然而，奥拉姆的尾巴却是从腰部末端长出来的。他的这种怪现象表明了他可能是天生的畸形，也有可能是患有脊柱裂，从而导致长出一根尾巴。即使如此，他的家人还是时常以他的尾巴为荣，并曾多次拒绝医生提出的手术治疗。他的姐姐雷克哈说："如果他失去尾巴，就无法生存！这是他生命延续的一个重要部分。"

然而，他的尾巴虽然为他带来了许多好运以及尊严，但也正因如此使他很难找到伴侣。直到现在，他已经被20个女孩拒绝了结婚的请求。当那些女孩见到奥拉姆时，对他的印象都很好，也表示愿意进一步接触。但是当奥拉姆露出他的尾巴时，女孩们都会惊恐地离他而去。但是他还是相信真爱是存在的，并下决心要娶一个能够接受他尾巴的女孩。

清醒的石头人

希腊神话中有点人成石的魔咒，这种"魔咒"却真实地发生在我们的身边，它是一种可怕的疾病——"进行性肌肉骨化症（FOP）"。这种怪病会使人体上的骨头朝不正常的方向发育，首先是脚趾畸形变大，接着是颈部、脊骨和肩膀，最终肌肉渐渐消失、骨化，逐渐转变成一具骨头人。换言之，患者的骨架之外会积聚越来越多骨头，最后人体僵硬、固定成形——或者是U形，或者胳膊折叠在一起，或者腿盘在一起，或者双腿立成人字形，结果好像石头人一样，无法再做任何运动，最终把大活人变成硬邦邦的“活石雕”！因此科学家们也把这种病症称为“石人综合征”。

这种病的可怕之处除了它会慢慢将人石化以外，更可怕的是：

首先，患上这种疾病的人通常非常脆弱，像玻璃人一样，只要轻轻一碰，他们的关节就会像吹气球一样鼓起来，然后下一步就是长成新骨头。

其次，这种疾病不影响人的智力和认知能力，因此患者会清醒地认识自己的悲剧，并在悲剧的煎熬与痛苦中慢慢死亡。宾夕法尼亚大学的整形外科医师、进行性肌肉骨化症专家弗雷德里克·卡兰曾表示：“这是最残忍的疾病，它完全囚禁了患病的人。”“它剥夺了许多被我们视为理所当然的东西——穿衣、吃饭，甚至是咀嚼和上厕所。”

现年53岁的英国人罗伯特·金霍就是有名的“石人”，同时也成为英国进行性肌肉骨化症患者中最年老的幸存者。罗伯特·金霍住在英国诺森伯兰郡贝林哈姆地区，他的病症是全英45例同类病例中最严重的。金霍3岁时就被诊断患上了这种罕见的遗传性基因紊乱疾病，以当时的医疗条件，根本没有任何方法治疗这种疾病，因此医生预言年幼的金霍最多活不过6个月。然而金霍却奇迹般地活了50年。从20世纪80年代开始，金霍就选择站立，试图以一种优美的姿势将自己的躯体永久性地固定起来，成为一具永不倒下的活雕像。如今，他的颈部已经被逐渐定型不能再转动，膝盖也已被固定无法再抬起和移动，同时，双腿也成为两根坚硬的“石柱子”。除此以外，金霍的每一寸肌肉都变成了骨头，臀部关节和颚骨被骨化，胸腔的肋骨合并在一起，成为名副其实的“石头胸膛”。金霍的“梦想”正在慢慢实现，他一动不动地站立在一副架子里，静静地等待着自己成为石像的那一天来临。

居住在美国加利福尼亚州苹果谷的桑迪·李是进行性肌肉骨化症的另一名患者。现年49岁的她已经一动不动地在床上躺了20年。现在的她就像一块木头，从头到脚没一个地方能弯曲，甚至还曾有人把她当成了一具人体模型。

另外，来自美国加州的中部城市弗雷斯诺的文森特·惠兰也是一名进行性肌肉骨化症患者。现年18岁的惠兰是一所大学的大一新生，也是班级上的重点保护对象，惠兰是在9岁的时候第一次发现自己有这种疾病的。一天，他去外公家的游泳池游泳，突然感觉腿部生疼游不动了，幸好外公及时把他救上来。从那以后，他的脚就跛了。

后来经过诊断，惠兰被查出得了进行性肌肉骨化症。一年后，惠兰的脊柱边侧长出了杏树皮一样的凸起物，后来凸起物越长越大，甚至长成了“驼峰”，最后“驼峰”虽然消失了，却留下了一串脊骨，导致惠兰的胳膊失去活动能力。慢慢地，惠兰的脖子也石化僵硬了。现在，惠兰过着和别的同学完全不一样的生活。他的宿舍里到处是辅助机械，有辅助拿东西的，有辅助穿袜子的，有辅助梳头洗头的。他的同学也被告知严禁推他或拱他，因为任何形式的碰撞都可能导致他的身体某一部分拱出来，轻则一颗牙齿或一个疫苗痘，重则关节凸起，然后像吹气一样鼓成新的骨头，十分痛苦。

这是为什么？是什么将活人变成石头？

研究人员花了很大力气对这种怪病进行研究，现在终于查出了病源——罪魁祸首竟是一个基因。这个基因是ACVR1，它控制着体内的三种骨骼形成蛋白（BMP），直接影响着骨骼的形成和修复。但当ACVR1发生变异后，如本身多复制了一个或两个，就会改变原有的基因信息，导致骨骼形成和修复的信号紊乱，遂产生大量错误的蛋白质。

这一发现不仅能够帮助科学家了解进行性肌肉骨化症的发病原因，进而找到治疗方法，而且还能帮助研究者深入认识骨骼生长，为治疗骨质疏松症、脊椎损伤或运动性骨损伤等骨质常见疾病找到更好的方法。除此以外，研究人员还打算利用这次发现的原理在实验室里培育骨骼。这样一来，不能再生的骨折损伤或骨骼畸形就可以用人工培育的骨骼来弥补了，整个过程就好像为机器添加零件一样。

不怕冷的人

在意大利海滨城市里雅斯特的大街上，人们常常看见一个只穿游泳短裤的小男孩，每天身背书包顶着寒风去上学。大家都以为小男孩肯定是受了家长的虐待，因而纷纷向巡逻的警察报告。但是警察调查的结果却令所有人都感到震惊。因为这个孩子并不是受家长的虐待，而是小男孩天生就不怕冷，不论多冷的天气都只穿一条游泳短裤和拖鞋就行了，无须穿着厚厚的棉衣。

在中国江苏省南京市郊也有一个不怕冷的小男孩。他一生下来就不怕冷，一年四季都不穿衣服，即便是在大雪纷飞的冬季，他仍然光着身子在外边玩，从来就没有伤风感冒过。

中国四川绵阳市郊有一个叫“火娃”的小女孩也是一个不怕冷的人。火娃喜冷厌热，天气再冷也不穿衣服。如果有冷水洒在她身上，也跟没事儿一样。就是在冬天睡觉，她也从不盖被子，只睡在草席上。假如给“火娃”穿衣、盖被，她就会发烧生病。

中国江西安义县，也有一位不怕冷的女孩，她的名字叫复为莲。她一出生就不爱穿衣服，一穿就哭。两岁之前，她都不曾穿过衣服，后来才勉强穿上单衣，从此就不加衣服了。现在即使气温-3℃的时候，她也只穿一身单衣服，一双胶鞋，不穿袜子。

这些人为什么不怕冷？一般来讲，任何事情都是有极限的。20世纪80年代，在伦敦曾举行过一次科学讨论会，专门研究因海难落水的人能活多久的问题。科学家们的研究成果表明:水温在零摄氏度的时候，人可以忍受15分钟；5℃的时候，可以忍受1个昼夜多一点。生理学家们也警告说，如果在-40℃的时候不穿衣服，就是身体再强壮的人，也活不过15分钟。而这上面介绍的这些人似乎是违背这个定律，医学家们也在努力寻找他们不怕冷的原因，可是至今也没有什么突破，因此现在它还是个未解之谜。

能活吞毒蛇的人

一提起毒蛇，人们都会感到害怕。因为如果不幸被毒蛇咬伤，就会置人于死地。但是，有人不仅对此一点不需担忧，而且还敢于把活生生的剧毒蛇吞到肚子里。

这个能活吞毒蛇的人名叫李韦心，是中国广西桂林人。亲眼看到李韦心表演这项“绝活”的人没有不胆战心惊的。李韦心第一次活吞毒蛇是在7岁的时候。他的父亲李永芳，原来是桂林地区的管蛇工，也是当地出名的捕蛇能手。有一天，父亲有事出了门。李韦心看着周围一笼笼毒蛇，觉得挺有意思。于是他就在笼外逗着毒蛇，直搅得它们昂头吐舌，接着他顺手从铁笼里抓起一条眼镜蛇来，放在手里玩。玩着玩着，他竟把这条毒蛇放进嘴里，然后活生生地吞下肚去。毒蛇吞到肚子里后，小韦心不仅安然无事，反而感到全身很舒服。现在的李韦心如果有一段时间不生吞毒蛇，他就会感到浑身无力、神志恍惚，接着还会生病；如果吃的是无毒蛇，就会感到胃胀得不舒服。他不能喝糖水，喝下一小口就会呕吐不止；他也不能吃鸡，一吃鸡肉就胃痛难忍。

李韦心的血液到目前还鉴定不出有什么异常，只是通过检查发现他的胃要比正常人的胃大1/3。如何解释李韦心活吞毒蛇这一奇特的现象，至今还是一个谜。

苏格兰高地大灰人

诺曼·柯里教授是英国皇家学会会员、伦敦大学教授，同时也是一位登山专家。1845年，他独自一人登上苏格兰高地凯恩果山脉的最高峰——1300米高的班马克律山。

可是却发生了一件令人奇怪的事：他每走几步，就会听到一声巨大的脚步声，仿佛有人在山雾中以大他三四倍的步伐紧跟其后。他立即站住左右张望，由于大雾什么也看不清，四周也摸不到任何东西。他只好迈开步子继续前进，与此同时，那怪异的脚步声又随之响起。柯里教授禁不住毛骨悚然，撒开两腿一口气跑出七八千米。从那以后，他再也不敢独自攀登班马克律山了。

1926年又有两位先生称他们在班马克律山遇到“大灰人”。柯里教授的奇遇引出各种关于山妖“大灰人”的传说。人们都说会有一种奇特的力量把人引向“断魂崖”，之后就身不由己地跳下去送死。

二战期间，1945年5月末的一个午后，空中救援人员彼得·丹森正在班马克律山山头巡逻。忽然间浓雾急降，丹森便原地坐下休息。他掏出三明治和一块巧克力，正吃着，忽然间凭着登山者特有的敏锐感，觉得身边多了一个人，但并没太在意。接着又发觉脖子上有什么冰凉的东西，他认为是水气增多的缘故，于是他披上了带帽外衣，还是不去理会。又过了一会儿，他仍然觉得脖子上有股压力，这回他终于站起身。

这时他突然想起“大灰人”的传说，也就在这一刻，丹森发现一切都是真的，并意识到要逃下山去，可是已经晚了——他正在以一种难以置信的速度，飞快地跑向“断魂崖”。虽然他极力想停下脚步，但根本做不到，就好像有人在背后推着他跑似的，他也试图改变方向，可仍然办不到……

不仅是在班马克律山有“大灰人”，其他地方似乎也存在“大灰人”。

1928年夏季的一天，作家琼·葛兰特和丈夫李斯里先生一起在凯恩果山区散步。那天天气晴朗，突然间，葛兰特心中的惧意一阵阵地强烈起来，最终她撇开丈夫，拔腿往回去的方向飞奔。李斯里先生被弄得摸不着头脑，在后面边追边喊：“喂，亲爱的，发生了什么事？”可这时的葛兰特，只顾拼命奔跑，哪里有喘气的工夫告诉她丈夫，况且她似乎根本讲不出个究竟来，只是感觉身后有一个满怀恶意的怪物紧紧追着她，而且越来越近；虽然她并没看清那怪物的模样或身影，但却能清晰地听见它“咚咚”的脚步声。

就这样，跑了大约2000米路，她似乎越过了一个看不见的界线，突然间又觉得什么都安全了。一秒钟之前还为了性命竭力挣扎的葛兰特，这时莫名其妙地脱离了危险。

莱林赫鲁山也存在“大灰人“。苏格兰著名女作家温蒂·伍德在一个阴霾的冬日，途经莱林赫鲁山入口的石子小径时，忽然听到身后传来一声巨大的回响，这声音好像是冲着她来的，要和她用当地的盖尔语交谈。

伍德小姐被吓得魂飞魄散，话都说不出来了。镇静了一下后，稍有恢复的伍德小姐自我安慰地说：“不要怕，那不过是野鹿嘶鸣产生的回音。”这念头刚一闪现，那奇怪的声音又从她脚边响起来，而且这回连她自己也可以肯定那绝不是动物的叫声——是人类的语言？最终，这个勇敢的女人还是冷静地恢复了理智，兜着圈子慢慢地向四周看是否有人受伤。搜索了半天，一无所获。这时恐惧又袭上她的心头，她不由得加快脚步往回返，只觉身后有什么东西跟着她，并且脚步声越来越急，越来越近，直到听到前面村子的犬吠声，伍德小姐的一颗心才算落了地。

其实讲到“大灰人”的故事，必须要提亚历山大·杜宁先生——传说他杀死了一个大灰人。

杜宁先生是一位经验丰富的登山专家，又是一位自然学者和摄影家。1943年10月，他打算用10天的时间独自攀登凯恩果山。他没带足干粮，只是准备了一把左轮手枪。在登山的过程中，忽然间大雾袭来，寒气逼人。他担心遇上暴风雨，就赶紧往回走。这时，雾中传来一阵奇怪的声音，“嗵嗵嗵”，很像脚步声，从声音间隔的时间听来，步子迈得很大，他下意识地摸了摸口袋里的左轮枪。没过多久，眼前出现了一个奇怪的形体，不等他看清楚，那身影便向他扑过来，显然是带有攻击意图的。杜宁毫不迟疑地向那影子连开三枪。

如果“大灰人”仅仅是一个传说，它为什么会被现代许多著名学者、作家、登山专家和军人的亲身经历屡屡证实呢？若这不是迷信虚幻，但是时至今日，苏格兰高地的“大灰人”仍是一个难解之谜。

西藏雪人

喜马拉雅山雪人是一种让人着迷神往的神秘动物，他们是居住在岩石上的一种动物，因此人们也把雪人被称作“夜帝”（Yeti）。多年来，在雪人考察中发现的毛发、脚印、手骨等证据引发了科学家们对于雪人是否存在的激烈争论。人们最关心的莫过于：这种神秘的人形动物真的存在吗？如果存在它与人类究竟有着怎样的亲缘关系呢？

关于雪人的传说可以追溯到公元前326年，它们高1.5米到4.6米不等，头颅尖耸，红发披顶，周身长满灰黄色的毛，步履快捷。有关雪人的传说逐渐被神秘动物学家承认，吸引着无数探险家来到喜马拉雅地区，找寻这个给人类带来无限幻想空间的神秘动物。

中国西藏自治区墨竹工卡县也有一个关于雪人的传说。传说在800多年以前，修建止贡提寺的时候，白天人们在干活，到晚上就有雪人从山上下来帮助人们搬石头垒墙。据说当时为了感谢雪人，寺庙里的人请雪人站在一片石头上，用力踩上了脚印和巨石一起留作纪念。这个几百年前的由喇嘛口口相传至今的传说，告诉我们雪人似乎是一种善于模仿人动作的动物，力气很大，能学人搬石头垒墙。遗憾的是这情景究竟是哪个僧人看到的，寺庙里却没人说得清楚。喇嘛还说，寺庙里至今还保存着一块作为镇寺之宝的雪人骨头。

1984年秋季，登山队员在喜马拉雅山卓奥友峰北麓海拔6000米的无人区发现了神秘大脚印。

1986年的一个黄昏，意大利登山家梅斯纳在攀登喜马拉雅山一个陡峭的山坡时，突然发现前方不远处站立着一个庞然大物，几乎同时对方也发现了他，纵身躲进了丛林。梅斯纳紧随其后，发现那个怪物足有7英尺高，身体异常强壮，动作迅速敏捷，它时而四肢着地、时而两腿直立，无论树枝还是沟壑都不能使它奔跑的速度减慢。此时的梅斯纳突然想道：“雪人！这肯定就是人们经常提到的雪人！”

2002年3月9日，西藏登山队在攀登珠穆朗玛峰的时候，在海拔5400米左右的珠穆朗玛峰无人区，发现了重叠在一起的酷似人的脚印。每个大约40厘米，脚印与脚印之间的距离为1.5米左右，而一般正常人的脚印为30厘米左右，脚与脚行走间的距离为0.5米左右。这不像熊的脚印，也不像其他动物的脚印。

另外，国外考察队20世纪50年代在尼泊尔境内发现过所谓的雪人手骨。专家认为，从照片上看像人的手骨，不是一个灵长类的动物的手，它的大拇指是超过手掌的。猩猩的手指是很短的，也不是猴子的，猴子是弯曲的。但也有人认为它与人的手骨不完全一样。这具手骨到底是什么动物留下的，学术界对此仍说法不一。

1986年3月5日，一位美国探险家第一次拍摄到了所谓的雪人照片。这张照片一经发表，就有人提出强烈疑义。照片的拍摄者说，当时看到的确实是一个直立着的大型动物，而且站立的时间很长。

许多科学家认为，在现实世界中的确有一种与人类类似的大型灵长类动物出现过。

虽然照片经过处理以后比较清楚，也排除了是石头或树影造成幻觉的可能性，但根据照片能否说明喜马拉雅雪人确实存在，科学家们说法不一。

关于雪人的研究，法国科学家拉曼斯第一个提出了雪人是巨猿的后代的说法。拉曼斯认为，雪人这种动物并非在雪地居住，而是在丛林密集的山谷中，之所以人们曾经在雪地里目击到它，是因为如同发现他们脚印的登山者一样，不过是利用雪地作为途径，从一个山口到另一个山口去。

巨猿的学说曾风行一时，但也有科学家提出质疑，从已发现的巨猿下颌骨复原情况看，巨猿的头很大，但从目击者反映的喜马拉雅雪人的外貌特征中，所谓雪人的头并不大，所以难以确定这种奇异动物就是巨猿的后代。

后来，随着人们对人类进化过程研究的不断发展，又有人提出雪人是尼安德特人的后代的说法。尼安德特人是生活在大约20万年前到3万年前的古人类，主要分布在欧洲、中亚和西伯利亚西部。专家们推测说，当时尼安德特人在与现代人的祖先搏斗中节节败退，其中一个分支逃入高山雪峰，有可能发展成雪人。科学家们仔细研究了雪地里的大脚印，认为短小、略向外翻的足趾很像尼安德特人。

许多科学家认为，无论雪人是巨猿的后代还是尼安德特人的后代，在现实世界中，确实有过一种与人类类似的大型灵长类动物存在过。随着生态环境的不断变化，它们的生存空间不断缩小，数量不断减少，到现在可能已经濒临灭绝。

目前在全世界范围内，对喜马拉雅雪人的考察探索处于两难的境地，既不能否定，也不能肯定，雪人依旧是无法破解的谜。

不怕触电的人

在中国黑龙江省大庆市，有一名叫马显刚的奇人，他不仅可以触摸220伏的电压，把灯泡点亮，甚至还可以控制电流。他替人维修电路，接触到标准的220伏家用电压从来都是徒手作业，没有任何防护设施。

15年前的一天，老马和爱人一起看电视的时候，突然就没电了，老马赶紧出去查看停电原因，结果发现，屋檐下老化的电线被风刮断了。于是，老马小心翼翼地找到了被刮断的电线，出于本能，他先试探性地摸了两下，发现没有电，在确定安全的情况下，他开始维修起来。可是事后，老马却觉得十分奇怪，明明电线是有电的，但为什么自己却摸着没事呢？而且在没有使用工具、徒手的情况下就完成了维修，这到底是怎么回事呢？难道是感觉有误，还是自己不怕电呢？老马越想越想不明白，琢磨再三之后，老马作出了一个大胆的决定，他打算再次触电试一试。

这次大胆的尝试让老马惊奇地发现，自己竟然是一个不怕电的人。而且在接下来不断的尝试中，老马竟意外地感觉到，他不但没有一般人被电击到时的疼痛与痉挛，反而触电会让他感觉舒畅，精神倍增。日久天长，老马触电竟上了瘾，没事的时候他就会通上电享受一下，就这样时间一长，承受220伏的电压对于老马来说早已不在话下。

更让人觉得惊奇的是，除了不怕电，老马发现自己竟然还能控制通过身体的电压大小。而且当发现自己具备通电本领之后，老马突发奇想，既然自己能导电，是否可以尝试给别人做电疗按摩呢？

起初听说通过人体导电做电疗按摩，谁都不敢轻信，因为大家担心安全问题，但是经过老马的反复试验后，一些大胆和好奇的人都想来试一试这别具特色的电疗，一些人做过电疗以后都感觉很解乏、很舒服。老马果真把通过自身变弱的电流通在了别人身上吗？老马又是如何通过身体控制电流的大小呢？

为了揭开老马的控电之谜，老马在哈尔滨工业大学物理实验室进行了一番详细的检测。

在电压恒定的情况下，电阻越大电流越小。反之电阻越小，电流就越大。老马不怕电，会不会和他本身的电阻有关呢，于是检测人员首先对老马本身的电阻进行了测试。检测结果表明，老马的电阻确实比一般人大得多，是普通人的八九倍。

其实通常所讲的电源危险程度，不仅和电压的高低有关，更主要的是和释放的电流强度有关。人体能承受的电流强度是8毫安到10毫安。老马之所以不怕220伏的电压，这和他本身的电阻大有着直接的关系。因为电流流经他身体时，才只有6毫安左右，远远低于正常人所能承受的8毫安到10毫安的范围。

而老马能控制电压的玄机则藏在一条湿毛巾里面，老马在给别人做电疗的时候，总会在电线的头上包裹上湿毛巾，他就是靠控制握紧毛巾时的力度来调节电压的。

皮肤是人体最大的器官，它的作用就是保护身体不受外界伤害，皮肤细胞进行新陈代谢后，老化的细胞并不会马上脱落，而是在人体表面形成一层角质层，这厚厚的角质层是皮肤的第一道屏障，它可以抵挡外界的物理刺激，比如强烈的阳光刺激，还有电刺激等等。由于老马的手与其他人相比很粗糙，角质层比较厚，所以这也起到了一定的抗电击作用。

原来老马能够承受220伏电压，以及他所谓的控电秘密，就在于他的手：老马的这双手不仅非常干燥，而且还很粗糙，就相当于在普通人的手上戴了一双绝缘手套。因此，当老马一手握着火线、一手握着零线的时候，实际上绝大部分的电，都被阻隔在身体外面了。由于通过身体的电流比较小，所以老马也就没有太大的感觉。但是专家也提醒老马，虽然现在对身体没有影响，但是并不能保证今后不出现意外情况，所以还是建议他要多加小心。

从不睡眠的人

传统的医学观点认为，睡眠是大脑的食物。可是令人惊奇的是，世界上也有一些从不睡觉的人。

法国颇有名望的学者列尔贝德就是一个“不眠人”。列尔贝德生于1791年。1793年，两岁的列尔贝德和父母一起去看路易十六绞刑的场面，不料观众席却倒塌，将他压在下面，昏迷过去，虽然从医院中抢救复生，但他的头盖骨已经破裂难补了。由于这个缘故，他从此无法睡眠了。不睡觉并没有影响他的读书与学业，后来他还成为颇有名望的学者。

1918年，瑞典妇女埃古丽德的母亲突然去世，使埃古丽德的精神遭到过度刺激，从此她再也不能像以往那样睡眠了。每逢夜间，她都在不停地干家务活，疲倦时就上床休息一下。医生也曾给她开了许多镇静药剂和烈性安眠片，但是没有任何效果。埃古丽德到1973年已经86岁，住在养老院。她的身体一向健康，并没有受到多年不眠的影响。

20世纪40年代，在美国也出了一名著名的不眠者奥尔·赫津。这位老人，一生中连小睡都没有过。晚上当体力不佳时，奥尔就会坐在一张摇椅上读书；当他感到体力恢复，又继续投入正常工作。许多医生轮流监视奥尔，竟然发现缺乏正常睡眠的奥尔，其精神状态及其生理状态反而超过一般人。医生对奥尔的不眠现象无从解释。奥尔的母亲则以为这可能与自己在生下奥尔前几天时受到严重的伤害相关。奥尔到了90岁的时候，他已经活得比许多有正常睡眠的更为长久。

西班牙的塞托维亚也是一样。19岁那年自从在睡梦中被惊醒后，他的睡眠日减，到1955年，睡眠就完全与他无缘了。33年来，他再也没有睡过一觉。但是他却体格健壮，精力旺盛，朝气蓬勃。每天晚上他不睡觉，而是读书、听收音机，清晨他就和大家一样开始一天的工作。

1970年，古巴一批精神病院医生对一位退休的纺织工人伊斯进行了两个星期的全面观察。因为伊斯在脑炎后进行扁桃体切除手术后，从此就不能入睡了。但是仪器检测表明，伊斯即使闭上眼睛躺着，脑子仍然和醒着的人一样在活动，绝对没有睡着。

面对形形色色的不眠者，又该如何看待那些并不需要睡眠的大脑呢？大脑与睡眠的实质关系究竟何在呢？

有人认为大脑由于偶然的变故而激发了潜在能力，所以造成了无法正常睡眠。有人提出所谓不眠是相对的，只是作为不眠者及其周围的人对骤然而至的短暂睡眠状态没有发现而已。更多的意见则认为这是一种极端的失眠症，具有永久存在的病理基础。真正的原因有待我们进一步探索。

没有痛感的人

在中国湖南新邵县潭府乡下潭村有一个7岁小孩石钟卫，是一个无痛感的人。石钟卫曾经做过阑尾与疝气手术，奇怪的是他刚从手术床上下来后即跳跳跑跑；平常跌跤撞松了牙齿，他干脆用手拔掉，现已拔掉12颗牙齿；100℃以上的热物，他可随意拿取。

此外，在中国还有一个叫金晨的9岁小女孩，也是个无痛感的人。她的身高、体重、外形及智力同一般孩子没有什么区别，唯一不同的就是她对疼痛没有什么感觉，不管是针刺、刀割，还是骨折。

金晨的父母是在她1岁的时候发现她没有痛感的。那时金晨的母亲发现她的嘴里常流血，却没有什么异常反应。3岁时生病打针时，她也从来都不哭，而且嬉笑如常，没有任何不适的感觉，这引起了医院人员的注意。医生开始怀疑金晨没有痛感，他们使用针刺她的不同部位，冷不防的给以扭捏、挤压等刺激，她都毫无痛的反应。由于金晨没有痛感，在她的活动中，总是让她出现了很多事故，造成了她身体的一些残伤。比如，她曾把在火上烤着的面点抓来就吃，嘴烫得起了血泡，手指头也烫烂了，可是她根本感觉不到，这使她的右手指头掉了一截。还有一次，她在冬天烤火时，脚被烫破，血肉模糊，但是她却没有任何反应，要不是家长发现后禁止她烤火，还不知要烤掉几个脚趾！再比如，有次她从高处跌下摔折了臂膀，因为没有痛感，膀子虽不能动了，却悬着膀子玩了一天。她的踝骨不知什么时候被砸碎了，等家长发现她两只脚不一样时，早已变形自愈了。

在金晨的家里，父母身体健康，她的父亲母亲家族中也没有不正常的人，而且，她的两个同胞姐姐都是正常人，出现她这样的“变异”实在奇怪。那么她这种没有痛感的特性，是先天的还是后天的？是遗传性的还是某种变异？经过许多大医院的医生检查，也无法确定金晨的病因。也有医生曾怀疑是否与金晨的母亲怀金晨时，因为反应非常厉害，曾吃过不少药有关。但这一切都还只是猜测，还待专家们去探索和解答。

这种没有痛感的人在美国也有。美国沃森夫妇2岁的儿子保罗就没有感觉肉体痛楚的能力。保罗曾被烧伤、咬伤、撞伤、甚至手臂折断、患上尿道炎，从楼梯滚下等损伤，但遇到这些可能致命的意外，保罗却没有得到教训，因为他根本就不知道这些导致肉体痛楚的事。

无独有偶。另外一名美国男子名叫拉蒙·托莱士，28岁。他能毫不在乎地将自行车的钢丝一下子刺入脸颊，而脸颊却不会流血；他还能毫不畏惧地在熊熊烈火中缓步前进，用尖钩勾住自己赤裸的背，吊在空中。拉蒙并不是一出生就无痛感的人，他是在9岁时，遇见一位传教士，跟他学会了如何控制自己的身体。

加拿大玛格鲁大学的精神分析学副教授莱依蒙特·布宁博士和纽约精神分析医生玛金·巴特博士认为：“只有钢丝般意志的人才能做到这一点，他们必须知道穴位的位置，这样就不会感到痛苦，也不会出血，伤口能很快痊愈。”

散发香气治病的印度“神人”

在印度，有一个叫达达之的人。他的腋下能散发一种神秘的香气，这种香气居然还能治疗癌症。1964年的一天，达达之到医院去看望一位得了癌症的朋友。当他进入住满癌症患者的病房时，突然感到自己被一种浓烈的花香所笼罩，这种香味是从他腋下散发出来的。他在病房走动时，病人纷纷抬起头，呼吸这种香气。当他走到病房另一头时，几乎所有的病人都站了起来。

自此，达达之腋下的这种神秘气味救活了许多癌症患者，在他73岁的时候，还能继续用这种香气救人，印度报纸还报道了这个

"神人"。报道中说："达达之的一位朋友马尼医生，亲眼所见达达之治好的癌症患者就达57人。但作为医生他也无法解释这种神秘气味的来源和治病的秘密。"

奇怪的是，达达之的这种香气不是随时都有，有时会消失数月，不知道又何时回来。只有有香气时，他才能为人看病。

老人两天内血型由B变A

在中国青岛401医院发生了一件怪事。两天之内，一个人的血型从B型变成A型。

这个人名叫鲁道宽，72岁了。鲁老汉因遭遇了严重车祸，导致他的脑部受伤，腿骨骨折，肺部创伤，生命垂危。在401医院经过医生紧张地输血抢救，他性命总算是保住了，继续住院观察。但两周以后，医生查房时，却发现鲁老汉的病情突然恶化。

因为医生在鲁老汉的胸腔内发现有大量的积液。当即，医院组织手术，引流胸腔积液。虽然鲁老汉这三次手术，都是微创手术，出血只有20多毫升，而临床上规定，一般成年人失血600毫升以上才输血。所以手术当中鲁老汉都没有输血。

但是，鲁老汉因年纪太大，加上连续手术，长久的卧床不起，又一下子抽出将近1000毫升的体液，因而他出现了身体虚脱、食欲不振，整个人瘦得都脱了形。他的血色素含量只有7克，低于临床上规定的9克。因此鲁老汉急需输血。但是在验血的时候，护士长却发现前两天验血还是B型，今天鲁老汉的血型竟然变成A型了！输血要是输错血型，可是会出人命的呀。

鲁老汉的血型到底是A型还是B型呢？鲁老汉的血型从B型变成了A型，难道是之前的血型验错了？在血库工作了40年的血库主任吴占法同样弄不明白。他又接着连做两遍实验，检验结果显示鲁老汉还是A型。那么，会不会是第一次验错了，病人本来就是A型呢？但是如果那样的话，为什么输入了600毫升的B型血，病人却安然无恙呢？

鲁老汉的病情在不断地加重之中，已经出现神志不清。脑外科、血库和血液病科的医生们都对这个奇怪而棘手的病例束手无策了。紧急关头，却没有一个人敢决定，到底该给病人输什么血型的血。因为鲁老汉目前体质很差，一旦输血出了什么问题无疑是雪上加霜。经过反复思考，医生决定采用静脉点滴来补充营养，同时添加胶体蛋白，维持血浆不继续渗出。另一方面，在胃管里也补充营养成分，促进自身血液的再造功能。而鲁老汉的家人更是束手无策。

然而，奇迹再次发生了。鲁老汉的家人惊喜地发现，在度过了最初那提心吊胆的几天后，老人的精神正在一天天好起来。医生检查结果，鲁老汉的血色素已经恢复到9克以上，身体各项指标也接近了正常值。鲁老汉不再整日卧床不起，神志也越来越清醒。

老人平安度过了危险，然而一个棘手问题却摆在了医生们的面前：一个人的血型为什么能忽A忽B，变来变去呢？

医生采集了鲁老汉的唾液样本，和前两次的血样一同送往了青岛市中心血站。之所以采集唾液样本，是因为血型物质还可以存在其他体液里面，其中唾液里的血型物质含量最为丰富。经过紧张的测试，最终得出了一个出人意料的结论：鲁老汉的血型为AB亚型。

AB亚型，这是一个新的名词。AB亚型也是AB血型的一种。AB亚型血的人在正常状态下，查出来可能就是A型血，如果遇到疾病创伤，也就是说机体的抵抗力下降了，可能就有一些反应物质加强了B抗原，表现为B型血。由于医院检测手段比较简单，所以只是检查出了A型或者B型。因为AB血型以前也被称为“万能受血者”，在接受其他血型输入的时候，不易发生凝集，所以鲁老汉输入600毫升的B型血，也侥幸没有发生溶血反应。

但是，这个结果却让鲁老汉的家人惊呆了。因为在鲁老汉急需输血的时候，为了能够救命，他老伴和四个子女都做了血型检验。妻子和两个女儿是O型，两个儿子是A型。但是，按照遗传定律，父亲是AB型血，母亲是O型血，那么子女只能有两种血型：A型和B型。O型血是不会出现的。而现在两个女儿都是O型，这到底是怎么回事呢？难道老人含辛茹苦抚养长大的孩子，竟然不是自己的亲生女儿吗？鲁老汉一家为此事哭笑不得，401医院却也在议论纷纷。如果按照中心血站的说法，AB亚型只能检查出来A型或者B型，那么为什么检查结果不是一个固定血型，而是忽A忽B，变来变去呢？

一方认为确实是血型发生了变化，另一方却认为是无稽之谈。这时，401医院血液科的翟瑞仁主任通过检索资料，提出了新的想法。他认为病人本身还是A型血，只是出现了暂时性的血型变异。这种情况在医学史上非常罕见，而且在医学上也很难弄清楚变化的原因。这种变化的影响因素也很多，例如他自己内在的因素也有，外界的疾病，用药等等也有影响。

血型会变化，这种现象太偶然了。至于为什么会变化，目前还没有找到确切的答案。医学界有研究的理论价值，但实践意义不大，而且也无法重复实验，目前还没有专门研究这种血型遗传的专家。

腹部产金属丝的“蜘蛛人”

印尼东加里曼丹省桑加塔市，一名名叫诺斯延德赫的幼儿园教师，她的腹部总是会长出一根根金属丝状异物。自从1991年起，她便开始出现这种奇怪的症状，多年来，她一直饱受这种举世罕见的怪病折磨。

这些金属丝长出一个星期以后，它们会纷纷自行脱落，消失得无影无踪。然而仅仅一个月之后，它们又会卷土重来，并且朝着垂直于皮肤的方向越长越长，她只是感觉到腹部有针刺般的疼痛感。诺斯延德赫的家人曾经试着帮助她将身上的“铁丝”剪掉，可是它们就像是野草一样，一部分刚刚消灭，另一部分很快又从她身上冒了出来。一直以来，诺斯延德赫腹部上的金属丝呈持续疯长状态，丝毫也没有脱落的迹象。每当这些金属丝碰撞上其他东西，都会给她带来钻心的疼痛。为了避免这种情况，她在直立行走时必须小心翼翼地弓起背部。虽然丈夫和孩子对诺斯延德赫的状况十分同情，但是目前没有人能够帮助她减轻痛苦。

印尼卫生部派出4名顶尖医学专家，为诺斯延德赫集体会诊。医生们随后对她的腹部进行了一次X光检查，结果发现里面竟然暗藏着40多根金属丝。它们有的锈迹斑斑，有的尖利无比，长度在10至20厘米不等，其中一些已经冒出了她的皮肤。为了给这些游离状的金属丝准确定位，医生拿来一块磁铁在诺斯延德赫的腹部上做扫描检查。让人匪夷所思的是，先前暗藏其中的金属丝此时竟如雨后春笋般冒了出来，而患者的腹部居然丝毫未出现肌肉痉挛和出血的症状。

最后专家们一致认定，这是一种自然的生命现象。可是专家们在尝试了各种方法之后，依旧对这种怪病束手无策。

诺斯延德赫的怪病经媒体曝光后，迅速轰动了印尼全国。一些将信将疑的人们认为，这也许只是诺斯延德赫本人的“自虐”行为。一些迷信人士更是认为，诺斯延德赫肯定是被什么仇人施了“巫术”。

能吸起电视机的磁铁人

在罗马尼亚，一个男子向人们展示了自己身体的特殊功能：他俯身在一台电视机上，开始集中精力，接着他站了起来，那台电视机竟然被紧紧吸在了他的胸部，他的胸口粘着这台电视机在屋中走来走去，最后才被他用手费力地拉了下来。接着，他又用胸部吸附了一块钉着许多钉子的大木头，大家都被他的“磁力”表演惊得目瞪口呆。

这名男子名叫奥勒尔，是罗马尼亚人，现年40岁，他被称做是“人体磁铁”。因为他的皮肤能够吸附起任何东西，不管是金属还是木头，瓷盆还是熨斗。更让人目瞪口呆的是，他的身体甚至还能吸附起一台23千克重的电视机，手机经常被脑袋吸住。

奥勒尔从小就具有某种吸附物品的“磁能”，但他一直没有意识到。直到几年前，一次他照镜子时，发现脖子上一个沉重的项链断掉了，可那条项链却仍然挂在他的脖子上。不久他生病去看医生，结果医生的听诊器竟然被紧紧地吸到了他的胸口皮肤上。这时他才首次清楚地意识到自己拥有这项奇特的本领。

慢慢地，奥勒尔开始尝试用自己的皮肤吸附其他东西，奥勒尔称：除了金属物品外，他还能将其他物品吸附到胸部、脖子和前额上。奥勒尔平时从来不敢使用手机，因为手机总是会吸附到他的脑袋上！但他并不是所有时候都能具有“磁力”，有时他必须先对某样东西集中注意力，然后“释放出磁力感”，通过这个过程，他才能吸附起较重的物品。他自己打趣说：“如果让我去做饭店服务生，我清理桌上餐具的速度会比任何服务生都快，因为我只要从餐桌前走一趟，一排餐具都会被吸附到我的身上。”

奥勒尔并不知道自己为什么会成为一个“人体磁铁”。他说：“我不愿意让大家知道我的这个秘密，我担心人们会把我当成怪物。我只向我的几个最好的朋友展示过我的磁体功能。我也不曾请教任何专家，因为我害怕专家们对我的身体进行研究。这些年来我一直处于担忧之中，但现在我决定正式挖掘和利用我的这一本领。也许一些电视台的节目秀会对我感兴趣，现在我希望科学家能够对我的‘磁力’进行研究。”

奥勒尔的磁铁功能让许多人感到惊讶，这其中也包括英国医生卡罗尔·库珀。他说：“在我做医生的25年中，我遇到过许多奇怪的人，但我从未碰到过像他这种人！”他认为这种现象显然违反了物理学法则，因为只有铁、钴和镍等金属才具有磁性，但人体内并不包含太多的金属，铁是人体中最富有的金属，但每个人体内的含铁量加起来也只有两枚钉子大，但这绝不够用来做一枚磁铁。他无法解释奥勒尔为何能吸起一台电视机的奇事，但他认为，如果人体经过训练，可以用皮肤吸起像茶碟等较轻的物体。但重力会产生一个极限，这样微弱的吸力绝对无法吸起像电视机那么重的东西。所以事实上，他仍然无法解释“人体磁铁”到底是怎么工作的。

血液凝固成“啫哩”的人

你能想象吗？有些人的血液一抽到试管里就速冻成“啫哩”状。多年研究发现，这是一种名叫“多发性骨髓瘤”的罕见疾病。多发性骨髓瘤是一种恶性肿瘤。由于肿瘤细胞分泌大量异常免疫球蛋白，当免疫球蛋白中富含“冷凝因子”时，就会在接近体表部位的血管里凝集而造成供血不畅。由于长时间缺血，就会造成皮肤坏死和溃疡。迄今为止，这种拥有超高凝固度的特殊血液的人，全世界仅有3例。

中国广东省的69岁老汉王伯就是“多发性骨髓瘤”的患者之一，这也是中国首次发现这类病症。王伯不仅血液能迅速凝固，只要他从棉被中露出一根脚趾头，全身就会疼痛难耐。

王伯在广东省人民医院皮肤科住院抽血时，由于他的体内冷凝因子含量特别高，因此他的血一抽出来就迅速冷却，变成“啫哩”状的固体，就算加入各种抗凝剂也都无济于事。不得已，医生们只好把血样“泡温泉”，但还是绕不过血常规和凝血指标测定这道“难关”。为了给他验血查病，该院检验科只好动用“奇招”：让试管泡“温水浴”，并应用了已经10年没有用过的全手工检测。

仅能吃六种食物的英男童

美国全国广播公司的电视访谈节目“今日”专访一个名叫泰勒·萨维奇的12岁男孩。来自英国的这名男孩到现在只能吃指定的6种食物，因为他几乎对所有的食物都过敏。

在泰勒4岁的时候，第一次表现出过敏症状，当时他在饭后呕吐不止。6岁时，他的腹泻和呕吐症状变得更为严重，医生找不到确切病源，认为他的疾病可能由消化道病毒引起。

此后泰勒的过敏反应日益加剧，健康状况每况愈下。10岁时，他体重降到24千克，瘦得皮包骨头，生长发育完全停止。那时他常常出现呕血、便血和痉挛等症状。父母忧心忡忡，带他到处求医，却始终无法将他的病治愈。

2006年9月，泰勒的父母带他到伦敦一家医院就医，终于诊断出他的病因。原来泰勒患了一种叫做“嗜曙红细胞肠病变”的罕见疾病，这一病症导致肠道生成大量白血细胞，而这些白血细胞发挥畸形免疫能力，把肠道中许多食物成分识别为“敌人”，与之“殊死搏斗”，造成严重过敏反应。从此医生让他停止进食，把营养液直接导入他的胃中，为他提供生存所需营养。同时，医生为让他能正常进食，挑选许多种食物让他逐个试吃，如果他吃了某种食物没有产生过敏反应，食物就被列入他的食谱。遗憾的是，目前他仍然只有6种食物可以食用。

现在泰勒能吃的食物只有鸡肉、金枪鱼、萝卜、土豆、葡萄和苹果。如果吃其他食物，他就会产生过敏反应，轻则上吐下泻，重则口鼻出血、全身痉挛。面包、鸡蛋和奶制品、豆制品这些对常人再普通不过的食品，对他来说却犹如“毒药”。

由于食谱单调，泰勒每天必须向胃部导入营养液，保证足够的维生素和矿物质摄入。医生曾经试图从他的鼻孔注入营养液，但泰勒感觉十分痛苦，因此医生在他腹部安装一个导管。每天晚上，泰勒通过这个导管把袋装营养液注入胃部。

虽然许多人认为泰勒的遭遇非常不幸，但泰勒自己和他的家人却始终对生活抱着乐观态度。虽然眼下可供泰勒选择的食物屈指可数，但他并不感到嘴馋。他说：“我能吃那么多种东西，已经很满足了。而且，我相信医生们会为我找到更多可吃的食物。”

天生花旦脸的男孩

“歌舞伎面谱综合征”（英文为KABUKI综合征）是一种罕见的综合征，KABUKI综合征患儿，往往都有身体发育不良、骨骼发育障碍、特殊容貌及智力低下、发育迟缓等症状，以及浓妆的容貌，与日本歌舞伎演员（KABUKI）化妆的外眼角相似，故而得名。现在，医学界仍然不知道KABUKI综合征的病因和发病机制。

世界上最早的KABUKI综合征发生在日本，随后世界各地出现此病的患儿有300多例。中国重庆，就有一例这样的患者。这名患者是一个名叫超超的4岁男孩。超超眉如弯弓，嘴如斗篷，浓密睫毛仿佛涂了一层睫毛膏，又长又卷……乍一看，像戏剧中的花旦。虽然超超已经4岁，但身高只有86.3厘米，只会简单地说“爸”“妈”等单音节字，走路还经常摔跤。超超的父母在超超两岁的时候就带着超超到处求医，均未查出病因。后来在重庆儿童医院检查时，发现超超不但多处骨骼畸形，智力发育为重度障碍，生长激素低于正常值，同时还伴有先天性心脏病，双耳中度听力损失。根据超超独特的相貌，初步认定他患上世界上罕见的“歌舞伎面谱综合征”。

男子42年喝生水不得病

在中国南京有个叫田盛江的人，是南京一家化工厂的厨师。当地的人们都认为田师傅是个“牛人”，因为田师傅连续喝了42年的生水，都没有生过病。而且田师傅也酷爱锻炼，现在身体倍儿棒，两只胳膊像棒槌一样结实，一拳打在墙上都把墙震得直抖。

1966年，田盛江初中毕业后，来到南京一家化工厂食堂工作。食堂里热，师傅们对于水的需求量也自然就大。但食堂里的师傅们每次喝完一杯水后，总是会忘记再倒新的，而新倒的水又太烫，不能马上喝。所以大家都干脆喝自来水，又方便又解渴。于是，刚工作不久的田师傅开始喝起了自来水。说来倒也奇怪，跟着田师傅一起喝自来水的其他师傅，后来一个个都撑不住了，有的拉肚子，有的生了病，田师傅却什么病都没有。逐渐地，田师傅成了厂里唯一一个只喝自来水的人。

田师傅一天喝两斤自来水，每天晚上必喝一杯。而且田师傅除了自来水，其他水他都喝不惯，喝了就难受。虽然他也很喜欢冰的饮料，但是也不常喝。田师傅常常是一渴了，就直接拿玻璃杯走到水龙头前，灌一满杯自来水，一仰头，四五口就“消灭”。去年田师傅带女儿去定亲，媒人本来给他端了杯热水来，但亲家公见了，赶忙把热水端下，换了杯自来水来。媒人刚开始还挺不满的，后来才知道，亲家公早就听人说过田师傅只喝自来水，所以才端了自来水来“投其所好”。

如果说田师傅的“第一大爱好”是喝自来水，那他的“第二大爱好”就是“魔鬼锻炼”。在田师傅家门口有一个叫“兰花园”的健身广场，每天早上5点，他都会准时来到广场上锻炼，先是热身，再举哑铃，然后便是分别用前臂、背部、五指猛击墙。广场上田师傅经常击打的那面墙上，已经被田师傅打掉了一层厚厚的漆，墙面也往里凹了进去。这些项目锻炼完后，他还会再上上下下地爬楼梯锻炼。也是因为锻炼，练就了田师傅良好的体魄。有一次，田师傅单位办公室的门坏了，几个小伙子围在门口又撬又撞，但怎么都打不开，田师傅过去轻轻用身子一拱，门就开了。

一次一位准备给他“号脉”的巴西女医生Carla就被田师傅击墙的功夫吓得花容失色。南京中医药大学的王宁生教授给田师傅把完脉后说，田师傅身体挺好，就是舌苔太白，体内寒气比较重，舌质暗淡，血不畅通。能喝那么多年的凉水身体还那么好，说明他体内阳气旺。而且他形成习惯后应该就不会有太大的问题。但是，随着年龄的增长，人的阳气会衰退，再吃凉的东西就有可能会引起疾病。所以他建议田师傅，要逐渐开始喝开水。

长年高烧的男人

“成人still症”是一种极为罕见的疾病，这种疾病最典型的症状就是每日反复发烧，伴有关节疼痛、长皮疹、淋巴结肿大等症状，还会导致患者免疫力下降。但是，对于发病的原因，医学界目前还没有定论，不过可以确定的是，这种病不属感染性发烧，也不会引起身体器官衰竭，而且这也不是绝症。

中国湖南省长沙市的男子文章就患有这种疾病，他已经连续发了三年的高烧了。

2007年的一天，文章突然感觉浑身疼痛非常难受，高烧烧到40

度，而且几天都没退，开始以为只是小感冒，吃了西药、打了吊针都没见效，之后吃了中药也没半点好转。再之后，文章每天都会发烧，而且一天反复发作三四次，每次要持续两三个小时，体温最低也有38度，最高甚至41.8度，基本都在40度左右，一发病就整日全身乏力，只能瘫睡在床上。一点力气都没有，并伴有肌肉关节剧烈疼痛。刚开始，他每星期都要进三四次医院，市里的各大小诊所他都跑遍了，抽血、大小便、B超、胸腔等全身检查都做过，从各项数据指标来看，不少医生都说不能确诊。后来，几乎每隔半个月文章就会进医院检查一次，每一本病历表都密密麻麻写了十几页。从2007年10月至今，他为了能够当天不发烧，每天早上都会服用10粒激素免疫抑制剂。

干嚼茶叶的男人

现实生活中，大多数人都喜欢泡茶喝，可在中国的春淮区红花街道的51岁的张师傅却只喜欢干嚼茶叶，而且已经干嚼40年了。人们知道了张师傅能干嚼茶叶以后，都觉得他在吹牛，还经常以此打赌。有一次，他当着众人的面，一口气吃掉半斤茶叶，赢了对方一条香烟。

其实说起张师傅吃茶叶的经历，还得从他小时候说起。

张师傅从五六岁的时候开始吃茶叶，那时张师傅的父亲开的商铺里面有好多茶叶。他总是看见父亲会捏一点茶叶放在嘴里嚼，所以张师傅也好奇地偷偷效仿。第一次嚼茶叶，发现是苦涩的味道，就吐了。可后来看到父亲嚼得挺香的，张师傅又忍不住想嚼，慢慢地他就感觉到茶叶有一种很特别的味道。小时候嚼茶叶只是因为好玩，但是后来张师傅干嚼茶叶嚼上了瘾。张师傅总是趁着父亲去工厂上班的时候，偷偷地吃家里的茶叶。刚开始只是在家里嚼着玩，后来竟然装一点在口袋里，随时都嚼。

长大成人后，因为周围都没有人干吃茶叶，张师傅怕被人笑话，停止了嚼茶叶。张师傅习惯了喝茶，但他还是觉得干嚼茶叶比较舒服。成家立业后，张师傅又开始干吃茶叶。而且他每次嚼过了苦苦的茶叶后，就会去喝点水，因为这样嘴里就会有一种别样的甘甜味。张师傅吃了这么多年的茶叶，一直都比较偏爱吃毛尖，因为毛尖既便宜，味道又独特，他每天要吃2两。为了买到便宜的茶叶，他经常去附近的茶叶大市场，认识了不少卖茶的老板。一来二去，大家都熟悉了。刚好茶叶大市场要招聘一名门卫，大家就推荐他，并愿意免费提供茶叶。张师傅也因此而找到了一份工作。

其实，干吃茶叶并不会对身体造成伤害，并且在你吃了有刺激性气味的食物，如蒜、葱等，也可干嚼茶叶来去味。这就跟嚼口香糖一样，不仅可以让牙齿健康，还可以去口臭，使口气清新。

“无底洞”男孩

英国一个9岁的儿童埃利奥特·亨伯斯通，是一个特别能吃的孩子。他总是对食物有无法控制的异常欲望，能在几分钟内把一碟食物风卷残云般地一扫而光，而且他的胃似乎总也填不满，早餐后半小时就想吃午饭。如果没有人阻止他，他会一直吃到胃里再也没有一点空隙为止，简直是到了“嗜吃如命”的地步。

虽然人们常常说“能吃是福”，但是对于埃利奥特·亨伯斯通而言，能吃已经不是福气，而是危机。因为埃利奥特患上的是一种名为“普瑞德-威利综合征”（PraderWilliSyndrome，简称PWS）的先天性疾病。

这种疾病是由于第15对染色体突变造成患病者对食物毫无抗拒能力，对任何能吃的东西都不会放过，甚至包括有香味的洗发水、肥皂和墙纸。曾经有一名患此病的病人因为吃了过量的果酱和盐而致死。

由于医学界目前还没有找到任何可以医治这种罕见疾病的有效方法，病人们必须在他人的监控下生活，否则他们可能因体重持续增加而引起糖尿病、心脏病和高血压等并发症。

多重怪病的女孩

在英国大曼彻斯特郡怀特菲尔德，13岁女孩丹妮尔身患了一种怪病。从2007年10月开始，她就出现了头痛、发烧、疲乏等症状，病征与病毒性脑膜炎相似。但在随后的数月中，丹妮尔的病情恶化，出现眩晕、怕光、呼吸急促、肌肉和关节剧痛等症状，到了2008年1月，她就已经开始卧床不起了。

得病的半年里，她数次入院治疗，医生对她的病因做出多种推测，但始终无法确诊。有人说可能由脑膜炎或EB病毒诱发，还有人说可能源于血块或肿瘤，但这些诊断都不对，甚至在她最后一次入院检查时，医生说她身体没病，只需接受精神治疗。但是丹妮尔的母亲多米尼克觉得这明显不对，因为当时丹妮尔已经不能行走了。

始终无法确诊让多米尼克非常失望，她决定自己行动，利用互联网查找女儿的病因。她把女儿的病征输入互联网，进行资料搜寻。在互联网上，多米尼克查到莱姆病症状与丹妮尔的症状相似，就带她去纽卡斯尔大学拜访了一位专家，这位专家诊断出丹妮尔的确患上了莱姆病，受到3种病菌感染，致使病情如此严重。

那么什么是莱姆病呢？它的病因又是什么呢？得了这种病要怎样有效治疗呢？

莱姆病学名伯氏疏螺旋体病，主要由蜱叮咬引起，患者如果无法得到有效治疗，将导致身体残疾。蜱是一种寄生虫，依靠吸食人或动物的血液存活。蜱能同时携带多种传染病病菌。莱姆病病人会表现出多种症状，而且这些症状可能与医学杂志中描述的不同。对于莱姆病病人来说，及时确诊也是十分重要的。如果医生能及早找出病因，给予有效的治疗，病人的情况就会得到很大的改善。如果病人没有得到及时的诊断，那么病人的情况将会十分糟糕，甚至有可能瘫痪或失明。

过去10年中，英国莱姆病患者数量增长约5倍。这种疾病比人们想象的要普遍得多，在英国各地都可能出现，尤其是一些大牧场里发病率很高，每个人都可能患上。但是，医生在这种病的诊断和治疗上仍有争议。

丹妮尔的怪病仅仅源于虫子叮咬，这的确让人震惊。丹妮尔在确诊后就开始接受抗生素治疗。但是由于她开始治疗的时间太晚，她可能无法完全康复。

“丹妮尔瘦了很多。她很痛苦，只想回到学校和朋友们在一起，”多米尼克说，“最好的情况是，她在数周后病情好转，但最坏的情况是，她将永远像现在这样。不过她还年轻，也许会恢复。”

持续68年的打嗝

人类打嗝的原因几个世纪以来一直困扰着科学家。打嗝看上去没有任何实际作用，它不仅没有什么好处，还是件讨厌的事，尤其像艾奥瓦州安东市的查理斯·奥斯伯尼那样，打了68年的嗝！1922年，在杀猪前给猪称重的时候他开始打嗝，一直不见减轻，直到1990年——据估算他打嗝达4.3亿次。很不幸，他在停止打嗝的第二年就去世了。

幸运的是，多数的打嗝发作起来并没那么严重，用各种民间方法几分钟就可以治好（喝水、憋气、拍打背部等）。打嗝是由膈肌受到刺激而抽搐引起的。多数情况下，膈肌正常工作。我们吸气的时候它下沉，帮助肺部吸入空气，而当我们呼气的时候它向上推，帮助排出肺中的空气。但是，有时候由于控制膈肌的神经兴奋，膈肌会不自觉地收缩。最常见的原因是吃东西或喝东西太快，身体努力要在吃东西的同时进行呼吸，引起了刺激。当人受到刺激并吸入空气时，咽喉后侧声带之间的空隙（声门）忽然关闭，发出响声。这就是我们打嗝时听到的声音。

但是尽管我们完全清楚是什么引起打嗝，但打嗝的具体目的多年来连最杰出的医学家亦感到困惑。科学家们试图找到解释，于是从人类的初级阶段开始研究。超声波扫描显示，两个月大的胎儿在子宫里就会打嗝了，而此时呼吸运动尚未开始。一种理论说，这种收缩锻炼了胎儿的呼吸肌，为出生后的呼吸做准备；另一种理论说这是为了避免羊水进入胎儿肺部。但是，这些理论都没有解释清楚打嗝的所有特征。例如，如果打嗝的目的是不让液体进入肺部，那么和向内吸气相反，像咳嗽一样的向外呼气岂不更奏效。

2003年2月，法国科学家提出一种新的理论。在巴黎的一家医院，由克里斯丁·史兆斯带领的研究小组表示，人类打嗝的原因可能跟祖先曾在海里生活的进化论有关。他们指出，某些动物关闭声门并收缩呼吸肌有其特定的目的——呼吸空气的原始动物还保留着腮，比如肺鱼和青蛙，这些动物挤压口腔使水流过腮，同时关闭声门以防止水进入肺。史兆斯说，原始动物控制腮部呼吸的大脑回路可能一直保留到现代哺乳动物身上，包括人类。

研究人员指出，打嗝与蝌蚪等动物的腮式呼吸有很多相似之处。肺里充气或外界二氧化碳水平较高的时候，二者都受到抑制。人类的祖先早在3.7亿年前就开始向陆地迁移了，为什么人类现在仍然在打嗝呢？史兆斯认为，控制腮和声门的大脑回路之所以经过多年进化还能保留下来，是因为它对产生其他更复杂的运动模式有帮助，比如吃奶。吮吸乳汁的一系列动作与打嗝相似，关闭声门可以防止奶水进入肺部。史兆斯说：“打嗝可能是为了保留吃奶的动作而付出的代价。”

在德克萨斯州，50岁的肖恩·沙弗自从中风之后就不停地打嗝，持续了1年之久。有时候，打嗝与颈部、胸部神经受到刺激有关，而像肖恩这样的打嗝与中风引起的迷走神经紊乱有关。和迷走神经有关的脑细胞与其他膈神经细胞群是有联系的，外科医生怀疑中风使二者的联系变得异常。持续打嗝令沙弗十分痛苦，每天需要注射10次镇痛剂或者催吐才能得到些许的缓解。2004年，他在路易斯安那州立大学进行了开拓性的手术，使用了一种叫做迷走神经刺激器的装置，这种装置能控制对神经的刺激。植入患者体内的发生器产生电脉冲，传导到两条缠绕在颈部神经周围的细线上。植入的装置一启动，沙弗的打嗝就停止了。

不停打喷嚏的女孩

在中国温州，有一个女孩居然能1分钟内连续打25个喷嚏，这个女孩名叫陈培珍。她每天都在不停地打喷嚏，外表上陈培珍与普通女孩没什么两样，不同的是，在与人聊天时，她就会不停地打喷嚏，而且她打喷嚏的强度比普通人的喷嚏要小，还伴随着很重的呼吸声。

陈培珍开始不停地打喷嚏是在她12岁的时候。有一天她放学回家说自己感冒了，妈妈就去给她买了两颗速效感冒片。没想到吃了药半小时之后，她就开始不停地打喷嚏了。从此以后，陈培珍打喷嚏就没有停过。

虽然妈妈带着她辗转各大医院，五官科、神经科、心理科都看过了，还是没能治愈，反而越打越厉害。专家也无法对这种病下一个确定的结论，所以，至今尚未解开这种病症的谜题。

17种人格的女人

理查德·贝尔是芝加哥著名的精神病医生，他出版了一本书名叫《支离破碎的生命》。在这本书中，他记录了一个有17种人格的女人，这个女人名叫奥弗希尔。奥弗希尔曾如此形容自己的病情："从1989年开始，我发觉自己开始'丢失'记忆，我无法解释夹在小说里的书签为何向前挪了一章，也想不明白枕头下为何藏着一把刀。甚至有一天，我外出购买食品，随后却在一家百货商场里'惊醒'，发现自己在给儿子买帽子。我完全记不起曾决定改变计划，也不知如何来到商场。"

在奥弗希尔生下第二个孩子后，她的病情已经严重得令她生出自杀念头。奥弗希尔决定向贝尔医生寻求帮助。贝尔建议她尽量记录下发生的"怪事"。

经历一个奇怪的夜晚后，奥弗希尔写道："现在是深夜2时，我独自一人待在一个陌生的加油站，我很害怕……加油站里的女士告诉我方位，我们终于可以回家了。"那一晚只有奥弗希尔独自一个人，但是奥弗希尔却使用“我们”一词，贝尔首次怀疑奥弗希尔患上“多重人格分裂症”。

不久，一件怪事印证了贝尔的怀疑。因为贝尔突然收到一封信，信是出自一个孩子之手：“亲爱的贝尔医生，我叫克莱尔，今年7岁……”贝尔把这封信交给奥弗希尔看，令奥弗希尔大吃一惊的是，信封上标注的是她的地址。奥弗希尔的直觉告诉自己，信是出自自己之手，尽管她也不知自己如何模仿孩子的笔迹写出这封信。此时，贝尔确诊奥弗希尔患上了“多重人格分裂症”。

通过与奥弗希尔的交谈，贝尔找到了奥弗希尔发病的原因。原来，奥弗希尔从小就受到父亲和祖父的侵犯。贝尔解释说，如果一个人长期受到虐待，他的人格就会分裂成多重来反抗侵害，保护自己。

确诊后，奥弗希尔突然能感受到体内多重人格的存在。她甚至能“看到”这些不同人的活动。渐渐地，奥弗希尔开始可以辨认出不同声音，每到夜晚，她都能听到那些人在她的脑中讨论白天发生的事。通过分辨声音，奥弗希尔确认自己体内起码有“11个人”，包括4名10岁以下的儿童、2名少女、2名女人、1名男人、1名“愤怒”的男子和她的本体。这些人的名字、年龄、性别、个人特征、经历各不相同，他们还在奥弗希尔的生活中扮演着不同角色。例如，奥弗希尔依靠那名30岁左右的男子开车，“如果他在忙别的事，‘我们’就哪儿都去不了。”同时，奥弗希尔还多次遭遇尴尬，每当碰到陌生人跟她打招呼，她也只能猜测他可能是其他‘10个人’的朋友。”随后，又有“6个人”分别给贝尔写信。贝尔认定，奥弗希尔体内人格增至17种。

接下来的几年里，贝尔对奥弗希尔实施催眠疗法，通过与她体内其他“16个人”漫长而艰辛的对话，终于使“他们”同意与她融合成一个“完整的奥弗希尔”。伴随与最后1重人格“霍顿”融合，奥弗希尔恢复健康，至今没有复发。

第八章

科学世界大观园

人类史前的脑外科手术

在世界上许多神秘的地方，考古学家都发现了相似的头盖骨。这些头盖骨都有一个惊人的相似之处：上面布满了大小不一的洞。大约在尚无人类历史记载的几千年前，史前人类就开始意识到，只要在头上开几个洞，就可以成功地治疗脑疾。但是对于“洞的由来”人们有很多争论，这些争论已持续了一个多世纪。到底这些奇怪的神秘的大大小小的洞，是史前人类外科手术的见证，还是受了神秘女巫的审判，宗教仪式的祭祀，或者是部落战争的惩罚，还是信仰崇拜的结果呢？

20世纪60年代，一位史前人类遗物勘探怪癖的美国人类学兼外交家斯奎尔，在秘鲁发掘到一个石器时代的人类颅骨。上面有两条被切割得非常精确的平行细沟槽，还有两道沟槽与之相交，四条光沟槽围住了齐齐整整的一块头骨。显然，这里面曾经被人取出以检视脑部。斯奎尔随后便把颅骨交给了当时最具权威的体质人类学家布洛卡博士。法国学者经过检测，证实了颅骨是那个人活着时被割开的。而且，切口周围的骨头呈有感染迹象，说明病人在开刀后大概只活了15天左右。斯奎尔无意中发现了一个惊天的秘密：人类史前就开始有脑外科手术，这种切开颅骨的方法在21世纪的今天被称为环钻术。

在这之后的20年，世界各地的学者们通过研究欧洲石器时代的人类颅骨，进一步确认了用环钻术的史前人并不仅限于美洲。在俄国西部乃至大西洋沿岸、各地考古场地，都发现石器、铜器和铁器时代环钻术的证据。然而，颅骨切品的形状和大小却不尽相同。最常见的是菱形、四方形、椭圆形、圆形。直至20世纪初期，太平洋各岛屿仍然有人采用环钻术。

原来，太平洋上这些岛民对于人脑的功能一无所知，和史前时期的钻脑医师一样，对危险的手术毫无顾忌。他们看见有人头部受伤陷入昏迷，便想尽办法清理伤口，并试图取出嵌入里面的颅骨碎片。他们甚至还相信长期头痛、抑郁症、痉挛和昏睡病都与颅骨中藏有有害东西相关，必须把它弄出来。也就是说，要驱除邪魔恶鬼，补入正气。石器时代的脑外科手术并非只施于战斗中受伤的战士。病人通常也会采取这种措施。从波兰以至葡萄牙，从秘鲁以至阿拉斯加，都有这样的例子。在秘鲁库斯科发现的一个颅骨，竟然有不止7个圆形切口。毫无疑问，所有这些切口都长了健康的新骨。这就证明了，有的人可能连续做过几次脑外科手术，而且都非常成功。这一点，不由不让今天的人感到吃惊。

不过，有证据显示，在石器时代之后的铜器和铁器时代，颅骨手术也从单纯的“救死扶伤”和“治病救人”逐渐变为“迷信”，而且钻凿颅骨，也通常是在人死了之后。有人从死者的颅骨中取下圆形或其他形状的骨片，磨光、钻孔，当做护身符佩戴。

在中世纪时期，很多东欧人为避免吸血鬼附在死者身上，特意将死尸的颅骨刺穿。这种恐怖的习俗，跟石器时代“先进”的脑外科手术相比，实在落后。

玛雅人竟然认识“宇航器”

帕伦克在墨西哥高原一个荒凉的山谷里。十几个世纪以来，当地人从未关心过那幢废弃并坍塌了的神殿。直到20世纪50年代，一群考古学家发现了这个玛雅废墟时，当地百姓才在浮尘和苔藓中，发掘了这块沉重的、刻满花纹图案的石板。“一个人状如驾驶摩托车、双手紧握车把。四周都是各种装饰性的花边。”这是石板上的刻画，既神奇又夸张。当时考古界解释说，这幅画充分展示了玛雅人的想象力。

20世纪60年代，美苏两个超级大国竞相发射航天火箭，频繁穿梭在太空的都是载人的和不载人的宇航器械。当宇航员行走于月球的太空照片传回地球后，人们才大吃一惊：帕伦克玛雅人的那幅图画，描绘的并不是古代神话，而是宇航员遨游太空的情景。

人们实在无法弄清楚当年那些玛雅工匠们，是如何刻画出现代高科技技术下的太空漫步的。或许玛雅人认为他们有朝一日也能遨游太空？一位宇航员控制舵向，两眼盯着仪表。连那位宇航员的模样都多少有些像玛雅人，这就不得不称奇了。

一切仍可清晰地寻见：进气口的沟状凹槽，前尖后宽的形状，脚踏板与操纵杆，甚至连高精密的天线和软管，都被生动细致地刻画出来。尽管在雕刻的时候，玛雅工匠已经给排气管道装上了花边框架，但各种仪表都显示了对现代科技的惊人临摹力。

那么，远在古代的玛雅人是如何了解宇宙内在的奥秘的呢？连宇航员坐在窄小的驾驶舱里紧张操纵飞机的样子，也能这般栩栩如生？似乎令人难以置信，却是确凿的事实。

有学者大胆地提出了自己的看法：在遥远的古代，美洲热带丛林中，来过一批具有高度文明的外星智能生命，有点像斯皮尔伯格电影中的“外星人”。他们教给原始时代的玛雅人各种先进的知识，然后又坐着飞船飞走了。他们被玛雅人看成是天神。所以，很多人都认为玛雅文化中那些令人难以理解的高深知识，都是出自外星人。

帕伦克石板上的雕刻，也是玛雅人对外星宇航员的临摹。也许外星人离去时，曾向玛雅人许诺重返地球，但在玛雅人的祭司预言里，这些外星神秘人物并未重新返回。于是这导致玛雅人丧失了对宗教和祭司的信心，进而引起整个民族的心理崩溃，终于使人们一个个离开故乡，各自走散，玛雅文化也就此消失。

玛雅人以历史的遗迹告诉我们，文明是天神给予的。在他们的描述中。这位天神身穿白袍，来自未知国家。他制定了十分严密的律法，还教玛雅人各种科学技能和知识；他还指导玛雅人种植玉米、穗轴、棉花，有的长得像人那么粗大，还能长出不同的颜色。奎茨尔科特尔在教会玛雅人这一切之后，便乘太空船远走高飞了。最有意思的是，这位天神还告诉无比怀念他的玛雅人，有朝一日他还会再回来的。

人们如果相信这个神话，那么玛雅文化现象，也就有了确实的答案。也许人们会指责这种看法有太多“假说”的嫌疑。但否认这种说法，仍然无法圆满解释玛雅文化的神秘和内涵、那些令人不可思议的许许多多的奇迹，以及它们突然消失的原因。

古代也有电池

1936年6月的一天，伊拉克首都巴格达城外一群正在修筑铁路的筑路工人，忽然发现了一块刻有许多古代波斯文字的巨大石板。工人们感到非常惊奇，于是继续深挖，结果发现在巨大的石板下面埋藏的是一个巨大的古代坟墓。古墓的发现惊动了伊拉克博物馆的考古工作人员，他们立即赶到现场，进行古文化的保护和挖掘。

打开石棺后，考古学家们经过两个多月的艰苦工作找到了许多文物，还发现了大量波斯王朝时代的器物，这些古董多来自公元前248年到公元前226年间。在这些古物中，还有一些奇特的陶制器皿、锈蚀的铜管和铁棒。时任伊拉克博物馆馆长的德国考古学家威廉·卡维尼格这样描述：“陶制器皿高15厘米，白色中夹杂一点淡黄色，边沿已经破碎。形状类似花瓶，上端为口状，瓶里装满了沥青。沥青之中有一个铜管，直径2.6厘米，高9厘米，铜管顶端有一层沥青绝缘体。在铜管中又有一层沥青，并有一根锈迹斑斑的铁棒。铁棒高出沥青绝缘体一厘米，由一层灰色偏黄的物质覆盖着，看上去好像是一层铅。铁棒的下端长出铜管的底座3厘米，使铁棒与铜管隔开。看上去好像是一组化学仪器。”经鉴定，卡维尼格宣布了一个惊人的消息：“这些巴格达出土的陶制器皿是古代的化学电池。只要加上酸溶液或碱溶液，就可以发电。”

如果承认这是一个古代电池，那就意味着，早在公元前3世纪的波斯人就已经开始使用电池了，比世界著名物理学家伏特，公元1800年发明的第一个电池早了2000多年。卡维尼格的这一论断无疑震惊了整个考古学界。可是，当许多考古学家从世界各地纷纷赶来，希望对“古代电地”仔细研究的时候，卡维尼格和古代电池都忽然消失了。人们四处寻觅，毫无结果。

卡维尼格在人们的惶恐和震惊中，悄悄返回了德国，而且还是带着巴格达的电池走的。他用发掘出来的铁棒、沥青绝缘体铜管和陶制器皿组合成了10个“崭新”的电池。几个月后之后，他在柏林公布了这则更为惊人的消息：“古代人很可能是把这些电池串联起来，用以加强电力，制造这种电池的目的在于用电解法给塑像和饰物镀金。”

可是，因为他曾经和电池一起不翼而飞，所以有人指责卡维尼格是骗子。对此，考古学界的争论更是激烈；时至今日，“电池的秘密”仍是未解之谜。

新石器时代的精密金属钻床

1998年，在安徽含山县凌家滩遗址出土的玉器里，有一个白色的小玉人。这个人细长目、小方脸，呈站立姿势，双手举过胸部。虽然只有7.7厘米高，但其保险估价竟高达几十万美元。这个小玉人之所以如此珍贵，源于他扁平的背面上有一个很小的对钻小孔。

专家大胆推测——在新石器时代晚期，人类能够在质地这么硬、面积这么小的玉器上精确地钻出这个小孔，说明当时已经有了钻床和微型钻孔技术。

安徽省文物研究所研究员张敬国说，钻孔的管钻直径应该只有0.07毫米，比人的头发丝还细，只有通过放大50倍的显微镜才能看到。并断定，这种工艺类似于现代钻床的机械跎具。这一发现进一步证明了早在新石器时代，生产力的发展水平已经非常高。

西班牙著名鬼屋里的神秘鬼脸

1971年的一个早晨，玛丽亚·戈梅兹·加马拉走进自己的厨房，正要准备吃早餐。结果，她忽然发现混凝土地板上出现了一张紧紧盯着她的脸，老太太吓了一跳，赶紧叫来自己的儿子米加尔，用工具把那块地板挖掉。

后来米加尔回忆说："那天我用镐头把混凝土地板刨掉，然后用新的混凝土重新把地板修好，整个地板看起来像是新的，可是让我一生中感到最可怕的事情还是发生了，就在第二天早晨，那张脸又出现了，而且就在同一个地方！"

很快，更加奇怪而可怕的事情接连发生了，那个房间，在接下去的几个星期、几个月、几年里，不断地出现一群一群移动的面孔。米加尔说："就好像有人在我们家里召开幽灵会议一样。"

很快，消息迅速传播开去——这个坐落在马吉纳山中，盛产橄榄油的贝尔米兹村子里，出现了西班牙著名的"鬼屋"。成千上万的科学家和幽灵怀疑者、笃信者，纷纷来到这里试图目击"贝尔米兹鬼脸"的怪异现象。有很多人甚至要求在那个经常出现"鬼脸"的房间里过夜，但遭到了房主的拒绝。可罗马天主教的权威们听后非常惊慌，他们指责有人设立骗局愚弄不明真相的人们，并试图平息这一现象。

很多调查人员来到那个房子，在房子里进行了录音，结果录到了好像是那些面孔在相互交谈的许多奇怪的声音。于是，调查人员和主人商量后，决定更换地板，并把那间房子封闭了3个月。可是，3个月过后，重新回到那个房子时，"鬼脸"又出现了！从那以后，这座房子就开始闻名世界。

30多年来，这个鬼屋让那个偏远的山村居民困惑不解，也让他们颇感兴趣，有些人甚至不远万里前来参观。所以，房子的主人不仅要面对各种鬼脸，还要接待络绎不绝的慕名参观者。这些鬼脸，有的是正常脸面，有的只用凶恶的眼睛盯着你，有时还张牙舞爪地伸出手脚。

西班牙超心理学协会主席佩德罗·埃莫罗斯说：“在玛丽亚老太太死前不久，他们曾经在她的房子周围保留了一些混凝土地板，另有一些则放进了条件良好的实验室里。那间房子的混凝土地板上出现了更多的面孔，其余的房间则没有。”但是现在，这些鬼脸也依然存在，而且其他间的房子也开始出现这种怪异图像。

经调查，那个房子的地基下曾挖出几块骨骼。据说，那里曾经是罗马人的墓地，周围是一个古坟场。在摩尔人占领时期，它变成了墓地，最后，成了基督教的墓地。

有人就此提出“鬼魂说”，可没有任何佐证。

“鬼”都是从你的心里来的

古书上说：“伯乐当年学习鉴别千里马的时候，非常专注。但因为用心过度，看到的东西都变成了马。而庖丁练习解剖牛的本领，也与此类似。一心只想如何解牛，三年后，在他的眼里，看到的都像被分解了的死牛，没有见过活牛。”这两个例子都说明了一个问题：专心到了极点后，便会出现特别的幻象。

也就是说，伯乐和庖丁看到的其实不是真正的马和牛。如果总是想着一个问题，产生了错觉，就可能会看见奇怪的东西了。如同庖丁看见牛，伯乐看见马一样，人在生病的时候，由于注意力的集中和妄念的产生，也会觉得自己看见了“鬼”。

病人身体疼痛、困倦，容易产生幻象，觉得是鬼拿了鞭子和棍捧抽打他，因为害怕死，所以就仿佛看见鬼拿着锁链、绳子、锤子站在他的身旁。疾病缠身，心里恐慌，难免产生虚幻的情境。这都是因为想得过多，才产生虚幻的感觉，并不是真正的事实。

专心想念事物的结果表现在不同的方面，表现在听觉上的仿佛听到鬼的声音；表现在视觉上的如同看见鬼的形状。“日有所思夜有所梦”，白天想到鬼的出现，夜里就会梦到鬼的样子，听到鬼的声音。独自睡在空房中，更会觉得害怕。听到鬼声，见到鬼形，其实都是由于精神作用引起的。

所以说，人们意念中所谓的“鬼”，并不是人死后变成的，而是人们思念、惊恐或想象而造就。人生了病就会忧愁害怕，被疾病折磨得非常痛苦，就会怀疑是不是被鬼缠身了？于是，越想越觉得忧愁害怕，也就好像看见“鬼”出现了似的。越是害怕越是会想，想久了就会使得有点精神错乱，也便恍恍惚惚地看见鬼了。

“死而复生”的遗体冷冻

世界上有一个神奇的基金会，叫做“阿尔科生命延续基金会”，它是目前世界上最大的“人体冷冻”服务机构，目前已经拥有781名会员，有71位接受了“人体冷冻”。什么是“人体冷冻”呢？这还得从头讲起。

在“阿尔科”贮藏室内，有一组不锈钢槽柜，里面常年低温，持续保持在零下300多度。参加冷冻实验志愿者的遗体，都放在液态氮溶液里，低温“冷冻”着。“阿尔科”机构的志愿者在生前和“阿尔科”签下了冷藏遗体的合同。医院宣布这名会员死亡的第一时刻，在附近等候的运输小组立即把人体送到装备齐全的地方。按照病人生前的协议，他将被实施“冷冻”，一份从死亡时刻开始的合同正式生效。

之所以选择这样一份合同，是因为“阿尔科”机构的志愿者相信，等科学技术成熟的那一天，他们可以经过“冷冻”后再次“苏醒”。也就是说他们都在等待起死回生的一天。

一般而言，每位志愿者如果仅冷藏头部，需8万美元冷藏费（约56万元人民币）；如果冷藏整具遗体，则需要缴纳15万美元的冷藏费（约105万元人民币）。据该机构的工作人员介绍，那里“最年轻的病人是21岁，最大的已有99岁半。他们有些是电视修理工，有些是学生，有些是图书管理员，有些是工程师，有些是科幻小说家。”

想要进行“死而复生”的冷冻，还要在这之前，先经历“三关”的考验。这三个理由也是该组织的理论依据：首先是生理结构在分子程度上的修复技术是可以被预见的。其次是人体基本结构必须完好保存，这样的话，人可以被停止，也可以被重新“启动”。最后就是需要在冷冻的时候玻璃化，唯其如此，才能非常好地保存人体。

“阿尔科”运行主管坦尼亚·琼斯曾经详细介绍了“冷冻”的过程：“首要的一件事是用冰水使其表面降温……第二件事是，我们将对他进行心肺支持，让他的血液继续循环，同时也有氧气支持。然后，我们才能注射一系列的药物，降低因心脏停止造成的人体破坏。第三件事，病人会被带到附近的火葬场进行血液冲洗，用器官保存液替代血液。这样就可以保护器官长达24～48小时，也就有了足够的时间，对人体进行冷冻保护。这些都是非常关键的问题。”这些场景听起来很像科幻小说，但现实里却也并非完全不可能。不过，仍然有很多专家和医生，认为此举实在荒谬。不管专家们是否相信，志愿者们依然愿意花上自己最后的积蓄，对生命的轮回、转世下一次“赌注”。

美国一位73岁的物理学教授杰姆斯·贝德佛德在1967年死于癌症。在世的时候，他的人生并无任何特别之处，但他选择了一个惊世骇俗的方式“处理”最后的自己——冷冻。由此，他成为人类历史上第一个被冷冻的人。

假如有一天这些冷冻的人真的可以在高科技的发展下起死回生，那么，人类社会将更加热闹还是混乱不堪呢？

“吸血鬼”的传说和原型

有人推测，吸血鬼的故事可能最早来自远东，通过贸易航路的开辟，商人们把这个传说带到了东欧，所以渐渐诞生了现代版的吸血鬼神话。实际上，18世纪之前，还没有产生现代意义上“吸血鬼”一词。英语中第一次出现这个词汇的时间，是在1732年。

通常意义上来讲，吸血鬼的传说起源于人们对“血”的崇拜和恐惧。一方面血是生命的象征，灵魂的见证；另一方面，人们又觉得血是灾难和不祥的标记。因此，希伯来人对血的感情可以说是非常复杂的，就像夏娃受了蛇的诱惑，所以她的后代从此就开始有了月经，那是不洁净的伤口的象征。

在血代表罪恶这一点上，基督教也有同样的观点，在中世纪的基督教里，血被赋予了超自然的能力，鬼神学的辅助和渲染更为此提供了佐证。于是，吸血鬼的传说和迷信，也便正式登场。当时，有些巫师和医生甚至认为血有赎罪的功能。出于对圣母玛丽亚的崇拜，他们甚至认为处女的纯洁之血，可以延缓和治疗衰老。关于早期吸血鬼的形象，今天看来似乎有点模糊难以确定，但通常有几种论点可以参考。一个是该隐，他因为杀死自己的兄弟而受上帝诅咒；一个是莉莉斯，她是该隐的第一任妻子，巴比伦女妖莉莉图的前身。莉莉斯被该隐抛弃后，变成撒旦的情人，也就是众妖魔鬼怪的女王。她常常吸食婴儿的血，让熟睡中的年轻男子丧失生气。还有一个是出卖耶稣的门徒犹大，他因为后悔而自杀。传说上帝虽然使他不死，但惩罚他永远孤独。所以，后来的吸血鬼都须保持神秘且永远孤独。

我们看到许多小说和电影，都将吸血鬼的故事描绘得栩栩如生，那么到底人们是根据什么断定吸血鬼的形象呢？到底有没有真正的吸血鬼呢？

实际上，所谓的吸血鬼，不过是一种奇怪的“病”。这个病叫做卟啉症。

卟啉症的共同特点是尿、大便中大量排出多种卟啉、卟啉原和卟啉的前身物质。每种都有不同的表现形式。虽然这种疾病通常是由于基因突变所致，但过度饮酒和环境污染也同样会诱发这种疾病。卟啉症可分为两大类：肝性卟啉症和红细胞生成性卟啉症，属于一组外在表现多样化疾病。被怀疑是吸血鬼故事的起源的正是先天红血球生成卟啉症（CEP）的患者。最严重的卟啉症患者，体内的卟啉会蚕食聚集区域附近的组织和肌体，使患者面部器官腐蚀，尿液呈现紫红色，并严重贫血，出现种种怪异的、让人联想起吸血鬼的形象与举止。

首先，他们惧怕阳光。卟啉是一种光敏色素，在黑暗中呈良性，一旦接触阳光，就会转化为危险的毒素，吞噬人的组织和肌肉。但是在黑暗中，不会对身体造成什么危害，所以卟啉症患者通常不能见光，只能生活在黑暗之中。这无疑增加了他们的神秘感。

其次，他们面容苍白，牙齿尖利。卟啉会影响造血功能，破坏血红素的生成，所以绝大多数卟啉症患者都严重贫血，他们身体上往往带有大片的紫色的色素沉积。而当卟啉接触阳光后，吞噬肌肉和组织的毒素就会腐蚀患者的牙龈和嘴唇。久而久之，当他们露出尖利的，犹如狼一般的牙齿的时候，腐烂的牙龈鲜血淋漓，就会让人联想起吸血鬼。

最令人恐惧的就是他们的不死之身。在欧洲的传说中，长生不死的人常常都会被描述成——皮肤上布满疤痕，耳朵和鼻子已经腐蚀。而卟啉症患者由于病痛的折磨，令他们看上去格外苍老，也就非常类似于以讹传讹中“吸血鬼不死之身”的表述。可实际上，卟啉症患者的寿命通常都比普通人短很多。

1871年，德国伟大的生物化学家菲利克斯·霍珀·塞勒发现了卟啉色素同卟啉症之间有很大的因果关系。到了1889年，B·J·斯托克维斯将这一系列的临床症状，统称为“卟啉症”，从此为这种怪病确立了自己的名称。而历史上第一个认识卟啉症的人据说是古希腊的医生希波克拉底，他把这种疾病看做一种肺病或血液病。

埋伏在茫茫戈壁中的“死亡之虫”

1926年，美国教授罗伊·查普曼·安德鲁斯在《追寻古人》一书中，第一次提及“死亡之虫”。他写道：“尽管现在的人们很少见到‘死亡之虫’，但当地蒙古人对‘死亡之虫’的存在，都表现得非常坚定。而且，连那些曾经目击过‘死亡之虫’的人描述得也都惊人地相似。”实际上，他自己也不能根据蒙古官员们描述的情状，彻底地相信这种沙漠怪物的存在。

假如这是你第一次听到传说中的蒙古“死亡之虫”，一定会认为这是杜撰的玩笑，就像科幻电影中的怪物，或者连环漫画中的大怪兽一样。但“死亡之虫”并不是荒诞的传奇，许多目击者对它都有相似的描述：它头部器官模糊，头部和尾部呈穗状，身长5英尺左右，通体红色有暗斑，生活在戈壁沙漠的沙丘之下。蒙古当地用“allghoi khorkhoi”来命名“死亡之虫”。

据目击者称，每当“死亡之虫”出现的时候，将意味着死亡和危险的来临。因为它能从眼睛里放射出强电流杀死数英尺之外的猎物，而且可以喷射出致命的毒液。侥幸活下来的人，都是不幸之中的万幸。从外形上看，这种恐怖的虫子很像寄居在牛肠子中的虫子，因此它也被称为肠虫。

在1990年和1992年，捷克探险家伊凡·麦克勒曾经两次来到蒙古寻找“死亡之虫”的踪迹。他乘坐超轻型飞机低空飞行在蒙古戈壁，有效地扩大探索范围，甚至不惜冒险躺在沙丘上晒太阳以便更好地将“死亡之虫”的具体生活习性和特点记录下来。依据两次的探寻经历，麦克勒编写了一份具有实用价值的“关于死亡之虫的资料”，成为后来陆续探索“死亡之虫”的科学家们的必读工具书。

在后来的探险家中，有一个名叫亚当·戴维斯的英国探险家，他甚至组建了一支有组织有纪律的探险队从英国来到蒙古的茫茫戈壁，就是为了探寻“死亡之虫”的踪迹。在接受采访时，戴维斯说，“最初我是从互联网上了解到‘死亡之虫’的相关信息，在互联网上有许多关于蒙古‘死亡之虫’的故事。多年以来，生活在当地的牧民谈虫色变，他们拒绝谈论‘死亡之虫’，它实在是太可怕了！”据说，戴维斯一生中最大的爱好就是探索地球的神秘区域，他还曾经组建过探险队前往印尼的苏门答腊岛和刚果。

此次探险，戴维斯得到好友安迪·安德森和当地蒙古向导的帮助。一路上，戴维斯沿途向牧民们询问“死亡之虫”的事情，许多牧民虽然无法为探险队提供“死亡之虫”翔实的生活习性和出没地点，但都表示曾看到过它。后来，有一位热情的向导告诉他们，有一位多年来一直潜心研究“死亡之虫”的老者，或许可以帮助他们多了解有价值的信息。

在老人的蒙古帐篷里，戴维斯了解到“死亡之虫”经常出没的地点，通常都是地势险要的地区。在每年的6、7月份，尤其是每当降雨后，Goyo草（蒙古戈壁开着小黄花的植物）绽放花朵时，“死亡之虫”就会钻出沙子。这位睿智的老者还指出，在“死亡之虫”时常出现的戈壁山谷中，常常有剧毒的蜘蛛和毒蛇出没。它们因为天生有毒，从不畏惧人类，它们能够有足够的力量向入侵自己领地的人类，发动致命的攻击。

戴维斯的探险队还在途中接触到一位男子，他的手臂就是被“死亡之虫”喷射的毒液所烧伤。可怕的是，当他忍着疼痛将“死亡之虫”困在冷却的安全气袋中时，虫子竟然可以喷出绿色腐蚀性的毒液，从气袋中逃走。

戴维斯的探险队虽然没能目睹“死亡之虫”，但对“死亡之虫”的故事，他们都充满好奇，用安德鲁斯的话来说：“如果不是每一位目击者对它的描述如此一致，‘死亡之虫’的故事流传如此广泛，人们肯定会把它作为离奇的传说。”但事实证明，在蒙古茫茫戈壁下面，的确埋伏着令人类心惊胆战的“死亡之虫”。这似乎令每一个探险家和旅游者都心怀好奇与不安。

走进神奇的催眠术

催眠到底是巫术还是科学呢？说到催眠的时候，你会想起什么呢？电影里那些晃动的怀表，警匪片里头脑被别人控制的“无意识”，还是被注入新的记忆后，完成清醒状态下“非常规的任务”？这门古老的法术似乎只存在于影视作品中，显得遥远而又神秘，令人充满幻想，激发着人类强烈的好奇心。

其实，电影中的表达手法是一种艺术的夸张，“催眠”在生活中，是一门不为大众所熟知的科学。最初，它是属于心理学范畴的；临床上，它也通常被用以治疗心理上的疾病问题。

它采取的暗示手段有什么原理呢？实际上，就是令被催眠者进入到注意力高度集中的状态，思维跟随催眠师的语言走下去，从而忘却身边的事。催眠状态下，被催眠者接收的信息比平常的信息更具影响力，即使一时想不起来，也会在记忆深处生根、发芽，形成一种隐性的心理机制。所以有时候，催眠治疗就像催眠师和当事人共同走入一个人的内心深处，释放一些压抑情绪，拾起一些沉积已久的往事，共同面对一次心灵之旅，换句话说，等于只有他们两个人在玩一个游戏。

其实，催眠师也是普通人。只不过，他们可以使用催眠术帮助别人摆脱心理、生理上的各种困境。世界上，很多著名的体育明星、王室成员、企业家、影星等都有自己的“御用”催眠师。催眠必须建立在催眠师和被催眠者彼此信任的关系上。因为催眠不只是催眠师单方面的操控，而是需要被催眠者的配合。催眠师也不是无所不能的巫师，他的神奇之处只是让你打开心胸、解开心结，重新开发你的潜能，激发你潜藏在心灵深处的渴望。所以，好的催眠师是令人尊敬的对象，同时也被视作最亲近的朋友。

被人类“误读”的五大科学发现

人类历史上，除了少数像达尔文、爱因斯坦这样的光辉人物外，绝大多数科学家生前都是并不为人所知的，他们只是在默默无闻地工作。许多伟大的成就，常常是在他们过世后，人们通过那些以他们名字命名的发现，才逐渐认可和关注他们的科学地位。但仍有很多命名存在张冠李戴的错误。有五种通用的，大家熟知的科学发现，其实都是取错名字的。说出来，可能会令你吃惊。

1.哈雷彗星

其实哈雷彗星是由中国天文学家于公元前240年发现的，并不是大家所知道的埃德蒙·哈雷发现了哈雷彗星。这真的要算是天文史上一个奇怪的故事了。

事情是这样的。1607年，约翰尼斯·开普勒看到了一颗彗星；1682年，哈雷本人也看到了这颗彗星，并记下了大量细致的描述。若干年之后，哈雷发现他看到的这颗彗星与1531和1607年观察到的彗星情况特别相似。于是他借此推断此彗星大约每隔76年就会重返地球一次。他在1705年英国皇家学会的《哲学学报》上发表了这一结果。

1758年在哈雷死后的第16年，哈雷彗星再次重返地球附近，于是此彗星就成了知名的哈雷彗星。也就是说，此彗星沿用他的名字是因为他是第一个预测此彗星周期的人，并不是因为哈雷发现了彗星。其他科学家虽然也曾表明此彗星定期返回，但第一个正确确定此彗星周期的毕竟是哈雷，所以他在观察彗星方面做出的贡献，实在不能低估。

不仅如此，哈雷还是科学界英雄般的人物。在那个年代，哈雷在不同学科中都做了许多开创性的工作，而且特别投入。

他发现了星球彼此在相对运动……

他解释了指南针为何不总是指向真正的北极……

他建造了潜水钟，对我们了解天气也作出了不少的贡献……他测编了第一个南天星表，包含341颗南天恒星的黄道坐标……

他建立了南半球的第一个天文台……

他曾经劝说艾萨克·牛顿出版《自然哲学之数学原理》，并为此书的出版付出了巨大的出版费。在这本书中，牛顿提出了自己的引力定律和运动定律。可以说，没有哈雷，就没有我们今天熟悉的牛顿……

这是一个无法被科学和历史忽视的人。

2.汉森氏病（麻风病）

麻风病的流行情形常常给人们带来恐慌，因为大家看的都是可怕的毁容和溃烂的肌肉，但这些其实也都是次要症状。最重要的潜在问题是麻风病可以破坏周围神经系统，最严重的结果就是，即便麻风病患者受伤，他们也感受不到什么疼痛，所以，在别人身上很小很小的伤口，在他们的忽视下，都会造成严重的感染。重症患者直至死亡。

历史上对于汉森氏病（也就是大家熟知的麻风病）的首次记载大约是公元前600年。但麻风病被正式称作汉森氏病，却是在很久以后，主要是为了纪念挪威医生格哈特·亨里克·阿莫尔·汉森发现了麻风杆菌。这里面还有一个曲折的小故事。

1873年，汉森在对麻风病进行系统的组织病理学研究，并识别出了一种麻风病的致病细菌——分枝杆菌，但他没有设法来培养它，也无法证明它确实与麻风病有关。于是，这个工作就落到了德国医生艾伯特·奈瑟的身上。奈瑟拜访汉森的时候，汉森大方地给了他许多麻风病患者的样品。

令人料想不到的是，1880年的时候，奈瑟成功地给这种细菌上色，并宣布他发现了麻风病的病因。这一次，汉森被激怒了，开始发表长篇文章描述他的研究工作是如何进展的，由此加以反击。最终在有关麻风病的大会上，人们做出了这样的决定：将此荣誉归于汉森，麻风病也就正式被称为汉森氏病。汉森终于取得了应得的荣誉。

不过，奈瑟仍然是第一位明确此种杆菌与麻风病有关的人，虽然只是第二位发现这种杆菌的人。如果当初他愿意和汉森保持友好互助的关系，说不定他们可以共享此荣誉。

3.沙门氏菌

西奥博尔德·史密斯是沙门氏菌的发现者。

这种最恶名昭著的导致食物中毒的细菌确实是一个复杂的团体。有2种细菌都叫做沙门氏菌，而且还有许多亚种和变异。1885年，最先发现的沙门氏菌来自于肠道。一位叫做丹尼尔·埃尔默·沙尔门的兽医在他的实验室里首先发现了这种病菌。显然，沙尔门具有挑选最佳助手的诀窍，因为他在1883年，招募了一位名叫西奥博尔德·史密斯的年轻人。

史密斯致力于寻找办法给猪接种疫苗，并从病猪样品中成功地分离了一种细菌，还积极研制预防经典猪瘟（即猪霍乱）的疫苗。1885年，猪霍乱沙门氏菌被成功发现，并公开发表，沙尔门没有做出一点实际的工作，却独占了这一功劳。

接着，马太综合征的经典效应开始产生：越有名的科学家比越没名气的科学家获得更多的声望。1887年，史密斯开发出了预防经典猪瘟的疫苗，工作大有成效。而对此，沙尔门依然声称是他个人的成就。

4.本福德定律（Benford’s law）

1938年，光学物理学家弗兰克·本福德（Frank Benford）独立提出了一个重大发现：不管是从《读者文摘》（Reader’s Digest）某一期中收集的所有数据，还是小镇的人口，首位数是1的数字出现的概率是30%。本福德通过大量数据验证了它，收集的证据足以建立此定律，因此这一定律就永远和他的名字在一起。

然而，第一个发现此定律的人却并不是本福德，而是一个被遗忘了将近60年的数学家纽康。西蒙·纽康是19世纪末数学家兼天文学家，他在测量光速和天文常数方面都取得了重大的突破。他一生的大部分时间都在钻研对数书籍。一个偶然的机会，他注意到在一本书里面，较前面的一些书页比后面的书页旧得多。

于是，他在1881年撰写了一篇论文，指出人们倾向于查询较小的数字，特别是1；而且还提出了一个等式来描述假定情况下，阿拉伯数字出现的概率。不过他没能很好地解释这一奇怪的现象。所以，他几乎被遗忘了60年，直到弗兰克·本福德的出现。

可惜的是，本福德虽然提出了个定律，但也没能对此予以很好的解释。直到1996年，数学家西奥多·希尔才对此解释。希尔指出，应用到整个宇宙该定律也可以基本适用，甚至可以用来择优选择会计系统。

如今，财务会计学上对此定律已经广泛应用，那些不符合本福德定律的账目都很可能是假账。

5.阿列纽斯方程式

学过化学的人差不多都记得这一等式：$k = Ae-E\alpha/RT$。它描述的是：化学反应速率（k）与温度（T）和反应活化能Ea之间的关系。其实，此方程式不单能用在化学研究领域，在大量不同的著名现象中，这一方程式都可以广泛应用。这就是著名的阿列纽斯（Arrhenius）方程式，它甚至可以通过计算蟋蟀的叫声来测量周围的温度。

瑞典化学家斯范特·阿列纽斯是第一个预测到大气中二氧化碳浓度升高会导致全球变暖的人。他既是一位天文学家，也是物理化学等自然科学方面的重要人物，还曾经获得过诺贝尔化学奖。

但事实上，阿列纽斯并不是提出阿列纽斯方程式的第一个人。首位提出这个方程式的人是荷兰化学家雅可布斯·享里酷斯·范霍夫，他在1884年通过研究大量不同的化学反应时发现了这一定律。五年后，阿列纽斯接触了活化能概念，于是，他为范霍夫的发现提供了理论上的支持和相关的解释。

虽然在阿列纽斯的论文中，他公开承认了范霍夫工作的重要意义，但这一方程式还是永远地和他联系在了一起。如果叫做阿列纽斯·范霍夫方程式的话，人们实在觉得表达得太过繁琐了。删繁就简，阿列纽斯成为被保留下来并冠名的人。

能在天空持续飞行5年的飞机

飞机虽然可以帮助人类实现空中翱翔的梦想，但飞机续航能力和环境污染一直是难题。现在，美国极光飞行科学公司在代号“秃鹰”的计划中开发出了一种无人驾驶的新型飞机。这是一种新型太阳能飞机，利用太阳能作为动力，在各项条件都具备的情况下，能够在空中连续飞行（包括停留）5年以上。它的设计飞行高度在6万～9万英尺。在通讯、环境监测和军事侦察等领域都能够发挥特殊的功能。

这种飞机有Z型机翼，翼展长达150米，在阳光中能够调整姿态吸收尽可能多的太阳能。黑暗中，也可以保持机翼直线平飞的飞行状态，来达到空气动力学的最大效率，用储存在电池板中的能量来驱动飞机的电动发动机。

现在美国极光飞行科学公司已经展示了这种飞机小尺寸的第一架样机，下一步他们将制造一半尺寸大小的样机，但是全尺寸的原型飞机正式投放生产，可能还有很漫长的研究道路要走。如果这种神奇的飞机在现实条件下，真的可以实现5年漫长的飞行，不仅是对环境保护的有效措施，还能帮助人类实现在空中持续翱翔的梦想。

英国最环保的超市

Sainsbury连锁超市的商务总监尼尔·萨契戴夫（Neil Sachdev）有一天忽然宣称，他们的超市是可持续建筑领域里的领跑者。“我们的超市消耗更少的能源，同时能给人以更好的视觉效果。在这里，大到垃圾处理小到照明管，我们都采用了一系列节能措施，考虑得很周全，并确保超市里依然保持令人悦目的自然光。”而且，据悉，这里使用的都是木材框架，而不是钢铁。

这座超市位于英国德文郡达特茅斯，超市里面采取了30多种不同的节能措施，而且全部用木材作为框架和原料，厕所内安置了雨水冲刷装置，用风轮机驱动设备进行结帐。超市中在照明方面，超市太阳能发电装置和使用光纤照明，超市的送货车使用生物甲烷作为燃料，比柴油节省高达60%的二氧化碳排放量，而这些生物甲烷来自超市的垃圾场。在取暖方面，超市有一座生物量锅炉（biomass boiler）用来烧木屑，给超市提供暖气。如此众多的环保措施使其每年将节省20万英镑电费，用电水平比一般超市节省1/3；同时，节省50%的能源，而产生的二氧化碳量则不足普通超市的40%。

当然，这家超市最独特的要数利用雨水灌溉植物和冲刷厕所，每年仅此一项就节省100多万公升的自来水。所以，人们发现这个建筑内产生的90%的垃圾都要循环利用变废为宝，超市室内的建筑设计也很特殊，即使在炎炎夏日，用户进入超市后也能感觉很凉快。

寄生虫让男人变笨蛋女人变性感

世界上有一种非常普通的寄生虫，却有一种神奇的功效，就是可以让受到感染的男性变得更愚笨，但恰恰相反的是，受到该寄生虫感染的女性则会变得更富有魅力更加性感。这种寄生虫名叫刚地弓形虫。据澳大利亚专家称，全世界大约40%的人口，其中包括800万澳大利亚人，都可能受过它的感染。

悉尼科技大学传染病研究员尼基·波尔特称，在《澳大利亚科学》的一期杂志上曾说："对男性和女性来说，这一寄生虫的感染后果完全不同，而且非常有趣。受到这一寄生虫感染的女性变得更外向、更友好，对男人更富有魅力。但与其相反的是，受感染的男性则更加反社会、更嫉妒、更多疑、更怪癖，他们也更容易违反规则，将拥有更低的智商。换句话说，这种寄生虫能让女人变得像性感小猫，能让男人变得像流浪猫。"人类感染这种寄生虫的主要原因，是食用了包含这种寄生虫包囊的未煮熟的肉或生肉。

波尔特称，还有一些研究结果更为怪异。有些感染过这种寄生虫，但却没有任何明显症状的人，出车祸的概率是没感染者的2.7倍；而且患精神分裂症的概率也增大了很多。刚地弓形虫是一种细胞内寄生原虫，可感染任何有核细胞。对怀孕女性来说，容易引发胎儿畸形或流产，非常危险，甚至还能杀死免疫系统低下的人。

长期吃素很容易导致大脑萎缩

牛津大学的科学家们发现了一个令人震惊的消息：长期吃素易导致大脑萎缩。他们使用体检、大脑扫描和记忆测试等方法抽样检测了150个从60岁到87岁之间的人。

在持续追踪5年后，科学家们再次对这些志愿者进行检查后，惊讶地发现，维生素B12水平最低的人患上脑萎缩的概率最高。从而，既证实了大脑萎缩和维生素B12水平之间的关系，也证实了这个理论的权威性：吃素对大脑不利，那些不吃肉的人患脑萎缩的概率是吃肉的人的6倍。

因为肉类，尤其是肝、牛奶和鱼类是维生素的最佳来源，而长期吃素的人很容易导致维生素摄入不足。维生素B12缺乏还可能导致贫血和神经系统炎症。

另一有趣的故事是，科学家对1800多人进行大脑扫描发现，一周饮酒14次或者更多的人患脑萎缩的概率比不饮酒人士高1.6%。据《酒精与酒精中毒》杂志的介绍，啤酒的危害性小于白酒，喝啤酒的人大脑储存记忆的海马状突起比喝白酒的人小10%。而超重或者肥胖的人与大脑缺失也有莫大的关联。科学家对大约300名女性进行大脑扫描发现，患有脑萎缩的人的平均体质指数是27，她们的体质指数每增加一个点，大脑缺失就会增加13%到16%。

看来，我们大脑还真是妙趣横生，任何生活上的微小习惯都和它的全部机能密切相关。

人类不可不知的五大疼痛

你知道全球一年的止痛药销售额是多少吗？——500多亿美元。这说明了很多人都在忍受疼痛的困扰。

美国生活科学网曾经举例说，大约7500万美国人忍受慢性或周期性爆发的疼痛折磨；2500万美国人曾经有过偏头痛；1/6的美国人患有关节炎，人们时常感受疼痛的痛苦。而且对于慢性疼痛的受害者来说，非处方的止痛药却常常无济于事，吗啡和其他麻醉药具有上瘾的副作用。

其实，疼痛的信号只有从神经末端传输到大脑时，你才能有所感觉。所以，有五大疼痛事实，作为被人忽略的“冷知识”，你应该知道：

1.科学家不了解疼痛

美国疼痛治疗院院长凯瑟恩·威勒说：“疼痛很复杂，以至于我们不能清晰地定义它，疼痛远比自然传输和感觉转换更为复杂，疼痛是情绪、文化、感受、精神和体验的复杂综合体。”也就是说，科学家如果可以全面掌握疼痛是如何产生的并知道为何疼的话，他们就能帮助你更多地消除疼痛。一些疼痛是由受损的神经造成的，只是很多时候科学家也不能轻易地查明它们。

2.一些动物无法感受到人类的疼痛

抓一只无毛的鼹鼠进行一年的研究实验，发现这种无毛的小动物既感受不到酸的伤害疼痛，也体验不到红辣椒粉的刺激，也就是说动物研究有时候的确可以为减轻人类的疼痛感提供线索，但很多时候，动物和人类的疼痛感是不同的。比如龙虾一点也感受不到疼痛，即使将它们煮熟了，它们也不觉得疼。

3.女人感受更多的疼痛

但凡看到过女人在没有用药的情况下，自然生孩子的人，都会无可争议地认为：女人能忍受任何痛苦。这或许是因为女人较男人有更多的神经受体，比如，女人每平方厘米面部皮肤中有34条神经光纤，而男人只有17条。所以，女人一生感受到的疼痛比男人多得多，不但疼痛的位置比男人多，连疼痛的时间也更为长久。

4.慢性疼痛导致大脑收缩

早在2004年，科学家就研究出来：慢性背痛的人的大脑较正常人小11%，只是没办法查明其中的原因。所以，假如你患有慢性疼痛病，你就应该明白这将会阻止你干活，并导致你出现很多别人无法理解的“发怒”。这是对神经系统的一种破坏。

5.偏头痛与性欲齐头并进

另有一项有趣的科学研究发现：偏头痛患者的性欲比紧张性头痛患者高20%。如果二者真的受同一大脑化学物质的影响，那么人们掌握了其中的联系，就能更好地处理二者之间的连接，更好地治疗疼痛，至少是部分疼痛。

那么面对疼痛，难道人类就束手无策吗？

当然不是。

办法很简单：锻炼。

《关节炎护理和研究》杂志上有明确的解释，“即使每次10分钟、每天步行3次这一微小的生活方式的改变，也能减轻关节炎患者的疼痛。体育锻炼能自然地消除一些疼痛，减少对止痛药物的过分依赖，是大多数关节炎患者的自然止痛药。”

意大利《头痛》期刊曾经介绍过治疗慢性疼痛的方法：如上班族每隔两三小时做些放松运动和姿势锻炼，可以消除和减轻疼痛。“每天坚持运动的人比那些不改进生活习惯的人，其头痛、背痛和肩膀痛明显减少了40%以上，且他们服用止痛药的数量也削减了一半。”这是权威人士经过8个月的测试得出来的精确结论。

人类的听觉竟来自古老鱼类

俄罗斯媒体称，美国动物学家日前对几种古老的鱼类进行了研究，他们证实人类和其他动物的听觉神经元来自4亿年前的鱼类。

在美国加州北部的海岸线附近，人们都知道一种“平鳍美洲蟾鱼”（Plainfin Midshipman）。它有许多奇妙的“故事”，比如在繁殖季节里，雄鱼会找一个栖息的水塘，在涨潮的夜晚，发出低沉的如音乐的声音，以此来吸引雌鱼，而且它的声音可以持续一个多小时，听起来像海底开来了一架高速摩托。住在海边的人时常会抱怨这种声音，因为它令人觉得自己连房子都跟着那声音在晃动。而在美国西海岸生活的另一种蟾鱼（Midshipman），也能发出类似的低吟声，并借助鱼鳔发出的声音吸引雌性，捍卫自己的领地。

康奈尔大学神经仿生学家安德鱼·巴斯（Andrew Bass）在对蟾鱼进行了近10年的研究后得出结论：在进化过程中，这种鱼从其他古动物处获得了听觉和发声的能力。如果利用共焦激光显微镜，就可以找到并确定它们音高和音频的听觉神经元。这些听觉神经元位于大脑神经的末端与脊神经之间，在鱼脑的后半部分，和两栖类、鸟类、哺乳动物的听觉神经元位置一样。由此可见，听觉神经元来源于4亿年前的古老鱼类。

巴斯说：“对这种鱼已经进行了大量研究，不断发现这种蟾鱼的神经系统的运行方式与哺乳动物的有多么相似。”当鱼的大脑准备发出声音的信号，就会对听觉系统发出一系列同步信号。耳朵和大脑配合得当，所以，能够准确区分出哪些声音是自己的，哪些是外界的。

通过“面子”看文化

当美国人观察人们的面部表情时，会重点看中心人物的面部表情；而日本人会仔细观察中心人物周边的其他人的面部表情，然后再评定中心人物的情绪。这一有趣的现象，被英国格拉斯哥大学的研究人员发现，并得出这样一个结论：西方人更加注重看个人的面部特征，而东方人更在意了解群体的面部特征。换句话说，“人们识别面孔的方法随文化而有所不同”。

为了弄清楚文化是否影响了我们识别面孔的方式，科学家曾经分别调查过14位西方高加索人和14位东方亚洲人的眼睛运动情况。实验是通过在他们的头顶上安装微型摄像机，当他们观察电脑屏幕上的面孔时，运用眼睛观察跟踪系统来监视他们的眼睛运动。

格拉斯哥大学的认知神经科学家罗伯特·卡尔达拉说：“我们注意到东方观察者和西方观察者的眼睛运动有明显的不同。我们发现东方亚洲观察者趋向于重点观察鼻子或面孔的中心部位，从而对所有面孔做出更加综合性的评估，而西方人则趋向于看如眼睛和嘴巴等个别面孔的细节特征。”这似乎可以说明东方亚洲人倾向于看整体，而西方人倾向于看个人。

这些差异是由真正的社会经历形成的，而不是由基因造成的。因为研究显示，一个中国人在英国出生并成长，那么他的观察方式则更像西方。这个发现让我们新奇地明白了为什么不同文化背景的人，用非语言方式交流会经常出现理解和沟通的问题。因为面对面的交流使人观察不同的面部位置，从而产生不同的理解。在科学上，这被称为“杂乱的定位”。

另外，在东方亚洲文化中，眼睛直视或过多的接触被认为是不礼貌的表现，这也是文化差异造成的沟通的障碍。

人类大脑也有四季更迭

医学界研究称，德国每年有大约8万人受到冬季抑郁症的困扰。而加拿大多伦多大学的研究人员找到了一种微型蛋白粒子，它们在春、夏、秋、冬不同的季节，在人脑中的活跃程度也不一样。这种信使物质5-羟色胺的减少和光照不足，被一同视为导致冬季抑郁症的主要原因。因为这种病症，到了春天就会自然痊愈，所以很多人非常喜欢春天的感受，因为阳光驱散了阴暗。

为了观察人类大脑中的四季变化，加拿大研究人员对大约100名测试者从1999年到2003年进行了为期4年的调查。期间，每隔几周他们就对测试者的情绪状况进行跟踪记录，并给他们做大脑扫描，观察大脑中的化学物质在1年之中如何变化。一种蛋白质——5-羟色胺的运载体引起了研究人员的注意。研究人员发现，这种微小的运载体在光照不足的季节表现极为活跃。显然，在秋季和冬季它在人脑的所有区域进行"清扫"工作（这种蛋白质在光照控制下将5-羟色胺清除出脑细胞的间隙），至少对测试者的大脑扫描结果证明了这一点。

这一研究成果让我们最终懂得了光照和情绪之间的关系，了解到为什么敏感的人在秋季和冬季经常变得抑郁消沉。

光照至今仍然被视为人体的生物钟——最重要的计时器——即人类天生的生物节奏。光照还可以通过降低睡眠中荷尔蒙褪黑素的量，来调节清醒和睡眠间的交替。光照极为不足或是缺少光照的寒冷季节，将会降低褪黑素的抑制作用。结果就是，人们早晨依旧感到疲倦，从而导致情绪低落。而研究人员至今仍然无法完整解释5-羟色胺在其中扮演何种角色。

让人隐形的"新材料"

2008年，科学家们制造了两种神奇的可以让光线改道的新型材料，这两种新型材料都叫做超材料（metamaterial），在自然状态下看不见，它们具有负反射指数，是一种人造工程结构。

这一研究由美国加州大学伯克利分校的纳米科学与工程学中心张湘分别带领两个小组进行不同的实验，其中一支小组将他们的发现发表在《科学》杂志上，而另一支小组则将他们的成果发表在《自然》杂志上。他们其中一种办法是使用金属鱼网层来反转光线的方向，而另一方法则是使用微小的银线。

这种新型材料都是纳米级的，而且可以在有限的波长范围内将光线反转，影响接近可见光光谱的光线，可以使物体隐形，即便是大到坦克车及航空母舰都可以实现隐形。虽然现在确实还不能隐形任何东西，但在未来足可以让路上的行人“隐身”起来。那些只能在科幻小说中看到的“隐形人”，随着科学家的研究，将可望成真。科学家称：“在天然材料中，反射指数是正的。当你看水中的鱼时，鱼似乎出现在它真正位置的前面。如果你将一根棍子插入水中，你会觉得它发生弯曲并离你而去似的。”这是因为当光线在水和空气之间穿行时光线弯曲会导致幻觉的产生。

透明胶带中发现“X光”

现代物理学家常常可以从人们熟悉的东西中发现不寻常的物质，比如在透明胶带中发现了X光。实际上，早在50多年以前，俄罗斯几位科学家就从玻璃上揭下的黏性胶带中发现了X光，甚至有研究人员利用胶带发出的X光给手指拍了一张照片。

而洛杉矶大学的研究人员胡安·埃斯科巴则表示：“透明胶带放射的X光量之大令人非常吃惊。经过细微改进之后，可以用于制作成本低廉的医用X光机，尤其对电力资源紧缺或电价昂贵的地区更为适用。毕竟，只需采用人力进行诸如晃动等动作，就可通过卷胶带或类似的动作操纵X光机。”

洛杉矶大学及其研究人员为这类设备申请了专利，他们还将一台机器置于真空室里，并以每秒1.2英寸的速度揭开普通的透明胶带，证明这样的确可在胶带从胶带卷中撕开之处快速产生X光脉冲，每束约十亿分之一秒长。埃斯科巴表示，正在这个地方，电子跳向黏稠的正在拉出的胶带底部，这段距离约有千分之二英寸。当这些电子碰到粘胶带黏性的一面，速度就会放慢，从而放射出X光。

那么这一现象会对无忧无虑的胶带制造工人产生健康危害吗？埃斯科巴解释说，在有空气的非真空条件下，胶带并不会放射出X光，只有在真空环境中才有效，在日常条件下根本不会发生。

六大超能力让科幻电影变成现实

好莱坞电影《蝙蝠侠前传2：暗夜骑士》中，蝙蝠侠试图用强壮的肌肉和过人的智慧成为最好的英雄。但这两样武器，在现代社会，显然有些过时了。如果没有蜘蛛侠那样几种超能力，暗夜骑士的“未来”简直前途暗淡。

在现代科技日新月异的当下，普通人正在取得电影中的六种超能力，逐步变为超级英雄：

1.隐形斗篷

《神奇四侠》中的苏珊·斯道姆拥有一个令人羡慕的本领——隐形。哈里·波特和同伴也能利用神奇斗篷达到隐形，这些在科幻小说里才出现的隐形衣如今正在成为现实。英国和美国研究人员组成的研究小组正在为此而努力。一种由铜线、环和电路板材料混合而成，像陶瓷、特氟纶以及光纤的电路板材料，正在集中研制。理想情况下，观察者可以看见它们周围的物体，但看不到隐形物体的存在。不过，此隐形斗篷只能在微波情况下让物体“消失”。如果能够让隐形斗篷在可见光下发挥作用，那在未来的某一天，我们可能拥有隐形的能力。不过，要想让人真正隐形，科学家还有很长的路要走。

但不管怎样，我们已经迈出了第一步。

2.肢体再生

《X战警》中的金刚狼称得上一位超级英雄，拥有一项神奇的本领——肢体再生，金刚狼受损肢体可以重新长出来，这无疑是每一位英雄梦寐以求的能力。几百年来，人类一直在寻找令伤残四肢自然再生的方法，科学家终于在这条道路上取得了突破。现在，科学家正致力于研究干细胞、火蜥蜴和猪膀胱粉等，希望能够找到让肢体再生的良方。这一点，无疑对士兵们意义重大。

干细胞是一种所谓的主宰细胞，能够分化并长成人体各部分所需的组织。科学家认为在火蜥蜴肢体再生中，干细胞扮演了重要的角色。已经有实验表明，一名手指被切断的患者在使用被称为“魔法粉”的物质后，手指竟神奇般再生。所以科学家们预言，在10年内，这种技术有望帮助四肢伤残者摆脱残疾之苦，重做“完人”。还有的人在猪膀胱粉的帮助下，重新长出右手中指的指尖——每天喷两次，前后共4个月。但专家们警告说，目前，仍然没有任何证据显示猪膀胱粉具有肢体再生的功能。

3.像超人一样飞行

如果不借助外物，我们是不可能具备飞行本领的，所以“飞行”是超人最令人羡慕的能力，也是人类始终如一的梦想。飞机当然是与天空为伍的一个不错选择，但我们不可能为了一时的心血来潮，就购买一架飞机。所以，自20世纪50年代以来，火箭动力背包就成为短途飞行的“重要武器”。

喷气背包国际公司表示，在未来几年里，将很快可以实现“飞行速度每小时133千米，且能够进行9分钟”的样机已经出现了。

4.极客眼镜让你具备X光视力

在美国，包括洛杉矶、菲尼克斯和纽约在内的几大飞机场，安全检查员都在“窥视”乘客衣服里面是否隐藏武器，测试所用的就是“测试身体扫描仪”。这种扫描仪利用低能电磁波产生木纹状的人体电脑图像，呈现人体曲线。类似装置也许将在未来替代绝大多数机场目前使用的金属探测器，但由此引发的隐私问题也将令人担忧。所以，如果想像超人一样能看透别人的衣服，不妨到玩具店买一副“极客眼镜”。

5.超级胶带

人们经常在小说和影视作品中看到那些飞檐走壁的武林高手，

而蜘蛛侠高超的飞檐走壁的本领更令每一位影迷羡慕不已。幸运的是，这一梦想可能很快成为现实，因为科学家们从壁虎的身上获得了灵感。

在动物世界里，壁虎可以像蜘蛛侠一样，在垂直表面如履平地。秘诀就是利用足垫上数百万根细毛共同形成的巨大吸力。科学家在显微镜下发现，壁虎脚趾上约有650万根次纳米级的细毛，这些细毛的长度是人类毛发直径的2倍，毛发前端有100～1000个类似树状的微细分枝，每分枝前端有细小的肉趾，能和接触的物体表面产生很微小的分子间的作用力。

每根细毛的直径为200～500纳米，约是人类毛发直径的1/10。这个力虽然很小，但是凝结在一起，可吸附的质量就变成了133千克的物体，这相当于两个成人的质量。现在，科学家已开始模拟壁虎微毛，研制一种邮票大小但却具有超级黏性的胶带。只要贴在手套或者鞋子上，你就能像蜘蛛侠一样攀爬摩天大楼。这种胶带的使用方便快速，贴上和脱离都变得特别容易。

6.大脑功能促进剂

最想成为医生或科学家的人，通常都是想具备蝙蝠侠体格和智力的人。因为一些优秀的棒球运动员已经证明了类固醇可以有效帮助提升人类的体能；而用于治疗睡眠过多、注意力持续时间短等疾病的药物也正越来越受到企业高管和求学者的青睐。这种物质被人们形象地称之为“大脑功能促进剂”。

安眠药也能唤醒“睡美人”

众所周知，安眠药的功效是促进睡眠，但科学家发现，有一种安眠药居然能奇迹般地使植物人苏醒。这一重大发现，居然还有活生生的例子。“睡美人”是英国一位名叫艾米·皮卡德的女子，家住英国萨塞克斯郡东部的黑斯廷。她在昏迷6年后醒转，并逐渐恢复健康。英国广播公司的一套节目还打算为这个“睡美人”拍摄一个纪录片。

2001年，这个17岁少女的大脑被海洛因严重损害，从此进入“沉睡”状态。在她奇迹般地醒来前4个星期，医生和家人开始给皮卡德服用一种特效药“思诺思”（化学名为唑吡坦）。通常情况下，它能使人15分钟内入睡，是一种短效安眠药，而且对人体白天的行动和记忆的不良影响都比较轻。

此时，皮卡德已经昏迷了整整6年，醒来的时候她已是一位23岁妙龄女郎。她的母亲塞尔玛欣喜地说：“每次看她吃药，我都看到她面部渐渐放松，原有的光彩在她眼中重现，让人难以置信……她在慢慢起变化，这多么令人惊奇。……她的双眼渐渐能聚焦于事物，对周遭开始有反应；她开始发出声音，几乎能形成完整语句。”最后，奇迹终于出现了，一个昏睡了6年的“睡美人”居然在“思诺思”的帮助下渐渐恢复健康。

她的复苏当然还归功于她54岁的母亲塞尔玛，塞尔玛曾说：“医生从不用‘死亡’一词形容大脑部分区域，他们只是称其为‘沉睡’区。”所以，当她从报上获悉“思诺思”奇效后，就专程飞往南非，去了解临床试验的过程与疗效。终于，“睡美人”被神奇的安眠药唤醒了。

其实，早在1999年，思诺思的妙用就已经为人所知。当时，南非有一个叫路易斯·维尔容的青年在某次重大车祸中大脑受损，陷入昏迷状态长达5年。期间，护士偶然发现他昏睡时身体不停地抽搐，便赶紧报告医生批示，医生嘱咐给他服用点思诺思，希望帮他摆脱抽搐的痛苦。

令人不可思议的是，维尔容服药后25分钟，突然从床上坐起来说：“嗨，妈妈。”维尔容的母亲和看护当时都在场，所有的人都惊讶得说不出话来。维尔容家的保健医生沃利·内尔说：“这是具有纪念意义的一刻。我们得弄清是怎么回事，一定是有什么不同寻常的、奇妙的事发生了。”

思诺思由英国制药公司Re-GenTherapeutics生产。这家公司正在全球展开临床试验计划，包括皮卡德在内，迄今已有360人尝试过思诺思。据研究记录显示，其中60%的试用者逐渐恢复了知觉。

“啤酒眼镜”效应

科学家让84名志愿测试者喝下酸橙口味的饮料（这些饮料有的含有酒精，而有的不含酒精）。在测试者喝完饮料15分钟后，研究人员让其观看电脑屏幕上的男女图像，并分别给图像打分。结果显示，喝了酒的测试者相对没有喝酒的测试者，会更容易觉得别人富有魅力，最有意思的是，酒后的男女测试者，不仅觉得异性更有魅力，竟然也对同性的魅力非常感兴趣，而且魅力打分比其他没喝过酒的人提升了大约10%。

英国布里斯托尔大学的研究人员称，那些在酒吧里寻找意中人的人，应该好好注意这种奇特的“啤酒眼镜”效应。所谓“啤酒眼镜”，是指在喝了酒之后，人们看人时会觉得对方更性感更迷人，就好像自己被戴上了一副眼镜似的。所以，在喧闹的酒吧或热闹的派对上，经常会出现一个怪现象：几杯酒落肚后，大家眼光迷离，都觉得身旁的异性变得漂亮迷人，“醉人眼里出西施”，丑女变貂蝉，丑男变帅哥。人们越喝越起劲，这就是受“啤酒眼镜”效应影响。所以，下次当你听到有人用“啤酒眼镜”来责备“酒后乱性”时，你得相信他们是有科学依据的。

负责这项研究的马库斯·莫纳法博士说：“所谓的啤酒眼镜效应是因为大脑中负责评估面孔吸引力的伏隔核受酒精刺激所致。这可以解释酒精效应如何影响我们处理面孔和魅力。然而，一些社会因素可能会改变现实生活中的这种效应的发挥。”

其实，科学家在以前也做过“啤酒眼镜”效应的研究。英国格拉斯哥大学的心理学家在2003年的时候，曾经让学校酒吧里的男女学生，在不喝酒和喝酒两种不同的情况下，对他人的照片给予打分，其研究结果也同样支持“啤酒眼镜”效应。同时，研究发现：男人在喝酒后的“啤酒眼镜”效应可持续24小时。也就是说，在喝酒后的24小时里，男人始终都会觉得女人比平时更有魅力。

此外，更有意思的是，英国曼彻斯特大学的科学家找出了“啤酒眼镜”效应的方程式，指出这一效应并不是男男女女的错觉，也不仅是酒精的作用。

原来，“啤酒眼镜”效应还和当事人的视力、空气中的烟雾、光线，人与人之间的距离等许多重要因素息息相关。

12种致命病毒知多少

科学家们早就警告人类，全球气候的恶劣变化，将会令某些疾病的传播速度更快，传播范围更广。比如，气候变暖可以帮助病原体或它们的携带者活得更久；水源的变化，导致家畜更容易与野生动物发生接触；降雨的变化让病原体更容易存活和传播。

为此，科学家们呼吁在全球范围内建立野生动物监测系统，长期目标是全面检测全球范围内的野生生物群落健康状况。通过观察动物群体疾病暴发情况，及时采取措施保护人类和当地生态系统。因为野生动物在疾病来临之前，通常可以提前预警，这样的话，提前采取预防措施就可以挽救数百万人的生命。比如，通过监控大猩猩种群中是否爆发埃博拉病毒，可以帮助人类提前采取预防这种致命疾病的措施。

而国际野生动物保护协会的科学家们更是列举出12种对人类和野生动物最致命的疾病，提醒人们的注意。

12种致命病毒分别是：

流感：暴风雨天气的增加经常搅乱鸟类迁徙，迫使一些被感染的野生禽类进入新的区域，从而增加了它们与家禽接触的概率；

霍乱：病原体非常适合温暖天气，全球气候日益变暖很可能导致全球大爆发；

寄生虫：降雨增多、温度升高，让肠内外寄生虫存活更久，它们对人类和动物的威胁日益增大；

埃博拉：雨林的变化会对其产生影响，病毒能够杀死猩猩，甚至人类；

黄热病：通过蚊子传播，随着雨季和温度的改变，黄热病已经开始向新区域传播。

犬巴贝斯虫：人类身上日益多见，气候变化导致它们在狮子和水牛身上快速衍生；

瘟疫：随着气候变暖，已经大大扩展了啮齿动物和跳蚤的生存空间；

裂谷热：这种病毒对食物安全、健康以及生态影响非常大，特别在中东和非洲危害更重；

昏睡病：通过舌蝇传播，分布范围已经扩大；

莱姆病：白足鼠和白尾鹿的数量改变，可以促使这种疾病从美国向加拿大传播；

红潮：通过释放软骨藻酸、双鞭甲藻神经毒素以及贝类毒素，可以对人类构成危害，而且最大的影响是对自然资源的破坏。

肺结核：炎热导致河流干涸后，家畜将被迫与一些被感染了的动物饮用同样的水源。饮用被污染了的牛奶，人类会被感染。

中篇

迥然各异的历史文化奇谈

奇妙的村落城镇与水上文明，全球奇闻异趣，被掩盖的人文奇观，异域魔境的神秘地带，令人惊讶的历史巧合……引领读者感受不同寻常的人类文明与历史进程。

第一章

奇妙的村落城镇与水上文明

斜而不倒的应县木塔

中国山西应县木塔建于辽代清宁二年（公元1056年），它建在4米高的两层石砌台基上。木塔重约5300余吨，木构件约10万块、3000余立方米，通高67.31米，底层直径为30.27米，平面为八角形，五层六檐。外观五层，但是塔内夹有暗层四级，实为九层。各明层外柱均立在下层外柱的梁架上，并向塔心收进半柱径，使塔的外观轮廓构成一条优美的逐层收分的曲线。塔内各层，使用了中国传统的斜撑、梁枋和短柱等建筑方法，使整座塔连成比例适当的整体，巍巍耸立，蔚为壮观。

自其建成以来，应县木塔曾经历过大地震和炮击，但都没有被撼动。史书中有这样的记载："元顺帝时大震七日，木塔屹然不动"。民国时期的一场战斗中，一枚炮弹击中了木塔，虽然损坏了几根梁柱，但依然没有倒塌之忧。

应县木塔在历经近千年的风雨侵蚀和多次地震、炮击的重创后，至今仍巍峨耸立没有倒塌。究其原因，应该归功于应县木塔本身精巧的结构体系、古代工匠对建筑材料的精心选择和当地易于木材保存的独特气候。

木塔采用了分层叠合的明暗层结构，用小规格的木料组成宏大的塔身，空间结构体系近似于当今世界上一些高层建筑。

另外，古代匠师在利用木料和选料方面所达到的水平，也令现代人为之惊叹。这座结构复杂、构件繁多、用料超过5000立方米的木塔，所有构件的用料尺寸只有6种规格，用现代力学的观点看，每种规格的尺寸，均符合受力特性，是近乎优化选择的尺寸。

在世界现存古木建筑中，形体如此高大、年代如此久远的古木塔已是孤例。

中国辽西“女神庙”

在中国古代神话中，女娲是一位备受敬仰的女神，在她死后，人们仍念念不忘她给予的恩惠，以各种形式来纪念她。据古书记载，曾有一座祭祀女娲娘娘的神庙，每年春天举行盛会时，青年男女都会从四面八方到此会合，举行祭神、祈神等活动，并踏歌起舞，欢娱作乐，庙前山野不时响起“新庙奕奕”“万舞洋洋”的乐曲。

如此盛大的祭祀女神的活动，在中国远古是否真的存在？这一直是困扰在人们心中的疑问。让人们感到意外的是：这神话般的历史场面，竟会在辽西大地一条神秘的山谷里，被考古工作者发掘出来。

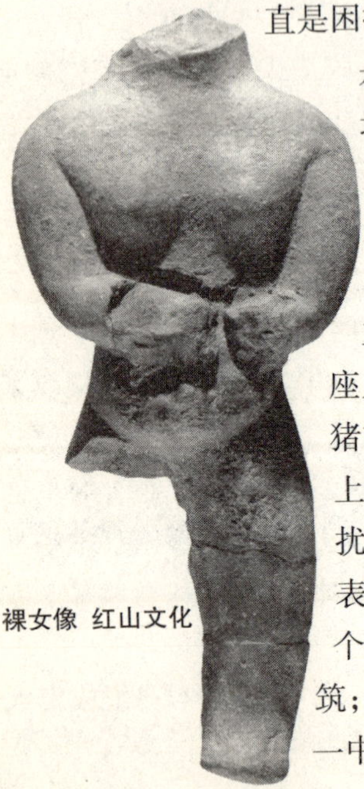

裸女像 红山文化

女神庙遗址距今5000～6000年，位于中国辽宁牛河梁一带。它坐落在牛河梁主梁顶向阳山坡的松林丛中，北部紧靠一座人工砌筑的大型山台，向南遥对一座形似猪首的山峰，显然是有意选择的位置。庙的上部早已塌落，但因数千年没有人为或自然扰动，埋藏于地下的下部保存完好，揭开地表就全部露了出来。女神庙由一个多室和一个单室两组建筑构成。多室在北，为主体建筑；单室在南，为附属建筑。两组建筑约在同一中轴线上。女神庙的建筑技术已有相当高的水平，顶盖墙体采用木架草筋；内外敷泥，具有承重合理、稳定性强的特点。墙面压光后再施彩绘，表明当时的建筑已有内外装修。从建筑结构看，主体建筑既有中心主室，又向外分出多室，以中轴线左右对称，另建置附属建筑，形成一个有中心、多单元对称而又富于变化的殿堂雏形。

这座庙之所以叫做女神庙，是因为庙内出土的泥塑人物群像皆为女性。已发现的人像残块有头部、肩臂、乳房、手部等，分属6个人体，一般与真人大小接近，有的是真人的3倍。特别是这里出土的一尊与真人大小相当的头像，面部轮廓为方圆形，额部宽平，眉弓不显，眼窝浅而平，双目长而失圆，鼻梁低平渐宽，嘴部较长，嘴角圆而上翘，颧骨隆起，下颌圆而尖——这是比较典型的蒙古人种。这尊珍贵的女神头像与今天的中国人形象极为接近，其脸形同今人没有多少差别，平凡而朴实。圆而上翘的嘴角露出亲切温和的微笑，唯一使人觉得神秘而不可捉摸的是镶嵌在眼眶内的又圆又大的眼珠，居然是深不可测的天蓝色宝石！这尊女神头像虽然精美完整，但她仅相当于真人大小，位置也在主室偏西一隅。而在主室中心部位出土的大鼻、大耳残块，竟为真人耳鼻的两三倍大，如果按人体正常比例的立像推测，大约有5米高，真是让人感到吃惊。如此巨大的女神像，才应是此庙主室中心的主神。居住在牛河梁的远古居民对庙中大小有别的女神群像的奉祀，原是对主次有序的女性祖先的崇拜。

除了人像之外，还出土了众多被神化的大型动物塑像，可辨认的有：蹲状的猪龙、彩绘猪龙的下颌、大鸟的双爪残块等等。由此不难推想此乃一座主神居中、众神围绕的多室布局的神殿。殿中以各类动物塑像为陪衬，神像前还陈设着精心刻镂、造型考究的彩绘祭器。

更让人吃惊的是女神庙的附属建筑——用石头砌成的祭坛和积石冢。祭坛的平面图类似中国北京的天坛，前圆后方；冢的结构与后世的帝王陵墓相似；而女神庙则位于中心最显著的地方，积石冢环绕女神庙四周，形成一个统一的整体，一个巨大的祭祀建筑群。

面对在中国大地上从未出现过的遗迹和文物，人们在震惊之后陷入了对文明源头的沉思和遐想之中。比起中原地区所发现的原始文化遗迹来，这一处红山文化遗迹的确更令人激动，更令人遐思。因为中原地区的原始文化遗迹，大多是原始人的居民点，温馨、实际、祥和，没有多少浪漫的情调，也反映不出原始人心灵的狂热，而地处中国东北部的红山文化遗址，其主要的大型遗迹，都同原始宗教密切相关。中华文明的源头是单一的还是多元的？文明的源头在黄河流域、长江流域，还是东北地区？

那尊神形兼备的女神头像又代表什么呢？有人称她是牛河梁、红山人的女祖，也就是中华民族的共祖；也有学者大胆地猜测，把牛河梁的发现与古史传说联系了起来，认为女神塑像群就是传说中的女娲氏；还有人认为发达的宗教祭祀应与颛顼相联系；有人认为那些精致的龙纹题材的文物，应该是蚩尤族的遗迹；更有人认为这些文物与黄帝一族有关。

牛河梁红山文化晚期的年代为5000年前，与五帝时代的前期相近。黄帝战蚩尤于涿鹿之野，地址在今河北省北部桑乾河流域以至辽西一带。故以女神庙为中心的牛河梁大型礼仪性遗迹群址的发现，增加了五帝时期有关代表人物在北方地区活动的可信度。

面对这些遗迹，人们的思绪无法不飞回到大约6000年前在这里举行盛大宗教仪式的狂热场面。对伟大的至高无上的女神的崇拜，在中原文化中，仅仅于神话里还残留着一丝史影，而在红山文化中，却能目睹6000年前引得人们如痴如狂的伟大女神的尊容和玉体。

不过，由于女神庙的地下埋藏绝大部分尚未发掘出来，因此其真相仍扑朔迷离，神秘莫测。

柴达木盆地的鱼化石

位于青藏高原北部的柴达木盆地是中国海拔最高的盆地。自新生代以来，印度板块与亚洲板块相撞、青藏高原不断上升以及持续干旱，这里发育着干旱的风沙地貌。2008年8月，由中科院院士张弥曼领衔的中美古生物学家团队在盆地中的新世湖相沉积物中发现的一种骨骼超常粗大的鱼化石——伍氏献文鱼，不仅展示了鱼类对极端环境的生理适应能力，也是除盆地中所保存的大量的蒸发岩和曾生存于高盐度水域里的无脊椎动物化石之外，柴达木盆地干旱化过程的又一见证。

伍氏献文鱼属鲤科裂腹鱼亚科，其奇特之处在于遍布全身的超常粗大的骨骼，几乎没有多少空间可供肌肉生长，这在现代鱼类中是闻所未闻的，在化石记录上也仅在地中海北部沿岸发现过一例。

专家说，中美科学家合作完成的研究成果《发现于柴达木盆地的骨骼超常粗大的鱼化石及其与干旱化的联系》超越传统的古生物学研究，把化石鱼类和现代鱼类的系统学及生理学方面的现象与古环境研究联系起来，是多学科综合研究的一种尝试，也是地球系统科学研究中岩石圈过程对地表过程影响的又一实例。

“八臂仙母虫”化石

2008年11月，中国地质科学院地质所新元古代研究组在中国贵州省江口县翁会村的一个小山坡上，发现了大约5.8亿年的伊迪卡拉纪八辐射螺旋动物化石，这是迄今为止最早的螺旋辐射动物实体化石。

研究小组经与瑞典国家自然博物馆早期动物专家本格森院士进一步合作研究，发现的螺旋辐射动物实体化石，最终确定其为八辐射螺旋动物，具有辐射对称的属性，可能为腔肠动物和螺旋动物的共同祖先，定名为“八臂仙母虫”（新属、新种）。

八辐射螺旋动物实体化石在相当于“庙河生物群”的层位被首次发现，不仅重新认定了“庙河生物群”中的八旋痕迹化石为八辐射螺旋动物化石的真实属性，而且由于辐射对称动物为典型伊迪卡拉动物群的重要成员之一，从而为中国震旦纪陡山沱晚期出现的生物群与澳大利亚典型伊迪卡拉生物群对比提供了重要依据。

中国最后的枪手部落

岜沙位于中国贵州省东南部从江县，人口仅有2100多。至今，岜沙人依然坚信自己是蚩尤的后裔，坚定地称自己是“最正宗的苗族”“蚩尤大帝的子孙”，按照最久远的方式生活着，守护着几千年未断的传统。

沿着曲折的林间小路就可进入岜沙人的寨子。沿途的大树下随处可见岜沙人敬神的石块、砖块等，这些是万万不可动的。岜沙人敬畏树，每出生一个孩子，家里人就会为孩子种下一棵属于他的树，当他去世时就用这棵树来制作他的棺材。

走进岜沙，有如置身远古的部落。寨门口有年轻的枪手们侍立，他们面无表情。村寨里凡是成年男子都佩戴一支属于自己的火枪，他们目光凶悍深邃，喜怒不形于色，颇有远古武士的风范。尽管战争的硝烟早已褪去，火枪的意义也发生了嬗变。但是，岜沙苗人仍然随身带枪，这个习惯是和他们的生存状态分不开的。在1999年之前他们还是以狩猎为生，政府在禁猎缴枪时，岜沙人坚决反对，颇有人在枪在的气势。政府考虑到岜沙人的特殊情况，破例同意他们保留枪支，但是禁止他们用枪打野生动物。这样，岜沙就成了“中国最后的枪手部落”。

岜沙男子的装扮很有特色:光头上都挽着同一个模式的发髻，身着自染自制的无领右开衽铜扣青布衣，大大的裤管，随身佩有腰刀、火枪。岜沙男子非常重视他们的发髻，发髻在岜沙苗语里叫做“户棍”，是男性成人的标志。“户棍”就是剃掉男性头部四周的头发，仅留下头顶中部的头发，盘发为髻。相传，头顶的发髻会被终生保留，因为他们认为树被剪枝后会生长得更好，但如果将头顶的枝丫全部砍去，树就会死亡。人头顶的头发就相当于树顶的树叶，树顶的叶子如果全部落光，也就表示树要死亡了。因此，头顶的发髻必须终生保留，不得损伤。

这种装束是由苗族先祖蚩尤传下来的，岜沙人也因此自认为是“最正宗的苗族”。“户棍”发式是在中国所能见到的最古老的男性发式。而他们的剃头工具就是镰刀。剃头前，伙计先要把刀在地上蹭几下，称“背刀”，为“求地气”，再在衣服和手掌上蹭几下，为“求人气”。这就是枪手部落沿袭至今的、闻名中外的古老习俗——镰刀剃头。

乐山“心中”的大佛

1989年5月25日，中国广东省顺德县62岁的潘鸿忠老人结束了他的四川乐山之旅，返回家乡。朋友们索要他的旅途照片观看，赞叹不已。潘鸿忠也在一旁审视，当看到一张返回时在船上拍的对岸古塔的风景照时，他突然感到照片中的山形恰如一健壮男子仰卧，细看头部，更是眉目传神。老人兴奋不已，示以众人，无不称奇。照片一传十，十传百，前前后后共有500多人观看，无不惊呼：“此乃乐山巨佛！”

从乐山河滨福全门处举目望去，清晰可见仰睡在青衣江畔巨佛的魁梧身躯。对映着湍流的河水，巨佛似乎在微微起伏。那形态逼真的佛头、佛身、佛足，分别由乌尤山、凌云山和龟城山三山联襟构成。

如果仔细观察佛头，就是整座乌尤山，其山石、翠竹、亭阁、寺庙，加上山径与绿荫，分别呈现为巨佛的卷卷发鬓、饱满的前额、长长的睫毛、平直的鼻梁、微启的双唇、刚毅的下颌，看上去栩栩如生。详视佛身，那是巍巍的凌云山，有九峰相连，宛如巨佛宽厚的胸脯，浑圆的腰脊，健美的腿胯。远眺佛足，实际上是苍茫的龟城山的一部分，其山峰恰似巨佛翘起的脚板，好似顶

乐山大佛

天立地的擎天柱，显示着巨佛的无穷神力。

总观全佛和谐自然，匀称壮硕的身体，凝重肃穆的神态，眉目传神，慈祥安然，令人惊诧不已。全佛长达4000余米，堪称奇绝。

更令人称奇的是，那座天下闻名的乐山大佛雕，恰好耸立在巨佛的胸脯上。这尊世界最高最大的石刻坐佛，身高71米，安坐于巨佛前胸，正应了佛教所谓“心中有佛”“心即是佛”的禅语，这是否是乐山大佛所暗示的天机呢？

那么乐山巨佛是怎么形成的呢？据《史记·河渠书》记载，早在2100多年前，蜀守李冰为辟沫水之害而凿开乌尤山，无意中造就了巨佛的头。唐代僧人惠净为乌尤寺立下规定：任何人不得随意挪动和砍伐乌尤山的一草一木一石一树，代代僧众都视此为神圣不可违犯的法规。因而才保证乌尤山林木繁茂，四季常青，使“佛头”千年完美无损。现在还没有发现关于巨佛的文字记载。

巨佛是纯属山形地貌的巧合吗？为何佛体全身，人工的刀迹斧痕比比皆是呢？为什么1200多年前，唐代开元年间的海通法师劈山雕凿乐山大佛，偏偏选中了凌云山西壁的栖鸾峰，并雕在巨佛心胸处呢？

另外“福全门之谜”也让人费解，要看到楚楚动人的巨佛身影，其最佳位置只有福全门。其他任何一处观赏的效果都不是最好，看上去或是身首异处，或是佛头不清，或是佛身不全。是不是先人故隐玄机，以“福”喻“佛”，其寓意指唯在此处，才可观赏到巨佛全身？

这是乐山巨佛留给世人不断探索的一个谜。也许，其中的玄妙需要人们去慢慢参悟才可以明白。

“见钱眼开”的古井

曾出土“马踏飞燕”的中国武威雷台汉墓还有一口汉代古井，长期以来吸引着游客的眼球。此井的神奇之处在于它居然“见钱眼开”：游客只要将手中的钱币扔到井中，钱币就会被神奇地放大。

多年前的一个黄昏，一名工作人员对一座东汉古墓做例行检查时，无意中向一口枯井一瞥，发现不知谁向里边扔了一元钱，钱竟被放大了许多。还有一次，雷台公园管理处的工作人员为了提醒游客在参观汉墓时别忘了这口古井，就把一盏灯放到古井里，随后有人往里面扔纸币，他一看，神奇的一幕出现了，纸币变大了。为了验证这一现象并非偶然，大家反复试验，发现扔下去的纸币无一例外被放大了，就像在放大镜下一样。由此肯定了古井真的会“见钱眼开”。

这口古井深12.8米，其开口处直径0.95米，井底直径0.86米，而井中部的直径达1.15米，古井整体呈腰鼓状，用典型的汉代古薄砖砌成，砖与砖之间没有使用任何黏合材料，经历了1000多年的历史，井壁的砖大部分已经严重风化，只有井底的部分壁砖仍保存良好。

这座古井为什么会有着放大钱币的神奇功能呢?

古井的放大作用被发现后，中国国内许多专家、学者对其进行了研究，产生了许多种见解。有专家认为井下可能悬浮着某种比重和密度大于空气的气体，光线透过这种气体的界面时产生了折射，从而形成放大作用。

也有专家认为这是因为大家所选的参照物不同造成的错觉。比如，人们总感觉早晨的太阳比中午的大，那是因为早晨的太阳刚升起时，人们用地平线上的房屋、树木做参照物，而中午的太阳没有参照物，造成了“小”的错觉。同样，把四壁做参照物，井底的钱币自然显得大了。但有人做了试验，用同样的参照物，在别的井里却没有放大的现象。

另外有人认为，一般的水井井壁大多直上直下，而这口古井呈腰鼓状，距井底一米处的壁砖呈人字形堆砌，这种独特的造型经过光线的反射产生意外的放大效果。但物理学家认为这和井中间的结构没有任何关系，否定了这种说法。

北京大学物理学院的教授们讨论后认为，井中心的温度低，边缘的温度高就有可能出现放大现象。具体说来，就是在同等介质的气体中，温度高湿度小的地方空气对光线的折射率就低，温度低湿度大的地方空气对光线的折射率就高，放大效果就强。只要能测出井底附近的空气温湿度存在的差异，就能找到这个隐藏在空气中的“放大镜”。但工作人员用一般的指针温湿计测出井底与井口的温度相差两度，湿度相差10%，却无法测出井底中心位置和边缘位置温湿度的微妙变化。

此外，另一件奇怪的事情是在古井底部还有一根直径40厘米的木头。古人为什么要在井底横亘一根粗大的圆木？古井下面是否还有其他建筑？下面到底隐藏着多少秘密？这不由得使人们期待千年古井的谜底早日揭开。

互换清浊的“鸳鸯井”

中国四川省武胜县北飞龙镇木井村，有两口神奇的水井，其一名上木井，一名下木井。它们相距4米，一清一浊，又被当地人称作“鸳鸯井”。每年端午节后上木井变浊，水面浮有一层黄色物体，带有臭味；而下木井井水则于此时变清变甜，供居民饮用；而过了中秋节，两眼井水又双双对变。年年如此，从未错过日期。这奇事引来了众多好奇者，想要一探究竟。

两口井凿于何年已不得而知。当地流传着一首老歌谣：“可观上下两口井，一条大路直穿心；井中清泉最可饮，能分春秋各二季；不知哪朝开的井，何人称为木井村；此井水丰不断流，润泽大地五谷生。”歌中“能分春秋各二季”说的就是两井清浊定期互换的奇事。然而两眼井为什么会清浊互换？为什么会如此有规律？水上为什么会出现黄色漂浮物？

当地地质工作者初步分析后认为，两井地质结构存在裂隙，天热时，地下水进入上木井裂隙，地下硫化物随地下水浸入上木井，就有可能形成黄色漂浮物并导致上木井变浑。而天变冷时，地下水改变方向进入下木井裂隙，于是就出现了清浊互换。

但居民取上木井的水时，下木井的水位会同时下降，反之亦然。这说明两眼井水相通。地下水为什么又是“清浊分明”的？古人打出如此巧妙的鸳鸯井，是巧合还是他们已掌握了地下水流方向变化的规律？看来，这些难解之谜尚待进一步研究破解。

巨型天坑的神秘景象

1998年，中国国土资源部在中国广西壮族自治区百色地区乐业县进行土地资源调查时，发现一种世界罕见的地质奇观——喀斯特漏斗群，又称乐业天坑群，为典型的喀斯特地貌（即岩溶地貌）。

乐业天坑群占地约20平方千米。初步已发现有大石围、白洞、风岩洞、穿洞等20多个天坑。所谓“天坑”，即具有巨大的容积，陡峭而圈闭的岩壁，深陷的井状或者桶状轮廓等非凡的空间与形态特征，发育在厚度特别大、地下水位特别深的可溶性岩层中，从地下通往地面，平均宽度与深度均大于100米，底部与地下河相连接（或者有证据证明地下河道已迁移）的特大型喀斯特地形。现今已经被确认的天坑达78个，其中2/3分布在中国。

乐业天坑群四周皆被刀削似的悬崖绝壁所围，形成一个巨大的竖井，底部是人类从未涉足过的几十万平方米的原始森林，并有地下河相通。森林中有大量珍贵的动植物品种，被形容为远古植物的天堂和动物的王国。

在1999年一次考察中，有人拍到了蓝色的石头、方形的竹子以及许多叫不出名字的植物。科学家们在乐业天坑群周边地区发现了大量二叠时期海洋动物的化石和一个大型的旧石器时期人类生存遗迹。这一发现已经被列入世界十大考古发现之列。专家们指出，这一遗址与北京周口店人类遗址的价值不相上下。专家们将进一步对这些遗迹的价值作出评判，并试着去揭示当时人类的生存状态。

此外，植物学家在大石围底部发现了上千种原始森林内的植物，它们大部分迥异于天坑外的植物，其中已查明的有被称为“恐龙时代活化石”的中国一级保护植物——桫椤。广西师范大学博士、植物分类学专家薛跃规还发现了一种从未见过的、羽脉排列十分奇异的蕨类，他推测这可能是一种可以媲美桫椤的珍贵植物。此外，原始森林里还有冷杉、血泪藤树等珍贵植物，还有许多中药材和高大的乔木，其中最大的一棵酸枣树树干需3人才能合抱。

大石围的底部有两条相连的地下暗河。专家在地下河里发现了盲鱼和一些虾、蟹等，从拍摄到的照片看，暗河中的盲鱼形似鲶鱼。中国科学院动物研究所研究员张春元认为，暗河里无光，鱼的眼睛因此逐渐退化而成为盲鱼。河岸有金黄的沙滩，还有形态各异、花纹美丽的鹅卵石。暗河的水温十分奇特，将手探入水中，两条河的河水一冷一热，其产生原因专家目前还无法确认。走完了暗河全程的中英联合探险队发现，暗河一直向东北流到位于乐业境内的百朗大峡谷的洞口成为地面河，然后汇入红水河。

坑内还发现了被当地人称为“飞虎”的动物和一些鸟类，“飞虎”形似蝙蝠，个头与猫差不多，前后肢有薄膜相连，展开后可以滑翔。张春元教授认为，“飞虎”即为生活在岩洞里的鼯鼠。

这些天坑是如何形成的？人们不禁会有这样的疑问。专家认为，这可能是因为地下暗河长期腐蚀造成巨大地下空洞后引起地表大面积坍塌所致。该地区降水量大，也为地下洞穴的发育提供了良好条件。然而一般的天坑都是单独的一座，而乐业天坑却成群出现，中国地质科学院岩溶地质研究所副研究员蔡五田和黄保健推断，这与乐业县特殊的地质构造有关。

对于乐业天坑群的形成时间，两位专家推测，它们大约形成于300～400万年前的新生代第四纪。从调查的情况看，乐业天坑群在形成过程中遭遇了剧烈的地壳抬升运动。

除此之外，大石围附近的白洞天坑与冒气洞相连，一边洞口冒气，一边洞口吸气，这种奇异的呼吸景观专家一时还无法解释；除已发现的天坑外，乐业县境内是否还存在不为人知的天坑？在这片神奇的崇山峻岭下面，是否还有正在继续坍塌的溶洞在某一天突破崩陷，成为新的天坑呢？随着一些谜团逐渐被解开，另一些新的谜团又接二连三地衍生了出来。

建在巨石上的村庄

从远处看去，一块独立的类似蘑菇形状的大石头拔地而起，顺着巨石原有的坡度，密密麻麻地建造着上百户民居。这就是中国的滇西宝山石头城。村里的居民至今还以石为居，吃饭用石碗，睡觉用石床。

宝山石头城早在中唐时期就有人陆续定居。《元史·地理志》载："其先自楼头（今云南宁蒗县永宁乡），徙此二十余世。"这说明其历史比丽江大研古镇还要早很多。元初宝山州成立后，石头城成为州府所在地，一直到元朝末期，石头城才初具雏形。现在整个村子约有100余户人家，全部为纳西族。

在古代，宝山石头城曾经是整个滇西北地区的要塞，历来都是兵家必争之地。史书记载，1253年秋天，忽必烈南征大理，到达石头城后看到这里不易攻破，就在城下面安营扎寨，并找人和当地纳西族首领谈判。驻守在石头城的纳西首领亲自打开城门，迎接大军入城。最后忽必烈大军顺利通过天险之城，于十一月到达丽江古城，直至消灭大理国，这在中国历史上留下了"元跨革囊"的千古篇章。而当时，忽必烈大军中一些伤残士兵留在了石头城，并在当地结婚生子。现在当地大多数纳西人都姓木，据说他们都是当时蒙古骑兵的后裔。

宝山石头城四面环山，开阔平坦的空地很有限。于是，勤劳的纳西族人因地制宜，经过千百年的开垦，把石头城四周的坡地都开辟成了层层梯田。这是纳西人由"依山负险，酋寨星列，不相统摄"的游牧生活转向农耕阶段的真实写照。梯田层层叠叠，而所有梯田，都有自然流水浇灌。山有多高，水就有多高。在四面颓突的山顶上，能看到汩汩清泉流出，自上而下流淌。而宝山石头城梯田的灌溉方式也不同于其他地方，比如桂林的龙胜梯田、元阳梯田等，一般都是上田水满后直接流到下田。但宝山石头城的梯田所采用的是自流灌溉方法，就是在每块田的下面修了一个暗渠，当要灌田时，堵住暗渠水口，水便会流灌整块田地，满水后打开暗渠水口，再堵上灌田水口，水由暗渠流下，便可浇灌下层田块。这样一来，既可以随时掌控水流大小，也不会产生夺肥现象，充分体现了纳西族人的聪明智慧。

石头城整块巨石地势险峻，三面都是悬崖峭壁，坡度较缓的一面则一直延伸到谷底江水翻腾的金沙江。整个小城被一圈一米高的石墙包围着，南面一条羊肠小道一直延伸到小城内，大有“一夫当关，万夫莫开”之势。

顺着小道往前，穿过一道天然形成的石门就可以进入城内。走在石头城内，可以看到下面纳西人家的天井和房顶，房顶瓦檐相互毗邻，紧密但不错乱。百余户民居红窗白墙，雕花木楼，房屋依地势随岩而造，高低错落，仿佛空中楼阁。白墙黑瓦一层盖过一层，很是壮观。而城内街道更是横纵交错，三条主要街道分别连着众多小巷，高处看下去，像人体的经脉一样扩散开来。而小巷与小巷之间坐落的民居，完全服从于整体格局。古城房屋虽多，但整体看起来井然有序，高低和谐。居高临下放眼看去，高远而端庄的石头城，四周层叠的梯田，翻滚的金沙江，巍峨的山脉，犹如置身于一幅传统的山水画中。

岩壁是石头城最好的保护屏障。解放前这里曾经有土匪出没，土匪在石头城四周的村庄大肆掠夺，但始终不敢靠近石头城，因为进出村子当时只有一条小径。于是土匪就在城脚下安营扎寨，并隔断了所有水源和粮食，想等到石头城居民粮绝出来找吃的时候再进攻。但土匪在下面等了两个月，见村里每天照样炊烟四起，一片歌舞升平的景象，于是放弃了进攻的念头，石头城的居民就这样轻松打败了土匪。

宝山石头城，记录了纳西族发展的历史，记下了蒙古军西征的历史，记下了人与自然的抗衡……这为后人研究纳西民族提供了珍贵的历史资料。

“迷魂阵”村

在中国山东阳谷县城城北 6千米处，有一个有2000年历史的古村落，堪称中国军事的“活化石”，这便是“迷魂阵”村。

关于“迷魂阵”村的传说要从战国时孙膑和庞涓的故事说起。孙膑和庞涓早年都师从鬼谷子研习兵法。庞涓出任魏将后，妒忌孙膑的才能，将他骗至魏国施以膑刑（割去膝盖骨）。后来，孙膑逃到齐国并担任了军师。齐魏相争时，孙膑在阳谷无魂山的地面上摆出了迷魂阵，将庞涓大军围困于此。后来孙膑在西南角开了个口，放庞涓逃了出去。谁想，到了马陵道口，孙膑又摆了个迷魂阵，庞涓再次被围，最终兵败自杀。后来，村民在孙膑摆迷魂阵的地方，按他布兵的格局建房，形成了迷魂阵村。

迷魂阵村全村路径斜曲，东西并列的两大块分为前后两街，中间折一个大弯，呈新月形。房屋随街道走向而建，斜度不一，定向各异，一条街的两旁都称堂屋，却正好差 90度，犹如迷宫。外来人进村，就正是“进了迷魂阵，状元也难认。东西南北中，到处是胡同。好像把磨推，老路转到黑。”

除此之外，还有一个“迷魂阵”村叫“斜尖”，位于山东济宁，面积1.8平方千米，人口不足700人。相传此地是穆桂英大破洪州（济宁古称洪州）时摆阵的地方，以至如今这里的村民一提起穆桂英仍然津津乐道。至于村中的建筑，乍看与周围的村庄并无两样，但街道的走向以及房子的朝向却不尽相同，外地人在这里非常容易迷失方向，因此村民送走来访的亲朋好友时，总要将其送至村外，而这更为斜尖村增添了几分神秘色彩。

无人生病的意大利村庄

意大利有个名叫斯托卡尔多的小山村，那里的村民几乎百病不生，非常健康。他们的生活习惯同外界一样，抽烟喝酒，退休的男人们整天在当地酒吧打牌，孩子们在街上踢足球，女人们则洗衣做饭、聊家常。

斯托卡尔多村民就这样一代代生活着。村民们几乎不知道疾病为何物。他们的饮食习惯同现代的人们几乎无差别，对红色肉类毫不忌讳，葡萄酒和格拉巴酒更是桌上美食，许多人还吸烟，不过令人吃惊的是，现代人畏惧的许多病魔似乎见到他们就绕道行走。因为当地的饮食习惯，他们的胆固醇含量一般都偏高，即便如此，村民们却没一个患过心脏病。高血压在那里几乎是闻所未闻，只有极少人偶尔遭受糖尿病的困扰，癌症更是罕见，村民几乎也没听说过什么遗传疾病。

不久前，一些科学家意欲深入了解罕见疾病的遗传因素，无意间发现了这里。研究过斯托卡尔多村民的一位科学家说，整个村庄历史上都源于一个家谱，97%的村民都拥有相同的姓氏——巴乌。同族结婚仍旧相当普遍。对科学家而言，斯托卡尔多的价值不啻一个“遗传宝岛”，使得它成为研究DNA的理想“试验台”。

意大利的丑人俱乐部

人们都喜欢相貌出众的人。无论是男人还是女人，都会因为自己的美貌而得到更多青睐。可是，那些相貌平平或者自以为丑陋的人，是不是就应该为先天条件的不足而自怨自艾呢？答案当然是否定的。在意大利就有一个专门为“丑人”维权的俱乐部。

这个俱乐部坐落在意大利马尔凯地区东部的小镇匹奥比克。因此，匹奥比克也被当地的居民称为“世界丑人之都”。在通往小镇的道路上，有一块牌子，提醒到访的游客：你们正在进入丑人地带。小镇上甚至有这样一个习惯，当电视中播放美女云集的画面时就要换台。

“我很丑，我的鼻子又小又短，还往上翘，但如果你问我的话，我会告诉你：越丑越好。”丑人俱乐部的主席特莱斯弗罗·伊艾柯贝里曾在一次采访中这样说道。在这个自古以来就崇尚大鼻子的亚平宁国度里，特莱斯弗罗并不认为他的小鼻子是个灾难。

成立匹奥比克镇丑人俱乐部的灵感最早来自于当地一幅13世纪

的壁画，画中主角是神话中的丑人保护神——瓦尔坎，他因为长得过于丑陋而被母亲抛下悬崖。但瓦尔坎最终却以顽强的毅力修成正果，最后与美艳绝伦的爱神维纳斯结合。于是匹奥比克镇的丑人们成立了这个俱乐部，目的在于鼓励那些长得不好看的人不要因此丧失自信，要勇敢地去生活，去追求自己的幸福。

俱乐部的每个成员都佩戴着一枚徽章，作为身份标识，上面刻着："丑即是美德，美即是束缚"。俱乐部还有一间"丑陋圣祠"，屋门上挂着俱乐部的会标，上面写着："丑陋男人的妻子永远快乐。"

他们还按丑陋程度将每个人定了等级，从"不太丑""一般丑"到"特别丑"。丑人俱乐部还有选丑比赛，冠军被授予至高无上的荣誉——"不美奖"。这与意大利每年的选美比赛相映成趣。这个名字在意大利语里与"诺贝尔"发音相同，给这个大奖增加了不少轻松幽默的味道。

意大利一直有着看重外貌的传统，即使在今天，漂亮的容貌依然是成功的敲门砖，而丑陋的人不仅少了很多机会，还要遭受歧视。"以貌取人"已经引发了一系列的社会问题。

"在这个社会里，有许多事不对劲。如果你身材够好，就可以取得超出你能力的成就；但如果你身材糟糕，相貌平平的话，你在各方面都会遇到麻烦。我已经看到太多的人遇到这样的问题了。"特莱斯弗罗说。在意大利，许多因长相不出众而无缘被异性青睐的绝望的年轻男女都会来找特莱斯弗罗求助。所以，自俱乐部成立以来，特莱斯弗罗多次在电视等媒体上发表演讲，竭力要求改变意大利以貌取人的陋习，他不断为丑人争取应有的权利，并给他们以信心。

与活人同住一屋的木乃伊

埃及木乃伊总被藏在金字塔深处，为了不让后人接近，金字塔还会加上神秘的咒语，因此使得埃及人对木乃伊往往是敬而远之。南美秘鲁的印加人对待木乃伊却有着截然相反的方式。对他们而言，祖先的木乃伊不但不可怕，反而非常亲切，是最能赋予他们信心和安全感的神物象征。

从印加王到家族长老，所有伟大人物的木乃伊都被精心保存，穿上衣服，布置成双手在胸前交叉的坐姿。一些木乃伊会被保存在干燥的岩洞里，接受人们定期探视和膜拜，而那些更重要的木乃伊则会被保存在自家房屋里。人们对待木乃伊一如生前，每天定时奉上食水，甚至为其驱赶苍蝇。人们仍然视木乃伊为首长，会很认真地向这些死去的祖先请教各种问题，甚至裁决彼此间的争议。负责保存木乃伊、并能与之“对话”的尊长，也因此具有崇高的地位。

不过，这些木乃伊并非一直安居在屋里，有时他们会被请上特制的木轿椅，由亲友抬着在街上游行。木轿椅的椅背上雕刻有神像，木乃伊生前地位越高，神像也就越多、越精美。每年6月24日，是秘鲁人最盛大的节日——太阳节。在这一天，所有印加皇族的木乃伊会被送到库斯科城中心广场，按辈分长幼坐成一排，接受人们的膜拜。

西班牙统治时期，殖民者在处死印加王并占领古城库斯科时惊异地发现，撤离的当地人丢弃了金银，却带走了城中所有的木乃伊。活着的印加人不屈不挠地继续抵抗，也一如既往地尊奉着祖先的木乃伊。出于对这种灵魂的恐惧，殖民者们不遗余力地搜寻并毁灭了每一具他们找到的木乃伊。但在山区和乡村，仍有相当多的木乃伊被掩护下来，继续和后辈们相依为命。无论是消逝的还是被留存下来的，这些木乃伊所代表的祖先精神仍旧深深铭刻在印加人的后代——克丘亚人的脑海中。

克丘亚人一直尊重并挂念着祖先的木乃伊。在当地，不时传出关于印加显要的木乃伊被发现的消息，并会立刻受到人们的关注。许多地方仍然流传着木乃伊的制作工艺。有时候人们也会把活人打扮成死去祖先的样子，出席并主持传统庆典。每一个秘鲁小学生都能熟练背诵历代印加王的名字，这些名字已从世代流传的木乃伊颂歌，走进了法定的小学课本。有关木乃伊的故事被编成歌曲，代代传唱。

两棵神树的婚礼

2009年4月，印度加尔各答的一些土著居民举行了一场特殊的婚礼。举行婚礼的这一对“新人”是被当地人奉为神灵的菩提树，它们“穿着”带有朱红色花纹的盛装，“戴”着用金盏草做成的花环。主持婚礼的司仪在它们之间点燃圣火，然后念诵祷文。婚礼仪式是在16日开始的，庆典活动到18日晚些时候才结束，有将近1000位居民参加了婚宴。

然而为什么要为两棵树举行婚礼呢？

本次婚礼的组织者说，他们这样做，只是为了祛邪除魔，保佑一方平安。“最近我们老是感觉有‘邪眼’盯住了大家，时常发生入室行窃、谋杀和自杀等不幸的事情。我们怀疑是受到了邪恶咒语的诅咒，所以决定要为两棵神树举行婚礼，以驱散邪气。”

但两棵菩提树“结婚”能否真的驱散邪气，只有从当地人日后的生活中去慢慢印证了！

食人族部落

传说中美洲有个吃人的部落——图帕利族。他们之所以吃人并不是因为肚子饿，而是为了“心灵”上的告慰。他们相信在吃人肉的同时，也吃了人的灵魂。所以，他们希望通过这种方式来增加自己的灵魂。

图帕利族人不仅吃被他们杀死的敌人，甚至也吃自己族里被人仇杀的人。他们并不考虑杀人是好事还是坏事，也不管被仇杀人的私事。只要在村上发现一具被杀死的尸体，他们就会举行大会：在院子里点起熊熊大火，人们在火旁跳舞或文身，有人把尸体缚在一根棒上，放在火里烤。烤熟后将其分割成块，分给村上的每一个人。当然，给酋长和男巫的肉是最好的。人体哪部分的肉是最好的呢？他们喜欢手和脚。图帕利族人认为一个人的精华在于手和脚。因为，不论狩猎者、播种者、卫士或男巫，都不能没有手和脚。

这种“心灵”宴会是经常举行的，由此可见人肉对他们的诱惑力是多么巨大。早在1925年，图帕利族有2000人，散居在9个村落。但是在以后的20年中，由于杀人过多，图帕利族的族人减少到180人，90%以上的死人都被吃掉了。

几年前，图帕利族的这种风俗发生了变化。阿贝托是一个村的村长，他召集各村村长和男巫们，向他们说明，图帕利族的人数现在少了，如果继续保持吃人的习惯，那么这个族就有灭亡的危险。以后，他们也会被人杀死并被吃掉的。听了这番话之后，族人们都愁容满面。于是，他建议大家停止吃人肉。经过讨论，这个建议居然被通过了。从此，图帕利族人口锐减的趋势才有所减缓，并慢慢地开始恢复。

丛林中的小人国

非洲小人国位于中非、刚果（布）和刚果（金）三国交界处的热带丛林。小人国的居民是非洲的俾格米人，现在约有20万。他们住在热带丛林里，过着与世隔绝的生活，依靠森林为生，自称是“森林之子”。中非共和国曾经试图让小人国的居民搬出丛林，过现代人的生活，但却遭到了拒绝。

小人国的人们身材矮小，多数人身高仅1.22米，最高的也不超过1.4米。但他们身材很匀称，不像某些侏儒那样。他们完全过着原始社会的生活，不穿衣服，无论男女老少都是裸体，只在下腹部挂上一点儿树叶。在赤道附近的热带原始森林里，气温普遍在30℃以上，这使得他们不穿衣服也不会感到寒冷。

小人国的居民们主要靠打猎和采集生活。男人外出打猎，他们会制作一种麻醉剂，用弓箭射向要捕捉的动物，这样就会比较容易地将猎物捕获，甚至是大象和狮子。女人主要是采集树根和野果。

他们有自己的语言，但却没有文字，他们也听不懂别的部族的语言。他们没有“数”的概念，也没有时间的概念。曾经有人试图通过当地的翻译问他们的年龄，他们摇头表示不知道。听翻译说，他们寿命一般在30岁到40岁之间。这主要因为他们生活条件十分艰苦，医疗卫生无法保障，因此寿命一般很短。

小人们并不想成立自己的国家，他们只是非洲的一个部族。中非每年国庆的时候，都有一个小人的行列参加国庆游行。他们的总统总是高兴地对客人说："我们的公民来了。"

小人国是通过部族首领来管理的。几户、十几户就可组成一个小的部落。大的部落则有几十户到上百户。部落不分大小，都有自己的首领。首领通过自己的权威进行管理，通常，猎取的食物要平均分配，只是首领的那份比别人多些。小人们吃熟食，他们打了猎物之后，便将猎物整个放在火上烤，然后用手撕着吃。他们挖来薯根儿之后便放在一个容器里煮，然后捣碎，用手抓着吃。小人最爱吃的食品是蜂蜜。如果他们发现有一窝蜜蜂，便点起大火将蜜蜂烧死，甚至不顾没有死的蜜蜂的蜇咬，就用手到蜂窝里挖蜂蜜吃。吃不完的，就用树叶包起来带回家给老婆孩子吃。

森林深处的小人对外人有敌视情绪，曾经发生过袭击游人的情况，但森林边上的小人就比较友好，因为游人都会给他们准备礼物，比如肥皂、火柴、香烟和糖果等等，这些都是最受他们欢迎的礼物。得到礼物以后，他们还会给游人表演舞蹈。

在外人看来，小人国的居民似乎过着"世外桃源"式的生活，但是这种生活并不是令人羡慕的。因为他们的生活极其艰难，有时打不到猎物，就会饿几天肚子。另一方面，他们住的条件非常简陋，只是用树枝和树叶搭就的茅草棚，既不避风，也不挡雨。此外，森林里毒蚊和毒虫很多，他们经常要忍受蚊虫的叮咬。

小人虽然过着原始社会的生活，但他们的婚姻制度并不落后，他们实行一夫一妻制。一个小伙看中了某家的姑娘，便去向姑娘求婚，姑娘若是同意，小伙便留在她家接受考验。白天他要与姑娘的父亲一起打猎，晚上则可以与姑娘同居。通过一段时间的考验，若是姑娘全家没有意见，这门亲事便成功了。小伙家里送来彩礼，便可把姑娘接到家里成亲。

就像非洲奇特的自然景观一样，神秘、纯朴的小人们成了热带丛林里的又一道人文景观。

新加坡天空的奇特水柱

2008年夏天，在新加坡东海岸上空，出现了两次奇特的水柱，令不少目击者叹为观止。

第一次水柱的目击者描述说，当时东海岸上空形成了一个漏斗状的巨大水柱，它在附近的船舶之间穿行，但并未造成任何损害。

大约一个月后，第二次出现了类似的水柱。在上午的10时15分至30分间，东海岸上空突然出现了三四个巨大的水柱，每个水柱持续了5至15分钟。这些水柱出现的地方离上一次发生水柱现象的地方很近，但比上一次的水柱看起来要大一些。水柱过后，便下起了暴雨。

那次水柱的照片在网络上广为流传。然而，水柱形成的原因还没有一个确切的解释，或者，这不过是大自然带给人们的一个奇特景象，也或者它又在向人们预示了暴雨之后的什么，但是，这一切就要留给气象学家们去慢慢研究了。

阿加尔塔地下长廊

深邃无垠的广袤太空，光怪陆离的宇宙奇观，浪漫神奇的地外文明，这一切足以诱人仰目向天，思绪万千。与此同时，丰富多彩的地表文明也令人叹服，为之折服。然而，对于人类赖以生存的这片土地的内部，人们又知道多少呢？

据传说，地下世界有无数洞穴、隧道和迂回曲折交错成网的地下长廊，那里埋藏着古代文明的秘密和无尽的宝藏。英国科学家威尔金斯在《古代南美洲之谜》一书中断定，由史前文明人开辟建造的地下长廊首尾相接并有许多支岔，可纵贯欧、亚、美、非各个洲域，并进而得出地球内部曾经乃至现在仍存在“地下王国”的结论。威尔金斯的观点立足于世界各国考察的结果，尽管更多的只是一种假说和推断，但说得有根有据，富有诱惑力。

真的存在地下文明吗？倘若真能解开这个“谜”，人类必将进入真正的“新世界”。

1941年1月，美国总统罗斯福曾交给考古研究者戴维·拉姆夫妇一项极其秘密和重要的使命：寻找“阿加尔塔”。“阿加尔塔”指的就是地下世界。拉姆夫妇领命以后，率领一支美国考察队前往墨西哥的恰帕斯丛林，寻找地下长廊的入口。1942年3月，拉姆夫妇向罗斯福汇报了他们的考察经历。

据拉姆夫妇回忆，当他们横穿当地密林时，遇到了把守地下长廊入口的皮肤呈蓝白色的一群人，他们是玛雅人的后裔，是印第安族的一个分支，叫拉坎顿人。拉姆夫妇称自己的考察队发现了地下长廊的入口，但没能进入拉坎顿人守护的地下隧道。

由于找到地下长廊，找到宝藏，就掌握了无尽的财源，可以对二战战局的发展施加有利的影响，因此，罗斯福派遣拉姆寻找“阿加尔塔”并非完全为了满足猎奇和探险心理，也是出于对战争大局的考虑。第二次世界大战爆发之前，希特勒也曾对美洲地下可能存在的黄金宝藏垂涎三尺，并多次派考察队潜入美洲。在那里，德、美两国考察队展开了一场争夺战，其情节恰似好莱坞著名导演斯皮尔伯格执导的电影《夺宝奇兵》中再现的一幕幕。

据说德国著名探险家兼作家冯·丹尼肯也曾进入过拉坎顿人守护的隧道。在隧道中，他极其惊讶地见到了宽阔笔直的通道和涂着釉面的墙壁，多处精致的岩石门洞和大门，加工得平整光滑的屋顶与面积达2万多平方米的大厅，还有许多每隔一定距离就出现的平均1.8米至3.1米长、80厘米宽的通风井。隧道内还有无数奇异的史前文物，包括那本许多民族远古传说中都提到的“金书”。隧道内那种超越现代人类智慧的严密、宏大与神奇，使得这位以大胆想象著称的作家也瞠目结舌。他毫不怀疑地认为：这是我们这个世界上最宏大的工程，也是世界上至今发现的最大、最难破解的谜。丹尼肯拍下了几张有关隧道的照片，但他拒绝透露更多的细节。只是说，他认为隧道是用高科技的超高温钻头和电子射线的定向爆破以及人类现在还不具有的某些技术开凿成的。

二战结束后至今，对“阿加尔塔”的考察热持盛不衰，各种各样的新发现也越来越令人感到鼓舞。

1960年7月，秘鲁考察队在利马以东600千米的安第斯山脉的地下发现了一条地下长廊。该地下长廊长达1000千米，通向智利和哥伦比亚。但是为了保护隧道，以等待将来人类掌握了足够的科学技术时再来开发，秘鲁政府封闭了这条地下隧道的入口并严加把守。此地后来被联合国教科文组织列为世界文化遗产。

稍后，西班牙人安托尼·芬托斯在安第斯山脉靠近危地马拉的地方考察时，又偶然发现了一个长达50千米的地下长廊。这个长廊有尖状的拱门，从地下一直通向墨西哥。

1972年8月，英国考察队在墨西哥的马德雷山脉也找到了地下长廊，其走向是通向危地马拉。这一地下长廊与安托尼·芬托斯在危地马拉发现的地下长廊很可能是同一条。据英国考察队回忆，每当拂晓，就能听到从地下长廊发出的击鼓一样的音响，声震四方。

1981年5月，著名探险家毛利斯曾从厄瓜多尔的瓜亚基尔附近一处地洞入口进入到地下长廊。在地下长廊里，毛利斯发现了人工开凿的痕迹，洞壁平整并经过粉刷。

总之，无数地下长廊遗迹的发现，似乎越来越清晰地表明：远古时代的确曾存有高度发达的地内文明。

德国的巫婆城

说起巫婆，人们首先想到的往往是“巫术”“魔鬼”等色彩灰暗的词语。然而，在德国哈茨山区有一个叫戈斯拉尔的小城，却以“巫婆城”自居，招揽了众多游客。

戈斯拉尔素有“北方罗马”之称，全城人口不足5万，却有47座教堂和修道院，举目可见半砖木结构的百年老房，古朴而玲珑。小城的“招牌纪念品”——神态各异又滑稽可笑的巫婆玩偶随处可见。它已被联合国教科文组织列入世界文化遗产名录。

戈斯拉尔还有一座巫婆博物馆。这里除了展出巫婆的各种造型、使用工具外，还有很多巫婆的历史传说资料，并且每周有定时的巫婆剧表演。

直到中世纪之初，这里的女人在日耳曼文化区里一直倍受尊崇，尤其是那些制药、行医、会读会写的女人。然而，基督教在德国的发展改变了这一状况。传教士们认为对女人太尊重不符合基督教教义，女人应该绝对服从于男人。于是社会开始贬低女人，并由此产生了丑化女人的巫婆形象，被视为“巫婆”的女人也受到迫害，甚至被活活焚化。1484年，两位分别叫亨利希和耶科布的修士，还发起了声势浩大的“欧洲巫婆大审判”。他们撰写的《巫婆之锤》，罗列了多种识别巫婆的方法。虽有巫婆逃过大劫，将巫术流传下去，但其普及程度已大不如前。

当今，巫婆在世界各地分布着众多门派，其宗旨和教义也各不相同。如克莱提卡派，十分强调自然和万物，据说拥有适用于所有植物、石头乃至灵魂、精灵的神奇法术；埃克提克派，是孤僻独立的一群，爱自行学习研究；克莱米纳派，经常施行祭祀式的法术，十分重视仪式的细节；所里塔利派，喜欢独立施法；维克康尼派，则被认为是“最为人所接受的巫派”。

戈斯拉尔还举行过一届“世界巫婆大会”。100名来自世界各地的巫婆代表在此集会，希望通过施展巫术防止天灾人祸，争取世界和平。

在欧洲，4月30日之夜，是哈茨山区传说中巫婆聚集的日子。这天晚上，当地居民和游客会穿上奇装异服，戴上巫婆面具，骑着扫帚从四面八方走上戈斯拉尔的大街，然后游行前往荒芜的布罗肯山。

布罗肯山是戈斯拉尔的最高山，也是传说中巫婆的“据点”。冬天山上的风雪很大，由于光线折射的缘故，行人若在山顶遇上大风雪，眼前就会出现自己朦胧的倒影，不知情者对这种怪异的现象会感到非常惊恐。即使是熟悉情况的当地人，也很少在冬天上山。

夜幕降临时，巫婆舞便开始了。参加舞会的可不止巫婆，还有骗子、乐手、龙、独角兽和人狼等，当然这些角色都是由众人扮演的。他们共同迎接魔鬼的到来。随着午夜的焰火，众巫婆开始踏上归途，她们咆哮着遁去，把哈茨山让给了夏天的女神，即五月女神。

从19世纪末开始，戈斯拉尔便在每年4月30日巫婆节期间组织巫婆游行仪式。现在，这已成为吸引世界各地游客的一个重要内容，每年来这里观光的游客达到20多万。

处处皆谜的哈拉巴古城

印度河是世界上最长的河流之一。但在18世纪之前，人们根本没有想到这条藏身于沙漠，人迹罕见的河流曾有过堪与古埃及相媲美的辉煌历史。

19世纪中叶，印度考古局长康宁翰第在哈拉巴发掘出一个奇特的印章。1922年，一个偶然的机会使人们发现了位于哈拉巴以南600千米处的摩亨佐·达罗遗迹，这里出土的物品与哈拉巴出土的相似，考古学家开始注意这两个遗址间的广大地区。不出所料，以含哈拉巴在内的旁遮普一带为中心，东西达1600千米、南北1400千米的地域内，考古学家们发现了属于同一文明的大量遗址。这些遗址位于印度河流域，所以被称为“印度河文明”。

哈拉巴位于巴基斯坦旁遮普省拉维河流域的一座城市。其年代可追溯至公元前3000年左右，据考证该城已具有发达的文明水平。该城约有2.5平方千米面积，人口估计3～4万。西部为统治者居住的卫城，东部为下城居民区。卫城北面有6座谷仓和若干冶炼炉，还有可容数百雇工的住房，卫城南部为墓地。这些古老的城址设计复杂，文物多彩，宛如一幅幅迷人的画卷，使人们清楚地看到了世界文明发祥地之一的古代印度高度发展的文化。这些古城的文化以印度河流域的主要城市遗址哈拉巴命名，称为哈拉巴文化，它是印度著名的远古文化。

哈拉巴文化的范围很广，西起苏特卡根——杜尔（距伊朗东境仅约40千米），东至阿拉姆吉尔普尔（印度今天的德里附近），北起罗帕尔，南至纳巴达河以南的巴格特拉尔。东西长1550千米，南北长1100千米，其范围是今天巴基斯坦的 3 倍以上。

在哈拉巴文化的中心，是两座雄伟、庄严的城市——哈拉巴和摩亨佐·达罗，它们是上古印度文明的见证。两座城市大小相等，周长大约有4.8千米，面积约85万平方米，居民估计有 7 万人。两座城市都是由位于高冈上的卫城（统治者的居住区）和较低的下城（居民区）两部分组成。代表高贵的卫城周围环绕着雄伟的砖墙，城墙每隔一段距离便有一座方形棱堡，城市建筑规划整齐，主街又宽又长，其中摩亨佐·达罗的主街宽达10米，可以同时并行几辆大车。

为方便行人夜间行走，街道上每隔一段距离便备有点灯用的路灯杆。两座卫城的房屋大多用烧砖建造，富人还建有高楼大厦。更令人称奇的是，城市富人的家中还有完整而复杂的排水系统，这一切都显示出哈拉巴文化城市设计的高水平。

古城所保留下来的文化遗物，丰富多彩，有刻有文字、图画的精美印章和各种金银珠宝与象牙装饰，铜与青铜的武器和生产工具等。这里还出现了人类最早的玻璃制品，并发掘出了制铁技术。这个遗址也首次显示出当时的人已会在陶器上草草写上抽象符号，约有500个，这些符号至今仍在解读中。这些令人惊叹的文物，无不显示出上古印度人民光辉的创造才能。

2000年前恢宏的克里特岛

米诺斯，是传说中克里特的首领的名字，因此便将那一时期所产生的文化称为“米诺斯文化”。公元前2000年左右，米诺斯人定居地克里特，并开始建造城市。随着城镇的修建，外来的移民逐渐多了起来。他们选择较温和肥沃的东部地区，建立农业村落，开始使用铜器。约从这个时期的中叶（约公元前2300 ~ 前2100年）以后，铜器使用更为普遍，出现了铜制的三角形匕首，铜锯和铜制的用于祭祀的双斧，以及精美的金饰等等。他们和埃及的联系也显著加强，陶器、石刻器皿、象牙雕刻、石印章以及最初的图画文字演变为象形文字等都反映出其受到埃及影响的程度之深。

从墓葬、住房的形式看来，由早期米诺斯文化直到后期米诺斯文化中期，即公元前2600年到前1450年这一千多年间，克里特岛的居民基本上属于同一种族和同一文化的人，学者称为古代克里特人或米诺斯人。他们的语言文字和后来侵入的希腊人不同，但至今还不能确定他们的民族关系。

克里特的原始公社制大约从这个时期的末叶（约公元前2100～前2000年）开始瓦解。在氏族中，已可看到较富裕的大家族。他们不仅占有生产资料，并拥有大量的金饰等奢侈品。私人印章已使用于陶器和各种日用器皿上，这反映出私有制已经得到极大发展。

大约到公元前2000年左右，克里特岛便出现了最早的奴隶制国家。目前还无法阐明克里特阶级国家发生的具体过程或特点。关于国家的形成，主要是从考古发掘的结果推断的。当时岛上的若干地点出现了大小不等的城郭宫室，其中以岛北克诺萨斯和岛南法埃斯特的宫室建筑最为宏大。从公元前1900年到前1700年间，克诺萨斯和法埃斯特两地都发展了高度文化。王宫建筑、从克诺萨斯到法埃斯特平原的驿道、青铜的冶炼、带脊的长柄铜剑、薄壳陶、称为“卡马瑞斯式”的彩绘鲜丽的陶器、初期的象形文字等等，都标志当时文化高度发展的水平。这个时期的工艺品显示出埃及第十二王朝工艺风格和题材的影响。壁画则表现了特有的写实风格。

米诺斯王宫内景

最初出现的奴隶制国家可能还是各自独立的小国，一座王宫就是一个小国的统治中心。各地的宫室曾经遭到破坏和反复兴建，说明这些小国彼此间有过战争，也可能发生过内部起义或其他动乱。从有限的考古材料中已可看出，国家内部的阶级分化是相当剧烈的。统治者的王宫建筑得豪华富丽，而农村和城市劳动者的住房却极为简陋。

在各地的王宫建筑中，克诺萨斯的王宫最为突出。它建造得越来越宏大华丽，反映国王即传说中的米诺斯王势力日益扩大。约在公元前1700年和前1600年左右，克诺萨斯王宫遭到两次较大的破坏。每次破坏后又迅速兴建起来，而且比以前规模更大。在这一百多年间，以克诺萨斯为中心的克里特文化也取得了重大的发展。武器长柄剑和甲胄改进了，象形文字逐渐简化并为线形文字所代替。这种线形文字是记写古代克里特语的，称为线形文字甲，目前还未释读成功。

1980年，英国考古学家在克里特岛克诺索斯发掘出一座王宫的废墟。它占地约2公顷，房屋有几百间，均由迂回曲折的廊道连接，结构之复杂实为罕见，迷宫中还发现了双斧标志，学者一致认为，这就是米诺斯王国的双斧宫殿，而在希腊神话中，双面斧则是克里特岛上宫殿的重要特征。王宫的墙壁上有艳丽如初的壁画，仓库中储存着大量粮食、橄榄油、酒以及战车和兵器。一间外包了铅皮的小屋有国王无数的宝石、黄金和印章。大量的绘制精美的陶器和做工精巧的金属器具，表现出克里特人非凡的才华。

虽然那次的发现只是把克里特文明灭亡的时间向前推了100年左右，但给历史学界带来的影响却不容小觑，西方文明史的起源部分可能要因此改写。

闪米特人的地下城

早在公元8世纪和9世纪的时候，在卡巴杜西亚发现过成千座岩洞教堂和地下教堂。到今天为止，人们在这一地区发现的大大小小地下城市不下36座。它们凿在小岩山内或悬崖上，有的相当辉煌。这些地下城市之间通过地道相联接，其中联接卡伊马克彻和德林库尤村之间的地道，足有10千米长。

在南部幽静的伊拉拉谷地，河流两岸的崖壁高达150米，壁面密布着神龛、小教堂、修道室，里面供奉着色彩鲜明的圣像，全部就壁凿成，与中国的敦煌、大足的佛像洞窟构造相似。

在戈雷梅谷，几乎每座小尖岩都被挖空了。每一座岩山，就是一座教堂。踏上损缺的石阶，可以爬进礼拜大厅。岩石被巧妙地琢成拱门、圆柱、拱顶，每一寸壁面和柱体都装饰着线纹和图案；壁画栩栩如生，再现着《圣经》故事或东方宗教、民间传说的大杂烩。

在泽尔弗峡谷两侧的悬崖上，修道士们耐心地打出一个个窟窿，修成教堂、修道院、斋堂、厨房、卧室等等；里面的祭坛、餐桌、座椅、床铺、家具，全是石头制品。

史书记载，大约在公元前1000年以前，古老的神权民族——闪米特人曾经在这一带生活过。这座古老的地下城，很可能就是他们留下的遗迹。

人们在思考这样一个问题，人类为什么要把自己隐藏起来？是躲避天灾还是躲避外敌呢？一般来说，躲避外敌的可能性大一些，而外敌会是谁呢？

首先，假设地面上的敌人拥有军队，在地面上，他们肯定能看到耕种过的土地和空空如也的房屋。而地下城市里建有厨房，烟火将通过通气井冒出地面，而敌人会很容易发现他们。人们都知道，把待在地下的老鼠洞般的城市里的人们饿死，或者封死通气口憋死他们，都是轻而易举的事。所以，人们恐惧的恐怕不仅仅是地面上的敌人，他们在地下岩石中开凿避难所，是因为他们害怕能飞行的敌人。这个猜测是否有道理呢？

在他们的圣书《科布拉·纳克斯特》中，闪米特人曾经描述过，所罗门大帝利用一辆飞行器把这一地区搞得鸡犬不宁。不仅他本人，还有他的儿子，甚至所有恭顺他的人，也都坐过飞行器。阿拉伯历史学家阿里·玛斯乌迪曾描述所罗门的飞行并大致介绍了他的部落。当时的人类对于飞行产生的恐惧，是完全可以理解的。也许他们曾被剥削、奴役过，所以每当警报的呼喊“他们来了”响起的时候，人们就会逃进地下城市。这和今天人们挖筑地下防空洞掩护自己的情形是一样的。

此外，还有大量有关飞行器的古代传说。仅以古代印度一个传说为例，史书记载道：“……于是国王和后宫家眷，王后嫔妃，宫廷权贵以及来自王国各地的头领乘上飞船。飞船飞入天空而后顺风行驶，越过海洋直向亚特兰蒂斯城飞去。那里正举行节日的庆典。飞船降落下来，国王下船参加了庆典。短暂的停留之后，国王的飞船在众人惊愕不已的注视中重新腾空而去……”

由此来判断，这些地下城市的存在或许真的是闪米特人为了躲避乘坐飞行器入侵的外敌而建。虽然这些灿烂的文明已经因为历史的滚滚前进而成为绝响，但总有一天，将会有人揭开这些神秘的面纱。

复活节岛上的神奇“天书”

复活节岛是智利在东太平洋的属岛，在玻里尼西亚文中，是“世界之肚脐”的意思。大约一百万年前，海底3座火山喷发，形成了这座小岛。在西方人到达之前，这里长期处于石器时代，岛上的居民只有语言，没有文字。

1722年，荷兰海军上将罗格文发现了这座岛，因为那天是耶稣复活节，于是小岛被命名为“复活节岛”。48年后，西班牙船长唐·菲力浦·冈沙列斯也来到了这里，他在岛上竖了3个十字架，宣布该岛归西班牙所有。为了执行应有的“程序”，他让岛上的领袖在归属文件上签字，首领只在上面画了一些古怪的符号。1864年，西方传教士埃仁·埃依洛踏上复活节岛，并发现了刻有同种古怪符号的木板，岛民们称它为“科哈乌·朗戈朗戈”，意为“会说话的木板”。

“朗戈朗戈”大多都是深褐色，形状像木桨，上面刻着图案和文字符号，图案种类多样，有的像两足动物，钩喙、大眼、头的两侧长有长角；有的像是人像，但背上长着双翅，颈上长着两头；还有蜥蜴、蛙、鱼、龟、螺纹、小船等幻想之物和真实之物。

这些刻在木板上的古怪符号，很可能是复活节岛的古老文字。埃仁到达复活节岛之后不久，就因肺结核病逝了。在他死后，由于宗教原因，“朗戈朗戈”被大量烧毁，几乎绝迹。再加上战乱等原因，之后岛上渐渐没有了懂这种文字符号的人。

直到近年，科学家们才又收集到了一些新的资料，包括神话和传说的原文、用拉丁字母记录的手稿抄本和科哈乌·朗戈朗戈木板的副本。专家们希望能够借助这些资料解读朗戈朗戈文字。

朗戈朗戈文字中有上千个符号。从文字符号的外形来看，复活节岛文字同中国的象形文字、古埃及的文字、原始印度文字、南美大陆的古文字以及克里特岛文字都有相似之处。其中有很多文字符号模仿的是月亮、星星、山脉等自然景观和几何图形的形象。

然而，这些只是一些基本的形象上的解读，专家学者们花费了大量的时间和精力去分析朗戈朗戈文字的真正含义，却一直没有什么明显的进展。直到现在，专家们也只能推测说这些符号有些可能是单词，或许它们只是些符号，帮助人们把口头传诵的一些文化和传统传递下去，尤其是使家族系谱记录代代相传。

目前，世界收藏的木板及副本只有20多块，分别保存在伦敦、柏林、维也纳、华盛顿、圣地亚哥、圣彼得堡的博物馆里。100多年以来，世界各地的人不断地前来探索、研究，反复地经历着希望、失望，但复活岛上的这些刻着鱼、星、鸟、龟等图案及符号的神奇“天书”——这些“会说话的木板”，却始终保持沉默。

“非洲屋脊”上的独石教堂

埃塞俄比亚位于非洲东北部，高原面积占全国总面积的2/3，平均高度为2500～3000米，有“非洲屋脊”之称。埃塞俄比亚也是非洲文明古国之一，具有3000 年的悠久历史。埃塞俄比亚以其灿烂辉煌、古老久远的文化遗迹名闻遐迩。

根据史料记载：公元初期建立起来的著名的阿克苏姆王国因先后遭到来自东方波斯人和阿拉伯人的入侵而逐渐衰弱，终于在10世纪末被扎格维王朝取代。1181年，扎格维王朝的王公拉利贝拉当上了国王，选定埃塞俄比亚北部山区的罗哈为都城，城名后来也改为拉利贝拉。拉利贝拉是个虔诚的教徒，十分崇信宗教，祈求上帝能够保佑王朝强盛繁荣，传之万代。

为了显示其对上帝的一片虔诚之心，拉利贝拉国王特地从全国各地招募了5000名工功巧匠，在建筑大师锡迪·梅斯奎尔的带领下，花了30年左右的时间，不用任何灰浆或黏合剂，在埃塞俄比亚高原坚硬的岩层中凿刻出11座独石教堂，被列入世界十二名胜。

由于拉利贝拉国王1221年去世，在之后漫长的几个世纪中这一地区已远离商业大道，淹没在荒山野岭之中。1974年，考古队开始在埃塞俄比亚首都亚得斯亚贝巴寻找这种称之为独石教堂的建筑。据判断，古称罗哈的遗址在现在的首都之南约300千米处。

考古队终日在千山万壑、崇山峻岭中挖掘寻找。烈日当空，干渴难忍，他们全然不顾，经过几个月的清理、发掘，这颗被历史的尘土和沧桑岁月掩埋达5个世纪之久的世界古代璀璨明珠——11座独石教堂再度放出瑰丽夺目的光芒。

这11座教堂均雕刻在地下约20米的巨大岩石里，颜色、大小、形状、造型各异。当人们步入独石教堂，望着这镂空透雕的门窗梁柱、走廊通道，欣赏着教堂内部色彩绚丽、各具特色的浮雕饰画时，无不对古代建筑大师巧夺天工的技艺发出由衷的赞叹！

考古队经过鉴定，认为这些鬼斧神工般的教堂的施工大致可以分为三个步骤：先是清土，即将覆盖在岩石上层厚积的泥土全部清除；其次凿“毛坯”，即从岩层上向四周垂直往下开凿，凿出一块块深达12～15米的巨大石块；最后是成形，即在那些巨石“毛坯”上外削内镂，精刻细雕，将整个教堂的内部结构和装饰，如柱顶走廊、浮雕塑像、装饰花纹等都在巨石里面凿刻出来，而门窗梁柱则是从里向外镂空雕就。由此，工程之艰巨，施工之复杂，技艺之精巧就可想而知了。

在这组雄伟奇特、气势不凡的独石教堂中，规模最大的是梅法哈尼·阿莱姆教堂。梅法哈尼·阿莱姆意即救世主，故这座教堂又称为救世主教堂。它是由一块33 米长， 23.7 米宽，11.5米高的红色岩石凿刻而成。整个教堂通体绛红，宛如一团燃烧着的火焰，又似一轮西下的落日，显得神圣而又庄严。救世主教堂内部共有28根石柱，屋顶呈碑形。阿克苏姆石碑是一种大型的石制纪念物，往往高达几十米，重400～500吨，这种石碑只有在埃塞俄比亚能看到，已成为埃塞俄比亚古建筑的重要标志。

这组教堂中最为精美的是玛丽亚教堂，在其天花板和拱门上，色彩绚丽的红、黄、绿等颜料绘成一幅幅几何图形和动物形象，色彩艳异，惟妙逼真，观者无不赏心悦目，赞不绝口。

在凯尔教堂里，考古学家发现了国王拉利贝拉的葬处和国王的一些遗物。

而要论造型奇特，则当首推圣·乔治教堂。整个教堂被凿刻成十字架形，从上往下俯视，就好像是一个平放在地上的巨大的十字架。

埃曼纽尔教堂内部则有宛如木柱式的石雕横梁，它的红墙构成了线条分明的几何图形。

由于这些独石教堂是在不同大小和不同颜色的岩石上开凿的，因此，其颜色和大小各不相同，建筑样式也各具特色，无一雷同，但都有古老的阿克苏姆式的石碑尖顶、门、窗和象征性的横梁。在教堂之间有壕沟、桥梁和岩洞互相接通，这些过道本身又构成了一个个内院。

独石教堂的发现吸引着世界各地的人们，他们不远万里来到埃塞俄比业一睹保存完好的古迹。考古队历尽千辛万苦寻找独石教堂的事迹也成了70年代的一段佳话。

现在，这些教堂还在使用，到教堂礼拜已成为当地村民们生活的一部分。礼拜者之多令人吃惊，旅游者可以看到人们正在教堂内和外面的大天篷下举行礼拜，神父带着一支队伍伴着歌声和鼓声走进教堂的院子，人们五彩缤纷的长袍和仪仗伞在太阳的映照下形成一幅色彩斑斓的画面。

“卡布基诺”海滩

2007年的8月，澳大利亚悉尼北部海岸线上，出现了一条长达30英里的巨型泡沫带。它看起来就好像层层堆叠的蜡烛油，或者好像是谁点了一份超级大杯的“卡布基诺”。

这些惊人的泡沫是普通的海浪互相撞击形成的，并不含有特殊的成分，但是海浪产生的泡沫能积聚这么多还是30年来的第一次，往年产生这样的“卡布基诺”海滩的概率非常小。

泡沫吞没了此处整个的海滩和几乎一半的沿岸建筑物，其中包括岸边的救生员中心。科学家认为这场发生在澳大利亚新南威尔士的“泡沫灾难”还是与海水中的某些物质相关，例如盐分、化学物质、死去的海草和鱼类、海藻分泌物等等，虽然这些物质在海水中一直存在，但积聚成这样巨大的效应则非常少见。

如果孩子们要开一个大型泡泡派对，那么来这儿算是找对地方了，他们可以在这个全新的白色泡泡世界里玩得异常尽兴，现在海滩上的沙子城堡已经不是孩子们的最爱了，他们已经爱上了新型的泡泡城堡!

科学家们认为海洋中的不纯物质增多和强劲洋流一起作用，才能产生出这么多泡沫。这些不洁物质在表层水面以下互相黏结，当它们被海浪拍向海岸时，就会因为水浪的运动而产生气泡，大量气泡黏结在一起最终形成了巨型泡沫海滩。

虽然这些泡沫中有不少脏东西，但是仍然拦不住孩子们钻进去玩耍。一名海洋学家解释这种泡沫海滩的形成原理时比喻说：“这就好像人们使用的牛奶泡沫搅拌器，你搅得越快，泡沫就会越多，其重量也会越轻。”

但是科学家说，这种巨型泡沫形成的原因可能预示着暴风雨频发，因为风暴会给洋流运动带来剧烈变化，当遇到富含悬浮物质的水体时，就会产生这样大量的泡沫。

沉入海底的“姆大陆”

早在12000年前，在太平洋这片汪洋大海的南部曾出现过一片幅员辽阔的大陆。

这块大陆的面积相当于南、北美洲之和。陆地上没有险峻的山脉，是一片绿荫覆盖的美丽平原。人口约6700万，各种肤色的人们在这块土地上安居乐业。他们和古代印第安人一样，崇拜太阳神。他们还创造了辉煌璀璨的文化，不仅懂得使用火，而且还创造了人类最早的文字——一种原始的刻画符号。他们用长方形表示国土，盛开的莲花表示姆大陆……这种刻画符号实际上就是纪念姆大陆消逝的碑铭。此外姆大陆的居民还会烧陶、编织、绘画、雕刻。

他们的渔业十分发达，能够制造大船，远涉大洋，在世界各地开辟了殖民地。建筑业也十分先进，能用石块建造大型的建筑物和金字塔。至今仍保留在墨西哥尤卡坦半岛上的金字塔，很可能就是受它的影响建造的。

那么，这个姆大陆之后发生了什么变化呢？英国军人查瓦德在其《消失了的姆大陆》一书中叙述道：“12000年前，一场灾难性的大地震发生了。大地震的发生，导致火山爆发。滚滚的岩浆吞噬了地面上的一切。不久，再次发生了强烈地震，大陆上的人们随同他们辽阔的国土一起沉入海底。一瞬间，它把创造了灿烂文化的姆大陆从海面上抹去。”

由此，有人设想，姆大陆沉没的原因是：大陆下面有好几个充满一氧化碳的洞穴，这些一氧化碳通过火山活动形成的地下裂缝溢出地面，大陆下层成了蚁穴般的空洞。当大地震发生，遂造成整个大陆的下沉。但是也有人对这种设想及查瓦德的论述将信将疑。

姆大陆沉入海中一说有其道理。因为地壳是在不停地运动的，在这种运动中，有时高山沉入海底，海地上升，继而成为陆地，所以“沉海论”这种可能性是非常大的。进入21世纪以来，随着科学的发展，日本探险队在南美的平均海拔达3700米的安第斯山上发现了数千万年前的海贝化石。这说明姆大陆可能曾是露出海面的一块辽阔国土，而安第斯山脉则是海底的火山山脉。

至于姆大陆消失后遗留下来的城市遗迹，美国科学家乔治瓦特认为在太平洋诸岛上比比皆是。当时属于姆大陆一部分的复活节岛幸免于这场灾难，没有沉入海底，现在岛上的众多巨人石像和刻有文字的石板很可能就是姆大陆的遗物。波纳佩岛附近的南马特尔小岛上的建筑遗址以王陵所在的“神庙岛”为中心，共有90余座人工岛，每座岛上均有高约10米的玄武岩石城墙，岛上还设有防波堤、牢狱等，据说也是姆大陆的遗迹。塔西堤岛上有一种类似中美洲金字塔的建筑物，也是姆大陆的遗物。乔治瓦特还根据多年的研究成果描绘了姆大陆居民的移民路线。他认为，人类文明发源于姆大陆，继而传播到美洲大陆，然后又从美洲大陆传播到大西洋上的大西洲，最后才从那里传播到埃及、欧洲和非洲，因此，姆大陆是人类文明的摇篮。

太平洋诸岛上这些互不相关的遗迹、遗址和遗物果真是消逝的姆大陆居民创造的吗？从最新考古研究成果来看，太平洋诸岛上的居民居住历史至多不超过3000年。如何解释12000年前消逝的姆大陆与太平洋诸岛之间的时间差异呢？

根据现代地质学常识，大洋的地壳由较重的玄武岩构成，大陆的地壳由较轻的花岗岩构成，海底地壳与陆地地壳存在着本质的差异。

日本科学家们希望通过对太平洋底全面、广泛的科学考察，发掘出新的材料，以期对姆大陆的存在与否作出一个可信的解答。最后需要提出的是，在地质学上，一般认为地球上最后一次造山运动——阿尔卑斯造山运动发生在距今6000万年前，而乔治瓦特却认为地球上山脉的形成是在距今12000年前，两者之间的差异如此之大，该如何解释呢？地球表面几度浮沉、桑田沧海固然是事实，但是浩瀚的太平洋中，果真存在过这样一个高度文明的姆大陆吗？也许这仅仅是对世界充满好奇的人类的一个天真的想象而已。

神秘失踪的天然湖泊

2007年7月，位于俄罗斯下诺夫哥罗德州博罗特尼克沃村的一处天然湖泊突然在一夜间神秘失踪。该湖泊原来湖水多达几百万立方米，周围还有小树林环抱。

博罗特尼克沃村的村民立即将此事通报了俄联邦紧急事务部，地质专家在湖底进行调查后指出湖水消失是中空地层发生塌陷造成的，而塌陷地层处可能和某条地下暗河相连结，因此湖水全部被迅速“吸”到地下了。

湖泊附近也出现过一些怪现象：原来湖旁建有一座东正教教堂，但后来不知什么原因突然塌陷并被湖水淹没；大约70年前，村子里也发生过多次房屋突然塌陷并“钻”到地下的事件。这些似乎都和湖泊的突然消失不无联系。但想要科学地解释这些现象，必须将它们之间的联系清晰地理出来。

日本的水下城堡

1985年，静静地躺卧在日本海域南端冲绳岛附近海域二三十米深的水下的一些神秘的石头偶然被发现。

从潜水员所拍摄的照片上，可以看出这些神秘的水下结构与天然形成的结构有明显的不同之处。多层的石头平台、成直角的石块组成墙壁样的结构，以及环绕着六角形柱子的石环，都带有人工雕琢的迹象。另外的一些线索更加耐人寻味：在石结构周围有一条环绕着的道路；石头上面有孔，以及附近的海底和海边有构造类似的石头城堡。这些都似乎在暗示人们，这里曾经有过古代的城堡，并且有为举行重大仪式而修建的石头平台。

迄今为止，在冲绳岛海域共有两个主要地带引起了人们的关注：一处在冲绳岛附近的名护海域，这里有看起来像墙壁的构造，以及被珊瑚所包裹的成直角的石块；另外一处紧挨着日本最南的岛屿——庆良间列岛的南端，这里有一个不规则形状的五层平台，看起来非常像古代举行各种仪式用的多级平台。至今，包括这两处海域在内，共有八处反常的水下构造被发现。

冲绳岛琉球大学的海洋地质学家木村教授已经对这八处反常的水下结构，尤其是在庆良间列岛附近的水下平台进行了数年的研究。他坚信这些水下的纪念碑是由人建造的，很可能是一个未知的古代文明所遗留下的，或许就是来自孕育过最古老文明的亚洲大陆。他的理由是，如果庆良间的那五层结构是自然风化所形成的话，那么在附近一定会找到因风化腐蚀所形成的碎屑，但是至今在这里没有发现任何的岩石碎屑。另外，木村教授认为，那环绕着石头城堡的道路，也显然是人类所留下的，他判断，建造这些水下的构造需要高度的技术水平和一定机械手段的辅助，如果不是出于人类之手，单靠大自然的力量是难以完成的。

1998年5月，两名具有丰富潜水经验的美国潜水员阿布斯诺特和赛义德完成了对这八处遗址的水下考察。在庆良间的水下平台上，两位潜水员发现了非常精确的直线构造，它们清楚地表明，这里不是经过工具的加工，就是由人类对自然的地质构造进行了改动。尤其重要的是，在平台上发现的孔洞，不像是天然形成的，很有可能是以插入柱子来支撑木头结构的。阿布斯诺特从附近岛上具有相似建筑风格的城堡判断，名护附近的构造可能是城堡的围墙。

经过多次的水下考察，美国科学家斯科克和搭档维斯特对这里水下独特的地貌形成提出了一个可能的地质学上的解释：这一切可能都是分层沉积岩的自然侵蚀作用形成的。强大的海水流将被侵蚀的岩石“像大块的分层蛋糕”一样切去，从而留下看起来像是完全平行和精细切割过的沟槽和平台结构。在与庆良间类似的另一块反常构造上，可以看到水下的岩石呈现与之同样的分层，而同样另一块岩石的水面以上部分则不呈现类似分层，这就暗示着是浪和水的作用力对岩石产生了切割作用。

在这里的水面以上，还残留着一些古代的坟墓，可以肯定它们是人类修造的，而且其设计显然是由水下的神秘结构演变来的，这些神秘结构在8000到1万年以前，上一次冰川期的末尾还处在海平面以上，后来随着冰山的融化而沉入海底。斯科克说，种种迹象，也使他无法排除这些遗址并非人类建造，或者经人类改造的可能性。答案仍有待时日。

那么这些水下构造是什么年代的呢？已经有了几种可能的解释。这片遗址可能是上一次冰川期的末尾，大陆冰盾融化时被淹没的。或者，由于日本坐落在太平洋活火山带上，频繁的火山活动造成了这片地带的陷落和沉没；还有可能是某种灾难性的事件使得它完整而直立地陷入了海洋之中。东京大学的地质学专家石井教授认为，这片遗址部分是由人工制造的，它的年代约为公元前8000年，与古代西亚的美索不达米亚和印度河谷文明大致同期。另外还有一些学者则认为它的年代应该在12000年前。

冲绳遗址也许不能为一个消失的文明的存在提供确切的依据，但是埃及考古学家约翰维斯特确信，沿着太平洋沿岸、地中海沿岸的大陆架，曾经存在过一个古老的文明。至于冲绳遗址的谜底，以及这个消失的文明的秘密什么时候能够揭开，我们将拭目以待。

巴哈马群岛的神秘水下建筑

1958年，美国动物学家范伦坦博士来到大西洋巴哈马群岛进行观测研究。范伦坦是个深海潜水好手，在水下考察时，他意外地在巴哈马群岛附近的海底发现了一些奇特的建筑。这些建筑是一些古怪的几何图形——正多边形、圆形、三角形、长方形，还有连绵好几海里的笔直的线条。

10年之后，范伦坦博士宣布了新的惊人发现：在巴哈马群岛所属的北彼密尼岛附近的海底，发现了长达450米的巨大丁字形结构石墙，这道巨大的石墙是由每块超过一立方米的巨大石块砌成的。

石墙还有2个分支，与主墙成直角。范伦坦博士兴奋不已，他继续探测，并很快发现了更加复杂的建筑结构——平台、道路，还有几个码头和一道栈桥。整个建筑遗址好像是一座年代久远的被淹没的港口。

1974年，一艘苏联考察船也来过这里，并进行了水下摄影和考察，再次证明了这些水下建筑遗址的存在。很快，巴哈马群岛一带便挤满了世界各地赶来的科学家、潜水家、新闻记者和探险者。而围绕着这些水下石墙的争论也越来越多。有些地质学家指出，这些石墙不过是较为特别的天然结构，并非人工筑成。但更多的学者认为是人造的。在这些建筑究竟是谁造的这一点上，他们的看法也很不一致。有人认为，巴哈马与玛雅人的故乡尤卡坦半岛相距不远，因此这可能是史前玛雅人的古建筑，由于地壳变动而沉入水下。有人则从巴哈马海域陆地下沉的时间上推算，认为这些水下建筑建成于公元前七八千年间，因此应该出自南美古城蒂瓦纳科的建造者之手，但蒂瓦纳科的建造者是谁本身就是个谜。

还有一些人说，1945年已故的美国预言家凯斯，在生前曾作过一个预言，宣称亚特兰蒂斯将会于1968年或1969年在北彼密尼岛海域重现，如今范伦坦的这个发现，正好印证了凯斯的预言，因此这里就是那个在公元之前沉没了的著名的亚特兰蒂斯。当然更多严肃的科学家们拒绝按预言来判断，但人们又无法作出较为圆满的解释，只能笼统地回答这些水下建筑“大概是人建的”，年代“相当久远”。至于到底是谁造的，造于什么时候，至今仍没有人能够回答。

怪异的北纬30度线

在地球北纬30度附近，有许多奇观绝景，自然谜团更是频频发生，如中国钱塘江的大潮、江西的庐山、四川的峨眉山，巴比伦的“空中花园”，约旦的“死海”，古埃及的金字塔及狮身人面像，北非撒哈拉大沙漠的“火神火种”壁画，加勒比海的百慕大群岛和远古玛雅文明遗址……可以说，在这一纬度线上或其附近，奇事怪事，数不胜数。

1.“魔鬼三角”

1945年4月16日，2000多吨的日本运输船“神户丸”号行驶到中国江西鄱阳湖西北老爷庙水域突然沉入湖底，船上200余人无一生还。其后，日本海军曾派人潜入湖中侦察，下水的人中除山下堤昭外，其他人员全部神秘失踪。山下堤昭脱下潜水服后，神情恐惧，接着就精神失常了。抗战胜利后，美国著名的潜水专家爱德华·波尔一行人来到鄱阳湖，历经数月的打捞仍一无所获，除爱德华·波尔外，几名美国潜水员再度在这里失踪。

40年后，爱德华·波尔终于向世人首次披露了他在鄱阳湖底惊心动魄的经历。他说：“几天内，我和三个伙伴在水下几千米的水域内搜寻‘神户丸’号，没有发现一点踪迹。这一庞然大物究竟在哪里？正当我们沿着湖底继续向西北方向寻去时，忽然不远处闪出一道耀眼的白光，飞快向我们射来。顿时平静的湖底出现了剧烈的震动，耳边呼啸如雷的巨响隆隆滚来，一股强大的引力将我们紧紧吸住。我头晕眼花，白光在湖底翻卷滚动，我的三个潜水伙伴随着白光的吸引逐流而去，我挣扎出了水面……”

2.“巴别”通天塔

在伊拉克首都巴格达南约100千米的巴比伦城，矗立着一座年代久远的“巴别”塔，当地人称之为“埃特曼南基”，意为“天地的基本住所”。

为什么古巴比伦人要建造通天塔呢？它是奴隶制君主的陵墓，还是古代的天文观测之地？至今没有人能回答。

3.原始部落神殿遗址

在黎巴嫩巴尔别克村，有一个原始部落遗址，它的外围城墙是用3块巨石砌成，每块都超过1000吨。仅其中一块石头，就可以建造3幢高5层、宽6米、深12米的楼房，且墙的厚度达30厘米。没有人能说清楚这3块巨石在当时是怎样运来的。

4.加州“死亡谷”

在美国加利福尼亚与内华达州相毗邻的山中，有一条长达225千米、宽度在6～26千米，面积达1400平方千米的“死亡谷”，峡谷两侧悬崖峭壁，异常森严。

1949年美国有一支寻找金矿的勘探队，因迷失方向而误入此谷，几乎全军覆没。有几个人侥幸脱险爬出，之后不久也不明不白地死去。此后，曾有多批探险人员前去揭谜，除大多数葬身此谷外，幸存者也未能揭开这个谜。令人不可思议的是，这个地狱般的“死亡谷”，竟是飞禽走兽的“极乐世界”——200多种鸟类、10多种蛇、7种蜥蜴、1500多种野驴等动物在那里悠然自得，逍遥自在。

5.动植物“一边倒”的神秘地带

在美国加利福尼亚州圣塔柯斯小镇的郊外，有一个神秘地带。这里是一片茂密的树林，所有的大树都向同一个方向大幅度倾斜。人也毫不例外，进入此处无论如何也无法垂直站立，身子竟会不由自主地与树木向同一个方向倾斜而不跌倒，且还能不费力地行走，即使从空中落下的物体，包括飞行中的鸟类也会往一个方向倾斜。这个神秘地带出现的种种怪异现象，完全违反了牛顿的万有引力定律。

6.百慕大“魔鬼三角区”

百慕大是一个奇怪的地方。在这里不明不白失事的飞机多达数十架、轮船100多艘，不仅如此，百慕大还出现过许多穿越时间隧道失踪，而又突然出现，且“使人年轻”的传闻。

一提到百慕大，人们就会感到毛骨悚然。一个科学团体认为，此处可能有一块巨大的陨石。约1500年前，这块巨大的陨石从太空飞来，坠入大西洋。这块大陨石犹如一个大黑洞，具有极大的吸引力，连光线也能吸引进去，何况飞机、轮船。墨西哥半岛上的伯利兹也曾经飞落过一块陨石，摧毁了地球上的万物生灵，其尘埃在地球的上空弥漫10年之久。百慕大离伯利兹不远，是不是受双重影响不得而知。

如果陨石造成百慕大“魔鬼三角区”的论点成立的话，北纬30度一线附近的种种怪异现象是否也可用陨石论的观点来解释？西方著名科学家赫尔比格曾提出过一个令人惊叹的理论，地球在其46亿年的历程中，先后捕获了4颗卫星，即4个月亮。这4个月亮恰好跟地球的4个地质年代相符合，同地球4次大变动相印证。人们今天看到的月球是地球的第4颗卫星，前3颗由于在运行中离地球太近，最后都坠落了。在坠落到地球赤道偏北附近3个地方之前，发生了爆炸，摧毁了世界上的万物之灵，地球变形了，形成了太平洋、印度洋和大西洋。三颗月亮落地中心除印度洋以外，其他两颗硕大的月球都是在北纬30度附近，不仅形成了三大洋，其地球内部地核结构也发生了剧烈的变化，使地球自转和绕太阳公转的轨道均呈倾斜。

但也有人认为，地球运转轨道呈斜形，是面积217.56万平方米的格陵兰岛亿万冰雪融化导致地球失去重心造成的。还有人认为，地球运行呈斜形（往西北方倾斜）并非上述两大原因所致，而是地球的卫星——月亮在起作用。因为月亮始终是绕地球转的，地球被月亮牵制住了。众说纷纭，它们与北纬30度的奇异到底有多远呢？

第二章

全球奇闻异趣

史上最长的名字

英国19岁男生乔治·加拉特是一名音乐系学生，有次他心血来潮，决定给自己起一个标新立异的名字，并决定以漫画中的超级英雄作为他的名字。他向朋友们征求意见，然而朋友们意见不一，有的人建议加拉特改名叫“超人”“蜘蛛侠”，有的人却建议他改叫“蝙蝠侠”或者“金刚狼”。加拉特被这些五花八门的建议搞得心烦意乱，最终他作出一个让人目瞪口呆的决定：将所有这些漫画英雄的名字都加入自己的新名字。他给自己起名“速度比超人蜘蛛侠蝙蝠侠金刚狼绿巨人闪电侠加在一起还要快的梦幻船长”，这个新名总计有14个英文单词，成为有史以来最长、最雷人的名字。

这一古怪名字日前顺利获得相关法律部门的认可，成为加拉特的合法姓名。加拉特还花费10英镑手续费，通过英国专门负责修改公民姓名的机构的网站成功更改了新姓名。不过，由于他的新名字实在太长，朋友们只好简称他为“船长”。

世界上最强壮男童

朱利安诺是个生于意大利的罗马尼亚男孩，由于刻苦的体操等身体机能方面的训练，让他赢得了“小绿巨人”的绰号。当与他同龄的孩子每天玩着皮球和小汽车时，他却要练习体操和举重。在他只有4岁时，他更是以倒立行走这一项目被写进了吉尼斯世界纪录，成为“史上最强壮的男童”。

朱利安诺获得这一切和父亲的帮助是分不开的。朱利安诺的父亲曾经是位健美先生，由于自身的爱好而不知疲倦地帮助儿子练习，并拍摄朱利安诺的视频传到网上，直到他成为YouTube网站上的热点人物。

而对于朱利安诺来说，小小年纪就可以成为历史上最强壮的男孩，他并没有任何惊讶和兴奋的感觉，或许对于他自己而言，过一个很简单而又快乐的童年才是这位“史上最强壮的男童”的最大梦想。

拒绝出门的英国女子

40岁的苏·柯帝士是两名男孩的母亲，因患陌生环境恐惧症，过去的20多年她一直待在家中，从未出过门。

她首次发病是在20年前，当时她正带着两名还是幼童的儿子前往图书馆。忽然之间，一阵奇怪而又焦虑的感觉涌上心头，之后是一阵恐惧感袭来。恐慌的她迅速返回家中，但这种感觉仍然持续。接下来的几天，虽然她还能够正常出门，但这样的症状平均每天会发作15～20次。

此后，苏的体重也开始迅速下降，并在床上躺了半年。后来情况越来越糟，她已经不敢再走出家门，最后发展到对洗头、刷牙，甚至坐下后再站起来等日常小事都十分害怕。这么多年以来，她再也没有带两个孩子出去玩过。

为了挽救自己的人生，苏开始通过网上自助课程接受训练，并通过网络了解当地的街道状况。现在，她已经能够勇敢走出家门。虽然最远只到过自家旁边第二盏街灯，但苏却表示这对她来说是件了不起的事情，这使她相信将来自己终会痊愈，并重新过上正常人的生活。

梦游上网发邮件的美国女子

关于梦游的事情，已是屡见不鲜，但梦游上网发邮件大概你还没有听说过。

美国俄亥俄州一大学研究员在《睡眠医学》期刊上发表了一例"梦游上网"案例：一名44岁美国妇女在晚上10点上床睡觉，2个小时后她却在睡眠状态进入隔壁房间，打开电脑准确地输入了信箱登录名称和密码，甚至还发了3封电邮。虽然那些邮件文法结构和措辞有些奇怪，但还是可以读懂：明天来，把这个地狱坑清理好；晚餐畅饮，下午4时，带葡萄酒和鱼子酱来就成。

可是这名妇女对自己的所为毫不知情，直到被她邀请的朋友打电话告知她半夜曾发过邮件。

神经科学家指出该案例的奇特之处在于，该妇女在睡梦中进行了一系列复杂行为：开电脑、上网、输入密码、写邮件等，这些行为都需进行协调，可是这名女子竟然如此连贯地完成了，实在让人觉得很神奇。然而，以现有的医学水平还无法解释此现象产生的原因。

从高楼坠下安然无恙的梦游少女

如果有人说一名少女梦游时从卧室的窗口跌落到六七米下的地面，不但没有死亡，而且连一根骨头也没断，你一定不会相信。但事实上在英国，的确有一名这样的女孩从高处摔下且毫发未伤。

她就是18岁的高中女学生雷切尔·沃德。一天夜里她从床上起身，穿上无袖连衣裙，爬上窗台，从那一幢19世纪大屋二楼卧室窗口跌下。她掉在自己的汽车旁边的狭长草地上，脚先落地，然后才倒下，地面上6英寸长的草皮被刮走。

半昏睡中的她大声呼救，父母被惊醒了，才把她送入医院。医生惊奇地发现，从这么高的地方跌下来，她竟然一根骨头也没断。她在医院里睡了一觉，第二天自然地醒来，安然无恙。

而雷切尔对她坠落的这一过程一点也记不起，她只记得当时觉得很冷，爸爸妈妈俯下身跟她说话，并告诉她要去医院，之后她就在车上睡着了。

“除了背有点痛之外，我什么事也没有。由于接受舞蹈训练，我每天练5小时跳舞技巧，或者因此锻炼出强健的腿脚和膝盖，救了我一命。”这是雷切尔对自己所发生的奇迹可以做出的唯一一个比较合理的解释，可是，医生们对她这种梦游出现的奇迹却只能以神奇来形容。

用皮肤作画的美国女子

29岁的美国女艺术家阿丽亚娜·佩吉·拉塞尔患有一种名为“皮肤画纹现象”的罕见皮肤病，只要轻轻抓挠一下，皮肤上就会立即出现红肿印记。十来岁时她忽然注意到，她竟能利用自己的这一怪病在皮肤上“抓挠”出各种美丽图案！她对此感到很欣喜。于是她将自己的皮肤当“画布”，用钝头针当“画笔”在皮肤上抓挠，从而创造出各种美丽的图案。

每次在皮肤上“挠画”时，阿丽亚娜都会站在一面镜子前，用一根钝头针在皮肤上轻轻挠擦。据阿丽亚娜称，她在皮肤上“挠画”时既不疼也不痒，而“皮肤抓挠画”呈现在皮肤上的时间大约只有30分钟，之后就会消失。她将自己身上的“皮肤画”拍摄下来，然后把照片放大并切割成图案，制作成“皮肤抓挠画”。

阿丽亚娜的“皮肤抓挠画”在美国引起了广泛关注，有人认为它“怪异而恶心”，但也有人认为它十分美丽。最重要的是，人们已经开始购买她的“皮肤抓挠画”。她的画作每幅售价高达4500美元左右，已经先后在内华达州莱诺市、西雅图和纽约著名的“玛格南工程”画廊展出。

靠呼吸操控帆船的英国女子

英国女子李斯特11岁时被诊断出患有“反射性交感神经萎缩症”，脖子以下全身瘫痪，只有头部、眼睛和嘴巴能够活动。但就是这样一个女子，却驾驶帆船环游了英国。

李斯特驾驶的是一艘长6米的特制帆船，她是通过“呼吸”来操控帆船的方向和风帆的升降的。在一艘经过特别改造的帆船上，有三根吸管连接帆船的传感装置。其中一根吸管控制船舵，吸气时帆船右转，呼气时左转；另一根吸管用来控制调整两张风帆的绞盘，可以让李斯特自如地升降风帆，第三根吸管则可以让李斯特控制帆船上的自动驾驶仪。

2005年8月23日，李斯特从英国多佛港出发，历时6小时13分钟，成功横渡英吉利海峡，抵达法国加莱港，成为首位征服英吉利海峡的四肢瘫痪者，同时刷新了四肢瘫痪者单独航行最远距离的世界纪录。2008年7月，李斯特再次独自驾船，环游英吉利海峡中的怀特岛，成为世界上首位驾船环游怀特岛的四肢瘫痪女性。

2009年8月30日，经过40天的航行，李斯特成功驾船环绕英国。驾船环游世界，成为李斯特下一个梦想。

一只眼睛两个视场的德国女孩

科学家发现，德国有一位只有半个大脑的10岁女孩，她的一只眼睛竟然能有两个视场，她的一只眼睛既有左眼的能力也有右眼的能力。这是在全世界发现的唯一一个病例。

女孩3岁时身体左侧曾经历短暂的痉挛，之后在进行磁共振成像时医生发现她的大脑发育不良。除此之外，她有着正常的心理机能，有着正常的发育，能过正常而舒适的生活。

英国格拉斯哥大学的研究人员使用功能性磁振造影显示这个没有完整的大脑女孩，其大脑是如何处理来自左视场和右视场信息的。这个女孩还在母亲子宫里的时候，她的大脑右半部分就停止了发育。视觉信息由眼睛后面的视网膜收集，经过瞳孔晶状体时倒立成像。通常，左视场和右视场由相反的两次大脑处理并成像，但是科学家对这名德国女孩的大脑扫描发现，本该在大脑右半部分的视网膜神经纤维转到了左侧。他们还发现，在女孩大脑可合成右视场内部图像的左半部分的视觉皮层内有突起物形成，该突起物可处理并成像右半部分缺乏的左视场。

首席研究员拉尔斯·姆克里说："该研究还发现，在涉及自我组织机制形成视觉图像时，大脑有着惊人的弹性。大脑有惊人的可塑性，但是，看到这个女孩的半个大脑已经学会补偿失去的那一半，我们还是震惊不已。"

突尼斯30岁女教师怀上12胞胎

突尼斯一位女教师竟然创纪录地怀上12胞胎！

这位30岁的女子，曾在两年时间内经历了两次流产，接受生育治疗后终于成功怀孕。但英国生育专家说，她腹中的胎儿存活机会渺茫，12个胎儿中即使仅有一个存活，概率也不到百分之一。但这名女子却坚称自己一切良好，说她只想拥抱自己的孩子，并把爱奉献给他们。

但专家们说，她不可能等到腹中胎儿正常发育到预产期，她将在怀孕20周时因子宫压力过大提前分娩，而这只是正常孕期的一半。

像这个女子一样怀上多胞胎的事情也有发生。2009年1月，美国加州单身母亲纳德娅·苏勒曼曾通过试管授精手术生下了一组健康的8胞胎婴儿，从而创下了一项医学史先例。而1971年，澳大利亚悉尼市一位母亲一举生下了腹中的9胞胎婴儿，创下了"一次分娩最多胎儿"的世界纪录，但她腹中的9个胎儿一出生就全都夭折了。

狼脸的女孩

泰国一位年仅4岁的小女孩，患有先天性毳毛性多毛症，这使她的面孔生就一副"狼人"的模样，与她天真的笑容十分不相称。

现在世界上共有40名患者出现严重的先天性毳毛性多毛症，泰国这位小女孩还处于童年时期，还没有意识到自己的怪异面孔可能会遭到他人歧视，也无法想到这会给她今后的生活带来多少不便。

而如何去解决这一奇怪的症状，成了医学界面临的一个难题。

不能沾水的少女

19岁的艾什蕾·莫丽斯来自澳大利亚墨尔本市，她一边工作，一边在大学学习新闻和公共关系学课程。她有过快乐的童年，然而14岁时的一场急性扁桃体炎，使她的生活发生了翻天覆地的变化。

当艾什蕾患上急性扁桃体炎后，医生为她开了大剂量的青霉素，可没想到扁桃体炎治好后，艾什蕾却遭遇了另一种可怕的疾病——她竟然开始对任何温度的水“过敏”起来！爱好游泳的艾什蕾说：“从那以后，每当我洗澡或游泳时，我的身体就会起皮疹。一开始我并没太在意，但当情况越来越严重时，我开始去看皮肤科医生。”

皮肤科专家罗德尼·辛克莱教授对艾什蕾进行诊断后，告诉她青霉素已经改变了她体内的组胺水平，从而使她患上了一种罕见的“水源性荨麻疹”，这一疾病非常罕见，在全世界范围内也没听说过几例。艾什蕾说：“一开始我充满了怀疑，但没多久，我就意识到情况有多么严重。在哭了好几个小时后，我意识到我必须学会接受这一切。”

艾什蕾再也无法游泳，无法泡在热水浴缸中舒服地洗个澡，甚至出汗也会在她身上引发痛苦的皮疹。为了避免流汗，她开始停止体育锻炼或任何会使她流汗的运动。因为如果艾什蕾的身体一碰到水，她的皮肤就会产生又痛又痒的红斑，至少要过两小时，她身上的红斑才会慢慢消退。

艾什蕾平时总是确保自己待在有空调的地方，而在她的汽车中总是会放着一把伞，以防出门时天会下雨。由于艾什蕾23岁的男友亚当是一个爱出汗的家伙，所以平时艾什蕾根本不敢和男友亲密拥抱。

而不和水接触的时候，艾什蕾看上去和其他健康女孩没有任何区别。艾什蕾称，她的罕见“水过敏症”让她受到了许多误解，甚至有人怀疑她患有皮肤传染病，就连大多数医生和皮肤专家也从来没有亲眼见过这种疾病。而“水源性荨麻疹”目前没有任何治愈方法，即使抗组胺剂也无法缓解病人的病情。

用意念熄灭街灯的女人

38岁的戴比·沃尔夫是英格兰东苏塞克斯郡布赖顿市一家医院的病理学研究干事。她天生拥有一种特异功能，只要她集中意念，便能让街灯突然熄灭、CD播放器音量放大、电冰箱自行化冻。

在日常生活中，戴比经常被一系列难以解释的奇特现象所困扰，仿佛受到她的“电流干扰”。

有一次她驾驶一辆摩托在街上行驶，不经意间竟然将路边一连排街灯全部“吹熄”。挂在墙上的数字式电子钟原本走得好好的，可是只要她从旁边经过，上面的数字便会“神经错乱”。而她住的房子，电灯时常莫名其妙地坏掉，用的电视遥控器，新换的电池总是不一会儿便耗尽了。当她回到家中的时候，时常发现地上有一摊积水，因为冰箱竟会自行化霜。

戴比坦言，她并不能控制自己的“特异功能”。当她在脑海中苦思冥想某件事情或者情绪紧张的时候（生气时例外），这些奇怪现象就会发生。虽然它并非一天到晚地出现，但是也比较频繁，尤其是当她感觉兴奋的时候。

因为戴比的这一“特异功能”，在日本，她被视作连环漫画中的“女超人”，在英国，被比作热门电视剧《英雄》中的人物。

对于这一奇特现象，英国专家希拉里·埃文斯将其命名为“街灯干扰综合征”。据初步推测，戴比体内的电荷因情绪等诱因发生变化，由此对周围的电器产生了“电流干扰”。

许多人质疑这种现象只是巧合，为了加以求证，英国记者将戴比安排在一个医院饭厅内，然后递给她一个电筒、一部手机和一台收音机，并且示意她施加“电流干扰”。然而，所有这些电器都毫无反应。此外，饭厅内的电子挂钟和电子收款机也全都运转正常。对此，戴比解释说，她必须在完全排除杂念的时候，才能“发功”。

长出“米老鼠”耳朵的女婴

米老鼠本来是一个很可爱的动画形象，在迪士尼公园也有很多人喜欢戴着有米老鼠头饰的玩具游玩，那么，你能想象有人长出一对如同米老鼠一般的耳朵吗?

英国女孩路茜生下来时重达3.68千克，看起来非常健康。可是令母亲阿黛尔做梦也没想到的是，路茜出生3周后，她的每只耳朵下面都长出了两个平坦的白色增生物，一开始只有10便士的硬币一样大，后来越长越大，最后竟然又圆又大，就像“米老鼠”的耳朵一样!

阿黛尔和丈夫贾森带女儿到医院接受检查时，医生也被路茜的模样惊呆了。医生说他们以前从来没有遇到过这样的现象。医生当时提醒路茜的父母说，她的“米老鼠”耳朵可能会越长越大，最后导致她彻底失去听觉。

阿黛尔说：“我害怕抱着路茜走出家门到外面散步，因为每当我们外出时，路茜都会引来许多惊奇的目光。她的耳朵看起来就和米老鼠动画片中老鼠‘米妮’的耳朵一样。我总是会用宽大的帽子遮盖住她的脑袋。”

然而，在这之后，更奇妙的事情发生了。当路茜长到两岁时，她两只耳朵上的“突出物”开始逐渐萎缩，最后彻底消失得无影无踪。同样让英国医生感到困惑的是，如今4岁的路茜已经拥有一对完全正常的耳朵，并且长成了一个活泼可爱的小女孩。

母亲阿黛尔欣慰地说：“现在她的耳朵上已经没有任何增生物，这真是太令人惊异了。路茜在我眼中一直是个漂亮的女孩，然而看到她现在的模样，我真的感到这就是一个奇迹。”

身高27英寸的“拇指姑娘”

在美国密歇根州的苏圣玛丽有一个小不点女孩名叫卡拉迪·约迪·布鲁利。卡拉迪·约迪·布鲁利3岁半的时候，她的身高只有27英寸，体重10磅，看起来像一个刚满月的婴儿。这个不幸的小姑娘患的是原始侏儒症。卡拉迪面对的最大危险是动脉瘤，这些在血管中的肿瘤可能会突然破裂并致她于死地。

可是，对于卡拉迪来说这一切似乎并不可怕，她每天仍然快乐地生活着，享受着生命带来的喜悦和恩赐，拇指姑娘的传说在她的身上像一股力量一般被演绎，这也使得卡拉迪的家人希望这个令人怜爱的女儿可以平安地活下去，延续着拇指姑娘一样的童话。

红头发白皮肤的尼安德特女

尼安德特人是一种大约在12万到3万年前冰河时期生活在欧洲及西亚的人种。一些科学家认为，早期现代人最后取代了尼安德特人。但是也有一些研究人员认为这两种人实际上生活在同一个时期。不过科学家们都普遍认为，尼安德特人为研究人类进化提供了重要的信息。

科学家们从一个尼安德特人的骨头中提取了DNA片段，加以分析，绘就了一副该人种的女性的脸，进而通过想象，绘成了尼安德特女性的整体样貌。科学家把这个尼安德特人的女性“模特”亲切地称呼为“威尔玛”。按照DNA片段的分析，远古时期的尼安德特人有着红头发、白皮肤，还可能有些雀斑。这是第一次考古学家能摆脱化石，进入到已消失人种确确实实的基因中做研究。

这第一张尼安德特女性的脸，还被《国家地理杂志》使用，出现在了2008年第10期杂志的封面上。

被冰封的印加少女木乃伊

安帕托山是印加人的神山，位于秘鲁境内安第斯山区，是一座海拔20700英尺的火山。印加人曾一度用最珍贵的生命作为祭品，祈求它赐予生命之水、带来谷物丰收。

1995年9月8日，约翰·瑞哈得与米盖尔·扎瑞特在安帕托山接近顶峰的地方，发现了一具印加少女的木乃伊，它被认为是5个世纪前一次印加祭礼中的祭品。

米盖尔在山坡的岩石中发现了两个头插红色小翎毛的雕像，那是一流的印加小雕像，用金、银和珍稀的海菊蛤贝壳雕成，掩埋的方向面朝安帕托山顶，裹在外面的五彩服饰看起来像新的一样，显而易见，这两个小雕像才露出地面不久。

之后，在接近峰顶的地方，他们在一块被冰覆盖的岩石里发现了一具被紧紧包裹着的木乃伊。

一些织物的碎片零落地散布在木乃伊周围。附近的冰面上，他们又发现了骆驼骨、陶器碎片、两个装有谷壳和玉米穗的布袋和一个用海菊蛤贝壳雕成的女性小雕像。他们凿开冰层，将冻在岩石上的木乃伊取下来。这下，他们看清了它的面目，那是一张印加女孩的脸。

她有乌黑的长发，修长的脖颈，丰满的双臂；她身披绚丽的羊驼毛披肩，静静地躺在安帕托峰顶；她安眠在陶土的墓穴中，没有任何挣扎、勒杀、殴打的痕迹，或许她在被埋入之前就已经死去。墓穴中，陪伴她的还有精致的小雕像、古柯叶和谷物。

12年生10个儿女的“多产母亲”

英国35岁女子雷切尔·萨沃里自从15年前和心上人杰尔·翁坠入爱河后，就时刻梦想着和杰尔举行婚礼。可是令她做梦也没想到的是，每次她快要结婚时，就发现自己“不合时宜”地怀上了身孕，只能无奈地推迟婚期。在12年时间中，雷切尔竟接连生下了10个儿女，其中有一对双胞胎。直到两年前杰尔接受了输精管切除术后，雷切尔才终于不再继续怀孕。

2009年6月20日，松了一口气的雷切尔终于如愿走上红地毯，和杰尔幸福地举行了婚礼，而他们10个儿女则一起在婚礼上为父母充当起了花童和伴娘。

由于养育10个儿女的代价实在很高，经济拮据的雷切尔只能在朋友的帮助下，举办了一场花费仅2500英镑的“低成本婚礼”，甚至连婚纱都是从EBAY拍卖网站上花120英镑买来的。为了能穿进这件苗条的婚纱，雷切尔不得不强行减肥，减掉了29千克的体重。雷切尔解释说：“过去这些年中我大多数时间都在怀孕，所以我压根没时间减肥。”

身高0.83米的袖珍母亲

20岁的克丽斯蒂安·雷是美国西雅图市郊区人，她生下来就患有一种罕见的基因失调症，导致骨骼发育不良，至今她的身高只有0.83米。然而，克丽斯蒂安的未婚夫杰里米身高达到了1.93米！他们是中学同学，两人相恋有两年时间。

由于克丽斯蒂安的一条腿比另外一条腿短5厘米，所以她走路非常困难，经常要让杰里米背着她行走。当克丽斯蒂安和杰里米在大街上行走时，经常会引来路人惊诧的目光。然而克丽斯蒂安毫不在乎外人的目光，他们深深相爱着。

2006年，克丽斯蒂安怀上了身孕，当她到医院接受检查后，医生向她警告称，由于她的身体内脏器官都是正常大小，但身体骨骼却非常紧凑，所以怀孕对她来说是一件相当危险的事，因为不断长大的胎儿很可能会“压垮她的心脏和肺”。

然而，克丽斯蒂安一口拒绝了将胎儿流产的建议，决定冒生命危险生下腹中的孩子。医生称，胎儿必须在体内怀孕30周，出生后才能存活，结果她怀孕的时间从28周坚持到30周、32周和34周，最后医生终于决定提前6周为她进行分娩。

就这样怀孕34周的克丽斯蒂安顺利产下了2千克重的女婴凯尔斯顿。凯尔斯顿的身高竟有35.6厘米，几乎有母亲一半高！克丽斯蒂安成了世界上“身材最矮小的母亲”。

克丽斯蒂安说，当第一眼看到女儿时，她感到一种无法用语言表达的激动情绪。她为她和杰里米终于组成了一个完整的家庭而感到高兴极了。

然而，克丽斯蒂安冒死生女也在美国引起了巨大的争议。反对者认为，她会将自己的骨骼发育不良病遗传给女儿。西雅图医生对凯尔斯顿进行检查后，证实她的确遗传了母亲的基因失调症。克丽斯蒂安听到这一不幸的消息简直惊呆了，但她仍然发誓将来要帮助女儿过上正常人的生活。

由于克丽斯蒂安身高只有0.83米，所以照顾婴儿对她来说是件极不容易的事。就连给婴儿喂奶或更换尿布都是一项巨大的挑战，很多照顾婴儿的活都要杰里米帮忙。杰里米目前只在外面从事兼职工作，这样他才有时间在家中照顾克丽斯蒂安和他们的女儿。

不过，尽管女儿凯尔斯顿遗传了骨骼发育不良症，但克丽斯蒂安和杰里米仍然为能拥有一个女儿感到非常高兴，他们甚至还希望将来生育更多的孩子。最好生7个孩子，组成7个小矮人，这个想法真是既有趣又疯狂！

穿“羊毛婚纱”办婚礼的女子

英国一名牧羊女爱羊成痴，结婚时穿羊毛做的婚纱，并为来宾准备了以羊为主题的婚宴：来宾可以品尝羊肉，还能收到做成羊羔形状的巧克力当礼品。

这件羊毛婚纱选用珍贵品种奥利维亚羊的羊毛制成，价值1500英镑（约合1.68万元人民币），整整花费了67个小时才缝制而成。

马桶上坐两年的怪女人

美国堪萨斯州尼斯县一名35岁女子在男友的马桶上坐了两年，直到男友无奈之下打电话到警察局说他女朋友出了问题时，她的身体已经粘到了马桶上。

她有点神志不清，而且腿似乎已经萎缩了。最初，她拒绝医疗急救服务，但最后终于被医护人员和男友说服，明白自己需要住院治疗。当地治安官惠普尔说，他们用一根杠杆撬下马桶座圈，将座圈连人一起送进医院，在医院才拿掉了它。

该女子的男友告诉调查人员，他每天给女友送水送饭，恳求她从厕所里出来。她总是回答“可能明天吧”，但他从未解释他为什么两年之后才报警。她状态良好，但一直拒绝与医务人员和执法人员合作，他们不知道她是精神有问题还是身体残疾。

整容51次的“埃及艳后”

49岁的英国女子妮琳·纳米塔从小便迷恋古埃及最美丽的王后妮菲蒂蒂，甚至自认是后者的“化身”。为了形似“现代版的妮菲蒂蒂”，妮琳在过去22年中竟先后接受了51次整容手术，最终将自己的脸整得和埃及艳后的脸一模一样。

妮琳·纳米塔是英格兰苏塞克斯郡布莱顿市一名艺术家，她离过两次婚，有3个孩子。妮琳回忆道：“整个孩提时代和青少年时代，我不断梦见这位古埃及王后。我仿佛可以看到她的住所、她的仆人、她的日常生活，甚至她的膳食。虽然一开始这些奇怪的梦境令我自己也很惊讶，可是我开始慢慢研究它们的含义。23岁时，我找了位心理医生进行咨询。渐渐地我开始明白，我之所以做了这么多梦，是因为我就是妮菲蒂蒂的化身。”

心理咨询数周之后，妮琳第一次见到了妮菲蒂蒂的一张画像。妮琳说，那是一种触电般的感觉，因为后者对于她来说竟是“如此熟悉”，就在那一刻，妮琳的梦想变得更加强烈。令人目瞪口呆的是，妮琳竟决定重塑自己的面容，以便使自己看上去犹如“现代版的妮菲蒂蒂”。

1987年，27岁的妮琳率先拿自己的鼻子开刀，第一次接受了整容手术。为了让自己的长相与这位“尼罗河美人”更加相似，在此后长达20多年的岁月中，妮琳“生命不息，整容不辍”，只要手头一有闲钱，她便拿去做手术。用她自己的话来说，她的脸就是一件“与时俱进的艺术品”。

妮琳已经先后做了51次整容手术，其中包括8次鼻子整形、3次下巴填充、一次眉毛提升、3次大的面部提升、6次小的面部提升、2次嘴唇塑形、5次眼部手术以及20多次其他小手术。最后，妮琳终于将自己的脸整得和埃及艳后妮菲蒂蒂的脸一模一样。

如今虽然年近半百，可是妮琳却依旧有着姣好的面容和苗条的身材。她说：“没有人相信我已年近50，并且生育过3个孩子，因为无论是身材还是面容，我看上去都只有25岁。现在每当我外出，总有年轻小伙向我回望——他们大多只有20多岁，因为我看上去是如此青春。”

在长达22年的时间里，妮琳为了整容花光了所有的积蓄，总计耗资20万英镑。让她倍感欣慰的是，这么多年来，她的3个孩子始终赞成她的“变脸”决定。妮琳称：“我最小的女儿现在仍与我生活在一起，她对拥有一位年轻的漂亮妈妈深感自豪。虽然很多人难以理解我为何要接受这么多次整容手术，可是我相信自己的容貌是不老的、永恒的。”

尽管妮琳从没有去过埃及，可是她目前正在撰写一本关于“现代版妮菲蒂蒂”的书，详述自己的整容历程。妮琳意犹未尽地表示，为了将自己完全塑造成心目中的“尼罗河美人”，她打算进一步整容，直到将自己变成一尊“活着的古埃及雕塑”。

一胎所生而非双胞胎的姐妹

英国39岁母亲艾莉森·詹宁斯在怀孕12周时去医院接受检查，医院超声波扫描师发现，艾莉森腹中的一个胎儿要比另一个胎儿小很多，这个更小的胎儿甚至无法做超声波扫描。

英国医生相信，艾莉森腹中的“双胞胎”并不是通常意义上的双胞胎，而是一种罕见的“异期复孕”现象。即可能是由两枚在不同月经周期中排出的卵子先后孕育而成的，两个胎儿的孕育时间相隔了大约一周，并且拥有两个不同的胎盘，也就是说当一个胎儿已经在子宫中发育生长时，另一个胎儿才刚刚形成胚胎。这意味着从医学角度看，这两个胎儿并不是通常意义上的“双胞胎”。

艾莉森的怀孕并不十分顺利。2008年12月7日，当艾莉森怀孕37周时不幸患上了肺炎，呼吸困难的艾莉森被丈夫斯蒂芬紧急送往医院，3个半小时后，医生就为艾莉森实施了紧急剖腹产手术，替她接生下了2.4千克重的格蕾丝和3千克重的拉娜。

尽管格蕾丝和拉娜在同一天降临人世，并且都生于同一个母亲的子宫，两人的外貌惊人相似，但她们并不是医学意义上的“双胞胎”。当她们5个月大时，母亲艾莉森骄傲地说，她们拥有非常不同的性格，格蕾丝有点懒散，而拉娜则有点自负、喜欢当老大。不过她们相处得很好，并且都非常快乐。

医学专家称，“异期复孕”现象在人类中相当罕见，医学史上记载的也仅有几个罕见的案例。英国皇家产科医生和妇科医生学院一位发言人认为，由于异期复孕现象几乎不可能发生，所以它到底有多么罕见，他们甚至没有任何统计数据。尽管医学史上记载过一些案例，但他认为两个胎儿相隔一周时间先后在母腹中受精怀孕的事情几乎不可能发生。

“两颗心”的英国女孩

16岁的英国女孩汉娜来自加的夫附近的阿什山，她出生时就患有罕见的心脏病，2岁时接受心脏移植手术，医生把一个5个月大的女孩的心脏嫁接到她的心脏上。在长达10年半的时间里她一直拥有两颗心，医生把这种人称作“双心人”。

由于自己的心脏长期处于休眠状态，汉娜一直是依靠捐赠的心脏生存下来的。但是，汉娜12岁时移植的心脏出现并发症，医生只好把植入的心脏取出来，但是他们不清楚最终会出现什么结果。因为还没有人在这种手术后幸存下来。3年半后，一个医学奇迹出现了。汉娜神奇恢复过来，并且像其他青少年一样，可以跑步、购物或带着爱犬散步了。现在，她已经完成了中学毕业考试，在一个养狗场开始了第一份兼职工作。

2009年7月13日，这个曾有两个心脏的女孩不得不面对另一个障碍：举行记者会，讲述她的故事。连续不断的快门声、蜂拥而至的问题以及黑压压的人群让她紧张得不知道说什么好。然而当有人问她现在是否特别珍惜生命时，她回答说：“我无法形容。”她母亲利兹回答说：“她热爱生命，但是她从不想明天会怎样。她只在乎现在，她希望每天都过得很充实。每天从早晨起床开始她会一直面带微笑，很少看到汉娜不开心。有时她会在凌晨3点后才上床睡觉，她的精力非常充沛。但是以前她却不能那么做。”

汉娜的父亲保罗回忆说，汉娜在伦敦大奥蒙德街医院接受治疗时，医生告诉他们汉娜可能就要去世了。“他们把我叫进去，告诉我汉娜的脊髓里长了一个肿块，增加了大脑的压力，这个肿块可能会夺去她的生命。一名护士告诉我说，她只能活12个小时。当时我说，‘你认为你的看法是正确的，但是我坚信我的看法。’不知什么原因，第二天她一切都很正常。”

伦敦西部哈尔菲德医院的雅克布医生说，汉娜心脏的自愈让很多医生长了见识，例如移植手术和利用免疫抑制药物。服用免疫抑制药物可将身体对移植器官产生排斥的可能性降至最低。

婴儿外形的少女

美国马里兰州巴尔的摩市有一个永不长大的“不老女婴”——布鲁克·格林伯格。尽管布鲁克今年已经16岁，但她的外表看起来仍然像是一名6个月大的婴儿。她的身高只有76厘米，体重只有7.3千克。

美国医学专家对布鲁克进行了一系列诊治，发现她身体每个部分的衰老程度并不一样。16岁的布鲁克仍然长着乳牙，但她的骨骼年龄却更像是10岁儿童。

没有一个科学家可以解释布鲁克“永不长大”的原因。美国科学家正在对布鲁克的基因进行研究，希望从她身上解开“不老基因”的奥秘。

胎儿在腹中作出V字手势

V字形胜利手势原出自二战时英国首相丘吉尔，代表VICTORY（胜利）的意思，后来逐渐变成代表信心和追求胜利的手势。

即将为人母的英国女子卡罗琳·巴恩斯已怀孕23周，在她去照超声波时，发现肚子里的孩子竟然也作出V字形胜利手势。

在电视台担任分区经理的35岁的卡罗琳说："在照超声波的整个过程中，他的手势都是这个样子。"卡罗琳的未婚夫莱特则开玩笑地说："在他出生后，我们可能需要教他一些礼仪，以免他长大后太过骄傲。"

在垃圾桶里唱歌的人

查理·卡维是英国剑桥郡剑桥市人，30岁的他是一名身高近1.8米的壮汉，但人高马大的卡维经常抱着一把吉他躲进路边肮脏狭小的垃圾桶内，自弹自唱。

他的"垃圾桶卖唱"创意源于几年前，一天他和朋友们一起到市中心去玩时，看到清洁工把路边的一个垃圾桶清空，卡维突发奇想，决定将身体缩进垃圾桶逗朋友开心。身高近1.8米的卡维居然毫不费劲地就钻进狭小局促的垃圾桶，令朋友们拍案叫绝。后来卡维开始学弹吉他，一名朋友偶然提起他那次在垃圾桶里"缩骨功"表演，卡维灵机一动，决定将缩进垃圾桶与弹吉他唱歌"合二为一"——在垃圾桶里卖唱！

每天清晨，卡维就来到剑桥市中心，然后抱着一把吉他钻进街边的金属垃圾桶内，开始自弹自唱。尽管垃圾桶里臭气熏天，但自得其乐的卡维却每天都"唱得响亮"。他的表演永远都能够吸引一大堆路人围观，因为人们总是搞不清楚歌声是从哪里传出来的。当路人最后发现动听的"超级男声"竟然是从臭气熏天的垃圾桶内传出时，都惊呆了，然后他们就会拿出照相机来给他拍照。

不过，在垃圾桶里卖唱也有许多意想不到的弊端。卡维说："偶尔有人没有意识到垃圾桶里藏着人，于是将垃圾扔进垃圾桶里，让我叫苦不迭。我也发现，自己一次最多只能在垃圾桶里唱5首歌，然后就得出来伸展一下身体，因为把身体蜷曲在里面实在太难受了。"

尽管如此，卡维的"垃圾桶卖唱"还是取得了巨大成功，令他成为剑桥市的街头明星艺人，许多粉丝甚至慕名前来听他唱歌。他甚至获邀参加了剑桥的街头艺术节，成为50名应邀表演的街头明星艺人之一。

平均每2秒打一个嗝的英国歌手

25岁的克里斯托弗·桑兹是一名以表演为生的英国歌手，他在2006年9月连续打嗝2周，后来不治而愈。次年2月开始，他又开始不停打嗝，最多每天打12个小时。这样打嗝持续了22个月，平均每2秒打一个。

因为打嗝影响正常呼吸，他有一次竟晕倒在地。因为无法吞咽食物，他日渐变得消瘦。

打嗝也让桑兹无法继续在摇滚乐队表演，找新工作的机会变得渺茫，更不要提觅到知心女友、恋爱成家。由于丧失工作能力，桑兹只能靠救济金生活。

为了停止打嗝，桑兹几乎尝试了所有方法。他曾遍尝各种民间“偏方”，如每两分钟喝一勺糖水、憋气、吮吸柠檬、用手指堵耳朵、高举双手拉伸横膈膜等。他还尝试多种“高技术手段”，练习瑜伽甚至进高压氧舱，但种种办法均告无效。“只有一种办法曾让我停止打嗝大约1小时，那就是吃花生酱，”桑兹说，“发现不再打嗝了，我欣喜若狂，但没过多久就又开始打起来。”桑兹为治疗因打嗝造成的胃损伤前往女王医疗中心接受手术，医生说，手术也不会让他停止打嗝。

美国《新英格兰医学杂志》周刊曾刊登文章说，医生建议打嗝的人每两分钟缓慢咽下一勺糖水，有效率能达到95%；另外，打嗝者还可以深吸一口气，然后屏住呼吸到极限为止。

“没有人给我任何希望。我已经尝试了所有办法，都无济于事。”不过，桑兹保持乐观态度，“我依然精神愉快，这并不能让我情绪低落”。

专家解释道，造成打嗝的原因有多种，进食过快、酒精、哭泣、肾脏疾病都可能是诱因之一。

虽然桑兹被打嗝折磨得如此痛苦，但与美国养猪农民查尔斯·奥斯本相比，他还算幸运。奥斯本从1922年开始，打嗝68年，直到1990年停止。没有人能说清他“神秘”的打嗝缘何而起，又因何结束。

从天而降的奇宝“天香”

在海边散步时，人们总是会随手捡到一些石子或者小海螺、贝壳做纪念，可是，有人在海边散步时却可以受到上天的眷顾捡到与众不同的宝贝！

24岁的希恩·卡尼和39岁的伊安·弗斯特是一对好友。一次，他们在北威尔士的克利希什海滩遛狗时，在沙滩上捡到两块外表粗糙的灰白色“大石头”。希恩·卡尼觉得它看上去好像鲸鱼的呕吐物，伊安却从未听说过这种东西。

他们怀着忐忑不安的心情从这两块“蜡状石块”上分别切下一小块样品，然后送往威尔士班戈尔大学化学博士维拉·索思那里去化验。让他们喜出望外的是，科学检验表明，这种带有诱人芳香的蜡状物竟是名贵动物香料龙涎香，当时市场估价至少在55万英镑以上！

能保佑人中彩票的不化童尸

泰国东北部一个家庭 6岁的儿子不幸病逝了，父母按照当地习俗将儿子在寺院内安葬，之后他们便经常梦到儿子说不习惯寺院的生活。

起初，这对夫妇以为是自己爱子深切才会做这样的梦。后来，得高人指点，他们将儿子送到另一间寺院，谁知过了不久，同样的梦再次出现了！儿子嚷着要回家。夫妇便决定将他接回家中，自此之后，他们就没有再做过同样的梦了。

多年以来，这对夫妇都是用玻璃罩着儿子的尸首，放在家中日夜相伴。更奇怪的是，虽然尸首已干水，但头发及指甲仍不断生长。附近的街坊知道这事之后，不但没有害怕，还带着小朋友喜欢的东西来供奉。据说还有人拜过童尸后便中了彩票。

久而久之，来供奉的人越来越多，而这对夫妇也特意在屋外另起小屋以便供奉。

有24个伴娘的婚礼

通常，新娘都会在婚礼上邀请几名未婚的女性亲友作为伴娘，陪伴她一起走过红地毯。但令人惊讶的是，在2008年7月7日英国44岁新娘米切尔·欧·雷利结婚时，竟然邀请了24名年龄从1岁到38岁不等的亲友为她当伴娘！当这支“伴娘兵团”浩浩荡荡地出现在婚礼上时，立即将所有宾客惊得目瞪口呆。

新娘米切尔是德贝郡威灵顿市人。她与38岁的建筑承包商凯文·多赫提恋爱并同居了多年，已经有3个1～16岁的女儿，其丈夫早在6年前已向她正式求婚。经过一年多的精心筹备之后，两人终于决定在7月7日这一天，花费3万英镑在教堂中举行一个盛大婚礼。

然而，在挑选谁当伴娘的问题上，米切尔却犯了难。由于双方的家庭都有许多人口，再加上两人平时人缘特别好，数十名尚未结婚的女亲戚和好友都热情地要求米切尔选自己当伴娘，米切尔顿时挑花了眼。

几个月后，米切尔才勉强列出了一份伴娘“候选人名单”。这份名单上总计多达24人，全部都是米切尔的侄女、朋友的女儿以及她自己的3个女儿。然而到了婚礼前夕，米切尔意识到，她实在不忍心淘汰“候选伴娘”中的任何一人，令她们失望而归。于是，她作出一个惊人决定：让这24人一起为她充当伴娘——甚至她最小的1岁女儿辛德瑞拉·罗斯也不例外！

一下子请了这么多伴娘，婚礼的安排计划全部被打乱了。因为当时距离婚礼只有几天的时间，米切尔不得不紧急订购24名伴娘的服装，安排她们前往教堂的交通工具，并制定伴娘们的出场顺序和各自任务。庆幸的是，米切尔的父亲吉拉德非常支持女儿的决定，他随即聘请裁缝为24名伴娘火速定做了24套白裙。

7月7日，婚礼在教堂如期举行。在整个婚礼期间，米切尔时刻被24名伴娘簇拥着，16岁的大女儿萨曼莎和5岁的二女儿麦西梅为米切尔托着婚纱裙摆。

婚礼后米切尔夫妇立即前往法国度假胜地圣托佩兹欢度蜜月。她说："让24个伴娘陪我出席婚礼，绝非我们一开始的计划，但显然每个人都很开心。尤其是当那些年龄比较小的伴娘穿上她们的伴娘裙子时，个个感觉就像公主一样，兴奋极了。我希望，这个特别的婚礼能给她们留下难忘的记忆。"

400年前的母子木乃伊

2002年，在韩国京畿道坡州市坡平尹氏贞靖公派墓地，出土了400多年前的朝鲜时代的产妇和胎儿木乃伊，即"坡平尹氏木乃伊"。因在女人腹中发现了胎儿，它一度作为世界上唯一的"产妇、胎儿木乃伊"而成为热门话题。

后来，高丽大学医学院病理学教授金汉谦的研究组用最尖端CT和MRI拍摄木乃伊后，通过三维影像将其复原，此次成功获得了正确显示木乃伊死亡时胎儿的位置和姿态的影像。从影像来看，胎儿的头部已经通过产妇的骨盆，被卡在子宫尾部。胎儿的身体靠在产妇的右侧，胳膊和腿蜷缩在一起。在子宫口打开的状态下，胎儿头部已经露出，因此推定产妇是在生育最后阶段因子宫破裂死亡的。

分析影像的妇产科教授金善行说："只要再坚持5~10分钟，就能生下孩子。近来，即使出现这种情况，也可以用通过真空压力取出胎儿的分娩道具'Vacuum'轻易取出胎儿。"

据推测，"坡平尹氏木乃伊"是朝鲜前期有权有势的尹元衡的曾孙女。这个身高153厘米、20多岁的女人于"丙寅年闰十月"，即公历1566年12月为生育从住所回到娘家。严冬里的某一天，她突然出现阵痛，于是试图蹲坐下来分娩（朝鲜时代分娩法）。经历了1~2小时的极度疼痛后，在生产最后瞬间因子宫破裂而大出血。产妇在30分钟内死亡。由于子宫破裂而失去推动胎儿的力量，胎儿停留在原位一起死亡。

由于当时是寒冷的冬天，所以尸体没有腐烂。安放尸体的木棺内放了很多衣服，使棺内促进尸体腐烂的氧气非常少。据推测，因为使用了木棺外表抹上石灰的灰椁墓，所以阻断了外部空气流入，因此，女人和胎儿在数百年时间里以木乃伊的形态被保存了下来。这具木乃伊后来被安放在高丽大学医学院的冷冻保管实验室内。

经历10亿伏闪电劈头的男子

41岁的达伦·米尔恩和35岁的妻子维琪家住英格兰设菲尔德市，夫妇俩曾一起远赴美国犹他州布莱斯大峡谷旅游。正当他们专心观赏当地蔚为壮观的石柱阵时，一道闪电突然劈中达伦的头部。被打翻在地的达伦几乎所有的头发都被烧焦，身上的T恤被撕成碎片，全身散发出一股烤肉的味道，就连脚上的跑鞋也全部爆裂。

惊慌的妻子维琪看到他头上伤口渗出血水，担心他已经死了。当她用手扶起达伦并且不断重复叫喊他的名字时，达伦张开双眼呻吟道："我听到你在说话。"令人称奇的是，在被送往医院抢救后，达伦竟然奇迹"复活"，仅仅一周之后，便康复出院。

劈中达伦的这道闪电，时速达1.4万英里、电压高达10亿伏特。而达伦能"复活"，真是史上未见的奇迹。

三度骨髓移植神奇康复的男孩

英国10岁的小男孩奥斯卡·帕里患过白血病2次，接受过骨髓移植3次，脑溢血5次。但他还能活下来，重返校园并为拯救过他的医院募款，这简直是一个奇迹。

奥斯卡患有先天努喃症，这让他的心脏情况相对较差，个头相对较小。医生认为这都源自这种病的影响，但是他们却不知道这种疾病还让奥斯卡很容易患上白血病。

3岁时，他患上了急性淋巴细胞白血病，这是一种最常见的白血病。开始，奥斯卡接受低剂量的化疗，效果还不错。但治疗3年后，他的血球计数下降了，被诊断患上了一种较为罕见的更为严重的白血病，只能通过骨髓移植来治疗。

3个月后找到了配型，奥斯卡接受了首次骨髓移植。但是，他的血球计数依旧很低，需要手术来切除他的脾。有一段时间，效果还算不错。但就在他要出院回家的时候，白血病复发，需要进行第二次骨髓移植。但不同方式的移植手术使得新细胞疯狂对抗，因为当时排异太严重，手术只好停止。奥斯卡的医生、伦敦大奥蒙德街医院骨髓移植中心主任保罗·维斯表示，当时他们认为奥斯卡活下来的概率只有10%。

但是，奥斯卡与病魔的斗争并没有结束，接下来他又患上了致命的排异疾病，移植的新细胞开始与患者的身体作斗争。排异现象在移植后并不罕见，但是，奥斯卡当时的身体非常虚弱，因为感染在重病特别护理病房度过了几周。他的妈妈说："好几次奥斯卡被送到重病护理病房，我们以为他挺不过来了。第一次进入重病护理中心并患上脑出血，我甚至开始为他安排葬礼。"

奥斯卡的母亲伊冯说，虽然因为两年的类固醇治疗他患有骨质疏松症，但现在奥斯卡的状况看起来非常好。服药期间他的发育停止了，也没有换牙。但是，之后这一切都有改善，从2007年6月他们回家，此后再没有住院，他75%的免疫系统运行正常了。2008年2月他回到学校，并能参加一切活动。他们全家也过上了正常的家庭生活。

英国男子打破盲人飞车纪录

麦克·纽曼是英国柴郡赛尔市的一位银行经理。他生下来就双目失明，但他却身残志坚，酷爱汽车，从小就发誓要成为世界上最快的盲人车手。

43岁时，纽曼在英国约克市爱尔文顿飞机场的一条跑道上，独自驾驶一辆特别定做的M5宝马跑车，以每小时269千米的速度创造了新的世界纪录，成为全世界驾车速度最快的盲人驾驶员。纽曼原来希望成为第一个打破时速200英里（约320千米）的盲人车手，但由于机场跑道已经到了尽头而未能如愿。

尽管没有实现既定的目标，但纽曼对这个新纪录仍然十分满意。在创造了新的世界纪录之后，这位雄心万丈的盲人车手说，开汽车已经不够刺激，他还打算尝试开飞机，而他的下一个目标就是要挑战空中速度的极限。

英国的“海豚儿童”

英国多塞特郡普尔市男童萨缪尔·德里奇由于患有大脑良性肿瘤导致双眼皆盲，然而，在41岁的美国盲人丹·什的帮助下，萨缪尔学会了一种神奇的“回声定位法”，他能够像蝙蝠或海豚一样靠回声来“视物”，依靠舌头即使在人流如织的大街上也能行走自如，而不会撞上其他行人或电线杆，他也因此被人们称做“海豚儿童”。

“回声定位法”通常是海豚或蝙蝠在寻找食物时使用的方法，它们可以在每秒钟内发出数百下“咔嗒”声，然后通过声音撞上物体后的回声来辨别猎物的位置。由于人发出的声音相比蝙蝠或海豚速度更慢、频率更低，所以人类只能通过“回声定位法”识别更大的物体，而无法像蝙蝠那样可以识别出“一只蚊子”。

萨缪尔的母亲杰奎说:“丹竟然能够在车流如织的马路上骑自行车，辨别前方的物体到底是一根电线杆还是一棵树，甚至还能带领其他盲人骑登山车进行旅行。”

心脏外挂存活34年的男子

美国宾州男子克里斯多弗·沃尔出生时五官四肢都很健全，心脏也有力地跳动着——不过，他的心脏竟然长在胸腔外面！这一现象让医院产房内的所有医护人员惊得目瞪口呆。

沃尔的母亲特丽莎回忆说，当她1975年8月在费城儿童医院中分娩沃尔时，一切看起来都很正常，医院产房中的气氛非常轻松，可是当沃尔降生后，产房里的笑声突然静止了，而护士们则开始奔跑起来。

沃尔患上的是一种名叫“心脏异位症”的罕见心脏疾病，发病概率仅有二十万分之一。许多患有该病的婴儿都会在出生16天内去世，而他却奇迹般地存活了下来。

沃尔出生后立即被送往重症特护病房。医学专家对沃尔进行了全面的检查，以便确定他是否还有其他身体畸形。一位心脏专家回忆说：“他的心脏看起来非常正常，它就是简单地长在了胸腔外面。”沃尔不仅奇迹般地幸存了下来，并且在出生后的几周中还活得好好的！

在沃尔出生后的18个月中，美国医生对他实施了15次心脏手术，但每次都以失败告终。医生别无选择，只能继续让沃尔的心脏留在体外。为了使其免受感染，医生在沃尔的心脏上面移植和覆盖上了一层皮肤。同时，沃尔天生缺少一根胸骨，肺脏功能发育不全，不得不借助呼吸机。即使这样，小沃尔仍然在医院的病床上坚强地活着，备受医生和护士们的喜爱。

沃尔在医院中生活了3年，医生始终不敢对他能够存活多久进行预言，但他的母亲特丽莎却始终保持着乐观。1978年，在沃尔3岁生日的前两天，他终于可以跟随父母第一次出院回家了。即使这样，医生仍然无法断定沃尔将来能活多久。沃尔6岁的时候，医生通过手术取出他的一根臀骨移植到他的胸部，这样，沃尔终于可以脱离呼吸机自主呼吸了。

为了保护沃尔的心脏，美国医生又为他打造了一副塑料护胸。自此沃尔开始能够像正常儿童一样生活。母亲特丽莎总是不断鼓励他，使他得以过上一种正常孩子的生活。他的朋友说：“他是我认识的人中最坚韧的一个，他喜欢挑战每样事情，就好像他是个完全正常的人一样。”

美国费城儿童医院的医学专家们同样为沃尔强韧的生命力感到吃惊，心脏挂在体外的沃尔不但坚强地存活了下来，并且迎来了他的34岁生日。沃尔竟然还能在篮球场上驰骋，和人进行空手道对打，更是让医学专家们大跌眼镜。

中风后成为职业画家的男子

沃尔特斯来自英格兰兰开夏郡奥姆斯科克市，曾是一名工程师。1986年，由于一名司机的操作失控，一辆巨大的铲车将他重重地撞到了墙上。沃尔特斯当场不省人事，脊椎多处骨折，从此下肢瘫痪。这场严重的工伤事故彻底改变了他的命运。被迫与轮椅为伴的他因此失去了工作，只得依靠替人散发广告单和微薄的救济金生活。此后的19年里他终日生活在寂寞和沮丧之中，其间还经历了两次心脏病发作，并且险些丧命。

2005年，又一场灾难不期而至。当时正在家中的沃尔特斯由于脑溢血突发中风导致左半身瘫痪，不得不接受为期7个月的语言恢复治疗。沃尔特斯为打发时间，开始拿着铅笔在纸上乱画。或许是因祸得福，这场中风竟然意外地“激活”了他身上潜在的艺术细胞，萌发了艺术创作。他回忆道：“虽然连画笔都拿不稳，但我有强烈的绘画欲望。这有些奇怪，因为我中风前不喜欢美术，上学时甚至厌恶美术课。”

在此创作激情的推动下，从最初的涂鸦开始，一个个鲜活生动的卡通形象竟然被源源不断地创作了出来。沃尔特斯将它们全部上传至互联网，尝试寻求买家。不久，许多电子游戏公司对他的新颖设计产生了浓厚兴趣。之后，国际著名的游戏软件开发商“EA Games”公司找到了他，请他为该公司一款名为“Spore”的教育游戏设计100个神态各异的卡通恐龙形象，双方随后签订了合约。如今，沃尔特斯的年收入已经由原来的2160英镑猛增至3万英镑。

专家解释说，大脑是人体中最为精密复杂的器官，有多达200亿个细胞。大脑半球的内部结构可以分为灰质和白质两个部分，灰质层包含脑细胞和神经细胞，负责处理信息；白质层包含神经纤维，这些纤维的功能就像电缆一样，负责发出化学信号并帮助细胞间交换信息。人脑中的这些“电缆”一旦因疾病或意外事故受损则没有修复的可能，但是它们会重新排列组合，最终盘织交错在一起。医学专家分析认为，沃尔特斯的大脑在中风而遭到伤害后，脑神经经过“重新连接”，以避开受损部位，进而“发掘”出了他潜在的绘画才能。

闭气潜水穿海底岩洞的男子

39岁的迈克·韦尔斯是一名有着19年丰富潜水经验的自由潜水员，他一直在筹划在岩洞中潜水。他计划屏住呼吸，一口气潜游过长达120米的海底洞穴“鱼石岩洞”，还在博客上称自己“已心仪该岩洞多年”。

距澳大利亚新南威尔士州西南岩石海岸2千米的“鱼石岩洞”，是澳洲最长的海底岩洞。“鱼石岩洞”历来就倍受潜水者欢迎，但众所周知，岩洞内部十分危险、复杂，除了见光度低的黑暗环境，弯弯曲曲的危险地形，还有激荡的洋流从中间通过。韦尔斯成功以前，多数专家都认为洞穴太长、太危险，任何人都不可能在没有氧气瓶的情况下成功地从一头游到另一头。

将自由潜水形容为“伟大而疯狂”的活动的韦尔斯，在经历了大量训练和充分准备之后，攀着一根绳子从洞穴入口出发，仅用了2分40秒的时间就游过了这个位于海面以下26米、部分区域只有1米宽的岩洞，创造了一项新的世界纪录，也使得“鱼石岩洞”首次成为自由潜水者潜水成功的区域。即使是这样，韦尔斯也认为他这一举动其实是极具自我挑战的。因为这是韦尔斯第三次对该岩洞发起挑战，前两次都因身体抽筋而被迫放弃。

在通过“鱼石岩洞”的计划付诸实践之前，韦尔斯的呼吸指导专家Matthew Peters教授描述了韦尔斯身上将要承受的压力：“他的肺部将大幅压缩，膈膜也将上升，肋骨会向内紧缩，腹部和胸部将承受巨大压力。”如果操作不当，耳膜会破裂，胸部受压塌陷，潜水员可能昏迷并最终导致死亡。

忽略潜水的困难不计，韦尔斯称自己享受了潜游的过程，他看到周围的鱼、珊瑚、海绵、光线，他为见过那么多的海洋生物而感到庆幸，同时他也向大家透露了成功的秘诀：尽量进入睡眠状态，尝试忘记呼吸的冲动，这样可以放松身体，最大限度地降低氧气摄取量，同时微闭眼睛，能看清方向就可以了。

每天“变脸”的男人

美国密歇根州46岁艺术家詹姆斯·库恩看到有人每天都为自己拍摄一张照片后，萌生出了每天往脸上绘一幅不同的艺术画的主意。

从2008年3月开始，詹姆斯每天都喜欢用油彩往自己脸上画一幅不同的画，今天是“一只西瓜”，明天是一只麦当劳“汉堡包”，后天他的脸又变成了一只“菠萝”…… 他的作画手段相当高明，当他往自己脸上画一只菠萝时，不明真相的人乍看之下还真以为他脑袋上长出了一只菠萝。

詹姆斯每天都将脸上新绘的图画用照相机拍摄下来。迄今为止，他的“脸画”内容从卡通偶像到自己喜欢的食品，可谓琳琅满目，五花八门。詹姆斯曾将自己的脸变成一个“动物园”，先后在自己脸上画出了一张猿猴脸、一张斑马脸、一张猪脸和一张神秘的老鼠脸。他还将自己的脸变成了“食品柜”，先后在脸上画出过各种食品，包括汉堡包、爆米花、草莓、菠萝、西瓜和冰淇淋。詹姆斯准备用自己的“脸画”照片举办一个大型展览。

只有20秒记忆的男子

82岁的美国康涅狄格州哈特福德市老人亨利·古斯塔夫·莫莱森是世界上“最健忘的男子”，因为在过去55年中，他的大脑永远都只有20秒钟记忆，不管遇到什么人或遭遇什么事情，莫莱森20秒钟后就会彻底忘记。

一切都源于55年前的一场大脑手术。莫莱森从孩提时代起就患有癫痫症，27岁时，他的癫痫症已经非常严重，每天要发作10次轻度癫痫，每周至少要发作一次重度癫痫，他经常会因癫痫发作而昏倒在地。

为了治疗癫痫，1953年，美国哈特福德医院著名前脑叶白质切除术专家威廉·比切尔·斯科维尔为当时27岁的莫莱森实施了一次实验性的大脑手术，他切除了莫莱森的大部分内侧颞叶，包括部分海马状突起和扁桃体颞。然而令人做梦也没想到的是，大脑手术确实减轻了莫莱森的癫痫症，却让他患上了另一种怪病——“深度健忘症”，莫莱森的大脑失去了对任何最新记忆的存储能力！

莫莱森的大脑中仍然保留一些早期记忆，譬如他知道自己的父亲来自美国路易斯安那州西波达西斯市，知道自己的母亲来自爱尔兰，知道1929年的美国股市崩盘事件，知道第二次世界大战，并能记起上世纪40年代的一些生活经历。可是，他的大脑却再也无法记起从那以后的任何事！在接受了那场大脑手术后，他的大脑永远只剩下了20秒钟的记忆，对任何遇到的新事物，他过20秒钟后就会彻底忘记。朋友们开玩笑称，如果跟莫莱森借钱，甚至可以考虑不用还，因为他过20秒钟后就会忘记自己曾借给别人钱。

在过去半个世纪中，莫莱森成了世界大脑科学史上最重要的病人之一，他配合科学家接受了数百次大脑研究实验，最后终于帮助科学家破解了许多与大脑记忆有关的奥秘。

当时，许多科学家仍然相信记忆存在于所有大脑细胞中，而不仅仅是储存在某个大脑区域或神经器官上。即使莫莱森手术后得了健忘症，许多医生仍然认为这是由癫痫症引发的，跟他的内侧颞叶被切除并无多大关系。直到1962年，科学家通过对莫莱森进行大量测试后才发现，人体的大脑中至少有两个系统用来储存新的记忆，一个被称作“陈述性记忆系统”，它专门记忆姓名、脸庞和新经验，并将它们储存在脑海中。这一记忆系统主要依赖于内侧颞叶区域的功能，尤其是“海马状突起”部分的功能。

另一个记忆系统被称作“运动认知系统”，它是下意识的，主要依赖于大脑其他部分的功能，这一记忆系统可以解释为什么一个人多年没骑自行车后，仍然还会骑自行车；或他们多年没弹吉他后，仍然拿起吉他就能弹出曲调。

美国哥伦比亚大学神经学家埃里克·坎德尔博士说：“对莫莱

森进行的大脑记忆研究，是现代神经学史上最重要的里程碑之一，它打开了研究人脑两个记忆系统的大门。”

2008年12月2日，82岁的莫莱森由于呼吸衰竭，在康涅狄格州温莎·洛克斯市的疗养院中离开了人世。这些年来一直对莫莱森进行大脑研究的麻省理工学院神经学家苏珊·科金证实了莫莱森去世的消息。但是科金博士称，莫莱森的大脑将像爱因斯坦的大脑一样被保存下来，在未来继续用作科学研究。

懂“豹语”的法国男子

28岁的法国男子奥利弗·胡拉莱特被人称作“豹语者”，因为他靠自己摸索出了一套和凶猛的猎豹和睦相处的方法。在过去10年中，奥利弗一直在非洲纳米比亚从事拯救父母双亡的孤儿猎豹的工作，那些孤儿猎豹都将他当成了“家人”，当奥利弗带着这些猎豹徜徉于丛林中时，这些“听话”的猎豹就好像是他的宠物一样。奥利弗与猎豹共同生活的故事已经被英国电视五台拍成了纪录片《豹人》。

奥利弗解释他与猎豹和睦相处的秘诀时说：“在长达8个月时间中，我每天都要走进被栅栏包围的猎豹生活区，和猎豹们朝夕相处。事实上，它们总是会向我挑衅，但是，如果你让自己保持强大，并且当它们朝你凝视、好像马上就要攻击你时，你也绝不能流露出任何恐惧的神情，你必须从心里不害怕它们。我通常将我的双手摆在身体两侧，使我的身体看上去尽可能地庞大。此外眼神接触也非常重要，通过你的眼睛，它们能够感觉到你的意图。如果你显示出力量和尊重，它们就会接受你，并和你和平相处。这种方法看起来相当危险，不过如果你对它们没有丝毫恐惧，你做起来将会非常容易。大多数动物——包括致命的毒蛇和猛狮，它们都只会在认为自己受到威胁时为了保护自己才会进行杀戮。如果你像一只猎豹一样思考，那么它们就会接受你加入它们的群体。”

当奥利弗拯救的孤儿猎豹长大后，奥利弗希望将它们再放归到大自然野生环境中。奥利弗希望这些猎豹被放归大自然后，会允许他跟随在它们身后一起进入丛林，直到它们学会如何在野生环境中猎食和照顾自己后，他才会放心地离开这些猎豹。

但是，教会这些孤儿猎豹捕猎也是一件头疼的事。奥利弗说："通常情况下，小猎豹都要花两年时间观看它们的母亲捕猎，然后学着和母亲一起捕猎。可对于这些孤儿猎豹来说，我们唯一能做的事就是让它们聚在一起长大，本能会告诉它们，它们需要捕猎才能有东西吃，如果它们需要捕食猎物，它们必须互相合作。我确信我能教会它们在大自然中生存的技巧，但我也知道，它们不可能全都在野生环境下存活下来。但即使它们被杀死，它们也是在自由的环境中被杀死的，我认为这比在囚禁中死去要好得多。"

莫斯科的"狼孩"

从小被狼攫取并由狼抚育长大的人类幼童，被称为"狼孩"，他们的生活习性和行为方式与狼一样，对人类同样充满危险。

2006年的某一天，俄罗斯警方在俄罗斯中部一个山区发现一名"狼孩"，他像狼那样嗥叫，像狼那样吃东西，手指甲和脚趾甲就像狼爪，而且爱咬人。

这个"狼孩"是当地村民在俄罗斯中部卡卢加省的一个偏远森林中发现的，那是一群狼的领地。当时天气很冷，他正蜷缩在一个用树叶做的窝中睡觉。村民们将发现一个"野外生物"的事情报告给了警方。

这个男孩看起来大约有10岁，当时他身上很脏，显得很饿，可以肯定他的生活非常艰难。于是警方将他带进莫斯科医院进行治疗和检查。

医生们惊讶地发现，他的生活习性和生活方式与狼非常相似。他移动的时候腿部呈半弯曲状，显然跟他经常与狼一起奔跑、一起寻找食物有关；他有着非常坚硬而锋利的牙齿，如果被他咬到可能非常危险；他的手指甲和脚趾甲长得非常像狼爪。

医生们立即对他进行了检测，并惊异地发现他的实际年龄可能超过10岁。而且他似乎有很高的智商，只是不会讲俄语或者其他的人类语言。

当有人喊他的时候，他根本没有任何反应。而当医生给他衣服的时候，他迅速弹跳起来冲入走廊，然后闯进他的房间，狼吞虎咽地吃起食物，就像一只动物。

待在医院仅仅24小时后，“狼孩”躲开医院安全人员的监控，利用自己的“野外技能”逃走了。医生认为，由于生长环境和心理问题，他可能非常危险，他还可能成为病毒和传染病的来源。

医生们推测，这个狼孩可能已经在野外生存好几年了，没有人能够确定他的真实身份。其实，这类狼孩的例子在俄罗斯并不罕见，有很多不幸的孩子被父母抛弃，又很幸运地被狼群收养照料。他们被称为“莫格利”，是根据迪士尼《森林王子》中的主角名字而来的。

这些“莫格利”大多用四肢行走；白天睡觉，晚上出来活动，怕火、光和水；只知道饿了找吃的，吃饱了就睡；不吃素食而要吃肉，并且不用手拿，放在地上用牙齿撕开吃；他们不会讲话，每到午夜后像狼似的引颈长嚎；大多数“莫格利”的智力只相当于三四岁的孩子。此外，人们还发现过熊孩、豹孩、猴孩以及绵羊所哺育的小孩。他们也和狼孩一样，具有抚育过他们的野兽的那些生活习性。

关于被遗弃在森林里长大的小孩，其中最有名的就是1797年法国大革命时代，猎人在森林里找到了一个17岁的男孩。由于长久和人类社会隔绝，被发现时他已变成“野兽般的孩子”。这一发现曾引起学术界的广泛注意，并进行了多方面的科学研

“狼孩”用四肢代替双足行走，并能快速奔跑。

究。这个男孩于40岁时死去。据说经过长期人为的训练，他终于被“驯化”了，“失尽了他的动物行为”。

至20世纪50年代末，科学家已经发现了30个被野兽抚养长大的小孩，其中20个为猛兽所抚育：5个是熊、1个是豹、14个是狼。

“双头连体姐妹花”

美国明尼苏达州的艾比盖尔·亨瑟尔和布莱塔妮·亨瑟尔姐妹是世界上最罕见的“连体姐妹”之一，尽管各自拥有一个脑袋，但两人却几乎“共享”着同一个身体，看起来就像是“双头人”一样。这对连体姐妹不仅打破罕见的概率存活了下来，并且还学会了互相合作，像普通青少年一样过起了难以置信的“正常人”生活，她们不仅能骑自行车、打篮球、打排球、游泳，甚至还能一起驾驶汽车！姐妹俩在庆祝她们18岁生日时，许下了新的愿望——她们想上大学，想谈恋爱，想要结婚生子。

可是，由于姐妹俩奇特的身体结构，包括只拥有一套生殖器官，目前她们压根不知道该如何实现自己的人生愿望。

姐妹俩的脊椎在骨盆处融合在了一起，她们甚至共享一部分神经系统。除了拥有2个脑袋外，她们还拥有2个心脏、4只肺脏、3只肾脏、2只胃、1对乳房、1只肝脏、1段大肠、1段小肠、1只膀胱、2条手臂和2条腿，不过，她们却只有1套生殖器官。

姐妹俩分别控制着自己那半边的手臂和腿，而对另一边的手臂或腿毫无感觉。不过，她们却能够完美无间地合作，包括同时用两只手做事，用两条腿走路。艾比盖尔控制着身体的右臂和右腿，而布莱塔妮则控制着身体的左半部分，她们能够合作无间地骑自行车、打篮球、打排球、游泳，甚至弹钢琴，发电子邮件，就好像是一个正常人在使用自己的双手双腿一样。

姐妹俩和当护士的妈妈帕蒂、当木匠的父亲迈克以及15岁的弟弟达科塔、13岁的妹妹摩根生活在一起。姐妹俩在一所私立教会学校读书时和任何中学女生一样聪明和快乐，平时不仅爱开玩笑，爱聊天，爱咯咯傻笑，爱听响亮的音乐，也爱逛商店和与朋友们出去玩耍。

两人还共享着一个和其他同龄女孩一样凌乱的卧室，每天早晨她们会一起起床，梳妆打扮，但姐妹俩却拥有完全不同的性格，譬如艾比盖尔喜欢粉红色，但布莱塔妮却不喜欢粉红色。姐妹俩每逢意见不一致时，就会互相商量，或轮流拿主意。艾比盖尔说："如果我们意见不一致时，我们就轮流拿主意，轮流决定今天我们该穿什么，我们会商量和谈判。"

艾比盖尔和布莱塔妮对食物的爱好也截然不同，艾比盖尔早餐时喜欢喝橙汁，而布莱塔妮则更喜欢喝牛奶。在两姐妹中，艾比盖尔性格更倔强，更喜欢发号施令。而布莱塔妮则爱开玩笑，她喜欢读书，喜爱小动物。

这对"连体姐妹"去电影院看电影时，尽管她们只坐一个位置，但绝对会买两张票。如果其中一个人做了错事，她们的父母只会批评其中那个犯了错误的人。

这对"连体姐妹"从小就学会了合作，当她们还是小孩时，其中一个女孩就会将手摆在桌上，好帮助另外一个数指头做算术题。当布莱塔妮患肺炎不愿吃药时，艾比盖尔会将药吞下去，希望能让自己的"另一半"快点好起来。她们还会互相赶走另一人手臂上的苍蝇，如果一个人手臂痒，另一个人的手会伸过来帮她挠痒。

艾比盖尔和布莱塔妮在学校里也都有各自擅长的课程，当她们参加考试时，老师通常会发两份试卷给她们，艾比盖尔用右手答卷，布莱塔妮则用左手答卷。姐妹俩的老师称，由于姐妹俩的想法不一样，所以她们考试时经常会获得不同的分数。

两年前，艾比盖尔和布莱塔妮还学会了开汽车，她们在16岁生日时通过了驾照考试，尽管她们只有一个身体，但主考官却要求她们考两次试。平时开车时，姐妹俩各用自己的一只手控制着方向盘，艾比盖尔通常负责控制着刹车和油门踏板，而布莱塔妮则负责监督汽车仪表盘。母亲帕蒂曾开玩笑称，她不知道两个女儿如果超速被逮后会怎么办，她们会每个人各获得一张罚单，还是仅仅艾比盖尔一人获得罚单？因为是她的脚搁在了油门上。

为姐妹俩买到合身的衣服也非常困难，所以有一个女裁缝师专门为她们定做衣服，有时姐妹俩上身脖子部分的衣服，都有各自的领口和不同的颜色。她们的腿上有时也会穿不同颜色的裤子，有时甚至连各自脚上穿的鞋子都是两种款式。

姐妹俩用餐时，都会准备两份单独的盘子，由于姐妹俩只有一双手，所以她们每次用刀叉进食时，都只能每人轮流吃一口。譬如先切一块肉放到艾比盖尔的嘴中，当艾比盖尔开始咀嚼时，再切另一块肉放到布莱塔妮的嘴里。

这对世界上年龄最大的连体双胞胎隆重庆祝了她们的18岁生日。在生日派对上，她们各自得到了属于自己的生日蛋糕、生日蜡烛和生日礼物。

父亲迈克和母亲帕蒂说，从姐妹俩出生时起，他们就决定不实施分体手术，因为手术风险实在太大，姐妹俩很可能会同时死在手术台上。即使手术成功，姐妹俩仍会严重残疾，她们每人都将只拥有一条腿、一只手臂，余生都将在轮椅上度过。迈克和帕蒂称，他们对自己当年的决定从来没有后悔过。帕蒂说："在我眼中，她们是世界上最漂亮的孩子。"艾比盖尔说："我们不知道其他生活方式，我们不想接受分体手术，即使手术能够成功，我们也不想，因为我们将再也不能像现在这样做很多事情，包括打球、跑步等体育锻炼了。我们现在都想当妈妈，生育自己的孩子。"

与猛兽同居10年的夫妇

47岁的马克和34岁的苏西是来自英格兰赫特福特郡的一对夫妇，两人拥有一幢极为普通的小楼。客厅里放着2只大箱子，装满了螃蟹、青蛙、蟾蜍和蜥蜴等，足有30多种；平层暖房里住着一群猫鼬；厨房旁边上锁的房间里住着不少毒蛇和蝎子；楼上的客房里则待着3只狗、6只八腿狼蛛和2只绿色的美洲鬣鳞蜥。

如果你因为这些景象而感到惊奇，那么后院的草坪则会令你大惊失色：一群猴子、蝙蝠和猎鹰扑面而来，一条3米多长的缅甸黄金巨蟒不知何时已爬上脖子，一只14岁的鳄鱼在水中目露凶光。除此之外，后院还有猪、猫头鹰、臭鼬、雪貂和长尾绒猴等动物。

马克夫妇与猛禽野兽一起生活始于10多年前。当时，马克还只是一位爱好毒蛇的屠夫。后来，一场癌症改变了他，病好后马克开了一家宠物店。有一天，身为爬虫学家的苏西到宠物店选购宠物，两人一见钟情，最后结为夫妻。

从此，两人忙碌的生活开始了。他们每天早上5点起床，花3个小时检查动物、给动物喂食和打扫圈舍。为了不让动物挨饿，马克夫妇几乎放弃了休假。

喂养如此多的动物，马克夫妇每周要花掉近240英镑。除了金钱的付出，马克夫妇还曾多次被毒蛇咬伤过。

英国男子连“娶”7个老婆

英国苏塞克斯郡48岁二手家具商、前犹太教拉比菲利浦·夏普自称是圣经时代的希伯来国王转世，在和结婚19年的原配妻子哈达斯分居后的短短几年时间中，他接连“诱使”7名女性成了他的“妻子”，菲利浦和7个妻子以及他们的10个孩子共同生活在苏塞克斯郡当斯地区一处拥有4个卧室的农场住宅中，他们的第11个孩子也将在下个月出世。

菲利浦的第一个新“妻子”名叫朱迪丝，现年50岁的朱迪丝是菲利浦在犹太教会工作时的秘书，当菲利浦有一天告诉她上帝让他娶7个老婆时，朱迪丝毫不犹豫地答应做他的妻子。最年长的“妻子6号”是现年65岁的查娃，她是一名基督徒，后来改信了犹太教。而最年轻的“妻子7号”——现年30岁的卡琳，则是在大学时代嫁给他的。

菲利浦的家庭生活表面上看起来“井井有条”，因为“妻子”们制定出了一个“值班表”，规定哪天谁该为菲利浦做午餐，谁该为他做餐后甜点，谁该给他倒葡萄酒，谁又该为他进行脑袋按摩等。菲利浦说，如果他们家庭中有人发生争吵，他会召开家庭会议进行裁决，没有参与吵架的妻子则充当“陪审团”。

尽管菲利浦和结发妻子哈达斯分居多年，但却至今仍未离婚；尽管他和7个“妻子”同居一室，但却从未到英国民政部门登记结过婚。所以这种荒唐的“一夫多妻”生活尽管让许多英国人深感震惊，但菲利浦在法律意义上并不算重婚，英国法律拿他毫无办法。

5秒定情的“闪婚”夫妻

39岁的戴维·威恩利克是美国明尼苏达州明尼阿波利斯市人，1998年，当时28岁的他还没有女友却预先定下了自己结婚的具体日期——1998年6月13日。在结婚“倒计时”的那些日子中，戴维和一系列女孩进行了约会，希望找一个情投意合、两情相悦的新娘。然而，戴维和这些女友的关系却全都以失败而告终。

戴维的朋友和家人组成了一个55人的“新娘挑选委员会”，并在电视台的帮助下为戴维打出了征婚广告。

“新娘挑选委员会”称，他们在6月13日为戴维挑好新娘后，就会在当天安排这两个从未谋面的陌生男女举行婚礼，结为夫妻。

当戴维“征选新娘”的新闻在当地一家电视台上播出后，至少300名美国女性纷纷报名应征当他的新娘。1998年6月13日那天是“新娘挑选委员会”为戴维挑选新娘的最后日子。多名“新娘候选人”要聚集在明尼阿波利斯市进行决赛，从而在当天选出“最后的新娘”。当天，28岁的明尼阿波利斯市当地女子伊丽莎白在大街上为婚介公司发放“征婚传单”时，碰巧遇上了“征选新娘”事件的男主角戴维。

仍然单身的伊丽莎白和戴维见面不到5秒钟，就立即决定报名应征戴维的新娘。伊丽莎白首先填写了一份关于自己爱好的问卷表，当天上午10点钟，她和众多“新娘候选人”站到了“新娘挑选委员会”评委们的面前，接受他们的提问和评选。

戴维的亲戚朋友们先是对数百名候选人进行了第一轮筛选，从中选出了36人。到当天下午3点钟，看花了眼的“新娘挑选委员会”成员又从36人中选出了最后3名参加决赛的“新娘候选人”。在最后一轮投票中，伊丽莎白过关斩将，成了戴维的亲戚朋友们为他挑选出来的“最后的新娘”。

当天下午4点钟，伊丽莎白才有空和即将成为自己新郎的陌生男子戴维首次正式打了个招呼。一个小时后，伊丽莎白就穿上了白色的婚纱，在明尼阿波利斯市一家购物中心内和“陌生人新郎”戴维举行了隆重的婚礼，互相宣誓“我愿意”。

当时，很多人都认为他们的“闪电式婚姻”绝不会持续多久，然而，如今距戴维和伊丽莎白的“闪电结婚”已有近11年时间，但他俩至今仍然幸福地生活在一起，并且还生下了4个可爱的儿女！

印度连体姐妹同嫁一个丈夫

印度孟加拉邦巴斯尔哈特市40岁的甘加·蒙达尔和贾姆娜·蒙达尔姐妹是一对连体双胞胎，她们从腰部相连，拥有2颗心脏、2只肾脏、4条胳膊、3条腿、1只肝脏和1副生殖器官，姐妹俩必须手脚并用才能在地上爬行，所以她们也获得了“蜘蛛女”的绰号。

“蜘蛛女”姐妹很小的时候，就被家人带到印度各地乡村的集市上展览赚钱，她们躺在一张轻便行军床上，观众们付了钱后，就可以走进帷幕观看她们，并和她们聊天。这对被称作“蜘蛛女”的连体姐妹在印度许多乡村集会上成了“红星”，她们靠展览自己获得了丰厚的收入。2000年，她们还成了一部印度泰米尔语电影中的演员。由于担心接受分体手术后将失去“谋生资本”，所以她们拒绝接受任何分体手术。

甘加和贾姆娜的名字本来叫做阿雅拉和贾雅拉，当她们5岁时，才被改成了如今的名字。因为甘加和贾姆娜是两条在印度中部汇合的圣河，取这两个名字象征这对姐妹的身体也是因为上天的旨意而“汇合”到了一起。

甘加和贾姆娜虽然是一对连体双胞胎，但她们的性格却完全不同，所以两人有时候也会争吵打架。譬如甘加喜欢吃鱼，但贾姆娜却更喜欢吃肉。晚上，甘加喜欢读书或听音乐，而贾姆娜一上床就会呼呼大睡。甘加最喜欢的印度演员是宝莱坞片酬最高的男星之一、印度爱情片《爱就在身边》的男主角阿米塔布·巴沙坎，可贾姆娜却一点也不喜欢他，而是更喜欢印度宝莱坞红得发紫的动作片英雄阿克谢·库马尔。

虽然这对连体姐妹拥有两张嘴，但她们平时都在同一只盘子里吃饭。

最令人不可思议的是，当这对连体姐妹22岁的时候，她们竟一起嫁给了同一个丈夫——现年45岁的狂欢节工作人员盖达德哈尔。当记者问盖达德哈尔他更喜欢姐妹中的哪一个时，盖达德哈尔竟然回答说："我平等地爱着她们两个。"

1993年，这对连体姐妹怀上了身孕，并通过剖腹产手术生下了一个女儿，可这个女婴出生后几小时就不幸夭折了。尽管甘加和贾姆娜姐妹俩还想再生儿育女，但印度医生警告说，如果她们再怀孕，将会危及生命。甘加对记者说："这是我们唯一感到遗憾和失落的事情。"

有意为她们实施分体手术的美国洛杉矶外科医生詹姆斯·斯泰恩博士承认，因为这对连体姐妹已经太互相依赖对方了，如果她们真的"分体"后，她俩都可能再也无法独自生活下去。

美国虎人

在美国有一个"虎人"，他是一名美国印第安人后裔，已经50多岁的他并非由老虎养大，但是他的习性却越来越像一只老虎。

他花费了不计其数的金钱整容成老虎的样子，还在身上刺满老虎斑纹的文身。每天他都要带上虎须，用铁钉穿透嘴唇安装。在外貌与老虎相似之后，他又往神似方面努力。他喜欢爬树，每天必须吃肉。与之比较不相称的是他还养了一只宠物猫。

英国的精神学研究教授认为，他是患上了一种罕见的躯体变形障碍，对自己身体某一部分非常反感，觉得自己丑陋，于是就想办法去改变。

水管工变艺术家

44岁的盖里·利顿是英国东南伦敦利伊市的一名水管工。在过去几年中，盖里一直饱受一种先天性遗传疾病——多囊肾病的困扰，这一遗传性疾病会导致肾脏中长满含有液体的囊肿，从而造成肾脏堵塞。2008年，盖里接受了肾脏移植手术。

可是令盖里和他的家人做梦也没想到的是，盖里本来是个对艺术一窍不通的“大老粗”，然而自从他接受了肾脏移植后，他就像变了一个人似的，突然有了强烈的创作冲动和艺术灵感，并从水管工摇身变成了一个富有才气的画家！

盖里说，在接受肾脏移植手术前，他对艺术毫无兴趣，在学生时代几乎不会画画。可当他接受肾脏移植手术后，突然灵感有如泉涌，立即爱上了画画。

现在，盖里已经创作出了许多颇具艺术性的作品。盖里说：“现在我可以用墨水和颜料画画，可以用喷灯和铜丝在木头上作画，也可以利用风和树叶创作一些有机艺术。”盖里创作的艺术画是那样充满才气，他现在的画已经卖到了1000英镑（约合1.12万元人民币），盖里将自己的一部分卖画收入捐给拯救他性命的盖尔和圣托马斯医院。

盖里相信，他的肾脏捐赠者可能是一名天才画家，而他则从这个捐赠肾脏上“继承”了那位画家的艺术才能。为了确认自己的猜测，盖里向肾脏捐赠者的家庭写了一封感谢信，并在信中询问那名肾脏捐赠者生前从事什么职业。如今，盖里仍在等待捐赠者家庭的回信。盖里说：“如果我真的发现一个著名画家竟将他的艺术天赋通过肾脏遗传给了我，这真是太令人难以置信了。”

美国亚利桑那州大学著名心理学教授盖里·希瓦兹研究认为，人体的所有主要器官都拥有某种“细胞记忆”功能，当它们被移植到其他人身上后，器官携带的记忆也就从一个人身上转移到另一个人身上。然而，希瓦兹教授关于“细胞记忆”的理论却遭到了许多科学家的质疑，他们认为有些器官移植者“继承”了器官捐赠者的个性或天才其实“纯属巧合”，并无任何科学依据。

“无臂女”用脚驾驶飞机

25岁的杰西卡·考克斯是美国亚利桑那州图森市人，她生下来就缺少双臂。

在杰西卡小时候，她的父母请医生为她安装了一对假肢，然而杰西卡却讨厌佩戴假肢，当她14岁的时候，她决定彻底抛弃假肢，并下定决心要学会用自己的双脚来代替双手做许多事情。

缺少双臂的杰西卡毫不气馁，她不仅学会了用双脚写字、打电脑、弹钢琴，甚至还学会了游泳。此外，杰西卡还获得了亚利桑那大学的心理学学士学位和跆拳道“黑腰带”称号。

杰西卡还成功考到了驾驶执照，学会了用双脚驾驶汽车。为了让自己的双脚保持柔韧有力，杰西卡经常通过走路和游泳的方式锻炼自己的双腿。杰西卡说：“保持我双腿的力量和柔韧度非常重要，我的双脚是如此敏捷，最近我到医院拍了一张X光照片，照片显示我的脚趾关节看起来更像是手指关节，因为我的脚趾头能像手指一样自由弯曲。”

更加令人不可思议的是，杰西卡最近又成功通过了私人飞行员驾照考试，学会了用双脚驾驶轻型运动飞机！

杰西卡的飞行执照允许她驾驶一架轻型运动飞机抵达3000米的高空，当杰西卡驾驶飞机时，她能够熟练地用一只脚管理控制面板，而用另一只脚操纵驾驶杆。美国圣曼纽尔市雷·布莱尔机场42岁的飞行教练帕里什·特拉威克称一些飞行学员的飞行能力甚至无法和杰西卡相比。特拉威克回忆说：“当她驾驶一辆汽车来报名的时候，我立即知道她驾驶一架飞机应该毫无问题。事实证明，她是一名优秀的飞行员，她驾驶飞机时非常冷静和稳定。一旦你和杰西卡在一起待上20分钟，你甚至就会忘掉她没有双臂的事实。杰西卡向人们显示，人们可以克服所有的限制，杰西卡真是太令人难以置信了！”

世界上最年长的老板

102岁的菲丽丝·塞尔夫是英国威尔特郡奇平汉姆市“白厅花园中心”园艺公司的女老板，堪称是英国年龄最老的“老板”。自从1974年接管了这一家族生意以来，她已经在公司当了35年的女老板，并且仍然没有任何退休的打算，因为她认为自己长寿的秘诀正是“保持忙碌”。

菲丽丝生于英国兰开夏郡伯肯黑德市，当她上世纪20年代从伦敦音乐学校毕业后，曾在罗奇戴尔市的一家羊毛厂工作过几年。上世纪30年代，她搬到威尔特郡生活，并在一次打猎派对上认识了自己的农夫丈夫罗兰，两人婚后生下了两个儿子——克里斯和约翰。

1969年，约翰在一块废弃的田地上开办了一家园艺中心，专门向人们销售各种鲜花盆景。但后来约翰移民国外，菲丽丝的丈夫罗兰不久离开了人世，所以1974年，菲丽丝只好亲自接管了园艺公司的家族生意，并且一直工作到了今天。

由于公司生意迅速扩大，菲丽丝后来又在布里斯托尔市开了第二家园艺公司分部，菲丽丝拥有的两家“花园中心”是英国西南地区规模最大的园艺公司。

在过去30多年中，菲丽丝风雨无阻、天天驾驶她的红色旧汽车在上午10点来到园艺公司上班，菲丽丝不仅是公司老板，还是公司秘书，她处理所有的来往邮件，发放员工薪水。即使菲丽丝现在已经102岁，她每周仍要工作6天，每天仍要工作6小时，经常一直干到打烊为止。

菲丽丝71岁的儿子克里斯目前是花园中心的常务董事，菲丽丝总共拥有5个孙子和11个曾孙，其中两个孙子彼得和马克也是她手下的员工。菲丽丝如今管理着近200名公司员工，她认识所有公司员工，自从30多年前开了这家园艺公司以来，她只休过几天假。

菲丽丝在2007年11月8日度过了自己的100岁生日，但即使在百岁生日那天，她也没有为自己放一天假。菲丽丝说，她现在的工作节奏已经放慢了，至少周末在园艺公司待的时间要比以前少多了。谈论起她的健康秘诀，菲丽丝说自己吃任何喜欢吃的东西，在晚上还喜欢喝点威士忌或姜汁酒，但从不吸烟。

一黑一白的孪生姐妹

大多数双胞胎都非常难以分辨，但澳大利亚布里斯班市北部布潘加里地区5个月大的双胞胎姐妹艾丽西娅和贾斯敏却非常容易辨认，因为她们的皮肤一黑一白！

这对“黑白双胞胎”诞生于澳大利亚昆士兰州，艾丽西娅拥有一身黑色的肤色，而贾斯敏则拥有截然不同的皮肤。

她们的母亲娜塔莎·奈特现年35岁，是个具有牙买加血统和英国血统的混血儿，而她们34岁的父亲迈克尔·辛格尔则是个生于德国的白人。娜塔莎和迈克尔目前已经订婚，他们还生有一个5岁大的女儿泰拉赫，泰拉赫长得金发碧眼，拥有一身橄榄色的肤色。

这对5个月大的“黑白双胞胎”完全是母亲娜塔莎自然怀孕生育下来的。

母亲娜塔莎说，当她还在怀孕期间时，就开始猜测这对双胞胎出生的模样，并开玩笑称自己会生出一对黑白双胞胎；当她发现自己的玩笑竟然成真后，她彻底惊呆了。

娜塔莎说，当她们出生时，就能够立即看出她们肤色的差异，她简直无法相信自己的眼睛。艾丽西娅拥有褐色的眼睛和黑色的头发，贾斯敏的眼睛却是蓝色的，头发是白色的，几乎看不到她的头发和眉毛！

当娜塔莎用童车推着这对“黑白双胞胎”上街散步时，总是会引来许多惊奇的目光。也许他们以为她是其中一名婴儿的保姆。一些人总是会怀疑地询问她，有没有在医院中将自己的孩子和别人的孩子搞混淆。娜塔莎说，等这对双胞胎姐妹长大后，她们自己也许会对她们的肤色差异产生好奇。最容易的一个解释就是，她们一个像妈妈，一个像爸爸。

基因专家们称，在大多数例子中，混血女性的卵子将同时包含黑皮肤和白皮肤的混合基因，但在一些更罕见的例子中，混血女性的卵子中只包含一种占优势地位的肤色基因。

而娜塔莎之所以生下了一对“黑白双胞胎”，是因为她的两枚卵子，其中一个黑肤色基因占优势，另一个则是白肤色基因占优势。据临床遗传学家斯蒂芬·威瑟斯称，像娜塔莎这种“黑白双胞胎”的案例非常罕见，概率只有百万分之一。

在这之前，一对德国夫妇也曾生下过一对“黑白双胞胎”女婴，德国丈夫安德里是位来自刚果的黑人，而妻子多林则是土生土长的德国女子，他们的一个女儿凯姆芭长着白皮肤和金发，而另一个女儿凯莎却长着暗褐色的皮肤和黑发。

还有一对接受试管授精的荷兰不育夫妇也生下过一对“黑白双胞胎”，这对荷兰夫妇都是白人，只是他们在接受试管授精时，马大哈医生粗心出了错，将黑人精子误植入了那名妇女的卵子中，从而生出了一黑一白两个双胞胎。在一次世界“双胞胎日”上，这对“黑白双胞胎”当选为世界上“最不像的双胞胎”。

英国“彩虹家庭”

来自英国的27岁的卡拉是当地一家公司的兼职模特。她有3个小孩，令人难以置信的是，这3个孩子竟然有着黑白黄三种肤色。他6岁的儿子杰梅因有着黄色的皮肤、棕色的眼睛；4岁的女儿塔尼莎则很像爸爸，黑皮肤黑眼睛，还有一头卷发；另外刚2岁的小儿子杰登却是白皙的皮肤、金黄色的头发，还有一双蓝眼睛。

卡拉所居住的社区主要是白人聚居的地方。当她和丈夫跟自己的3个“彩虹”孩子走在街上时，通常都会惹来别人诧异的目光。但他们夫妻从来不觉得奇怪，因为他们有着他们夫妻的面部特征，只是肤色不同而已。至于这3个孩子肤色为何不同，可能是基因的问题。

卡拉说，别人都爱称呼他们的家庭为“联合国家庭”或者“彩虹家庭”。在这个小小的“联合国”似的家庭中，虽然妈妈的家族属于白人血统，爸爸有一半黑人血统，但是3个孩子有着3种完全不同的肤色仍是很罕见的现象。

这3个小孩的性格就像他们的肤色一样迥异。大儿子杰梅因的性格跟母亲卡拉很像，开朗并且热情。女儿塔尼莎相当叛逆，就像迷你版的父亲科尔奈——相当保守，并且非常喜欢一切漂亮的事物。小儿子杰登则非常调皮、爱捣蛋，并且充满了好奇心。

英国人类遗传协会的专家布斯顿博士称:“我以前从来没有见过类似的案例。不同的基因决定着不同的肤色，这跟人类有着不同颜色的眼睛和头发的道理是一样的。孩子从父母那获得的每组基因的比例大约是一半。这就是说，如果孩子父母，其中一方带有‘浅色肤色’基因，而另外一方带有‘深色基因’的话，那么他们遗传给孩子的肤色的比例就会随机组合，从而最终决定孩子的肤色。”

他补充说：“基因组合的形成，实际上是一种随机现象。因此，同父同母生出不同肤色的小孩，这种现象是绝对有可能出现的。不过，具体基因是如何组合，我们尚且处于探索阶段。”

百岁老太奇怪的养生秘诀

人们都知道，饮食均衡、坚持锻炼是被大家公认的长寿秘诀。但令人难以置信的是，2009年1月22日迎来100岁生日的英国伦敦老太艾斯米·詹金斯的长寿秘诀竟是——平均每天至少抽20根烟，再加一杯威士忌酒。艾斯米称，吸烟能让她保持年轻，而她相信自己一定能活到110岁！

艾斯米说，她从十五六岁起，就学着姐姐们开始偷偷抽烟。艾斯米很快就染上了烟瘾，只要一天不抽烟，她就浑身难受。

长大后，艾斯米和一名领航员结婚，但二战即将结束时丈夫死于空难。从此艾斯米更是终日“借烟消愁”，过去80多年来，她平均每天都至少要抽20根烟。据艾斯米估算，她这一生总计抽了100万根香烟!

1985年，76岁的艾斯米住进了养老院，尽管嗜烟如命，但艾斯米的身体竟一直很健康，24年来几乎从未生过病。她的护理员贝沃利·肖说："她经常玩许多需要耐心和记忆力的游戏，她的健康状态非常好，过去4年她只去过医院2次，甚至比我看病的次数还少。"

100岁生日这天，数十名家人和好友都前来向她祝贺。甚至，当天英国女王伊丽莎白二世夫妇也给她发来了贺电。在生日宴会上接受采访时，艾斯米显然对吸烟有害健康的警告不屑一顾，她说："我能活到现在真是个奇迹。吸烟从未对我造成任何伤害，我确信吸烟能让我保持年轻。每个人都不停地告诉我应停止抽烟，但我从来不听。我认为禁止青少年吸烟的法规简直就是垃圾，因为孩子们总是会做他们想做的事情。"

艾斯米吸了100万根香烟却无病无灾地活到了100岁高龄，她究竟有何秘诀？艾斯米说，一方面是因为她从不真正将烟草产生的烟雾吸入身体，她总是将烟雾及时通过鼻腔喷出，从不吸入肺部。另一方面是她80多年来每天都要喝一杯威士忌酒来缓解压力。此外，她喜欢在午餐前喝一杯威士忌酒和一点姜酒。

艾斯米说，她经常吸的是"万宝路之光"牌香烟，而她并不打算戒烟，并称自己一定能活到110岁，也会抽到110岁。

第三章
出人意料的世间奇事

大山中神秘的“法国村”

在中国广西自治区上思县南屏乡六细屯，有一个神秘的“法国村”。关于村名的来源，则有一个流传甚广的故事。

第二次世界大战期间，日军在太平洋战场节节败退，战败的日军担心盟军在印支登陆，会令日军腹背受敌，于是在1945年3月9日夜，日军发动了“三九政变”，向印支全境的法军展开突然袭击。法国军队兵败，在凉山的一部分法军渡过北仑河，利用在十万大山天主教传教士、教徒的关系进入藏于莽莽苍苍山峦之中的六细屯。直到1946年1月，这支法国军队才踏上了重返印支的道路。正因为此，这所村庄又被人称为“法国村”。

以“浪漫、豪爽”著称的法国人和“以礼甚恭”、民风淳朴的瑶家人因此组成了一个大家庭。在日常频繁的交往当中，他们也结下了深厚的友谊。不仅如此，他们还演绎了一段段感人至深的爱情故事，这其中就包括一个叫李秀文的女子。这位年逾80的老人仍然健在，虽然时间已经过去了很久，但对当年的恋人，她依旧没有遗忘：“我经常在梦里梦见他，我永远都不会忘记他……”

少女时的李秀文是六细屯的寨花，她心灵手巧，而且性格开朗。法军入驻时她正好15岁，那时经常跟着比她大3岁的阿娟去帮法军干活。后来，李秀文同一位帅气的法军士兵相恋了。她管法国士兵叫“阿喵”。“阿喵”，这是一个既有汉字音，也有法文调的名字，以至于后来成了李秀文一生都在时刻惦记的符号。

但甜蜜与幸福往往是短暂的。第二年初，法国军队要离开十万大山，重回战火之中。离开前的晚上，“阿喵”约了李秀文出来，将即将离开的消息告诉了她。虽然李秀文很想跟他一同离开，但是旧时瑶族的“婚规”非常严格—“女孩不许嫁外族”。这一次的见面不异于生死离别的前奏，眼看彼此就要被硬生生分开，两人都哭成了泪人。临别时，似乎为了留下永恒的纪念，“阿喵”还把李秀文的手指、下巴咬出了一道深深的、至今仍然清晰可见的口子。离别那天，李秀文送着心爱的恋人走了一程又一程，一直走到法国兵进来的风柜口才止住了脚步。分别之后，李秀文日夜盼着“阿喵”度过了漫长的4年时光。

比李秀文更为悲壮的，是那个叫阿娟的女孩，怀上了一名法国士兵的孩子。法国部队离开不久，她就服断肠草自杀了。听人们说，在阿娟死后的几天里，村头那几棵大八角树的叶子大多都枯萎凋谢了，当年的八角收成也大大地减少。

虽然言语不通，但爱情是没有国界的，这些凄美的爱情或许已经化为十万大山浑厚的土壤，或许已经融进清澈的溪水里，任时间怎样冲刷，岁月怎样磨砺，都冲不淡、磨不灭它的痕迹。它将作为见证爱、感悟爱、相信爱的一块碑石，引人向往，成为永恒。

甘肃的“罗马军团”

在中国甘肃省折来寨有一群长相怪异的人，尽管他们有一口标准的本地口音，并自称为汉族，但是他们的长相却与周围村民迥然相异，他们头发多为淡黄色，有些还是蓝眼珠或绿眼珠，鼻子则清一色又高又挺。

2003年5月，中国兰州大学生命遗传科学院的专家对该村进行了一次大范围的检测，对91名外貌“怪异”的村民全血样进行DNA检测，旨在搞清楚这些村民遗传基因的发源地。兰州大学最终在报告中指出，该村91名接受检测村民的血统全部来源于中亚和西亚地区，也就是现在的阿富汗一带。

2004年，当地村民罗英在北京中科院接受了血液化验。罗英是折来寨居民中最“怪异”的，鹰钩鼻、绿眼珠、一头卷发。根据化验，他具有46%的欧洲血统，并进一步被认定为阿富汗血统。2005年，被当地人称为“蔡罗马”的当地村民蔡俊年前往上海进行了DNA检测，这次鉴定结果为56%的欧洲血统。

其实最早发现这些中国的异乡人的是澳大利亚学者戴维·哈里斯。1989年，他在《汉书》中意外发现了一个汉朝安置降俘的小地方——骊，即今天的折来寨。

那么这些有着欧洲血统的外族人，是因为什么原因，又如何大批量地来到中国的呢？结合检测结果，在大批专家学者的考证之下，终于找到了答案。

公元前70年，罗马执政官克拉苏决定组织一支庞大的军队，进攻安息，即今天的中东地区，继续扩展罗马帝国的版图。他带了7万人的队伍，于公元前60年出发。但渡过幼发拉底河时，队伍损失过半。渡河之后，他决定就地雇佣士兵，充实力量，而他当时所征集的士兵也就是今天的阿富汗人。就这样，克拉苏的军队成了杂牌军，但战术仍然是罗马军队的。可是在进入安息后，遭遇了安息轻骑兵，罗马军团遭遇了惨败。

战斗中，一支1000余人的士兵成功突破了包围，他们没有目的地沿着河西走廊，走走停停。最终，他们来到了中国甘肃省境内的一个地方，并在那里安家落户，以雇佣兵的形式继续存在。

他们先是匈奴的雇佣兵，第一场战斗便遇到了当时的汉朝军队——由中国一代军事家陈汤率领的重骑兵部队，惨遭失败。后来他们被汉朝俘虏，安置在了一个叫骊的小地方。

这些罗马军团后裔最后一次参加战斗并被记录在史书中的是在《三国志》上，马超带领着当时改名为“西凉兵”的罗马士兵后裔，与老谋深算的曹操展开了战斗，这次，大获全胜，终于让罗马军团们扬眉吐气了一次。

关于“骊”的记载至公元592年戛然而止。这一年，鉴于骊人已彻底被汉人同化，隋文帝下诏将骊县并入番和县，骊建县628年之后，终于退出历史舞台。

现在，人们只能在基因突变中重新找到这些罗马士兵的印记。目前县里特征比较明显的人只有60多位，有不明显特征的有200人，除他们之外，子孙后人的体貌特征也已经与汉人基本一样。

神秘的中国“吉卜赛”村

在中国甘肃省永登县有个叫薛家湾的地方，远近闻名。薛家湾之所以得名，是因为清朝乾隆时期，这里居住的都是薛姓人家。那里的居民不擅耕种，祖祖辈辈以男人占卜算命、女人看手相为生。这样的传统和风俗习惯大多沿袭至今，颇似欧洲的吉普赛人，有人甚至怀疑他们是流徙到中国的吉普赛人。

薛家湾“吉卜赛”部落是如何迁居到此的呢？相传这里最初的居民，是元朝时从波斯迁移而来的吉普赛人，波斯人称他们为“罗哩”。罗哩于明朝进入西北地区，他们不会做生意，以算卦谋生。明王朝给他们划拨土地，分发耕牛与籽种，让他们学习种地。但罗哩不擅此道，将耕牛宰杀，籽种吃完后，仍以流浪为生。中国历史文献对其也有一定的记载，《元史》曾记“大德文年九月，中书省臣言：罗哩等扰民，宜依例决遣置屯日”。《明史》亦载：“明秦州（天水）有罗哩户，汉人不与通婚姻，自相娶嫁。”

中国的“吉卜赛”居民就过着这种占卜算卦流浪的日子，直到土地改革，薛家湾吉卜赛人真正分到土地，才定居于薛家湾，形成了薛家湾吉卜赛村落。

薛家湾人的神秘，不仅仅在于他们长相与吉普赛人相似，还在于他们拥有独特的占卜术，村里男女老少对占卜术都不陌生，成年人里面有80%的人都身手不凡。男女分工，各行其道：男人占卜算卦，女人专看手相。特别令人感到不解的是，这里的男人还擅长禳灾解术，即解灾，又称镇法。这项占卜技术绝不外传他人，而是严格遵守着父传子、母传媳的规矩。因此，薛家湾人从不与外人通婚，村里人大多是“亲套亲，亲连亲，动了骨头连着筋”。

相传薛家湾村落的建筑结构和整体布局，是根据诸葛亮的八阵图排列设计的。凡是外来客只要一进村方位就分辨不清。令人不解的是只要你一走出村子，立刻就能分出东南西北。这也是薛家湾村落令人惊奇的地方。

当地人日常用语与汉语无二，但是他们还会使用一种特殊的隐语“绍句”。当有外人在场又需保守秘密时，薛家湾人才会使用这种语言。一些学者认为，“绍句”不是一种民族语言，而是职业隐语。如把炕叫“温台”，把开水叫“滚轮子”，把首饰之类叫“托照什”等等，外人根本听不懂。但是现在年轻的薛家湾人对这种语言，也已经比较陌生了。

千人村庄惊现14对双胞胎

在中国江西省于都县小溪乡东部的一个峡谷中，有一个叫锁龙村的村庄。这座村庄只有254户人家、大约有1100多人，村民们大多分散居住在两面的山坡上。近年来，这座只有千余人的村子里却出了14对双胞胎，而且其中还有3对龙凤胎。

在村庄里，依然健在的年龄最大的双胞胎是52岁的钟远生、钟春生哥俩，而年纪最小的双胞胎现在只有1岁。

双胞胎往往长相相仿，最大的麻烦就是很容易被认错，有时甚至连亲生父母也不一定能准确分辨出来。比如说，村里的温远萍有一对双胞胎儿子，在学校，老师经常把两个孩子认错。更加令人感到奇怪的是，温远萍的弟弟温红发，所生的孩子也是一对双胞胎。

为什么1100多人的小村庄会出现14对双胞胎呢？这种现象自然会令人感到奇怪。村支书温守光认为，可能是因为村里的水质好、生态环境好的原因。

其实，在1994年，中国科学院地球化学研究所研究员朱治方与赣南地勘大队的伍教授等人，先后两次专程来到锁龙村，对该村进行了以“环境与健康”为主题的科学调查和测验，结果发现这里是一片没有受到环境污染的“人居绿洲”，在全国乃至世界都属罕见。因此，小村庄会惊现14对双胞胎，或许真的和水质、生态环境有着重要的联系。

5个鼻孔的新生儿

2008年，中国的伊美尔国宾整形外科医院曾接待了一个出生仅一天的孩子。

这个婴儿的脸上长了5个鼻孔，并且左眼也有畸形，不能合闭。

孩子的父亲说，妻子没有家族病史，在怀孕期间虽然有小感冒但没服用过任何对胎儿有害的药物。孩子的母亲在怀孕的第6个月和第9个月都做了检查，医院当时说孩子各方面发育都很好，五官也很好。没想到生下来竟然是这样。

“孩子现在的情况不容乐观。五个鼻孔并不能通气，鼻腔内有很多的分泌物堵塞住。孩子只能靠嘴来呼吸。也没有办法喂食。”伊美尔整形中心主任、特级整形专家、主任医师陈继革说。“目前是希望有专业儿科医院给予救助，对孩子的耳鼻进行专业的诊察，然后再来确定整形手术。”

由于当时患儿太小，而且从出生到进入医院还没有进食，所以手术根本无法实施。

昏迷三周醒来的空中小姐

1972年1月26日，极端分子炸毁了前南斯拉夫一架正在万米高空飞行的客机。

当时，极端分子将一枚炸弹藏在手提袋里带上了364航班客机，当客机载着28名乘客和机组人员在万米高空飞行时，炸弹突然爆炸，将客机机舱撕裂开来，飞机立刻从布拉格市地面塔台的雷达屏幕上消失了。

人们赶紧开展救援工作，救援人员在积雪遍布的山区地带找到了七零八落的飞机残骸。现场惨不忍睹，没有人能相信在那种情况下还有人能存活。后来尸检发现，当爆炸发生后，大多数乘客都立即死亡了——迅速扩张的空气会使人的肺部如同充了过量气体的气球一样炸裂。

救援人员在废墟中发现了唯一一名幸存者——23岁的南斯拉夫航空公司的空姐维斯娜·乌洛维奇。

维斯娜非常幸运，由于离爆炸中心较远，她被连人带椅被爆炸气浪掀出了飞机，并从10155米高空以每小时200英里的速度摔向地面，最后重重落在了一个雪堆中，失去了知觉。当救援人员发现她时，她仍然穿着空姐制服嵌在她的航空座椅里，不省人事。

她保住了性命，然而受了重伤：她的头盖骨被撞裂成两半，三节脊椎骨粉碎，手腿也全部骨折。由于她的身体伤势如此严重，一开始救援人员认为她已经死掉了。当地林务官布鲁诺·亨克第一个发现她仍有呼吸后，他意识到在医务人员抵达前，不能擅自移动她的身体。于是他将维斯娜留在飞机残骸中，并用东西裹住她的身体为她保暖。亨克的正确做法保住了维斯娜的性命。救援人员来到后将她拖出飞机残骸，送往山下的医院抢救。

维斯娜在医院中昏迷了整整3周，她的腰部以下也发生了瘫痪。让人吃惊的是，8个月后，她完全恢复了健康。

维斯娜生活在塞尔维亚首都贝尔格莱德市。她曾是前南斯拉夫的一名模特和芭蕾舞女，1971年，她成功当上了南斯拉夫航空公司的空姐，没想到8个月后，就遭遇了那起噩梦般的空难。维斯娜以每小时200英里的速度从高空坠向地面，坠落高度竟比珠穆朗玛峰还要高，她却奇迹般地活了下来。这段经历使她创造了万米高空坠地大难不死的世界纪录以及不带降落伞从高空自由落体最长距离的纪录。

35年来，维斯娜从来没有向人们谈论她的生死奇迹，直到日前，维斯娜才改变了主意。维斯娜说：“35年已经过去了，我认为应该到了说出所有真相的时候了。从那次灾难后，我曾读到过许多关于我的生还故事，大多数报道都说我掉进了一个雪堆里，雪堆救了我的命，也许这是真的。一些报道却说，我向当地人借了一把雪橇，自己滑雪下了山，但事实真相是，当我被人发现时，我已经昏迷不醒，处于濒死状态。我绝对是一个活着的奇迹。”

飞行病理学专家蒙尼克·维特博士说：“这个女人之所以从万米高空坠地仍能幸存，有几个方面的因素共同造成这一个奇迹般的多米诺效应。首先，她远离爆炸中心；第二，她被冲击波从飞机内抛到大气层中，迅速失去了意识，从而最大化地减低了大脑因缺氧而造成的伤害；第三，她掉在了积雪的山坡上；而最重要的是，她的身体是这样的年轻和健康。”

维斯娜说：“关于我为什么幸存，一直有许多种不同的理论。但我更愿意相信这是上帝的旨意。人们认为我能够活下来真是太幸运了，但我当时和许多年后，却并不感到自己有多么幸运，因为即使我活了下来，但其他人，包括我的一些朋友却都遇难了，而这永远都不能称作是幸运。事实上，我对自己一个人幸存下来的事实，总是感到很内疚。”

吃虫成瘾的女子

每个人都有自己较为偏爱的食物。有的人喜欢豆腐白菜，有的人喜欢鲜虾海鱼，有的人喜欢鸡鸭牛肉，但你是否听说过有喜欢吃虫子的人?

在中国的湖南，就有一个吃虫上瘾的女子。

这个怪女子名叫倪秋香，45岁，家住湖南省长沙市新开铺，曾是一名幼儿教师。倪秋香开始吃虫子完全是在一位朋友的推荐下进行的。当时，朋友告诉她有一种虫子味道很鲜美，可以尝试一下，于是生性豪爽的她开始尝试吃虫。对于从来没有吃过虫子的倪秋香而言，刚进口时的感觉无比恶心，然而把虫子咽下去之后，倪秋香就什么都不怕了。

从那之后，她就经常吃虫子，后来她成了朋友圈里的“吃虫王”。

一次，倪秋香到长沙市芙蓉南路绿色经典美食城吃饭，她一进门就吩咐道：“老板，来一盘面包虫！”

面包虫被端上来之后，经过5分钟的解冻，黄色的虫子开始在盘子里不断地蠕动，让人看了胆战心惊。然而倪秋香却面不改色地要来一瓶芥末，将其涂在虫子身上，并用筷子夹上几只送进了嘴里。这一下子引来了不少围观的人，大家无不觉得恶心，可是对倪秋香来说，这些虫子香香脆脆，就和虾米的味道差不多。

“它的蛋白质比普通牛肉还高三倍，营养可充分呢！”倪秋香自己吃着，还不忘向旁边的围观者推荐。一分钟之后，60多条活蹦乱跳的面包虫被她吃了个精光，让围观者咋舌不已。享受完“美食”的倪秋香抹了抹嘴说道：“欢迎大家向我挑战，男女老少均可。”说这话的倪秋香显得很自信，可是围观者似乎大多数都不敢尝试这种“恐怖”的食品。

倪秋香不仅吃虫子，她还打算今后尝试吃蚂蚱、蝎子和蚕蛹等其他昆虫类食品。

不会说话不穿衣的女童

在中国江西省乐平市，有一个9岁的女童叫小雨，长得十分可爱。可是这个女童从小就患上了一种不知名的怪病：从出生以来一直不会说话，只会发出像小狗一般的“嗷嗷”叫声。更糟糕的是，从2006年开始，她甚至一年四季不穿衣服，经常四肢着地像动物一样爬行。

刚出生的时候，小雨十分可爱，2岁时她就学会了走路。但是让小雨的父母一直感到担忧的，就是她一直没有开口说过话。到了4岁，小雨还不会叫“爸爸、妈妈”，只会发出小狗那样的“嗷嗷”声。

中国向来有“十聋九哑”的说法，所以，最初小雨的父母以为可能是孩子的耳朵出了问题。但是当他们放音乐时，却发现小雨会跟着音乐的节奏跳舞，这才知道她的听力并没有障碍。于是小雨的父母带她去医院做检查，但医生也并没有发现什么毛病。

更让父母感到不可思议的事情发生了。从2006年起，6岁的小雨居然开始弯着腰四肢着地走路，还不肯穿衣服，当父母亲强行给她穿上衣服并且用绳子绑牢时，她竟然会拼命地把衣服扯下来。而且她还经常整夜不睡觉，每隔几分钟就会捂住耳朵，发出小狗似的“嗷嗷”叫声。

现在，不管天气多寒冷，小雨都光着身子，还时常拼命地用手抓自己的头和身子，看起来就像有很多蚂蚁在她心里钻来钻去一样。

7岁那年，小雨甚至连自己的父母都不认识了。每次看到陌生人，她就会迅速地躲起来，像一只小动物一样生活着。

“猫眼”男孩

有个男孩长着一双与众不同的眼睛，他的瞳孔是蓝色的，在灯光照射下还能发出蓝绿色的光芒。他就是中国广西横县南乡镇大化村小学二年级的男孩农有穗。

农有穗性格活泼，喜欢和小伙伴们在一起玩，从外形上粗略地看和其他小朋友没有什么不同。但是若是仔细观察他的眼睛，就会发现不同。他还有一种更为神奇的能力——在伸手不见五指的地方，他能够清晰地看书写字，就如同白昼一样。村里人都说这孩子长了一双“猫眼”，从外观、习性到能力，都和猫一模一样！

农有穗的眼睛为什么异于常人，能够在黑暗中视物呢？这到底是怎么一回事呢？

其实，在农有穗刚出生2个月的时候，就有亲戚觉得他的眼睛非同寻常，有时甚至会发光。后来父亲带他去县城医院做检查，当时并没有查出什么情况，医生仅仅说不要紧，等孩子长大以后，这个症状慢慢就会好。

可是随着农有穗一天天长大，他的眼睛却没有任何变化，仍旧发蓝，不过不疼也不痒，倒是没什么不舒适的表现，检查视力也都正常，逐渐地家里人也就不那么在意了。

上学之后，农有穗的班主任老师渐渐发现了他的不同之处。假如在室外，阳光稍微强一点，大家看东西都很正常，农有穗的眼睛却会眯成一条缝，视力模糊不清，也看不清周围的东西。但是到了晚上，他的视力却又变得出奇地好。晚上，农有穗跟同学们一起去捉蟋蟀，大家都带着手电筒，只有他不带，原因是不用手电筒他也能看见。

为了弄清楚农有穗的这种夜视能力从何而来，在征得其家人同意后，专家们对他进行了专业检测，最后发现，农有穗眼球虹膜上的色素细胞缺乏，因此他的瞳孔看上去呈蓝色。西方白种人的蓝眼睛只是虹膜色素细胞比较少，而农有穗的眼睛，不仅虹膜色素细胞缺乏，就连后面视网膜上的色素细胞都没有。农有穗白天在室外感到光线刺眼，就是这个原因。

而根据眼底图像，专家确认，农有穗患有一种先天性的眼型白化病。

农有穗的神奇夜视能力，从原理上说，和猫等夜行性动物所具有的夜视能力非常相像。根据人们对猫等夜行性动物的研究，发现这些动物在黑暗中行动，其实也需要一些微量光线。它们的特殊视网膜能把这些光线聚合起来，提高光线的利用率，以增加夜视能力。只是，农有穗的特殊眼膜被医生认为是一种先天性的遗传缺陷。目前，医学上并没有效的治疗方法，只有在强光下佩戴太阳镜，才能避免直射光线的刺激。

不过，让农有穗父亲感到安慰的是，这种病对农有穗的成长发育似乎并没有造成什么不良影响。

同生共死的恩爱夫妻

在西方，人们结婚的时候都会宣誓与爱人生死与共，不离不弃；在东方，人们也经常会听到“执子之手，与子偕老”的誓言，在中国四川省绵阳市游仙区街子乡二村，就有一对同生共死的夫妻——他们同年同月同日出生，又在同年同月同日病逝，这在当地一度被传为佳话。

这对老夫妻男的叫赵永发，女的叫常桂英。当自由恋爱的思想传入农村之后，两位小青年就在机遇巧合的情况下，相识并相恋了。相爱之后，赵永发便问起常桂英的生日，当她说出自己的生日后，赵永发惊喜不已，发现两人都生于1904年3月24日，竟然是同年同月同日出生的。这也让两人更加珍惜这段缘分。当他们的爱情终于成熟后，两人去登记结婚。工作人员对他们两个竟然是同年同月同日出生的也感到十分惊奇。

两人婚后70多年相濡以沫，夫妻恩爱，相敬如宾，从未发生过争吵，从未红过脸。而且两人的口碑也非常好，他们对邻居非常友好，只要邻居有什么需要帮忙的，绝对不会坐视不管。两个人养育的三男二女都成材立业，孝顺识理。

1997年6月3日，两位老人同时生病，被送进了医院。晚上8点多，老太太因抢救无效病逝。丈夫赵永发强忍着泪，给儿孙们吩咐了一些身后事以及他们死后合葬的事情之后，也于当晚11点溘然长逝。两位老人享年94岁。

村民都说，这两位老人同年同月同日出生，又在同年同月同日去世，实在是一个爱情的奇迹。

胳膊里“种”出活耳朵

大千世界，无奇不有。许多被人们认为不可能的事情，都有可能发生。一个19岁的中国小伙子居然在胳膊里“种”活了耳朵，这件奇事是怎么发生的呢?

这个小伙子叫文超，在他4岁的时候，家中养着一只宠物京巴狗。由于小狗性情温顺，孩子和狗成了形影不离的伙伴。一天深夜，父母睡得正熟，突然听到儿子撕心裂肺的哭叫。打开灯，他们看见儿子满脸鲜血，正捂着左耳朵大哭。再看那只京巴狗，也满嘴是血。原来，在孩子熟睡时，他的耳朵竟然被狗咬掉了！

父母立即抱着孩子赶到了医院。医生说，断耳如果找不到，就无法实施再植手术。父母赶紧回家发疯似的满屋子寻找，也没找到那只耳朵。无奈，只能等孩子长大再说。

2007年，文超如其所愿考入了大学。暑假，父母领着他来到了沈阳军区总医院整形科。

传统耳再造方法是，先在耳后正常皮肤深面放置“水囊”，学名叫皮肤扩张器。将皮肤进行扩张后得到额外的皮肤；再取自己的肋软骨，经过医生的手工雕刻做成耳支架，覆盖皮肤完成耳再造。

可是医生给文超检查后发现，他的左脸发育明显比右脸慢。左侧下颌骨、颧骨都比右侧小，脸也偏。耳前后的皮肤薄，尤其是耳后缺少正常的皮肤。

没有耳郭，而且左侧面部发育不良，脸部缺少皮肉，这该怎么办呢？

经过研究，医生决定采用一种最新的前臂皮瓣游离移植技术为患者治疗，既再造耳朵也补皮肉：首先他们用患者的肋软骨雕刻成了一个耳支架，将耳支架埋藏在他的左前臂上。等到前臂的血管长入耳朵后，再将前臂的皮肤连同预制的耳支架一同取下，通过显微外科血管吻合技术，将这个人造耳朵移植到左面部正常位置。

文超终于像正常人一样拥有了两只耳朵，而其中一只，居然就是这样在胳膊里“种”出来的！

哑女开口说话

俗话说得好，“哑巴吃黄连，有苦说不出”，但如果一个哑巴在未经医学治疗的情况下开口说话，是不是会令人感到奇怪呢？

创造了这个奇迹的是一位中国姑娘，家在湖南省长沙市望城县茶亭镇戴公桥村，名叫刘萍，是一名先天性聋哑人。她出生在望城县茶亭镇一户普通农民家庭中，因为她的母亲是聋哑人，再加上母亲怀她和妹妹时都曾经因病打针吃药，因此，刘萍和妹妹都不幸地成了先天听力残疾的人。

刘萍从未开口说过话，然而有一天为了阻止外出打麻将的丈夫，居然开口说话了。

2008年大年初八，晚饭后，刘萍的丈夫金某准备到邻居家打麻将。刘萍不同意，但是丈夫却仍旧坚持要出门。就在这时，拉扯之中他突然听到身后传来一声“不”。丈夫感到十分诧异，因为当时家里除了他们夫妻并没有别人。于是，他转身回到刘萍身边，想确认一下声音是谁发出的。而就在此时，刘萍竟然又说了一声“不”。虽然只是简单的一个字，却让丈夫惊喜不已。此后，丈夫开始有意识地教刘萍说话。

对于金某来说，妻子突然能说话，令他兴奋不已，因此他也有了这样的疑惑：妻子究竟是不是聋哑？于是金某就带着妻子到省人民医院耳鼻喉科进行检查。医生检查后肯定地表示，刘萍仍有残余听力，但在佩戴助听器和进行语言训练后，完全有可能说更多的话。

3岁男童从10楼坠下奇迹生还

2009年7月，中国海南省海口市龙华二横路发生了一件惊天大事：一名3岁多的小男孩不慎从10楼的窗户翻落至1楼车棚铁皮顶上，竟然奇迹生还。

这名幸运的小男孩叫伍思杰。由于天热，当时和舅舅在一起的他自己去开窗户，就在这时不幸突然发生了，他一不小心从窗口摔了出去。当时，小区物业公司的管理处主任王雪华正在大厦2楼办公室上班，听到巨大的响声后，她以为是谁家往楼下丢垃圾，便朝窗外看去，可是眼前的情形把她吓出了一身冷汗，只见一个满身是血的小孩躺在车棚顶上！王雪华见状赶紧通知1楼的保安到现场查看，自己则边打120电话边往楼下跑。

送到医院之后，经过医生检查，伍思杰仅仅左右前臂部分骨折，左下肺有轻微挫裂伤，神志清醒，生命体征正常。让医护人员啧啧称奇的是，小思杰身上竟没有一处致命伤。

从10楼掉下来能有这样的结果，已经算是不幸中的万幸，但小思杰还是住院观察了一段时间，以免留下什么后遗症。那么，为何小思杰从10楼坠下还能奇迹生还呢？

原来，在9楼的窗户防盗网顶部有一块铁皮，伍思杰跌落过程中曾摔到上面，大大缓冲了下坠的力道。另外，1楼的铁皮棚也不像水泥地那样坚硬，小孩摔在上面也得到了缓冲。

120急救中心的医生还表示，与成人相比，小思杰体积比较小、体重比较轻，可以让下坠速度不至于那么快，这是小思杰能奇迹生还不可忽视的因素。

另外，猫和一些其他动物从高空下落时，都会在潜意识里自己调整姿势，减缓冲力，在落地的瞬间采取对自身保护最有利的动作，或许，人在某种时刻也会激发这种潜意识。

心肝脾胃全长反的“镜面人”

“镜面人”又称“镜子人”，即心脏、肝脏、脾脏等的位置与正常人相反，心脏、脾脏在右边，肝脏位于左边，心、肝、脾的位置好像是正常脏器的镜中像。“镜面人”的出现概率微乎其微，但是在中国安徽省合肥市，就有一位40多岁的“镜面人”。

最初，王先生并不知道自己是“镜面人”。有一次，他肚痛难忍，就到当地省医院检查，结果医生在检查中发现不仅他的心脏位置长反了，连身体的肝脏、胃、脾等器官的位置都不正常。直到那时，王先生才知道自己居然是一个“镜面人”。

这时王先生才恍然大悟：以前体检时，医生在他的身体左侧没听出心跳，反而在右侧听到了，当时就觉得自己和常人有点不太一样。然而他身体一直比较健康，所以就没有太在意。这次检查，让王先生彻底明白了自己的症状。

然而王先生也是第一次听说有这种怪病，起初也被吓了一大跳。医生告诉他，这种心脏循环系统、消化系统等全部长反的情况十分罕见，在医学上称之为“镜面内脏器官”，也称为“镜面人”。由于只是内脏位置发生变化，内脏之间的相互关系并未改变。因此，对人的健康、生活都没有影响。

尽管脏器长反不会影响健康，但也可能给患者带来一些麻烦。

所以，一旦觉得身体有所不适，就要和医生及时说明自己反位的情况。因为，正常情况下，如果右下腹疼痛，医生可能会怀疑患者的病是胆囊炎，但是对“镜面人”来说，这个医学常识就不灵了，如果按照常规判断，极有可能发生误诊。

目前医学上对“镜面人”现象的成因还没有形成科学的定论。有专家认为，“镜面人”是在人体胚胎发育过程中，与父母体内基因的一个位点同时出现突变有关，其概率大约为十万分之一。

“死亡”男婴被埋8天奇迹复活

在中国贵州省仁怀市有一个十分离奇却又是真实的事件：一个已经被确认“死亡”的男婴，在被埋葬8天后居然奇迹般地生还了。

2002年8月29日中午，在贵州省仁怀市一家医院里诞生了一个男婴。但产后第二天，医生发现婴儿面色铁青、呼吸困难，经过抢救之后医院向婴儿的家属下了病危通知书。此后这名男婴继续在这家医院观察治疗了3天，便被家人接回了家中。

9月2日晚9点左右，家人发现婴儿已经停止了呼吸，确认已经“死亡”。这个孩子是家里的头一胎，家人自然悲痛欲绝，但是当晚11时左右，孩子的父亲还是把他抱到城郊的一块自留地里掩埋了。

几日后的一个上午，附近一个割草的村民恰好路过安葬男婴的自留地，突然听到土堆里发出婴儿的啼哭声。起先，这位村民非常害怕并准备离开，可是啼哭声却越来越大，他觉得事有蹊跷，就赶忙叫来附近卖豆腐的陈某和几名打工的农民将土堆轻轻刨开了。这一下，他们惊讶地发现土坑中居然有一个婴儿在啼哭，他们小心翼翼地将还在啼哭的婴儿从土坑里抱了出来。

仔细检查之后，大家发现婴儿除了脑部头皮有一点擦伤外，无其他异常现象。周围有人认出了这是哪家的孩子，于是卖豆腐的陈某赶忙给他们家里打了电话，告诉他们这件惊奇的事情：前几天埋在自留地里的婴儿居然还活着！

听到这个消息后，全家人都惊呆了，简直不敢相信。但他们还是立即跑到了现场，亲眼看到了起死回生的孩子。在邻居的帮助下，家属立即将婴儿送到了医院进行抢救。

经过医生的检查，当时婴儿的心脏跳动和呼吸基本正常，并没有什么特殊病症。在被掩埋了8天后，“死婴”为何还能够奇迹复活，至今也没人能够解释清楚。

皮肤仍新鲜的千年女尸

2002年7月7日下午4时多，在中国江苏省连云港西南城郊约7千米的通往海州石棚山风景区的花园路基建工地上，一名挖掘机司机在作业中挖出了一连串整齐厚实的竖条木板和一具完整棺木。至此，连云港市双龙汉墓被世人发现，并向世人揭开了它神秘的面纱。

该汉墓的一小部分除因施工遭受了轻度损坏外，其余部分保存得相当完整。整个墓的结构为一穴两椁四棺墓，南椁室内棺编为4号棺，北椁室内由南往北依次编为1号棺、2号棺（男主人“东公”棺）、3号棺，四具棺木均保存完好。

7月9日，在连云港市博物馆内，当工作人员用钢钎撬开3号棺棺盖时，一具古尸从棕褐色棺液里仰面漂浮上来，这一现象让博物馆内顿时沸腾了起来。

尸体皮肤很新鲜，经专业人员鉴定，尸体为女性，身长1.58米，年龄在50岁左右。其棺内的文物中，有一枚边长为1.3厘米的青铜印章，印钮是一只栩栩如生的龟钮，印章上清晰地刻着“凌惠平”，女尸的姓名确定无疑。在发掘中共出土文物81件。这具古尸是继中国湖南长沙马王堆汉墓女尸、湖北荆州汉墓男

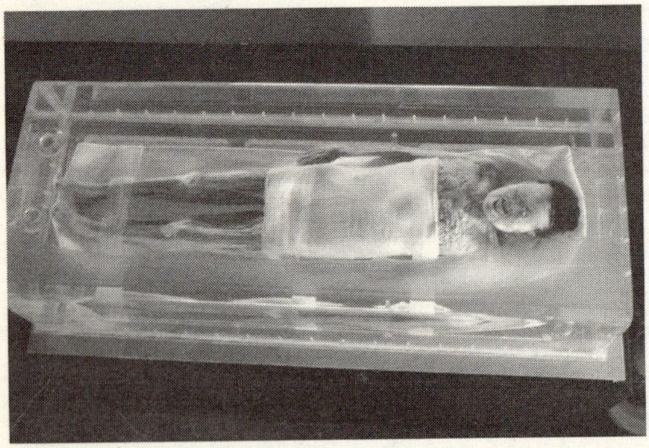

马王堆女尸

尸之后发现的第三具汉代湿尸，此类型的古尸极罕见，其科研价值、历史和现实的意义极为突出。

但这具千年古尸却给后人留下了种种谜团，其中最令人疑惑不解的就是棺内女尸是怎样完好地保存到现在的。

对这个问题，学术界还没有既定的答案，只是一些感兴趣的学者对其进行了推测。

女尸的棺椁内有大量的特殊溶液，有人认为古尸不腐或许和棺内的溶液有关。但是连云港市第一医院用大型全自动生化分析仪对棺液样本进行了分析，发现其pH值为7.55，呈弱碱性，棺液中还含有血红蛋白，与pH值为5.18的长沙马王堆墓棺里的酸性棺液截然不同，而且这种碱性棺液是适合细菌生存的。那么女尸是如何在棺液中保持不腐的呢？还有，这些液体是入殓时注入的，还是天长日久渗入的地下水？目前仍尚无定论。

也有人认为这可能跟墓葬的形制、周围的环境和密闭条件有关。但是连云港墓葬和马王堆女尸墓葬相比简陋得多了。马王堆女尸墓葬的规模宏大，棺内积液不多，在棺外的六面，还包围着1万多斤木炭，然后是成分为二氧化硅、三氧化二铝、氧化铁的白膏泥层，上面还有厚厚的堆土；可是连云港墓葬椁板上只有一层白膏泥，并无木炭，不可避免地会受到土质的影响。女尸遗体能如此完好地保存2000多年，可以说是一个极为罕见的奇迹。再者，同一个墓葬中，同样的环境和密闭条件，其他3口棺内仅存零星遗骨，唯独女尸能够不腐，这使得双龙汉墓的女尸之谜更加扑朔迷离。

冰棺中男尸吐起透明泡泡

2006年8月7日，被医生宣布已经死亡8小时的一名中国男子，躺在冰棺里，突然吐起透明泡沫来，又惊又喜的家属立即拨打120，医护人员火速赶赴殡仪馆进行抢救，但结果不幸地证明：他是“假活”。这到底是怎么一回事呢？

死者是一位名叫刘明的重庆青年。8月7日上午，刘明突然觉得身体不舒服，之后便昏死过去。家人被吓了一跳，立即将他送往医院抢救。在抢救50分钟后，医生宣布了刘明的死亡。

然而家人都觉得蹊跷，因为刘明身体一向不错，事发时也并没有受到任何外伤。但是医生初步诊断病人是脑出血导致死亡，具体死亡原因还需要通过尸检来做进一步的检测。

之后，刘明的遗体被送到了殡仪馆。接下来，奇怪的事就发生了。

当天下午，前去悼念的家属隔着冰棺意外地发现，躺在棺内的刘明口中不断吐出透明的泡沫。那模样看上去就像是在吐气！见到这样的情况，在场所有的人都惊呆了，又惊又喜的家属立即拨打了120，希望医生能马上赶来抢救。

很快，西郊医院的急救车赶到了现场。医务人员立即为冰棺中的刘明接上了心电图等急救设备，并当着死者众亲友的面，对刘明再一次进行诊断。急救医务人员前后忙碌了20分钟左右，最后还是无奈地告诉刘明的家属：他并没活过来。一下子，好不容易燃起的一丝希望再次破灭，家属们又陷入了悲痛中。

虽然复活的希望破灭了，但是家属们对躺在冰棺中的刘明为什么会突然张嘴吐泡泡仍感到十分不解。

然而当天出诊医生解释说，人在死亡以后，全身的肌肉都会逐渐松弛。在这个过程中，再加上殡仪馆室温相对较低，脏器内的气体便会在压强作用下向外冲，就会出现类似呕吐或吐气的“假活”现象。

能决定性别的“换花草”

在中国贵州省黔东南自治州的从江县，海拔380米的都柳江沿岸四寨河口北上的山谷间，有一个叫占里的侗族自然村落，土地面积大约为15.97平方千米，距离从江县城仅20千米。

区区弹丸之地本是不足为奇的，然而在占里侗寨，差不多98%的家庭的孩子均为一男一女，很少有双男双女的现象。这种神奇的现象背后隐藏着什么秘密吗?

当地人称，这是源于侗寨人使用的一种可以平衡胎儿性别的草药——“换花草”。当女人生完第一个小孩后，倘若第一个孩子是男孩，那么“换花草”就会让她的第二胎怀上一个女孩；倘若是女孩，则第二胎就必定会怀个男孩。

但是在整个侗寨占里，并非每一个人都知道“换花草”的庐山面目，只有一人能有资格知道它，这个人被寨里人称为“药师”，并且“药师”通常都是传女不传男的。据有关文献资料记载，这种现象是自占里人迁来此地时开始的。

占里的“药师”所掌握的药方不仅可以平衡胎儿的性别，让女人顺利地生产，还可以安全地避孕。占里现在的“药师”是一位名叫吴刷玛的老人，已经有72岁的高龄。据说她所掌握的药方可以让孕妇只需在短短的15分钟之内就顺利地生产，而且目前尚无任何事故发生。“换花草”的神奇魔力不但为占里人带来了美满幸福的生活，而且也间接地为土地和森林的承载力减轻了负荷，并最终维持了生态的平衡。

从20世纪90年代开始，这一奇特的生育文化就引起了国家计生委、中国人口情报中心以及中国人民大学人口研究中心等有关机构的重视。

“‘占里现象’始于他们自广西迁来此地时期，至今已有千余年了。而‘换花草’的真伪我们外人虽然不能亲眼所见，但占里现象的现实却又证明了它的存在还是有可能性的。”贵州大学人口研究中心杨军昌副教授对这种现象也充满了好奇。

有人不禁会问，如此神奇的“换花草”，它的配方究竟是怎样的呢？对此，没有多少人愿意回答，也没有多少人详细知道。大多数占里人只知道那是一种神奇的药方，一种让他们传承了几百年的平衡整个寨子人口性别的神奇花草。有人说，那是一种藤状的植物，但根部却不相同。其实，“换花草”的现象可能会有两种解释：首先，那是占里人智慧的结果；其次，那可能是占里人对外解释的一种说法。“换花草”的真伪没有人可以做出判断，但占里人必定有他们独特的节育技术来控制了人口和平衡生态。作为侗族的部落之一，占里人的婚姻也像其他侗寨一样采取对歌、“行歌坐月”和跳芦笙舞的方式来实现。然而，与众不同的是，占里人从不与外族人通婚，他们的婚姻只是在本寨内部进行，也就是郎不外娶、女不外嫁式的“寨内兜外”式的内部婚姻：即同兜不能结婚，即使结婚，也必须三代以上，且绝对禁止姨表婚、姑表婚。所谓“兜”原是侗语，指的是按照血缘的亲疏远近结合而成的族内通婚集团组织。

不仅如此，占里人还有良好的晚婚晚育政策。男子结婚年龄一般最大为26岁，最小为20岁；女子最大为27岁，最小为19岁。在其他地方或其他民族，普遍都认为结婚太晚是因为找不着女人而误了婚龄，认为是一种抬不起头的事情。而占里人则恰恰相反，他们认为，谁结婚越晚，倒反而成了一种荣耀，也就因此而成了被仰慕的对象。

男女双方结婚后，女方并不急于“落居夫家”。平时只是在农忙季节或是夫家遇上大的事情需要媳妇帮忙的时候，女方才在夫家作短暂的停留。只有在女的怀了孕或年纪大时，才完全在夫家定居下来。

玉米地竟然长出仙灵芝

一天早晨，中国山东省烟台市朱家庄社区的朱日田老先生到自家玉米地里收玉米。收着收着，他突然发现了一个很奇怪的东西，乍一看，它不像是玉米，倒是像个大蘑菇。朱老先生拿到手上认真仔细一瞧，居然是仙灵芝！这支灵芝颜色橘红，直径大约有六七厘米。

于是，朱老先生就将它小心翼翼地用两片茭瓜叶子包裹了起来。可是令人惊奇的是，没过几天，朱老先生又到田里去看，发现灵芝居然长个了，由原来的六七厘米一下子长到了十二三厘米高，直径也达到了10厘米左右，颜色也变得更加鲜艳。与此同时，朱老先生还发现在靠近它不到20厘米的地方，有一棵老樱桃的大树根，这段树根已经枯烂了。

为什么玉米地里竟然能长出仙灵芝呢？

烟台市园林处专门研究植物学的杜师傅知道后，来到现场进行了观察，并得出了结论。天然野生灵芝为多孔菌科植物，所有的菌类都对生长环境中的空气温、湿度有着很苛刻的要求，离开了它的原生环境，菌类就会很难成活。要想让它成活就需要有载体，旁边这棵枯树根就是它的载体，灵芝的根应该与地下老树根的朽木连接在一起。该菌有可能是通过人或动物无意中从周围的大山上传过来的，然后附着到了朽木上，因下雨或刮风又把它冲到了旁边而生长起来。

从外形上看，这棵灵芝的生长期只有十几天的时间，但是如果养活好的话，三四年时间直径可达50厘米左右，既可以观赏也可以用来入药保健。于是，朱老和儿子拿来铁锨和镐头，将灵芝和其根部附着的朽木一起装进了花盆，带回家养了起来。

一夜开花800朵的百岁昙花

人们向来以“昙花一现”来形容可遇不可求的美好事物，这也说明了盛开的昙花是多么难得。但更难得的，恐怕是出现在中国福建省的一株百岁昙花了！

在福建省南安市霞美镇四黄村，有一个叫黄哲南的人，家里养着一株神奇的昙花。

黄哲南的祖父是位中医。为了给人治病，1911年他从台湾带回来一株小昙花，并将它种在祖屋的天井边上。黄老先生在世时经常把晒干的昙花分送给亲戚好友。他还交代过家人，这株昙花要一代一代养下去。所以后来即使黄家人搬家时，也会带着这株昙花。

如今，这株昙花由黄哲南73岁的母亲吴阿婆照看，她遵照公公的嘱托，每天浇花两次，不时施点肥，把昙花照料得很好。昙花已经有百岁高龄，长势繁茂，开花时，一簇簇的昙花会装扮成一堵奇丽的花墙，满园子都是诱人的花香。

令人称奇的是，这株百岁昙花，竟然曾在一夜之间开出800多朵花！据说这株昙花通常都只开100多朵，一般在晚上9点后盛开，持续三四个小时就凋谢了。但是有一年却一下子开了800多朵，非常罕见，街坊邻居争相前来观赏。黄哲南说："老人们常说，看到昙花盛开的人都是有福气的人，不知道这800多朵昙花会带来怎样的福气呢！"

昙花不仅仅能给人带来福气，还可以治疗咳嗽、慢性咽喉炎和肺炎。吴阿婆就喜欢晒花送人。就连远在新加坡、香港、印尼和台湾的一些亲友，也经常打电话来"讨"花，每次她都有求必应，接到这样的电话之后就会很快邮寄过去。

"一碗水放两片干昙花，再加块冰糖，小火炖上10分钟，就可以喝了。昙花还可以炖龙骨，味道很好。"这可是吴阿婆独特的昙花养生茶！

神奇的"仙阁凌空"

"仙阁凌空"是一种神奇的自然奇观，已多年未现人间。然而最近，在素有"人间仙境"之称的山东省蓬莱阁，很多游客都目睹了这一奇观，身临仙境感受了一番活神仙般的感觉。

那天，蓬莱的天气状况非常好，天蓝海碧，能见度很高，但仍伴有初春的丝丝凉意。从16时开始，海上逐渐升起了一层海雾，大雾越来越浓，越来越厚，渐渐弥漫在整个海面上，将原本清晰的大海慢慢包裹起来，整个海面柔雾弥漫，并不断徐徐升腾。放眼望去，如同天宫浮云，给人飘飘荡荡之感。

大约到了16时40分左右，由于没有大风，海雾开始慢慢上升，在白色海雾包裹的海平面上形成另一层平流雾，并逐步扩大，将整个蓬莱阁古建筑群包裹起来，一会儿工夫蓬莱阁就隐没在了突如其来的仙雾之中，随着轻拂的微风若隐若现。

到了18时，随着天色渐晚，海雾渐渐消散，一切才又恢复了平常。

这一神奇的景象引起了在田横山景区游览观光的游客们的注意，大家纷纷在这难得一见的景象前合影留念。有的游客看到这一奇观兴奋不已，随口大声吟唱苏轼当年看到海市蜃楼时所咏词句："东方云海空复空，群仙出没空明中。""仙阁凌空"的罕见自然奇观，同时也吸引了大批电视工作者、记者和摄影爱好者。

其实，像这种出现时间如此之长，海雾如此之大，蓬莱阁及整个海面景物变化如此多样丰富的奇观，已多年不曾显现。

神秘苍蝇偷袭人眼能致命

中国地质科学院地质研究所黄成彦研究员和同事，曾经随乌苏地质大队进入新疆艾比湖东面的一个矿区进行考察。当晚在戈壁滩上露宿时，一名队员突然大声叫道："不好了，有虫子在我的眼睛里撒东西了！"在当地人的帮助下，这名队员眼中的杂物才被清除掉。

可是究竟是什么虫子会在人的眼睛里撒东西呢？

在和当地人交流后黄成彦得知，这样的事在当地并不少见。这是一种能够在羊的鼻子和眼睛里瞬间产卵的苍蝇，而撒在人眼里的白色小虫，就是这种苍蝇的幼虫。通常伤者的病情都会表现为眼内有异物感，眼部充血严重。如果不及时将这些虫清除掉，情况会变得十分危险，因为这些小虫就会依赖人眼中的水分生长，让人在极度的痛苦中死亡。特别是一些独自在外面玩耍的孩子，一旦遭遇这种情况往往不够重视，等家长发现的时候，病情往往已经很严重了。

能在人的眼睛内瞬间产卵的苍蝇有两种，分别是羊狂蝇和紫鼻狂蝇，其中紫鼻狂蝇在中国的分布范围比较小，仅在内蒙古、新疆和西藏阿里地区有见。而羊狂蝇则分布非常广泛，在新疆、内蒙古、青海、甘肃、河北、辽宁、山西、陕西、广东和山东10个省市和自治区都曾被发现。

狂蝇伤人的事件在牧区经常发生，每年夏天的七、八月份是狂蝇的孵化期，也是伤人的高峰时期。狂蝇卵会在狂蝇体内孵化成幼虫，而准备产幼虫的雌狂蝇在这个时期会经常围绕在寄主的周围，伺机将几十只幼虫瞬间排出体外，撒到寄主的眼睛或者鼻子里。雌蝇每次会产幼虫30到40只，每头雌蝇在数日内能产600只幼虫。

刚产下的幼虫活动能力很强，会爬入羊的鼻腔内并固定于鼻黏膜上，随着生长向鼻腔深处爬动，达到鼻腔、额窦、鼻窦或颅腔内。一旦狂蝇在人的眼睛中产下幼虫，数量虽然不多，但如果不及时治疗，这些小虫就会侵入人的大脑神经中，造成严重的后果。

被狂蝇感染的羊，体质会明显下降、流脓性鼻液、打喷嚏、呼吸困难、消瘦甚至死亡。在羊打喷嚏的时候，喷出的狂蝇幼虫又会感染到其他的羊。而眼睛内进入幼虫的羊，通常都会痛苦地在地上打滚、情绪不稳定、不停地摇头、奔跑，甚至不吃不喝直到死亡。

若是牧民们遇到这样的情况，通常就会将感染的羊的尸体聚集在一起焚烧，或者用土办法喷洒灭虫剂，但是效果并不明显，这给牧民造成了很大的损失。

中国科学院动物研究所的张学忠教授说，狂蝇伤人、危害牲畜的事情一直都存在，而且历史上也有相关的资料记载。但是这种情况往往比较分散，大部分伤人事件都发生在边远的牧区，而且有关狂蝇的案例研究在国内非常少，仅在几本研究蝇类的专著中有过简单的介绍。由于难以集中进行研究，狂蝇标本的采集就更加困难，所以长期以来科研人员的研究重点都在城市常见蝇类上，对狂蝇的研究还是空白。

科研研究上的空白，导致内地医院多数对此不甚了解。比如最近山东的一些医院就陆续接诊了一些眼睛内被撒虫的患者，由于这种病例医院接触的非常少，医生在处理时，只能根据以往的经验在显微镜下用镊子将寄生虫取出，再用抗生素将眼睛冲洗干净。因此很容易误诊延误病情。

也因此，有时候科研人员所掌握的资料还不及牧区防疫站的医生多。而除了能够在人的眼睛中产卵的狂蝇以外，他们甚至听说过牧区有一种“胃蝇”，能够趁人在开口说话的时候直接将卵撒到人的胃中，被感染的人肚子疼痛难忍，痛苦不堪。对于这种更为少见的蝇类，研究者和医生还束手无策。

贵如黄金的怪鱼

2009年3月1日凌晨，中国浙江省象山港附近的渔民李绍霜又开始了新一天的打渔作业。然而和往常不一样，当李绍霜第一网下去，居然捞上来一条很奇怪的鱼：全身呈浅乌褐色，长约1.2米，重约15千克。虽然在海上漂了几十年，对“虾兵蟹将”再熟悉不过了，可是李绍霜还是头一次见到这样奇怪的鱼。

李绍霜捕到“怪鱼”的消息迅速在渔民中传开了，众人竞相观看。一位60多岁的老渔民看后连连惊叹：“这是黄甘，至少有50年没看到过了。”

其实这位老渔民口中的黄甘就是黄唇鱼，闽粤人称金钱，温州人常称之为黄甘。黄唇鱼，属于鲈形目石首鱼科，体长1～1.5米，重15～30千克，大可达50余千克。黄唇鱼体背侧棕灰带橙黄色，腹侧灰白色。胸鳍基部腋下有一个黑斑，背鳍鳍棘和鳍条部边缘黑色，尾鳍灰黑色，腹、臀鳍浅色。它们多栖息在近海水深50～60米的海区，幼鱼则栖息于河口及其附近沿岸。黄唇鱼为肉食性鱼类，以小型鱼类和虾、蟹等大型甲壳类为食。

黄唇鱼属国家二级保护水生动物，仅分布在中国的东海和南海海域，是中国的特有鱼种，数量较为稀少，加上沿海各地捕捞强度加剧，目前濒临灭绝。解放前，浙江沿海常有渔民捕捞黄唇鱼，并将其视为上等补品，尤其是鱼膘（俗称“鱼胶”）甚为珍贵，素有“贵如黄金”的说法。十几年前，浙江省苍南县艚镇有人捕到一条六七斤重的黄甘，竟然卖了十多万元。

老渔民的介绍让李绍霜一下子就懵了，仿佛中了头彩一样。周围的渔民也像炸开了锅似的，大家纷纷揣测，如今的物价之高已非昔日可比，这条30斤重的鱼至少要卖个100万吧。

不管这怪鱼是否是黄唇鱼，李绍霜还是小心翼翼地将鱼运回家，用冰块冷冻好。当天晚上，李绍霜着实没睡好，怕鱼被偷走了，又怕坏掉了。

为了确认这条鱼是不是黄唇鱼，渔民们请来了浙江省苍南县水产研究所工程师黄克蚕专家鉴定。黄克蚕说，从外形上看应该是黄唇鱼。不过，由于毛鱼的外形和黄唇鱼非常相似，要最终确认还得解剖。一旦解剖结果证实这不是黄唇鱼，它的价值就会严重受损，所以李绍霜最终没有同意进行解剖。

李绍霜的怪鱼不仅吸引了周围的老百姓，还吸引了不少鱼贩子，前前后后来了十来批。当地一名鱼贩子曾出价50万人民币购买。可是李绍霜没卖，他说想听从渔民们的建议，到价格涨到100万时再出手。

神秘的千年古崖居

在中国湖北省当阳市西北方向，当阳市与远安市交界处，有一处典型的丹霞地貌风景区，名叫百宝寨。百宝寨旅游区方圆数百里，山峦岩石独特，水体风光秀丽，森林植被广袤，古迹胜景渊薮，当阳境内两大河流——沮水河、漳河流经其间，地理位置十分独特。

当年，湖边武汉大学的专家们在开发百宝寨景区时，发现了许多凿在峭壁半腰的奇特岩屋。这些岩屋散布在50千米长的临河沿岸，有的单个，有的3个或5个成一组，有的则数十个连成一气，分成两层、三层甚至五层阁楼。单间一般12至20平方米，内空高约2米至2.5米。百宝寨最著名的岩屋群有百家岩屋、傅家岩屋、朱家岩屋、洪家岩屋和鹭鸶寨岩屋。

傅家岩屋是目前唯一开放的一处岩屋群，位于傅家冲口的青龙湖畔。傅家岩屋凿于红砂岩岩质的绝壁半腰，共有两排共15间，上六下九，每间一个洞口，洞壁厚70厘米，高1.6米，宽80厘米，洞口离水面5米至8米，需要攀缘进洞，十分不易。15间石屋中有3间密室，其余洞洞连通。洞内宽敞，干燥明亮，一些洞中还凿有石井、石池、石床、石厕、石窑、石天窗。在上层第四间岩屋内，依石壁凿成石灶，有门有膛，灶膛内有烟熏痕迹，灶门上门凿有出烟孔，十分精巧。在一些洞内东西石壁上，都凿有对应的孔，一边圆洞，一边为斜长洞，便于安装木梁木枋。上搁木板，既可睡觉，又可放置东西，增加了空间的利用率。

百宝寨沮河古崖居是中国十分罕见的大型古崖居群，目前已探明的古岩屋达1700余个，多分布在青龙湖（沮河）临水的峭壁上，洞连洞、洞叠洞，数十个一群，成群成片，蔚如奇观！这些古崖居究竟何时、由何人、因何故、用何物凿成，如此浩大工程竟无半点文字记载，仅仅只是代代口传悬谜，令人扑朔迷离。

相传这些崖居是春秋战国时代的鬼谷子师生相授而凿；又有人说这是关羽大将军为撤军荆州、退入西蜀，据此凿窟屯兵等等。但是，不管怎样，从传说的角度来说，古崖居距今至少有1700年的历史了。如今这些古崖居成为游客最有兴趣的探秘处。

此后，又有人在百宝寨发现了东汉末绿林军的大型古兵寨，寨墙、寨舍、寨洞、寨旗、寨库等等，令人赞叹不已！相传古人在百宝寨的藏宝窟见其山但难觅其洞，使古今多少寻宝人以其绝怅其憾！

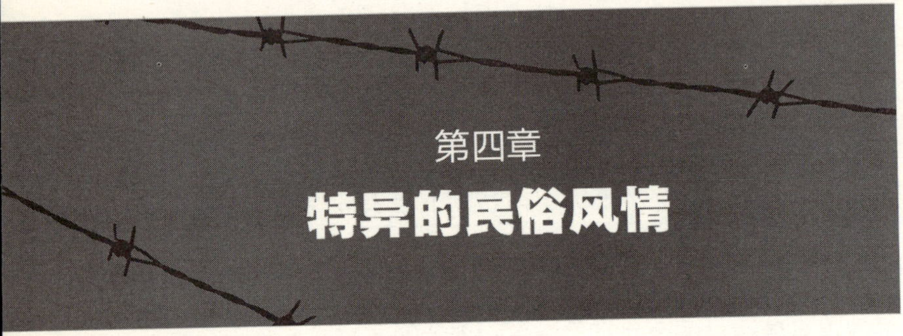

第四章 特异的民俗风情

穿裙子的斐济男人

斐济位于美丽的南太平洋岛，是一个具有独特风俗的国家。在斐济尤其引人注意的习俗是，当地的妇女不喜欢穿裙子，而男人却特别喜欢，男人也比妇女更爱打扮。

在斐济城市的大街和酒店外的海滩上，到处可以看到身穿大花衬衣和齐膝的毛料裙子的男人，这种裙子是当地男人的家居服，称为“solo”。在苏瓦岛，大街上那些高大威猛的男警察们也是穿着“solo”指挥交通的，而且是那种裙边剪成三角形的裙子，充满了南太平洋岛国的原始美感。

有趣的是，斐济女人却对此不太热衷。依照斐济风俗，女性不便袒露太多肌肤，因此乐意穿裙子的女人不很多，就连街上的女警察，也都穿着捂得严严实实的制服长裤。女警察们着裤装，远没有男警们来得“妩媚”。

斐济人的服饰别具特色，现代男子穿的“solo”经过多次改良，但万变不离其宗，都是源于斐济人世代穿的蓑衣裙。

斐济全境都是珊瑚岛和火山岛，数万年前，土著斐济人靠采摘野果、打猎和捕鱼为生，原始的生活方式和炎热的气候使他们用当地的蓑草编成一片围在身上，具有防蚊虫叮咬和遮风挡雨等优点。随着社会的进步，斐济人逐渐掌握了编织、蜡染等工艺。他们先是在蓑草裙上涂上色彩，成为较有观赏性的彩色蓑草裙。以后又用剥下的树皮经过浸泡、捶打、晒干，然后用染料涂上吉祥图案并制成粗布。随着现代文明传入斐济，当地人已改用质地精细的布料做“solo”，用料、工艺和图案都散发着现代特色。斐济上层人士甚至政府官员在正规礼仪场合，也往往上穿笔挺西服，下身着“solo”。

斐济男人不仅爱穿裙子，而且特别珍视自己的头发，认为长发最有魅力。而斐济女人的头发却正相反，年轻时可以留长，结婚时便要剪短，而且以后会不断修剪，以至越来越短。斐济男人不经常理发，因此一些男人的头发长达1.5米左右。梳理如此长发并非易事，他们不得不每天抽出时间花在自己的头发上。为避免头发在睡觉时被弄乱，有人还特意制作了专门的“护发枕头”。部落的长老还可享有戴一种头巾式护发帽子“萨拉”的特权，斐济人视“萨拉”为部落权威的象征。因此素来好客的斐济男人，为维护其独一无二的崇高地位，对来访男宾“约法两章”：其一就是不许在村落里戴帽子；另一条是不许戴墨镜，因为他们认为墨镜有魔力。

斐济人爱美，男人比女人更甚。这里的男人喜欢在身上佩戴琳琅满目的各种饰品，尤其是红色的扶桑花。他们爱将这种火红色花朵插在头上，插左边表示未婚，其他则表示已婚。他们对扶桑花是如此喜爱，献给客人的花环、点缀客厅的装饰、甚至花布上的图案都少不了它。官方甚至专门设立了“红花节”。每年八月节日来临时，都要举行盛大的庆典。

世界涌动裸露潮

现在，越来越多的现代人热衷享受光着身子度假的乐趣，裸露已成为一种文化，而且享有一个颇浪漫的名字——天体文化。它强调身体解放，反对病态社会制造的病态生活方式。一名法国天体主义者称，天体是一种生活艺术，是一种生命哲学，天体主义基本理念是接受自己（包括自己身体的缺点）、尊重他人以及爱护大自然。

过去10年中，美国天体娱乐协会的会员数目增长75%，其他地方的裸体主义者阵营也不断扩大。过去三四年间，裸体主义者数目增加了将近一倍。

在全球范围内，已冒起大批另类旅游公司，专门安排天体之旅，让参加者一丝不挂地漫步澳洲内陆，或者在奥地利来个全裸滑雪。2003年初，17名自然主义者乘上世界第一列天体航班，从美国飞往墨西哥天体度假胜地坎昆，成为地球上首批享受赤裸飞行乐趣的人士。坎昆的多拉多天体区近年访客量也大幅上升。宽容的社会制度、更大程度的性别平等，以及消费者对大自然一沙一石愈益浓厚的珍视，是天体假期自20世纪初以来不断发展壮大的主要原因。

裸体运动其实源于古希腊文明。当时人们认为人的胴体是大自然最美的事物，是人类用以表达自信、自豪的最佳载体，因此人们不单裸身在体育活动上，在节日庆典上也裸，而且用各种艺术形式去表现裸体。

中世纪时，裸体活动被基督教会禁绝，到文艺复兴时期，人们重新开始透过艺术形式歌颂人体美，直到19世纪，裸体运动再次被禁欲主义压抑，但始终存在于欧洲文化中。

20世纪初欧洲各国陆续进入工业化社会，部分人士举行裸体活动，反击工业社会对个性的压抑。第一次世界大战后，在自然主义者对战争的野蛮和残酷深恶痛绝之际，更大力歌颂生命的美好和自然。裸体活动得到更多人的支持。

在20世纪30年代，裸体运动由欧洲传入北美洲，60年代女权主义者也加入裸体运动阵营，到90年代，欧美各国政府对各种非色情裸体活动都给予相当的宽容，尤其是北欧国家和德国北部。

欧洲裸露文化开始时还是比较保守的，男女分开活动，身上还挂些泳衣、泳裤之类的东西。今天，这种天体文化已愈见彻底和普及，欧洲人开始在公园、阳台等一切露天空间赤身享受阳光。在到处片片青草地的欧洲大小城市、小溪畔、山谷中……凡是阳光照到的地方，欧洲人都可能马上来个袒胸露体，零距离亲近大自然。

天体文化发展至今，大概可分为三派。

1.自然主义：自然主义的口号是“回归自然”，崇尚自然健康。奉行者倾向于与大自然直接接触，相信心理与生理俱能在大自然中得到纾解，活跃于森林、天然湖畔等地方。自然主义兼容裸体哲学，但裸体哲学不是自然主义的全部内涵，裸露只是其体会自然的方式之一。自然主义者着重人类与自然的协调，认为在大自然中裸露，具有教育与调和作用。他们让皮肤直接体会清风、狂雨、白雪、阳光，通过天人合一式地回归自然，建立自信和安全感。除了接近大自然外，自然主义奉行者着重饮食健康、定时运动，不少更是素食者，不烟不酒，有些甚至只穿生物环保衣服。

2.裸体主义：裸体主义奉行者为了“表达裸体意识”而裸露，他们在家中也不穿衣服，经常参与裸体群聚（如天体营），认为集体裸露能纾缓来自社会过多的禁忌和挑衅，认为赤身裸体是人与人之间沟通的有效方式（没有楚楚衣冠，就没有隐藏，就不用防备），才能尽快实现人人平等。

3.身体解放文化：德文Frei Koerper KULtur，又称FKK，指的是裸体主义者的群聚或族群。德国有不少FKK俱乐部、组织或社团，都是裸体主义者的大集合。FKK运动在20世纪初开始蓬勃兴盛，天体联谊会等组织多如雨后春笋，在当局的宽松政策下，到处举行天体文化探讨会，街头宣传册子、广告俯拾皆是。

其实欧洲人特别钟情阳光下的裸露，与环境因素也有一定的关系。

欧洲冬日天气奇寒，北欧不少国家太阳长年不露脸，加上欧洲人皮肤白，因此在“物以稀为贵”的情况下，黝黑的皮肤常被当成健康指标，男女老幼纷纷追求“黑色健康美”，不管你因忧郁症还是皮肤病去看医生，欧洲医生总会叫你去晒太阳。

但是，习惯生活在阳光强烈的热带或亚热带的居民，对欧洲人这种向往阳光文化的意识，自然难以引起共鸣，一如西方人对亚洲美白热潮另眼相看一样。

希腊的“男人国”

希腊东北部有一座神秘的圣山半岛，从地图上看，它形如手臂，伸向碧波万顷的爱琴海。这个半岛的面积约364平方千米，山势险峻的阿索斯山雄踞于半岛的东南部，主峰海拔高达2033米。

俗话说“山不在高，有仙则灵”，阿索斯山的名气可不在仙，而是由于山上居民中除少数隐士外，其余是清一色的修道士。在山谷之间、悬崖之上，有几十座大小不等、式样各异的修道院，看起来错落有致。此外，只能住几个人的小修道院和个人苦修的隐士小屋也别具一格。

1927年，希腊宪法规定这里为僧侣自治共和国。从此，数百年来这里聚居了各地修道士。但是岛上却有一条规定，严禁女性甚至雌性动物上岛，也因此该岛也被希腊人称为“男人国”。20世纪90年代之前，必须有政府推荐信的人，或是持有人品保证书的牧师、祭司等宗教人士方可上岛。

圣山半岛是希腊宪法承认的僧侣自治共和国，最高权力机构是神权委员会，由每个修道院选派的一名代表加上政府一位特派员，共21人组成。其中4位长老组成执行部门，一人为最高首脑，任期一年，届满再重新选举。按照修道院的规定，每天24小时中，祈祷、劳动和休息各占8个小时，很有规律。据向导讲，因为修道士们一心只想“修道成仙”，所以这里看不到坑蒙拐骗和钩心斗角的事。

这里称得上是真正的世外桃源，这个地方禁止说笑打闹、指指划划，修士们从不过问岛外事，一个个沉默寡言，蓄须留发，身披东正教大斗篷。他们一生主要就是在诵经祈祷中度过。修士们过去为了生存，或自耕自种或以手工业为生。食物当然都是素食，但可以品尝当地产的“圣山牌葡萄酒”，仅是品尝而已，没人放开量饮用。

每个修道院都有一个隐蔽的后门通往丛林或大海。大多数院中央都修有塔楼，用来监视四周活动，一旦外敌入侵便可及早报警。远看山上的大修道院，犹如古时的城堡般巍峨壮观。外形呈洋葱形的俄国东正教修道院有35个礼拜堂，墙上挂满壁画和圣像，庄严肃穆。在正楼与大礼拜堂之间有一只重达16吨的大钟，据说能敲出32种声音，不过过客是不能随意敲钟的。旁边的希腊修道院里则保存着18世纪的壁画，5000多册古书，其中有400多本是极为珍贵的草稿及手抄本，充分显示出希腊历史的悠久和艺术大师们的聪明才智。

“男人国”的历史可追溯到1000多年前的拜占庭帝国，当时的帝国首府在君士坦丁堡，与圣山半岛隔海相望。这个风景优雅的半岛就成了修道士们的隐居中心，人数多时超过2万人，修道院也星罗棋布。除希腊人外，塞尔维亚人、保加利亚人和俄罗斯人也相继在这里建有修道院。

1060年，当时的君主颁布法令，禁止任何女性上岛，即使是雌性动物也不得在此生存。1453年，君士坦丁堡失陷以后，大批艺术家为了避难纷纷逃到这里寻找净土，他们带来了大批艺术珍品。后来由于战乱和海盗侵扰，大多数修道院先后被毁，许多修道士惨遭杀害，艺术品被抢。到1927年被封为希腊的自治共和国时，整个半岛仅存20座大的修道院，现在还有1300多名修道士。

900多年过去了，希腊人民早已过上现代化的生活，但是这条禁止任何女性和雌性动物上岛的禁令在圣山半岛一直不曾改变。越是不让看的东西，人们越是会感到好奇，从古至今不知有多少女子想一睹奇景，幻想闯进圣山，但很少有成功的。在进入半岛的路口和码头有那么多警察，他们荷枪实弹，每天都如临大敌般，严格盘查，防止女性混入岛上。若是有女性女扮男装者混入，一旦抓住便安排到供女人暂住的地方，等待遣返。而如果有雌性动物上岛，结果不是被轰跑，就是被用其他方式“处理掉”。

当年的国王怎么会颁布这样一条让人费解的法令呢？岛上那么多的古书圣经，却找不到不让女人上岛的依据，只有几个传说一代代流传下来。一种说法是修道士们刚上岛时，与牧羊女之间发生了不该发生的事情；而另一种说法是圣母玛利亚把圣山变成了她的私人花园，怕别的女性效仿，就不准其他女性上岛了。

咬鼻求爱的特洛布里安人

在太平洋中的特洛布里安群岛上，大约居住着23万左右的人。从古至今，在这座岛上流传着一种叫“咬鼻求爱”的奇特恋爱方式。

在特洛布里安群岛的大街上，常常可以见到某个漂亮的姑娘，发狂般地猛追着一位小伙子，待到追上后，那姑娘趁着小伙子毫无防备之际，突然闯到他面前，张开嘴巴，狠狠在他鼻子上猛咬一口。顿时，那小伙子觉得疼痛不已，用手一摸，甚至还有血迹！

但这种可怕的行动，却是特洛布里安群岛上的姑娘求爱的唯一方式。

有人或许会问，为什么是姑娘去咬男子呢？

这是因为，恋爱必须要姑娘采取主动，小伙子只能被动地等待不知何时才会降临的爱神。如果哪个男青年按捺不住，主动去向少女表达倾慕之情的话，少女不但丝毫不为所动，还要鄙视这个不守规矩的人。这件事若被别人知道，一定会成为笑料传播开来。

咬鼻求爱时，姑娘咬得越狠说明爱得越深，希望与小伙子相恋的心情也越迫切。被咬出血的小伙子即使对追求者毫无情意，也绝对不会动怒，他将面无表情，不作出反应。如果接受了她的求爱，那么小伙子会报以微笑，于是，两人便可商定下次约会的时间、地点。到了那一天，他们就算正式恋爱了。男子鼻子上的伤痕往往被鼻子的主人当做魅力的象征而到处炫耀。

咬鼻求爱也不是随便想怎么咬都行的，姑娘家是要学习技巧的。

姑娘们一进入青春期，就必须向年长的女人学习咬鼻的技巧。这种技巧内容包括：如何追赶男子而不被这个男子发觉，如何接近自己爱上的男子，如何突然立在男子面前而使他不惊不慌，如何又准又快地“咬鼻”等等。

有的心细的姑娘还要慎重地演习几遍。只有学会并熟练掌握这一套咬鼻的复杂技巧，姑娘们才敢去向意中人求情。否则，假如因为技巧不高明，咬鼻失误的话，她不但可能失去意中人的青睐，还会被人笑话。

初次见面风俗独特的民族

一般来说，初次见面的两个人都会用很礼貌的方式或者用很庄重的仪式来给对方留下好印象，可是在这个世界上却有一些地方拥有着不同于其他国家的奇特的初次见面礼节来迎接着客人。

在突尼斯，当诗斐米德人逢遇客人来访时，主人定会献出两条蛇装在客人的口袋里，以表示对客人的盛情欢迎之意。这两条蛇一黑一红，黑蛇是友好的象征，红蛇为欢乐的象征。虽说这种迎宾方式使大多数客人感到恐惧，但客人还必须“入乡随俗”，向主人表示谢意和高兴。否则主人会认为你无诚意，甚至还会对你产生反感。

同样用蛇迎客的还有喀麦隆西部撒可尼拉族人。与诗斐米德人相比，撒可尼拉族人的迎宾礼节更为奇特。当贵宾临门时，主人就会毕恭毕敬地献上一条活蛇绕到客人的脖子上，以示对客人的热烈欢迎和衷心祝愿。

也许用蛇迎宾是比较让人恐怖的，那么还有一个国家有个很有趣的迎宾方式。安哥拉基母崩杜人的迎宾方式绝对让你想象不到。

当贵宾来临之时，他们的迎宾人员，总要不断地向客人眨左眼，以本民族最诚挚的礼节欢迎贵宾的到来。这时，客人则应眨右眼，以表达对主人的谢意。原来在人们看来很平常的一个眨眼动作，到了安哥拉反而成了最正式的一种社交礼仪，不得不说这是个生活充满风趣的国家！

裸体的雅马拉比底人

巴西印第安地区有个奇异的部落——达都瓦拉村。这里的人被称为雅马拉比底人，约200多人。村里有一条小河——辛古河，这里的印第安人视其为神河。

来这里旅游观光的人可能会遇上一些“尴尬”的事情：

当游客在河里游泳时，不凉不热的水让人觉得非常舒服。然而这时候，通往村子方向的小路上飘飘然走来几个身材匀称、一丝不挂的姑娘，她们头上顶着水桶，说说笑笑，而且见人并不躲避。然后，她们把水桶放在岸上，开始嬉水、游泳和打闹。她们旁若无人地上岸往身上抹肥皂，上下搓着，然后再跳下水去冲洗。姑娘们闹够了，便每人打满一桶水走了。

在其他地方，这样的场景或许令人很难以置信，但是在达都瓦拉村，这是一种常见现象。因为，在这里流传着一个“奇特”的习俗：村里的印第安人无论男女老幼全是赤身裸体。他们会往自己身上涂自制的颜料，画各种图案。这些图案和中国西安半坡遗址出土的陶器上的图案相似，令人仿佛回到了原始社会。

这里的人们非常好客，若是你到达都瓦拉村游玩，你一定会有宾至如归的感觉！因为游客来到这里后即会被当地的酋长视为尊贵的客人。酋长和其他印第安人都很热情，更重要的是，他们面对外人时都很“坦然”。这通常使得游客感到很不好意思——好像他们穿着衣服，而自己是赤条条的。

雅马拉比底人分别居住在6个大茅草屋里，这些茅草屋环绕着一个足球场大小的操场分布。操场中央有两个小茅草棚，是村里举行集体活动的场所。村民的家是一个草棚，大概像一个排球场那么大，五六根柱子上拴着七八个吊床。据说，这两根柱子是专门用来招待亲戚和朋友的。当然，来人须自带吊床。

草棚的一角还有一个用白布遮挡的地方，那是一间密室，每个家庭都有，主要是给妇女分娩和9岁以上的女孩关禁闭用的，任何人不许入内。孕妇生第一胎时，产后要在里面待6个月；生第二胎时，待3个月；第三胎以上，只待2个月。村子里凡9岁以上的女孩都要在密室里关上6年，不得外出，直到15岁才能自由活动。而且，村民们禁止近亲结婚，因此村里很少会出现弱智儿或痴呆儿。

印度洋中的“黑色土著”

在浩瀚的印度洋中，漂浮着一个叫安达曼群岛的岛屿。在这个岛上的热带森林里，至今还生存着仍然过着原始生活的民族——雅拉瓦族。由于他们的肤色为黑色，所以人们称他们是“黑色土著”。

这些雅拉瓦人正常体温在38℃左右，这在世界上是极其特殊的。雅拉瓦人没有数的概念，不懂得耕作，也不会饲养，甚至不会用火，但他们个个都是优秀的射手，其技术不亚于奥运会的冠军。

但是人类学家艾尔弗雷德说，迄今为止，人们对雅拉瓦人的语言、文化、传统和来源都知之甚少。

最近的研究显示，就肤色和体形来看，雅拉瓦人与非洲中部正在消亡的一个民族俾格米人（人称“矮人”）很是相像，由此可以推断他们的祖先可能在非洲。然而，乘坐独木舟是绝对来不了这个地方的，他们到底是怎么漂洋过海到亚洲来的呢？

一些人种学专家认为，可能在很久很久以前，由于地球两极的冰冻现象，这里的海平面很低，非洲大陆和亚洲几乎是连在一起的，雅拉瓦人很可能是那个时候来的。后来海平面逐渐上升，印度洋上的群岛与非洲大陆分离，安达曼岛也成了与世隔绝的地方。据史料记载，在大约7世纪时，有中国和阿拉伯的探险者在这里上岸，在此之前还从来没有外人来到过这个岛屿。

一个专门拯救原始部落的民间组织，为了不使这些稀有民族在地球上绝迹，已呼吁国际舆论关注他们的命运。印度警方已派警察去看守他们居住的地区，这既是为了保护这个濒临灭亡的民族，也是为了防止附近的农民与他们发生冲突。由于安达曼群岛有充足的阳光和沙滩，印度政府正在那里规划旅游区，还扩展了布莱尔港机场的跑道，以便使满载泰国和日本游客的大型飞机能在那里起降。

大批国外游客的到来，对“黑色土著”是祸还是福，人们目前尚不得而知。

臀越肥越美的布须曼人

布须曼人是非洲南部大沙漠中最古老的居民，多少世纪以来他们始终过着游牧生活。

从外形上来说，布须曼人与其他非洲人有明显的区别，身材矮小，但比俾格米人略高一些，成年人身高1.5米左右，皮肤呈黄色或黄褐色。可是他们却有一个与众不同的体质特征，就是脊椎骨的下部通常向前形成弯曲形向外突出，因而显得臀部特别大，尤其是布须曼妇女，臀部和大腿特别粗，形成一种特殊的肥臀。布须曼人以臀肥为美，以至青年男子在择偶时一个很重要的条件就是要看姑娘臀部到底有多大。

生活在沙漠地带的布须曼人，对少年男女的成年仪式很重视。男孩子稍大一点，就随着大人们开始狩猎了，但仍是孩子，只有为他举行过成人礼之后，他才算一个真正的男子汉。男孩子成人仪式需要一个月左右的时间，巫师会在他们的额头上刺上代表自己部落的特殊标记，但不实行割礼。随后，他们便离开自己的亲人到灌木丛中去，过一种隔绝式的独立生活，进行为期一个月的艰苦锻炼以培养勇气。一个月以后，少年就成了成年男子，开始成年人的新生活。

而少女的成年仪式则在初潮后举行，大约也需要一个多月的时间，同时要禁食一些食物。在此期间，有一个妇女专门负责她每天的生活。这一个月的时间，就是少女向成年过渡的桥梁，她要学习有关成年妇女应懂得和掌握的知识，特别是妇女生理方面的知识。当“禁闭”结束后，她就开始了成年妇女的生活，可以考虑结婚问题了。

布须曼人能歌善舞，狩猎之前，丰收之后以及各种仪式、庆典都有歌舞助兴。“爱情之舞”是少女成年仪式中不可缺少的一个节目，全部由女人参加表演，她们边唱边跳来到第一次来潮的少女家外，用这种方式向她表示祝贺，祝愿她们健康成长。其中的“羚羊之舞”具有双重含意，在狩猎前跳该舞，是为了祝愿狩猎成功；而当他们当中有人生病特别是妇女生病时，男人们就围着坐在火旁的妇女跳这种“羚羊之舞”。布须曼人认为，用男人的阳刚之躯去驱赶病魔是最好的医疗方法。

布须曼人也是有组织纪律性的。每一个部落都有一个临时的首领，他的权力仅限于对饮食来源、水、火等一系列日常生活的管理，以及对选择居住地与迁徙以及内部纠纷的调解与仲裁。

生活在沙漠中的布须曼人是坚强、智慧的，他们可以几十天，甚至几个月不喝水。不了解布须曼人实际生活的人，都不知道他们是怎样以物代水的。其实，这要求布须曼人要对植物含水量大小具有很强的识别能力，哪种植物的根部含水量大，而哪种植物的茎可以吸出水来，他们均一目了然。在荒漠之中，有一种藤蔓植物，有一个很大的与这小植物不相称的块根，这些块根有的像大萝卜，大的则有南瓜那样大。但想得到它们并不太容易，不仅要仔细寻找，而且还要挖地三尺。布须曼人得到此“宝贝”后，就用刀将根块削成碎块、挤出汁液饮用。这种块根的含水量十分可观，大一点的块根，完全可以保证一个人一天的饮水量。

两只脚趾的“龙虾民族”

在非洲的津巴布韦以及博茨瓦纳境内稠密的灌木丛林地区，生活着一个奇异民族。在那里，遍地盖着一种非常原始的小泥屋，这个民族的人过着一种完全与世隔绝的简单游牧生活。他们与其他民族最大的区别在于他们的脚不是5个趾头，而只有2个脚趾，并且整个脚看上去像鸵鸟的脚爪一样。

尽管外人觉得这样的脚趾很是怪异，但是两脚趾人对他们自己怪异的肢体抱着一种平常心态，那里的人认为是神灵决定让部落里的婴儿一开始就长成这个样子。

在一次去津巴布韦西南部郊游时，津巴布韦哈拉雷国家档案馆前编年史编撰者道尔森偶然发现了两脚趾人。这一发现引起了医学界的高度重视。

经过长期的观察和临床研究，南非约翰内斯堡的威特沃特斯兰医科大学解剖系主任菲利浦·蒂比阿斯教授，终于从病理学方面向人们揭开了两脚趾人的谜底。原来，这种变化既不是神灵的惩罚，也不是自然的选择，而实实在在是一种变异性疾病，是一种简单的显性基因造成的遗传变异，在医学上称为“龙虾脚爪综合征”。这种病的个别案例在世界各地都有记录，但是唯独在非洲的这个部分，这种病变成了一种普遍的现象。

对于赞比西河谷的大量两脚趾人的存在，菲利浦教授解释说那是在部落内部选择结婚对象的直接结果。因为这种显性基因如果只发生在一对或几对夫妇中，很可能由于下几代的再次选择而消亡。而像赞比西河谷这样大的基因变异群体，除了部落内部通婚的范围之大，别无其他原因。

那么是谁将这种基因带到这里来的呢？也就是说两脚趾人的祖先到底从哪里来的呢？

发现两脚趾人的道尔森一直对他们有着浓厚的兴趣。他有计划地访问了16个两脚趾人，并把他们前7代的历史都搜集整理起来。

他认为若干年前，一位有两脚趾血统的年轻妇女从其他地方来到了西南津巴布韦，当她与当地的土著人结婚之后，她的两脚趾基因就开始起作用，让她的一部分后代成为两脚趾人。这时如果在正常的风俗支配下，津巴布韦土著会只和其他部落和地方的人通婚，这样就会使生成两脚趾人的概率减少。可是该地区稀疏的人口使这种风俗得不到延续，两脚趾人不得不和同部落的人结合，让这种两脚趾基因继续繁衍下去。于是，第二代、第三代，就这样两脚趾人越来越多。

可是道尔森假定的这第一位妇女是从何而来的呢？尽管不能证实，他却充分地假设了这位妇女来自莫桑比克的赞比西河谷。他认为这是因为目前对两脚趾人的真实报道非常少，而在莫桑比克，大量翔实的资料证明了两脚趾人的存在。赞比西河谷从前是马克西特政府与解放政府右翼反叛者之间进行激烈游击战争的一个战场，那里偏远荒凉，被密布的灌木丛林与外界隔离起来，简直无路可循。

在津巴布韦和博茨瓦纳现在生活着大约100个两脚趾人，他们的内部通婚制度看似会永远保持下去，而且他们似乎并不想恢复所谓的“正常”。

两脚趾人都是黑皮肤，身体都十分健壮。他们的脚虽然从跖骨的部分就分成两部分，每一部分长成一个巨大的脚趾，然而它的坚强有力丝毫不逊于正常人的脚。因为造成这种情况的是“龙虾脚爪综合征”，就是说他们的脚和龙虾的脚爪形象十分类似，所以他们有时也被称为“龙虾民族”。可是不管怎样，目前无论是称呼还是脚趾都没有对他们的生存造成障碍。

印度“兄妹节”亲情一线牵

“兄妹节”是印度全国的四大节日之一。每年8月9日这一天，印度男女都会用隆重的庆祝方式表达相互间的浓厚亲情。

关于“兄妹节”有一个神话传说流传甚广。传说众神之王因陀罗和恶魔进行了12年苦战，仍未获胜。这时其妻站出来，在丈夫手腕上系一条彩线当作护身符，这条彩线后来被称为“拉凯”。因陀罗再上战场，一举击溃了恶魔。后来人们就把这胜利的一天叫做“拉克沙·班丹”，以纪念这条线绳所显示出的神威。

“拉凯”在历史上也书写了很多感人的传奇。印度古代一个小国梅瓦尔被重兵压境，危在旦夕。该国王妃遂将一条“拉凯”送往当时统治印度大陆的莫卧儿帝国元首胡玛雍。一般情况下，这位元首不会出手援助一个小国，但他为了履行义兄保护义妹的神圣职责，宁可向同盟的古吉拉特邦苏丹倒戈相向，帮助小国脱离危险。可见在古代印度，一条细小轻薄的丝线就已经拥有非同一般的意义。在人类感情日益商业化的今天，“兄妹节”更为印度社会增添了一股温馨暖意。

在“兄妹节”仪式之前，还有一些准备工作。除了“净屋”“净身”外，还要“净口”，即不吃不喝，等待仪式开始。按照风俗，参加仪式的女子要打扮得很漂亮，身着鲜艳纱丽，眉心点一粒朱砂，手掌和手臂上还绘有复杂的吉祥图案。

仪式正式开始，首先是“摇灯礼”。女子在准备好的青铜盘子上用火柴引燃几块叫做“卡普尔”的燃料。之后，她神情专注地端起盘子，在男子面前逆时针转上3圈，这表示神的祝福会像火光一样洒落在兄弟身上。接着，女子再用右手无名指蘸一滴朱砂，点在兄弟额头上。据说这种“吉祥痣”会给人带来健康和好运。

“系手绳”是仪式中最重要的环节。这条手绳象征着力量和关爱，还可以让兄弟免除罪孽及疾病的缠绕。简单的“拉凯”是一条红线，讲究一些的人家会在上面搭配各种花样。女子从盘中拿起一条红色丝线，郑重地系在男子右手腕上，对方则在心中默念，“为了保护姐妹的荣誉，即使赴汤蹈火也在所不惜”。仪式至此告一段落。

据说，最初在印度只是一家人中有血缘关系的兄妹庆祝这一节日，但随着时代的发展，“兄妹节”走出家庭，被更广泛的人群所喜爱。现在，几乎所有异性都可以用系“拉凯”的形式表达友爱和关怀。女儿可以给父亲系“拉凯”，男女同学、朋友之间更是以此传递友谊，陌生妇女为战士或者囚犯系“拉凯”。

尼赫鲁大学一位教授曾说，这个节日之所以受到越来越多人的欢迎，是因为它证明男女之间并非只有爱情，还有一种神圣的兄妹之情。每年有很多学生会为庆祝“兄妹节”逃课回家，但老师并不会生气，相反会感到一种欣慰。因为在他们看来，人类增进感情之举比一两节课重要得多。

印度的婚姻集市

世界各地有各式各样的集市，进行着品类繁多的贸易。但是在印度恒河流域比哈尔邦有一种奇特的集市——交易的是青年男女的婚事。这一集市，一年一次，一次7天，在苏拉特村举行。

到苏拉特婚姻集市上来的多是这一带婆罗门种姓的人。集市有个专门的名称，叫做“沙巴”。到集市来的男方和女方的父亲或监护人和亲戚一起各搭帐篷。未来的新郎可以随父亲一道来，但姑娘是不会被带来的，所以在婚姻集市上，几乎看不到一个妇女。

最忙碌的要算介绍人了，女方的父亲先找到一个介绍人，同他私下交谈，告诉他要为女儿找什么样的女婿。介绍人拥有许多男青年的材料，熟悉他们的家庭背景、教育程度、人品德行。他衡量一番，然后就把“顾客”带到男方的帐篷。这里可以“相亲”，看看未来女婿的品貌，费时间的是协商嫁妆的多少。当然在这件有点“讨价还价”味道的事情上，男方的父亲要求要高一点，女方的父亲则希望能够少付一点。在男方的“帐篷”里，如果协商好了，婚约就算初步成立，介绍人可以从男女双方得到一份谢金。此后，双方父亲和介绍人还要结伴到“潘吉卡尔”那里去最后定夺。

“潘吉卡尔”是熟悉和保有双方族谱的人，他的责任是查验血统关系，如果他认为血缘在六代之内就不允许缔姻。他的裁定具有最后的无法改变的性质。如果“潘吉卡尔”认为血缘关系方面没有问题，就会把批准写在一张棕榈树叶上，交给女方的父亲，并得到一定数额的报酬。有了这张由“潘吉卡尔”签名的棕榈树叶，婚姻就算最后缔结了。

苏拉特村的婚姻集市为什么能够长期存在呢？

理由说来也很简单。印度的青年男女虽说在法律上享有婚姻自由，但事实上在广大的农村地区，由父母包办的婚姻居多。父母，特别是姑娘的父母，为儿女的亲事费尽心思。女方的父亲还得付出一笔可观的嫁妆费。没有嫁妆的姑娘在男方的家庭中会受到歧视和虐待，有时甚至会造成死亡悲剧。嫁妆制度是印度社会的一大陋习，法令禁止，舆论谴责，但却废除不了。在贫寒和姑娘多的家庭，嫁妆成了家长的一大负担，为了少付一点，比哈尔邦甚至发生过抢青年男子来强迫成婚的事件。为找女婿到处奔走，为少付嫁妆而反复磋商，费时费力，倒不如集中在一段时间、一个地方进行较为节省一些。这样，婚姻集市也就产生与延续了下来。

这其中介绍人为了多赚点钱，免不了要干点欺骗和瞒哄的勾当，要高价和受点贿赂也是难免的。由他们牵线，由父母包办的婚姻能给青年男女带来多少幸福就可想而知了。一些美丽、聪慧的姑娘，因为父亲不愿多付嫁妆而随意嫁给一个丑陋的男子。相反，家庭富裕、又愿多付嫁妆的人选择女婿的机会当然就相对要多。

因此，在这一带有不少人对这种婚姻集市抱有反感，越来越多的受过教育的年轻人不愿到婚姻集市上去。以往，这一带有3个婚姻集市，现在只剩下苏拉特村1个了。过去到这个集市去的人数要超过10万，如今去的人在逐年减少。妇女们还曾在集市上举行过示威，要求取缔嫁妆制度。

柬埔寨少女婚前学吸烟

柬埔寨人口共约1000万，以高棉族为主。该国男女成熟较早，而且流行早婚，否则会为世俗所轻视，而传统婚俗对女子的约束也甚为严格。农村的女子一般在十五六岁，男子则在20左右就要结婚。俗话说，男大当婚，女大当嫁。婚姻是人生大事，自古以来，各国各民族都有一些传统的婚俗。在柬埔寨，其婚俗也十分独特——当今许多国家都有反吸烟的行动，但柬埔寨的少女们却必须学会吸烟。

按照传统，当女子长到六七岁时，父母就为她们准备好了烟斗，开始教她们吸烟。为什么要这样做呢?

原来，父母们认为，吸烟可以使孩子懂得人们日常生产、生活中苦辣酸甜的滋味，尤其是烈性烟能使人提神，在茫茫的森林中行路不管多远都不会迷路。到十五六岁时，少女如果不会吸烟，就会被认为不漂亮，甚至是伤风败俗。因此，无论多么难受，姑娘们也要横下一条心，努力学会吸烟。

少女婚前学吸烟是柬埔寨人的传统婚俗。除此之外，柬埔寨还有一些重要的婚俗。

在柬埔寨，女孩子到了结婚年龄，父母就要把她关在房间里，请僧侣来诵经祝福，到了规定日期才能出门，这期间被称为“蔽日期”，吃饭、睡觉、洗澡都只能在自己的房间里，不能见任何男子，即使是父亲和亲兄弟也不能例外。蔽日期的长短按照家庭的贫富程度不同而不同，可以是3个月、6个月或者1年。蔽日期结束前父母不会允许女儿找对象结婚，而女儿也不能吃鱼和肉，否则就将遭遇不幸。

柬埔寨人对婚姻的看法和做法都是比较传统的，作主的通常是男女双方的父母。到了结婚年龄，男青年的父母会设法了解自己看中的姑娘的生辰八字，并且要请人计算双方生辰八字是否相宜，合适才会托媒人向女方家求婚。而此时，女方的家长也会积极地调查男家的情况，经过仔细权衡和认真考虑后才有可能把亲事答应下来。女方同意后，男方要根据家庭经济情况，由男方亲族的妇女列队前往女家给女方送聘礼。

聘礼按规模的大小分为小礼、中礼、大礼，有衣服、金银首饰、蔬菜、水果、鸡、鸭、鱼、肉、酒等。聘礼一旦被女家接受，就等于是订婚了。由于受传统的约束，男女双方在订婚后还有互不认识的情况。

与中国传统婚礼一样，柬埔寨人的婚礼也很有讲究。举行婚礼前，男女青年还要在双方父母和两个证婚人陪伴下，到街委员会或乡政府进行结婚登记，向登记处官员宣布情愿结为夫妇，领取结婚证书。

在柬埔寨，通常情况下，婚礼的全部仪式都会在女方家中举行，这也是柬埔寨婚俗中的一个与众不同的地方。

婚礼要连续举行 3 天。第一天叫“入棚日”。上午，男方的长辈要到女方家中搭建新郎棚、迎宾棚和炊事棚。稍后男方家请来乐队演奏“送郎曲”，新郎在其父母的陪同下，带着席子、被褥和其他结婚用品，来到女方家中，住进新郎棚。

第二天是“正日”，也是婚礼最重要的一天。清晨，男女双方的亲朋好友会欢聚一堂。首先，新娘的父母把长辈们请到堂屋里举行“祭祖仪式”。下午4时举行“理发仪式”。理发仪式结束后，要请四五位僧侣为新郎新娘举行约半小时的“诵御祸经仪式”。接着，举行结婚喜宴。午夜12时，举行“拴线仪式”，新郎新娘双手合十，双方父母和长辈把两三根丝线缠绕在新郎新娘的手腕上，表示把两颗纯真的心和两个家族紧紧地联结在一起。

第三天为“拜堂日”，是婚礼的最后一天。清晨时分，新郎会被“良辰吉日老人”请到摆好祭品的拜堂处，新娘藏在帷幕后面。

这时，乐队开始演奏“拜堂曲”。歌手唱起古老歌曲，唱毕，新娘在伴娘的陪同下，由幕后走出，与新郎并肩而坐，一起叩拜。拜堂仪式后，歌手唱起“收席歌”，唱毕，歌手把铺在地上的席子卷起来，走来走去，高声叫卖，新郎新娘用一点钱把席子“买下”，抬进洞房，众宾客则陆续退出，婚礼结束。

法国人的婚礼

各国各民族都有一些传统的婚俗，法国也不例外，也有一些较为奇特的习俗。

在中国的传统婚礼过程中，男方一般要给聘金。但是与中国恰恰相反，法国人的婚礼最突出的不同在于，没有人谈聘金，倒是新娘要准备充足的嫁妆。一般法国女孩子，从青少年开始，就会为了自己将来婚姻购买床单、碗盘、毛巾等家庭日用品，而且，婚宴的费用一般也必须由女方承担。因此，法国有“嫁妆吞噬者”的说法，用于形容少数男性，选择结婚对象时专门挑选富贵家庭的女儿，作为致富的途径。

被邀请的人所送的礼是与中国婚俗的另一个比较突出的差别。在中国，谁被邀请参加婚礼，就应该送份红包，而红包是有“行情”的。而法国的习俗是：新娘新郎在结婚前想清楚，他们婚后家里需要什么东西，再到当地的较有规模的商场建立一个“结婚明细表”，列出他们所需要的东西。此后，在所寄的请帖上会附上说明：我们的结婚明细表在某某商场。客人就必须前往该商场看明细表里有什么东西还没被别的客人买，再按照自己的经济能力替新人买一套床单或一组水晶杯，等等。这种做法的好处是，小两口不必为日后买家庭用品而烦恼。

法国人结婚，也会从客人的身上赚一点：方法是拍卖新娘的袜带（其实，现在法国女性很少穿传统必须绑袜带的丝袜，而穿裤袜）。拍卖的过程也非常有趣：每次有人出钱，就会把新娘的裙子撩得高一点，直到袜带出现为止！

除此之外，请客、喝酒、跳舞，在法国热闹程度绝对不亚于在中国。稍有不同的是，婚宴快要结束时，新人会偷偷地溜走，到“秘密”的地方过新婚之夜。当然，他们一定会让一个好朋友知道他们去哪一家宾馆过夜，这样朋友可以在晚些时候到宾馆好好地捉弄一下新人！

拔门牙切耳朵的马赛人

马赛是东非最大的部族之一，也是非洲地区最神秘的游牧民族。他们主要生活在肯尼亚南部和坦桑尼亚的中北部地区。

马赛人身材高大苗条，男子身高大多在1.8米以上，梳着一头细小的辫子；女子皮肤黝黑细腻、明眸皓齿，不过相反总喜欢剃光头。不过让人一眼就认出来的，是马赛人那红红的长袍以及脖子上豪猪刺制成的美丽饰物。不仅如此，他们还有许多奇异的爱美方式，这些方式更令人瞠目结舌。

首先就是拔门牙。马赛人的孩子到四五岁时要进行“美丽修饰”，那就是门牙要被拔走。马赛人认为这样看起来会更美丽。而且拔掉门牙还有一个特别的“好处”，就是当孩子病到张不开嘴时，可以直接从牙洞里灌药进去。

然后就是切耳朵。到了七八岁时，男孩、女孩都要把耳垂切出一个洞来，用木棍或树叶塞上，为的是让这个洞越长越大。长到成人时，耳垂上的洞已经能够穿过一个拳头！根据马赛人的审美观点，耳垂的洞越大就越美丽动人。不过这也会造成一些不便，比如赶着牛群在树林里行走时，树枝经常会将耳洞挂住，所以马赛男子就把耳朵挽起来，如同女人挽头发一样。

马赛人最喜欢穿颜色鲜红的长袍，其中女式的叫“肯加”，就是把一块布一折再一塞，结结实实地勒在身上。这样随意的风采看上去才是潇洒！据说，穿红是为了驱兽防身。对于经常与野生动物打交道的牧人来说，火焰般的红色就是力量的象征。

怕火的野兽自然对红色的人怀有一种敬畏。也有历史学家说，马赛人生活的东非土地都是红色的，最初马赛人就是用红色的赭石涂染衣服，久而久之就以红色为美了。直到今天，一些时尚的马赛老太太在穿运动鞋时也会选择红色。不过由于现在野兽数量的减少，许多马赛人也开始穿着蓝色的长袍了。

马赛人最有名的装饰品可能就是珠子了，女人们把一个个珠子细心地串起来，做成五颜六色的装饰品，不论男女都喜欢佩戴这种珠饰。但这种装饰有着严格的等级和年龄划分，比如未婚的马赛少女只能戴在耳朵上方。随着年龄的增加，装饰也逐渐增多，等到成婚后，珠饰就可戴到耳垂上了。

马赛人红色的身影总让人想到风、想到神。有人说他们是世界上最能行走的人之一，这可能是由于长年累月逐水草而牧的生活锻炼了他们。马赛人经常步行去离村落数十千米外的市场。为了给牛群寻找丰美的牧草和水，他们甚至能连续走上5天4夜。在崎岖不平的草地上，他们1小时所行走的路程是普通人的3倍。

此外，肯尼亚黑人是世界上最能跑的人，世界各地的马拉松赛名列前茅的，经常有肯尼亚选手。马赛人还擅长跳跃。看他们精瘦的双腿，动如脱兔、跳如蚱蜢。马赛人的立定跳高也堪称世界一绝。这也是与野兽打交道训练出来的生存技能。由于他们生活的荒原上常常找不到树木和山丘，登高眺望便成了一种奢望，于是他们就靠跳高望远来目测四周的危险。跑得快，跳得高，历来就是马赛人对勇士的认定标准。

如今，在一些被开发成动物保护区、农业区的地带，马赛人已经不能自由放牧。干旱和经济困难迫使他们卖掉许多心爱的牲畜。马赛人的一些独特文化也正在逐渐消失。

骑着象龟走的毛里求斯人

西印度洋上的非洲岛国毛里求斯素以风光旖旎著称于世，欧洲富豪把它称为“欧洲的后花园”，美国文豪马克·吐温甚至说，“天堂一定是按照毛里求斯的样子建造的”。在这个旅游胜地，不论沙滩、海水、阳光、花木，都散发着独特的诱人气息，但最著名、最有特色的，还是岛上那些巨大的象龟。

叫它们象龟真是名副其实，没亲眼见过的人很难想象这些象龟究竟有多大：它们体重通常超过250千克，身长1米以上，远远望去，像一辆辆小坦克。

为什么毛里求斯的象龟长得这么大？据说象龟的祖先是普通龟，但这些小岛与世隔绝，它们又没有天敌，觅食也方便，无后顾之忧的它们心宽体胖，便一代一代“进化”成如今的模样。不但只有象龟，印度洋上许多其他动物也有类似情况，如离毛里求斯不远的塞舌尔，就曾栖息着一种比鸵鸟还大的渡渡鸟。

不过，18世纪初西方殖民者的到来让象龟们遭到了浩劫。据当时的记载，一条欧洲船会吃掉1000～6000只象龟。不但如此，“龟油大补”的谣传也不胫而走，许多商人因此大量捕捉象龟炼油。后来当地土著也学着殖民者杀象龟。据说毛里求斯的象龟曾被杀得一只不剩，1769年一个叫马里恩的航海家从邻近的塞舌尔岛带来几只象龟，把它们留在这里，这回岛上的人们吸取教训，不再乱杀乱吃，因此象龟劫后重生，数量逐渐恢复。现在，毛里求斯严禁一切象龟和象龟制品出境。

象龟是长寿的家伙。马里恩从塞舌尔带回的一只象龟一直安详地活到1918年，仅在毛里求斯就活了149年，据说它不是老死的，而是在战火中牺牲的。如今它的标本陈列在英国伦敦自然历史博物馆。

若是在白天，只能看见零星的象龟，或懒洋洋地散步，或像块石头般一动不动地休息。但是到了晚上，它们就会结伴出

毛里求斯优美的度假胜地

动，进行它们一生中重要的大事：吃饭。它们的伙食很简单——草和灌木，这在雨水丰沛、草木繁盛的毛里求斯遍地皆是。

每年五六月间是海龟产卵的好日子，也是毛里求斯最值得一看的胜景。大腹便便的雌海龟会在月黑风高之夜从海里悄悄摸上沙滩，生下一窝窝白花花的海龟蛋，再用沙小心盖好。“看海龟下蛋”也成了毛里求斯旅游的黄金卖点。海龟经常下蛋的地方通常有标志，还有望远镜出租。不过，在看海龟下蛋时，游客只能在50米以外躲在礁石后面看，也不许打手电，因为海龟不能受惊吓，否则就不下蛋了。

这些象龟行动缓慢，性格温和，据说从不咬人。在岛上玩累了如果有幸遇见一只，可以坐在它又宽又硬的壳上，当作歇脚的板凳。它们坐上去的感觉和坐在石头上没什么区别，它的背又平又稳，有点凉。也有人骑在它背上，把它当作代步工具，只要不是太赶时间。附近的岛上还有一种“象龟比赛”，在半小时内凡能驾驭象龟向前爬行10米者，就算获胜。很多游客累得大汗淋漓，可它们就待在原地一动也不动，有的时候还真的挺气人的。

巴基斯坦的舞蛇文化

大多数人对蛇敬而远之，而在印度，有种蛇则被人们看做朋友。印度有蛇庙、蛇村、蛇舞、蛇船赛，每年还有蛇节。祭拜蛇神是印度古老的宗教仪式，许多印度教徒会在蛇节那天给蛇神献上鸡蛋和牛奶作为供品。印度雪拉莱市因与蛇共舞了数百年，被印度人视为“蛇节”的发源地。

每年8月份的蛇节，雪拉莱的市民不分男女老少，统统会不约而同到郊外去捕一次蛇。他们将捕来的蛇集中放置到一座古老的庙宇里“囤积”。吃过晚饭后，他们就会来到庙宇里，争先恐后徒手捉起一条蛇或数条蛇，步出庙宇外开始尽情狂欢，与蛇共舞。他们几乎人人手上都揣着一条蛇，有的人将蛇抱在怀里，不停地亲吻着；有的人将蛇缠绕在身上，大摇大摆地迈着方步，像是借以炫耀自己的胆大无比；有许多年轻的女性竟然把蛇系缚在肚脐间，当作美丽的“腰带”；还有一些小孩子，只穿着短裤，赤裸着的身体上倒挂着八九条红绿斑纹相间的小蛇……尽管众多人会被蛇咬伤、缠伤，但他们却引以为豪。这些人认为，被蛇咬、缠了预兆着今生今世无灾无病。

蛇类在南亚文化中扮演着特殊的角色，也由此诞生了“舞蛇者”这一独特的耍蛇人群体。千百年来，他们一直活跃着。他们每天走街串巷，几个大小不一的篮子、一根笛子便构成了他们的全部家当。印度耍蛇人的祖上大都住在深山老林，自然环境让他们从小就习惯了与毒蛇为友。让一般人望而却步的眼镜蛇、蟒蛇在他们的指挥下，无不俯首听命。就算是不小心被蛇咬了，他们也会用草药迅速解毒。

捕蛇是这些舞蛇者的看家本领，每当春暖花开的季节，他们便四处觅蛇。

舞蛇者们都随身携带着一种类似笛子的独特乐器，先是用它吹出悠扬的乐曲，让蛇变得安静，再用特制的金属圈套住蛇的脖子，引诱它将嘴张大，然后以极快的速度将藏在蛇牙后面的毒囊取出。

在巴基斯坦南部地区的街头，可以看到许多从事舞蛇表演的人。舞蛇者把含有剧毒的毒蛇缠绕在自己的身上，蛇能伴随着笛子发出的乐声翩翩起舞，在舞蛇者的身上根本看不到恐惧，看到的仅仅是陶醉其中的快乐。

据悉，他们大多数是印度教信徒。这些舞蛇者常年在巴基斯坦农村云游，生活异常艰辛。

在虔诚的印度教教徒眼中，蛇并非动物，而是通人性的灵物，眼镜蛇被认为是印度教三大主神之一湿婆的化身。上千年的历史也让舞蛇者们发展出许多独特的习俗和仪式。每当他们的家族中有男孩出生，人们便在他身上滴几滴有毒的蛇液。他们相信这会帮助他生来便具备辨别蛇性的能力，并增强婴儿的免疫功能。

他们还相信，蛇可以治愈很多疾病。巴基斯坦舞蛇者协会的负责人法切尔·巴哈拉尼说："现在巴基斯坦有56种毒蛇，他们中绝大多数都能分泌出有药用功能的毒液。"

舞蛇者们除了在街头卖艺外，他们的另一个副业是卖蛇药。由于蛇浑身上下都是宝，蛇皮可以做鞋子和皮包，蛇胆可以入药，因而一些舞蛇者开始走上了贩卖毒蛇的道路。

不过，那些坚持古老习俗和传统的舞蛇者坚决反对这种"数典忘祖"的做法，他们认为舞蛇者可以用蛇来赚钱，但绝对不可以卖蛇或杀蛇，因为假如世界上没有了蛇，他们的古老职业也将彻底消失。

在巴基斯坦，舞蛇是合法的行为。不过在巴基斯坦的邻国印度，猎杀或者利用爬行动物谋生都是被严格禁止的。

随着历史的进步，现代生活方式的变化也给舞蛇者的生存带来了极大的挑战。常年在街头从事舞蛇表演的阿吉·乔基斯说："舞蛇是圣人们给我们的神圣生活方式，但是现在人们并不尊重我们，也不给我们鼓励。" 耍蛇行业也是一种"眼球经济"，在现代文明和科技的冲击下，古老的印度耍蛇业如今已呈现衰败的迹象。

动物保护主义者对舞蛇者们的行为也陷入了困境，他们一方面痛恨这些利用毒蛇来表演牟利的行为，另一方面却又深知这种存在了上千年的生活方式不可能一下子就消失。

舞蛇者们希望政府能够出面为他们提供经济上的扶持，并且帮助他们建立一个居住地和研究中心。一方面可以研究他们这门上千年的生活方式，另一方面也可以研究他们饲养的毒蛇。而且最近几年印度政府着力发展旅游业，全力挖掘本国古老的传统文化项目，印度雪拉莱市因与蛇共舞了数百年，被印度人视为"蛇节"的发源地，故印度旅游部门将之列为重点旅游城市之一。

印度政府为了禁止蛇皮贸易，1972年后严厉打击街头耍蛇艺人。或许印度政府意识到一门千年艺术即将失传。为了保护耍蛇人，政府即将推出"耍蛇人培训"计划。参加过政府培训的耍蛇艺人将正式成为国家动物园的驯兽师，被冠以"爬行动物专家"的头衔。耍蛇人将向来动物园参观的孩子们讲解野生动物的趣闻和丛林生活。此外，政府将建立“要蛇人专线”，为市民捕捉忽然爬到家中的蛇。

使用哨语的非洲土著

非洲西北部的金丝雀（Canary）群岛地形陡峭，岛上的居民多以放牧为生。这些牧羊人在驱赶羊群时，惯用的口哨声被专家学者们称之为“哨语”。

哨语元素之所以能够在该岛居民的语言中发展壮大，主要因为当地特殊的地形地貌和生活传统。岛上多呈丘陵地带，山丘林立决定了从事放牧的土著居民在进行沟通时必须使用可以传播更远的语言工具，哨语就此应运而生。据称，当地底气充足的居民发出的哨声可以传出10千米之远！

土著居民所使用的哨语引起了研究语言形成过程的科学家们的关注。专家声称该岛所独有的口哨技法是一种类似口语的语种，其形成过程显示了人类大脑将声音通译为语言系统的通融性机制。这一研究成果已经形成论文并在《自然》科学期刊上发表。

美国华盛顿大学的心理学副教授大卫·科里纳（DavidCorina）也表示：“通常人类大脑有专门辨别区分语言的专区，现在我们正在研究这一区域的具体范围，包括将声音讯号转译为语言的功能区间。”

金丝雀群岛上的土著居民使用的语言类似西班牙语，其间掺杂了大量称之为希尔伯（Silbo）哨语的单词，它们的显著标志是元音被不同频率的哨声所取代。作为早先西班牙的殖民地之一，岛上“Silbo”哨语一词正是由西班牙语中“sil-bar”（吹口哨）这个单词演化而来的。虽然金丝雀群岛上所流传的哨语有着明显的西班牙语烙印，但是从中依稀可辨非洲大陆相关土语的痕迹。时至今日，巴布新几内亚、塞内加尔、墨西哥、圭亚那、中国、尼泊尔、越南以及南欧的一些多山国家的民族中仍然保留着哨语元素，据相关统计达到70种之多，其中的12种具有科学研究的价值。

因此，哨语的研究分类就变成了一门艰深晦涩的学科。就金丝雀群岛上土著居民使用的源于西班牙语的哨语成分大致可以分为4种类型，其中关于5个元音的替代哨声又要细分为2种变调。较之通常语言学概念中的口语而言，哨语的分类标准更加模糊暧昧。这也是该种语言难以辨别和传播，一直只局限于在当地使用的原因。

从1999年开始，金丝雀群岛的小学开始了哨语的普及教育，为的是使这门古老语言不会因其生僻、难以掌握而失传，当地官员还把申请联合国教科文组织的世界文化遗产纳入该语种的保护工作中。

吃土的食土族

有吃土的民族吗？有，还不少。在海地一些地方，人们有吃泥饼的传统。他们认为人是离不开土地的，需要从泥土中获取营养和精神。海地最好的土来自中部一个叫安什的地方，市场上10美分可以买5个泥饼。

瑞典、芬兰等国家的一些民族也有吃土习俗。西伯利亚人在不得不背井离乡时会做一些泥球，一边走一边啃，表达对故乡的思念之情。

在非洲撒哈拉以南，西起几内亚湾、东到印度洋的广大地区，许多黑人都有吃土的传统习惯。

在东非坦桑尼亚当地市场里，蔬菜水果摊上会有大筐大筐的泥条，是用红泥做的，因为坦桑尼亚的土地是红色的。这些泥条是给孕妇补充营养的，据说孩子也吃泥棒，不过成年男子不吃。

食土之所以能在世界各民族文化中世代相传、延绵不绝，恐怕是因为它既能满足人们心理上的慰藉，又能补充体内某些矿物质的需要。

其实非洲人吃土是个古老习俗，是千百年来适应大自然的结果。南非人做过研究，发现土壤中含有65种人体需要的元素。在非洲一些地区，人们正是用黏土来治疗痢疾、霍乱等疾病的。

当然，并不是所有的土都能吃。当地人挖开土层，取数米以下的红色土壤，拿回家后挑出小石子和杂草等杂质，再用水和成软硬适中的细长条，用刀切成段，然后用火烤干，这样可以杀死病菌。

坦桑尼亚的邻国肯尼亚也有吃土风俗。他们把要吃的土掺进日常所吃的木薯、玉米、土豆、香蕉饭当中做熟，然后一起吃下去。在非洲，找土、掺土的配方是许多部落和家庭的秘密。

然而如今，在非洲，城里人吃土的越来越少，一来求医问药相对方便，二来在城市寻找合适的土源也并非易事，但在广大乡村，这种习俗也不会在短期消失。

丹麦饭桌上不成文的习俗

如果在中国，你在朋友请客的酒席上酒足饭饱之后猛打饱嗝，那说明你够朋友。特别是在朋友家里吃饭，朋友的妻子或者老公一定非常满意你的表现，因为至少说明他或者她的厨艺很受你肠胃的欢迎。可是，在丹麦的饭桌上，打嗝是个很不礼貌的行为。

在丹麦人的餐桌上有个不成文的习俗，就是憋死也别打嗝！如果你实在憋不住打了，就必须要对在场的人说：对不起。

因此，知道这个习俗后，你就会明白为什么很多吃完饭的丹麦人十分扭捏作态，原来他们正在使劲地憋住自己的饱嗝。

或许丹麦人从小就接受教育说，出门吃饭的时候最多只能吃七分，绝对不能吃太饱，一饱就容易出洋相，所以才会有了现在餐桌上这样一个不成文的习俗。

和中国人遮遮掩掩剔牙的习惯相反，有些丹麦人吃完饭之后倒是张开嘴巴，咧着牙齿，拿手指在嘴巴里到处乱抠乱挖，倒一点也不忌讳。

世界上千奇百怪的醒酒方法

全世界都认为酗酒是有百害而无一利，破财不说，还伤身体，因此有的国家还制定并颁布了禁酒令，试图禁酒。

可禁酒令又有何用呢？再说，假期里赶场参加派对，官场和生意场上，都免不了需要喝酒应景。但要是酒喝多了，宿醉的滋味可不好受。历史上就对酒情有独钟的俄国人，循规蹈矩的英国人，神秘莫测的日本人，皮肤黝黑的非洲人，还有别的一些民族，几乎每个国家在民间都有自己世代沿用的传统解酒药物。

不拘小节的埃及法老喝醉之后躺倒在煮熟的白菜上。而全世界的水手都说，只需喝下一杯咸海水便能解除宿醉之苦。

挪威人醉酒后喜欢空腹喝下一大杯浓浓的炼乳，这主要是因为油脂可以帮助调整好体内中毒部分的功能，使遭了大罪的胃能蒙上薄薄的一层保护膜。

今天的德国人和斯堪的纳维亚半岛上的人认为只要用加上葱和浇上酸牛奶以及酸奶油的醋渍鱼做下酒菜，喝上两三杯啤酒便可解酒。

斯堪的纳维亚半岛还特别流行就鲱鱼加甜菜和沙拉子油做的色拉喝啤酒，他们这样做还有一定的科学道理，因为醉酒的人难受主要是因为身体脱水，而啤酒中的95%都是水。

讲究饮食的法国人喜欢喝下一盘浮着一层油的葱汤，意大利人则喜欢吃下一盘只加番茄酱而不加任何肉、葱和油脂的通心粉。而瑞士人要传统一些，他们往往是喝下一小杯加几滴薄荷酊的白兰地。

匈牙利是个只有1000万人口的小国，这个国家每年得销售2亿枚冒汽的饮料片。这是一种水果味的维他命C片，能提神。世界上的所有国家无一例外都用柑橘汁当醒酒药物，纯汁加酒、咖啡和可口可乐。

出于同样的目的，喝高了的日本人一睁开眼便吃香蕉，英国人则强令自己吃下一盘黏糊糊的燕麦粥。泰国喝醉酒的人早上起来要喝一碗又辣又烫的汤面。欧洲人喝用蒲公英的根煎成的茶水，这种茶水味苦却相当有效。蒙古人醉酒后早上要喝一碗里面漂着醋渍羊眼睛的番茄汁，这在别的民族恐怕就不大敢试了。

东南亚的酒鬼解酒用针疗，亚洲人还用大拇指按手掌心来解除恶心和头疼之苦，反复3～4次，每次持续1分钟，然后换另一只手掌。

美国人喜欢早上醒来后喝半加仑（相当于两升）的葡萄柚汁，

然后再躺下，很少有人喝下这么大量的饮料后还能睡多长时间。不用说，美国最普及的醒酒药物还有各种各样的鸡尾酒，尤其是一杯番茄汁加50克龙舌兰酒的血玛丽。像纽约的酒吧老板这样的行家里手也有几种看家的醒酒高招。

空腹吃下两块煎得半生不熟的带血牛排（如果能吃生肉，效果更佳），嚼上一瓣蒜，吞下3块冰，吃下一整只炸鸡雏，然后躺下睡觉，床头再摆上6杯普通饮用水，上好闹钟，每小时喝一杯水。

喜欢异国风味的人还可以去吃贾萨——一种据说有特效的塞内加尔菜。这是一种由同等比例的鸡块、切成块的柠檬和葱拌在一起的食物，拌好后放在冰箱里搁一宿，第二天同辣椒一起煎成金黄色，然后同米饭一起食用。

中美洲加勒比海诸岛国的醒酒方法更新奇。比如说，波多黎各人就用小半个柠檬来涂擦腋窝。而海地人的醒酒法还有些迷信色彩：他们将盛过酒的空瓶子找来，往瓶塞上扎13枚黑针头的大头针。

全球各地怪异的求婚方式

在全球各地，不同地区、不同民族有许多奇特有趣的求婚方式：

在英国的约克市，小伙子如果想找某个姑娘作为自己的伴侣，是比较容易的。因为该市的女子，到了结婚年龄，便采用一种“交通灯”的方式，特地穿上不同颜色的紧身衣服，向男子示意。如果是穿绿色，就表示：“来吧，通行无阻”；如果穿黄色，则表示：“有可能，机会是一半”；如果是红色，那表明：“停止，不要碰我！”

在意大利的西西里岛，男女求婚，主动权往往操纵在女子手里。如果女子在一个男子面前把头发打了一个尖结，那就表明：“你被我猎取了。”

墨西哥的男青年，如果爱上了一个姑娘，他就聘请乐队到姑娘的窗下奏小夜曲，表示求婚，有时可以从半夜唱到天亮。

美洲北部苏里南的印第安人，把雪茄作为求婚的媒介物。如果小伙子爱上了一位姑娘，便告诉自己的父母，选定一个良辰吉日，亲自到女方家，并把精心制作的雪茄赠送给女家，表示男方求婚的诚意。如果女方的父亲欣然接受，这门亲事就算成功了。

在坦桑尼亚的帕雷族中，如果男青年看中某个女青年，男方就选择日子，带着一个宽瓷罐到女方家。女方如果同意，便把瓷罐留下，否则就退回男方。

阿富汗的某些部落，当一个小伙子爱上了一个姑娘时，他会到姑娘的住所前对空鸣枪，表示：我爱你。

离奇古怪的婚礼

如今奇特的婚礼真不少，一种接一种，让人看了目不暇接。殊不知在古代，一些离奇古怪的婚礼更是让人瞠目结舌，望而却步。

在古老的亚洲，藏族人喜欢在新婚男女身上泼洒耗牛油，以此祝福小两口将来过上甜蜜富足的生活。出于同样的好意，英国人则习惯往新郎和新娘头上撒面包屑，美国人则喜欢洒大米。

在古印度的婚礼上，除了牧师之外，不准有男士出席，所以当天连新郎也只能躲在幕后，眼巴巴地想象着自己漂亮新娘的模样，而有些远道赶来庆贺的亲属直到婚礼进行完还不知道新郎究竟是谁！

在古代波斯（今天的伊朗），举行婚礼的青年男女须当众割破手臂，互饮鲜血，以示对对方爱情的忠贞。

古罗马人习惯在婚礼之前宰杀一头牲口，然后开膛破肚看看里面有没有“不祥之物”，直到确信“没有”，婚礼方才可以正式开始。

在古代英国，新娘总是穿上自己最漂亮的衣服出席婚礼，而新郎则全身上下一丝不挂！

在亚马孙河流域的古印第安部落，新娘会在婚礼上朝新郎脸上吐口水。据说这是当时最流行的示爱方式，也许它就是现代新郎亲吻新娘仪式的雏形吧。

在威尔士以北的农村，新郎和新娘须双双跨过一把架在两个板凳之间的扫帚，如果有一方没有跨过去，那么婚礼就只好泡汤了。

在古代西非的尼日利亚，女孩子一旦订婚，就得大吃特吃，让自己长胖，否则婆家便会一百个不满意。当地人认为，娶个富态的老婆回家会给男方家族带来好运，所以如果结婚时新郎觉得新娘不够胖，则可以当场取消婚礼，打道回府。

生活在东非大草原上的马萨伊部落则规定，婚后一个月内，新郎只能穿新娘的衣服，因为这样可以更好地“了解”新娘。盎格鲁-萨克森民族认为，结婚是一场赌博，赌注就是娶进门的新娘。因此，新郎在结婚时会给新娘家人一笔钱，象征从此以后家族兴旺全都系在了这个女人身上。如果新娘在第一年内没有怀上孩子，那么娘家人就必须在年底将钱如数还给男方。

世界离婚风俗奇趣

世界上各地各民族有许多奇异有趣的离婚习俗：

在英国，夫妻双方只有一方可以提出离婚，如果双方都提出离婚，则不准离婚。

在日本，如果丈夫认为妻子睡觉姿势不好看，就可以提出离婚申请。

在意大利，妻子不干家务或不爱干家务，丈夫便可以提出离婚申请。

在黎巴嫩，在传统的家庭中，女人出门前先要征得丈夫的同意。如果有朝一日不想要妻子了，待妻子出门前征求他的意见时，他只需说“快去，别回家了”，便由此宣告离婚。

在阿富汗，如果女方提出离婚，那么她再嫁人时，她的再婚丈夫要付给前夫两倍当年婚礼费用；如果是男方提出离婚，女方重新嫁人时，新郎丈夫则要如数偿还前夫与妻子当年的婚礼费用。

在多哥，男女双方感情破裂，便到当地部门申请，并各自请管理人员将头发剃去一半，将剃下来的头发互相交换。

在厄瓜多尔，夫妻反目离婚，皆要绝食三天。到第四天早晨，到该地一位年长者处接受“检验”是否真的有气无力，如果真的，分手也是真的；如果是假的，这位年长者会下令：永远不准离婚。

在萨尔瓦多，夫妻感情一旦破裂，可到当地管理处申请离婚登记，然后购买一头牛，宰杀后请双方亲戚朋友前来聚餐一顿。餐毕，夫妻双方面面相觑，各自用手打对方十记耳光，美其名曰：记住最后的痛苦，这样就宣布离了婚。

最具“女人味”的9个国家

这个世界上有一些国家在社会、文化、历史等方面显示出比较浓重的“女人味”特征。

1.英国

英国历史上男性英雄人物不少，但是在国王中却有3位是女王：伊丽莎白一世、维多利亚和当前在位的伊丽莎白二世。英国是一个有着“女王情结”的民族，他们喜欢在女王统治下的那种温柔的感觉，这种感觉可能是幼年时期恋母情结的延续。

2.加拿大

同样是一个纬度很高的国家，加拿大的女权运动范围之广令人咋舌。1999年，加拿大还发生过一起因为抗议男人可以裸露上身，而女人就不可以而发动的女权运动。加拿大人与北欧人、荷兰人一样，属于世界上体格最健壮的民族，这和他们的女性地位高有一定关系，因为母亲对子女的生长发育影响巨大。

3.荷兰

荷兰历史上女王累计在位时间比男性国王还长，这在世界历史上是绝无仅有的。16世纪荷兰国家形成之前的勃艮第公国时代，荷兰就出现过连续由3位女总督统治的情况。从1890年起，荷兰又连续由三位女王统治，一直持续到现在。这个民族恐怕是世界上最习惯由女人统治的了。

4.瑞典

这是个名副其实的“女权国家”。2000年，瑞典与它的北欧邻国芬兰一起被联合国评为世界上男女平等的“模范国家”。瑞典的议会中，女议员的比例约占40%，在1986年，瑞典的32个部长中一度由女性占据了其中的16席。而瑞典妇女在社会活动中比男人更活跃，据统计，在瑞典的对外贸易活动中，女人创造的价值占了近60%。

5.挪威

与其北欧邻国瑞典一样，同享“女权国家”的声誉。除了在议会中，在谈判桌上与男人一较高低之外，她们在其他领域也不甘落后。挪威女性的吸烟率与男性基本持平，而女足的注册会员甚至超过男足。到北欧旅游的人，往往会发出一种感叹：“他们的男人都到哪里去了？”

6.新西兰

2000年，新西兰宪法规定的五个最高职位：国王（由英国女王兼任）、总督、总理、议长、最高法院院长均由清一色的女人担任，以至令世人惊叹南太平洋上出现了一个“女儿国”。事实上，新西兰的女权历史悠久，1893年，新西兰的妇女就获得了选举权，是世界上第一个给予妇女选举权的国家。

7.委内瑞拉

这是个最负盛名的盛产美女的国度。她的人口只有2400万，却每年总能够在世界各类选美大赛中披金戴银。相反，南美洲的男人魅力是要在足球场上显示出来的，但委内瑞拉的足球却总在南美洲的比赛中包尾。

8.拉脱维亚

拉脱维亚是世界上最缺少男人的国家，2000年人口普查表明，拉脱维亚的女性人口比男性多出17%。有专家分析认为，这个波罗的海沿岸的小国的水土和气候可能更适合于女性胎儿和婴儿的存活和成长。不过拉脱维亚的夏娃们在择偶时则要面临比其他国家的姑娘更狭隘的选择。

9.冰岛

有人做过研究，认为在南北纬20度左右的国家和地区妇女地位最低，而纬度越高，则妇女地位越高，这个分析颇有几分道理。在气候暖和的地方，往往农业文明形成较早，父系制的宗法社会的观念也越根深蒂固。而在北极圈里面的冰岛，女性地位突出是她的特色之一，毕竟这个在历史上长期以打渔、采集、加工为生的冰火岛上，谁比谁更强呢?

土耳其的赔妻制

土耳其历史古迹最多的东部及东南地区，也是土耳其存在各种奇风异俗最多的地区。在这里，常常可以听闻许多奇异事件，如未婚女性被迫接受处女膜检查，或涉及感情出轨的女性为父兄私刑处死等事件，除此之外，这里还发生过“赔妻”事件。

在土耳其东部艾祖隆省的卡拉亚兹地区，70岁的老翁艾德梅有一位20岁的妻子艾琴。在结婚五年生下五名子女后，艾琴和15岁的小情人塞维尔私奔了，于是，艾德梅依传统“赔妻”制找上塞维尔的家人索赔“遮羞”。

艾德梅所属的马苏拉族与塞维尔家庭所属的木库特族父老在商议之后，决定由塞维尔的13岁妹妹卡芮耶作为“赔妻”，嫁给艾德梅，家境清寒的塞维尔家庭只好接受这项判决。

但就在双方依宗教婚姻模式举行婚礼后，不到六小时，卡芮耶上吊自杀死亡的尸体便被邻人在洞房外发现了。

毋庸置疑，卡芮耶显然是不堪艾德梅的强暴凌虐而羞愤自杀死亡。这让人不禁对土耳其的赔妻制产生了质疑。

在土耳其，“赔妻”指的是如果某人的妻子外逃，丈夫可向妻家索赔，妻家必须赔偿一笔巨额金钱，否则就必须推出一名未婚女儿为“名誉赔偿品”，依土耳其普遍存在的婚姻仪式，成为该男子的非法妻子，也就是所谓的妾，无法律地位。但如果妻家既无钱又无人，则唯有杀掉外逃的女儿以作回应。

但是如果某人的妻子是随他人私奔，则拐带女子的男性家庭，必须推出一名未婚女儿作为该丈夫的“名誉赔偿品”，否则就得任该丈夫的要求，赔偿一笔庞大的遮羞费或土地、房产。

第五章 被掩盖的人文奇观

吐鲁番火焰山下的清代干尸

2009年1月5日下午14点左右，在中国新疆吐鲁番地区鄯善县境内的一处火焰山下发现一片清代墓葬群。这个墓葬群是由当地施工平整地面、修建凉房的建筑工人在挖地基时发现的，随即他们通知了鄯善县旅游文物局。文物局局长和工作人员立即赶到现场，并对现场实施保护。

随后，鄯善县旅游文物局邀请了新疆文物考古研究所、吐鲁番地区文物局的专家赶到这片工地进行现场勘察。经过考古人员细心挖掘，现场共挖出两具干尸，并有大量的鞋帽衣物等。干尸所在的棺木都是厚度为1厘米左右的薄木板，并且几座古墓中均未发现随葬品。

令工作人员感到惊奇的是，其中一具干尸身高约1.7米，中等身材，前额发际剃光，脑后拖着一根乌黑、细长的辫子，皮肤虽然干瘪，但却完好无损，唇上的胡须还清晰可见。他穿着深蓝色的半长棉袄、深灰色的棉裤，青色的长衫衣襟敞开着，没有穿鞋，脚裸露在外。可以说，这是迄今为止保存最完好的干尸。

在古墓葬现场，中国吐鲁番学研究院副研究员张永兵认为：“在清朝，吐鲁番地区鄯善县内有汉族居民或者军队生活驻扎。”根据史料记载，清朝政府曾在现今鄯善县一带戍边屯田，并且以前也曾在此发现过几处屯田遗址，而这个墓的主人是男性，所以他极有可能是个屯田士兵。

关于这两具干尸的确切身份还需要进一步的研究，这个墓地的规模也需要进一步的挖掘才能确定。

大麦地岩画

在中国的宁夏，有一片名叫卫宁北山的山地。在这片连绵起伏的山地里，有个颇具神秘色彩的地方叫大麦地。大麦地原本默默无闻，是大麦地岩画让它出了名。由于大麦地岩画的发现，中国文字的起源有可能将往前推5000年。

卫宁北山是古代原始先民北上的重要通道之一，而大麦地又是这一通道上的一个重要驿站，由此经过的人们常在这里憩息、休整，这些活动被他们通过岩画而详细地记录了下来。

相对于世界其他地区的岩画，中国大麦地岩画最大的特点是内涵极为丰富。人们的生活、生产、经济状况、生存环境，乃至心理活动，都被纳入到岩画创作内容当中。

除此之外，大麦地岩画的另一个特点是数量多。在同一时期的欧洲，岩画数量并不多，一般在400幅左右，没有一处超过1000幅。而大麦地岩画则不同，在岩画最集中的15平方千米的范围内，岩画数量多达上万幅。

这还不是大麦地岩画让人感到惊奇的地方，最令人眼前一亮的是大麦地岩画当中大量出现的图画符号。人们普遍认为，这些图画符号是中国文字最早的雏形。

在人们的印象中，汉字是从甲骨文发展起来的，但甲骨文已然是一种成熟的文字。并且甲骨文不可能凭空而来，它必定有一个继承发展的过程。那么在甲骨文之前，文字到底是什么样的呢？

中国研究学者在大麦地岩画当中似乎找到了想要的答案。研究者收集了近千个图画符号，从这些图画符号中发现了图画文字与符号相混合使用的古文字，即图画文字向符号文字过渡阶段的文字。这种早期岩画文字的象形性与汉字中的象形文字非常接近。由此，有关专家推断它是古汉字的前身，应该属于早于甲骨文字的原始汉字。

研究者将这类图画符号命名为“岩画文字”，他们的依据主要有两点：

第一：这些“文字”不是随意刻上去的，而是有感而发，已经被作者赋予了表意的内涵。第二：“岩画文字”由两个以上的象形符号组成，有了文字的空间结构，基本上做到了象形字、会意字、指事字结合构成文字的要素。

蕴含太极文化的太极星象村

中国浙江省武义县有个被人们称为“太极村”的小村庄。这座小村庄三面环山，一条弯弯的峡谷坐落在村子的南面，一条呈S形的溪流从村中央穿流而过。正是这条小溪，构成了村庄“太极两仪”的形状。

人们不禁要问，这座村庄到底是谁建造的呢？

据当地人说，这个“太极村”的布局是由明代开国功臣刘伯温设计建造的。有些人以为这不过是传说而已，未必可信，但是据当地的一户俞姓人家的家谱记载，此事确为实事。俞姓人家的高祖俞涞与刘伯温是同窗好友，刘伯温经常来到这里与好友聊天。刘伯温上知天文，下知地理，在俞涞的邀请下，刘伯温便对这座村庄进行了一番改造，把它依太极八卦，并辅以星象布局，建造成了现在这个布局。

中国古代的很多建筑都蕴含着太极文化，如浙江七星岩，就是依据太极图而建造的。

村庄的建筑都体现着星象和太极的微妙。人们发现，在这个村子共有28幢最具代表性的明代古建筑，这与二十八宿分布相对应；村子四周有8座山头，加上村中央的溪流构成天体黄道十二宫，而村内的7口池塘则构成七星的意象，七星呈北斗状分布。而俞家的宗祠正好位于天罡北斗的“斗”内。

除了建筑之外，在这座笼罩着浓重太极文化的村庄之中，巷道、门窗、生活用品处处都体现着星象和太极文化。

其实，不管是刘伯温设计的还是谁建造的，都体现了古人追求太平生活的美好愿望，为后代的子子孙孙带来更多的灵气。

“木美人”画像之谜

在中国广东省新会区博物馆的展厅里，陈列着一幅非常名贵的油画——“木美人”。这幅油画画在两块木门板上，画面是两个与真人一般大小的西洋美女，身高160厘米，穿低领汉式襟衣，梳着高耸的发髻，这对“木美人”都是鹅蛋验、高鼻梁、凹眼窝，有明显的西洋人特征。

这对“木美人”原本是新会县（1992年撤县设市，2002年撤市设区）司前镇天等村的物品，中国解放后，村人把它们捐献给新会县博物馆。从李氏族谱记载中我们可以看到，关于这对“木美人”还有一个美丽的神话传说。

明朝洪武年间（1368～1398），在福建省莆田县住着一位无儿无女的老人，他在路边开了一间简陋的酒坊，以卖酒为生。因老人热情好客，诚实厚道，不少路过的客人都喜欢到他这里歇脚，这其中就包括一个道人。随着逐渐熟悉，道人看老人无依无靠，非常同情，就在老人搁酒埕的门板上画了两个美人像，然后把老人叫到身边说：“老人家，我要离开这里到很远的地方去，就把这对美人像送给你吧，你每日用竹叶蘸水酒洒在画像上，七日后，就会有奇迹出现。”

道人走后，老人遵照他的嘱咐，每天都用竹叶蘸水酒洒在画像上，到了第七天的清晨，从这副门板上竟然走出两位与画中一模一样的美人来。从那以后，这两位美人白天就帮助老人操劳家务，晚上则返回画中，老人也把她们当作自己的亲生女儿看待。

不久，这件事情传到知县的耳中，受贪念驱使，知县派人把老人的画像门板抢回县衙。但任其千呼万唤，美人就是不走出画像。后来知县因为贪赃枉法被关入大牢，这幅画则被县教谕李仕升所得。不久，县衙失火，屋内的物品全部被点燃，但烈焰烧至“木美人”画像时马上停止，大火过后，其他物品都化为灰烬，唯有这对“木美人”画只受烟火轻微熏烤，基本完好无损。后来李仕升退归故里，也将“木美人”门板带回家乡（现新会市司前镇），供奉在天后庙中。

李氏族谱中的记载虽然带有神话成分，但这对“木美人”门板油画仍然给我们留下了许多未解的谜团。有关专家经过研究证明，它们是明朝之物，距今至少有500多年历史，比公认的西洋油画传入中国的时间早100年。但是它们是何人何时所作？为什么画中的西洋女子会穿汉代服装？油画曾被烟火熏烤，为何能幸免于火灾？至今仍是难解之谜。

大足石刻探秘

1945年4月，几位在重庆躲避战乱的中国历史学家马恒、顾颉刚、杨家落来到四川境内进行田野调查。一天，他们来到了一个被称为大佛湾的地方，当他们走进一座石窟时，一尊尊裸露在外、与山崖连成一片的雕像突然呈现在他们面前，这就是后来被列入世界文化遗产名录的“大足石刻”中的一部分。

大足地区的险峻山崖上保存着绝无仅有的系列石刻。那么，这些惟妙惟肖的雕像是什么时候雕刻的呢？从史料记载中我们可以得知，现存大足石刻作品中，最早的雕刻于公元650年（初唐永徽元年），在尖山子摩崖造像，其后的200多年间仅新开凿圣水寺摩崖造像一处。而且这两处造像的总数也只有20龛。

公元880年，唐朝的首都长安被叛军占领，导致大批优秀的画师和石刻工匠跟随唐熙宗李儇流亡四川。四川盆地自古以来就是中国较为富足的地区，当时的大足是四川东部的政治、军事和文化中心，而唐熙宗的这次政治避难，就为石窟艺术在长江流域的崛起，提供了契机。

公元892年（唐景福元年），静南军节度使韦君靖，在县城北龙岗山（今北山）首先凿造佛像。此后，州、县官吏和当地富商、百姓、僧尼等相继效法，直到公元907～965年间（五代十国时期），营造佛像的风气仍然不断，这就形成了大足石刻史上第一个造像高潮。

公元965～1077年间（北宋乾德至熙宁年间），摩崖造像处于停滞状态，直到公元1078～1173年（北宋后期的元丰至南宋初期的绍兴、乾道年间），大足石刻造像才掀起第二个高潮。从公元1082年（元丰五年）大庄园主严逊舍地开凿石篆山释、道、儒“三教”造像区开始，县境内摩崖造像此起彼伏，先后开凿出佛教、道教和“三教”造像区共32处。

公元1174～1252年的70余年间（南宋淳熙至淳祐年间），当时被称为“六代祖师传密印”的大足僧人赵智凤四处募化，凿造佛像近万尊，建成了中国佛教密宗史上独一无二的一座大型石窟道场，这也使大足石刻造像达到鼎盛。

从公元892～1252年的360年间（晚唐景福至南宋淳年间），大足先后建成佛教、道教和“三教”造像区34处，造像数量占大足石刻总数的80%左右。

公元13世纪末叶南宋晚期，因为战乱不断，导致石刻造像中断，直到15世纪末明代永乐年间，摩崖造像之风才逐渐复苏，一直延续到晚清。公元15世纪初至19世纪末（明、清两代）的500年间共有摩崖造像39处，其中虽不乏佳品，但多为小型造像区，造像数量也不到如今大足石刻造像总数的20%。

看过大足石刻的人一定会发现宝顶山西面的崖壁上，至今还有几尊未完成的造像。这是因为中国古代北方草原的蒙古大军打到了长江流域，造像的工匠为躲避战乱，四散奔逃，大足造像活动由此转入萧条。那些还未完成的造像，究竟还隐藏着怎样的审美之笔，目前仍是无法破解的谜团。

秦代的“高速公路”

提起万里长城、兵马俑，几乎无人不知，但是要说起一条2200前的“高速公路”——秦直道，恐怕就鲜有人知了。

秦直道，指的是秦始皇为了抵御北方匈奴的进攻，修筑的一条军事交通大道，用现代的语言来解释，它就是秦朝时期修建的“高速公路”。

公元前212年，秦始皇命令大将蒙恬、扶苏率30万大军，耗时两年半时间在山脊上修筑从咸阳云阳林光宫（今淳化县梁五帝村）为起点，北至九原郡（今内蒙古包头市西南孟家湾村）的“直道”，这条“直道”全长700多千米，一路“堑山堙谷，直通之”，路宽30米至40米不等，最宽处约60米，直道坡度平缓，相当于今天的二级公路标准。

针对这条2000多年前的古迹，人们也提出了许多疑问。

首先，秦直道在修建时必然会遇到一些特殊河流，这些河流的两岸陡直挺拔，并非堵塞、填垫所能解决，架桥也就成了唯一的途径。那么，在2000多年前，修建一座跨度在100米以上的大桥，究竟选取什么方式与材料来进行？

其次，秦直道从咸阳一直延伸到当时匈奴人的居住区，也就是说，它的行进路线势必要经过秦人并不十分熟悉的鄂尔多斯高原。这里丘陵绵延、沟壑纵横，那么2000多年前的秦人，是如何在两年半的时间内，掌握了如此精确的北方的方位概念以及如此丰富的地理学、地貌学知识呢？

最后，2009年5月，考古人员在对位于陕西富县的秦直道进行首次大规模考古发掘时，意外地在2000年前的路面遗存中发现了3个儿童脚印，还有一些男人与妇女的脚印，那么这些脚印又是从何而来呢？

揭开地动仪的千年之谜

两汉时期是中国历史上的灾害群发期之一，尤其是地震灾害，几乎每隔一两年就会发生一次。东汉科学家张衡就生活在这样一个天灾不断的年代，因为自己亲身体验了多次地震，所以他下决心要掌握全国地震动态，经过长年研究，他终于在公元132年发明了人类历史上的第一台验震器——地动仪。

但是，在公元133和134年两次成功测震之后，地动仪便退出了历史舞台，因为这个科学仪器已经成为那个时代的不祥之物，没有人希望它再次测出地震。地动仪就像流星一样，只留下了短暂的光辉后便悄无声息了，它的外观和原理也就长期成为人们心中的谜团。

为了弥补这一历史遗憾，中国河南博物院与中国地震台网中心在2004年8月组成课题组，联合研究地动仪新的复原模型。

关于地动仪的历史资料，最著名的是《后汉书·张衡传》中的记载，虽然仅有196个字，但早期的复原工作都是据此开展的。后来研究人员将资料的考证和利用扩大到《续汉书》《后汉纪》等古代文献，虽然相关文献的总字数也不过231个，却也使研究人员复原的史料根据变得更加充分。

通过严谨的科学研究，研究人员最终认定地动仪的工作原理应该是“悬垂摆原理”，也就是说，地动仪是利用了一根悬挂柱体的惯性来验震的，而不是历史教科书上所说的在仪器底部简单地竖立一根直立杆，因此，研究人员根据这一结论制作了新的地动仪模型。

地动仪复原模型是按照史料重新设计的，它以出土的汉代酒樽为基本造型，上部是穹隆的顶盖，饰以青龙、白虎、朱雀、玄武四神的图案；下部呈直筒状，四周有八个立雕的龙头，器壁刻有汉代的纹饰；底部的八个蟾蜍作为仪器的支点，背内面外，向上张口，承接龙口吐出的铜丸，这种新的设计更加接近汉代风格，也更接近史料中对地动仪的描述。

2005年4月16日，这一科研成果得到了来自中国科学院、国家博物馆、中国地震局等单位的地震学和考古学专家的认可。专家们一致认为：这台复原地动仪首次把概念模型还原成了科学仪器，使之真正具备了验震功能。

2000多年前的“防火衣”

自从西汉的张骞打通西域后，中原和西域的物资交换就变得非常频繁，在西域输入中原的大量物品中，就有一种耐火的火烷布。据史料记载，东汉桓帝时，大将军梁冀曾经得到过一件“宝衣”。一天，他穿上这件宝衣，在家中宴请许多朋友喝酒。席间，他假意失手，使这件“宝衣”上洒了许多油迹，朋友们见了，都觉得非常可惜。梁冀假装生气，把衣服脱下来放到烈火中去烧，谁知过了一会儿，当他从烈火中取出“宝衣”给众人看时，不但没被火烧毁，反而油迹也消失了，“宝衣”显得更加光彩夺目。其实，这就是一件用火烷布做成的衣服。

但是，随着汉王室土崩瓦解，中原与西域的交通也就完全断绝，因此人们在很长一段时间里都没有再次看到这种神奇的布了。

到了曹魏时期，有关火烷布的神奇故事还在流传着，但是文帝曹丕却认为世界上根本不存在这种布，人们是在妖言惑众，他甚至还把这种推断写在了他的《典论》中。等到他的儿子曹睿即位后，就命人把《典论》刊刻在石头上，并且立在太庙门外和太学之中。

公元239年2月的一天，此时曹睿的儿子曹芳刚刚即位，西域的使者带着大量的贡品来向这位新登基的天子祝贺，贡品中就有一块火烷布。当使者亲自把这块布放进火中，为曹芳展示了它的神奇之处后，曹芳这才相信火烷布的存在，于是他不得不命人将曹丕《典论》中有关火烷布不存在的断言刮削干净。

由此可见，火烷布的确存在，那么它究竟是用什么材料制成的呢？关于它的材料人们众说纷纭：一种说法认为，在西域的昆仑山地区有座火焰山，火焰山上生长的草木动物都耐火烧，用这些草木皮、鸟兽毛做成的布就能够抗火；另一种说法认为，西域地区生活着一种老鼠，重100多斤，毛长2尺有余，而且细如发丝，用这种老鼠的毛纺织成的布，能够起到防火的作用；还有一种说法认为，在西域有个名为斯调的国家，那里多有火州，火州上的野火在每年的春夏之季都会自己燃烧，秋冬时节就会自行熄灭。火州上生长着一种特殊的树木，在春夏之季随火生而生，在秋冬时节随火灭而枯，人们在秋冬时采集这种树皮纺织成布，就可以制成火烷布。

南越王国的千古之谜

1983年6月的一天，中国考古学家在广州象岗山上发现一座古墓，经过考证，这是一座西汉南越王墓。从那以后，一个尘封千年的古老王国——南越国的秘密被开启了。

南越王宫署主要由南越王宫殿和御花园两大部分组成，考古学家只挖掘出一号殿的一部分和二号殿的一角，但仅仅就这么一小部分的发掘现场，却也给人们留下了许多谜团。

首先是一枚只有一只核桃大小、质地坚硬、未完成的象牙印章。在这枚印章上有一个头像，无论从脸形还是发式上来看，都是一个外国人头像。中国传统印章是长方形或正方形，而这枚印章则是椭圆形，这与西方印章的形式相吻合。种种迹象表明，这是一枚给外国人刻的印章，但这枚印章上面的“老外”到底是哪一国人？当时的广州外国人的数量有多少？这些谜底仍待揭开。

其次，以前在王宫一侧发掘的御花园中，曾发现过一条曲流石渠。它全长约180米，由北向南，再向东，注入一弯月形石池后又继续西流，贯穿整个御花园。从这条水渠的示意图上人们可以看出：图的上部分是黄河“几”字形走向图，图的下部分也是“几”字形走向的南越王御花园中的石渠流向图，只不过前一个“几”字向北，后一个“几”字向南，总体的形状有着惊人的相似，这种惊人的相似难道真是一种巧合？或许是南越王赵佗当年“觊觎中原”的“野心”所在吧。

再次，位于御花园中东南角的是一个弯月形石池。这个深约1.5米的石池出土时，仅存两列大石板和两根带榫的石柱，近池底还发现层叠的龟鳖残骸。池壁西边顶上还有三条呈放射式的石地梁，端部各有一口拳头大的榫眼，形如牛鼻。有的专家经过研究断定，在这些石板、石柱和牛鼻石之上，会有一个不同凡响的建筑覆盖整个石池，很可能是整个南越王宫署中最具亮点的一个建筑造型，那么，这又会是一个怎么样的建筑呢？

最后，考古界普遍认为中国古代建筑以木结构为主，西方古代建筑则是以石结构为主。中国建筑在唐宋以后才大量使用石质材料，但是出土的南越王宫殿和以前出土的南越王御花园，都发现了大量的石质材料，整个南越王宫署的石建筑的普及程度非常广，甚至可以用“石头城”来形容，甚至有的结构与西方古罗马式建筑有着相似之处。那么，这是否意味着当时南越王国已经引进了西方的建筑技术和人才呢？当然，这些猜测都还只是一个谜。

罕见的西汉“电饭煲”

2007年10月21日，中国四川省大邑县晋原镇红光社区统建安置房的工地上，正在这里施工的工人张家贵发现了一个像砂锅一样的铁器，感觉这个铁器很可能是文物，于是他立刻给大邑县文管所打去电话。

文管所的工作人员到达后，立刻对这个高28厘米，口径32厘米，腹径45厘米，宽口折圆、鼓腹、平底，重25千克的铁器进行了鉴定，认定它是西汉时期的铁釜，但是与一般铁釜不同的是，在这个铁釜铁皮里面竟然还包着一层陶制内胆。文管所的工作人员表示，这个内胆用来保护所煮东西的清洁，与我们现在用的电饭煲的作用是一样的。而且这样的“双层厨具”也见证了西汉时期成都冶炼技术已十分精湛，铁制品已广泛运用于人们的生产生活之中，这对研究西汉时期铁器的发展和四川人民的生活有着十分重要的作用。

随后，考古人员对铁釜出土地进行了进一步的挖掘。他们惊喜地发现，这里竟然埋藏着三朝古墓，而且距2007年9月份发现的汉墓群只相距400米。考古人员初步判断，这里共有40多处古墓群，其中汉墓有10处、宋墓6座、明墓4座，还有2座古窑。而从古墓群出土文物可以初步推断，这个地方是春秋战国墓、秦墓、汉墓较为集中之处。这对研究秦汉时期川西平原人民的生产、生活提供了珍贵的资料，具有较高的考古价值。

天山上的神秘“脸谱”

2008年8月的一天，中国考古人员正在沟壑纵横的天山上进行第三次文物普查，在西天山的一处高山牧场中，他们意外地发现了10余张雕刻在巨大冰川漂砾石上的奇怪“脸谱”。

刻有“脸谱”的巨大冰川漂砾石高 3 米，宽3.5米，背面呈灰黑色，正西面因为受到冰川的磨蚀而深凹下去，形成一个巨大的天然“神龛”，龛内呈白色。那些夸张的“脸谱”就刻画在白色的凹陷内壁上，每个面孔的直径大约在20厘米至30厘米之间，都是大圆脸、招风耳、阔嘴，圆眼空洞地望着前方……有些“脸谱”还明显刻有夸张的头饰和发饰，与中国贵州的傩戏面具十分相似。

考古人员认为，这应该是一处萨满教的祭祀遗址，巨石上的人脸很有可能是萨满巫师作法时佩戴的面具。也就是说，在公元前后，生活在当地的族群在巫师的带领下登上高地祈神。作法时，巫师和追随者都戴着面具起舞，作法结束后，有人就把将这些具有特殊意义的面具雕刻在这块巨大的冰川漂砾石上。

没过多久，考古人员在温泉县一处连绵低矮的山丘岩画群中又发现了一些神秘的“脸谱”。其中一块近似长方形独立的巨石上，凿刻着两张呈上下排列的圆脸、阔嘴的“脸谱”；另一块约 3 平方米的黑色岩面上，则刻满用深窝、圆孔代表眼、口、鼻的“脸谱”，并且在“脸谱”下方的岩石上还刻着一个托举太阳的人。

考古人员认为，通过对这些“脸谱”的解读，有助于进一步揭示整个北疆地区草原游牧民族的文化内涵，了解和研究古代游牧民族的社会生活、精神生活，以及原始宗教信仰。

罗马人用处女守护圣火

厄比妮亚是古罗马负责守护威斯塔神殿圣火的圣女，与她一起执行守护人物的还有5个圣女。这些圣女都是处女之身。她们居住在神殿附近的神院里，每天面对圣火祈祷，以此来纪念史前时代每一次生火的艰难。

古罗马对守护圣火的处女的要求特别严格，除了生病以外，她们不准离开神殿和神院。

每天每名处女至少值勤8小时，负责保持神殿内圣火长燃不灭。除了守护圣火，这些处女还必须到圣泉去取水，为公众祈福以及烹制祭礼仪式上用的祭品。这些都是她们不可推卸的职责。

除了这些日常职责外，守护圣火的处女在庆祝农作物收成的节日上还要承担更多的宗教任务，另外，她们还必须参加生育祭礼。

在古罗马，这些守护圣火的处女被认为是圣洁无垢的，正因为这样，她们还受命保管条约、遗嘱、珍宝和其他重要文件。通过这种委以重任的方式，罗马人来表达他们对这些处女的敬意。

对于不能履行自己职责，尤其是失去了处女之身的圣女，古罗马对她们的处罚非常严厉，近乎到可怕的程度。如果她们玩忽职守，比如任由圣火熄灭，她们会受到祭司长鞭笞的惩罚，对不贞洁的圣女则处以活埋。

不过失去处女之身的圣女并不多，她们坚持维护着自己的圣洁。据有关考古学家统计，因失贞而被活埋的守护圣火的处女在长达1000年的历史中不到20人。

比甲骨文历史更悠久的文字

以安阳甲骨文为代表的殷墟的发现，曾被认为是20世纪最重要的考古发现，殷墟甲骨文也被认为是“中国发现的最早的文字”，并且使中国与以纸草、泥板、石板为文字载体的古埃及、古巴比伦和古印度并列世界文明古国。

但是，2004年在中国山东省昌乐县发现的一种神秘骨刻图案引起考古界的关注，经过有关专家研究表明，这种文字可能要比殷墟甲骨文早1000年左右。

2004年的一天，中国山东省昌乐县民间收藏爱好者肖广德在龙山文化遗址上搜集文物时，偶然从当地农民翻过的土地里找到一块牛肩胛骨。当他把这块牛肩胛骨带回家清洗后，意外发现骨上竟刻有图案，这一发现让肖广德惊喜不已。于是从2004年到2007年3年间，他先后数次来到昌乐县袁家庄等龙山文化遗址，搜集带有图案的兽骨多达100多块。

2007年7月，肖广德带着7块兽骨找到了山东大学美术考古研究所所长刘凤君教授，凭借多年的专业研究鉴定经验，刘凤君意识到这批资料非常重要，于是他邀请中国殷商文化学会会长王宇信教授、山东省甲骨文国际交流中心理事长李来付教授、淄博文物局副局长张光明教授等5位专家来昌乐对兽骨进行鉴定。

2008年7月30日，在观看了大量的骨刻文字照片和实物之后，专家们进行了一次较深入的座谈研讨会，与会专家一致同意刘凤君教授的鉴定意见，认为这批文字是比安阳甲骨文更早的一种原始文字。专家们研究认为，这批骨刻文字主要出土在昌乐古遗址，又被昌乐爱好者收藏，因此应该暂定名为“昌乐骨刻文”。虽然目前尚不能破译兽骨上的图案，但这个发现对研究中国古文字的演变过程，复原当时的社会形态，提供了宝贵的第一手资料。

11颗石头脑袋

相传在远古时代，在茫茫密林丛莽之中，生活着一个创造了高度文明的部落——拉文塔族。这个部族的人过着富裕而又极为欢乐的无忧生活。他们的居住地美似仙境，被称为“人间天堂”。

“人间天堂”内宫殿厅堂林立，庙宇栉比，结构复杂，建筑布局和谐，在墙壁和天花板上有大理石镶嵌的精美雕刻，四周的壁画都是用黄金和珠宝镶嵌而成，金碧辉煌，蔚为壮观。

在这个“天堂”里，许多宏大的公共建筑都是用巨大的金块所砌，可谓光彩夺目。部族首领戴的帽子和衣袍上也装饰着黄金，甚至连马鞍、拴马桩、狗项圈等也都是用黄金制成的。

这是流传在墨西哥民间的古老传说，关于这个神秘部族的传说还有许许多多。相传在1000多年前，在一次大的洪水灾难后，这个富裕、文明的部族突然消失得无影无踪了。这成了墨西哥历史上最令人不解的千古谜团。

拉文塔到底去了哪里？许多历史学家和考古学家都在试图通过自己的努力解答这个问题。

1938年，有人在据说是拉文塔族当年居住过的原始森林里，发现了11颗全由玄武岩雕刻而成的石脑袋。这11颗石脑袋大小不一，最大的高16米，最小的高约6米，最重的一个脑袋约有20吨。这些石脑袋"素面朝天"，只有一颗石脑袋上刻有许多奇形怪状的象形文字。这些文字至今没有人能解读其中的含义。

考古学家发现，这11颗石脑袋的样子都是威武的军士头像，雕工细腻，面部表情刻画生动，表明当时在雕刻方面具有很高的艺术造诣。研究者将这些石脑袋定名为"拉文塔头像"。科学家认为，这些石头人像很可能都是远古拉文塔人留下的作品。

在距今约5000年至1万年前，在墨西哥这片土地上，便已经出现了较高的文明。公元前2000年左右，墨西哥进入原始公社的繁荣时期，各个部落过着定居的农业生活，并产生了原始宗教。这一时期的古人大量制作陶器、泥俑等，并能纺纱和计算天文，数吨或几十吨的整块巨石雕凿而成的石刻头像也陆续出现。

虽然石头像的出现有科学的历史发展依据，但是人们还是不禁要问：古人为什么要雕刻这11颗硕大的石脑袋？这些石头脑袋有什么用途？拉文塔人的目的是什么？为什么要雕刻脑袋，而不是全身？对这些问题，至今史学界仍无法作出准确的解释。

令考古学家更为不解的是，本地并不产雕刻11个石脑袋所用的玄武岩，只有300多千米之外的地方才有，而若是从那么远的地方搬运石料，以当时的生产条件而言这是件不可能完成的任务。他们是用什么方法把重达数十吨的整块巨石刻成的石脑袋搬运进原始森林里去的呢？至今仍是不解之谜。

金字塔的传说与奇怪的死亡现象

埃及胡夫金字塔建于公元前2560年，塔高146.5米，因年久风化，顶端剥落10米，现高136.5米。这座金字塔又称为大金字塔，举世闻名。大金字塔的塔身用230万块石料堆砌而成，大小不等的石料重达1.5吨至160吨，塔的总重量约为684万吨，这座金字塔的规模是埃及迄今为止发现的108座金字塔中最大的。

古埃及人相信死后永生，所以这座金字塔建成后的作用便是陵墓。这座金字塔内堆满了各种财宝和贵重的物品，人们对于胡夫的这座金字塔有着诸多猜测。

其中最著名的应该是所谓的金字塔九奇：用塔高的2倍除去塔的底面积，算出来的数据正好等于圆周率3.14159；生锈的首饰被放置于塔内，会发现过一段时间以后，首饰锈斑全无，变得十分光亮。

而胡夫金字塔也好像一个天然的冷藏柜，将肉、蛋和鲜奶等食品长时间贮存于塔内，不会出现变质的现象，就好像冰箱一样。而用在塔里放过的水洗伤口，伤口也会很快痊愈，比用药还要管用。用那些水浇灌树木，树木会格外茁壮，用这样的水洗脸，会有返老还童的功效，变得十分年轻。

5000年前埃及人以非凡的智慧建造了金字塔，5000年后的人们仍在探究它的神秘力量。

一些科学家曾在塔内长时间居住，都产生一种奇异的感觉，体内似乎增加了某种新力量，这让人们无法解释。而另外的一个神奇现象就是“咒语效应”。在图坦卡门墓（墓主叫图坦卡门，年龄约17～18岁，有金面罩、宝石、纯铁护身枕等物随葬，尸体用锡片套起保护、用金棺下葬）前有一个陶瓷碑，碑上有如下咒语：对那些扰乱法老安宁的人，在他头上，死神将展翅降临。而在主墓室中一尊神像背面有另一行字：作为图坦卡门陵墓的保卫者，我用沙漠之火驱逐盗墓贼。

开始人们不信，但随着后来一批批开墓者、研究者、考古者，甚至赞助商都相继而死，有暴死者，有迟后死者，这些死者中有发烧错迷而死的；有中风、血液循环系统崩溃而死的；有突发癌症而死的。

人们开始惧怕这个咒语，但为何世上会有咒语一说，人们无法做出解释，只能作出各种猜测。有人认为，这种“咒语效应”是由于金字塔所处的地理位置具有量圈效应所致，也有人认为其实是金字塔里的机关导致的，还有人说是一种毒药，更有人认为那是外星的力量。种种猜测也正是金字塔的神秘性所在。这些非正常死亡的现象，专家们无法作出科学的解释。

除在金字塔中考古而死亡之处，进入金字塔的参观者还会感到莫名的恐慌。

《法老的咒语》作者范登堡诉说他曾目睹的一件事，那是1972年，他最后一次去参观胡夫金字塔。在胡夫墓室的入口，一位西班牙女士突然大声尖叫起来，倒在门槛上，不能动弹。人们把她抬离入口后，她的痉挛现象顿时消失。范登堡问她当时什么感觉，她说，好像遭到什么打击。一位埃及导游在一旁告诉他说，这种“打击”不止一次地发生。

这说明金字塔内部确有类似闪电般的一股能量产生。金字塔内为什么会有这种现象发生，人们进行了各方面的猜测和解释，其中开罗大学生物系教授扎丁·塔哈在1962年11月3日，举行了一次非同寻常的记者招待会。他宣布他发现了法老咒语的秘密，那就是病菌传染说。

塔哈教授对博物馆的考古学家和工作人员进行身体检查，发现不少人感染了一种细菌，致使呼吸系统发炎。在记者招待会上，塔哈教授介绍了一些危险的传染病菌。有一种细菌在木乃伊内、墓穴和金字塔里生存了三四千年之久。

所以，塔哈宣布说：“这个发现彻底地破除了所谓一些古墓挖掘者因咒语而死的迷信。他们是在工作中得病去世的。如果有人还相信法老咒语有什么超自然的力量，那纯粹是神话故事而已。”

塔哈最后表示，他一定会继续研究下去，直到找出真正的、根本的原因为止。但可惜在那次招待会后不久，他在从开罗到苏伊士城的沙漠公路上，遭遇了车祸，不治身亡。这位学者成了否认法老咒语的牺牲者。

到底法老和金字塔之间有着什么神秘的力量，就只有依靠人们不断去探索去寻找了。

古埃及浮雕出现直升机图案

古埃及因为高度的文明而一直是考古学家的研究对象。这个古老的文明古国至今还存在着许多无法解释的谜团，最奇怪的一点，例如3000多年前的古埃及浮雕上，竟然有先进的飞机、潜艇等图案出现。

这些不规则的图案，似乎在预示着后世的发展，但也有可能是当地人记载见闻的方法。对此，科学家无法下定论。

1979年，英籍考古学家韦斯在埃及东北部一片荒芜沙漠中，发现一座古庙遗址。开始他以为是一座废弃的庙宇，但当他看到庙宇内的壁画时，却在其中一处浮雕壁画中，发现一个奇怪现象：他在里面看到了与现代直升机、潜艇形状极其相似的浮雕，以及一系列类似飞行物的物体。这些貌似现代直升机、潜艇的图案怎么会出现在 3000多年前的古埃及？

古埃及的庙宇除了有祈福用途外，还是具有政治色彩的地方。但这些图案能解释什么呢？人们不得而知。但研究UFO的学者却一直相信，远古的高度文明是由外星人传来的，那些图案也是外星人留下的。

类似的说法，在阿特兰提斯与玛雅文明中都不绝于耳。但古埃及人是否曾经接触过外星人，获得过外星能量的帮助，人们无法下定论，但学者们认为，如果古埃及真的接触过外星文明的话，以这个国家高度注重历史与教育的程度来说，他们不会不把这些记录在相关的资料里的。

根据科学家的研究，在这个庙宇发现的浮雕中，有至少三至四个飞行物与现代飞机形状极为相似。飞机是在19世纪才发明的，但为何却在3000多年前的古埃及壁画中出现，古埃及人是如何想出这种模型，并画出来的？科学家至今对此都摸不着头脑。

虽然科学家们对古埃及文明的研究不遗余力，但因为能力有限，他们无法判断出那些图案是真的飞机模型，还是仅仅只是古埃及人用来记载某一件事或表达某一种意思而已。

因为，从今天的角度来看，那些图案类似飞机，可在3000多年前的埃及，也许仅仅是一种事物的表达方式而已，或者是一种语言，这一切不过是一个天大的巧合而已。这一切的谜团，还是有待于以后研究解决。

自由移动的棺木

我们都知道，埋葬于地下的棺木，如果没有遇到外力的作用，它是不可能自行移动的。但是，在位于大西洋中部的西印度群岛中，有一个名叫巴巴多斯的小岛上，这个定律却被打破了。

介斯家族是岛上颇负名望的家族，这一点从教会墓园中就能够看出来。介斯家族在那里建有一座长3.6公尺、宽1.8公尺的坚固墓室，墓室的入口是一扇用大理石凿成的门，整座墓穴看起来就像一座城墙坚固的要塞堡垒。

1807年7月31日，这座墓穴里安葬了第一个死者，她是一位名叫葛达德的妇女。第二年的2月22日，一个名叫梅阿莉的幼女也被安葬在这里。

转眼间四年过去了，1812年7月6日，当送葬人再次打开墓穴，准备将一位死者的棺木抬进墓穴时，却惊恐地发现，原先安置在墓穴中的葛达德夫人与梅阿莉的棺木，竟然都离开了原来的位置，朝着墙壁倾斜，就好像被抛落的一样。

在短暂的恐慌之后，介斯家族的人开始感到愤怒，他们认为这是有人在暗中捣乱。为了预防类似的骚扰行为再次发生，介斯家族的人将原来的两具棺木摆回原位，安葬了新的入葬者后，就在大门上加了最严密的封印。

四年后的一天，也就是1816年9月25日，已经封印很久的大理石门再次被打开。这一次要埋葬的是一位名叫艾姆斯的10个月大的小孩。

当人们打开石门，步入墓穴之后，立刻倒抽一口冷气，一个个变得呆若木鸡，因为那些原本排列得整整齐齐的棺材，竟然又全部离开了自己的位置，横七竖八地搁置在墓室内。在惊恐之余，人们突然想到一个问题，那就是刚才他们都已经看到，墓穴唯一的出入口，大理石墓门上的封印完整如初，那么搬动棺木的人是怎样穿过这道加了封印的大理石墓门的呢？最后又是怎样离开了这封闭着的墓穴的呢？种种谜团困扰着介斯家族的人，他们不得不再次将散乱的棺木重新摆回原处，并在大理石门上加了更严密的封印，然后头也不回地逃离了墓园，就好像后面有怪物在追赶他们一样。

1819年的7月16日，克拉克夫人的棺木将被安放进介斯家的墓穴，岛上的居民们奔走相告这个消息。没过多久，整个墓园的空地上，就挤满了人群，因为所有人都想证实一下，这次墓穴中的棺木是否还会再次移动。

身兼行政官的英达逊牧师首先走向那扇大理石门，然后掏出放大镜仔细地检查了门上的封印，证实它与自己上次加封时一模一样后，才让工人们开启墓门。

走进墓穴后，恐怖的一幕再次呈现在人们眼前，除了葛达德夫人的棺木仍然保持原状外，其他的棺材都改变了位置：有的横在通道口，有的斜靠在墓壁上。看到这一情景，所有人的脊背上都升起一阵寒气，整个墓场变得死寂般的沉静。

就在人们对介斯家族棺木移动感到迷惑不解时，1844年，人们在波罗的海埃泽尔岛上的一个小城镇上，又发现了同样的怪墓。在镇上，住着一户名叫巴库斯霍廷的人家，当他们在准备安葬死去的亲人时，发现了墓室里原有的十几副棺材都离开了原来的位置。

棺木自行移动这一怪异的现象，已经吸引了不少科学家的注意，他们试图揭开其中的原因，但至今为止仍是未解之谜。

澳大利亚原始洞穴中的神秘手印

在很长一段时间，人们普遍认为，大洋洲开始出现有人类活动的历史不过只有1万年左右，但是随着考古学家的不断发现和研究，证明这个结论是错误的。自20世纪90年代以来的考古发现表明，在5万年以前，澳大利亚就已经有人类在此定居。最早的艺术作品也已有2 万年的历史。

这些最早的艺术作品跟欧洲旧石器时代的岩画一样，多数出现在原始洞穴中。这些岩画很多是抽象化的飞去来器（飞去来器又称回旋镖，曾经作为一些土著人的狩猎工具）或其他军事武器的简化符号，但是引起考古学家更多注意的是各种各样的手印。

澳大利亚的远古人类崇信各种各样的图腾，尤其是中部地区的土著居民。在他们的部落中，盛行一种贮存祖先灵魂的灵牌，这种灵牌被称为“珠灵牌”。它用木板或石板制成，外形为椭圆形或长卵形。

在这些土著居民眼中，“珠灵牌”不仅是祖先留存下来的精神实体，还包含了尚未诞生的灵魂，不论男人、女人、老人、小孩，每个人都有一块“珠灵牌”。土著居民相信，死者的特性会附在“珠灵牌”上，传给其拥有者。如果拥有者丢失了“珠灵牌”，将被视作他人生最大的不幸。

因为这个原因，“珠灵牌”被看作是每个人生命中最神圣的东西。当他们用“珠灵牌”举行完某种宗教仪式后，都要在洞穴的入口处留下每个“珠灵牌”拥有者的手印。而当有人死去时，举行葬礼的人会将他的左手在洞穴中留下手印记。至于为什么要这么做，在洞穴内留下手印与“珠灵牌”之间有什么联系，科学家到现在为止还没有找出一个令所有人都认同的答案。目前，较为人们认同的解释主要有以下几种观点。

1.留下手印的人在向祖先诉说“我在这里”。

2.他们之所以在岩壁上印上手印，仅仅是出于游戏的本能，为了好玩。

3.证明生命的存在，表示对某种部落活动的参与。

4.被认为是史前人类的一种“自残”行为。

5.手印的目的在于想和“母神”取得联系，是一种求子行为。

6.是一种巫术的表现形式，以祈求能获取丰厚的食物。

虽然有关手印原因的争论此起彼伏，但由于资料不足，每个观点都很难有明确的证据来加以佐证。这种争论或许还要一直持续下去，直到人们找到答案的那一天。

墨西哥圣城的“可怕墓葬”

公元1～7世纪建造的“圣城”特奥蒂瓦坎，以几何形排列的建筑遗址及其庞大规模闻名于世，这是印第安文明的重要遗址，在墨西哥被称为“众神降生的地方”。这个地方于1987年被联合国教科文组织列入《世界遗产名录》。

而“圣城”最独特的要算是它的“太阳金字塔”和“月亮金字塔”。在墨西哥人看来，这两座金字塔如同国宝一样，让他们骄傲。简直可以与埃及的金字塔相提并论了，不亚于中国的长城。

自然，这两座金字塔也同埃及金字塔一样，有着许多扑朔迷离的传奇和未解之谜。首先便是特奥蒂瓦坎城的雄伟壮丽，就连最凶残的人看到，也会不由得心生敬畏。不过这座繁华的城市，在13世纪阿兹特克人进攻墨西哥中部时，就已被它的神秘建造者遗弃多时了。

根据信仰，阿兹特克人将遗址中最壮观的建筑称为“太阳金字塔”和“月亮金字塔”。由于是陵墓，主要大街被称为“亡灵大道”。事实证明，阿兹特克人的命名准得出奇。由墨西哥国家人类学暨历史研究院的鲁文·卡夫雷拉·卡斯特罗和日本爱知县立大学的杉山三郎率领的考古队，最近在“月亮金字塔”挖掘出一批既丰富又可怕的墓葬。

后人们组成考古队前去探查，在刮去最后一层泥土后，一具具身首异处的尸骸，有外族武士和权贵，也有肉食性哺乳动物、猛禽类，以及可置人于死地的爬虫类的尸体出现在眼前，仿佛当年的屠杀景象重现一般，让人不寒而栗。

考古证据显示，所有受害者都是在金字塔各个建造阶段的献祭仪式中被杀死的。例如一个很有可能是战俘的受伤外族双手反绑，显然是遭到活埋，他的四周围绕着代表神力和武力的动物，都是关在笼子里被活埋的。

但让人奇怪的是，这座城市为何在公元600年时突然被毁灭，大部分居民纷纷逃难，到底是什么让这座城市变成了残垣断壁？

除了这个问题，这座古城特殊而精准的布局，也让科学家们困惑。整座城市以中央大道——“亡灵大道”为中心，呈现严谨的格状结构，然而这条主街并非真正呈南北向，而是向南偏离了15.5度。这一点让学者困惑不已，多年来也产生各种不同的解释。

在20世纪70年代早期，美国科盖特大学天文学家兼考古学家安东尼·亚凡尼提出，亡灵大道以西90度的一个点，是二十八宿之一的昴宿星团在特奥蒂瓦坎被发现时落下的位置，而这个星团与古中美洲历法有关联。这也许和古城的毁灭有着某种关联。

而退休的美国达特茅斯学院教授文森·梅尔史东声称，亡灵大道以西90度的点所标示的，是太阳每年两次（4月30日与8月13日）从“太阳金字塔”正对面落下的地点。而8月13日就是古玛雅人所认为的“世界初始日”。

总之关于特奥蒂瓦坎创建者以特殊方式制定方位的原因，人们至今未能查到，也无法解开这个城市的谜团。

用活人献祭的阿兹泰克人

公元1519年，远征墨西哥的一支西班牙军队踏进了阿兹泰克印第安人的首都泰诺赤提特兰城中的休齐洛波特里神庙。这支疲惫的军队原本想在这座神庙里做短暂的休整，但是神庙里散发出的恶臭却让这些见惯了血腥场面的人感到害怕。

他们发现，这座神庙简直就是一座屠宰场，神庙内的墙壁一片黝黑，尽是凝结的人血。他们亲眼看到里面有个祭祀一连宰杀了3个人。后来他们了解到这是当地人的一种宗教习俗，当地人需要宰杀很多人来为神庙献祭。在接下来的5天时间里，他们又目睹了大量的人被宰杀，然后当做祭品供奉在神庙里。在其中一个士兵的日记里，他详细记述了当时的可怕场景，他估计，那5天至少有8000人被宰杀。

为什么阿兹泰克人要杀那样多同胞呢？这个问题不仅困扰着当时西班牙远征军，也同样困扰着当代的科学家。自20世纪80年代以来，历史学家和人类学家普遍认同了这样一个观点：杀戮纯为宗教方面的需要。

考古研究发现，阿兹泰克人信仰太阳神。在阿兹泰克人看来，每天夕阳西下时，太阳神就要死去。如果要确保第二天太阳照常升起，照耀世界，就必须以人血作祭。正因为这样，杀人献祭几乎每天都在进行。

科学家们通过对阿兹泰克人所作的图画研究，惊奇地发现，阿兹泰克人奉献给太阳神的只是人的心脏，头颅则被割下来，摆放在神庙的颅架上，其余部分则被抛弃荒野。

当然，也有部分研究者对宗教献祭这一说法提出了质疑。通过对15世纪中美洲人口的研究，这些研究者得出结论：阿兹泰克人人口增加的速度比粮食增产更快，所以杀人献祭可能是控制人口的间接方法。这种说法虽然没有被广泛接受，但也为人们提供了一个全新的思路来看待“杀人献祭”这一习俗。

与此相对的是自20世纪70年代以来颇有影响力的“食人说”。这是美国社会学家哈纳提出的说法。他认为阿兹泰克人杀人祭神后还把尸身吃掉。他的这一说法来自西班牙征服者的记录。在这些记录中，大篇幅地提到了当地人的食人风俗。在所食的人当中，以吃俘虏的肉最为普遍。阿兹泰克人认为，吃了别人的肉会获得受害者的若干特性，因此战士只喜欢吃其他战士的肉。

为什么阿兹泰克人有食人的风俗？哈纳研究发现，这种现象的存在可能与阿兹泰克人想要补充大量蛋白质以加强营养，增强体质有关。当时墨西哥缺乏肉类，较大的野兽多数已经绝种好几百年，中美洲以北的民族可猎取驯鹿和美洲野牛以获取肉食，但是墨西哥并无这些动物。

不知从何而来的纳斯卡地画

1939年6月12日，美国人考索克率领一支考古队来到秘鲁南部的纳斯卡高原，他们风餐露宿、披星戴月地进行考古发掘工作，然而却一无所获。考古工作艰难地进行着，到最后，他们甚至连维持生命的水源都找不到了。正当他们万念俱灭时，一名考古队员意外地发现覆盖着红褐色碎石的地表下面有一条人工挖成的沟，这一发现让考古队员们感到异常兴奋。他们一边沿沟而行，一边在地图上标记下沟的方位与形状。没过多久，沟的形状与方位图完成了。令人惊奇的是，这居然是一只喙部突出的巨鹰图，鹰尾与一条长约1.7千米的笔直的沟相连。

这一发现，震惊了全世界的考古学界，考古学家们陆续来到纳斯卡高原。在这里，他们不仅发现了更多的直线条和弧线图案，而且在沙漠地面上和相邻的山坡上，他们还惊奇地发现了巨大的动物形体，例如一只45米长的亚马孙河蜘蛛、一只大约300米的蜂鸟……

科学家们经过研究，普遍认为纳斯卡地画不是自然形成的，而是人工创作的，并且很可能出自创造了纳斯卡文化的印第安人之手，理由是巨画的图象和纳斯卡地区出土的陶器碎片上的图案十分相似。这时，人们不禁会产生一个疑问，纳斯卡地画非常巨大，人们在地面上根本无法识别，需要乘飞机在空中才能看到全貌。但是，这些线条是在一两千年前创造的，那时的人们根本不可能掌握现代飞行技术。那么，在根本看不到全貌的情况下，古代的印第安人又是怎样设计、制造出这些巨大的直线、弧线以及那些动物图案来的呢?

另外，有人发现，当他们清早登上邻近山冈遥望，这些原来只能在高空俯看到的巨画，在朝阳照射下就会清晰地呈现出来，但等到太阳升到头顶时，它们又会消失在荒凉的山谷里，这又意味着什么呢？而且纳斯卡高原图形中所描绘的动物除了兀鹰之外，几乎没有一种是产于当地的，例如：亚马孙河蜘蛛、鲸和蜂鸟等。在这片荒漠之中，描绘出如此庞大、如此精确而又并不产于当地的动物图形，对于当地的印第安人来说，他们又是如何做到的呢？关于纳斯卡地画的种种疑问，还有待科学家进行进一步的破解。

西半球最古老的太阳观测设施

位于秘鲁沿海沙漠地带的一座矮山山顶上，有13座高度约1.8米到6.1米不等，间距4.7米到5.1米的石塔，它们排列成一条300多米长的弧线，静静地耸立在山顶上。

这13座石塔又被称为“昌克罗十三塔”，自从19世纪人们发现它们以后，众多考古学家就对它们的用途困惑不已。

刚开始，因为每座石塔南北各有一条楼梯通往塔顶，石塔四周又布有防御工事，考古学家曾猜测这些塔可能是堡垒、神殿或祭祀中心。但是在研究石塔周围军事设施后，秘鲁国家文化研究所考古负责人伊万·盖齐对其用途产生了新的想法，为论证自己的观点，盖齐花费数年时间与英国考古天文学权威克莱夫·拉格尔斯取得联系，并且一同开始进行新的研究，在对实地做过多次测量后，他们最终认定“昌克罗十三塔”是公元前300年到前200年建成的太阳观测设施，这也就意味着，石塔的建造者比印加人更早开始观测太阳并举行相关仪式。

他们把这一研究成果以论文的形式发表在2007年3月2日出版的美国《科学》杂志上，在论文中，盖齐表示："石塔保存较好，拐角大多倒塌，不过遗存部分足够复出原貌。石塔沿地平线而建，南北方向排列，每座塔东西两侧都有观测点，能记录太阳的上升和下降弧度，由此得出的太阳历可以精确到几天之内。"

盖齐的合作者拉格尔斯曾在论文中表示："事实上，从各塔东西两个观测点看去，这些塔刚好覆盖太阳升降的运动弧度。这给我们清晰提示，即它们专门用来便利人们观察太阳升落。"

但是，对于谁是"昌克罗十三塔"的建造者，盖齐并不能给出正确的说法，他表示，他目前只能证明它们应该比印加人还要早上1000年。

印度神奇的不锈铁

高6.7米，直径约1.37米，用熟铁铸成，实心，柱顶有着古色古香的装饰花纹。

当你看到这些文字的时候，你会想到什么？你可能会认为这是一个精致的建筑物，或是什么科学研究设备，也可能只是城市的雕塑品。正确的答案是，这个用铁铸成的家伙叫做"阿育王铁柱"，从公元5世纪起就一直耸立在印度首都新德里南郊库都布高塔墙内。

"阿育王铁柱"每天吸引着来自世界各地的观光客，还有科学家们的视线。因为这铁柱虽在露天经历了上千年的风吹雨打，却居然一点不生锈，堪称世界奇迹。"阿育王铁柱"并非在新德里当地铸造而成，而是在公元5世纪时，被当时的统治者从印度东部的比哈尔邦搬移过来的，传说是为了纪念旃陀罗王而造。

为什么"阿育王铁柱"能千年而不腐蚀？这个现象让科学家们感到十分困惑。按照常理，铁是最容易生锈的金属，一般的铸铁不用说千年，几十年就锈迹斑斑了。即使放在科技发达的今天，对于如何防止铁器生锈，人们仍然没有找到合适的方法，但是为什么古代印度人能做到这一点？这令所有人都百思不得其解。

更令科学家感到奇怪的是，如果当时的印度人已经掌握了防止铁器生锈的高超技艺，那为什么没有冶炼出其他不生锈的铁器制品呢？在古印度的典籍中，也没有任何关于这方面的记载。

难道这根铁柱是纯铁铸造的？从理论上说，纯铁是不生锈的，但纯铁难以提炼，而且价格昂贵。“阿育王铁柱”里含有各种杂质，所以它并不是纯铁。科学家勉强得出了一个解释：可能是古印度冶炼不锈铁器的技术失传了。

如今，“阿育王铁柱”孤零零地矗立在那里，好像一个不可理解的物证，在向人类的智慧挑战。

4000年前哈卡斯怪石上的古怪脸孔

在俄罗斯哈卡斯地区，直立着巨大的石雕像，这些石像比大名鼎鼎的太平洋复活节岛上的石像早了2000年。

这些巨型石雕是4000多年前居住在俄罗斯哈卡斯的一些部落竖立起来的。这些部落里到底住着哪些人？他们为什么要立起这么巨大的石雕呢？最令人难以想象的是，那些重量有时达50吨的巨大石块又是怎么从山上弄下来的？

这些巨型石雕并非千人一面，而是有着各种各样的形状，有的呈圆柱形，有的是扁的，有的形状不规则。虽然形状各有不同，但是研究者发现，所有的雕像看上去都像是用同一种办法凿出来的。他们用模拟影像技术重现了当时雕凿这些石像的场景——

石匠挑好石料之后，先将要刻在上面的图形勾画一遍，然后凿出槽，再用坚硬的石头打磨。不仅白色和灰色的花岗岩，就连褐色砂岩上的图像都看得一清二楚。

这些石匠雕刻的是普通人还是宗教信仰中的神灵呢？之所以有这样的疑问，是人们发现，虽然这些石像的表面器官很像人类，但是脸上的条纹却很奇怪，而且头顶上还有类似“皇冠”样的饰物和兽角。

民俗学家研究发现，其实这些都是原始民族自我形象的反映。他们头部的这些装饰有的是为了吓走野兽，有的则是一种原始的化妆手段。考古学家们曾在当地古墓残存的颅骨上发现红赭石的遗迹。

哈卡斯的这些巨型石像很容易叫人想起北美印第安人的图腾崇拜石柱。印第安人的图腾柱代表祖先崇拜，同样，哈卡斯的石像显然也是刻的祖先或氏族的保护人。

对于石像的用途，科学家们至今一直没有定论。有的认为它是墓地的墓石；有的则认为是祭祀设施。当地人称这些石头为神像，向它们敬献供品。

今天哈卡斯石像依然受到当地人的尊敬，因为他们认为这些祭石能帮人治病，能除去他们身上的负能和增强他们的生命力。他们还相信，这些巨石像还能为无法生育的夫妇带来子女，据说还相当灵验。

神秘的非洲原始岩画

提起撒哈拉沙漠，人们首先会联想到大地龟裂，人兽终日饱受日晒的惨状，然而，科学家们在经过研究后却推断，在撒哈拉地区变成沙漠以前，这里曾是遍地牛羊、青葱肥沃的草原。在这里生活的主要是旧石器和新石器时代的人们，他们以猎取大型水栖动物为谋生手段，同时也放牧羊群。

那么，科学家是如何得出这一推断的呢？其主要是从这块古老大陆的山地、悬崖峭壁上发现的许许多多史前原始岩画而得出的。

这些岩画最初是由一个到莫桑比克观光旅游的葡萄牙人旅游团在1721年发现，在随后的数十年里，人们不断在这块大陆上发现数以万计的岩画。这些岩画主要画的是动物，虽然画得十分粗糙，但却个个栩栩如生，在恩阿哲尔洞中的岩画上，人们可以看到奔跑的长颈鹿、羚羊、水牛、鸵鸟和两只大象聚集。在塔基迪多马坦的一幅岩石画上，人们甚至可以看见牧民们忙碌的情景：一只水牛拴在小屋前，一只长角牛正从牧地回来……

但是，让考古学家感到费解的是，在这些古老的岩画中，却夹杂着一些非常现代的神秘人像，他们有的身穿精致的短上衣，有的戴着头盔，头盔上还有两个可供观察的小孔，头盔用一种按钮与躯干部服装连接，这与现代的宇航服非常相似。而在1918年发现的，被命名为“布兰德山的白贵妇”的岩画更是让考古学家感到头疼。著名考古学家艾贝·希留尔经过鉴定后，曾宣布它是7000多年前的真品，但是在岩画上除了几个几乎裸体的土著黑人之外，竟然还出现了一位现代打扮的白人女郎，这个女郎身穿短袖套衫和紧身裤，脚登吊袜带和靴子，发型与现代女郎完全相似，头发上、胳膊上、腿上和腰部都装饰着珍珠。

纳米比亚位于非洲大陆西南部，这里世世代代只有黑人居住，白色人种的欧洲人只在16世纪才经葡萄牙最早到达这里。那么，画上的白人贵妇怎么在7000多年前来到这里？而且，纳米比亚的许多土著黑人直到如今还衣着很少，既然如此，远古时代的非洲西南部黑人又是怎么超越时空，准确无误地画出几千年后另一个种族的人物形象及服饰的呢？种种谜团至今令人费解。

古代的核战争和核爆炸

1920年，一座大约建于5000年前的古代印度大都市遗迹——摩汉乔·达罗，被发现于印度河流域，在这个遗迹中，有着很多让考古学家百思不解的谜团，但最让他们感到迷惑的，就是从遗迹上层部发掘出的人骨群。

人都要经历死亡，从古代遗迹中发掘出人骨自然也是极为正常的事情，可是，在摩汉乔·达罗遗迹中发现的人骨，没有被埋葬在墓中，而是“猝死”在房间里。这些人骨有的脸朝下，有的横躺，重叠在其他的遗体上，有的遗体用双手盖住面部，呈现出保护自己的绝望的样子，还有痛苦地扭曲身躯的遗体。那么，他们到底遭遇了什么？让他们在死亡前保持了这种惨不忍睹的姿势呢？

印度的考古学家卡哈博士曾对此进行过研究，他发现在9具白骨中，有几具白骨竟然曾被高温加热过。按常理推断，很可能这一地区曾经发生过火山爆发，但是印度河流域中并没有火山存在。那么，是什么力量能用异常的高温使摩汉乔·达罗的居民突然死亡呢？

其实，只要翻开古印度经籍，在摩诃婆罗多的诗歌中，我们就能够找到答案。有一段描写一场古代大战的文字，就记录了一种攻击敌兵的特殊武器：

“单独一颗弹丸就装满了宇宙间全部的毁灭力。一柱炽热的烟雾火焰，像一万个太阳那般明亮，熠熠冲天而起……它是一种无人知晓的武器，是钢铁的雷霆，死神的信使，它使雷希利和安达卡整个种族化为灰烬……他们的肢体烧得面目全非，只有头发和指甲掉在一边，陶器无故地崩碎，飞鸟的羽毛也变成惨白，天黑以后，所有的农作物受到侵袭……”

另外还有一节描述两具飞弹在空中撞击的文字：“……两具武器在半空中撞在一起。地面上所有山岳、海洋和森林都开始震动，所有动物都被武器爆出的高热严重地烧伤了。天空燃烧起来，地平线上也充满烟雾……”

从上面这些令人毛骨悚然、胆战心寒的文字中，我们似乎可以看到熟悉的场景，那就是1945年8月的广岛长崎核爆炸时的景象。

其实，远古史的研究者们一直认为，在遥远的古代，人类曾经历过核战争，因为在考古过程中能够看到种种痕迹。如在以色列、伊拉克沙漠及撒哈拉沙漠、戈壁沙漠中都曾发现因高温而玻璃化的地层；在土耳其卡巴德奇亚遗迹及阿尔及利亚塔亚里遗迹中，也曾发现高热破坏而形成的奇石群；在西亚的欧库罗矿山中，曾发现铀矿石上有发生颇具规模的核子分裂连锁反应的痕迹。

从发现摩汉乔·达罗遗迹后，许多考古学家都曾到这里进行考察，希望能寻找到古代核战争的痕迹，但都无功而返。直到现在，摩汉乔·达罗遗迹仍然有许多待解的谜团。发动古代核战争的是哪两个敌对势力？古代人又是如何拥有核武器技术的呢？建造摩汉乔·达罗的是什么人？他们从什么地方来，又去了哪里……这些都是值得后人继续研究的谜题。

第六章
古迹名胜中的特异现象

明十三陵中的“无字碑”

明十三陵位于中国北京昌平区北天寿山，山下有明朝十三位皇帝的陵墓，合称明十三陵。十三陵作为怀古之地，美景和遗迹自然不少，但最让人称奇的却是除长陵外，所有陵门前的石碑上都空无一字。一种说法认为，皇帝功德太大，无法用言辞表达，干脆不写了。另一种说法是明太祖朱元璋曾有圣谕，说皇陵碑记，都是一些儒臣粉饰之词，不足以为后世子孙敬戒。

明太祖朱元璋作为明朝的开国皇帝，同时也是个嗜杀的皇帝，许多忠臣良将都死于他手。他对自己的得失心中也有些明了，便希望给子孙们留一个经验教训。据说他在某天对身边的大臣们说：“皇陵碑记都是大臣们的粉饰之文，不能教育后代子孙。”其言外之意，就是希望在自己身后能有个较为公正的说法。如此一来，翰林院的学士们就再不敢写皇帝的碑文了，他们明白或臧或否都不对，因此就以太祖的“名训”做挡箭牌，把写碑文的任务推给了嗣皇帝。因此，孝陵（太祖）碑文是明成祖朱棣撰写的，而长陵（成祖）的碑文则是明仁宗朱高炽写的。太祖的陵墓远在南京紫金山，故十三陵里只有长陵有碑文。长陵石碑，正面刻有“大明长陵神功神德碑”字样，下面刻有儿子明宗亲自题写的为朱棣歌功颂德的3000余字的碑文。

既然十三陵中的第一陵有碑文，为何接下来的其他陵的石碑上却又没有碑文呢？据史料记载，明十三陵从第二陵开始后的六陵，开始都没立碑，这6块碑是嘉靖年间用6年时间做成补立的。做成之后，按祖训应由当朝皇帝为其撰写碑文，但嘉靖皇帝沉迷于声色，对此根本不感兴趣，直到他去世也没写出一篇来，所以这6块碑就成了无字碑。后来的皇帝看到祖宗碑上没有碑文，再立碑时也就空下来不写了。

祭奠在山洞里的悬棺

悬棺葬式是一种处置死者尸骨的特殊方式，是崖葬的一种，在中国主要分布于古代南方少数民族地区。在悬崖上凿数孔，并钉以木桩，然后把棺木放在上面；或者将棺木一头放在崖穴中，另一头架于绝壁所钉木桩上。这样，人在崖下可见棺木，故得此名。

生活在福建周宁、福鼎、柘荣、屏南等地区的畲族同胞中流传着一个关于悬棺葬由来的传说：上古时，畲族的始祖盘瓠王与高辛帝的三公主成亲，生下了三男一女，全家迁居凤凰山狩猎务农。因盘瓠王是星宿降世，生不落地，死不落土，所以他去世后儿孙们就用车轮和绳索把棺木置于凤凰山悬崖峭壁的岩洞中。其后代代沿袭，形成了古代畲族人的悬棺葬习俗。畲族的“畲”字，古时写成“輋”字，其中就包含了这个故事的意思：在凤凰山，有位大人物去世后，用车轮把棺木悬挂在峭壁岩洞中安葬。

这种富有深厚文化涵容的悬棺葬式，却存在着许多令令人无法解释的困惑之处。比如，令人“难捉摸”的问题就是：远古时代的人们究竟是用什么办法把装有尸体和随葬物品、重达数百千克的棺木送进高高的崖洞里去的呢？

最早对这个问题解释的大概是梁陈间顾野王（519～581年），“悬棺”一词，就出自他“地仙之宅，半崖有悬棺数千”（《太平御览》卷47引）一语。神仙有腾云驾雾的本领，悬空置棺当然就不会有什么困难，因此把武夷山中搁置悬棺的崖洞称为“地仙之宅”，意思是神仙的墓葬之处。后人猜测认为，“云是仙人葬骨”之处（《太平寰宇记》），因此，武夷山的一些洞穴也就有了升真洞、仙机洞、换骨岩之类的美称。

《稽神记》中就有这样的记载：“建州武夷山，或风雨之夕，闻人马箫管之声，及明，则有棺椁在悬崖之上。”神仙本就是幻想中的产物，而传为长生不死的神仙居然也会像凡人一样死去，更令人匪夷所思。但这些说法的流传，至少说明古人觉得如果没有神仙出手，仅靠常人的力量是难以实现凌空悬案这种奇特的葬法的。

唐代张鷟的《朝野佥载》中，曾记古人在临江高山半山腰间开凿石穴安葬死者的情形，所用的办法是从山顶上放绳索把棺木吊下来。1978年，福建省博物馆就以这种方法，用辘轳自山顶放下钢绳，从武夷山白岩洞取下一具完整的船棺。1989年，上海同济大学及江西等地的专家与美国加州大学圣地亚哥分校的美国学者合作，在江西贵溪仙岩运用绞车、滑轮等机械装置，把一具重约150千克的“棺材”吊进了一个离上清河水面约20多米的悬崖洞中。新闻媒体和有关学术刊物曾竞相报道并发表论文，认为此举“重现了2000多年前古人吊装悬棺的壮观场面”，从而“解开了中国悬棺这一千古之谜”。

其实这两者的提举技术并无本质上的差别，只是操作方案有所不同。今人所实践的吊置棺木之法，并不能解决古人在置放悬棺过程中的所有细节问题，如：怎样在崖壁上凿孔并打入木桩？怎样才能把棺木勾拉到预定的位置上？其困难之大超出现在人的想象。况且，3000年前的古人怎么可能拥有能用来吊起数百千克重量的钢绳呢？有论者就指出，由于脱离了距离现在千百年的时代和华南行悬棺葬民族的社会历史背景，这些有关古人采用与绞车、滑轮类似的提举技术的说法，并没有足够有力证据来支撑，所以现在就说已经解开了这一千古之谜，有些为时尚早。

有人则认为悬棺葬正是落土葬习俗自然发展的结果，也就是说，它与新石器时代的土葬墓有密切关系。当时，中国的土葬墓遍及全国，包括文献记载的悬棺葬地区和考古发现的悬棺葬地区。青海乐都柳湾马厂类型墓葬的用木棍封门和齐家文化墓葬的独木舟式棺材，都说明中国早在新石器时代晚期，就已经出现了洞室墓和独木舟船棺的萌芽。悬棺岩洞墓的出现，实质上是把深入地下的洞室及其棺木抬升到高岩洞的变化。

另有一种观点认为，从悬棺葬遗存的分布状况看，它们几乎都处在临江面水的悬崖绝壁上，表现出行悬棺葬的民族“水行山处”的特点；而葬具形式则以船形棺和整木挖凿的独木舟式棺材为主。如果再结合置棺方式、葬制和葬式等各种情况进行综合分析，悬棺葬习俗是原始宗教中在鬼魂崇拜的基础之上发展起来的对祖先崇拜观念的反映。这些民族习于水上生活，并以善于造船和用船著称，它们笃信，祖先死后，鬼魂虽然去了人鬼相隔的另一个世界，但并未离开生前所依山傍水的地理环境，而是仍将与自己家人及后代长久地生活厮守，并保佑他们繁荣兴旺。因此，船形棺或独木舟式的棺具之主要含义并非如有些人认为的那样是普度灵魂回归故乡或驶向彼岸世界，而是为了满足祖先在幽冥中的生活需要；至于将棺木高置于陡崖绝壁，则是为了尽可能地避免人兽或其他因素对尸骸的伤害，如此才能保证祖先的灵魂得到永久的安息，并得到其在冥冥之中的赐福和保佑。

神秘的禹王碑

2007年7月，在中国湖南省福田铺乡云峰村七组发现了一块神秘巨石。有关专家经过实地考古鉴定后，证实这块巨石的形状、大小、所处位置，以及周边的环境都与史料吻合，初步认定这就是失踪千年的禹王碑母本。禹王碑是中国最古老的名刻，为大禹治水功德碑。在文物保护界，禹王碑与黄帝陵、炎帝陵同为中华三大瑰宝。

早在20世纪80年代至90年代初，在衡山县福田铺乡云峰村七组也发现了一块疑似禹王碑的巨石。该石重约十吨，有一两虬相交的不规整平面，中微凹，面上有不规整的纹饰，明显可见人工凿痕。此地位于祝融峰右侧，右有紫盖峰，左有云密峰，两峰之间有一陇，上有隐真寺、隐真坪，下有云峰寺（“文革”被毁）、禹王桥、禹溪。

雷峰塔地宫内的千古秘密

雷峰塔原名皇妃塔，古人更多的称之为“黄妃塔”。北宋太平兴国二年（977）由吴越国王钱弘俶于在西湖南岸夕照山上建造的佛塔，因为塔建于西湖南岸夕照山的雷峰之上，所以民间以地名指称，称之为雷峰塔，反而少有人知道黄妃塔的。

雷峰指的是夕照山的中峰。北宋诗人林和靖有《中峰诗》云：“中峰一径分，盘折上幽云。夕照前村见，秋涛隔岭闻。”可见当时这里就已经是赏景取乐的好去处。至于雷峰之名的由来，据《淳临安志》所载，是因旧有郡人雷就筑庵所居而来。也有考证认为，中峰又称回峰，回峰之回字旧作雷，后人以形致误，错作雷峰。毛希龄《西河诗话》说：“南屏山前回峰，以山势回抱得名。……宋有道士徐立之筑室塔旁，世称回峰先生。此明可验者。”后人将雷峰塔景致列为西湖十景之一，称“雷峰夕照”，实是一语双关，韵味无穷。

雷峰塔比起其他的古塔来，所遭厄运更多。在元朝的时候，它还曾经是一派“千尺浮图兀倚空”的雄壮之态，而明崇祯时的一张西湖古画中，雷峰塔已是塔顶残毁，老态婆娑了。嘉靖年间（1522～1566），倭寇侵入杭州，放了一把火，把雷峰塔的塔檐、平座、栏杆、塔顶全部烧光，只留下了砖体塔身。诗人们也就以“雷峰残塔紫烟中，潦倒斜曛似醉翁”“保俶如美人，雷峰如老衲”的诗句文辞来描写它。后来一些无知的人出于迷信，常常从塔砖上磨取粉末、挖取砖块，说是可以用来治病或安胎，他们甚至把砖块说成是可医治百病的灵丹妙药。还有人从塔内挖寻经卷，企图发财。

到1924年8月，由于塔脚已被挖空，再加上其他的破坏原因，这一古塔轰然崩塌。人们在清理残基时，在砖孔内发现了经卷，它开头写着“天下兵马大元帅吴越王钱弘俶造。此经八万四千卷，舍入西关砖塔，永充供奉，乙亥八月。”由此证实了这塔修成于乙亥年，是钱弘俶吴越八年、北宋开宝八年（975年），也就是吴越国的最后一年。

2001年3月11日开始发掘雷峰塔千年地宫，洞口就位于塔心部位，距塔首层地面2.6米，洞口四周都是高达数米的塔身残体。地宫体积不大，长约 0.5米、宽约0.5米，深度据探测，约1米。地宫口用一块方形石板密封，石板上则压着一块据称重达750千克的巨石。地宫内摆放着包括莲花座青铜佛像和可能装有佛螺髻发的铁函在内的60件珍贵文物和数千枚“开元通宝”古钱币。

其中，有高达50厘米，重达100多千克的铁质舍利函，也有一座鎏金银质，塔高35厘米精美的四角金涂塔。这座鎏金塔放在神秘铁函内，底座为方形，边长为12.6 厘米。塔上有水锈，四面饰有佛祖故事题材的浅浮雕。通过塔四周的镂空部分可以看到塔内藏有佛螺髻发的金质容器。塔的下方是一个鎏金的银盒，盒盖上饰有繁缛纤细的双凤缠牡丹纹样，四周等距分布着“千秋万岁”四个楷字。银盒旁绕着一根皮腰带，上面还镶嵌有12件十分精美的银质饰品。

峨眉“佛光”

佛光，是峨眉山举世闻名的四大奇观——日出、云海、佛光和圣灯中最奇特的一种自然现象。这种现象在其他地方极为罕见，但在峨眉山却经常出现，一年中平均会出现60多次，多的时候一年甚至出现80多次，因此人们又把它称之为“峨眉宝光”。

游客如果站在峨眉山金顶背向太阳而立，而前下方又恰好是一片云雾弥漫时，也许就有幸能在前下方的天幕上看到一个外红内紫的彩色光环。光环的中间显现出观者的身影，且影随人动，人去环空。即使两人拥抱在一起，每个人也只能看到各自的身影。这就是四川峨眉山神奇的“佛光”现象。那么，这种“佛光”究竟是如何形成的呢？

佛家认为，佛光是从佛的眉宇间放射出的救世之光，吉祥之光，因此与佛有缘的人才能看到此光。清代康熙皇帝还特地题写“玉毫光”三字，赐予佛光常现的金顶华藏寺。

千百年来，“峨眉宝光”驰名中外，佛教的渲染使其更富有传奇色彩和神秘感，吸引着无数的好奇者。许多人都试图对神秘的“佛光”作出科学解释。

佛光作为一种自然现象引起中外科学界的重视和专题研究，是近百年来的事情。

中国学者魏福平教授认为，佛光是日光在传播过程中，经过障碍物的边缘或空隙间产生展衍现象，即通过衍射作用而形成的。云层较厚时，日光在射透云层后会受到云层深处的水滴或冰晶的反射。这种反射在穿过云雾表面时，就会在微小的水滴边缘产生衍射现象，有一部分光束会偏离原来的放射方向，于是不同的单色光就逐渐扩散开来，就此在人们的眼前出现了一个彩色的光环。

那么，为什么会形成环形的光反应，而且与同样形成环的彩虹又不一样呢？魏教授说，这是由于只有位于某个“光锥”面的单色光，才能为人的肉眼所观察到，而且自己所站的位置，即“光锥”的视夹角大约为9度，而彩虹的视夹角达84度。同时光在衍射时，光波越短，它所偏离的角度就越大，所以佛光色彩的层次分布，一般呈紫色在外，红色在内，并且色彩的能辨程度离中心部位越近，就越弱，而光环中心就像一面发光的彩色玻璃镜。此外，由于衍射和漫反射的复杂作用，佛光的色相往往不像彩虹那样清晰分明，而是像水彩画那样湿润地融合在一起。

只能看到自己的身影又是为什么呢？主要原因在于：虽然云层中的水滴和冰晶点很多，但人们各自所见的光环，只是各自眼睛所视为顶点的那个光锥面的水滴或冰晶点的作用的结果。就如同各自对照着一面小圆镜，自然照见的也就是各自的身影了。

至于出现影随人动，人去环空的景象，则是佛光中“摄身光”

的原理，至今尚无科学解释，还需要进一步的研究才能弄明白。

岩壁泼水现字

在中国北京密云区的石城镇红星村附近有一座石崖，不过几平方米，看起来和北方的其他石崖并无多大不同。但如果把这片石崖用水浇湿，奇迹就出现了：一行行竖排的大写的数字和汉字逐渐显现出来，水干了之后，汉字就随之消失了。有些汉字能清晰地辨认出来，是大写的“六十”“七十”“九十”“一百”“王”等，每个字高为3厘米，宽2厘米，呈蓝黑色。

73岁的老人王殿奎说，听老辈人讲，很久以前就已经有这片怪崖汉字了。那么，这一泼水现字的现象是如何发生的呢？北京石刻艺术博物馆副研究馆员刘卫东认为，人为的因素很大。原因首先在于这些字是列排序的，其次数字较多。根据山崖前有金矿洞口和建过山神庙这两条线索推断，山崖上的汉字极有可能是在晚清时候留下的墨迹，是人们记录下的人工费或功德钱，而非自然形成。

而为何只有泼水才能显字呢？中国科学院地质与地球物理研究所研究员郑详身解释说，这主要跟当地的岩石成分有关。当地山崖为变质岩，墨迹写上去之后，会向内渗透。经过上百年的风化，岩石表面就会形成一层极薄的钙化膜，钙化膜在泼水之后会变得十分透明，所以文字就显现了出来。

魔鬼是否真的搬运了三巨石

在英国南部索尔兹伯里平原上，有一组巨大石群，充满了神秘色彩，这就是著名的英国史前巨石柱。经证实，它们来自距离索尔兹伯里平原大约240英里的威尔士地区。

古人类是如何将如此庞大的巨石搬运到数百英里之外的？莫非这些巨石又是外星人的杰作？！科学界对史前巨石柱充满了诸多疑问。英国广播公司（BBC）对史前巨石柱的形成之谜做了解释。

英国开放大学的一项最新研究指出，这些巨石从威尔士到达索尔兹伯里平原，可能是因为冰河时期西威尔士山脉断裂时，包括巨石在内的地形在史前冰河的牵引下，发生了迁移变化，而并非出于人为。研究人员说，在人力搬运的条件下，至多只能把巨石搬运几英里距离。

在此之前，科学家猜测，为了建造巨石柱，人类4000多年前就将80多块巨石搬运到这儿。2005年，考古学家在离史前巨石柱三英里处，挖掘出铜器时代的“弓箭手”尸体。科学家根据“弓箭手”的陪葬品以及相关历史考证，认为他生活在公元前2300年，这位地位显赫的“弓箭手”可能参与了巨石柱的建造过程。科学家们对这种猜测存有很大的质疑，因为无法解释这些巨石是如何搬运的。

地形学专家布赖恩·约翰博士说，早在2000年前，人们就企图从彭布鲁克郡（英国威尔士原郡名）搬运一块巨石到索尔兹伯里平原。但结果显示，即使在起重机、绳索和地面上的低摩擦力绳网的协助下，要在粗糙的地形上运送这块巨石也是无法做到的。

大王岩海底王陵

在韩国庆北道月城郡甘浦海的大王岩海底，有一座按帝王的遗嘱建造的大王岩海底王陵。这座世界上独一无二的海底王陵，造于日本天武朝时期。这座王陵的位置一直不明，直到1959年发掘了为文武王修建的感恩寺遗址才得以发现。

在1967 年对东海海上大王岩进行的调查中发现了利用岩礁的低洼处营造的陵墓（火葬之后的骨灰装入石棺，沉入海底）。棺的上面覆盖有巨大的自然石棺盖（水深1米），海水清澈，一眼就可以看到底。上面覆盖的巨石更增添了整体上的庄重和神秘感。既然龙是水神，龙宫才是死后灵魂应该去的地方。这种葬式首先就是以这种观念为前提的。传说文武王死后埋葬在海上的大岩石中，以后每夜化为龙来感恩寺以镇压东海的倭寇，因而推测这里就是龙穴遗址。这次调查确认了金堂地基的特殊建筑形式。

文武王生前的势力极大，因而棺内可能会有数量巨大的财宝作为随葬品。对此，不用说各国的史学家们处于研究的角度十分关心，即使是一般人也梦想能够得到这些财宝。

音乐洞和音乐泉为什么会发出乐声

在美国夏威夷群岛的哈那累伊沙滩上，有一片长达800多米、高达18米的沙丘。当人们踩在沙滩上时，脚下就会发出悦耳的音乐。如果用两手抓起一把沙子用力摩擦，手中的沙子也会发出奇妙的声音。科学家说，这是因为这里的沙子被海水和雨水打湿后，在水分的不断蒸发中产生振动，因此沙子表面的空气薄层发出了节奏不一的音乐。

在墨西哥的索那拉州，有座既没人烟，又不长树的山。若在山石上叩击，懂音乐的人就能听出音阶，然后拉开架势打奏，就可以演奏出美妙的音乐。这座山所能发出的乐声种类，比一个交响乐队的还复杂。更为奇妙的是，它还能在自然风的作用下，演奏出奇妙的音乐。地质学家推断这是座死火山，山上到处是裂缝，因此当人们叩击它或是有狂风吹进这些洞穴裂缝时，才会发出各种不同的乐声。

在委内瑞拉东部有条音乐河，它常常会演奏出优美动听、音律变化万千的音乐。科学家经考察后得知，这条河流被许多岩石洞中的奇岩阻隔，分成了无数条涓涓细流，然后穿出将近300米的奇岩层。细流穿出各种岩层时，由于间缝宽窄不一，水速急缓不同，就发出了各种奇异的声响。

在非洲突尼斯的临犹菜山上，有个音乐泉，人们能在泉旁听到曲调丰富、富于变化的乐曲。有关专家考察后发现，在音乐泉的出水处，挡着一块千孔百洞的空心岩石，泉水流到那里后被分离成无数条细流，而这些具有喷射力的细流在冲击空心岩壁时就奏出了乐曲。

在埃及的特本城有根门柱，每当太阳初升时，就会发出乐声，如同风琴一样。科学家们说，这是一种热胀冷缩的物理现象。该门柱年代久远，中间有许多大大小小的空洞。夜晚温度下降，空洞中潜藏的空气就会收缩，而等到早上太阳突然照晒过来时，空洞中的空气受热迅速膨胀，并从柱上的小缝隙向外拥挤，由此就发出了旋律不一的乐声。

宏伟壮丽的“空中之城”

恐龙灭绝了，猛玛象消失了，它们留下了化石；印加人搬家了，他们留下一座空城——马丘比丘，一座被废弃了近一个世纪却依然雄伟壮丽的“空中之城”。

为寻找这座传说中的“消失了的城市”，美国探索家海瑞姆·宾汉姆及其探险队于1911年来到了波涛汹涌的圣河——乌鲁班巴河峡谷，他们在云雾缭绕的山顶上发现了这座神秘的古城。在绵延的安第斯山脉中，今天的考古学家们陆陆续续地发掘出许多印加帝国的遗迹，证明印加人确实是抛弃了他们美丽的家园，在荒芜的山地中再建他们理想的国度。

古城位于印加帝国首都库斯科以北120千米处，三面环河，一面依傍着白雪皑皑的萨而坎太山，地势极为险峻。名字取自它所在的山峰，字面意思是“老山峰”。

空中之城——马丘比丘城

城中的建筑带有浓厚的宗教色彩，凡是磨制光滑、对缝严整的建筑均为神庙。每座神庙都配备着三扇窗，缝隙之间没有任何黏合物粘接，却连最锋利的刀片也无法插入。墙上的每一块石头都被巧妙地像拼图一样连接起来，与其他的印加遗址的风格大不相同。

“神圣广场”位于城市中央，那儿矗立着一座巨大的日晷，马丘比丘人用它来测定时间。在古城的一端还有著名的太阳神庙和“拴日石”，印加人希望用拴日石把他们心中至高无上的神——太阳——万物生命和希望的起源都永远地留住。

在城堡对面的山峰上，勤劳的马丘比丘人还筑出一层层的梯田，并在每一层都开凿了引水渠，一边引来雪水浇灌农田，希望获得丰收。

如此美丽而自由的空中之城，马丘比丘人却毫无留恋地弃之而去，而且没有任何说明，这究竟是为什么呢？天灾？部落战争？奴隶反抗？种种怀疑都没有任何痕迹能够说明。很多人认为是因为西班牙征服者的原因。但是，据历史记载，当年侵略者的铁蹄并未能够踏向这片土地。并且，考古学家还在研究中发现，早在1533年，在西班牙人征服印加帝国之前，马丘比丘人就已经离开了这座美丽的“空中之城”！即便真的是受到西班牙人的入侵，试想印加帝国拥有万骑精锐的雄厚实力，难道会不敢和100多人的西班牙入侵者做殊死的抗争？恐怕说不过去。

印加人为什么要在如此之高的地方建这样的一座城市？他们为什么又弃之而去？这些谜团还有待后人去进一步解开。

重现于世的吴哥古城

历史总留下很多遗憾，光阴总在毁灭太多的珍奇。庞贝古城、玛雅文化遗址已让人们感慨不已，而吴哥古城更在丛林之中紧紧地吸引着世人的目光。

吴哥古城与埃及的金字塔、中国的长城、印度尼西亚的波罗浮屠并称为“东方四大奇观”，是柬埔寨的象征，它是人类文化宝库中的明珠。

12世纪上半叶是吴哥王朝全盛时期，信奉婆罗门教的高棉国王苏利耶跋摩二世，为了祭祀“保护之神”毗湿奴，同时炫耀自己的功绩，因此建造了著名的吴哥窟（小吴哥）。大吴哥位于吴哥窟的北部，是耶跋摩七世统治时期建造的新都。15世纪上半叶，吴哥王朝被迫迁都金边，曾经繁华昌盛的吴哥城杂草灌木丛生，逐渐湮没在茂密的热带森林之中。

吴哥城的规模非常宏伟壮观，周围护城河环绕。城内有各式各样非常精美的宝塔寺院和庙宇。位于吴哥城中心的是巴扬庙，它和周围象征当时16个省的16座中塔和几十座小塔，共同构成了一组完美整齐的阶梯式塔型建筑群。重现于世的吴哥古迹，其独特和永久的魅力令世人为之倾倒、赞服，同时又使人们产生了无穷的遐想和发现了许多难解疑点。

疑点之一，是谁建造了这座美妙绝伦的古城。在垒砌这些建筑时，完全依靠石块本身的重量和形状紧密相贴，丝丝入扣，浑然吻合成一体，而没有使用黏合剂之类的材料。时至今日，大部分建筑虽历经风雨沧桑，却仍岿然不动。而且这里的每一块石头都遍布浮雕壁画，精雕细琢，其技巧之娴熟、精湛，想象力之丰富、出色，使人难以置信，以至于长时间内都流传着关于吴哥古迹是天神的创造，不可能出自凡人之手的传说。吴哥古迹充分向世人展示了柬埔寨人民高度的艺术才能和杰出的智慧。

疑点之二，通过对吴哥城规模的估计，可推断出在这座古城最繁荣的时候，至少生活着近百万居民。可是这样一座繁荣昌盛的都城为什么竟会淹没在茫茫丛林之中呢？它的居民为什么消失不见了呢？有人猜测认为，是瘟疫或霍乱之类的疾病流行使他们在极短时间内迅速地全部死去。还有人揣测，也许是外来的敌人在侵占这座城市后，将这里的所有居民赶到某一地方做奴隶去了。

疑点之三，在柬埔寨历史上，放弃吴哥是一个具有重要转折意义的事件，它标志着一度强大的吴哥王朝的瓦解，那么，这其中是不是有别的因素呢？中国一些学者认为，这与暹罗人的不断入侵有关，正是这一入侵使得高棉人做出了撤离吴哥的最终决定。随着暹罗人的强大，高棉人不断遭受深重的灾难和巨大的损失。日渐衰退的国力使得高棉人无力应付暹罗人的挑战，于是只得采取回避的方法。O·W.沃尔特斯博士也持有相似的看法。但是他认为，吴哥王朝的衰败和抵抗力的丧失，并非完全是暹罗人所造成的，而是高棉王族之间内部矛盾斗争发展的后果，而暹罗人此时的入侵，导致了吴哥王朝放弃古城之举。

由于有关柬埔寨中古时代的史料的极其缺乏，重现于世的吴哥古城只能有待后人去做进一步的探索研究了。

“黄金之城”哈马丹

在中国古代，黄金意味着华贵极顶、高不可攀，因此方有“金屋藏娇”“书中自有黄金屋，书中自有颜如玉”之说。但是，古代的伊朗人却向世界宣称，在他们的国家里就有一座用黄金做成的城市，这就是伊朗人最初的国家——米底帝国的都城哈马丹。

“历史之父”希罗多德告诉我们，哈马丹城的建立者就是米底王国的创立者戴奥凯斯。但是关于戴奥凯斯这个人是否是真实的存在，人们在过去一直持怀疑的态度。即使后来人们在亚述文献中也发现了这个名字，学术界仍然有人认为亚述文献中记述的与希罗多德所说的并不是同一个人，此戴奥凯斯非彼戴奥凯斯。但多数学者倾向认为这两个人实际就是同一个人，即米底国家的创立者戴奥凯斯。

据说戴奥凯斯本来是部落首领的儿子，自幼就非常聪慧。长大后，他为了取得僭主地位，积极地在本部落中主持正义，于是被选为仲裁者。后来，他的美名逐渐传播开来，米底人一致同意选举他为国王，还给他修筑了一座与国王身份相配的宫殿，建立了一支禁卫军。随后，他又迫使米底人为他建造了一座城市作为新都，这就是今日的哈马丹，希腊人也称为厄格巴丹。哈马丹的建立，标志着米底帝国的开始，而戴奥凯斯也就自然地被认为是这个帝国的创立者。从这一点来看，它的出现很可能要大大早于戴奥凯斯时期。

关于哈马丹城的情况，希罗多德在书里做了详尽的描绘。他说，哈马丹城墙厚重高大，是一圈套着一圈地建造起来的，而且每一圈里面的城墙都比外面一圈要高。由于城市建筑在平原上，因此这种结构非常有利于防御外敌的进攻。据给希罗多德介绍情况的伊朗人说，哈马丹的城墙共有七圈，最外面的一圈为白色，长度大致等同于雅典城墙。第二圈是黑色的，第三圈是紫色的，第四圈是蓝色的，第五圈是橙色的，第六圈是白银包着的，第七圈是黄金包着的。而戴奥凯斯的王宫，就在镶着黄金的城墙之内。

希罗多德关于哈马丹有七圈城墙的说法，听起来更像个神话传说。世界上怎么会有如此奢侈的城市呢？特别是说最后两道城墙包上了白银和黄金，竟然用尊贵的黄金来装饰城墙！这就更像是海外奇谈，令人难以置信。不过文学作品中出现这样的描述，夸张必然不可避免，何况那个时代的西方人大都喜欢把东方描绘成人间乐园，似乎那里黄金遍地，满是财富。希罗多德就曾经这样对希腊人说："谁要是占有苏萨的财富，就可以和宙斯斗富。"而当时的苏萨城，绝对算不上西亚最富裕的城市。

根据同时代巴比伦人留下的楔形文字资料，以及后来的《亚历山大远征记》等的记载，我们可以得知，哈马丹城和两河流域其他城市一样，并没有七道城墙，也就更不存在什么金墙、银墙。历史上的哈马丹在伊朗语中确实有"聚汇之地"的意思，那是因为它不仅是米底帝国的政治中心，也是古代伊朗交通要道的中心，它维持着东西方繁荣的国际贸易，著名的丝绸之路就经过这里。

虽然没有任何文字资料，但是从亚述宫廷浮雕中我们还是可以看出米底王国里一般城市的大概情况。它们都拥有坚固的城墙和高耸的塔楼。城墙外环有护城河，足以抵抗强大敌人的进攻。而哈马丹作为米底最大的城市，也是米底反抗亚述的起义中心，自然更加雄伟坚固。同时，我们从希罗多德所说的可以得知，米底王宫离城墙很近，这与其他国的都城，如尼尼微和巴比伦情况很相似。那里的王宫与城墙也很接近，城墙本身就是王宫防御体系的一部分。

根据米底王国初期的情况判断，哈马丹城里可能是分部落或种族而居，每个居民区之间可能有围墙加以隔开。哈马丹的这些围墙加上宫墙和外城墙，总数可能正好是七道。当然，古代哈马丹城的街区也可能就和今天的情况一样，居民区就像蜘蛛网一般，一圈又一圈，围绕王宫形成了7个包围圈。

米底帝国灭亡之后，哈马丹成了古波斯帝国四大都城之一。古波斯历代帝王，每逢夏季都要来哈马丹的夏宫避暑。后来，哈马丹又成了塞琉西王朝在东伊朗的统治中心。安息时期，哈马丹一度又是安息的都城，而且还是丝绸之路中段的重镇之一。

哈马丹在伊朗历史上繁荣了长达2700多年之久，直到今天，它仍然是伊朗最主要的城市，并且还是伊朗农牧业生产的中心。但是，由于古波斯帝国时期的哈马丹遗址至今还没有进行任何发掘，因此，古代哈马丹城的真实情况，至今仍然笼罩着一层神秘的面纱。

不知什么时候才能揭开这层神秘的面纱，还哈马丹一个本色？

神秘山城蒂瓦纳科

在玻利维亚，有一座建立在高山上的石城，那就是蒂瓦纳科。尽管如今城门之内空寂荒凉，庙宇和宫殿也早成废墟，但是从残存的遗迹依然可以看出，这原是一座坚固而宏伟的城池，建筑雄壮而又严谨，四面是用巨大石块砌成的高高的城墙，宽阔的石阶通向雄伟的城门，每个城门都用整块的巨石凿成。特别是那些每块都大得惊人的巨石，在引起人们惊叹的同时，也让人们为之困惑：是谁建造了这座宏伟的石城呢？

印加人对这些他们到来之前就已经消失的蒂瓦纳科居民毫无所知。他们唯一记得的一个古老的传说是：蒂瓦纳科是在洪水退去之后，由来历不明的巨人在一夜之间建造起来的。因为他们不听从太阳会升起的预言，所以连同他们的宫殿一起遭到了太阳光线的毁灭。还有另一个传说：很久以前，突发的一场大洪水一直持续了60个昼夜，淹没了所有的城市和村庄。洪水过后，安第斯世界的造物主维拉科查来到蒂瓦纳科，这座石城就是他的手笔。人们在蒂瓦纳科找到了这位造物主的石像。他是个长着胡须的白人，他睁着一双大眼睛，嘴唇周围的浓髭与下巴尖削的胡须连在一起。可是南美的土著居民都是不留胡须的。因此，这个维拉科查究竟是谁，来自哪里，也成了考古学家们难解的谜题之一。

从20世纪50年代起，玻利维亚政府在著名考古学家庞塞·桑金斯的主持下对蒂瓦纳科进行了大规模的发掘和研究。他们由此得知，蒂瓦纳科的建造和发展，经历了1400年，时间跨度大约从公元前200年到公元120年，大体经过了五个时期。五座城市的遗迹彼此之间重叠交错，十分紊乱。但依然存有尚未解决的疑问。

最大的疑问，就是那种不可思议的巨石建筑技术。在史前的南美洲，这种巨石建筑屡屡出现，如马丘比丘、皮沙克和萨克塞胡阿曼等等，但最为突出的还是蒂瓦纳科。蒂瓦纳科所使用的巨型石块每块都重达数十吨以上，切割得非常完美，在整个巨石建筑群，石块之间拼接得天衣无缝，没有一处使用过灰浆或水泥之类的黏合剂，让人觉得，这些施工者们切割这些巨石就如同切割黄油一样轻而易举。而且这些巨石棱角磨圆，甚至表面都做了抛光。实在令人难以置信，古代的印加人用简陋的石镐就能完成这一切。

在蒂瓦纳科的西南端，有一处废墟，是蒂瓦纳科的最大建筑之一，名叫普玛·普库。因为它已经彻底倾颓，所以今天的人们已经不知道它原来是宫殿还是庙宇，但它的废墟仍非常宏伟。其中最大的一个巨石平台，长40米，宽7米，高2米，估计重达1000吨！这些巨石如同用最先进的机器、硬钢铣刀和钻机制作出来的一样，加工得非常精细，全部经过打磨和抛光。更令人无法置信的是，在那里还发现了一些大石块制成的预制建筑构件，这些构件上有多处精确的凹槽、轨道和孔洞，几何形状非常复杂。有人曾做过一个模拟实验，将其中3块预制构件的准确数据输人电脑，电脑很快就显示出，这些凹槽和轨道相互咬合得天衣无缝。也就是说，不用任何灰浆就能筑起一道没有缝隙的围墙。考古学家检测认为，这些巨石是从200千米以外运来的，因为蒂瓦纳科附近并没有采石场。但是，采石场与蒂瓦纳科之间的道路状况非常糟糕，即便是现在最杰出的工程师，配合上最现代的科学技术，恐怕也没法搬运这些巨石。更何况当时的印加人就算有可以负重的家畜，也没有发明车轮。

蒂瓦纳科西北不远就是的的喀喀湖。20世纪60年代，潜水员在湖底发现了一些建筑和石块铺成的道路。这些石块琢磨精细，如同巨型的智力测验拼图。

在印加人中流传着这样的传说：湖底淹没的宫殿是大洪水前的建筑。的的喀喀湖的芦苇岛上住着乌罗人。他们自称，当世界还处于黑暗中时，他们就已存在了。的的喀喀湖也与另一个谜一样的地方——复活节岛的称呼一模一样，同样被称为“世界的肚脐”，这又是怎么回事呢？

考古学家和史学家们不得不承认，对于蒂瓦纳科的一切，我们还知之甚少。

塞外雄关玉门关之谜

一提到玉门关，人们便会联想起大漠孤烟、缭绕烽火和离愁哀怨的画面。

这在很大程度上是由于唐代诗人王之涣那句“春风不度玉门关”给人们的印象太深刻了。

其实，1000多年前，玉门关是一个繁华的边关。那里万里晴空鸿雁高飞，茫茫旷野驼铃急促，商队络绎不绝，旅客川流不息。沿着这条道路，中国把美丽的丝绸，精致的瓷器，特产的茶叶，独到的中草药，率先发明的火药、造纸和印刷术通过这条“丝绸之路”传送到世界各地。同时，中国又从“丝绸之路”上输入了不少有用的东西，例如苜蓿、菠菜、葡萄、石榴、胡麻、胡萝卜、大蒜、无花果等原来没有的作物，渐渐从西域到内地落地生根。汉朝时，从伊犁河流域引进乌孙马，从大宛引进汗血马。从丝绸之路还传来了西域各地的音乐、舞蹈和宗教，使中华文化艺术吸取了新的养料。

玉门关地处“丝绸之路”的咽喉要道，控制着河西走廊以西的北线。翻开地图，在甘肃西部边陲地区不难找到“玉门关”。然而，这是现代的玉门关市，它与历史上的玉门关名同实异。现在的玉门关市，是中国大西北的一座石油城。

根据古籍记载，玉门关在敦煌西北90千米的地方，人们在这一带的荒漠之中，发现了一个名叫小方盘的土城堡，它曾经被认为是汉代玉门关遗址。登上古堡远眺，它的北面，有北山横亘天际，山前有疏勒河流过。残存的汉长城由北向南，连贯阳关。在这里还发现过写着“玉门都尉”的木简。看起来像是“铁证如山”，小方盘定是玉门关无疑。

然而，对这座里面仅有几间土房，大小与北京的四合院相差无几的古堡，今天也有人提出了质疑：难道当年设有重兵守备、通往西域的重要交通孔道，竟是这样的一个小据点?

虽然，人们对于汉代玉门关的故址莫衷一是，但是，人们宁愿把这仅存的古堡视为玉门关的遗迹。千百年来，多少人千里迢迢来到这里瞻拜，登上古堡，遥望大漠，追忆祖先的光辉业绩。在古炮台上，人们会思念起汉朝大将李广利挥麾浴血奋战的壮烈场面，可以“听到”唐朝诗人王昌龄“黄沙百战穿金甲，不破楼兰终不还”的豪迈歌声。

津巴布韦的奇怪遗迹

“津巴布韦”一词源于班图语，意为“石屋”或“受敬仰的石头城”。津巴布韦及其周边共有200多座规模不同的石头城，不论从国名、国旗、国徽和硬币上，石头城都被当作这个国家和民族的象征，可见当地人颇引以为豪。

津巴布韦的居民大部分为马绍纳族和马塔贝勒族人。马绍纳人把散布于当地的200处大小石头建筑的每一处废墟称为“津巴布韦”，而把位于维多利亚堡东南部（距首都哈拉雷以南320千米处）的一大片石头城的废墟称为“大津巴布韦”。

据一个古老的传说，大津巴布韦遗址，是希巴皇后的首府，在11到15世纪期间，关于绍纳城的班图文化有一段独特的描述。这座城市，面积将近80公顷，在中世纪作为重要的贸易中心而闻名。

大津巴布韦遗址三面环山，整个的遗址范围包括山顶的石岩和山麓的石头大围圈及其东面的一片废墟，它们共同组成了相互联系的建筑群，而另一面则是波平如镜的凯尔湖。据考证，这座石头城建于公元600年前后，是马卡兰加古国的一处遗址。遗址的地势很理想，有着肥沃的土壤和充沛的降雨量，这些对一个民族的壮大和繁荣起着重要的作用。有三组建筑：早期的一些卫城（或称山地要塞）；由一堵很高的石墙围成的椭圆形的围场（或称庙宇）；以及在卫城和围场之间河谷中的各类建筑遗址。古城分为外城和内城两部分，外城筑在山上，城墙高10米，厚5米，全长240米，由花岗岩巨石砌成。内城建在山坡谷地，呈椭圆形。城内有锥形高塔、神庙、宫殿等，都由石块砌筑，而且这些建筑的入口、甬道和平台等都是在花岗岩巨石上就地开凿出来的。

有关津巴布韦遗址奇观的传说，大约在中世纪就通过阿拉伯商人传到了欧洲。然而，在阿拉伯人的传播中，却把津巴布韦与所罗门王的名字连在了一起。这样一来，当欧洲人发现这个废墟时，误认为这就是所罗门王的藏宝之地。

最先把这个奇迹公之于世的是1871年来到这里探险的德国地理学家卡尔·莫赫。他描述道："那是一大片聚在一起的石造建筑物，全没屋顶，都用灰色的花岗岩石块以精巧的技术建成，有些石块还曾雕琢。山上那些高大的石墙，分明是欧洲式的建筑。"

莫赫进入城内做了一番考察，找到了一些线索，证明石头城的最初建造者们生活富裕、势力强大。然而，对于究竟是什么人、在什么年代以及为什么要建造这么庞大的石头城等诸多疑问，却毫无线索。但是他认为，石头城的建造者不可能是非洲人，更不是当地卡兰加人的祖先所为。

早期大津巴布韦的探险家一直认为，这些建筑不是非洲人自己造的，而是其他外来民族造的。然而，试图证明外来民族曾在此居住的努力已归于失败，许多试图证明这类观点的材料也被一一否定。莫赫的这种说法也许同样不足为信，但他于1876年出版的有关津巴布韦的报告，却引起了世界各地不少学者和探险者们的兴趣，他们开始相继前往大津巴布韦考察。

不朽的摩索拉斯陵墓

一提到陵墓，恐怕绝大多数人的第一感觉是毛骨悚然。但人们却争先恐后地想要目睹土耳其的一座远古时代的坟墓，这就是被称为“世界七大奇观”之一的“摩索拉斯陵墓”。

围绕“摩索拉斯陵墓”流传着许多似是而非的故事，散发着一种神秘的气息。陵墓的主人是古代小亚细亚加里亚国王摩索拉斯（？~公元前353年）。加里亚是当时阿那托利高原西南部的一个小国，受波斯帝国的统治。公元前395年，摩索拉斯王下令破土兴建自己的陵墓，然而直到公元前353年驾崩陵墓尚未完工。王后阿尔特米西娅二世继承了摩索拉斯王的未竟事业，陵墓在公元前351年竣工，摩索拉斯王终于可以瞑目于地下了。

这座陵墓刚一建成就声名远扬，令人叹为观止。古希腊—罗马时代的旅行者安提巴特将其与古埃及的胡夫金字塔相提并论，一起列入“世界七大奇观”之列。即使在其建成1500年之后，拜占庭人、帖撒罗尼迦优斯塔修斯主教目睹这一建筑物后还评论道：“摩索拉斯国王的陵墓过去曾是，现在仍是一个真正的奇迹。”

这座堪称希腊古典时代晚期陵墓方面最有名的建筑是由摩索拉斯委托当时的建筑行业权威萨蒂洛斯和皮塞奥斯修建而成。陵墓是一座神庙风格的建筑物，由来自帕罗斯岛的雕饰华丽的白色大理石建成，造型并不完美，但规模十分宏大。

整座建筑由3部分组成。底部是高达19米，上平面长39米，宽33米的高大、近似于方形的台基，内有停棺。台基之上竖立着一个由36根柱子构成的爱奥尼亚式的珍奇华丽的连拱廊，高11米。最上层是拱廊支撑着的金字塔形屋顶，由规则的24级台阶构成。有人认为这一数字象征着摩索拉斯的执政年限。陵墓的顶饰是摩索拉斯和王后阿尔特米西娅二世的乘车塑像，高达4米。驷马战车疾驰如电掣，人物雕像惟妙惟肖。这是典型的希腊作品，也是世界艺术史上著名的早期写实肖像雕刻作品之一。这座底边长约39米、宽33米的长方形陵墓就这样一直向空中延伸至约50米，相当于20层楼的高度。抬头仰望，可见陵墓悬在空中一般，高耸入云，蔚为壮观。有人说，这位太阳神赫利俄斯之子要效法高贵的埃及法老，去触摸太阳。

不仅外表恢宏，陵墓内部非常精美的装饰、雕塑和众多的雕像，也为这座宏伟的建筑物增添了不少光彩。史学家认为这些杰作均出自包括斯科巴斯、利俄卡利斯和提摩西阿斯等这些当时著名的艺术家之手。内室的三处浮雕装饰尤为引人注目：第一处是马车，第二处是亚马孙族女战士和希腊人作战的情景，第三处是拉皮提人在和半人半马的怪物争斗。由于岁月的侵蚀，如今的游人只能欣赏到浮雕中亚马孙族女战士和希腊人作战场景的残片，但仅此一点就足以令人想象得出这座宏大的纪念性建筑当年不同凡响的风貌。

有人猜想，摩索拉斯陵墓可能并不只是一位国王的墓葬，而是为了纪念和缅怀整个埃卡多米尼迪王朝修建的陵墓，是一座家族的坟墓。新近发现的雕塑进一步支持了这个新的推测。这些塑像大致有三种规格：与真人相仿的自然型、2米左右的英雄型和3米左右的巨型。摩索拉斯和阿尔特米西娅二世（已受损）的雕像属于最后一种；另外10座巨型塑像的残片也被辨认出来了。

1966～1977年，一支由土耳其和丹麦联合组成的考古队首次发掘出了陵墓的地下墓室，发现它是由一个位于中央的房间和前面两个门厅构成的。这个墓室位于地基的西北角，并没有和建筑物中心连在一起，入口用一块几吨重的巨石封闭。经过进一步的调查研究，最终证实，这座陵墓原来是建在一片墓地里的，而这片墓地直到公元前6世纪还在使用。这似乎又为上述的猜测提供了有力的证据。

令人费解的另一个问题是，为何要选择在这生机勃勃的地中海城市的中心建陵墓呢？有人从古希腊人的价值观角度试图对此做解释，因为在古希腊的文化氛围里，这种坟墓并没有不体面与阴森之嫌。

在希腊人看来，死者的世界，出没着可怖的幽灵，黑暗而寂静，因此人死后就会过着暗无天日的生活。唯一的解脱之法就是：

在生前就尽可能地为自己赢得死后的荣誉，如此一来，亡灵就能够存活于活着的人的意识之中；这样就能够超越死亡，获得生命给予的永恒的意义。摩索拉斯王或许就是这样做的，他也确实因此而名留史册了。

然而，公元15世纪前，摩索拉斯王的躯体所依赖之物却在一次大地震中受损。1402年，汪达尔人圣·乔万尼率领的骑兵征服了哈利卡纳苏斯，他们对于这座异教徒的艺术之殿不仅毫无仰慕之情，反而视若眼中钉。1494年，统治者们为了加固要塞，便毫无顾忌地把陵墓当成了采石场，甚至连很小的碎片都被送进了石灰碾磨厂，然后用于大规模建造他们的堡垒圣·彼得堡。人祸甚于天灾，最终彻底毁灭陵墓的正是人类自己，摩索拉斯的陵墓就这样渐渐被毁掉了。好在有少量浮雕幸免于难，其中就包括那件由大理石雕成的亚马孙族女战士的浮雕，它现今依然保存在英国博物馆内供后世的人们前去观瞻。

罗马确是一天建成的

罗马帝国确实是于公元前625年8月13号从日出到日落这一天之内开工并完工的！考古学家们出示的证据就是一个卷轴，也就是一份由朱利叶斯–凯撒本人亲自签署的文件、合同。

这份拉丁文的合同的其中一部分翻译过来就是：我们巴比伦AlJeida建筑公司同意在公元前625年8月13号这一天开始动工并完成罗马帝国建筑的修建，如果我们不能在帝国指定的时间内完成，凯撒大帝可以砍下我们的脑袋去喂狮子。

考古学家们并没有发现任何被吃掉的脑袋的残渣的化石，因此认为工匠们一定是在一天之内完成了罗马城的修建。

建筑师弗雷德说：“在一天内，我的工程队连一垛清水墙都完不成。根据这张罗马城的模型图来看，我的公司要花上数百年才能完成整个罗马帝国的修建工作。”

人们从学校的课本上得知，罗马帝国覆盖了28万平方米的土地，其中包括数个城市、小镇，数条河流，多座山，多个大剧场，许多导水管、排水沟、拱门、博物馆、镀金大教堂等等。这一切要在一天之内完成，绝对令人难以置信。

实际上，这份凯撒大帝的文件就和都灵的裹尸布一样，可信又可疑。科学家正在使用碳定年的方法估算这份卷轴的真正年纪。如果文件上所述的情况属实，那么科学家、建筑家们又要准备去解开新的谜题了。那个时代的人们是如何在一天内完成了28万平方米的罗马帝国的建造的呢？

历史学家罗杰斯认为，这些就和金字塔一样是千古之谜，我们只能想象是那个时代的人所掌握的一些东西失传了，而我们现代人的技术无法跟进。他们先修建了金字塔，然后修建了狮身人面像，接着又建造了西尔斯塔等等，奇特而神秘的建筑举不胜举。即便那个时候动用了多达800万的埃及奴隶，但现在依靠这些不再被称做奴隶的雇工，我们也依然很难或者说几乎做不到。

重见天日的古罗马庞贝城

在意大利半岛西南角坎佩尼地区有一座历史悠久的历史名城——庞贝城。它曾经是一座背山面海的避暑小城，是一座人口超过2.5万人的酒色之都，富人们在那里寻欢作乐。然而就在一夜之间，一切都灰飞烟灭了。

公元79年8月24日这一天，维苏威火山突然苏醒过来了。火山骤然喷出的灼热岩浆遮天蔽日，浓浓的黑烟裹挟着滚烫的火山灰，铺天盖地地向庞贝城席卷而来，空中是令人窒息的硫黄味，令人头昏脑涨。很快，厚约5.6米的熔岩浆和火山灰就毫不犹豫地将庞贝城从地球上抹去了。

1748年，一位当地的农民偶然发现了这座在地下埋葬了1000多年的庞贝城。但直到今天，也只有3/5的庞贝城被考古学家们发掘出来，仍有许多死难者、器具和建筑物被深深地掩埋在地下，但富丽堂皇的庞贝城依然引起了人们的无限遐想。

庞贝城占地面积1.8平方千米，用石头砌建的城墙周长4.8千米。纵横的4条石铺大街组成一个“井”字形，将全城分割成9个区，其中有14座塔楼，7个城门，非常壮观。每个城区中又有很多大街小巷，彼此相通，金属车轮在大街上辗出了深深的车辙，历历在目，仿佛刚有马车驶过一般。

每个大街的十字路口都设着高近1米、长约2米的石头水槽，用来向市民供水。水槽与城里的水塔相通，而水塔的水则是通过砖石砌成的渡槽从城外高山上引进来的，然后再分流到各个十字路口的公共水槽中，贵族富商庭院的喷泉和鱼池也因这个系统得到了供水。

庞贝城里还有3座大型剧场，最大的一座位于城东南，建于公元前70年，可容纳观众2万人。也可以当作角斗场，当年人与人、人与兽的角斗就曾在这里举行。这座大型剧场的东侧还有一座近似正方形的圆形体育场，边长约130米，能容纳观众1万余名。场地三边用圆柱长廊围住，黄柱红瓦，气势恢宏。场地正中是一个游泳池。城西南有一个长方形广场，是全城政治、经济和宗教中心，四周建有官署、法庭、神庙和市场。

庞贝城明显有两多：一是妓院，二是酒馆。妓院的墙壁上满是春宫画，各种各样不堪入目的场画在墙壁上随处可见。城内酒店林立，店铺不大，酒垆与柜台都在门口，酒徒可以站在柜台外面喝酒，他们在一些酒店的墙壁上信手涂鸦留下了的歪诗邪文，至今依然可辨。城市至少建有一座公共浴室，不但冷热浴、蒸气浴样样具备，还附有化妆室、按摩室，装修也十分到位，墙上还用石雕和壁画装饰着。

与埋在地下20～30米深且被新城覆盖的赫库兰尼姆相比，庞贝城埋在地下的平均深度为3.6米，较易发掘，但要把那么多的泥石运走，也并不容易。

一座死城就在科学家们的努力下重见天日，它反映了古罗马时代城邦居民的日常生活，是一座世界少有的天然历史博物馆。整个庞贝遗址用外墙围成，不准任何人居住，更不准车辆入内，而在遗址的外围，逐渐形成了一座几万人的游览城市。

第七章

异域魔境的神秘地带

朦胧中的“佛灯”

被世界著名气象学家、已故中国科学院副院长竺可桢先生列为庐山三大疑案之一的“佛灯”，千百年来，一直悬挂在人们的心头。

佛灯，又称圣灯、神灯。《庐山志》记载，早在1000多年前就有人发现了这种神异的灵光。但是那时只能将这种现象传为一种神话。而且，因为佛灯最早出现在天池山文殊台下，因此古人便以为是文殊菩萨的化现之光。

南宋时，天池山上建有天池寺，一日诗人周必大游山时来寺住宿。当天晚上，他便在山上看到半山腰间如繁星闪烁着许多火光，忽明忽暗，飘忽不定。他随即便将这一难得一见的景象记述下来，说那灯火“闪烁合离，或在江南，或在近岭，高者天半，低者掠地”。“天池佛灯”从此有了正式记载。500多年前的明代学者王守仁在天池寺留宿时同样看到了佛灯，并写下了著名的《文殊台夜观佛灯》一诗，诗云：“老夫高卧文殊台，拄杖夜撞青天开，撒落星辰满平野，山僧尽道佛灯来。”

无论是周必大还是王守仁，抑或其他人，都没有也无法对佛灯的来历作出合理的解释。与周必大同时代的朱熹对此怀疑是“地气之盛”。而另一位学进王廷珪则认为是“唐会昌中，二僧藏金像于锦绣谷腾溢而出之祥光”。但是这些解释都显得神乎其神，难以令人信服。

近代出现了较为接近科学的说法，指出这种火光为夜间山谷中的磷火。但是，1930 年天池寺住持高慧见到的又与磷火有所不同。他在大雷雨过后看到似乎有数百支巨大的电光由岩底直往上升，通明的电光照在室内地下，还可以捡到针和芥菜籽。

1981年底，一位在海军航空兵服役的飞行员郭宪玉，依据他本人多次的经历，提出佛灯是“云层对星光的反射”所致。他经常在无月的夜间飞行，飞机在云上就可以看到天上地下好像都有许多是星星。

多年专门从事气象学研究的庐山云雾研究所的江祖凡先生赞成这种新观点，他还从理论上对此作了阐述：“庐山云海对光线的反射率为20%～78%（100～500 米厚层积云），天空中一等星星光经反射后变成了二等星或三等星，二等星变三等或四等星，其余类推。平时人的肉眼能看到的颗数与云层的大小、位置和运动有关，多则几百颗，少则几十甚至几颗。而且云层在运动，被它反射的星光也在动，造成忽明忽暗，时聚时散，神秘莫测。”依据这种特点，他认为佛灯的现象，一般是在无月的条件下才会产生。

郭宪玉和江祖凡的见解虽然不无道理，但佛灯形成与其他自然因素的必然联系，似乎还未完全解释清楚。比如，形同天池山的地理环境与自然条件在庐山比比皆是，无月的夜晚在庐山比平地多得多，然而佛灯却极少出现，许多生活在庐山一辈子的人也无缘得见，是否除天池山一地，偌大个庐山就都“地气不盛”呢？又如1000多年来，为什么只有“天池佛灯”的传说和记载？

可见，人们对“佛灯”的认识依然是朦胧的、神秘的。尽管近年来在科学研究上已经得到了一些认识上的突破，但仍无翔实的论证材料足以说明佛灯的来源，依然如江祖凡所说的“千古之谜——天池佛灯，正等待人们去揭晓”。

中国“魔鬼谷”

位于新疆、青海交界处的巍巍昆仑山区，有一条神秘而恐怖的山谷——那棱格勒河中上游的魔鬼谷。

魔鬼谷西起若羌境内的沙山，东到青海省内的布伦台，全长100千米，宽约30千米，海拔3000 米。谷地南有昆仑山主脊高耸入云，北有祁连山阻隔着柴达木盆地。夏天，百花齐放，蜂蝶飞舞；秋天，美丽的金山草原上游荡着成群结队的野牦牛、野驴、藏羚羊、黄羊；冬夜，山川大地银装素裹，玉树琼枝，寒星闪烁，明月如盘。一年四季无不充满诗情画意。但是，谁能料到，这空旷而静谧的美丽山谷呈现的不过是暂时的安宁。因为眨眼之间就可能变天：乌云翻滚、电闪雷鸣、天昏地暗、飞沙走石；导致树木横飞、草木烧焦、牲畜毙命。谷中处处可见沤烂了的动物骨骸、猎人的枪和淘金者的尸体，令人不寒而栗！

当地更流传着一些骇人听闻的故事。有人说，山谷中居住着一群食人的魔鬼。有人说，山谷中隐匿着一些力大无穷的食人怪兽。这里渐渐成了人们不敢涉足的禁区。有时胆大的或迷路的牧民进入谷中，也大多一去不复返，而这更增添了魔鬼谷的恐怖和神秘之感。

多少年来，这个地方有两个谜团一直无法解开：一是山谷的牧草为什么出奇的繁茂？一是如此美丽的牧场为什么成了牦牛和畜群的坟场？

考察队测定后发现，这里的磁场强度非常高。这里的地层，除了分布着大面积的三叠纪火山喷发的强磁性玄武岩外，还有大大小小30多个磁铁矿脉及石英闪长岩体。正是这些岩体和磁铁矿产生了强大的地磁异常带。夏季，它使因昆仑山的阻挡而沿山谷东西分布的雷、雨、云中的电荷常常在此汇集，形成超强磁场。一旦遇到异物，便会发生尖端放电即产生雷击现象，使人和畜瞬间死亡。巨大的磁力还导致了指南针失灵，仪器不准。

考察队还探明了造成另一奇异现象的成因，那就是为什么有时找不到死去的人和动物的尸骨。原来，这里是中国多年冻土层的分布区之一。冻土层的厚度高达数百米，形成一个巨大的地下固体冰库。夏季，近地表的上层冻土融化，形成地下潜水和暗河，只是地表面常为嫩绿青草所掩盖，因此不容易被人们发现。一旦人畜误入，而草丛下的地面塌陷，地下的暗河就会很快把人畜拉入无底深渊，甚至使其随水漂流远方，所以才会造成找不到尸首的情况。

那棱格勒魔鬼谷雷暴频繁。夏季雷暴日多达50多天，是昆仑山中其他地区的6倍。每当雷电风雨交加的时候，雷电在杀害那些在谷地中啃吃牧草的野牦牛等牲畜的同时，也给谷地的土壤带来了丰富的天然化肥。要知道，空气中的氮是一种惰性气体，它在常温下不易与氧结合；但是一旦碰上雷电等高温条件，它就与氧化合成二氧化氮天然化肥。可见，雷电造成了谷地牧草的异常茂盛，吸引着牲畜来此就餐，然后又亲手杀死了它们。大自然的矛盾循环，生生不息，往往在超出人类理解的平衡之中发展。

鄱阳湖的“魔鬼三角”

中国的鄱阳湖，碧波荡漾，水天相连，渺无际涯，这片美丽富饶的湖水养育了世代居息的湖边人，但谁能想到，它也制造了一起起船毁人亡的悲剧呢?

60年代初，一条渔船从松门山出发北去老爷庙，但是船行不远便倏然沉入湖底，消失在岸上送行的老百姓的目光中。

1985年3月15日，凌晨六时半，一艘载重25吨，编号“饶机41838号”的船舶沉没于老爷庙以南3千米处的浊浪中。

1985年8月3日，江西进贤县航运公司的两艘各为20吨的船只，在老爷庙水域葬身湖底。同日同在此处遭此厄运的还有另外12条船只！同年9月，一艘来自安徽省的运载竹木的机动船在老爷庙以北附近突然鸣笛熄船。岸上的行人目睹船手们抱着竹木狂呼救命，逃到岸上后一个个吓得魂不附体，再也不敢回头望浊浪翻滚的湖面。这一年在老爷庙水域沉没的船只多达20多条！

1986年3月15日，江西省丰城县小港乡编号为“丰机29356号”，载重量为20吨的机动船，在老爷庙水域航行。突然，狂风骤起，波浪腾卷，顷刻间，大船挣扎着沉入湖底。

1988年，又有数十条船只在此水域沉没。

经过多次测算、反复查阅沉船事故记录后，考察队发现老爷庙沉船事故多发生在每年春天的三四月。这一时期，无论是白天还是夜晚，过往的船只常常面临着被巨浪吞没的危险。而且奇怪的是，出事的当天，往往或晴空丽日、蓝天白云，或明月当空、繁星点点。而在阴雨天却从未发生沉船事件。考察队员们对此百思不得其解，这似乎成了谜中谜。

另外，考察队员们还注意到，70年代中期，在鄱阳湖西部地区，曾有人目睹了一块呈圆盘状的发光体在天空游动，时间长达八九分钟之久。当地曾将这一情况报告上级有关部门，但是有关部门并未能够作出建设性的解释。所以有人猜测，是因为“飞碟”降临了老爷庙水域，像幽灵在湖底运动才导致沉船不断。但是这一猜测显然缺乏科学依据。

考察队在对老爷庙进行精确测量后，意外地发现，老爷庙的建筑正好处在落星山的东西线的上下正中，三角形庙体的三个直角和平面锥相等，且丝毫不差。这使得人们无论站在哪个方向都始终与老爷庙面对面。而经过科学的调查，考察队终于发现制造大风的“罪魁祸首”竟然是风景秀丽的庐山！

老爷庙水域最宽处为15千米，最窄处仅有3千米。而这3千米的水面正是在老爷庙附近。在这条全长24千米水域的西北面，傲然耸立着的正是“奇秀甲天下”的庐山。庐山海拔1400多米，离鄱阳湖平均距离仅5000米，其走向与老爷庙北部的湖口水道平行。

就如同我们在空旷的地带没有感觉，而经过一狭窄的小巷顿感风阵阵吹来一样，“狭管效应”能够加快风速。庐山东南峰峦正是为风速加快提供了天然条件。当气流自北面南下时，即刮起北风时，庐山的东南面峰峦使气流受到压缩。按照流体力学原理，气流由此开始加速，当涌向仅宽约3000米的老爷庙处时，风速达到了最大值，产生了怒吼的狂风。有风方才有浪。波浪的冲击力是强大的。鄱阳湖水面刮六级大风时，即波浪在大风日高达2米。而此时每平方米的船体将遭到六吨冲压力的冲击。这就是说，一艘载重量20吨的船舶，其船侧面积按20平方米计算，那么波浪对其的冲击力将达到 120吨，超出船重量的五倍。正是大风狂浪使这块神秘水域沉船频繁，据调查显示，船舶沉没，大多数都是风起浪激作用的结果。近几年间，每年均有10多条船由此沉没或被浪击毁。其中，风浪最为肆虐的事故多发地点在一块呈三角形状的大水面上，约占整个水域面积的70%左右。

老爷庙水域的“魔三角”之谜似乎就此已经基本上解开了。但是否果真如此，因为依然无人去观测这其中所涉及的水域底部地形地貌等，而这也不属于气象科研人员研究的范畴，仍然需要今后进一步的探究。

专“吃”儿童的森林

在美国加利福尼亚州，有一片神秘的安琪儿森林。

几年间，那里莫名其妙地失踪了很多人，而且全是八九岁的儿童，更不可思议的是，他们都是在距离周围的人数米范围内、无声无息地就消失不见了，而事后又找不到任何线索。为此，该森林被叫做“拐孩林”。

最早的一起儿童失踪案，发生在1957年3月的早晨。当时8岁的汤姆鲍曼和他的父亲、姐姐及两位堂兄在林间散步，汤姆仅仅是往前多走了几步，就再也未能露面。闻讯而来的警察和400名志愿搜索者苦苦寻找，但半点蛛丝马迹都没有。汤姆上天了还是入地了呢?

此事发生了7个月之后，名叫贝克和黑威尔的两名儿童也在这附近莫名其妙地失踪了。到了1960年7月，又有一个名叫克洛曼的8岁男孩突然失踪在林间。这几个案例令人迷惑不解而又心怀恐惧。是暴力狂的暗算，还是别的什么原因呢？这些都需要人们做进一步的调查。

硅谷中的“鬼屋”

说起硅谷，想必谁都不会觉得陌生。这个全世界信息技术最发达的地方充满了理性和科学的气息，但令人难以置信的是在这个地方却有一座“鬼屋”。

加州硅谷280号公路旁有一片豪宅，从外面看起来，这是一栋维多利亚式的漂亮建筑，英文名称为Winchester Mystery House。这座建筑物高达7层，有160个房间，并不像是生存着厉鬼的荒宅。

事实上，这栋建筑物的房间结构怪异，通往主人卧室的楼道异常狭窄，只有身材瘦小并且在1.34米以下的人才能进得去；还有一些房间，人进了门要么就看见一面墙壁，要么就直接落在花园里，显得非常阴森，诡秘异常。女主人温切斯特夫人相信迷信，对数字13非常着迷，因此屋里很多东西都是13个：第13个厕所有13面窗户，原本有12盏煤气灯的吊灯她又加了一个支，非得挂上13盏灯不可，就连厨房水池里的筛子眼都造成13个。她的遗嘱也有13段，并签了13次名。

温切斯特夫人正是这栋建筑的修建者。她的女儿夭折，丈夫早亡，她把这一切归罪于让他们家富裕起来的来福枪——那些卖出去的枪支沾染了太多人的鲜血，所以她害怕死在那些枪下的人会来找她索命，于是就修建这栋建筑来躲避“鬼魂”。

神秘莫测的科罗拉多大峡谷

有人说，在太空唯一可用肉眼看到的自然景观就是科罗拉多大峡谷。这个大峡谷位于美国亚利桑那州西北部科罗拉多河中游、科罗拉多高原的西南部，是地球上最为壮丽的景色之一。

科罗拉多大峡谷是世界上最长的峡谷之一，起于马布尔峡谷，

科罗拉多大峡谷的奇特地貌

终端为格兰德瓦什崖，全长446千米。峡谷顶宽6～28千米，最深处1800米，谷底两岸的宽则小于1千米，窄处仅120米，从谷顶到谷底需3至4小时。两侧的谷壁呈阶梯状，山石多为红色。谷底水面不足1000米宽，夏季冰雪融水，流下之后水深增至18米。从谷底至顶部沿壁露出从前寒武纪到新生代各期的系列岩系，水平层次清晰，岩层色调各异，并含有各地质时期代表性的生物化石，故有“活的地质史教科书”之称。

1933年，3位修路工人在峡谷里一个偏远的洞穴中发现了3个动物雕像。每个小雕像高度不到一尺，都用整根柳枝制成，仿佛是有人故意放在这个荒无人迹的洞穴里的宝藏。此后，又有500多个这样的小雕像陆续地被发现。它们大小不一，最小的不到3厘米，大的超过30厘米，但都是用完全一致的方法制作而成。它们都以柳枝为材料，先将其纵向劈开，只留一端相连，然后经过一番巧妙的折叠缠绕，一个个栩栩如生的动物雕像就此形成了，或是一只鹿，或是一只羊——这些动物都是印第安人重要的食物来源。

经过碳同位素年代测定，这些雕像的创作时间位于公元前2900年到公元前1250年之间，它们是在大峡谷中发现的最古老的文物。

这些小雕像都是在石灰石岩洞里发现的，通常被放在洞穴的平坦的石头底下或小石冢下。石灰岩是大峡谷中最难攀登的地质层，其陡峭的悬崖峭壁既无手扶之处，也无立足之地。有些洞穴极难攀登，即使现代的攀岩者也必须借助专业攀岩工具才能到达。没有证据能够表明古印第安人在这些洞穴里生活过，而且也一直没有发现附近有人类活动的遗迹。更没人知道当时的人们为什么要制作这些雕像，现在只能假设这些雕像可能与打猎活动相关。在大峡谷国家公园博物馆收藏的小雕像中，有的用枝条象征着长矛和标枪插入羊或鹿的身体里。历史学家认为这是宗教仪式中使用的一种“神物”，是为了增强猎手的勇气和技能。

大峡谷的秘密不仅限于史前时代，今天生活在大峡谷中的哈瓦苏帕人的生活也同样充满了神秘。“哈瓦苏帕”在当地语言中的意思是“蔚蓝水边的居民”。他们生活在大峡谷底的哈瓦苏溪谷中，一条古老的小路蜿蜒而下，跨越了4种不同的地质层，在一片红色的沙土之外渐显宽阔，眼前就呈现出了古老的苏帕村。这就是美国西部最具田园诗意的天然绿洲。哈瓦苏帕人最早与欧洲人接触是在1776年，那时他们早已学会了如何适应这里不同寻常的气候状况。春夏和初秋之际，他们在峡谷里耕种收割；到了冬天，他们就返回到两边的高地上，在海拔2000米的地方过着狩猎的生活。如果逆流而上，几千米处就是大峡谷中流量最大的一股泉水。因为含有碳酸钙而呈现蓝绿色的泉水沿着溪谷奔腾而下。

海底坟墓

美国东北部纽约港的海底，静静地躺着一艘曾让美国海军引以为豪的战舰。它在神秘沉没后却又成为令人疑惧的海底坟墓。这就是“圣迭戈”号。

1918年7月19日，虽然第一次世界大战还没结束，但是大西洋这个天然屏障保证了美国本土人民的和平，欧洲的战火似乎很遥远，因此美国东北部纽约港长滩吸引着许多观光客前来享受大海的温馨，一时间游人如织。此刻，一艘大型战舰进入了人们的视野，这就是美国海军大型战舰“圣迭戈”号战列巡洋舰，它正从美国北部新罕布什尔州普茨茅斯军港驶向纽约港口。

其实，“圣迭戈”号是后来的称呼。在1904年下水的时候，人们叫它“加利福尼亚”号。该舰全长100米，宽约23米，人员编制为829名，于1907年正式服役。1914年第一次世界大战爆发后，它正式更名为“圣迭戈”号，成为美国海军太平洋舰队的旗舰，巡游在浩瀚的太平洋上。美国参加“一战”后，它加入了对德海战，并于1917年7月通过巴拿马运河进入大西洋，负责护卫美国海军战舰作战。它是美国海军的一大骄傲，它既有战列舰的身躯又有巡洋舰的作战性能。一旦开战，它可以对多个方向的敌舰进行猛烈轰击，可谓一座威力巨大的海上作战平台。它配备有32门火炮，包括14门150毫米火炮和18门70毫米火炮，拥有强大的火力作战系统正是它最大的优势。

然而就在“圣迭戈”号继续向长滩行驶时，灾难降临了。大约11时5分，巡洋舰下面突然传来了巨大的爆炸声。爆炸虽然发生在水下，但是因为声音太大了，连附近的岛民和海军后备站的军官都听到了。所有的水兵都被巨大的震动震得站立不稳，有的甚至跌倒在地。

爆炸发生在巡洋舰发动机舱左舷，造成了巨大的窟窿，导致海水汹涌而进。一位水兵事后回忆说：外部巨大的爆炸炸裂了巡洋舰吃水线下面的舰体，把左舷发动机舱与8号锅炉房之间的舱壁炸成了“麻花”。海水从锅炉房进入发动机舱。很快，发动机舱很快就灌满了水，战舰的头部开始下沉。在爆炸的瞬间，3名士兵当即死亡。

附近的美军其他战舰，包括驱逐舰和护卫舰，发现巡洋舰出事后，立刻赶过来救援。但是因为巡洋舰的窟窿太大了，其他战舰根本无法挽救它的下沉。短短的28分钟里，“圣迭戈”号就沉入了海底。好在其他战舰进行了及时的营救工作，1177名官兵被救起。此外，巡洋舰的28名水兵落水后，便向沿岸游去。14千米的距离，水兵们花了很长时间才游到岸边，真是一场马拉松式的游泳。巡洋舰舰长则一直坚守着战舰。直到大家都已撤离，他才最后一个离开。

巡洋舰最后共死亡6名水手。

事后，美国海军成立了调查小组展开调查。大家都认为，舰长及时地让战舰进入了戒备，并采取了有效的措施，因此并无过错。那么，巡洋舰究竟发生了什么事，是怎么沉没的？调查认为，巡洋舰很可能遇到了德军一艘代号为U-156的潜艇，还有可能是遇到了水雷，因为那艘德国潜艇后来也沉没了。但是调查组没有获得任何证据，美国海军最终仍无法确定“圣迭戈”号到底是被潜艇鱼雷击沉的还是被潜艇布设的水雷炸沉的。

近百年来，“圣迭戈”号一直躺在海底。它当初的离奇沉没一直是个谜。

许多人都想搞清楚它当年沉没的秘密。但是迄今为止，至少已经有6名潜水员在水下探摸巡洋舰情况时死亡。这样，这艘巡洋舰先后共导致了12人死亡，“圣迭戈”巡洋舰成了令人恐惧的“海底坟墓”。也许，等到将来某一天美国海军有时间和精力把“圣迭戈”号巡洋舰打捞出水，真相才会大白于天下。

英国的死亡崖

在英国东海岸的东伯恩，有一个非常吸引人的游览胜地，那是一处悬崖峭壁，它如刀削般直立海边，崖顶俯视英伦海峡，风光如画，绿草如茵，景色优美。但是谁知这处景色优美的地方竟然就是出名的死亡之崖呢？

英国一家医院的一位心理医生已对很多游客在那里跳崖自杀的事进行了20多年的研究。他发现第一件在此跳崖自杀的事情发生在1600年，接着选择此处结束生命者越来越多。很多自杀者原本是乘兴而来游山玩水的游客，事先几乎都没有自杀的企图。那么为什么会有这样的举动呢？他认为，很多人由于置于迷人风景之中，陶醉于这片令人心旷神怡的环境之中，然后产生了一种莫名其妙的难以自制的心理，促成他们自杀。自杀者可能出于一时的意乱情迷，然后情不自禁地走上了自杀之途，此时却连自己究竟在做什么都不知道。这种情况在心理学上也可以做出合理的解释。但也有些自杀案例确实令人费解。

几年前，有一位美国大学教授携妻子来英国度假。他们共同游览了东伯恩山崖，当时并没有意外。但夫妇俩回到伦敦准备启程回美国时，教授的妻子突然神秘失踪。原来她独自一人乘火车再到死亡之崖，并从上面跳了下去。这位教授说，他和妻子一直感情很好，这次旅行也很快乐，妻子没有自杀的理由，因此他百思不得其解。

许多年来，情不自禁地跳下近千尺的悬崖的自杀者已有上千。他们不是葬身海边乱石之中，就是被海浪卷走，至今没有生还者。近年来，这个叫做东伯恩的地方已成为人们自杀的热门地点。每年依然会有很多来自美国、法国和荷兰的游客前来游览，他们登上崖顶，面对英伦海峡，眺望烟波浩瀚的大海，心情升起了无法言表的兴奋之情，仿佛身在天国。也许他们就是在飘飘然之中情不自禁地想投向崖下大海的怀抱，在这种莫名的感觉的推动下，纵身跳下悬崖，就此结束生命，告别了这个世界。

死亡之崖的悲剧至今仍在不断发生。从崖上纵身一跳，6秒钟后就会粉身碎骨。到底这么多人在此自杀的原因究竟为何？有人甚至说，这些游客可能是受到魔鬼的引诱才这样做的。但真正的原因至今仍是一个谜。

第八章

令人惊讶的历史巧合

邮票设计的惊人巧合

在中国多次发行的奥运会纪念邮票当中，最令人惊奇的是1984年洛杉矶奥运会开幕前发行的一套6枚的纪念邮票。说它令人惊奇，除了设计精美以外，最重要的还是这套邮票与中国运动员在这届奥运会上的比赛成绩发生了惊人的巧合。这些巧合至今还常被人们谈起。

巧合一：在这届奥运会的女子射击比赛中，女运动员吴小旋夺得了射击比赛金牌，成为中国历史上第一个奥运会女冠军，而这套邮票的第一枚画面就是一个女射击运动员。

巧合二:这套邮票最后一枚画面是一个女跳水运动员，而女运动员周继红在跳水比赛中，为中国跳水队夺得了最后一枚金牌。

巧合三：这套邮票的第四枚是体操项目“鞍马”，面值“10分”，而在这届奥运会的“鞍马”决赛中，李宁得到的分数正好是“10分”。

巧合四：这套邮票的第五枚，即倒数第二枚的主题是“女排”，而中国女排获得的金牌恰好是中国在这届奥运会获得的15枚金牌中的倒数第二枚。这第五枚邮票的面值是“20分”，而中国女排在这届奥运会决赛中三局比分加起来，正好赢了美国女排“20分”。

《山海经》里的神奇描述

中国上古时代的百科全书《山海经》中，记载了许多传说，远远超出了中国地理疆域的范围，在世界上影响甚广。

20世纪80年代，一位美国科学家对《山海经》进行鉴定研究，发现《山海经》第四经《东山经》中，有四卷描述了“东海以外”的山川形势，居然和太平洋彼岸北美洲西部和中部的地形契合。

《东山经》不仅描述了那里的地理，还描述了当地风土人情。其内容包括从在美国内华达州拾黑色蛋白石和金块，到在美国旧金山湾看到海豹在岩石上玩耍，甚至还描写了考察者对一种会装死避害的美洲负鼠大感兴趣等内容。

还有“光华之谷”“河水流进无底深渊”“日生于此”等，这些都与北美科罗拉多大峡谷地区景观及日出情况完全相符。根据《山海经》对北美洲地区的地理风物的详细记载，这位美国科学家认为中国人很可能在4500年以前就曾远赴北美大陆，进行过实地考察，不然不会写出这么吻合的记录来。

王勃和李贺的神似人生

王勃和李贺是唐朝两位著名诗人，他们的生平和早逝含有某种神秘的色彩，出现了一些惊人巧合。那种悲剧的相似命运似乎笼罩着某种无法解释的虚幻。也许他们的命运冥冥中有上天安排，也许这只是人们从野史中寻来的蛛丝马迹以讹传讹。无论事实如何，且让我们来粗略看看那些暗示了他们某种命运牵系的例子：

1.王勃和李贺的死因都是“惑溺”。

2.他们生前都有遇到神人邀请到仙宫做记官的传说。

3.两人在作诗时有相同的怪癖。

4.他们都有“神童”美誉，年少时就展现了文学天赋。

5.两人都终生未婚。

6.两人都在求官过程中得到一位姓氏皇甫侍郎的帮助。

7.两位皇甫侍郎去世时都是58岁。

8.他们都做过三年的官。

9.他们都是27岁的时候在秋季遇难身亡。

10.他们都是在未成年时失去一位至亲。

11.他们都迷恋神仙鬼怪之说。

12.两人都是应举及第中了进士。

13.两人都有一位叫十四兄的志同道合的朋友。

14.两人都在诗文中对悲剧命运做出了准确的预言。

法王路易十六“21日的警告”

法王路易十六小时候，在一次占卜中得到了警告，占卜说他必须在每月的21日格外小心，不然会有不好的事情发生，所以，在路易十六之后的人生里，他一直小心着这个日子，从来不在21日做重要的事情。

就算如此小心，他也没有逃过这个占卜中的预示。1791年6月21日，路易十六偕同王后企图逃避法国大革命时，在瓦棱被捕。第二年9月21日，法国废除帝制，宣布成立共和国。1793年1月21日，路易十六遭受处决。

21日真的是路易十六的不幸日子吗？还是只是一种巧合？难道冥冥之中有谁故意安排的吗？如果有，恐怕就只有上帝知道了。

两人5年内互救的巧合

1930年6月的一天晚上，美国德克萨斯州埃尔帕高速公路巡逻队队长阿兰.福尔比在紧追一辆高速行驶的卡车的时候，遭遇了不幸。

这辆大卡车转弯减速的时候，福尔比的汽车因为无法躲避而撞在卡车上。福尔比一条腿上的动脉破裂，要不是有位名叫阿尔福莱德.史密斯的人对他施行急救，他定会因失血过多而死。当时，救助他的人用止血带止住血，一辆救护车及时赶到救了他的命，保住了那条腿。几个月后，福尔比伤愈出院重新上班。

五年后，福尔比在一次夜间巡逻的时候，收到无线电信号，说

80号公路发生恶性事故，要他去增援。等他赶到时，发现是一辆小汽车撞在树上，而当时救护车还没有赶到，司机已经是生命垂危。福尔比发现这个司机失去知觉，他的右腿动脉断裂，因失血过多已奄奄一息，于是，福尔比用一条止血带竭力把那人的血止住。这时他看了一眼受伤者的脸：那人正是阿尔福莱德.史密斯！

双胞胎的离奇巧合

约翰·莫福斯和亚瑟·莫福斯是孪生兄弟。他们的姐姐说："他们之间好像有某种感应。例如一个伤风，另一个定会感冒。"

1975年5月22日晚上，兄弟两人同时感到胸痛，并被紧急送到医院。但这一切发生时他们谁也不知道，因为当时一个人在布里斯托尔，另一个在温莎，直线距离七八十英里。两人到医院后不久都因心脏病死去。所以，之后，他们也无法得知这件事情了。

而大概在1935年左右，美国俄亥俄州出生的一对孪生兄弟在出生后不久就被两个不同的家庭抱养走了。1979年，在他们分离40多年后，二人重逢。

这时他们发现彼此有许多巧合之处，例如他们的名字都叫詹姆斯；他们都受过执法训练;都喜欢机械制图和木工活；都娶了名叫琳达的女人为妻；他们又都离了婚，娶的第二个妻子都叫贝蒂；两人都养了一只狗，名字都叫托伊；而且两人所喜欢的地方都是佛罗里达州圣彼得斯堡的度假海滨。

幸免于难的巧合

1979年，《读者文摘》的德国编辑部举办了一次个人经历最佳故事竞赛，由它的读者们参加。优胜者是慕尼黑的一个飞行员，名叫瓦尔特·凯尔纳。他讲述的是他的赛斯纳421飞机坠入撒丁岛和西西里岛之间的第勒尼安海后，他怎样造一个橡皮筏死里逃生的故事。

瓦尔特·凯尔纳凭借这个故事从7000多人中脱颖而出，而《读者文摘》的研究人员根据德国和意大利对此事件的报道，认真审核这个故事，认为凯尔纳说的是实话。他的赛斯纳飞机登记号为D-INUR，这架飞机确如他所述栽入了1万英尺深的第勒尼安海底。颁奖日定在12月6日，凯尔纳将带着他的橡皮筏到编辑部办公室来。

在准备颁奖的那个早上，一封远方而来的信件送到了将给凯尔纳授奖的主编沃尔夫·斯瓦尔兹维勒手里。信是瓦尔特·凯尔纳写来的，令主编惊讶的是，这是另一个凯尔纳，他住在奥地利的克里兹恩多夫，也是一个飞行员。在信中，这位先生说，那个故事是假的，他驾驶同一架赛斯纳飞机飞行于欧洲和地中海有4年之久，虽然他曾因飞机引擎故障在撒丁岛卡利亚里的简易机场迫降过，但从未栽到过海里去。有个骗子冒名顶替他的故事，杜撰出一个新的结局，想要中奖发财。

斯瓦尔兹维勒看信后惊讶得目瞪口呆。这到底是怎么回事，他们的确是审核过的，故事怎么会成为假的呢？这时故事的作者来到了编辑部的办公室，主编将信交给他看。

看到和自己同名同姓的人写来的信，瓦尔特·凯尔纳的微笑渐渐凝固在了脸上，同一架飞机，同一地点，同一引擎发生故障，名字相同的飞行员。这到底是怎么回事？为什么赛斯纳飞机好像专和名叫瓦尔特·凯尔纳过不去？为什么它恰恰要在第勒尼安海闹个机毁人亡呢？

这些问题都无从解答。我们只是知道两个同样叫瓦尔特的人都幸运地躲过了灾难。

17年后情景重现的巧合

奥古斯塔斯.J.C.黑尔是维多利亚时期著名的作家和艺术家。1829年出生的他，在14个月大的时候，就被过继给了别人，后来他长大成人，从牛津大学毕业后一直住在欧洲。奥古斯塔斯.J.C.黑尔在自传中谈到了这样的事情：

“在我被过继17周年那天，我们全部赶到曼海姆，在一家旅馆里进餐。就在这家旅馆里，17年前我仅仅14个月时就被送给了婶婶，她是我的教母，我将要像她的孩子一样同她永远生活在一起……这天晚上，当我们回到火车站，站台上有一个怀抱孩子的可怜女人在痛哭。艾米·彭林婶婶走上去问她是不是有什么伤心事。这女人答道：‘是的，我的孩子只有14个月，但是他就将乘坐下趟火车永远离我而去，我永远也不能再照料我的孩子了……’后来才明白，孩子的婶婶将把孩子带去收养，巧合的是，她也是孩子的教母。”

大学同窗竟是失散姐妹

温迪·克罗夫特和费安娜·库珀在大学的时候成为好朋友，她们因为有着相同的爱好，相似的行为，一直形影不离，但她们做梦也没有想到，好朋友竟是自己失散了25年的同胞姐妹。

这对英国姐妹从小便由不同的家庭收养，在相距数千米的地方长大。在大学期间，她们发现彼此十分相似。

温迪说：“我们已达到了心有灵犀的地步。有时我想说一句话，可话到唇边，费安娜就已经代我说了出来。当时就有不少人问我们是否是姐妹。”其实她俩早已知道自己和对方都是被人收养的，但却从未想过对方竟是自己的同胞姐妹。

大学毕业以后，温迪和费安娜先后结婚，两人不约而同地选择在约克郡定居。尽管工作比较繁忙，但两人的联系却一直没有中断过，有空还经常见面。就这样做亲密无间的朋友很多年之后，直到1994年，她俩才知道彼此之间真正的关系竟然是亲姐妹。

事情的起源是因为温迪决定寻找生母的下落。在1994年年初，她在地方官员的鼎力协助下，终于在附近的某个小镇上找到了亲生母亲。当母女俩团聚的时候，母亲还没来得及享受喜悦，便告诉了温迪一个不好的消息，原来温迪还有一个名叫罗莲妮的妹妹，当年因为家庭的变故，在罗莲妮出生后不久，两姐妹都被自己送进了孤儿院，现在都失去了联络。

温迪一听到“罗莲妮”这个名字便如遭了电击一般，呆若木鸡，因为费安娜曾经私底下告诉过她她原名叫罗莲妮。温迪立刻向母亲追问妹妹的生日，母亲的回答与费安娜的一模一样。于是她马上打电话告诉了费安娜这个惊人的消息，后来二人一起去了相关部门查阅文件，果然，二人是姐妹关系。

警官抓人歪打正着

澳大利亚布里斯班的一个警官奉命带队去一幢公寓的4楼搜捕在那里非法聚赌的赌徒。这位警官的心情很不好，他认为抓赌徒这种小事没必要自己出马，更没必要带这么多人。但是警令如山，只得执行。

当这位满腹抱怨的警官和他的手下冲上公寓时，由于数错了楼层，一下子来到了公寓的5楼，连门牌号码也没看清楚，就一脚踹开房门，冲了进去。

房间里没有赌博的人，却有几个神色慌张的家伙。警察们经过搜查，从房间里找出了一些武器，原来这些人正在非法贩运武器。警官郁闷的心一下子兴奋起来，他将武器贩子抓获归案。此后，他还根据武器贩子的交代破获了一个武器走私集团，警官也因此立功升职，而4楼的赌徒则侥幸闻风逃散。

死神信差

亚伯拉罕·林肯、詹姆斯·艾布拉姆·加菲尔德、威廉·麦金莱、约翰·肯尼迪是美国历任总统中因被人暗杀而身亡的总统，这四位总统之死，除了约翰·肯尼迪外，冥冥之中和一个人的会面巧合，仿佛一种预示，这个人名叫罗伯特·托德·林肯，是亚伯拉罕·林肯的儿子。

1865年4月14日，为了庆祝南北战争结束，亚伯拉罕·林肯与一些官员在华盛顿的福特剧院看戏，罗伯特于当天来到华盛顿看望他的父亲，谁知道这一见面竟成永诀。就在当天晚上，林肯总统被一个南方联邦的同情者开枪击中头部身亡。

美国第20任总统詹姆斯·艾布拉姆·加菲尔德于1881年7月在

首都华盛顿接见了罗伯特，要他叙述关于他父亲遇刺的全部经过。在这次接见后的第三天，加菲尔德总统在华盛顿的一个火车站上遇刺，不久伤重身亡。

1901年的9月，已经成为百万富翁的罗伯特带着全家到纽约州的布法罗，准备去见第25任总统威廉·麦金莱。就在他准备出发之前，他听到了总统遇刺身亡的消息。

经历了3任总统遇刺的事件后，罗伯特就再也没有去见过新的总统，他觉得，一旦去见哪位总统，哪位总统肯定会发生不幸。

无事故司机领奖后撞上颁奖人

英国人博拉伊顿是一个汽车司机，他平生最大的骄傲就是驾驶汽车22年来从未出过任何事故。为了表彰他遵守交通法规，安全驾驶，当地的警察局长向他颁发了荣誉证书和奖金。

正当他驾车载誉回家时，也许是激动过度，也许是被荣誉冲昏了头脑，博拉伊顿没有能像往常那样把握好方向盘，出人意料地撞上了一辆警车，而这辆警车里坐着的恰好是颁奖给他的警察局局长。

用自己的钱把自己撞死

“一战”期间，间谍彼得·卡尔平秘密潜入法国，以工作为掩护，窃取法国的各种军事情报。最开始，他干得非常顺手，窃取了几份非常有价值的情报。但是这种情况并没有持续多久，很快，彼得·卡尔平就被法国情报部门逮捕。

被捕后的彼得·卡尔平一开始不肯交代己方的情报，但是时间一长，他就耗不住了。他老实地交代了自己所知道的一切。他认为如果自己坦白一切，法国人可能会对自己仁慈一点，但是他想错了，法国人对他的态度一直很强硬。

法国人封锁了彼得·卡尔平被捕的消息，造成他还在法国工作的假象。法国人没收了卡尔平的薪水，直到他设法逃脱为止。

法国情报部门的一个高级官员侵吞了没收来的彼得·卡尔平的薪水，用这笔钱买了一辆高级汽车。这个法国官员非常喜欢这辆汽车，经常开着这辆汽车到处兜风。有一天，这个官员照常开着自己的爱车出门兜风去了。天气虽然很好，但战争的阴影依然萦绕在人们的心头，使大家的情绪都很低落。这个法国官员的心情也很不平静。就这样，在一个拐角处，这辆汽车来不及刹车，将一个人撞倒在地，那人当场死亡。这个官员赶快下车看究竟是谁时，他惊讶地发现，这个人恰巧就是彼得·卡尔平。

杀人出租车

在频频发生离奇事件，让人闻之色变的“百慕大三角区”附近，有一座小岛。岛上的埃斯基恩·劳伦斯和他的兄弟内维尔两人相依为命。他们也听说过在“百慕大三角区”发生的那些稀奇古怪的事情，所以他们从没有去过那片海域。

但是，命运之神似乎并不想让这对兄弟太太平平地在这岛上过快活日子。有一天，埃斯基恩·劳伦斯骑着一辆摩托车出门办事。正当他以正常速度在一条大街上行驶之际，一辆出租汽车似乎失去了控制，猛地撞向埃斯基恩·劳伦斯。埃斯基恩·劳伦斯大叫一声，车当即被撞翻。当出租车司机下车来观察时，埃斯基恩·劳伦斯已经死去。

得知哥哥被车撞死的消息后，内维尔万分悲痛。他希望警察能严厉处罚那个肇事司机，但是也不知道出于什么原因，警察竟然没有治那个司机的罪。这让内维尔非常气愤。

在埃斯基恩·劳伦斯一周年的忌日，内维尔为了排遣内心的痛苦，想去兜兜风。他驾着哥哥曾经驾驶的那辆摩托车，来到当时哥哥被撞的大街上。巧合的是，当时的肇事司机此时正在拉顾客，拉的乘客竟然是一年前的同一个人。当出租车启动后，也不知道怎么回事，竟然又似乎失去了控制，朝着内维尔撞来。来不及避开的内维尔被当场撞死。

肯尼迪与林肯死亡的离奇相似之处

亚伯拉罕·林肯总统和约翰·肯尼迪是美国历史上最具悲剧性的两位伟人，他们的离世有很多离奇的相似之处：

1.1860年，林肯被选为总统，整整一个世纪之后，也就是1960年肯尼迪当选为总统。

2.杀死他们的子弹都是从背后击中头部的。

3.他们的夫人都在白宫生活期间失去了一个儿子。

4.林肯的私人秘书与肯尼迪同名，名字叫约翰；肯尼迪的私人秘书与林肯同姓，都姓林肯。

5.林肯遇刺地点是福特剧院，而肯尼迪遇刺时乘坐的是福特公司制造的林肯牌敞篷车。

6.遇刺事件发生后，接替他们总统职位的都是南部民主党人和前参议员、名叫约翰逊的副总统。

7.接替林肯的副总统安德鲁·约翰逊生于1808年，接替肯尼迪的副总统林登·约翰逊生于1908年，正好相差100年。

8.林肯和肯尼迪都为黑人公民权问题困扰。

9.他们遇刺时，都是星期五，并且夫人都在场。

10.1839年，刺杀林肯的凶手约翰·威尔克斯·布恩出生。整整100年后的1939年，刺杀肯尼迪的凶手李·哈维·奥斯瓦尔德出生。

11.两名刺客都是南部极端分子。

12.两名刺客都被暗杀，而且都死于在送审之前。

13.布恩在剧院里向林肯开枪后逃进了一座仓库；奥斯瓦尔与之相反，从一座仓库向肯尼迪开枪后，逃进了一座剧院。

"泰坦尼克"号海难曾在他们梦中预演

很多国家和地区都流传着"解梦"的说法，认为梦是某种神秘的预言。确实，梦中的内容有时候与生活中已经发生的事或将要发生的事竟是如此奇妙地一致，人们就不能不对梦感到惊叹，感到困惑。梦这个人的生理现象和精神现象的复杂结合，自古以来一直在人类生活中扮演着一个神秘角色。“泰坦尼克”号沉没之后，便流传有人在梦境中提前预演过海难的故事。

1912年3月23日，一位英国著名实业家约翰·奥纳因为商事交易必须赶赴美国，遂千方百计搞到一张“泰坦尼克”号的船票。须知，当时“泰坦尼克”号启航之前，围绕着购买“泰坦尼克”号的船票，在英国上流社会中掀起了一场不小的热潮。绅士小姐，巨商富贾，无不以争得一张“泰坦尼克”号的处女航船票为幸事。“泰坦尼克”号的船票因此身价倍增，极难购得。

这本来是一件非常幸运的事情，可奇怪的是，在“泰坦尼克”号处女航的前10天，约翰·奥纳竟连接两个晚上都做了同样不吉利的梦。梦中他看见“泰坦尼克”号沉没在汪洋大海之中，许多乘客——包括大人和小孩都被无情地抛入大海……奥纳为这个噩梦惴惴不安，思虑再三，他毅然退掉了船票。事实证明，他的决定是正确的，不久就传来了“泰坦尼克”号遇难的消息，奥纳深感庆幸。

伦敦著名的新闻记者W·J·史迪特也做过预知沉船的梦，但仍然随船送了命。在事发之前，史迪特梦见自己站在一艘即将沉没的轮船的甲板上，没有穿救生衣，眼睁睁地望着救生艇离他而去。让人无法解释的是，他梦中那艘船的名字也叫“泰坦尼克”号。而且，史迪特很早就对摩根·罗伯逊那本小说《虚构行为》所描绘的海难事件发表过评论，指出那完全是因为船上救生艇不足才造成如此巨大的惨案。史迪特本人也曾经写过一篇虚构的短篇小说，叙述一艘定期客轮撞上冰山的惨痛故事。

更让人无法解释的是，“泰坦尼克”号沉没之后，据史迪特的朋友回忆，早在事件发生前好几年，就有两个算命先生告诉史迪特，说他有“水难相”。其中一个更是作出了近乎神奇的预言：“你将乘船到美国去。但我已经看见，有一千来人在海上呼救，而你就是其中的一个。”史迪特没有理睬算命先生的警告，也没有相信噩梦的预言，购票登上了“泰坦尼克”号，最后葬身大海。

说来奇怪，就在海难发生的当天下午，住在加拿大维尼培克市的教会牧师查理斯·摩根也做了巨轮沉没于大海的噩梦。那时摩根牧师为了考虑傍晚礼拜演说辞的内容，感到有点疲倦，便打起瞌睡来。在睡梦中，他迷迷糊糊地看见一个骇人的景象：一艘华丽的巨轮正航行在夜色笼罩的海面上，突然天色更加昏暗，浓雾弥漫，巨轮在浓雾中猛然与冰山相撞。甲板上的人群顿时乱作一团，呼救声、嚎叫声响彻夜空，人们争先恐后地搭上救生艇。最后，巨轮由倾斜而垂直，很快就沉入了海底。这时，海面传来了悠扬的赞美歌声，牧师在歌声中惊醒。那天晚上礼拜结束后，牧师向在场的教徒们讲述了他的梦中所见，大家听说后便齐声唱起了赞美歌。就在唱赞美歌之后的几小时，“泰坦尼克”号沉没了。

左手牵住死神，右手牵住幸运之神

现年74岁的弗雷恩·瑟拉克是克罗地亚一名退休音乐教师，他被克罗地亚当地人普遍看做是“世界上最不幸的人”，同时他也是世界上最幸运的人——他一生遭遇过7次极其危险的事故，次次都差点儿丧命。他曾在一次火车坠河事故中差点被淹死，在两次汽车爆炸事故中差点被烧死，在一次飞机失事中又差点被摔死……但似乎由于幸运之神的保护，每次他都死里逃生。2003年6月16日，让所有人大跌眼镜的是，这名饱经灾难的“噩运”老人竟获得了该国60万英镑的六合彩大奖！似乎是幸运之神看到他经历了太多的磨难，给了他一个大大的拥抱。

1962年，瑟拉克乘坐的一辆火车从萨拉热窝开往杜勃罗文克时，突然翻出轨道并冲入一条冰封的河里，有17人被淹死，瑟拉克好不容易爬到了岸上，但已被冻成重伤，立即被人送往医院进行抢救。这是瑟拉克生平第一次意识到自己已被“厄运之神”盯上。那一年，瑟拉克活了下来。

1962年，噩运再次降临到他的身上。那时他的母亲突然得了重病，瑟拉克没有与母亲住在一个城市，为了赶时间，他乘坐飞机赶往母亲所在的里耶卡市。半路上，这架飞机发生了空难。当时乘客们正在喝茶，一分钟后，机舱的后门掉落了，一名可怜的女乘务员被吸出了舱外，接着瑟拉克也飞了出去。最后那架飞机失控后撞向地面坠毁，瑟拉克正好跌落在一个干草堆上，幸运地逃过了大难。飞机上的另外19人却没他这么好运，他们要么被气流吸出机舱摔死，要么就随坠毁的飞机爆炸后烧成焦炭。

1965年，瑟拉克再一次经历了死里逃生，他乘坐的一辆客车冲进了一条河中，车上4人遇难，而他安全地游到了岸边。尽管他全身都是瘀伤，不断流血，但他总算又活了下来。从那时开始，瑟拉克的朋友们认为他是噩运的化身，都不再和他联系了。

事实证明，朋友们确实有“先见之明”，瑟拉克的厄运一直在继续，他自己对此也已经习以为常。1970年，瑟拉克驾驶的小汽车突然在高速公路上着火，在汽车油箱爆炸之前数秒钟，瑟拉克及时地逃出了驾驶室，他又捡了一命。1973年，他驾驶的另一辆汽车再次发生着火事故，他总算再次死里逃生，这次他的头发被烧了个精光。

此后20年，日子过得非常平静，瑟拉克以为这下“灾星”终于离他而去了。然而1995年，他在路边散步时突然被一辆公共汽车重重撞倒在地上，瑟拉克被撞得仰面朝天，在场的大多数人以为他命已不保，让人难以相信的是，瑟拉克爬了起来，身上只不过受了一点轻伤。1996年，又一次车祸差点儿要了他的命，当他驾驶一辆汽车在克罗地亚一处险峻的山路上行驶时，对面一辆大卡车朝他急冲而来，瑟拉克赶紧将方向盘向右拐，由于车速太快，瑟拉克的小汽车一下子撞断了公路旁的防护栏，掉向一个300英尺深的山崖里。非常幸运的是，当汽车掉崖前的一刹那，瑟拉克及时打开车门跳了出来，他跌落在一棵伸出半山崖的树干上，再次捡回了一条命。

瑟拉克的不幸不仅仅体现在一连串的意外上，还体现在感情生活中。他先后结婚4次，4位妻子都跟他离了婚，无一例外。

2003年，这位一辈子倒霉事缠身的老人竟然获得了克罗地亚最高的六合彩大奖，赢得了60万英镑的巨额奖金！瑟拉克得知自己获得大奖后，兴高采烈地决定为自己买一所房子、一辆汽车和一艘游艇，并且计划与54岁的未婚妻结婚，缔造生平第5次婚姻。瑟拉克接受记者采访时说："现在厄运之魔终于离我而去了，我感到我的一生仿佛从现在才算真正开始，目前对我来说，生活还是美好的。"这时他刚刚过完74岁生日两天，这次他终于与厄运挥手说了永别。

在梦境中捕捉新闻的"新闻快手"

1883年8月29日凌晨三点多，爱德华·萨姆逊从一场噩梦中惊醒，发现自己出了一身冷汗。他梦到在离爪哇不远处有个叫帕拉拉普的小岛，一群群的土人争先恐后地惨叫着向大海奔去，逃避那紧跟在他们后面流淌过来的火山熔岩。海上掀起50英尺高的泥浆浪花，把土人无情地吞没，打翻了所有的船只。之后伴随着巨大的爆炸声，小岛没入海底，留在海面上的仅剩一个喷着火焰的火山口。

萨姆逊是美国《波士顿环球报》新闻编辑，他正在加班，工作累了，坐在办公室的沙发上休息，没想到睡着了，做了这个噩梦。梦境的凄惨景象使他仍然心有余悸，他起来坐到桌边的椅子上，想使自己镇定下来。梦中的可怕景象在他脑海中不断盘旋，挥之不去，他随手拿起笔把梦中所见如写新闻稿般写下来。写完后，他在稿子首页的上方信手标上"重要新闻"几个字，就回家去休息了。

萨姆逊没有想到自己的无心之举引起了一个大误会。随后来接班的新闻版主编一进办公室就看到了萨姆逊放到办公桌上的这份新闻稿，赶紧刊登出来——他以为这是萨姆逊头天晚上从专线电里抄录过来的消息！他不仅把这份新闻稿刊登了，还加上了8栏横幅大标题，当作了当天的头条！其他报社得知消息后纷纷找上门要求《波士顿环球报》提供事件详情，主编当机立断，命令下属用电报将新闻稿内容发往纽约，由美联社专线电讯转发，于是这条新闻登上了几十家主要新闻的头版，这起事件立刻成为街头巷尾议论的话题，人们非常想知道事情后来的发展，各家报社费尽心思打探后续消息。

《波士顿环球报》的新闻主编一方面对外推称灾难发生地点遥远，暂时尚未能联系上，一方面赶紧督促萨姆逊设法弄到后续报道。显然，萨姆逊是无法给出所谓的“后续报道”的。萨姆逊没办法，只好找到发行经理，对他说了事情经过。萨姆逊再三解释这是一个误会，他并不是故意编假新闻骗人的，但发行经理盛怒之下并不听他的解释，将他免职了。开除了萨姆逊，报社依然要面对假新闻带来的困境，他们准备向社会公布事件真相，做好了承受来自读者和整个美国新闻界压力的心理准备。

谁也没有想到，事情发展到此时竟然峰回路转，一些船只驶进印度洋的一些港口，带来了克拉克吐阿火山爆发的消息！

原来，罕见的巨浪汹涌着扑向美国的西海岸，澳大利亚也传来消息说北部地方听到了天空雷电轰鸣的巨大声响。与此同时在马来亚和印度一带，巨浪浪涛淹没了成千上万个村庄。

1883年8月27日，平熄了达200年的克拉克吐阿火山开始活动并且喷火，于次日爆炸成碎片。克拉克吐阿火山有9平方英里，被整个儿地炸上了天。一堆堆的岩石在烟火中被崩得到处乱飞，其高度竟达17英里。同时，海面上堆积起5英尺厚的浮石层；灼热的熔岩流入海中，激起高达72英尺的浪涛。这骇人的浪涛扩散到5000英里外的西非泰布尔湾时，还保持着2英尺的高度！

各大报社把各地传来的消息统一编辑见报，暂时扣下了《波士顿环球报》的假新闻检讨材料没有发表。

记者们把陆续传来的消息凑在一起进行分析，认为萨姆逊在时间发生的第二天就发出了新闻，他不仅没有造假，而且还是位罕见的“新闻快手”！萨姆逊很快地又被《波士顿环球报》重新录用。报纸为他做了一篇专题报道当作头条，在他的照片下标注了他“新闻快手”的新名号。

萨姆逊并没有被这些意外的喜讯惊昏头，他一直在关注着逐日详细的报道。他发现，自己梦境中的种种确实都是现实，唯有一点与事实不符：岛屿的名字叫“克拉克吐阿”，可他做梦梦到的名字是“帕拉拉普”。

不久之后，荷兰历史学会看到新闻后给萨姆逊寄去一份古老的地图。萨姆逊惊讶地发现，在地图中，克拉克吐阿岛是用帕拉拉普岛的名字标注的！原来，“帕拉拉普”是当地土语，直到150年前，该岛才改名为“克拉克吐阿”。

两刺客双双结良缘

巴西圣保罗市有一对结婚7年的夫妇，丈夫名叫汤玛士，38岁，是位拥有500万美元的地产商；妻子名叫莎拉芬娜，现年34岁。

也许是“七年之痒”发作，这对夫妻经常吵架，婚姻走向了破裂的边缘。汤玛士向莎拉芬娜提出离婚，莎拉芬娜提出如果满足自己的赔偿就同意离婚，汤玛士拒绝了她的要求。两人争执不下，反目成仇，彼此要想置对方于死地。于是两人都不约而同地雇用了杀手准备将对方除掉。

汤玛士请来的是一个36岁的男刺客。莎拉芬娜请来的是一个29岁的女杀手。这两个杀手为了不露痕迹，都以自然的方式接近各自的下手对象。他们和自己的下手对象谈得十分投机，很快成了无话不说的朋友，没过多久，彼此就擦出了爱情的火花。

在感情的驱动下，两个杀手都将暗杀计划透露给了对方，汤玛士和莎拉芬娜更受感动，与杀手的感情更加炽热。汤玛士和莎拉芬娜决定在离婚后就马上和自己的情人共结秦晋之好。

下篇

世界各地的奇异事件

神秘的灵幻世界，离奇的百变梦境，怪诞的特异功能，惊心动魄的宝藏谜团，出人意料的世间奇事，神奇的预言启示……带你感受世界的奇闻趣事。

第一章

神秘的灵幻世界

诡秘的古代幻术：断舌吐火 死而复生

《后汉书·陈禅传》："永宁元年，西南夷掸国王诣阙献乐及幻人，能吐火，自支解，易牛马头，明年元会，作之于庭，安帝及群臣共观，大奇之。"当时，陈禅上书反对设夷狄之技，尚书陈忠却认为"禅国越流沙，逾县度，万里贡献，非郑卫之声，佞人之比"。流沙在今西北，是古代中西交通的必经之地。

其实，幻术是一种虚而不实，假而似真的方术。《列子·周穆王》："穷数达变，因形移易者，谓之化，谓之幻。造物者其巧妙，其功深，固难穷难终；因形者其巧显，其功浅，故随起随灭。知幻化之不异生死也，始可与学幻矣。"陈禅的故事说明，在东汉时已流行幻术。

东汉孙奴善使一套割头术。《异苑》云："上虞孙奴，多诸幻伎。元嘉初叛，建安中复出民间。治人头风，流血滂沱，嘘之便断，创又即敛。"这种幻术类似于现代的移头魔术。

托名于汉代刘歆，东晋葛洪辑抄的《西京杂记》也记载了汉代幻术，《太平御览·方术部》引其文："淮南王好方士，皆以术见，遂后画地为江河，摄土为山岳，嘘呼为寒暑，喷嗽为雨露，王亦卒与诸方士俱去。"又云："余所知有鞠道龙善为幻术，向余说占事，有东海人黄公少时为幻，能刺御虎，佩赤金为刀，以绛缯束发立兴云雾，坐成山河。及衰老气力羸惫、饮酒过度，不能复行其术。”

这种兴云吐雾的幻术，传闻汉人樊英也有一招，《后汉书·方术列传》记载：“尝有暴风从西方起，（樊）英谓学者曰：‘成都市火甚盛。’因含水西向漱之，乃令记者日时。客后有从蜀都来，云：是日大火，有黑云卒从东起，须臾大雨，火遂得灭。”这件事有偶然的巧合性，也可能是术士之间串通，也可能樊英有特异功能，存疑待考。

五代有术士能招鸟至。宋郭若虚在《图画见闻志·术画》记载：“昔者孟蜀有一术士称善画。蜀主遂令于庭之东隅画野鹊一只，俄有众禽集而噪之。次令黄筌于庭之西隅画野鹊一只，则无有集禽之噪，蜀主以故问筌，对曰‘臣所画者艺画也。彼所画者术画也。’”

中国古代的幻术还有许多，如穿着衣服在火中走；不畏寒暑；米变金鱼；灯上现龙；烧纸现字；啐扇还原；耳边听字；空竿变鱼；隔物透视；意念取物等。幻术无一非虚，无一非假，它实际就是魔术。每一种幻术都需要精心策划，才能将虚作实，以假为真。它是生活经验的总结，观察实践中的一些巧合现象，再进行加工和编排。

表演者在众目昭彰之地，从容不迫，不露破绽，如“口吐字画”，表演者喷水于墙壁，就能现出字画。其原因在于事先以五倍子浸水，用这种药水作书画于墙壁，隐而不见，临表演时以皂荚水喷之，便能显出书画，如笔墨所书。这是需要一定技艺的。但是，像断舌割颅之类，却总让人想象更多。

千古巫音——傩

在群山起伏、层峦叠翠的中国黔北湘西山区，至今还保存着一种奇特的原始文化现象——傩。傩，原本为上古初民驱邪除疫鬼的禳祭。在沈从文的《边城》中，男主人公叫“傩送”，意为“被神眷顾的人”。据《玉篇》解：傩，魖假借字，惊驱疫疠之鬼。周代的时候，这种禳祭逐渐发展为大规模的宫廷傩礼和民间乡傩活动，从古籍记载中可知，周代的傩仪基本保持着原始巫舞的面貌和特征：巫师头戴面具，手执傩器，边歌边舞，降神驱鬼。到了汉代，宫廷每年举行“大傩”仪式，除了戴面具模仿十二种神兽，用舞蹈驱除鬼魅外，还有手执鼗鼓合唱礼神的歌曲。而后，这种巫术文化逐渐从日益发达的中原退去，却在地域偏僻、生产方式原始的西南地区长期保留下来。

尽管经历了漫长的历史时期，但其原始巫术的核心和表现形式，却基本保持不变。傩戏，是我们了解傩文化的“活化石”。

傩戏中的“傩音”，作为原始音乐和语言的遗响，对人类音乐和语言的起源和演变，具有很高的研究价值。闻一多先生经过考证曾经推测，原始人的语言和音乐没有明确的划分；而同时这带有特殊声调的一个感叹音，因为不是一个词句，甚至不是一个字，而是代表一种颇复杂的含义，所以是孕而未化的语言。

傩戏的另一个重要特征是傩面具，是审美起源于原始宗教活动的有力证据，在傩信仰者看来，傩面具有超自然的神的属性。在这种观念的支配下，傩文化地区发展了精湛的面具雕刻艺术和丰富多彩的面具舞蹈表演。

傩祭是中国汉族及部分少数民族迎神以驱逐疫鬼、祛除不祥的祭祀风俗，始于周代，属于巫文化的一种。

然而，随着文化的发展，傩戏吸收了大量民间现实生活的素材，人间气息渐浓，巫术意味减弱。不仅部分面具造型从早期狰狞严肃的图腾面貌转向世间人物喜怒哀乐的面容，而且许多面具舞也从纯粹的“娱神”走向“娱人”，成为公众喜闻乐见的娱乐活动。

从这种演变中，我们可以清晰地看到巫术与审美相剥离的过程。晋代（文康伎）娱人面具舞，与傩仪傩舞有千丝万缕的继承关系；今天人类的戏曲脸谱，其造型多脱胎于傩面具。看了傩戏我们就会明白，戏剧的审美活动，正是从原始宗教活动中缓慢地走出来，巫术意味不断淡化的过程中，逐渐成为一门独立艺术的。

傩戏，正好补充了人类音乐、语言起源研究中的一个缺环，使以往的某些推论有了确实的证据。在举行傩祭仪式时，巫师不断地提高声调或降低声调，使之产生一种界乎说话与唱歌之间的声音形态，似说非说，似唱非唱，这种用特殊声调表现某种语言，或者把某积压语言用近似音乐的语调加以强调的状态，无疑是人类语言和音乐较早的存在形式。可以说，巫术催化了人的语言特别是音乐的发展。

正如傩面具的演变一样，随着傩戏舞巫术意味的逐渐淡化，不少傩坛巫音也渐渐从神坛向世俗演变，成为相对独立的歌唱艺术形式，构成群众性审美娱乐活动的重要部分。

原始巫师与致幻蘑菇

无论在中美洲的热带雨林还是西伯利亚寒带的白桦林，蛤蟆菌红黄相间的艳丽色彩，总是最能吸引采蘑菇人的注意。这种美丽的大型真菌其实是一种有毒蘑菇，少量食用能麻痹人的中枢神经，使人进入酒醉状态，并且产生各种幻觉与幻象；过量服用则能置人于死地。在现存大约1.6万多种蘑菇中，能够产生致幻作用的有24种，其中有些如蛤蟆菌等是全球性分布的。而中美洲和南美洲不仅出产蛤蟆菌，而且有致幻作用更强的墨西哥裸盖菇，阿兹特克裸盖菇以及古巴球盖菇等。可以说，中美洲是世界上致幻菇出产最集中的地区，同时也是食用各种毒菇风气最盛的地方。

早在16世纪，西班牙人征服墨西哥后，就注意到本地的印第安土著喜欢在拂晓前吃致幻菇，并且自我陶醉在幻觉之中。等幻觉过去以后，他们便三三两两地凑在一起谈论各自所见的不同幻境，以及天神赐予的某些启示和各人的自我体会。美国真菌学家沃森在《索玛——不朽的神蘑菇》中，更进一步指出古印第安人崇拜的主神之一“索玛”（Soma）就是蛤蟆菌的化身。直到现在，食用乃至崇拜蛤蟆菌的风俗仍在墨西哥等国的山村中流行，人们很容易在乡村集市发现这种毒蘑菇。当然，购买它的除了一些有幻游嗜好的人之外，主要仍是与鬼神沟通的职业巫师。

可是，大多数能够致幻的蘑菇都带有毒性，吃起来要十分谨慎。马德里的玛雅抄本，就在蛤蟆菌插图边加上“西迷”（死亡）的标记，以强调其危险性。在古代美洲巫师的眼里，这种危险性无疑会加强他们法术的魔力，为此他们还雕刻了许多蘑菇形的神像以供崇拜。参与过古玛雅遗址发掘工作的法国巴黎自然历史博物馆教授海姆研究发现，石刻雕像上的“神蘑菇”曾经主宰过玛雅宗教的教义。

在西伯利亚，沃森在他的另一本专著《俄国，蘑菇及其历史》中，描述了西伯利亚西部、北部的通古斯人和雅库特人崇拜致幻菇的仪式。他们在吃蛤蟆菌之前，往往由妇女先将蘑菇放在嘴里嚼碎、然后灌入腊肠，供男人们食用。而西伯利亚民间至今仍保留着在狂欢节晚上吃蛤蟆菌的习俗，人们把这种蘑菇浸在伏特加酒里，以取得在痛饮之后产生的幻觉效果。在平时，也常有人把晒干切碎的蛤蟆菌拌入水、牛奶或者浆果中食用，据说这是当地人的上等美味。除了美洲、西伯利亚之外，在非洲的几内亚、亚洲的婆罗洲和印度等地以及欧洲北部北极圈附近的拉普人等部落中，都曾盛行过吃致幻菇的风俗。

学者麦克唐纳曾指出，雅利安人在大约公元前1500 年前开始由北方进入印度次大陆，同时也带来了他们对致幻菇的狂热崇拜，古代印度教许多教义也是从中衍生出来的。在印度教最古老的经典四吠陀之一的《梨俱吠陀》中，有1000多首赞美蛤蟆菌的颂歌，用形象生动的词汇直接描述了这种致幻菇的形象和效用。

根据考古学发掘与人类学调查的资料，发现世界各地致幻菇崇拜风俗完全是全球性的。历史上世界各地的巫师都曾经十分爱吃这种被称为“神菇”的毒蘑菇，把它作为神人交往、占卜、预言以及作法的媒介。由此推之，早期人类的原始宗教很可能都曾或多或少地与崇拜并食用那些毒蘑菇有关。

随着人类文明的不断演进，原始巫教正日益萎缩，崇拜致幻毒蘑菇的风俗也正在迅速地消失。然而，有关神秘的致幻菇的研究正日益吸引着越来越多学者的注意，甚至包括脑科学、精神病理学以及药理学家们，都在致力于致幻菇成分及药理的各种研究，希望它们能在现代科技领域发挥新的作用。

“吃颜色”“看声音”的连带感觉

北卡罗来纳州的一位心理学家每次吃天使蛋糕的感觉不是甜，而是粉红色。阿肯色州的一位电脑程序员，一听到汽车收音机内传来紧急广播系统的试音，眼前的万物就全变成了明亮的橙色。纽约市有位舞台灯光设计师一吸吮柠檬，就感觉有很多针压在脸及手上，而荷兰薄荷的味道有如一些直径2英寸大小的冰冷玻璃柱。佛罗里达州有位社会工作者，他每天只要听到音乐就会看到无数金球和直线在眼前飞舞……

这些人都郑重声明他们既没有说谎也没有吃迷幻药和发疯。这种现象在医学上被称为“连带感觉”。从1911年到1960年间，研究人员发现了许多形式迥异的连带感觉，其中以色彩化听觉最常见。在色彩化味觉、视觉痛楚的人群中，甚至有一个案例报告说，发现有听动连带感觉的奇特现象。有个14岁的男孩，当他听到某些字音时，身体会扭曲成一些形状。14年后当他再度测验时，身体还会有相同的反应。而住在加州罗当多海滩的33岁电脑程序员葛哥利·哈奇金，每次听到声音都会看到各种各样的几何图形。

很多科学家都深信法国作曲家奥利维·马新是一个有连带感觉的人。在1978年的一次访问中，马新提到："色彩对我十分重要，因为我有一种天赋，每当我听到音乐或看到乐谱时，会看到色彩。"

阿肯色州有位电脑程序员迈克·摩洛，现年37岁。小时候，每当他说起自己可以听到多种颜色时，别人都觉得他在胡说八道。他喜欢电子乐器发出的尖锐清晰的乐音，因为听到它的时候，他可以看到十分明显的形状和颜色——棒棍上升，可爱的绿色金字塔飞扬。除了清晰大声的单一音调外（如紧急广播系统的试音），他听到的万物都能成明亮橙色。摩洛表示，他所看到的其他形状和颜色并不会干扰他的正常视觉。"它们就像透明的叠影像，我能看穿它们。当然一闭上眼睛，那些东西还是存在。"

各种感觉分离的正常人或许会怀疑这些人只是将他们的感觉过度艺术化罢了。但科学家却认为决非如此：相同的刺激能一再引发特定的感觉。也就是说，一个真正具有连带感觉的人会一直断定降b音是黄色的，荷兰薄荷是玻璃柱等等。几年后，再重做相同试验，结果还是一样。

不论连带感觉是将艺术感觉化，还是有一定的科学解释，相信这些人体会到的都是常人无法体会的神奇自然。

古玛雅人与祖先通灵的"死亡瓶"

与"神灵"沟通总是有多种方式，或是灵魂附体，或是催眠幻觉，但都是通过特殊的自身臆想来实现的。而用"死亡瓶"与祖先通灵，则是古玛雅人的独特方式。

考古学家曾经发现过一个罕见神秘的"死亡瓶"，其历史可追溯至1400年前玛雅文明时期。这是迄今为止发现的第一个"死亡瓶"，这可能是当时玛雅人在祭祀时与祖先"通灵"的器皿。这是一个没有瓶塞的瓶子，属于玛雅乌卢阿风格装饰瓶，瓶底还残留着祭祀供奉食物、可可灌肠液以及诱导呕吐的迷药。

这个被命名为“死亡瓶”的神秘瓶子是在2005年在洪都拉斯西北部一个小型金字塔状宫殿下挖掘出土的。当时瓶子旁，还有一具人体骨骼残骸。瓶子内和外部的土壤分析显示，其中包含着玉米、可可树和人工吐根树花粉，人体服用这些花粉后会出现严重的呕吐现象。

据记载，古玛雅人祭祀时有以下几种通灵方式：祭祀者对自己的身体进行切割或放血；口服大量的浓可可灌肠液产生昏迷；或者是吸食人脑浆然后呕吐。南佛罗里达州大学人类学家克里斯蒂安·韦尔斯说，“这些迹象显示这个神秘瓶子可能是1000多年前古代玛雅人在祭祀仪式中所用的器皿，当人们服用瓶内的‘迷药’物质会表现出精神恍惚。古玛雅人认为这种状态下能够实现与祖先‘通灵’，通过与祖先的接触和沟通可以预知将来的灾难……我们认为死亡瓶内的饮料含有吐根树花粉，这将导致服用者严重呕吐，产生的昏迷状态使服用者进入幻觉状态，古玛雅人认为这样能够与祖先进行沟通预见未来。”

这个白色大理石质地的瓶子有助于揭示玛雅乌卢阿风格装饰瓶（Ul u a-style vases）的神秘面纱。大多数这样的瓶子不是被盗墓者偷窃就是仍埋藏在地下有待于现代考古学家进行勘查研究。而这个乌卢阿风格装饰瓶十分罕见，这是迄今为止第一个出土的此风格的装饰瓶，因此将其命名为“死亡瓶”，目前这种瓶子的真实用途，人们还不是很清楚。

第二章

离奇的百变梦境

梦中信仰——山神崇拜

中国是一个多山的国家，“山”也是祖国的一种原始象征，又进而延伸为国家政权的一种象征，直到现在，一些人还把历史上夺取国家政权的战争，称为“打江山”，把皇帝的统治叫做“坐江山”。

在中国先民的宇宙观中，山也受到特别的崇拜，占有类似于皇帝在人间所具有的那种统治地位，它们保持着宇宙的秩序与持久性。比如自古就有“五岳”代表着“五方”之说，而人们对“五岳”的崇拜，一直延续到现代。

在中国，几乎大多数山上都有山神。在中国北方后来的信仰中，还认为死去人的灵魂也住在山上，所以将献给死人的贡品也送上山去。中国古人还把山崩看作是皇帝即将死去的确凿象征，因为山与皇帝是相互联系，相互感应的。这正如《抱朴子·登涉》所云：“山无大小，皆有神灵。”而且，这些山神都主掌着人类的吉凶祸福。

在我国少数民族中，也不乏山神崇拜的例子，如我国布朗族在每年正月初五、初六两天，都要举行树前祭山神的活动。由巫师和家长（或一个男孩）在寨边树前祭山神，献祭物品有公鸡、米、酒、茶、香、纸钱等。巫师念祷辞，杀鸡和米煮鸡粥，吃鸡粥，并用一张纸沾鸡血贴在树上，以求得山神保佑平安。谁要是在梦中遇见这一祭献山神的仪式，山神在天之灵也将会保佑他们平安无事。在《敦煌遗书》的《解梦书》中，也有一些山神崇拜的条目，如：梦见上山，所求皆得。梦见坐高楼山岩石，所求皆得。

《敦煌解梦书·山林草木篇》中也有不少关于对山岳加以神化，而且顶礼崇拜的内容。如：梦见头戴山者，得财。梦见山林中行者，吉。“梦见头戴山者，得财”的占词，与唐代的民间传说有关。

《云溪友议》卷八记载的这一则故事，其特征就是头上戴山。它的主要内容是说：唐人“宋言，近十举而名未播。大中十一年（857年），将取府解，因昼寝，似有人报云：宋秀才若头上戴山，无因成名。但去之，自当通泰，觉来便思去之，不可名狱，遂去二犬，乃改为言。乃就府试，冯涯侍郎作檖而为试官，以解首送也。时京兆尹张毅夫以冯参军解送举人有私，奏谴沣州司户，再试，退解头为第六十五人，知闻来唁。宋曰：来春之事，甘已参差，及李潘舍人放榜，言第四人及第”。是说唐人宋言因夜寝，梦见有人告诉他“头上戴山，无因成名”，后来他把原名去掉“山”字，果然成名。古代成名当官，便意味着发财。所以《敦煌解梦书》中就有了有“梦见头戴山者，得财”之说。

可见，“山”不仅孕育了中国古代的神话传说，而且与中国人民的风俗习惯、民族心理的形成，都有着十分密切和微妙的联系。而在占梦人的眼里，梦中出现的山也有了不一样的信仰意味。

古代占梦规矩——梦有五不占，占有五不验

在中国古代，有“梦有五不占，占有五不验”之说。所谓“梦有五不占”，就是指有五种梦不能入占。

其一为梦而未终、中途惊醒者不占。在古人看来，一个负载吉凶之兆的梦都是有首有尾的。因为梦其实就是一种象征语言，按照古代占梦家的说法，这是神明向人晓谕的语言。如果梦而未终，尤其是中途被人吵醒，那么便是神谕未明，不可轻易占卜。

其二梦虽有终始但醒后忘佚大半者，不占。这条不难理解，有

些人做了梦，但是梦醒之后，只能记起一些杂乱的情节，对这些杂梦也不能进行占断，因为其间的“真机”已被扰乱。

其三为神魂未定而梦者，不占。这是因为梦是由人的神魂感应所产生的。按照道教的理论，人的精神由魂与魄共同组成，民间口语常说“失魂落魄”就是这一思想的体现。它们是人的精神阴阳两个方面的表现。一般来说，魂由阳气组成，阳气轻清，这样魂之中精神的因素便较重，大体相当于神；魄为阴气，沉滞粗重，是构成人形的基质。所谓梦便是人的阳气与天地万物的阳气相互感通，具体依据梦中所现事物的不同，象征着不同的感应对象。古人认为，人在神魂未定的状态下所呈现的梦象不是精魂所感，而是精魂未定下的浮想。这种浮想不是占梦术上的“真梦”，因此便不能呈现吉凶之兆。

其四为寤知凶厄者，不占。这是说梦中所兆极其典型，用不着再占。当然也有少数人为了逃脱“天数”，强行卜占，那么其间的灵验，便值得怀疑了。明代陈士元的《梦占逸旨》里举了这样一个例子：据《左传》记载，有一个名叫声伯的人，梦中渡洹水，并食琼瑰，奇怪的是在梦中又哭又歌。声伯自己便很通晓占梦术，醒来之后，知道是一个凶兆，惧而不敢占。后来又过了一段时间，知道天命难违，为了求得心理安定，便强占为吉，结果只过了一天，便呜呼哀哉了。因为此梦按照占梦术解释，实在是一个死象，梦中所为都是送亡魂的仪式，其凶是不言而喻的。

最后，为妄虑而梦者，不占。所谓妄虑而梦，是由于白天各种邪想而致梦。按照佛教的认识理论进行分析，邪想所梦一般不出眼、耳、鼻、舌、身、意等六识所为，这六识都是因感而发，属于短暂的、浅显的感应。这种感应一般都是无意义的杂想，不包含吉凶的真机。只有进入到第七识，其中的真我生动活泼、真机盎然的，只有在深层的梦中才会显现出来。

同样，在古代中国，对占梦者也有严格的要求，如果不符合这些要求，占梦时就不能灵验。这便是著名的“占有五不验。”

首先，术业不专者，不验。

古人认为占梦者一定要熟读梦书，掌握基本的占梦方法。只有这样才能遵循正确的途径，将神之所示，明白无误地破译出来。另外，一个高明的占梦家必须善于联想，从细微的象征中找出吉凶的征兆，否则就有可能对神谕熟视无睹，难得要领。

第二，削远为近小者，不验。

这一条是指占梦者不能将道与术分裂。古人认为，占梦虽属小术，但其中也蕴含着大道之理，可以由术而通向大道。后来的一些术数之士，割裂道与术的关系，把占梦局限为只言梦境吉凶的小术，不懂得由梦中之梦了解人生之梦，由小觉转入大觉的道理。这样就会使占梦成为一门小术，不但不能灵验，也不可能通入大道。

第三，占梦之人，昧其本原者，不验。

这句话的意思，按明代陈士元的解释是："梦有本原，能通乎本原，则天地人物，与己一也。"占梦者必须对天人之际、宇宙万物的道理参究透彻，才能占断天下之梦。也就是说，人生如梦，睡梦之梦为小梦，人生为大梦。占梦者自己必须对此有深刻的认识，然后才能为人占梦，否则以梦中人占梦中事，那就是"一笔糊涂账"。

按照这种理论推测，最高明的占梦家便是宇宙的大觉悟者。这种人能占尽天下之梦，并由梦而觉，直至成圣成仙。像著名哲学家庄子便是这一类人。庄子说："方其梦也，不知其梦也，梦之中又占其梦焉，觉而后知其梦也。且有大觉而后知此大梦也。而愚者自以为觉，窃窃然知之，困哉！"当然，这里所要分析的占梦并不是占人生大梦，而是占梦中之梦。古代的占梦家认为，并不一定要将宇宙的大道理悟彻，只要牢记人生如梦这一原则，不深陷梦中之境就行了。如果能再由占梦所为，有所领悟，由小梦而觉大梦，那将是更高层次的追求。

第四，精诚未至者，不验。

古代的占梦术就是要将梦者的感应明白地揭示出来。有些梦象明白易懂，有些则迂回曲折、扑朔迷离，这就要求占梦家必须虚其神明，以精诚的态度去感知梦境所示，这样才能揭示梦象的含义。《周易》讲：“思之思之，思之不通，鬼神将为通之”，这就是对占梦术的最好诠释。否则随意而占，不加思索，就不能成为一个高明的占梦家。

第五，依违两端者，不验。古人认为，对梦境所预示的吉凶，占梦者必须明白地揭示出来，不能含糊其辞，依违两端。否则就违背了占梦术的原则，成为欺世盗名之徒。

庄生晓梦迷蝴蝶

庄生梦里梦见蝴蝶，醒后不知道是蝴蝶进了自己的梦，还是自己进了蝴蝶的梦。这个美丽的故事揭示了一个令人迷惑不解的现象：为什么梦在醒后会变得模糊不清？

梦属于潜意识之物，有其很特别的消退功能。曾经有科学家做过研究，就梦本身而言，它的记忆痕迹十分浅，也就是不够深刻。梦有时候就如鬼魅之物，悄悄地来，然后又悄悄地离开，是如此不带声色和迅速。

梦之所以容易被遗忘，除了因为它的记忆痕迹浅之外，当然也还有其他因素的影响。有些东西，如果我们自己有兴趣，我们就会喜欢上它，因此这部分的经历或事情才会被留在我们的记忆中。正如前面所提到过的梦是具有记忆增强功能，能够把我们在正常清醒状态下不在意的东西在睡眠的梦中被重新放大。但是，在清醒的意识形态下，我们并没有过分注意到这些出现在我们梦中的事物，可见其对我们并不十分重要。梦之所以容易被遗忘的原因之一就是因为其只引起很小、极其细微的情感反应，并不足以给我们带来更深刻、更有意义的印象。可见，梦在很多情况下都是毫无意义和价值的。

梦因为在现实生活中引发的感觉是细微的，才导致其容易被遗忘之外，现实生活的感觉也强化加速了我们对梦的遗忘。只需要在早上洗脸刷牙的短短片刻时间，我们的梦就烟消云散了。现实生活的行为动作、对话、感情记忆的感觉更强烈，从而更容易占据我们的记忆。这也是导致梦容易消退的诱因之一。

而且，梦具有独特性，甚少重复。一般情况下，每个梦的内容只出现一次，有别于那些具有周期性重复的梦。由于梦具有模糊性，很多情况下梦的内容都是混乱无序、缺乏意义或是支离破碎的。再者，其不容易被清醒状态下的记忆所延续，也脱离了在清醒状态中赖以存在的精神和感觉联系。

这也就是为什么很多人在提到梦的时候，通常情况下都会先犹豫一下，尝试很努力地去回忆昨晚做过的梦。他们除了知道自己在昨晚睡觉的时候做过梦，对梦的内容却一无所知。或只是记得极其个别支离破碎的片段。很多人甚至在起床洗漱完毕后就对自己做过什么样的梦忘得一干二净了。

有些容易被记住的印象深刻的梦，因为那些梦对于自己有深刻的记忆印记，所以我们会试图尽最大的努力，去重新回忆梦境里出现的一切情节。因此，造成梦消退结果的原因之一也取决于自己对梦的内容缺乏兴趣。

梦是个牵涉个人情感的奇妙之物，是潜意识浮现的方式之一。在很多情况下，梦可以暴露个人的内心，涉及个人的情感、道德、隐私等等因素在内，这些梦通常持续的时间比较短。因此，梦很多时候也具备压抑性，在个人潜意识的驱使下，提早被有意识地忘却。

现代梦境研究——梦境究竟是否可以控制

每一个人都有过做梦的经历，同时都会感受到梦境的内容是那样不可思议，常常会有千奇百怪的组合，突然的场景转换，人可以飞起来、落下去，想跑又挪不开步的奇特体验。梦境似乎没有因果规律，也不受时空限制，然而事事景景都牵动着做梦者的心弦，体验是那样真切，情感是那样强烈，在做梦的当时并不感到荒诞。多少年来，这种奇妙的生理现象，一直充满着神秘的色彩，不仅普通人感到困惑难解，就是科学家们也常常疑雾重重。然而1900年，奥地利著名心理学家和精神病医师弗洛伊德开创了“梦学”的研究后，世界各国的学者们正式开始从心理学、生理学和医学等方面探寻做梦的机制，特别是梦与现实的关系，更是人们探寻的重要话题。

那么，荒诞的梦境与现实生活是否有联系呢？如果有联系的话，人类是否可以通过控制睡眠前后的条件来影响梦的内容呢？一系列的问题引起了学者们的广泛兴趣。

1966年，某科学家设计了这样一个实验：他要求受试者在临睡前干6小时的体力活。可实验结果表明，这些人在梦中根本没有出现体力劳动的内容。他据此提出了“平衡互补”的理论，他认为清醒时的生活与梦境是平衡互补的，比如白天体力活干得多了，在梦境中当然就不愿干了。然而没过多久，“平衡互补”理论遇到了麻烦。

1968年，生理学家陶伯做了一个用“平衡互补”理论无法解释的实验。陶伯要求受试者连续两周戴玫瑰色的眼镜，结果他们在梦境中的景物也全部变成了玫瑰色，这显然表明清醒时的知觉感受延续到了梦境之中。依照“平衡互补”理论，梦境中的景物应该是补色或无色才对，而事实却并不如此。

较早从事这方面研究的还有美国芝加哥大学克雷特曼实验室的德门特和沃尔珀特两位学者。他们注意到，大多数刚来到睡眠实验室的新受试者，在叙述他们梦中的故事经历时，常常把睡眠实验室这个新奇的环境编入到各自的梦境情节中。很显然，睡眠条件的改变会在梦境中得到反映。德门特和沃尔珀特从中获取启示，并设计了一系列有趣的实验，即改变受试者睡眠时的环境条件，看它会不会在梦中得到相应的反

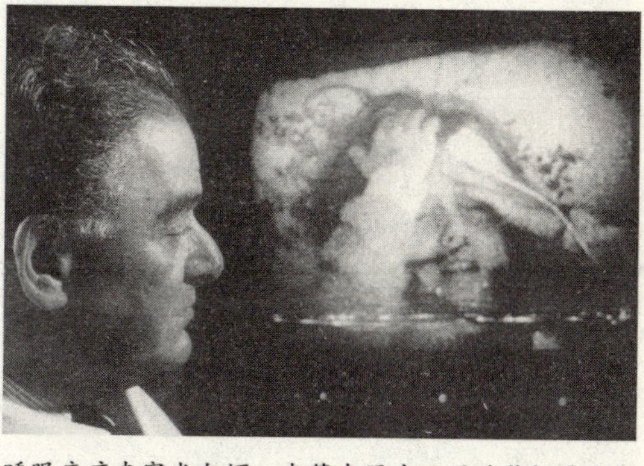

睡眠疾病专家米尔顿·克莱麦医生正通过监控系统研究志愿者梦境产生的机理。目前较为科学的说法认为梦是快速的眼球运动中“意象”的集合。人在快速眼球运动状态下的睡眠便会产生梦境。

映。整个实验分3部分，先用冷水淋，继之以强光，然后再放音乐，结果在受试者的梦境报告中，只有42%涉及水，23%谈到光，9%提到音乐，这些数据看来并不能很好地说明问题。

以上许多的实验结果，使学者们做出了大相径庭的解释，但是有一点似乎已经趋于明朗化，即清醒时的环境遇到某些特殊的改变，在梦境中就会增加与此有关的新内容。然而目前的问题焦点是怎样才能确切地掌握环境刺激和梦境内容之间的必然联系，只有做到这一步，方有可能达到控制梦境的设想。

从事精神分析理论的研究认为，梦的作用在于心理方面，做梦是为了满足愿望，只要在清醒时愿望得到了满足，梦境中就不会出现这方面的内容。威特金和刘易斯两名美国科学家利用刺激现实环境的方法来测量梦境内容。他们用的刺激物是4部电影片：一部是孕妇正在生产的过程；一部是原始部落人用锐利石片切割男性少年的阴茎包皮；一部是母猴将死去的小猴撕开吃掉的经过；还有一部是平淡的风景片。结果根据受试者的报告表明，前3部影片的内容被较多地编入梦境，而平淡风景片则根本没有。以上实验似乎说明了这样一个问题，现实生活中受到的外界刺激越强烈，那些刺激在梦境中出现的可能性就越大，此说法得到许多学者的赞同。

1974年，德门特精心挑选了一名受试者进行实验。这位受试者当时的强烈愿望是想吃香蕉奶油馅饼，在当他睡眠快进入到做梦阶段（眼快动睡眠期）时，3次将他唤醒，并每次都给他吃一块馅饼。到第四次被唤醒时他说："我正在喝咖啡和抽烟（平时他每次就餐完毕后都喝咖啡和抽烟）。"第五次唤醒他时，他说："餐桌上给我上了一盘面条，我把它倒到了垃圾桶。"第六次被唤醒，他又说："德门特博士，我梦见我正拿馅饼喂给你吃。"实验结果表明，满足吃馅饼的愿望不能中止做梦，但是梦的主题将变为不愿意再吃东西了。

关于人是否能控制梦境内容的问题，迄今为止能够做出的回答仅仅是：入睡前后的外界刺激看来是可能被编入梦境的。不过涉及与此有关的各种生理机制和它的规律性，由于变化因素太多，目前还难以将它规范化。从事该领域研究的学者们都感到，通过控制入睡前后的条件来影响梦境内容的实验十分复杂和困难。

这正如美国心理学家卡特赖特所说的那样：“假如入睡前十分口干，有人会梦见海洋，有人会梦见沙漠，也有人会梦见谁也无法理解的、但与口干有联系的某种情绪状态。”因此我们首先需要有一套更为精确的度量梦境内容的方法，然后才能理解梦的意义，最终达到控制梦境的目的。

噩梦成真——因梦被判刑

1990年夏季的一个夜晚，在美国芝加哥一处住宅中，年轻的洛仪丝和丈夫斯特文都已睡熟。突然，洛仪丝被身边丈夫的惊叫声惊醒，这时是凌晨1点30分。斯特文睁开眼睛，他的头发已被汗水浸透，脸上一副惊魂未定的神态。“太可怕了，我梦见一个年轻女子被一男子殴打致死，死后她还被强暴了。”他说。

第二天傍晚时分，洛仪丝家来了两个陌生警察。他们询问洛仪丝和斯特文是否认识一个叫凯媛的年轻姑娘。夫妇俩回答说不认识。警察说，前天夜里发生了一起杀人案件，凯媛被害。她的住所离斯特文家只有30米远。死者是被人用木棒打死的，尸体遭到凶手的蹂躏。

当听到这个消息的时候，洛仪丝和丈夫都感到不可思议，他们从来不认识这个叫凯媛的姑娘，可是，警察说的凯媛的死居然与斯特文的梦境如此相符！

警察走后，夫妻俩沉默了许久，洛仪丝对丈夫说：你愿不愿意对警察讲讲你的梦？这看起来有些荒唐，但说不定对他们寻找罪犯有用呢？斯特文觉得妻子说得有道理，决定往警察局走一趟。

谁都没想到，这一去，居然让斯特文平白无故遭遇三年狱灾！

当天，警察在听了斯特文讲梦后说：你的梦真说不定有助于我们破案。你能不能讲得再详细些？比如罪犯是已婚者吗？斯特文回答：有可能。警察又问：你认为罪犯行凶后有无内疚感？斯特文对这个问题很纳闷，但还是回答了：大概没有吧。

又过了一天，警察局要求斯特文再到局里去一趟。斯特文吃惊地注意到气氛不对，接待他的竟然是一个预审官。斯特文刚坐定，一名护士前来取了他的唾液、血液及一缕头发。斯特文气愤地说："你们难道怀疑我是凶手？"预审官说："我们想让你作证人，但我们必须确信你与这起凶杀案没有牵连。"接着，预审官又问了斯特文一些更详细的问题，最后又问道："你与妻子的性生活和谐吗？""这是我的私生活。我没有必要回答。""你可以不回答，但我认为你根本不是梦见了什么凶杀案，而是凶杀案中的凶手。"不管斯特文如何抗议，仍被投进了监狱。警方似乎很满意这么轻松就将凶手缉拿归案，侦破工作就这么草草结束了。

1992年5月，法院正式审理斯特文一案。法院当庭播放了斯特文与预审宫的谈话录音、听到录音的人们都认为，斯特文当时并不是在说梦，而是在讲述他的犯罪事实。这种错觉，使法庭上下忽视了一个重要的事实：在案发现场取到的指纹及头发与斯特文的都不相符。法官们只是一味地强调：斯特文了解案件中的很多细节，而这些细节只有凶手本人才知道。他们不相信这些细节是斯特文所梦到的，世上哪有这么巧的事情?

最后，斯特文被判处40年徒刑。斯特文夫妇被这样的结局所震惊。但是，他们并没有放弃，斯特文不停地申辩自己是清白的，就这样一月月、一年年地过去了。

幸运的是，斯特文的辩护律师也并没有放弃，在斯特文在监狱服役3年的时候，律师决定再进行最后一次的努力。努力之下，他终于说服芝加哥一家报纸的记者对此案进行一次反调查，以便弄清事情的真相。这名记者果然不负重托，他很快就在斯特文的案卷中找到一个突破口：有一件物证被所有人忽略了，就是在受害者身边找到的一块手帕，上面沾有精液。警察局所属的一间化验室进行了认真的基因对比分析，结论是：手帕上的精液不是斯特文的，这足以证明斯特文不是杀人犯。1995年8月17日，斯特文迈出了监狱的大门，终于无罪释放，没想到夜间一场噩梦竟让他在监狱里待了整整3年，成了他不堪回首的一段往事，令人欷歔不已。

舅舅的离奇死亡

英国《灵学研究会》会刊上曾刊登过这样一个梦例：S女士与她舅舅住在一起。有一天，她梦见她和妹妹坐在舅舅的客厅里，花园里的花上覆盖着一层薄雪。舅舅的尸体由一辆用两匹马拉的农家马车运回，马车上垫着干草。她们在家等着运载尸体的马车到来。两个她认识的男人费了九牛二虎之力才把尸体抬到楼上。在搬运时，尸体的左手垂了下来。上楼时手臂与栏杆撞了一下。第二天早上，她便将梦告诉了舅舅，舅舅不以为然。

两年后，同样的梦境又清晰地重复了一遍。又过了4年，S女士因结婚离开舅舅家迁居伦敦。有一天，又做了同一个梦，不同的是，这次是梦见在她的卧室，来报丧的是一位身着黑衣的绅士，那人站在床边告诉她，舅舅已经死了。

一天早上，继父来找她，他走进房间站在她床边，全身穿着黑色的丧服，S女士见到这一场景，便神经质地叫了起来："别说了！一定是舅舅死了。"其后的调查显示，此梦的任何一个细节都完全应验，包括左手撞在栏杆上一事，搬尸体上楼的也是梦中出现的那两个男人，唯一不符合的一点是花和雪，但花和雪恰好是S女士与她的族人视其为死亡象征的东西。

梦兆山崩

1966年10月21日上午9点15分，英国威尔斯的一个大矿山突然崩塌。煤堆从山上滑落，将矿山脚下的一个小村庄全部掩埋，有144人死亡，其中128名是小学生。

让人惊讶的是，一位在灾难中丧生的10岁女孩，在罹难前两星期的一天早晨，她忽然对母亲说："妈妈，我不怕死。"母亲很惊讶，说：“你怎么会想到死呢？”小女孩说：“我会和彼得与琼恩在一起。”灾难降临的前一天，小女孩又对母亲说：“我昨晚做了一个梦，我梦见我到学校去，但学校却不见了，有黑黑的东西把它盖住了。”第二天到学校去后，便发生了惨剧，在煤堆里，在她尸首的一边是彼得，另一边躺着琼恩。

一位47岁的CM太太，在矿灾发生的前一天，梦见谷里的一所古老的学校建筑，然后是大堆的煤块沿着山坡滑滚而下。山谷下有一个留着长发的男孩，脸上显出面对死亡的恐惧。而后，小男孩获救了，救他的是一位戴着尖帽的人。

翌日，CM太太将她的奇梦告诉了邻居以及其他人（有7人证明）。灾难发生后，在电视的灾情报道中，人们真的看见了戴着尖帽的人和他救出的那个留着长发的小男孩。而CM太太则惊呼两人的真实长相与梦中的完全一样！

梦中救子

太平洋战争期间，一位美军士兵和他远居家乡的母亲同时做了一个相同的梦。母亲梦见儿子在某海岛服役，正在帐篷里酣睡，一阵狂风吹来，突然一棵椰子树折断，砸向帐篷。“啊，乔治，危险！”母亲惊呼儿子的名字，从噩梦中醒来。10天后，母亲接到儿子的信，信中说：“我在睡梦中被您叫醒，您的声音特别大，好像是在帐篷外呼唤一样，所以我急速跑出去了。正在这时，椰子树倒下来，我的床被砸断了……”这位母亲算了一下，自己做梦的那天，正好是椰子树砸坏儿子帐篷的日子。

因梦救男友

1918年10月，波兰姑娘罗娜，做了一个非常可怕的梦，梦见自己失踪了的男友史坦尼在一条黑暗的隧道里摸索着前进，随后又跪在地上痛哭。罗娜在做了好几次同样的梦后，她要求警察帮助寻找她失踪的男朋友，却无人理睬。

到了1919年的夏天，罗娜又一次在梦中看见山上有一个古堡，古堡上的塔已经倒塌，当她走近废墟时，听见有人呼救，她马上听出那是她的男友史坦尼的声音，呼救声是从一大堆石头底下发出的。一连好几个晚上，她都做着同样的梦。她把这件事告诉妈妈，妈妈又对教士说了，教士认为这是由于罗娜思念史坦尼，心理上造成压抑造成的。但是，男朋友的失踪与几次奇妙的梦境，让她下决心去寻找这座古堡，寻找史坦尼。

1920年4月25日，当罗娜来到波兰南部一个小村落，看到那座立在村旁山顶的古堡时，便禁不住叫出声来，原来就是这座古堡，和她梦中看到的一模一样。罗娜要求挖掘，一批好奇的人跟着她去了。在忙了两天，移开大石块，找到入口处后，果真有人听到在黑暗中传来微弱的呼救声，呼救的人正是史坦尼。

原来，史坦尼在两年前到这座古堡参观时，不巧一颗炸弹打中了古堡塔，将古堡塔的入口封闭了。他一直依靠由军队存在古堡中的几十箱乳酪和米酒维持生命，还找到几根蜡烛用来照明，他唯一的希望就是通过祷告，愿上帝派人来救他。罗娜的梦境终于被证实，而史坦尼正因罗娜对梦境的坚信，才被救了出来。最后，他们喜结良缘。

妈妈的梦——梦假事真

心理学家莱因教授在《心灵秘道》这本书里提到一个预知的梦：一个年轻的妈妈梦见悬在婴儿床上方的大形吊灯架掉落下来，将她的小宝宝压得粉碎。她在梦中清楚地看到摆在婴儿用衣橱上的时钟正指着4点35分，外面似乎在刮风下雨。

这位年轻的妈妈立刻叫醒她丈夫，告诉他梦中的恐怖情景。她丈夫笑她操心过度，蒙头再睡。但她的心里已因这个噩梦而变得极度不宁，于是起床将放在隔壁房间的婴儿抱到自己的床上来。她抬头看看窗外，发现夜空清朗，圆月生辉，也许真的是自己操心过度。但大约两个小时后，婴儿室蓦地传来一声巨响，她和她丈夫慌忙跑过去看个究竟，发现吊灯架正坠落在婴儿床上，而衣橱上的时钟刚好指着4点35分，窗外不知何时已开始一场暴风雨。

包罗万象的“梦境银行”

加利福尼亚大学“梦境银行”中的2.2万个梦可谓包罗万象。到这里“存梦”的人分布很广，从声名显赫的科学家到贫困潦倒的救济金领取者，从中年妇女到十几岁的青涩少年，都贡献出了他们的梦。银行中有86个梦来自美国马萨诸塞州技术学院的生理学研究生，这是他们在1897年的“存梦”。还有900个梦来自于1913年到1965年间的心理学记录。

加利福尼亚大学的莫多霍夫博士和同事，运用新的研究工具对“梦境银行”中各个梦的内容进行了统计和分析。通过统计还给出了梦的一串数字化解读：一般来说，梦的长度大约在5到30分钟之间；25%的梦是在熟悉的环境中发生的；33%的梦中有让人不快的内容，其中有一些情况严重的便是噩梦甚至梦魇；50%的梦中会发生针对做梦者的过激行为；95%到99%的梦会做完就忘。

当他们再用关键词对银行中的梦进行检索时发现，梦境中出现的场景、人物和内容80%都和日常生活相关，比如父母、朋友都经常在梦中出现，开车、购物以及运动也是梦境的几大主题，而与性和宗教相关的内容在梦中却并不常见，只有2%的男性和0.4%的女性梦中出现了与性有关的情节。此外只有3.3%的梦境中提到了教堂或者寺庙，仅有0.8%的梦特别提及了宗教信仰问题。

尽管“梦境银行”中大多数梦都是日常生活中鸡毛蒜皮的小事，这似乎支持了梦其实没什么功效的理论，但仍有研究者对此持有异议。他们拿出了同样确凿的证据。比如，芬兰土尔库大学的研究人员宣布发现了梦境的进化功效，他们对近600个梦进行了分析，发现其中有2/3的梦至少包含了一处受到威胁的场景，在这些威胁中，有超过60%的情形可能在现实生活中遇到。

以前有人认为，梦中经常是一个充满魔法与玄幻色彩的奇异世界，各式各样匪夷所思的东西和情节都会在里面出现。可这个研究支持了“平平淡淡才是梦”的论点，认为梦境和人们的日常生活并没有太大不同，如果非要说区别的话，那么只能说每个人的梦是因人而异的。

同样，佛罗伦萨大学的研究人员发现，节奏曲调在音乐家的梦中出现的概率是一般人的两倍多。还有人发现，当社会中就业的女性比例上升时，那么在女性梦境中出现工作场景的比例也随之升高。通过实验，科学家大都认为，大脑在梦中构建起了一个现实世界的模型，并在不断模拟现实中可能发生什么情况，这样，在事情真的发生时才能从容应对并解决问题。

性梦究竟是怎么回事

性梦，也就是所谓的春梦，梦见有性行为的梦。调查表明约有70%的现代人经常或有时梦见性活动，且男性多于女性。

先说说男性的性梦，男性在性梦中的情人都是些不认识或者仅是有一面之缘的女性，自己的爱人是极少出现在性梦中的。男性在性梦会有梦遗的现象发生，也就是正常性爱中的射精行为，但是做梦人自己醒后是不记得梦中具体情节的，所以男性的性梦总是虚幻不真实的。

在以前，性梦被人们视作是可耻的，《红楼梦》里贾瑞就是死于过度的性梦。但实际上，对于成熟而未婚的男性来说，性梦是缓解性欲冲动的途径之一。有些性梦是由于睡觉姿势引起的。而白天接吻、拥抱的刺激也会导致性梦。医学界认为男性精囊中精液的充积量较多的话，更容易产生性梦。

女性的性梦与男性的相比有较大的差异。未婚女性的性梦往往错落零乱，变化无常，很难有清晰的性梦。即使已婚的女性，能做真正的、清晰的性梦，并伴有阴道黏液的分泌，也不能起到泄欲的作用，可以说女性在醒后几乎都能回忆起梦境的内容。

成年人有性梦是很正常的心理和生理现象。从医学角度来说，性梦的发生与体内性激素水平、性心理有密切关系。通过性梦，人体的欲望会得到发泄，这样就可以缓解积累起来的性张力。因此，有性梦的人不必焦虑和羞怯。尤其是青年人，在青春期性成熟后出现性梦是很正常的，所以应顺其自然，同时要把主要精力放在学习和工作上，避免过多地接受各种性信息和性干扰。

梦给你的健康提的什么醒

古时，人们认为在睡眠中可以得到神的启示；希腊人则相信人在做梦时，双眼内视，照亮了灵魂，所以能够看到那里隐藏的真相，包括健康的真相。今天，医学专家们经过长期研究发现，除去心理因素的原因，某些反复呈现的噩梦确实具有预兆疾病的作用。身体通过梦境来提示我们，我们的身体“病”了。

梦中被追逐，心中恐惧，叫不出来跑不动，惊醒后心有余悸、大汗、心跳加快。提示：可能是心脏冠状动脉供血不足。

梦到飞翔的场景。提示：循环系统可能有病变。

梦到负重，疲乏无力、喘息不停。提示：肺部可能有疾病。

梦中听到怪响。提示：听觉中枢可能存在某些病变或附近血管硬化。

梦到水的场景，例如洪水、沼泽、溺水等。提示：肝胆系统和肾脏可能有病变。

梦到气管被卡住呼吸不顺畅、窒息。提示：呼吸系统可能存在病变。

梦到火的场景，例如自己被烧伤等。提示：可能患有高血压。

梦到人或怪物敲打你的头部，或是向你的五官灌流质等。提示：可能患脑部肿瘤和神经系统疾病。

梦中进食味道怪异的食物，醒后嘴中仍留有异味；或是梦中感到饥饿，吃进大量食物，醒后胀痛难受。提示：胃肠部位可能有疾患。

梦中被殴打，醒后感觉梦中被打部位疼痛。提示：对应脏腑可能有潜伏性病变。癫痫病人梦到与人相撞，空中坠落等场景。提示：不久癫痫可能大发作。

希特勒的梦

1917年的一天，阿道夫·希特勒做了一个噩梦：他梦见自己葬身于熔化的铁和土地的崩塌之中。当他醒后，感觉需要空气，就从掩体中走了出去，走出了战壕，继续向前走进乡村。这是极其草率的行为，但他觉得不由自主，他像一个机器人或梦游患者。突然，敌人的大炮打起来了，他匍匐在地上。仅仅是一声爆炸就足以使他清醒，恢复意识。他赶忙跑回战友那里。战壕已经辨认不清，掉落的土挡住了去路，在他曾掩体的地方是一个巨大的弹坑。他所有的战友都不见了，他们或是被直接命中炸成碎片，或是被活活埋掉。

掩体的梦不是含糊的，希特勒相信它可以被看做是自己的真实命运——在毁灭性的轰炸中，在地堡中死亡和毁灭的预言。然而，梦不光坚定了希特勒对自己特殊使命的信念，而且使他相信自己的坚不可摧……他在自己经历的每个阶段都看到了命运之神，崇信自己的直觉，他相信这些直觉是神灵的暗示。他在非凡的军事成就中采取的措施，跟手下将军们的建议相反，这进一步使他确信，就像不断发生的从死亡中神奇逃离的现场一样。

希特勒认为，这个梦证明自己处于命运安排的社会上层。而当时，他正作为一名下士在索姆的巴伐利亚步兵团服役。

从那时起，阿道夫·希特勒确信自己被上天赋予了神圣使命。

1933年3月3日占领奥地利后的那一天，当希特勒站在维也纳的Hofburg的阳台上接受成千上万人歇斯底里的赞美时，处于高度兴奋状态的他凝视着天空，清楚地看见德国战神奥丁的形象，他俯视喧嚣的场景，专横地直指东方。他据此确定了入侵俄国的计划……当他对观众演讲时，希特勒似乎拥有把自己置于魔法师境界的技巧，这使他的演讲极具魔力……

在希特勒灵感的引导下，整个纳粹运动呈现出了准宗教的形式。有宗教仪式，有游行，还有字饰。德国群众好像把他当成了耶稣，他们涌向这个“救星”。在兰尼恩堡集中营，希特勒的随员之一库尔特·柳代凯描述了希特勒的演讲才能：“立刻，我的挑剔被一扫而光……当我听这个人讲话时，我不知道该如何描述自己心中掀起的波涛……他的激情似乎感染了我。我体验到宗教一样的升华……”

希特勒坚信，自己是人民的英雄和救星，他认为自己在光明和黑暗之间进行着斗争，看起来他具有赌徒的好运——直到他的敌人联合起来将其战胜。

阿道夫·希特勒是一个可怕的邪恶的例子，这种邪恶可以由一个人加之于世界之上。这个人完成了对他掌握的巨大力量所应负的责任，并进入了巫师的状态。统治者的梦和幻觉，能对历史产生巨大的影响，这也说明为什么一些人会对梦境如此的狂热，以至于影响到实际的行动。

林肯被刺与他的梦

梦是神奇的，也是普通的。你可以不相信梦给人类带来无限的启迪和带来无法解开的预兆之谜，但你不得不相信梦会给我们带来无尽的思考。

美国历史上一位著名的总统，亚伯拉罕·林肯是美国奴隶制度的坚定废除者。他从社会底层通过不懈努力跻身于美国政坛，并成为美国总统。不幸的是，1865年4月14日，林肯在剧院观看歌剧演出时被暗杀。

那晚，林肯总统邀请格兰特将军及夫人去福特剧院观看歌剧《我们美国的表兄弟》，当晚的歌剧演出十分精彩，但就在大家为剧情所吸引而如醉如痴的时候，一个人悄悄溜进了林肯总统的包厢，对准林肯的后脑开了一枪，总统倒下了……

其实，林肯去剧院之前，就有一种不祥的预感。当他步行到陆军部时，这种预感再次袭来，让他想起不久前做的一个离奇梦：那晚，他很晚就寝，入睡不久就开始做梦，梦境中感觉周围像死一般寂静。突然他听到从什么地方传来呜呜咽咽的声音，像是有人在哭泣，于是他从床上起来，迷迷糊糊地寻声走去。下了楼，楼下的寂静被哭声打破，可他并没有看到哭泣的人。他挨着房间一间一间地走过，只听得到处都是哭声，而却没有看到哭泣的人。他感觉很迷惑也很惊慌，决心要查清楚到底是怎么回事。来到东厅，看到那里聚集了很多人，一个灵柩摆在大厅中央，里面躺着一个人，他的面部被蒙上了，周围有许多士兵守卫。在这些人中，有的人在伤心地痛哭，其悲痛欲绝，那样子实在令人心酸；有的人则愁容满面地看着灵柩里的尸体，表情麻木。林肯上前去问：白宫里谁死了？一个卫兵回答说，是总统，他遇刺了。

可是，之前的噩梦和不祥的预感并没有阻止林肯步入大剧院。同时，为了慎重起见，他还亲自要求作战部长斯特顿派一名叫埃克特的陆军上校做自己的警卫。但斯特顿表示，埃克特当晚另有任务，就派了一个名叫布莱恩的军官充任林肯总统的临时警卫。在剧院遭到袭击后，林肯总统由于伤重不治，于1865年4月15日清晨7点22分去世，遗体被放在白宫的东厅。如同梦中的过程实际演示了一遍。

其实这并不神奇，在空间信息理论中可以发现，人脑中存在一种叫信息库的特物质群，其中充实着大量的信息。若想打开信息库的密码锁，就必须找到信息密码，而这种信息密码很难寻到，必须在思维高度集中，专一思考的情况下（如打禅静思、气功静坐等）。大脑的信息进行无限极速的排列组合，有用的信息密码条迅速汇集，形成正确的和完整的信息密码，打开信息库（更类似于急中生智取得的成果一样）。或者由于高度专注的思维，导致在梦境中，也就是潜意识领域的信息密码条极速汇集，这种密码条一旦汇集在一起，就形成了一种预兆，实际上也就是打开信息库密码锁的“钥匙”——信息密码，从而打开信息库，获得你所需要的成果。俄罗斯化学家门捷列夫发现元素周期表，就是在梦中完成的。林肯总统遇刺前的梦境就是一种信息外显——预兆。

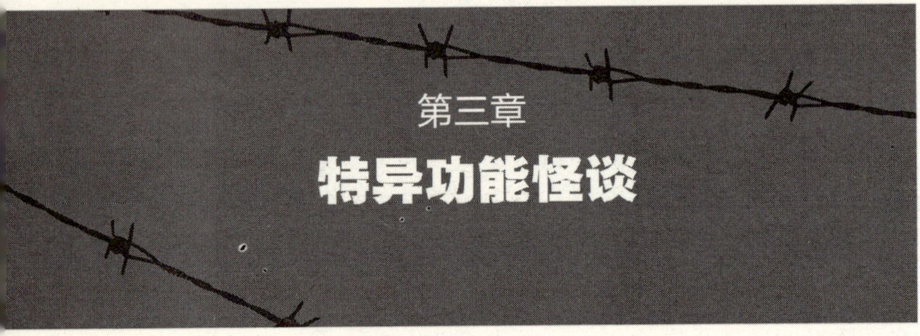

第三章

特异功能怪谈

神奇的点穴

在武侠演绎中，点穴总让人着迷，它像是定身术又像是神奇魔棒，指到哪不仅让人动弹不了，还能点“痒穴”“笑穴”，让人奇痒无比、大笑不止。点穴，究竟像传说中的那般神奇，还是普通的搏击之术？是有令人信服的依据，还是只是小说家的杜撰？为什么从历史的记载来看，点穴作为一门独特功夫已经存在很久了，而到了现代，人们反而看不到它的踪迹，只能从影视和文学作品中欣赏它的高深莫测了？其实，点穴是有一定依据的，主要来源于传统的中医。

中医的穴位，实际上是人体上反映比较敏感的一些点和部位，当我们刺激这些部位的时候，我们的身体会产生一些变化。这些奇特的点，我们就叫它“穴位”。

根据中医理论，人体上分布着14条直行的经脉和由经脉横向分出的络脉，合起来并称为经络。经络系统“内贯脏腑，外达肌表，网络全身”，是气血运行转注的通道，具有“决生死、处百病”的功能。按照经络学的说法，穴位就是散布在经络通路上，供气血出入会合的“处所”。14条经脉上有穴位几百个，每个穴位都与内脏有着密切关系。按照点穴术的理论，要断经络，就要重创穴位。

尽管，西医在进行了大量的人体解剖之后，并没有发现经络的存在，即便是用几十万倍的电子显微镜也找不到丝毫的踪迹。但是，传承了几千年的中医用事实说明了自身的价值和意义，并不是能以现在的科学水平说明的。

腹托万斤的小伙

在一般人的印象中，大力士都长得身材魁梧、五大三粗。但是，在大力士挑战现场，刘振宇的样子让人出乎意料。刘振宇家住黑龙江省鸡西市，他19岁时，身高183厘米，体重只有55千克。从他清秀的脸庞、时髦的衣着上，根本看不出他有半点“大力士”的模样。

刘振宇以前并不知道自己在力量方面有特长，因为他从小喜欢唱歌，所以很注意锻炼自己的肺活量，游泳、跑步他都喜欢。后来，为了让自己唱得更好，在北京专门进修声乐的刘振宇尝试着平躺发声。同时，他为了增强胸腔的共鸣，在腹部放沙袋，进行负重发声训练，从5千克、10千克到25千克，他腹部承受的重量不断增加，并曾用腹部托起2700多千克重的水泥预制板。

当挑战赛开始后，身披黑色斗篷的刘振宇带着太阳镜出现在观众面前。运气后，他静静地躺在铺了毯子的地上。12个小伙子将一个重650千克的大木方抬进场地，这根木方压在平躺的刘振宇的腹部，然后一辆重16吨的翻斗车慢慢往上面开。此时，他的腹部逐渐隆起，被两条棉被盖着。他的母亲于青琳站在一旁，紧张注视着。两分钟后，横木方平放在刘振宇的腹部。

5分钟后，随着翻斗车发动，现场气氛陡然紧张起来，观众屏住呼吸。翻斗车左前车轮缓缓驶上横木方。随着车轮的逐步靠近，压在刘振宇腹部的重量就越重。在横木方标注5000千克刻度的位置，翻斗车还稍作停留。随后，司机再次加大油门向6000千克冲刺。最终，车轮停在了大约5500千克刻度的位置。翻斗车倒了回去，刘振宇在整个过程中始终双眼紧闭，现场所有的人都惊呆了。在上千人的见证下，刘振宇“力挺万斤”挑战成功。工作人员跑上来缓缓抬起横木方。此时刘振宇一动不动地躺在地上。不到1分钟，在工作人员的搀扶下，刘振宇缓缓起身，微微颤抖，然后转过身来向观众举手示意，打起了胜利的手势。这时现场响起雷鸣般的掌声。

挑战结束后，有16年驾龄的翻斗车司机王玉海表示，开车轧在一个小伙子的肚子上，他也做了很久的思想斗争，对小伙子能否承受这么大的重量，他也捏着一把汗。“太紧张了，开了这么多年的车，从没这么紧张过。”

他的母亲于青琳说：“我儿子在这方面有老师指点，加上他自己的刻苦练习，逐渐提高了难度。经过几年苦练，刘振宇腹部不但能够承载重量，起身后声音还不受任何影响。他的腹部放上一块木板，两个表姐站到木板上，他都可以很好地发声。”

老人的胡子可以拉动10多吨的重船

对于一般人而言，捆着双手双脚游泳，已经是很困难的事情了，但红河哈尼族彝族自治州石屏县异龙湖边，有位神奇的老汉王保贵不仅能捆绑着手脚横渡异龙湖，还可以用头发和胡子拉动10多吨重的大船前行。

王保贵其貌不扬，个子矮小，除了胡子和头发稍长之外，他和其他人没有什么与众不同。

“水浒传里有个英雄叫浪里白条，朋友借用他的名字形容我一点不假！”50岁时的他说起了自己的经历，“几年前我被查出食道癌，我以为这一生完了，但我想，我不能被病魔打倒！”天天泡在水里的王保贵开始与病魔斗争。他喜欢上了各种体育运动，跑步、游泳，长年累月进行训练，有一次，他在电视上看到一些挑战极限的人，那人用头发拉车，老汉想：“我在湖里如履平地，我也可以在湖里干点挑战极限的事情啊！”没想到这想法一出，老汉在水里把自己捆绑起来，尝试了几次，竟发现自己还真有这个绝技。

王保贵说，为了挑战极限，不但要捆住脚踝，就是膝盖也要捆一道。绑好手脚之后，王保贵冒着小雨，一个纵身跳入水中，在水里的他裹着双手双脚还能轻松地翻转，如同一条蛟龙，等翻转够了，他让人把套在船上的一根绳子扔给他，他将拴好绳子的头发系上一个扣子，一个仰面之后，王保贵大喊一声：“走！”双手双脚被捆绑的王保贵一使劲，往后仰泳起来，而这艘坐了六个人的大船，竟开始缓缓向前移动……

王保贵的一位老朋友彭先生说：“现在我们乘坐的这条船一吨多重，但这对老王来说简直小菜一碟，非常容易就拉动了。”据了解，王保贵除了挑战成功捆绑手脚横渡异龙湖之外，还曾经挑战过捆绑着双手双脚，同时用头发拉着18吨的大船行驶在水面上，如果是小船的话，同时拉着载满几十个人的5只小船行驶1000多米都没有问题。

原来，这些都是他在劳动中练成的技能。王保贵说，小时候家里穷，每天都要到湖里拿水草喂猪。王保贵小小年纪，在水里闷个几分钟都没有问题，别人一天能拿一担，他一天可以拿一大车。渐渐地，在水里“生活”的他，在异龙湖里已是如履平地。2004年，他发现自己有这个技能之后，就越发加紧了训练，希望有一天能挑战更大的极限。有时候，他每天要捆着沙袋去爬山，而且别人爬山是正爬，他是采用倒退的方式跑步爬山。随后，王保贵逐渐在石屏出名了。

目前，王保贵已经把材料寄到了吉尼斯总部，希望申请获准吉尼斯世界纪录。

一天做1万个俯卧撑

美国人赛克斯在1小时内连续完成了3669个俯卧撑，创造了新的吉尼斯世界纪录。而在开封，一位爱好做俯卧撑的小伙子李超群，成为网络“牛人”。他从12岁开始练习，坚持到现在，每天保持做五六千个，最多时竟然能达到1万个！

“俯卧撑猛男”是怎么炼成的？李超群生在开封市一个知识分子家庭，父亲是河南大学教授。“小学时，我成绩好连跳两级，12岁就上了初一。上了初中后，每逢学校放假，父亲担心我在外面玩疯了，就在上班前把我锁在家里。我比较爱动，闷在家里感觉很无聊，就练俯卧撑玩，每次做15个，休息1分钟，然后再做，直至筋疲力尽。”就这样，俯卧撑成了他最大的爱好，一坚持就是11年。“午饭、晚饭及睡觉前，各做1500～2000个，每做200个休息一两分钟。14岁时，我已经达到这样的水平了。”

在他的记忆中，他很少生病，偶尔感冒了也不吃药，活动一下就好了。“除了家人和朋友，没人相信我能做那么多俯卧撑。”李超群说。有一天，他心血来潮，就将自己的“肌肉照”及练俯卧撑的经历“晒”到了网上。“很多网友都不相信，说这怎么可能，肯定是吹牛。我也没理会那么多。”过了没过久，一位外地媒体记者对李超群进行了采访，“我就简单介绍了一下练习的过程。见报后，没想到我竟然成了名人。经常有人慕名来找我，想一看真假。”

对自己疯狂练习俯卧撑的举动，李超群坦言其中也有缺点：腰部以上肌肉比较发达，但腿部比较瘦弱。

老汉拍掌，火车让路

108分贝有多响?30分贝：轻声耳语；60分贝：一般交谈；80～90分贝：大声吵嚷；80分贝以上：对正常人来说是噪音范畴；100分贝：火车鸣笛；突然出现的100分贝的噪声：可能让人瞬间耳膜穿孔。130分贝：大炮发射、飞机起飞发出的巨响。

2006年，有一位张大爷向吉尼斯世界纪录大全提交了申请函，“我是全世界拍掌声最响的人。”张大爷说，只要他拍手就能发出108分贝的声响。原来，张大爷小时候就是附近有名的“拍手王”，每次开大会看表演，大伙的掌声都是跟随张大爷的掌声走，他的掌声就像指挥棒一样。

这让张大爷很有满足感，从那以后张大爷就开始刻意练习掌声。张大爷说，他掌握了一套特有的拍掌法：首先拍掌前要收腹、挺胸，屏住呼吸；然后手掌、手腕、手背同时用力，而且要保证手掌心不被完全贴紧，留点空隙，这样拍掌所形成的掌声才会达到最响状态，手掌还不会痛。

七旬神臂老人

谁能相信一个78岁的老人可以在5分钟之内将5根弹簧的拉力器拉到200下？乍一听，很多人都会觉得不可思议，但是还真的有这种奇人。

这个人就是刘金容，在他居住的地方，人们亲眼看到他在短短5分钟内拉5根弹簧的拉力器拉了200下。刘老说，他坚持锻炼十几年了，身体一直非常棒，这些年都没有去过医院。

可是有谁相信，这个健康的老人十几年前其实是个老病号。刘老说："十几年前我得了老年病，总是风湿痛，还经常感冒。"医生告诉刘老，他的病是很多老年人会遇到的，属于正常现象，于是刘老开始往关节上贴镇痛胶布、吃钙片，虽然有点效果但不能彻底治愈。

刘老说他的女儿给他买的都是190元一瓶的钙片，他觉得这样下去女儿也会吃不消，于是他就开始翻阅中老年保健的书籍。他从书上总结了不少养生之道，于是就坚持按照这些养生之道生活，结果竟然起到了意想不到的作用。刘老说："我的养生之道就是：不能吃得太饱、有充足的睡眠、有适当的运动、有均衡的营养、每天喝水5～8杯、每顿吃半斤青菜、每天至少吃两个水果、保持房间的空气流通、勤洗手洗衣服。"在做运动方面，刘老十几年坚持用拉力器做扩胸运动，随着身体越来越好，他每天拉的次数也越来越多。"我半小时能拉1000下。"

以前他的体重有160多斤，还有将军肚，60多岁时头发已经花白，脸上还有好多老年斑。"用我老伴的话说就是脸上像世界地图一样。除了这些毛病，我还经常感冒，不是这里痛就是那里痛，200米都跑不动，做事情经常有疲劳感，身上的肉软软的。"但是这些老年人经常会遇到的问题，从刘老坚持锻炼身体、开始注重养生时慢慢有了改变。刘老说："我坚持锻炼十几年了，现在我的体重有

140多斤，将军肚不见了，身上的肉结实了起来，老年斑也少了很多，我觉得现在像个年轻人。”

两根手指做引体向上的老人

八旬老汉做引体向上已属不易，韩老汉的做法更不一般：别人是用双手，他只用两根中指，一口气能做十几个引体向上。

用韩老汉的话说：“奥运会我是参加不了了，我就用这种方式迎接奥运会吧！”韩老汉从小酷爱体育运动，不幸的是，小时候的一次意外造成他肋骨骨折，成了驼背，但这并没影响他对体育的热爱。

如今，身高1.4米、体重45千克的韩老汉，每天都会到运动场晨练。最近几年，他开始尝试两根手指、一根手指等多种方式，做难度很高的引体向上、俯卧撑等锻炼，数量也在不断增多。

飞檐走壁

飞檐走壁是很多人向往的功夫，特别是在古代交通条件限制下，学习气功、轻功更是很多人的梦想，在古典名著《水浒传》中，就有“日行八百里，夜行一千里”，人称神行太保的戴宗。

气功在我国有悠久的历史，有关气功的内容在古代通常被称为吐纳、导引、行气、服气、炼丹、修道、坐禅等等。在古书记载中很少有“气功”二字，偶尔出现“气功”的提法，亦无完整的解释。直到20世纪50年代，刘贵珍在《气功疗法实践》一书中写道：“‘气’这个字，在这里代表呼吸的意思，‘功’字就是不断地调整呼吸和姿势的练习……”一般认为“气功”二字从此被确定和传播开来。实际上气功锻炼包括呼吸、体势、意念三类手段，每一类手段又有多种锻炼方法，深呼吸只是众多呼吸锻炼方法中的一种。

在中国传统理论中，气功分为很多种，有外练的硬气功，有内练的内功等。外练主要是筋骨皮（肌肉力量），主要方法是依靠负重，增加外部对人体的各种作用力，以及泡药酒等，达到人体力量抗击打等方面的极限。内练主要是气、血、筋脉，讲究的是由内带外。主要方法是吐纳功夫，还包括一些特殊药物，行针走穴。轻功就是一种内练气功，是一种提纵术，小乘可以身轻如燕健步如飞，大乘可以借力飞天。当然可能性不大，无论哪种气功都是以提升人体最高潜力为目标的。

在现代体育中，几乎没有与“轻功”相提并论的项目，相似的只有跳高跳远等。但轻功与现代体育运动中的跳高、跳远形式相近而实质不同。现代的跳高、跳远，在起跳之前，一定要先奔跑鼓势，奋力而跳跃，猛起猛落，落地沉重，如石下坠。而轻功则不需要奔跑鼓势，只需两足一蹬，即可起高和跃远，起如飞燕掠空，落如蜻蜓点水，着瓦不响，落地无声。轻功与现代体育运动中跳高、跳远的不同，就在它“轻”和“稳”的特点上。

其实，传统的气功，并不是教人飞檐走壁的奇妙功夫，而是一种带有中国民族文化特色的自我身心疗法。

从中医学角度定义气功：气功是通过调神的自我锻炼，使自身气机变得协调的锻炼方法。

从现代行为医学的角度看，气功锻炼是对一种有利于心身健康的良性行为，进行学习训练，最终以条件反射方式固定下来的行为疗法。

从气功作用的心理生理学过程看，可将气功定义为：主要是通过使用自我暗示为核心的手段，促使意识进入到自我催眠状态，通过心理—生理—形态自调机制调整心身平衡，达到健身治病目的的自我锻炼方法。

作为现代人，我们要正确认识气功、轻功，让这种古老的体育文化在现代得以传承、发展，焕发出新的生机。

人眼透视

19岁的海泽是加州库卡莫恩加牧场的一名少女，她的母亲丽扎开办有一家宠物商店。这个漂亮的女孩看起来与常人没有什么区别，但是，海泽天生就具有非同凡响的特异功能：她那双貌似平常的眼睛竟然是一双与众不同的“透视眼”——她能看见其他人无法看到的光线和颜色。

据美国媒体报道，少女海泽具有非同寻常的特异功能：她能看见每个人身体周围有不同颜色的光环，并可以据此判断对方是否有病，甚至可以“透视”人体的内脏器官，犹如一台“人体X光机”。

早在海泽的童年时代，她就会在绘画中画出人物、花草树木周围的五颜六色的光圈，而其他孩子都不会这么做。在海泽长大一些之后，她开始注意到这些光圈有着不同的含义。比如，当她看到某人周围出现绿色或金色的光圈，就表示此人身体一切正常，而褐色和棕色的光圈则表示此人出现了疾病。

海泽说：“我的视力能从一种能力切换到另一种能力，从而层层深入地观察人体内的情况。有时候，这种能力让我十分烦恼，我非常害怕自己所发现的一切。”因为，除了能看到人体周围的光圈之外，她甚至可以“透视”人体的内脏器官，把人体内的情况看得一清二楚。

据悉，海泽并不是世界上唯一拥有“透视眼”的人。俄罗斯女孩娜塔莎·丹基娜的眼睛也具有超凡的“双重视觉”，能像X光或超声波一样“透视”人体的内脏器官，甚至能够看清那些X光和超声波都无法探测的“死角”，识别出人体内最细微的症状。

医学专家对海泽们的特异功能充满了好奇，却无法做出合理的解释。一种牵强的说法认为，她们可能拥有某种“牵连感觉”（synesthesia），通常出现这类症状的人能通过一种刺激激发起另一种感觉的状态，如闻到某种气味或听到某种声音便好像看到了某种颜色。但是，这种论断明显不能解释问题。到底是什么原因让她们的双眼可以发生透视，依旧令人困惑不解。

隔山打牛

在一些武侠故事中，一些人不需要任何工具，就能在无形中将物体移动，将对手打倒，这种特异功能被形象地称为“隔山打牛”。随着现代科学的发展，科学家们发明出一种能用意念控制的现代装置。

马修·内格尔在高中时曾是学校的橄榄球明星，但是，在一次事故中他的脊髓受到严重损伤，他的手也因此瘫痪。为了让马修的手重新运动起来，研究人员为他安装了一个大脑感应装置以及一只机械手：马修脑中的多个感应器能够读取神经细胞信息，然后通过电脑将这些信息传输到机械手上，当马修想移动某个物体的时候，机械手的拇指和食指能迅速接受指令自动张合，帮助马修完成这个动作。

研究人员希望这一技术在不久的将来，能让那些靠轮椅行动的人重新站起来，而美国军方则希望这一技术能让飞行员用意念控制飞机的飞行。

神奇的第六感

很多人都承认，第六感是一种神奇的感应，特别是双胞胎之间存在着心灵感应，一个人的某些症状也会在另一个人身上显现出来。但是，没有人说过双胞胎之间明显的第六感能帮助双胞胎们挽救自己兄弟姐妹的生命。然而，英国的一对双胞胎姐妹就印证了这种第六感的神奇力量。

一天，妹妹雷恩感觉自己很不舒服，头很晕，随后双胞胎姐姐杰玛也有了类似的感觉。第二天，当姐姐杰玛感觉到妹妹雷恩在浴室中遇到危险时，她破门而入发现妹妹已经昏过去了。杰玛立即将妹妹拖出来，利用自己在急救课上所学到的技能挽救了妹妹的生命。

急救人员史蒂夫皮尔森说："当我们到达时雷恩已经苏醒过来。其实很简单，如果杰玛没有感觉到妹妹有危险的话，雷恩必死无疑，杰玛做得非常好。"

杰玛坚信是神奇的心灵感应让她察觉到妹妹处在危险之中。杰玛说："当我有了这种感觉后，便决定去看看雷恩到底有没有事，我发现她整个人都浸泡在水中，开始我以为她在洗头或者和我开玩笑。但当我去把她的头抬出水面时发现她的脸已经憋得发蓝了，我就意识到她有危险。"

杰玛把妹妹拖出来后立刻叫了急救车，随后又利用急救课上所学的知识对妹妹展开急救。经过抢救，雷恩逐渐有了意识，性命得以保全。她们的母亲听说这件事后对女儿的表现感到十分骄傲，她相信女儿创造了奇迹。

会飞翔的人

印度的军事学家曾注意到一种人体漂浮术的存在。会这种漂浮术的人，双脚不沾地，就能随心所欲行走。于是有人设想把这种漂浮术用于军事作战，组织一支“超人”军队，那就不怕敌方的地雷、坦克、导弹、轰炸机的攻击了，随时可以突击到敌人的后方击败对方，更不必再花更多的钱研制尖端武器。这种想法一提出来就遭到了批判，因为没有人相信，人不需要工具可以在空中随意行走。但是，法国探险家欧文·罗亚尼曾在《巴黎时报》上发表了自己亲身经历过的一件事，证实了这神奇漂移术存在的真实性。

1912年，法国的探险家欧文·罗亚尼在尼泊尔和中国交界的喜马拉雅山一带考察、探险。他请了一位喇嘛做向导。当喇嘛带着他过康尔尼峡谷时，欧文就知道，这位喇嘛不是一般人。原来，这道峡谷约200多米深，100多米宽。如果爬山越过，需要大半天时间，而且非常危险，因无道路可行，随时可能跌入峡谷中，不粉身碎骨也要跌成重伤。罗亚尼正为过峡谷需要冒险发愁时，喇嘛弯下腰，把罗亚尼背在身上，要他别害怕，闭上眼睛。罗亚尼突然感到身体飘起，睁开眼睛一看，他惊呆了，喇嘛背着他腾云驾雾地在空中飞行，仅仅几分钟时间就越过了峡谷。他实在难以相信，在这荒凉的雪山地带，竟有如此本领的奇人。

在随后的行程里，罗亚尼更是坚信了自己的判断：这位喇嘛走路脚不沾地，似漂浮前进！喜马拉雅山一带积雪很深，罗亚尼每进一步，脚都陷在雪里，而要跋涉前进，非常艰难。而这位藏人喇嘛行走时脚不沾雪，非常轻松，并且时时在拉他前进。如有一阵风来，这位喇嘛的身体如同树叶一样，身体飘起，随风前进。

欧文·罗亚尼返回法国后，把这位喇嘛随风飘浮的照片，和自己的奇遇写成文章登在《巴黎时报》上。让众多的读者知道，这种“天方夜谭”般的漂移神话，确实存在于世界上。

会“录像”的眼睛

1996年在德国曾有这样一件趣事：24岁的汉斯小姐被车撞瞎双眼，医生给她移植了一个男人的眼球。移植很成功，但汉斯小姐说她现在的眼睛能够“放电影”。因为她看到一个胖警察追来，踢倒人，给犯人戴上手铐。医生的解释是：“你换上的是死刑犯的眼球，他的视神经细胞是鲜活的，他死前见到的影像印在视网膜上。过3个月，图像就可消除，一切就会正常的。”

这让很多人想起了一个传说：死者的眼里会留下最后一瞥的影像，如果死者是被害致死的，罪犯就会因此而被捉拿归案。

1995年1月23日香港《大公报》有一篇《富商智破绑架案》的消息，说是西班牙富商纳加恰乌的女儿美洛娣在上学途中被绑匪劫走，绑匪要勒索1000万美元。富商要求绑匪拍摄女儿的照片，以证实其仍然活着。收到照片后他就交给警方。专家将美洛娣的眼珠放大，果然显出绑匪的模样。警方一看就认出这是名惯犯，且知其出没地点。就这样，绑匪很快落网，被绑架12天的美洛娣也安全回了家。

在古代，人们就已经认识到，眼睛是会“记录”影像的。古希腊人以为能“抓住”影像的是晶状体，视网膜被认为是营养晶状体和传达“视觉精神”的工具。直到16世纪，瑞士解剖学家才提出：晶状体的作用只是接受和折射光线，把它传到视网膜上去。1604年，德国天文学家开普勒证实视网膜有“涂绘”看到形象的功能。但这些毕竟还是推论，必须拿出更可靠的证据来。

传说，神职人员史钦纳第一次揭示了这个问题的秘密。他把眼球后面许多不透明的结构一层一层地剥去，后来真的在视网膜上发现了“录像”——是死者在死前一刹那中所看到的事物。这种说法听起来让人毛骨悚然。到19世纪后期，用化学物质已能使最后看到的“录像”暂时固定在视网膜上，人们才普遍接受这种看法。

德国科学家科伦曾用鸽子做试验。在阳光下，让鸽子的眼睛对准窗格，然后立即把它杀死，解剖后，果然在视网膜上发现了窗格的“录像”。据说国外有些侦查人员已能利用被害人视网膜上的图像跟踪追击，从而把杀人凶犯捕获归案。尽管如此，若想真正取得视网膜上的“录像”又非常困难。因为留下“录像”的条件相当苛刻，不仅死者在死前一瞬间要“眼明心亮”，而且必须迅速固定、取影。否则，错过了时机，一切也就化为乌有了。

英国男孩轻松抬起1.4吨汽车

英国一名14岁的男孩竟然可以将自己的父母举过头顶，甚至轻松抬起朋友的一辆重达1.4吨的雷诺汽车，因此被授予“英国校园大力士”称号。

这名叫克里斯·摩根的小“大力士”每天需要摄取5000卡路里的热量来维持他的力量。克里斯的“牛”劲还能举起烘干机和沙发，以方便妈妈打扫卫生。但是克里斯高强度的训练和大量蛋白质营养餐的饮食导致他发育过快，已经没办法穿下学校的制服。

克里斯的超级力量来自每星期4～5次的训练，如此大的体能消耗需要不断地进食来补充，他平均每2～3个小时就要吃一餐饭，饭量也大得惊人。早餐是一碗燕麦片，4～5片土司和鸡蛋，几个小时后还要补充蛋白质。午餐通常是金枪鱼三明治，晚餐则为肉类和通心粉。

克里斯的妈妈黛比说：“克里斯每个星期的伙食费要140英镑，他比同龄人要结实得多。”

赤脚在碎玻璃上行走的奇人

英国约克郡利兹市一名男子为了给儿童援助基金会筹款，在碎玻璃上赤脚行走超过18英里（约合30千米），一举创下世界纪录。

这名叫奈杰尔的男子，在当地一家餐馆里的地板上布下许多碎玻璃，赤脚走路表演给客人看，还请了体育教练和纪录协会的人旁观。他共用了长达27.5个小时走完这段30千米的碎玻璃路。

他说："我已经习惯了在碎玻璃上行走，我想在餐馆里的顾客们就餐时看到这样一幕会更为震撼。在震撼的同时，也想起这次慈善活动的目的，于是便可能让他们更关注儿童。"奈杰尔在完成这项纪录时，被允许每个小时有5分钟的休息时间。

用皮肤看书的库列索娃

皮肤视觉功能早在30多年前就被人所知。库列索娃就是世界上第一个被发现具有这种特殊功能的人。当初在她开发身体这种功能的时候，她甚至连听都没有听说过人可以靠手指皮肤读书、辨色。更没有想到过，这种功能随后会用她的名字来命名。

库列索娃1960年参加文艺自修班学习，毕业后当了盲人协会戏剧小组的负责人。工作中，她看到盲人能用刺在纸上的盲文阅读，感到很吃惊。于是她决心试一试。

一开始，她用初级盲文字母练习。一整天过去了，只模糊记住了两个盲文字母。但她并不气馁，经过两个星期的刻苦努力终于学会了用手指阅读。然而，她并不满足，她又不顾旁人的嘲讽，大胆闭眼试读普通人读的字母。起初，她只有一种粗略的感觉。但是经过半年的刻苦练习之后，她居然能够用手指阅读铅印的文章了。

1962年春，她患了急性扁桃腺炎，到医院做切除手术。有一天她同病房的女友们，把她的眼睛蒙上，递给她一本书。她用手摸着书页，马上读出了三行文字。女友们大为吃惊。医生自然也不相信，把她叫到办公室去，给了她一本书。书是放在枕套里的。她把一只手伸进枕套，闭上眼睛，用手指读完了整整一页她从来没见过的医学书，此事立即轰动了当地报界。

当年夏天在下塔基诺市开办了一个少儿马戏团，库列索娃应聘到马戏团演出。当时她表演的是蒙眼、触摸物体的颜色及外形。1965年她迁居斯维尔德洛夫斯克，在一所盲童学校从教。她用自己的方法教学生，但是，为了增强孩子的自信心，她没有告诉孩子，她不是盲人。

盛名之下，必有挑剔者。一次，有人用一条塞了棉花的黑布带把她的眼睛严严实实地蒙好，要亲自试试她。她当时却说，这样蒙起来还更好，可以全神贯注于指尖，试验结果的确如她所言。怀疑者并不死心，又加了一条塞棉黑带，而且给她了一本《银屏》杂志，还外加了一个密实的壳子以阻挡视线。怀疑者做得真绝！可库列索娃更绝！她竟用脚趾、手肘试读，并一举成功。在场者无不钦叹。后来应库列索娃本人要求，人们在一页白纸上方手指不接触纸只在空中画了一个两位数字。这数字实际上在纸上只留下体温的痕迹。库列索娃竟能一丝不差地读出这个数字。

库列索娃这样叙述："当我阅读时，摸到的如果是黑色，我的手指会有一种热感；如果是白色，则有一种冷感。原来，皮肤"视觉"取决于颜色及照度。在自然光照条件下，皮肤对红色、橙色最敏感，对紫色、蓝色也不错，而对黄色、绿色及天蓝色最迟钝。总之，皮肤视觉对光谱两端的颜色（红、紫）最敏感。人体皮肤甚至对红外线、紫外线照射都会有反应。如果手掌被紫外线照射，那么指读的可能性就会增大。短频光波能增加脉冲，从而加强特殊受光体的识别判断能力。相反，事先施予的若是暖色光照，那皮肤视觉的敏感就降低。

对于库列索娃的皮肤视觉功能，也曾有人质疑，科学家进行过多次检验，都证实，库列索娃在辨认物体时，绝对排除了眼睛视觉。

大自然的奥秘无穷无尽。库列索娃的皮肤"视觉"仅只其中之一。它也远非自然界不可解释的唯一现象。我们的任务就在于探索自然的奥秘。

英国小女孩垂钓巨无霸鲶鱼

英国小女孩杰西卡·万斯达尔（Jessica Wanstall）曾经钓过一条重达90.7千克的大鲶鱼，这打破了欧洲儿童淡水鱼垂钓纪录。

杰西卡·万斯达尔是一个仅仅1.2米多高的小女孩，其体重不足40千克。然而这条近2.7米，重达193英磅的鲶鱼却并不是她的对手。杰西卡·万斯达尔仅仅花了20多分钟就成功地将这条大鲶鱼制伏了。杰西卡·万斯达尔是与其父亲在西班牙东北部的埃布罗河钓到的这条大鱼，她说："一开始，我并没有意识到这条鱼究竟有多大，直到我和它拍照时我才意识到，我在它面前显得如此弱小。在钓的时候，我父亲说，这仅仅是条小鱼，而我却觉得那并不是条小鱼。我花了好大力气才将它制伏。当我把它弄到河岸时，我开心地笑了，它真的太大了。"

杰西卡·万斯达尔的父亲是个工程师，在给女儿和鲶鱼合照后，他帮助女儿将这条鱼重新放生到河中，他说道："杰西卡很喜欢钓鱼，但是她一般只能捕获到小鱼。而这次，直到这条鱼钓到河岸上后我们才发现它有多大，河岸上的人都在欢呼，我以我的女儿骄傲。"

这确实是个值得骄傲的事情，因为国际钓鱼组织表示，杰西卡已经打破了16岁及其以下欧洲淡水鱼垂钓纪录。这条重达193英镑（87.5千克）的鲶鱼要比此前的纪录——102英镑（47千克）的鲈鱼重得多。

"铜墙铁壁"奇人胃肠

阿尔及利亚艾因迪弗拉市男子萨利姆·哈伊尼被当地人称作"大胃王"，从而跻身吉尼斯世界纪录之列。因为他不仅爱吃电灯泡、日光灯、蜡烛、锯末、报纸和铁钉，甚至还能在3小时内吃下1500只煮熟的鸡蛋！萨利姆希望自己能成为世界上"最能吃的人"，他的胃肠仿佛是"铜墙铁壁"和"无底洞"。

边做脑手术边弹琴的音乐家

音乐家艾迪·阿德考克被诊断患有"特发性震颤症"，右手不断震颤，严重影响他弹奏乐器。特发性震颤症是一种常染色体显性遗传病，也是最常见的椎体外系疾病，其典型症状就是姿势性震颤，多发生于手臂、胳膊、脖子以及下巴等处。

后来，艾迪在美国范德比尔特大学医疗中心接受了“深部脑刺激”手术。医生在艾迪的头盖骨上钻出一个小孔，将电极放在艾迪的脑部，通过电极发出的电流来刺激造成手臂颤抖的脑神经细胞。手术进行得非常顺利，由于实施的是局部麻醉，手术过程中艾迪很清醒。而为了检验手术的效果，医生特意让艾迪一边接受手术一边试着用手指轻轻拨动琴弦。当致病的脑神经细胞被电流触动时，艾迪的右手立即不再颤抖，并能像正常人一样，快速地弹奏。

手术过程被一名外科医生用摄像机全程拍摄下来。参与手术的一名医生术后表示：“我们知道手术能有效控制他的病情，但能使他的表演恢复得如此完美，我们还是很吃惊。”

地球上最强壮的女孩

你知道地球上最强壮的女孩是谁吗？那就是乌克兰小姑娘瓦娅·阿库罗娃。虽然她本人的体重只有52千克，但令人难以置信的是，她竟然可以举起305千克的重量，并两次打破吉尼斯世界纪录，成为“地球上最强壮的女孩”。

瓦娅每天要进行7小时高强度举重训练，她曾经梦想在2008年中国奥运会上获取举重冠军。她来自乌克兰煤矿小城克里沃·罗格镇的一个矿工家庭。她可以轻而易举地将她100千克的父亲和70千克的母亲同时抱起举到空中，而自己大气都不喘一下！

“记忆超人”10分钟记住7副牌顺序

普里德摩尔是英国德比市的一名注册会计师，他同时也是英国家喻户晓的“记忆超人”，曾多次在英国本地和世界性的记忆锦标赛中夺取冠军。

普里德摩尔的智商高达159，他平时喜欢玩各种智力游戏，常被别人视为“天才”。不过普里德摩尔承认，他在学校时成绩平平，非常普通，大学第一年甚至还退了学。然而，英国“记忆冠军”对数字的记忆能力非常强大。

他透露说，记忆“数字”或纸牌的诀窍是，自己能把任何2张纸牌或3个数字联系成一个“记忆形象”。普里德摩尔说：“在一长串数字中，每3个数字我都会用一个形象的物体或卡通人物来代表它们，譬如123的代替物是米老鼠，412的代替物是唐老鸭等等，我用这些形象代替物编成一个故事，也就记住了这些数字。这听起来有些复杂，但如你熟悉这种方法，就会变得非常容易。”

普里德摩尔记忆扑克牌也使用同样的记忆技巧，任何两张纸牌他都会用一个相应物体来代表它们，而52张扑克牌共有2704个可能的组合，所以他必须用2704个相应物体来代表这些纸牌。普里德摩尔说：“在我的记忆体系表中，‘方块十’加上‘梅花五’代表一把尺，‘方块六’加上‘黑桃四’代表一张椅子，然后我会将这些象征物在大脑中组成一个故事，它能帮我精确记住这些牌的顺序。”

普里德摩尔相信，任何人只要学会他的“快速记忆法”，都能增强自己的记忆力。据普里德摩尔透露，他的一些“记忆秘诀”是：“譬如你需要购买一块面包、一品脱牛奶和一串香肠，那么你就想象将一品脱牛奶浇在面包上，然后用香肠将它捆起来，这一古怪的图像就会深深印刻在你的脑海里，你只需要将你的购物清单转变成有趣的记忆而已。而记住一长串数字遵守着同样的法则，你要让这些数字变得更有趣。”

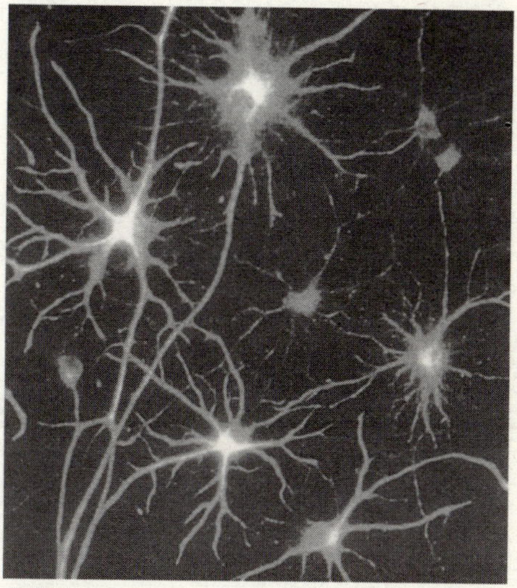

脑神经元

人类的大脑就像一个功能强大的网络系统，其中包含了数十亿个脑神经元，它们对于记忆的存储和提取发挥着重要的作用。

但他平时却是一个相当“健忘”的人。普里德摩尔说，他的记忆能力只对纸牌和长串数字等“毫无意义的东西”管用，而对于人名、日期等“有用的信息”却经常善忘。普里德摩尔说：“我会忘记很多东西，譬如时间、地点、人名等，类似经常找不到东西这些普通人常会遇到的‘记忆障碍’，也会发生在我的身上。我至今仍然对于经常记不住别人的名字而苦恼。”

普里德摩尔甚至忘了自己创下的一些世界纪录，他说：“我记得我在一小时内记住过27叠扑克牌，我记得那次比赛发生在伦敦，可在伦敦的哪个地方，我却完全记不起来了。我记得我保持了4个扑克牌记忆的世界纪录，和两个二进制数值的记忆纪录，但我可能忘掉了其他一些纪录项目。”

专家认为，他之所以在日常生活中“健忘”，是因为他在日常生活中注意力不集中，他压根就没有用心记忆那些东西。

七岁神童智商超爱因斯坦

印度有一位名叫阿克里特·贾斯瓦尔的12岁（2009年）小男孩，他目前在印度旁遮普大学攻读理学学士的学位。

这位男孩不仅会说4种语言，并且在7岁时就替一个小女孩进行了一项复杂的外科手术。美国专家对他进行的智力测试显示，他的智商比爱因斯坦还要高一些。

阿克里特生于喜马拉雅山脚下的努普尔村。阿克里特出生仅10个月，就开始说话和走路。5岁就开始阅读英语莎士比亚剧本，并恳求到当地的医院中看医生做手术。由于经常看医生做手术，阿克里特7岁时就无师自通了，成了一名“外科医生”。

7岁那年，他为家乡努普尔村的一个小女孩首次实施了一项复杂的外科手术。这个小女孩的手指在一次事故中被开水烫伤，粘连在了一起。她的家人没钱送她去看医生，所以阿克里特决定亲自帮她做手术。在那次手术中，阿克里特用一把解剖刀切开了小女孩连在一起的手指肌腱，使小女孩的手指恢复了自由，手术“非常完美”。当时只有1.5米高的阿克里特立即成了印度名人，很多当地没钱就医的人都来找他看病。

阿克里特7岁时，美国天才发展中心的专家对他进行了智力测试，结果发现他的智商高达162——比爱因斯坦还高一些。阿克里特11岁时就以优异成绩通过了所有中学教育的课程，印度首席教育部长维布哈德拉·辛格向他授予了毕业证书，表彰他是印度特殊的天才。

阿克里特如今在印度德里市旁遮普大学学习，在学习之余，阿克里特还钻研着如何治愈癌症的良方。为了帮助儿子，阿克里特的父母卖掉了所有家产，在德里为儿子建立了一个私人研究实验室。去年，阿克里特曾花两个月时间，在孟买市癌症研究协会和科学家们一起进行癌症研究。他还曾前往英国伦敦皇家医学院，和英国主要癌症专家讨论一些科学理论。

阿克里特的癌症治疗理论包括：通过激活酶或直接使用更改基因药，修改引发癌症的畸形基因，英国专家承认他的方法在理论上是可行的。但由于太过理想化，目前不大可能试行。但阿克里特显然未被吓住，他说："我的头脑中已经形成了治疗方法，尽管我还没有付诸实验。我的计划要成功也许得过两年，也许得过40年，但我相信我将能治愈癌症。"

虽然阿克里特是印度家喻户晓的"神童"，但他仍然拥有和同龄孩子一样的喜好。阿克里特说："我最喜欢的英雄是蜘蛛侠，我喜欢和朋友们一起去电影院看电影，我最喜欢的电影是《泰坦尼克号》。"

锁不住的奇人

作为英国著名的逃跑专家、现代魔术中逃生术的创始人，霍狄尼曾在英国苏格兰场看守森严的监狱中做过一次逃生试验。

在众兵把守的监狱里，他仅用了3分钟便从牢房中逃出，而且还将一间牢房中的三名犯人转移到另一间牢房。英国警方也不得不佩服其高超的逃生技术，尊称他为："锁不住的奇人"。英国很多媒体都把他称为："能够将物体粒子分解，又能在另一个空间重组的人"。

诡异的眼神杀人事件

2007年3月，下诺夫哥罗德市（曾名高尔基市）商会为庆祝建市786周年，共同筹资，准备上演歌剧《浮士德》。接到演出任务后，歌剧院最终选定由资深演唱家安德烈夫扮演主角浮士德。多年的演艺生涯练就了安德烈夫一双传神的眸子，他甚至只用眼神就能表达出喜怒哀乐。

4月29日，《浮士德》正式上演。演出进行得很顺利，很快到了第五幕的宫殿篇。此刻的愤怒是全剧的最高潮，在大运河前，浮士德焦躁不安地与梅菲斯特对白，这是一段充满了压抑、愤怒的台词，安德烈夫到这时宛然变成了浮士德，充满了愤怒的力量。安德烈夫也因剧情而表现出焦虑的表情。而乐队指挥阿列克谢却分了神，手势顿了一顿：音乐中立刻出现了不和谐的音符。对凡事都追求精益求精的安德烈夫来说，这是不可原谅的。他恶狠狠地瞪了阿列克谢一眼。

阿列克谢身子猛地一震，在呆立了几秒钟后身子突然向前倒了下去。脸庞痛苦地扭曲着说："安德烈夫的目光……我的胸口……喘不过气……"说完又昏了过去。第二天早上，从医院里传来噩耗，阿列克谢死了。医生在解剖阿列克谢的尸体后，没有找到死亡的原因，只能暂时以猝死作为结论。但歌剧院却立即传出了可怕的诅咒之说，安德烈夫用魔鬼的眼神杀死了阿列克谢。

原来，在演出排练时，就曾发生过相似的场景。4月23日，安德烈夫参加集体彩排。同样在第五幕的宫殿篇时，场下一名场景师在搬运道具，声音偏大了些。安德烈夫不满地瞪向他，希望他能安静下来。场景师接触到了安德烈夫的目光，他的身体猛地颤抖了一下，呆立片刻，然后突然倒了下去。他手指奋力指向安德烈夫的头部，一言未发，然后猝然停止了呼吸。

眼神真能杀人吗？这个新闻素材引起了《真理报》的兴趣，他们请来了俄罗斯"脑波信息技术"研究所的所长弗拉德和生物学博士格兰特，一起探寻"眼神杀人"事件的真相。

弗拉德和格兰特重建了案发现场，他们将歌剧院清场，将一切状态都恢复到演出时的状况。让安德烈夫的目光对准一只固定在对面的猴子，然后用功能性磁共振成像技术当场记录猴子在接受安德烈夫眼神时的反应。当安德烈夫又演唱到第五幕时，猴子有些焦灼不安地扭动身体，当安德烈夫再次唱到宫殿篇的“我诅咒这儿……钟声一响，我便勃然大怒”时，猴子尖叫了起来，而且用力摇晃着身体，避开安德烈夫的目光。直到演唱结束，猴子才安静了下来，但仿佛大病一场。

实验证明，当猴子看到带有愤怒表情的目光时，脑内扁桃体（大脑中负责感知潜在威胁、调整情绪和指挥情绪行为的区域）活动强度增加了。在对安德烈夫做过多次实验后，弗拉德认为：用眼睛盯人真的可致人死亡，至少对健康有害。

实验证明，人类眼神是强大的生物脉冲发射源，能发出高频生物波，因此能够对别人产生影响。共同实验者格兰特博士也得出了类似的结论：人类眼神就像奇特的光电系统，既能接收也能发射信号。从眼睛里发出的辐射是短波，像光或激光一样具有穿透力。这种“波”可以影响到中枢神经系统，大脑乃至整个身体。

真相终于大白，当安德烈夫非常入戏时，情绪波动过大，所以导致生物脉冲波频率超高，影响了场景师和乐队指挥的心脏，最终导致了他们的死亡。

第四章

令人惊心动魄的宝藏谜团

海上丝绸之路

1998年的夏天，“琼海00389”号拖着一只小艇在宁静炽热阳光下行驶，艇后漂浮的水手通过水镜仔细向海下搜寻。忽然，几座石雕吸引了他的目光。仔细一看，原来是整服威仪的文官雕像，头部已断落，颈上长着珊瑚，旁边还卧着一头石狮。他兴奋地抬手击水发出信号，在船上焦急守候的人顿时来了情绪，并有序地投入到水下录像、测绘、打捞遗物等工作中。这是当年探访西沙群岛水下文物的一个情节。

中国水下考古者认为，目前中国水下考古的主要任务是重现久已消失的海上丝绸之路，而寻觅西沙群岛的水下遗物尤其是沉船遗址，是再现海上丝绸之路的一个重要途径。1975年，广东省考古工作者在西沙群岛调查时发现了为数不少的唐人青釉罐和青釉碗，都是当时沉船遗留下的物证。宋元明时期，西沙群岛的暗礁仍是阻碍中外船只往返的一道天然屏障。据明朝郑和七下西洋的示意图显示，每次由南京出发经福建、台湾海峡、南海至越南南部，西沙群岛都是这条主航路的必经之地。无人知晓这曾经挡住了多少航船的去路。

中国海上丝路，也即中国古代的航海活动及航海贸易，大致有两个方向：一是由今广西、广东、福建及浙江一带的港口出发，面向东南亚、南亚乃至西亚；另一个方向是由渤海湾及东部沿海海口出发，至朝鲜半岛、日本列岛。辽宁省绥中县三道岗海域元代沉船遗址正属于第二条航线。

1991年7月，绥中县大南铺村的渔民在捕鱼时打捞出一批古代瓷器，县文物管理所闻讯后征集到584件，初步鉴定为元代磁州窑的产品。历博水下考古研究室接到消息后，随即赶赴打捞出瓷器的地点，进行第一次水下考古调查，初步断定为沉船遗址，并拉开了绥中三道岗元代沉船水下考古调查的序幕。

寻找辽宁绥中水下沉船遗址时，人们还检测到一号点水深11.1米，水下有大致呈南北向条形物，长约25米，宽约5米，类似于船体结构。该海域水下地貌复杂，有三道大的沙岗，只有在通大潮时才露出水面。其他小沙岗星罗棋布，形似暗礁，对来往船只形成很大威胁。遗址中的沉船是一艘满载元代瓷器和铁器的商船。船长约21米，宽约6米，船体已被小虫吃掉，只剩下船体中和散落在周围的大量元代铁器和瓷器。从残存情况观察，原来船舱内是将铁器置于下层，瓷器覆盖在上面，故散落在周围的主要是瓷器。瓷器大部分是磁州窑的典型器物，并不乏龙凤罐一类精品；也有纯白釉的梅瓶，仿建窑的黑釉瓷器和绿釉瓷。现在散落的瓷器已大都打捞出水，仅完整的磁州窑瓷器就有1000余件。根据资料对比，可推断装运的瓷器产于磁县观台窑。因磁县在宋元时期也是全国主要的冶铁地点之一，同船铁器很可能与瓷器产自同一地区。但经过700余年的海水浸泡，铁器已被锈蚀磁结成火块。根据沉船现存主体的体积推测，这条船的载重量应在100吨左右，而沉船的确切年代应是元代晚期。

在海上丝路这条上下千年、贯通亚非欧大陆的古老航道下，隐藏着不同文化相互交流的见证。1972年，在珠海市三灶岛草堂湾发现一条古沉船，当地村民多次潜入沉船探摸。发现舱内有香果和槟榔，香果药味很浓，估计是唐代阿拉伯国家的商船。船木经碳-14测定，结论为稍早于唐代。

1987年8月，交通部广州海难救捞局与英国海洋探测公司合作在广东省台山县川山岛附近海面进行探测作业时，发现了一艘南宋到元代的沉船，并打捞出了200多件宋元瓷器。还有银锭、铜钱、锡壶和镀金腰带等物，进而推测沉船是一艘来自南亚或西亚的外国船，来到中国的东南沿海地区进行贸易活动。在满载一船中国货物返航时，在此遇海难而覆没。

欧洲人的地理大发现，带来了东西贸易的新时代，同时也增加了中国海域的西方沉船数量。法国CMAX公司和瑞典东印度公司基金会等机构都掌握了不少有关沉没于中国海域的西方商船的背景资料，并提出与中国共同进行水下考古发掘。

据中国专家估计，在数以千计的沉船中，外国沉船大约占30%。台风、暗礁等自然灾害曾使那些漂泊的商船沉睡海底，战争等人为因素又增添了无数水下遗迹。据专家估计，在中国沿海有不少于3000艘的古代沉船。然而限于人手和财力，目前已着手挖掘的古船遗址尚不足沉船总数的1%。

行宫宝藏考古之旅

清末，原有的封建纲纪土崩瓦解，大清王朝已是风雨飘摇，北京紫禁城内太监宫女偷窃文玩的行为屡禁不止。终清后，废帝溥仪也加入了偷窃的行列，许多故宫文物因而流落民间。而此时，远在天边的宿迁皂河龙王庙行宫，僧人们也屡屡盗取宫中文玩变卖，据称当时行宫旁经常有古董商人光顾，行宫中珍藏的文物也就是从这个时候开始流散和毁坏的。

大型古建筑群“龙王庙行宫”位于江苏省宿迁县皂河镇，历经康熙、雍正、乾隆、嘉庆直至清末，历朝历代都修缮、扩建，于是规模宏大、雄伟壮丽、气象万千，吸引了众多观光者。然而，游客们每每在赞美它的壮观之余，对于该行宫的缺失都会慨叹万千。这座本应堆金砌玉、满目繁华的皇家禁苑由于天灾人祸，无数宝藏流失湮灭，不禁让人扼腕长叹。

明清两代，一直都把河工、水运看作国家头等大事，而祭祀河神则被认为是水运畅通、御灾捍患的必要保障。在运、黄两河的沿线，祭祖河神、水神、龙神的寺宇很多。但其中规模最大的则是皂河龙王庙行宫。

该庙始建于明初，自清以来逐代增饰，清帝多次亲临祭祖。庙中原有的匾额、碑刻、书画多出自清帝手，各殿中供奉神祇的陈设用具，无不遵循皇帝礼制，爵、豆、觚、尊，三设六供，一应俱全。一切银器、铜器乃至瓷器、玉器均为朝廷御赐，其他的木器、雕像、石刻、清供用品，其数量之丰，工艺之精，无不流光溢彩，精巧奢丽，远非一般民间庙宇所能比肩。

随着清朝皇帝的多次临幸，加上岁时祭祖封赏，龙王庙行宫的珍藏不断增多，有些在今天看来价值连城的东西，在昔日行宫中都司空见惯。据行宫中最后一任方丈戒明和尚回忆，当时各殿神祇前供奉均用铜制宣德炉，总数不下30个。按现在拍卖价格，每个宣德炉均在10万元以上。

除正殿神像之外，僧人斋舍内供奉的都是一两尺高的鎏金铜佛。这种铜佛的价格如今约在30万元左右。至于各种官窑瓷器，包括戒明在内的和尚们还俗以后，还都保留了许多，作为农家盆罐。而一件官窑青花瓷，如今卖上百万元已不是新闻了。另外像乾隆帝五次题诗的真迹，康熙、雍正所题的匾额、楹联、赞语，加上历年所接圣旨、御赐藏经计200余件，俱由方丈亲自珍藏。

1983年，有关部门对皂河龙王庙行宫进行了解放后的首次大抢修。这个新闻在报端公布不久，当时的宿迁县文化部门就收到了一封来自上海闸北区的信。写信人自称解放前在龙王庙行宫里做和尚，解放后还俗，到上海做了一名普通工人，写信之时，已退休在家。

这名退休工人在信中讲述了这样一件事：在宿迁第二次解放的前夕（即1948年6月），当时做小和尚的他奉命和其他几位师兄弟，将庙内方丈珍藏的康熙、雍正、乾隆、嘉庆皇帝的御笔真迹、几大包圣旨，和一些当时认为价值较高的字画、账本等物品全装入箱中，埋入地下。信中指证，埋藏的地点是在后大殿内楼梯拐弯处的正下方，靠墙边向里第九块罗底砖下，中心深度五尺到六尺左右。

但这封信在当时并未引起重视。20世纪90年代中期，原宿迁市文化部门着手对龙王庙行宫进行建国后第二次抢修时，才开始追寻龙王庙原始文物的流失去向，但成果微茫。

直到1999年，省市文保部门决定对龙王庙行宫进行第三次大规模修复，而重修后大殿也在修复计划之内。恰巧，当年在宣传部工作的那位同志已是宿迁县主要领导之一，同时负责此项工作。他回想起当年的那封信，便明确指示，在这次修复过程中，一定要多方配合，注意寻找当年可能匿存的文物。

2000年夏，皂河龙王庙行宫后大殿重修工程动工，地基挖掘工作刚刚进行到一半的时候，工地上便传来了鼓舞人心的好消息：施工人员在东墙根处挖出一块残破石碑。文博人员在清理现场后，没发现其他物品，便指挥工人小心翼翼地将石碑抬出。经初步研究，这是块记载着龙王庙行宫当时庙产土地情况的纪事碑。这块石碑的发现对于研究龙王庙行宫的源起、经济供给、发展状况，都具有很大的意义。

事后，建筑技术人员和县博物馆同志就此事做了认真分析。根据古建工程人员分析，尽管后大殿地基挖得很宽，涉及面很广，但毕竟殿中央地面仍没动土，说不定该宝藏正是埋在殿中央了。因为不是正式挖掘文物，所以不便专门深挖。根据博物馆人员的比较和分析，发现挖出的文化层中有大量的和此殿原地面建筑相一致的砖瓦石灰等建材碎片，这说明在1957年左右，粮食部门拆掉大殿上层时，已经挖掘过殿内地下部分了。也许，那批宝藏在当时已遭厄运了。

结合一部分历史事实，文博人员分析：在1948年6月，龙王庙的僧人曾窖藏金银细软和一些有价值的古玩字画等物品。在这样一个拥有上千顷良田、几十处房舍的皇家庙宇中，众多的珍藏财物不可能由某一个人单独行动，埋于某一处，而是一次多个小组分头行动窖藏的，所以导致窖藏地点线索多样，且不确切，使得探寻工程变得更加艰巨。

张献忠窖金千万

中国古代信用制度不发达，所以人们习惯用窖藏的方式贮存财富。为了窖藏的安全，窖藏者都力求不使人知，甚至对亲人都要隐瞒。如果由于某种原因，他没有机会重新挖掘这笔财富，而又来不及将窖藏地点告诉他人就突然死去，窖藏的秘密就一直保持下去。除非有朝一日，这秘密偶然地被人发现。古往今来，发现窖藏的事不知有多少，今后也依然会有人继续发现。

明末农民军领袖张献忠东征西战，建立大西政权，可惜不久即被清王朝所灭。据传张献忠战败前，将其亿万金银采取窖藏办法埋于四川，以备东山再起。但随着张献忠的战死，这个秘密也就一直没有揭开。

记载张献忠窖藏的书有多种。彭孙贻《平寇志》卷十二引查继佐的话，说张献忠"用法移锦江而涸其流，下穿数仞，实以黄金宝玉累亿万，杀人夫，下土石填之，然后决堤放水，名曰'水藏'"。两书中，一称"锢金"，一称"水藏"，当属传闻异辞。彭遵泗《蜀碧》卷三也记有此事，作"锢金"，但没有提及窖藏的数量。吴伟业（梅村）在《鹿樵纪闻·献忠屠蜀》中说，顺治二年（1645年），张献忠"用法移锦江，涸其流，穿数仞，实以精金及其他珍宝累万万，下土石筑之，然后决堤放水，名曰'锢金'。"

虽然上述三书都是私家著作，但清朝官修《明史》的编撰者对这条史料也持肯定态度。《明史·张献忠传》说："又用法移锦江，涸而阙之，深数丈，埋金宝亿万计，然后决堤放流，名'水藏'，曰：'无为后人有也'。"经这样一记载，就更加被人们视为信史了。后来陈克家继他祖父陈鹤完成的《明纪》，也一字不易地抄录了这条史料。清朝文人的笔记、野史中也曾提到此事。成都一带还流传着"石牛和石鼓，银子万万五"的民谣。意思是说：只要找到锦江下的石牛和石鼓，就能找到张献忠窖藏的万万两银子。

垂涎这笔巨额财富的自然大有人在，连清朝政府也动过一番脑筋。《清文宗实录》卷八十九记载：道光十八年（1838年），清政府曾派某道员到锦江实地勘察，因找不到窖藏的确切地点而中止。咸丰三年（1853年），翰林院编修陈泰初又旧事重提，由吏部尚书等代奏，呈请寻找这笔财宝。他说亲眼看到彭山、眉山居民捞到张献忠遗弃的银子“其色黑暗”，“曾经查出归官，尚存藩库，有案可核”，以此来证明张献忠窖藏之事并非子虚乌有。当时正值太平天国革命高潮，清政府财政困难，咸丰皇帝于是动了心，命成都将军裕瑞“按照所呈各情形，悉心访察，是否能知其处，设法捞掘，博采舆论，酌量筹办”。但费尽心机，没能找到。

几百年来尽管不少人垂涎这笔巨宝，但都劳而无功。看来这笔财富又是一个新的“天朝国库”之谜了。

慈禧棺宝遭劫

据大太监李莲英等著的《爱月轩笔记》记载：慈禧入棺前，棺底先铺上3层金丝串珠绣花锦褥和1层珍珠，共厚1尺多。棺头放置满翠碧透的翠玉荷叶，此玉叶面上筋络均为天然生成；棺尾安放一朵粉红色碧金大莲花。头戴珍珠串成的凤冠，是稀世无价之宝。身着通贯金线串珠彩绣袍褂，盖的衾被上有珍珠制成的一朵硕大牡丹花；手镯是用钻石镶成的一朵菊花和六朵小梅花连贯而成。尸身旁边放置有翡翠、白玉、红宝石、金雕佛像各27尊。脚下左右两边各放翡翠白菜两棵、翡翠丝瓜两个、翡翠西瓜一个，还有宝石制成的杏、枣、桃、李200多枚。

她尸身右侧放置一株玉雕红珊瑚树，上绕绿叶红果玉蟠桃1枚，树顶处停落一只翠鸟。尸身左侧放置一枝玉石莲花和三节白玉石藕，藕上有天然生成之灰色“泥污”，藕节出绿荷叶，上开粉红色莲花。这些奇珍异宝乃天然雕琢。棺内还有玉石骏马八尊、玉石十八罗汉等700多种珍宝。为填补空隙，棺内还倒入4升珍珠和红、蓝、宝石2200多块。

慈禧口中含有一颗巨大夜明珠，当分开两块时，透明无光，合拢时则是一个圆珠，射出一道绿色寒光，夜晚百步之内头发丝皆清晰可见。然而，这个统治清王朝48年的女独裁者，死后不到20年，军阀孙殿英就带兵将北京东陵的随葬财宝洗劫一空。

据孙殿英回忆：慈禧的棺盖一掀开，满棺珍宝光彩夺目，使人眼花缭乱，就连手电筒的光亮也黯然失色！盗墓贼将慈禧尸体挖出扔在地宫的西北角。后来去收拾的人发现慈禧全身被剥光，伏于破棺椁之上，脸朝下，长发散而不乱；手反转搭于背上，反转的尸体遍体长白毛。被盗随葬财宝除极小部分被孙殿英用于贿赂当时政界要人外，极大部分至今下落不明。

稀世随葬之宝带给慈禧的并不是永恒的安宁，而是横尸荒野之祸。

“传国玉玺”和氏璧

和氏璧是历史上著名的美玉，在它流传的数百年间，被奉为“无价之宝”的“天下所共传之宝”，又称和氏之璧、荆玉、荆虹、荆璧、和璧、和璞。

公元前228年，秦灭赵，和氏璧最终落入秦国手中。不幸的是，此后和氏璧便从历史记载中消失了。传说秦始皇统一六国后，将和氏璧制成了传国玉玺。自传国玉玺问世后，就开始了更加富有传奇色彩的经历。

传说公元前219年，秦始皇南巡行至洞庭湖时，风浪骤起，所乘之舟行将覆没。始皇抛传国玉玺于湖中，祀神镇浪，方平安过湖。8年后，当他出行至华阴平舒道时，有人持玉玺站在道中，对始皇侍从说：“请将此玺还给祖龙（秦始皇代称）。”言毕不见踪影。传国玉玺复归于秦。

秦末战乱，刘邦率兵先入咸阳。秦亡国之君子婴将“天子玺”献给刘邦。刘邦建汉登基，佩此传国玉玺，号称“汉传国玺”。此后玉玺珍藏在长乐宫，成为皇权象征。西汉末王莽篡权，皇帝刘婴年仅两岁，玉玺由孝元太后掌管。王莽命安阳侯王舜逼太后交出玉玺，遭太后怒斥。太后怒中，掷玉玺于地，玉玺被摔掉一角，后以金补之，从此留下瑕痕。

王莽败后，玉玺几经转手，最终落到汉光武帝刘秀手里，并传于东汉诸帝。东汉末，十常侍作乱，少帝仓皇出逃，来不及带走玉玺，返宫后发现玉玺失踪。旋“十八路诸侯讨董卓”，孙坚部下在洛阳城南甄宫井中打捞出一宫女尸体，从她颈下锦囊中发现“传国玉玺”，孙坚视为吉祥之兆，于是做起了当皇帝的美梦。不料孙坚军中有人将此事告知袁绍，袁绍闻之，立即扣押孙坚之妻，逼孙坚交出玉玺。后来袁绍兄弟败死，“传国玉玺”复归汉献帝。

三国鼎立时，玉玺属魏，三国一统，玉玺归晋。西晋末年，北方陷入朝代更迭频繁、动荡不安的时代。“传国玉玺”被不停地争来夺去。晋怀帝永嘉五年（公元311年），玉玺归前赵刘聪。东晋咸和四年（公元329年），后赵石勒灭前赵，得玉玺；后赵大将冉闵杀石鉴自立，复夺玉玺。此阶段还出现了几方“私刻”的玉玺，包括东晋朝廷自刻印、西燕慕容永刻玺、姚秦玉玺等。到南朝梁武帝时，降将侯景反叛，劫得传国玉玺。不久，侯景败死，玉玺被投入栖霞寺井中。经寺僧将玺捞出收存，后献给陈武帝。

隋唐时，“传国玉玺”仍为统治者至宝。五代朱温篡唐后，玉玺又遭厄运，后唐废帝李从珂被契丹击败，持玉玺登楼自焚，玉玺至此下落不明。

由于历代统治者极力宣扬获得传国玺是“天命所归”“祥瑞之兆”。自宋代起，真假传国玺屡经发现。如宋绍圣三年（公元1096年），咸阳人段义称修房舍时从地下掘得的“色绿如蓝，温润而泽”“背螭钮五盘”的玉印，经翰林学士蔡京等13名官员“考证”，认定是“真秦制传国玺”的玉印。然而，据后世人考证，这是蔡京等人为欺骗皇帝而玩的把戏。

明弘治十三年（公元1500年），户县毛志学在泥河里得玉玺，由陕西巡抚熊羽中呈献孝宗皇帝。相传元末由元顺帝带入沙漠的传国玺，曾被后金太宗皇太极访得。皇太极因而改国号“金”为“清”。但清初故宫藏玉玺39方，其中被称为传国玺者，却被乾隆皇帝看作赝品，可见传国玺的真真假假实难确定。据说真正的传国玺是明灭元时，被元将带到漠北了。真正的传国玺是否和氏璧所为，又流向哪里，至今众说纷纭，莫衷一是。

明清两朝人士对“传国玉玺”的态度，已经与以往时代有所不同。据《明史·舆服志·皇帝宝玺》载，礼部尚书傅瀚谈及地方送来的传国玺时评论道：“自秦始皇得蓝田玉以为玺，汉以后传用之。自是巧争力取，谓得此乃足已受命，而不知受命以德，不以玺也。故求之不得，则伪造以欺人；得之则君臣色喜，以夸示于天下。是皆贻笑千载。”清高宗御制《国朝传宝记》也说：“会典所不载者，复有‘受命于天，既寿永昌’一玺，不知何时附藏殿内，反置之正中。按其词虽类古所传秦玺，而篆文拙俗，非李斯虫鸟之旧明甚……若论宝，无非秦玺，既真秦玺，亦何足贵！乾隆三年，高斌督河时奏进属员浚宝应河所得玉玺，古泽可爱，又与《辍耕录》载蔡仲平本颇合。朕谓此好事者仿刻所为，贮之别殿，视为玩好旧器而已。夫秦玺煨烬，古人论之详矣。即使尚存，政、斯之物，何得与本朝传宝同贮？于义未当。”

但是，历史文献中关于秦国传国玉玺的来龙去脉记载还比较详细。《晋书·舆服志》、唐徐令信《玉玺谱》等记载“色绿如蓝，温润而泽”，指明它是用蓝田玉制成的，因此用和氏璧制成传国玉玺的说法是没有根据的。

那么，和氏璧到底流落在何处呢？

目前有两种推测：第一种推测认为和氏璧被作为随葬品埋在了秦始皇陵墓内，并没有作为传国玉玺流传后世。如果这样，将来有朝一日发掘秦始皇陵墓地宫，我们还有机会一睹和氏璧的风采。另一种推测认为和氏璧可能在秦末战争中丢失或者被项羽掠夺而去。秦末，项羽率兵进攻咸阳，焚烧秦宫殿，挖掘秦陵墓，掠夺宝物、美女，和氏璧可能就在其中。但随后而来的楚汉战争中，项羽兵败，又使和氏璧下落不明。玉玺或许藏在项羽的都城彭城（今江苏徐州），也或许遗落在项羽败死的垓下（今安徽灵璧）。

“孔雀暖玉”夜明珠

茫茫宇宙，无奇不有。夜明珠之谜历来就是一桩千古疑案。从古至今，人们常以爱慕、惊异、迷惑不解的心情，对夜明珠津津乐道。古代一些文学作品和民间传说，往往给夜明珠涂抹上了一层层神秘的色彩，编造出一个个扣人心弦的神话故事。例如，有个神话说夜明珠能把“龙宫照得如同白昼……”。

英国著名学者李约瑟在其巨著《中国科学技术史》中记载，古代中国人喜爱叙利亚产的夜明珠，将它命名为“孔雀暖玉”。一些印度人把夜明珠称为“蛇眼石”。据日本宝石学家玲木敏在1916年编纂的《宝石志》中记载，日本的夜明珠是一种特殊的红色水晶，被誉为“神圣的宝石”。

而在中国，早在史前炎帝神农氏时代已经出现了夜明珠，如神农氏有“石球之王”，号称“夜矿”。据史籍记载，春秋战国时代，夜明珠等已被视为“天下名护”。晋国曾以“垂棘之鳖”夜明珠为诱饵“假道于虞以代编”。楚、宋、魏等国的大夫曾借夜明珠寓意哲理，讨论国家大事。其珍贵价值同和氏璧并驾齐驱，只有当时的大官家陶来公（范合）和价顿（战国时大商人）二人才买得起。

秦始皇殉葬夜明珠，在陵墓中“以代膏烛”；汉光武皇后之弟郭况“悬明珠于四垂，昼视之如星，夜望之如月”，以炫耀其富有。武则天赐玄宗以夜明珠。当时，一颗名为“水珠”的夜明珠，售价亿万。虽然有些仅仅是传说，但夜明珠在我国历史上已逐步形成为一种文化。

宋元明时期，皇室尤喜夜明珠。元明时期，均曾派官员到斯里兰卡购买红宝石夜明珠和石榴石夜明珠。明代内阁曾有数块祖母绿夜明珠，夜有光明如烛。清朝慈禧太后凤冠上九颗夜明珠已被发现四颗，死后口中所含夜明珠，在公元1928年被军阀孙殿英盗宝后，将其赠予宋美龄。

“物以稀为贵”。夜明珠本从矿石中采集而得，但地球上的分布极为稀少，开采也很困难，故就显得格外珍贵。一些古人描写它具有“侧而视之色碧；正面视之色白”的奇异闪光。据说，在古代希腊罗马，个别帝王把它镶嵌在宫殿上或者戴在皇冠上，有的皇后、公主把它装饰在首饰上或者放在卧室里，以它作为国宝加以宣扬和赞美。

1900年，英、法、日、俄、德、美、意、奥8个帝国主义国家组成的“八国联军”，从天津向北京侵犯，慈禧太后挟光绪皇帝从北京逃往西安，宣布实行“量中华之物力，结与国之欢心”的卖国政策，与侵略者签订了屈辱的“辛丑条约”。据说，慈禧太后为了博得侵略者的欢心，将自己珍藏的四颗夜明珠作为信物，派一个小宫女送给了侵略者。

而这个小宫女不愿把这样的奇珍异宝送给外国人，她对慈禧的做法感到非常气愤，于是暗藏宝物在民间。可当时，谁也不知道她的去向。这也成为近代一大悬案。过了几十年后，在西安发现了四颗明珠，经郭沫若同志考证，这正是失踪了几十年之久的慈禧太后珍藏过的四颗夜明珠。据说，这四颗明珠放在抽屉里，“晚上进屋未开灯，一拉抽屉即见满屋放出耀眼的白光。

夜明珠究竟是一种什么样性质的奇宝，古今中外说法不一。据专家考证，夜明珠并不是像某些人所吹嘘的那样神秘，而是几种特殊的矿物或岩石，经过人们加工后才变成圆珠形。夜明珠发出的光，并不像神话中传说的那样能把“龙宫照得如同白昼”。不过，在黑暗中，发光强度较大的夜明珠，人们在距离它半英尺的地方，仍能清清楚楚地观看印刷品。

为什么夜明珠在夜间会发出强烈而又绮丽的亮光呢？一些宝石学家认为，因为在夜明珠的萤石成分中混入了硫化砷，钻石中混入了碳氢化合物。白天，这两种物质能发生“激化”，到晚上再释放出能量，变成美丽的夜光。而且一定的时间内，可以持续发光，甚至永久发光。当然，这只是部分专家的看法，不一定全面、准确。

夜明珠还有许多奥秘，至今没有被人所了解。据说，有一种叫做水晶夜明珠的，能发出“火焰”般的夜光，但其中的发光物质究竟是什么，至今还不太清楚。总之，夜明珠至今仍是一个尚未彻底揭开的千古奇谜。

古域佛光

在天山南麓，西汉通向西域的北道上，有一个重要的西域古国——龟兹。龟兹王国在西汉时期，是西域三十六国中最大的绿洲王国，地处丝绸之路要冲。汉唐都曾先后在这里设置西域都护府和安西都护府。今天的库车县就是昔日龟兹王国的所在地。

龟兹国地理位置重要，向西经喀什可以与丝绸之路西南道上的和田等地相通。因此，佛教传入西域后，很快也在龟兹绿洲传播开来。公元1世纪时，龟兹已见佛教踪迹。《晋书·四夷传》中说龟兹国“俗有城郭，其城三重，中有佛塔庙千所”。根据文献记载，“白”“帛”是龟兹王族的姓氏，因此三国魏甘露三年（公元258年）来洛阳译出《无量清净平等觉经》的帛延，可能就是龟兹的佛教徒。

龟兹地区最有价值的佛教文化遗产是在公元3世纪至10世纪开凿的众多佛教石窟。这种建造在山崖上的寺庙，构成了古代龟兹地区石窟建筑特有的面貌与内涵。如著名的拜城克孜尔石窟、库车的库木吐拉石窟（千佛洞）、克孜尕哈石窟、森木塞姆石窟等。这些分布在库车、拜城等处山谷中的石窟，以开凿时间早、内容最富外来文化色彩而出名。

龟兹石窟群已编号的洞窟总数为570多个，其中最具代表性的是克孜尔石窟。克孜尔石窟西距拜城60千米，东距库车67千米，石窟编号的洞窟就有2236个，保存壁画10000平方米。克孜尔是维吾尔语红色的意思，大概是石窟坐落的雀尔达格山因在朝晖夕照中有如胭脂，呈现赭红色，与山脚下木扎提河水相映成趣而得名。

石窟内大都绘有壁画。公元6世纪以前，主要有释迦、弥勒和表现释迦的本生、佛传、因缘等图像。公元6世纪出现了千佛。公元8世纪以后，逐渐受到中原北方地区石窟的影响，中原北方盛行的阿弥陀和阿弥陀净土，以及一些密教形象也逐渐地传播到了这里。

龟兹文化艺术具有的多元性、混合性、兼容性，是文化交流的产物。中原、希腊、印度、阿拉伯文化通过丝绸之路，聚集、交汇在这里，从而形成了龟兹海纳百川、充满创造性的文化艺术。龟兹文化艺术的价值和独特魅力也正是在这里。

龟兹石窟群是幸运的，因为它并没有像玛雅人的金字塔和古巴比伦的空中花园那样随着历史风尘逝去。龟兹石窟群又是不幸的，因为它在历史的长河中蒙受了太多的苦难，曾经属于它的无数珍宝也许永远都不会再返回！

据《大唐西域记》载：龟兹城北有两座著名的伽蓝，“东昭怙厘佛堂中有玉石，面广二尺余，色带黄白，状如海蛤，其上有佛足履之迹，长尺有八寸，广余六寸矣。或有斋日，照烛光明。”这神秘的佛足印记，这巨大的玉中瑰宝，在这古老的佛寺中至少静卧了1300多年。不料，又是一个外国人给它带来了厄运。

1898年，俄国人科兹洛夫来到昭怙厘寺，要将“佛迹玉石”运走。但这块玉中之王约有2000千克重，别说运走，就是抬起来挪动一下位置都很困难。千斤玉石稀世珍宝，更何况重达4000斤呢。可科兹洛夫并不放弃，于是找人将玉石砸成两块，然后又用圆木做成巨型爬犁式架子，马拉人拽，总算运到库车县城，待机运出国外。正在此时，幸有和田一位老玉工赶到库车，他识玉爱玉，胆大心细，联络当地百姓，巧妙地将这两块硕大无朋的玉石保护了下来。直到1964年，北京自然博物馆派人到新疆征集玉石，这两块大玉石才得以重见天日。经取得有关方面同意，保存在库车县政府大院内的“佛迹玉石”，特别用两张大红毡包裹起来，运往北京。

历史上战争的破坏，自然界风沙的摧残，早已使一度辉煌的昭怙厘寺疮痍满身，面目全非，加之20世纪初外国探险队的纷至沓来，先后有俄、法、日、英、德等国的探险家，曾在这里大肆挖掘。他们盗掘、偷运了大量的佛像、壁画、古钱币和文书等珍贵文物，给昭怙厘寺带来诸多纷扰，使它历尽磨难。特别是日本大谷探险队和法国的伯希和，在这里发现了不少舍利盒，全部运到日本和法国。

被大谷光瑞于1903年带往日本的材料中，有一个现存东京，由私人收藏的不平常的舍利盒。这个舍利盒为木制。盒身被红、灰白、深蓝三种颜色覆盖，还镶有一些方形金箔装饰，盒内仅存骨灰，外形没有什么特殊之处。因此蒙尘半个多世纪，没有被人们所注意。

到了20世纪50年代，有人突然发现这个舍利盒颜色层内有绘画的痕迹，经剥去表面颜料，终于露出盒上绘制的图像，使精美的乐舞图重见天日，大放异彩。舍利盒身为圆柱体，盖呈尖顶形，直径约38 厘米，高31厘米，体外贴敷一层粗麻布，再用白色打底，然后施色。画的外面还涂有一层透明材料，制作十分精巧。最令人惊叹的是，盒身周围绘有形象十分生动的乐舞图，盒盖上绘有四位演奏乐器的裸体童子，分别演奏竖箜篌、筚篥、琵琶和一个弹拨乐器。这是一件极罕见的反映龟兹音乐舞蹈艺术活动的珍贵形象的资料，也是龟兹当时世俗生活的真实写照。

此舍利盒从昭怙厘佛寺出土，从侧面反映了佛教文化和龟兹社会风行歌舞的盛况。同时，舍利盒制作和绘画非常精美，又出土于昭怙厘大寺的中心殿堂的废墟下，显然是一位德高望重的名僧火化后所用。从而也证明了龟兹艺术强烈地影响着佛教文化。世俗的乐舞艺术堂而皇之地闯进佛教文化的门槛，并被“超脱尘世”的佛教僧侣所接受和喜爱，这也反映出歌舞艺术的巨大穿透力。

上帝的踩脚凳——金约柜

据传，率领以色列人进入迦南地区的是金约柜。后来金约柜被大卫王带到了耶路撒冷，然后被所罗门国王安放在新修神殿的“至尊堂”中。金约柜被当做耶路撒冷的珍宝，然而有关它的下落，可谓众说纷纭，千百年来它似乎也成了一门独特的学问。

一种说法是：当罗马人在公元70年将第二座神殿焚之一炬时，

人们通过暗道把金约柜抢救了出来。地道大约30千米长，一直通向东边的库姆兰附近，现在金约柜仍然埋在库姆兰。另一种说法宣称，金约柜注定要返回圣殿山，将被安放在一座新建神殿的至尊堂里。新的神殿将在弥赛亚时期建成，并以此昭示天地。还有一种说法，讲的是金约柜现在封存在梵蒂冈的地库里。

阿拉伯编年史学家却说，金约柜被安全地转移到了阿拉伯。十字军东征并占领了耶路撒冷城之后，（基督教）圣殿骑士们到处寻找金约柜，但始终没有找到柜子的下落。

到底金约柜是何物，以至于千百年来会有这么多关于它的传说？

原来，在以色列早期的记录当中，金约柜是用来盛装上帝在西奈山赐给摩西的石碑的。因此，石碑以及用来盛装它们的柜子就成了上帝与以色列之间的见证。在《出埃及记》第25章第22节里，上帝对摩西说："我会让你知道我就在那里，就在柜盖上两个小天使之间与你讲话，在见证之柜的上面。"出于这个原因，金约柜有时候被看做上帝的踏脚凳。

一种流传甚久的关于金约柜的传说是，金约柜安放在神殿中之后，就被所罗门国王与示巴王后所生的儿子窃走，带回了埃塞俄比亚。在埃塞俄比亚的传说中，示巴女王确认为公元前10世纪埃塞俄比亚阿克苏姆城的女王。有关传说认为示巴女王名叫马克达，她到耶路撒冷后，所罗门王对其一见钟情，并热情接待了她。后来，她怀上了所罗门的孩子。示巴女王回国前，已身怀六甲，所罗门王给她一个指环，说："如果你生下一个儿子，就把指环给他，让他拿着指环来见我。"示巴女王回国后生下一子，取名埃布纳·哈基姆，意为"智者之子"。

埃布纳·哈基姆长大成人时，示巴女王就把指环给他，让他去以色列觐见父王。埃布纳·哈基姆来到耶路撒冷后，所罗门王欣喜若狂，想让他留下来继承王位统治以色列。哈基姆执意不肯，所罗门王只好给他涂上继承王权的圣油，放他回埃塞俄比亚，并立下只有哈基姆的子孙后代才能统治埃塞俄比亚的约法。埃布纳·哈基姆回国后便成了埃塞俄比亚的国王，称为“门涅利克”。从此，他的后代继位时，都要举行一番庄严的仪式，宣誓他们的王统来自所罗门。

值得一提的是，有的历史文献还把示巴女王在埃塞俄比亚的传说视为史实写入正史。例如，在埃塞俄比亚的《国王丰功编年史》中，就把示巴女王写为埃塞俄比亚历史上的马克达女王。1928年，埃塞俄比亚末代皇帝海尔·塞拉西在登基仪式上曾庄严宣布：“我是大卫，所罗门·埃布纳·哈基姆之嫡裔”。1955年埃塞俄比亚颁布的新宪法第二条中写道：“海尔·塞拉西国王的家系不间断地传自埃塞俄比亚女王，即示巴女王和耶路撒冷的所罗门王的儿子门涅利克一世的朝代……”这说明埃塞俄比亚一直是以示巴女王的后代自居的。

该国君主传统的头衔之一就是“犹太雄狮”，历史悠久的埃塞俄比亚皇家都自称是大卫王和所罗门王的后代。埃塞俄比亚教会也宣称几百年来金约柜一直封存于该教会。而埃塞俄比亚的法拉沙人则声称，自己是当年护送金约柜到达埃塞俄比亚的犹太人后裔。

至于示巴女王是否为所罗门王生下一个名叫“埃布纳·哈基姆”的儿子，她的儿子是否去了耶路撒冷，是否把金约柜运回了阿克苏姆城，这一系列的疑问，都在等待着后来者回答。

“红色处女军”珍宝

捷克斯洛伐克是欧洲中部内陆国家。在这里，一直流传着关于“红色处女军”珍宝的传说。

传说源于捷克历史上的普热美斯家族。公元9世纪是捷克的荣光时期，这时正是普热美斯家族在捷克的统治时期，女王丽布施及其夫普热美斯公爵也在这一时期创建了古老而美丽的布拉格城堡。城堡后经多次扩建，在1000多年后的1918年，捷克斯洛伐克共和国的总统府仍设立于此。

从女王丽布施创建布拉格城堡以来，布拉格不但成为捷克斯洛伐克的首都，也成为欧洲最大、最重要、最美丽的都市之一。布拉格老城中最早的居民点大都始建于那个时期。城堡中心的圣维斯大教堂是欧洲建筑艺术的精品，里面藏有波西米亚王国的王冠，捷克各时期的统治者也都葬在这里。统治者丽布施女王便以始建举世闻名的布拉格城堡而流芳千古，而她手下的一名女卫队长普拉斯妲却以创建“红色处女军”，并埋藏一批巨额宝藏在捷克历史上留下千古之谜。

原来，9世纪初的丽布施女王不但是一位出类拔萃的巾帼英雄，还创建了一支包括妇女在内的骁勇善战打败过不少敌人的军队。后来，她虽然嫁给了普热美斯公国的公爵普热美斯，但始终保持着桀骜不驯的独立性格。她建立的一支威风凛凛的皇家卫队，完全由清一色的年轻女子组成，负责保卫女王和皇宫的安全。其队长就是后来在捷克历史上大名鼎鼎的普拉斯妲。

普拉斯妲兢兢业业为女王服务，与女王结下了很深的感情。丽布施女王去世后，普拉斯妲深感悲痛，她不愿意再为国王普热美斯公爵效劳，便率领自己手下的女兵来到捷克北部的维多夫莱山，从此占山为王，并不时与政府发生冲突，导致普热美斯命令军队去围剿她们。

起初，普热美斯军队的指挥官并不把这支“红色处女军”看在眼里，他们认为这帮女孩子看到国王的正规军必然会吓得不知所措。然而，实际上双方一交战，普热美斯的军队由于过于自信和轻敌，竟没有占到什么便宜，反而被“红色处女军”打得落花流水。这下子，他们不得不重新考虑如何来对待这支“红色处女军”了。国王普热美斯在布拉格得知自己的军队在山里竟被一帮女孩子弄得晕头转向，盛怒之下，他居然亲自率领着大军浩浩荡荡地前来围剿。

在维多夫莱山区，普热美斯大军依靠人数上的优势，采取突然袭击的战术，把处女军层层包围，缩小包围圈后杀死了100多名顽强抵抗的处女军战士。在迪尔文城堡的普拉斯妲闻讯后，亲手扼死十几名俘虏，并率领自己的战友对普热美斯大军进行了殊死抵抗。一时间，山冈上杀声震天，几千米外都能听到她们和男人拼命时的喊叫声。最后，城堡中所有的处女军战士全部壮烈牺牲，而普拉斯妲本人最后扔下了手中的盾牌，仅仅拿着一把利剑，赤身裸体地同皇家军队进行了最后的拼杀，直到流尽了最后一滴血。处女军被剿灭以后，一个关于普拉斯妲的宝藏传说也开始在捷克流传。

原来普拉斯妲多年跟随女王，见多识广，对王室的金银财宝了如指掌，加之她本人喜欢雍容华贵的奢华生活，又多年劫掠富豪，抢劫了不少贵族的城堡，聚敛起大量的金银财宝。在普热美斯军队未到之前，她早已预见到自己凶多吉少，于是她在迪尔文城堡早已把大量的宝藏埋藏起来。这笔财宝主要有金币、银币以及处女军战士不愿佩戴的大批珍贵的金银首饰，数量极为可观。处女军被全部杀死之后，后人就想到了这批珍宝。有人不断地在当年她们活动的地区挖掘，试图找到她们埋藏的珍宝，但始终没有找到。

在普热美斯家族消灭掉处女军后，以布拉格为中心建立的王朝依附了神圣罗马帝国几百年。在普热美斯王朝统治波西米亚的几百年间，这几代王朝都没有忘记普拉斯妲和她埋藏的财宝。他们曾多次派人去维多夫莱山区搜寻这批宝藏，但每次都空手而归。

进入20世纪以来，这笔宝藏又引起了一些现代寻宝者的注意。有人认为，它肯定被埋藏在捷克山区的某个地方。但到底在什么位置，却始终没有人能知道。

陵寝下的古老宝藏

秘鲁政府曾宣布：对古印加奇姻王国首都废墟的地下国王陵墓加以严格保护，不允许人们随便破坏它，并且在严密防卫下，由两位经验丰富的秘鲁考古学家花费几年时间在此地挖掘。他们在寻找什么呢？

原来，在16世纪下叶，一位名叫古特尼茨的西班牙商人探险来到此地，在一位印第安部落头人带领下，穿过错综复杂、九曲十折的地下迷宫，来到了这座地下国王陵寝。瞬间，这位青年商人被金光灿烂的黄金珠宝照耀得不知所措。

这座陵寝内摆满珍奇珠宝，其中包括一些镶有翡翠眼睛并用黄金铸造的鱼。印第安头人平静地告诉面前这位惊恐万分的西班牙人，只要他协助建设当地的公共工程，这些黄金便全归他了。无须犹豫，这无疑是一个千载难逢的良机，古特尼茨拼命点头。于是，他如愿以偿以一个巨富的姿态返回西班牙。

至于古特尼茨捞得多少黄金可能永久成为未知数，但根据1576年的西班牙税收记录记载，古特尼茨不仅向国王密报了这处“小鱼”宝藏，而且慷慨地奉献了900磅黄金为税金。可见，他得到了多少财富。

然而，在他之后的无数探宝者却没有这种运气。虽然总有人提供各种激动人心的线索：在当地废墟下面，隐藏有一处“大鱼”宝藏，里面摆满更多陪葬的黄金物品。但却没人能找到。各种传说真真假假，为陵寝蒙上了一层神秘的迷雾。

而揭开这层迷雾，则有待于秘鲁考古学家的运气了。

古印加的黄金城

在古代，以南美秘鲁为中心的印加帝国，一度十分强盛。据说，城内所有的宫殿和神殿都是用大量金银装饰而成，金碧辉煌，灿烂无比。16世纪初，西班牙人推翻了印加帝国，掠夺了所有黄金宝石。

西班牙统帅庇萨罗听到一个传说，印加帝国的黄金全是从一个叫帕蒂的酋长统治的玛诺阿国运来的，而且那里金银财宝堆积如山。于是，庇萨罗立即组织探险队，开赴位于亚马孙密林深处的黄金城。然而在这个广袤无垠的原始森林里，每前进一步都意味着恐惧和死亡，这里有猛兽毒蛇，有野蛮的食人部落，有迷失道路的威胁，一支支探险队或失望而归，或下落不明，使庇萨罗遥望这片森林只能以想象自慰。

随后，西班牙人、葡萄牙人、英国人、荷兰人和德国人风闻黄金城的消息，都纷纷过来掘金。他们蜂拥而至，深入到亚马孙的密林中。其中，有位叫凯萨达的西班牙人率领约716名探险队员向黄金城进发，在付出550条性命的惨重代价后，终于在康迪那玛尔加平原发现了黄金城和传说中的黄金湖。他们找到了价值300万美元的翡翠宝石，然而这仅是黄金城难以估价的财宝中极其微小的部分。

而传说中的黄金湖就是哥伦比亚的瓜达维达湖。从16世纪以来，对黄金湖的打捞一直没有停止过。1545年一支由西班牙人组织的寻宝队，在3个月时间内就从较浅的湖底捞起几百件黄金用品。1911年，英国一家公司挖了一条地道，将湖水抽干，但太阳很快把厚厚的泥浆晒成干硬的泥板，当英国人从英国运来钻探设备时，湖中再度充满湖水，这次代价巨昂的打捞仍然归于失败。

但是，当寻宝者回想起17世纪初，印第安族最后一位国王的侄儿，向人们描述了在黄金湖畔所举行的传统加冕仪式时，就坚定了寻宝的决心。当时，王位继承人全身被涂上金粉，如同黄金塑就，然后在湖中畅游，洗去金粉，他的臣民纷纷献上黄金、翡翠，堆在他的脚旁，这位新国王将所有黄金丢进湖中，作为对上帝的奉献。这种传统仪式举行过无数次，可见黄金湖的蕴藏量是多么丰硕！

1974年，哥伦比亚政府担心湖中宝藏落入他人之手，便出动军队来保护这个黄金湖，从此再也无人能够接近这批宝藏。

于是，神秘的黄金湖便成为一个无法揭开的谜团了。

莫斯科地下“藏书室”

在莫斯科，一个有关神秘“藏书室”的传说让很多探险者着迷。1997年，87岁的历史学家阿帕劳斯·伊万诺夫宣布找到了“地下藏书室”的位置，但他不久便去世了，还没有来得及对世界公布其具体位置。20世纪60年代初，苏联领导人赫鲁晓夫组织了一个特别行动组，负责在克里姆林宫下搜索伊万雷帝的藏书室。1964年随着赫鲁晓夫被解除职务，行动组也解散了。

这个神秘“藏书室”到底是什么，里面到底藏着怎样不为人知的秘密，居然让历史学家和政府都如此感兴趣呢？这还得从莫斯科地下暗河、涵洞说起。

莫斯科坐落在蜿蜒曲折的莫斯科河拐弯处，下面的暗河多达150条，河道用砖石垒起来变成涵洞。在这些静静流淌的暗河旁边，存在着很多不为人知的地下通道和建筑：伊万雷大帝时期的酷刑室、监狱和秘密通道、18世纪采矿业留下的废弃采石场、20世纪70年代勃列日涅夫修建的秘密地下城、战争时期留下的防空洞……这些地下通道中有公寓，厨房用具、客厅家具一应俱全；还有骷髅、石棺和不知何年留下的垃圾。

莫斯科城市中心除了矗立着庄严的克里姆林宫、洋葱头状的俄罗斯东正教堂外，还有宽阔的红场。据说在克里姆林宫的主体部分之外，伊万雷大帝还修建了“地下藏书室”，这个传说中的藏书室就是被历史学家阿帕劳斯·伊万诺夫和赫鲁晓夫搜索的宝库，至今仍被视作城市考古工作者的“圣杯”。可是，这个书库里到底藏了什么东西呢，会让人如此着迷？

相传，在1453年，君士坦丁堡陷落前，一批用希伯来、埃及、希腊和拉丁等文字手书的古代书籍被偷运出城，辗转落到拜占庭帝国最后一个皇帝的侄女——伊万大帝的妻子索菲亚手里。她将这些书秘密运回莫斯科，让建筑师亚里士多德·菲奥拉万蒂为这些书册建立了一座密室，就是克里姆林宫的地下藏书室。伊万大帝之孙伊万雷帝1533年继承王位后，将藏书占为已有。他对这些藏书视若珍宝，虽然找人将书里文字译成俄语，却不允许译者见到书的全貌，并且从不透露藏书的位置。

在伊万雷帝统治后期，一场针对俄国贵族的恐怖镇压运动开始了。在这段时间，他在克里姆林宫修建了大量隧道，用作酷刑室、监狱和秘密通道。人们认为他的藏书馆也在其中，但从彼得大帝到赫鲁晓夫都曾仔细搜索过，却一无所获。

20世纪90年代，莫斯科市长卢日科夫数次组织寻找藏书室的行动，并且使用了金属探测器，仍然一无所获。古老的藏书和地下的秘密仍不知所踪。

现在，这些寻找地下藏书室的活动与寻找旅游热点的想法不谋而合。探险旅游的策划者之一就是身为业余历史学家的盖尔曼·斯泰尔里戈夫。他曾发现一条隧道，满地骸骨都是当年被伊万雷帝秘密警察杀害的俄罗斯贵族。可他仍找不到藏书室。

至今，藏书室依旧吸引着无数的探险者为之奔波。

雷恩堡的所罗门大帝宝藏

雷恩堡是法国南部科尔比埃山中的一座小镇。虽然地处偏僻，雷恩堡却奇闻迭起，充满神秘色彩。

据传，古代犹太人有一批被称为“所罗门宝藏”的珍宝藏在耶路撒冷。公元70年，这批珍宝被罗马人掠去并在罗马展览。公元410年，维西哥德人在罗马大肆杀掠，抢走这批珍宝。公元5世纪末，维西哥德人征服大半个西欧，雷恩堡就是在这一时期修建的，是一座山顶要塞。在维西哥德人失势后，雷恩堡曾经是他们最后的据点之一。

17世纪初，雷恩堡附近一个名叫帕里斯的牧羊人在牧羊时丢了一头母羊。在寻找母羊途中，他偶然发现地下有条大裂口，裂口下是一条深不见底的地道。帕里斯沿着地道一直往前走，最后来到一座尸骨横陈、箱子满地的地下“墓穴”前。他惊恐万分，但在好奇心驱使下，还是大着胆子打开了箱子，发现里面全是金币。帕里斯将金币装满自己的口袋，匆匆跑回家中。帕里斯“一夜暴富”的事很快传遍了整个雷恩堡。不久，他被人告发并以偷窃罪入狱，最后冤死狱中。

到了18世纪，雷恩堡当时的庄主瓦桑家的小女儿玛丽，嫁给了坦普尔骑士团的头领布兰什福家的末代侯爵。1781年，62岁的玛丽在临终前，把一个重大的秘密告诉了前来为她祈祷的维哥神甫。据说神甫听后震惊万分，并为如何保守布兰什福家的秘密颇感苦恼。因为当时恰在法国大革命的前夕，稍有不慎秘密外泄，那么雷恩堡必将再次遭受掠夺。几经思考后，神甫将玛丽委托给他的文件藏于镇上玛丽亚教堂的一个支撑圣坛的空心柱内。为了将来雷恩堡的镇民能够找到宝藏，他还留下了显示柱内有秘密文件的密码，并将其刻在玛丽夫人的墓碑上，铭文是：“即使在阿尔卡迪也有我。”

这里所说的“阿尔卡迪”，是古代传说中的一方世外桃源式的乐土。后人经研究后指出，铭文中的“我”代表死神，铭文的意思是：即使在美好的阿尔卡迪乐土之上，“死神”也是不可避免的。这句话含有“人生无常，美景难再”的意思。引人深思的是，维哥神甫选用的这句铭文出自16世纪法国画家尼古拉·普桑的名作《阿尔卡迪的牧人们》。即使是在美术界，这幅画也是晦涩难懂的作品，其中究竟蕴含什么玄机，无人能说清楚。

19世纪末，玛丽亚教堂神甫索尼埃破解了维哥神甫留在碑文上的密码，发现了一座“地下古墓”，得到了这批宝藏。在取得了宝藏后，索尼埃神甫花巨资盖别墅，修花园，还翻修了整个教堂，将教堂装饰得富丽堂皇。当主教问索尼埃神甫“哪来这些钱”时，他回答说是那些极富有的人士捐助的。当主教再问“捐助者是谁”时，他又以捐助者的身份以及慷慨解囊的动机都需要保密为由加以搪塞。1917年，64岁的索尼埃神甫突患脑溢血卧床不起。在索尼埃神甫死后，其遗孀玛丽也过起深居简出的生活，不再接近任何来客，也再没去过神秘的“地下古墓”，这笔财宝的秘密也只有玛丽一人知晓了。

直到1946年，一个名叫诺尔·科比的人在玛丽晚年时结识了她。当时科比夫妇寄住在玛丽家，他们整天陪玛丽玩耍，取得了玛丽的信任和好感。一向守口如瓶的玛丽答应在她临终前将秘密告诉科比。无奈天不遂人愿，1953年，玛丽突然病倒不省人事，再也没有醒过来，最终带着她的藏室秘密离开尘世。

今天，雷恩堡已经成为法国的旅游胜地。玛丽亚教堂耸立在山顶上，只有一条崎岖不平的小道可以通到那里。来此参观的人们都不理解教堂的有些装饰为何显得与环境极不协调。例如，参观者来到教堂门口，一抬头就可以看到刻在石门楣上的一句话——“这个地方可怕极了”。参观者踏进教堂大门，首先映入眼帘的是恶魔阿斯莫德奥斯怒目圆睁、张着血盆大口的雕像。教堂地面的装饰也很奇怪，就像国际象棋的黑白棋盘。

据说，索尼埃神甫当初在翻修教堂时特意在教堂各处暗藏了密码，以暗示财宝的所在，但后来他又将这些密码全部销毁。而教堂地面装饰的棋盘图案中也暗藏了密码，当年索尼埃神甫之所以能破解维哥神甫留在碑文上的密码，关键就在这个棋盘。事实上，在传说中，阿斯莫德奥斯是守护耶路撒冷宝藏的恶魔。把它置于教堂中，想必也是要用它悄悄地守护财宝。

在阿斯莫德奥斯的头上有四位天使，其中引人注意的是位于中间的那个屈膝的天使，她用左手指着下面，那里用拉丁文写着："根据这个征兆你不能征服他。"这个"他"究竟是指下面的阿斯莫德奥斯，还是指隐藏秘密的索尼埃神甫呢？就像是在显示答案似的，文字下面有绿色的圆形装饰，画着大写字母"B·S"。

"B·S"指的是什么？或许是神甫贝兰齐埃·索尼埃姓名的第一个字母B和S。另外，天使像的右上方是一幅教堂壁画，画的下侧画着装黄金的皮袋，画的左边描有被称为"所罗门的封条"的粉红色花纹，当然也在暗示黄金。

环视教堂内四周，可以看到15块色彩鲜艳、用陶瓷烧制的教堂画，按顺序装饰着教堂的墙壁。据说，为了尽量体现他的本意，索尼埃几次命工匠重做这些壁画。整个画面看起来也显得有些离谱。例如第10幅画中画着一名士兵掷骰子的情景。据密码专家分析，骰子的点数也是解读密码的关键。

此外，在索尼埃花重金在山崖上修建的别墅里，有一个半圆形阳台，由阳台左边往上走22级台阶可以到达马格达莱塔，从右边往下走22级台阶可以到达暖房。据说这"22"也是希伯来神秘哲学中的神圣数字。暖房中种植了从世界各地运来的各种名贵植物，马格达莱塔内则购置了古今有关秘术的各种书籍，索尼埃当年曾埋头于神秘学研究。

最让人吃惊的是马格达莱塔的顶部。从那里眺望雷恩堡，参观者会感觉到整座小镇被群山环抱，犹如众星拱月，按“风水学”讲简直是“风水宝地”。这里的景色和《阿尔卡迪的牧人们》背景中的群山一模一样，难怪索尼埃神甫会专门去卢浮宫购回其复制品仔细揣摩。

索尼埃神甫除了翻修教堂、盖别墅花了几千万美元外，余下的巨资购买了当时的俄国政府债券，但后来就如同废纸一样全部损失了。不过，雷恩堡里也许还有其他珍宝等待幸运者去发现。

“联合号”上的银箱

1707年10月21日，克劳迪斯雷·肖伟尔将军率领“联合”号、“雄鹰”号、“燃木”号、“长生鸟”号和“罗姆尼”号等军舰组成的英国舰队，从直布罗陀全速行驶，返航在英国的途中，肖伟尔将军的舰队驶向了锡利群岛的暗礁。肖伟尔将军怎么都没有想到，这片暗礁就是海盗和当地居民设下的陷阱。

从14世纪以来，英国西南海岸的海峡和水域就一直是海盗们的乐园。他们把这个海域当成了自己对来往船只的最佳狩猎区。那时，从北海和波罗的海驶出的商船必须通过这个“针眼”才能前往欧洲南部和西部。对于那些向相反方向航行的船只，如来自地中海沿岸的航船，常常会受到海盗的攻击，要安全通过这一区域绝非易事。

为了抵御海盗，英国的一些港口城市结成同盟自卫，其目的就是要把英国南部海港从海盗的控制下解救出来。通过政府的协商，那些悬挂英联邦旗帜的海盗船，从英国国王那里得到了抢夺敌方商船的许可。官方还对海盗们允诺，除了英联邦的船只外，允许他们抢劫所有经过海峡的别国过往船只。

这种特殊的规定造成只有在锡利群岛一带才会经常出现的怪现象：岛上居民竟然利用一百多个像暗礁一样散布着的环形珊瑚岛来引诱别的国家的轮船触礁。为了达到目的，岛民与海盗勾结，使用各种手段，或燃起火把，或把点燃的灯笼挂在母牛的脖子上，其目的都是用错误的灯光信号误导，使那些在风暴或黑夜中迷失方向的船只偏离航道，得逞之后大肆劫掠船上的财物。克劳迪斯雷·肖伟尔将军率领的“联合”号就遭遇到这种劫难。

当时，肖伟尔将军的舰队驶向锡利群岛的暗礁时，海盗们正在远处幸灾乐祸地拿着望远镜，静观着遭遇海难的人们在咆哮大海中垂死挣扎。而那些拼命游到岸边原本可以获救的水手们，也都被岛上居民杀死。就连肖伟尔将军本人也未能幸免于难。他游到岸边的时候，向一个渔妇伸手求救。那个渔妇发现他伸出的手上戴着一只金光闪闪的戒指，便掐死了他。之后，随手砍下他僵硬的手指，然后将尸体草草掩埋。直到数年之后，人们才发现了他的尸骸并运回伦敦，经过隆重的追悼仪式之后安葬在西敏寺大教堂。

风暴过后，海盗们坐着他们轻便的渔船划向暗礁，然后分成小组，从触礁的残骸带回金币、银币、木板、滑轮、钢索、滑车组、索具、皮带、手枪、弹药和刀子等一切有价值的东西。而这支舰队最大的一批财富，即舰队的钱箱，在舰队遇难前就已经沉入海底。专家估计，不仅“联合”号，在锡利群岛周围，至少有一千多艘来自欧洲大陆不同国家的船只触礁搁浅。所以这个区域被看做欧洲最大的“船只公墓”。

20世纪60年代，人们开始使用现代技术寻找“联合”号，寻宝工作才取得了突破性的进展。英国海军潜水员在基尔斯通礁石中央发现了“联合”号。他们试图找到“联合”号的钱箱，却空手而归。

有个叫罗兰·莫里斯的英国人，经过精心准备之后，和他的同伴们来到锡利群岛。为了接近“联合”号的钱箱，他们在水底使用了炸药，但还是没有找到钱箱。忙碌了一年半之久，罗兰·莫里斯和他的队员们最后终于在附近的一个岩石裂缝里找到了1400块银币。不久莫里斯又发现了一个大银盘，上面印着的克劳迪斯雷·肖伟尔爵士的徽章还清晰可见。这绝对是件珍品，是舰船上珍贵的银餐具中最宝贵的一件。

60年代末，莫里斯在锡利群岛周围海域打捞出来的历史珍宝，被放在伦敦著名的索斯比拍卖行拍卖。作为回报，他和同伴们将从国防部得到一笔事先商定好的奖金。在1970年的第二次拍卖会上，“联合”号的银盘又回到了罗兰·莫里斯的手中。后来，又有许多英国潜水者组织继续对“联合”号残骸进行探宝，从旗舰的船腹中找到近7000块银币。

1974年，莫里斯和他的同伴在锡利群岛发现了断裂的英国战舰“巨人”号。这艘18世纪的战舰隶属于霍雷肖·纳尔逊的舰队，1798年在锡利群岛的花岗岩前触礁沉没。莫里斯的潜水员们在舰上发现了一个有着250年历史的花瓶碎片。这些花瓶的碎片在海底沉睡了200多年之后，被大英博物馆的工作人员拼回了原状。

在“联合”号舰队触礁后将近300年间，对金子和财富的欲望吸引了很多冒险家来到锡利群岛。欧洲最大海上公墓的水域成了众多潜水者寻宝的天堂。

然而，最大的那笔宝藏——“联合”号舰队的钱箱却始终没有找到。

维哥湾神秘沉没的“黄金船队”

1702年，西班牙财政困窘，一支由17艘大帆船组成的庞大船队奉命载着从南美洲掠夺的金银珠宝火速运回西班牙，其间经过一段最危险的海域。在6月的一天，正当“黄金船队”驶到亚速尔群岛海面时，突然一支英荷联合舰队拦住去路。这支150艘战舰组成的舰队迫使“黄金船队”驶往维哥湾躲避。

面对强敌的包围，唯一而且最好的办法是从船上卸下财宝，从陆地运往西班牙首都马德里，但偏偏当局有个奇怪的规定：凡从南美运来的东西必须首先到塞维利亚市验收。显然不能违令从船上卸下珍宝。侥幸的是在皇后玛丽·德萨瓦的特别命令下，国王和皇后的金银珠宝一部分被卸下，改从陆地运往马德里。

在被围困了一个月后，英荷联军约3万人在鲁克海军上将指挥下对维哥湾发起猛攻，3115门重炮的轰击，摧毁了炮台和障碍栅，西班牙守军全线崩溃。由于联军被眼前无数珍宝所激奋，战斗进展迅速，港湾很快沦陷。

此时“黄金船队”总司令贝拉斯科绝望了，他下令烧毁运载金银珠宝的船只。瞬时间，维哥湾成为一片火海，除几艘帆船被英荷联军及时俘获外，绝大多数葬身海底。

这就是历史上著名的“黄金船队”沉海事件，也是探宝史上一大遗案。

这批财宝究竟有多少呢？据被俘的西班牙海军上将估计：约有4000～5000辆马车的黄金珠宝沉入海底。尽管英国人多次冒险潜入海下，也仅捞上很少的战利品。于是，这批宝藏强烈吸引着无数寻宝者。

从此，在近1000海里的海底，出现了一批批冒险家的身影，他们有的捞起已空空如也的沉船，有的却得到了纯绿宝石、紫水晶、珍珠、黑琥珀等珠宝，有的仍在用现代化技术和工具继续寻觅。随着岁月推移，风浪海潮已使宝藏蒙上厚厚泥沙，众多传闻又使宝藏增添了几分神秘，无疑给冒险带来了更多的麻烦。

不幸的是，那部分由陆地运往马德里的财宝，在途中有一部分被强盗抢走。这部分约1500辆马车的黄金，据说至今仍被埋藏在西班牙庞特维德拉山区的一个鲜为人知的地方，这显然又像一块巨大的磁铁吸引着梦想发财的人们。

死海古卷

贝都因在阿拉伯语中意为“住帐篷的游牧民”，位于死海的库姆兰地区。阿狄布只是个贝都因族小牧童，像大多数贝都因族人一样，他们家也是牧民之家，养着好多的羊。1947年3月，年仅15岁的阿狄布为了寻找一只迷失的羊，来到死海西北角一个叫库姆兰的地方。他一边走，一边四处张望着，当他抬头看到高处的悬崖绝壁上有一狭窄的洞口时，这个调皮的小牧童就随手捡了几块石子扔了进去。

突然，他听到洞里好像有东西被击碎的声音。于是他把小伙伴阿美找来，两人一同钻进洞里。进洞之后，他们才发现里面的沙土下有一些高身圆陶罐和一些破陶罐碎片。这两个孩子急忙打开陶罐，但很快大失所望，因为里面并没有他们所期待的黄金和珠宝，而是一卷卷用麻布裹着的黑色发霉味的东西。其中有11幅卷轴用薄羊皮条编成，外面盖着一层腐朽的牛皮。

这些卷轴长3英尺到24英尺不等。他们把卷轴打开，发现上面密密麻麻写满了字。两个孩子并不知道这到底是些什么东西。于是，随便拿了几捆羊皮卷到耶路撒冷去卖，得到了一点钱。

实际上，这两个孩子所发现的就是后来被称之为无价之宝的“死海古卷”。

死海位于耶路撒冷以东25千米和特拉维夫以东84千米处的约旦河谷南端，是世界上最低的内陆湖。死海的水具有全世界最高的含盐量和密度，比通常的海水咸10倍。因此，死海一带的空气中含有世界上含量最高的起镇定作用的溴。这样的空气不仅是治疗呼吸系统疾病和进行日光浴的绝好场所，也为古代人隐藏物品提供了最好的地点。死海西岸是典型的沙漠地区，以色列人就是在这里和上帝签约的。近半个世纪以来，死海之所以一直备受世人关注，并非因为它是世界上最大的“床”，而是因为在死海的库姆兰发现了“死海古卷”。

起初，巴勒斯坦文物部的一位官员认为那些东西“不值一文”。可几经周折，这些东西在第二年辗转到了耶路撒冷古城，落到了圣马可修道院叙利亚东正教大主教阿塔那修·塞缪尔的手中。他仔细研究了羊皮卷上的文字后大吃一惊。

原来，这是几篇最古老的希伯来文《圣经》的抄本。于是，他立即找到那两个贝都因族男孩，让他们把山洞里的羊皮卷都弄出来，然后全部买走。与此同时，耶路撒冷希伯来大学的考古学家E.苏格尼克教授知道了这一消息后，也设法从一个贝都因人手里购买到了三卷羊皮古经书。

那么，这些古羊皮经卷是什么时候被藏在这里的？上面到底写了些什么内容呢？

美国约翰·霍普金斯大学考古学家威廉·奥柏莱博士在鉴定古卷的卷轴之后，认为其年代应在公元前100年左右。而芝加哥核子研究所的专家们，把第一个洞中包扎稿卷的麻布碎片经用碳–14放射性同位素测试后，确定这些古经卷产生的时间是在公元前250年到公元68年间，距现在已2000多年。

有人认为，库姆兰是犹太教艾赛尼派社团的集中居住地。公元前 1 世纪，艾赛尼派因赞成弥赛亚运动，反对马卡比王朝而受到迫害，纷纷逃至边远山区。有些信徒来到库姆兰一带，他们过着一种公社式的宗教集体生活，并收集和抄写了大量的宗教文献典籍。罗马大军进入巴勒斯坦后，为了避免受到迫害和担心《圣经》抄本散失，就把它们装入陶瓮封藏在周围悬崖的洞穴中。

后来犹太人被罗马人打败后，艾赛尼派也遭到杀戮，库姆兰社团被彻底毁灭，此地成为一片废墟。岁月流逝，那些存放在洞穴中的经卷也就湮没于死海的荒漠之中，直到近2000年后才被人发现，重见天日。

那么，“死海古卷”的发现有什么意义，它的价值又在哪儿呢？

首先，现在世界各国流传的《旧约圣经》最古老的全集抄本，时间是在公元1010年。最古老的单卷抄本是在公元 9 世纪才确定的“马所拉文本”。作为犹太教和基督教最重要经典的《旧约圣经》，在长期的口传和传抄中难免会发生一些错漏和谬误，而“死海古卷”中的《圣经》抄本却从未经后世修改、增删，保留了最古老的原来样式，因此可以作为更权威、更准确的文本来对现行的《旧约圣经》进行校订。因为谁都知道，假如没有权威的古文本为依据，任何人都不敢对《圣经》做任何改动。所以，世界上所有的信徒们都企盼着将来能在研究“死海古卷”的基础上出版一种新的校勘本。

其次，由于“死海古卷”中有很多不同文字的抄本，对历史和语言学家研究古代语言文字的发展演变是非常有价值的。

还有，自古以来，人们对犹太教艾赛尼派知之甚少，人们仅仅知道该派是当时犹太人中四大派别之一。然而，这次发现的“死海古卷”中有大量关于艾赛尼派情况的材料、社团法规、感恩诗篇，还有他们描写光明之子与黑暗之子战争的作品。这对以后了解和研究艾赛尼派的宗教思想和社团生活是非常珍贵的。

再有，“死海古卷”对研究基督教与犹太教之间的关系，以及两者之间在教义、经典、仪式、组织形式等方面的联系也具有特殊的意义。对研究古代西亚地区的社会生活、政治制度、经济状况、文化艺术、民族关系等许多方面，也都是极其珍贵的材料。

“死海古卷”里有两卷最为奇特的刻在铜片上的古卷。据传，这卷铜片上记载的恰恰是耶路撒冷圣殿宝藏的名称、数量和埋藏的各个地点。如果人们能够准确地解读这两卷铜片，那就能找到人类历史上最具精神文化价值的那笔瑰宝——圣殿宝藏。但因为这是2000年前的古铜卷，发现时已严重锈蚀，有关人员不得不将它锯开成条。万分遗憾的是，铜卷被锯成小条条之后，再也无法完整地拼凑起来，以致人们至今尚无法识别宝藏的地点。

以色列政府在1969年拨巨资在以色列专门建造了“死海文卷馆”，来自世界各地参观的人们可以看到被置于玻璃展柜中的极少古卷的原件。但经过半个世纪的研究，一方面因古卷浩瀚繁杂，许多经卷还有待于进一步整理和研究。另一方面，发现古卷时，它们历经2000多年的风雨，好多已支离破碎，现在学者还在竭尽全力地拼凑和研究数以万计的残篇断稿。因此，大部分“死海古卷”中的内容至今尚未公布。

那么“死海古卷”里面到底有多少秘密呢？“死海古卷”的全部秘密什么时候才能公之于世？目前，这一切都是未知数。

羊皮纸上的藏宝洞

橡树岛又名奥克岛，是位于加拿大东部的一个极小的小岛，大约1.2千米长，最宽的地方800米，总共也就一个中型体育场那么大。据说这个名字的来源，是因为岛上曾生长过一棵很大的橡树。虽然今天那里已经没有橡树了，但橡树岛这个名字却留了下来。这个岛离西海岸大约200米，要不是有一条四米深的狭窄水渠，在退潮时游人们甚至可以趟水到岛上游玩。1804年以前，岛上荒无人烟，只栖息着成群的野鸭，还有浓密的灌木丛和一望无际的云杉与松树。

世界上大概没有任何一个地方能如橡树岛这样，在仅仅几十平米的范围内，长达200多年的岁月中，始终吸引着一批批怀揣黄金梦的寻宝者来岛上挖沟、钻洞，或筑坝、开隧道。他们各种办法无所不用，想挖掘出那个传说中的藏宝洞。假如从空中俯瞰，这个小岛的形状像是一个问号。

事实上，这个小岛对寻宝者来说，的确是世界上最大的问号，200多年来，困惑着一代代的寻宝者。据官方统计，从1795年至今，这些探宝队在岛上藏宝洞中，一共只挖掘出3个铜链、一小片羊皮纸、一块刻着奇怪符号的石头。其中，羊皮纸碎片的发现很快引起轰动。

据专家鉴定，“它是用装着印度黑墨水的羽管写的”，尚可辨认的字符“看上去是ui，vi或wi或是这些音节的一个部分”。于是有人断定，这些羊皮纸可能是17世纪常出没此地区的海盗船长基德在此埋下的一大笔宝藏。尽管在此之前，这一带就有岛上藏宝的传闻，说这个地区一百年前曾是基德船长及其他海盗的安乐窝，他们可能把劫掠来的东西就埋藏在这儿。但直到这时，寻宝者才恍然大悟。原来，在整个藏宝洞中布下迷魂阵的竟然是英国历史上最为引人关注的海盗船长基德。

那么，这块引起世人注意的羊皮纸是怎么发现的呢？

1893年，一位来自阿默斯特的保险商成立了“奥克岛寻宝公司”。此人名叫弗雷德里克·利安德·布莱尔。布莱尔在岛上挖了很多实验坑，宝贵的几星期就在毫无成效的试验中过去了。到了夏末，公司已面临弹尽粮绝。为了筹集新的资金，他们散发了新的广告。1896年10月公司终于筹集到部分资金，又重新开工。1897年3月26日，一个名叫约瑟夫·P·凯泽的工人在掘井中被砸死。这次事故导致了许多工人拒绝再下井，因此整个掘宝行动停顿了几个星期，直至又招了新的工人。就在布莱尔的公司最为艰难的时候，突然柳暗花明。

原来，当他们重新挖掘的13号井钻探到40米深处时碰到了铁。工人们觉得情况异常，就赶紧换了一个3.7厘米的粗钻头。这个钻头穿过了铁障碍，在50米深处进入了软软的石头或水泥质的东西。技术人员认为，这种软软的石头或水泥不可能是井底的天然物，当钻头滑过一个4厘米的空穴后，带上来的样品中除了椰子纤维和桦木屑外，还有一些羊皮纸。他们又用一把镗刀换下钻头。

钻探中镗刀碰到了坚硬的金属，花了5个小时才小心翼翼地穿过这层80厘米厚的金属，但是镗刀没有带上来任何样品。于是，他们又改用62厘米的粗镗刀试了一次，近3个小时后镗刀幸运地钻入铁器5厘米，但是取回的镗刀还是没带样品。他们又把一块磁铁放入泥土，结果表明在57米深处有细铁屑。他们又一次钻探，钻头在42米深处遇到一条水渠，水以每分钟1800升的流量向上涌，这样看来还存在着第二条引导海水的水渠。

钻探得出的总结论是，在42米深处有另一条水渠、桦木和铁，在 46米深处又是铁，51米处是水泥和 20厘米厚的桦木，下面是一块羊皮纸。然后在57米深处又是铁。据此推测，在50米深处以下有一个地下室，简单的外包装是50厘米厚的水泥质的材料。

羊皮纸的发现，极大地鼓舞了布莱尔和他手下工人的干劲。1897年10月，他们开始挖新的14号井。这口井是八角形的，但挖到37米深处遇到了1866年的寻宝者所挖的一条坑道，水从这个坑道进来淹没了这个新井，最终不得不放弃这个井。他们又锲而不舍地开始挖第15号井，但挖到53米深处时又突然进水。再以后，他们又孤注一掷地挖了16、17、18和19号井，深度分别是44米、32米、53米和48米。但遗憾的是，每一次井里都会因突然涌入大量海水而失败。

从18世纪麦坚尼发现这个藏宝洞到20世纪初，探索橡树岛宝藏的历史已长达将近两个世纪。但基德的幽魂及他的藏宝洞却一直在和寻宝者们捉迷藏。200多年以来，无数的寻宝者带着他们世代积累起来的钱财，像打水漂一样在奥克岛旁的海水中轻轻划了几道弧线，就伤筋断骨般悲惨离去，好多条鲜活的生命也永远留在了藏宝洞前，但这并不妨碍寻宝队一茬接一茬决不放弃。

也有人认为橡树岛上的这个宝藏洞，也许根本没有基德埋藏的财宝。因为，不论基德的航海技能有多高超，他也没有能力来建造这么重大的工程。他们认为，这项规模宏大的工程显然是由专家和正规的专业技术人员所完成的。再说，从1795年发现的滑车和绳子的样式来看，藏宝洞建造时期不会早于1780年。所以，又有一种观点认为，这个藏宝洞的建造时期可能是在美国独立战争期间。

1778年，英国在纽约的驻防军受到华盛顿麾下部队的威胁。当时，英国总督手中握有驻美洲全部英军的军饷，可能出于安全考虑，他下令建造了一个秘密藏宝洞，而受命担任这项工程任务的，可能是英国皇家工程队的一支小分队。因为，在这个地区有能力建造这种秘密宏大工程的，只有英国皇家工程队队员。但也有人反对说，截至目前，没有任何能证明英国陆军在1778年前后遗失过一大笔金钱的记录。如果真有此事，必将受到英国军方的追究。

如今已有25个探宝公司，因投入巨额资金最后两手空空而破产。在200多年的反复挖掘中，有的人仰天长叹知难而退，有的人锲而不舍一意孤行，有的人倾家荡产，有的人抱恨终生，有的人葬身海底，但没有一个能够如愿以偿。

经过两个多世纪徒劳无功的挖掘，人们不禁要问：这个岛上是否真的埋藏着巨额的宝藏呢？对这个问题，在取得最后结果以前，任何人都无法回答。但是，橡树岛对寻宝者的诱惑却是永恒的。

也许，人们寻找的并非宝藏，而是一个永远无法挖掘的秘密。

太平洋上的藏宝天堂

鲁滨逊·克鲁索岛是镶嵌在太平洋上的一颗绿色明珠。它位于智利海岸线西部670千米处。整个岛上全部被热带灌木丛林所覆盖。茂密的丛林里生长着60多种不同的蕨类植物，形似树木的荨麻类植物四季常绿，被人们称为“鲁滨逊之伞”的阔叶植物的树冠，更是将灌木丛覆盖得密不透风。过去，这个无人居住的孤岛随着鲁滨逊·克鲁索的闻名而成为海盗们聚会和藏宝的天堂。

1547年11月22日，西班牙船长胡安·费尔南德斯在途经太平洋时发现了一个海上火山岛。他根据天主教历法把这个小岛命名为“圣·赛西利亚”。150多年以后，英国著名“海盗学者”、以《新环球旅行记》而一举成名的威廉·丹彼尔，在1708～1709年间，参加了伍德罗·罗吉斯船长的考察队，开始了他的第一次环球航行。

1709年7月，丹彼尔一行登上荒无人烟的“圣·赛西利亚”小岛时，他突然看见一个身着羊皮的“野人”。“野人”只会打手势，一周之后才恢复了说话能力。丹彼尔惊讶万分地发现这个“野人”过去曾在他的手下当差，是苏格兰人，名叫亚历山大·赛尔凯克。当年，他们曾一起奉英王之命，在西班牙争夺王位的战争期间数次劫掠法国和西班牙的船只。这个“野人”介绍说，1704年他因和当时的斯瑞得船长发生争吵被遗弃在了岛上，凭借惊人的毅力和旺盛的求生本能，在此生活了将近5年。

为了纪念小岛的发现者西班牙人胡安·费尔南德斯，从1833年开始，“圣·赛西利亚”改名为胡安·费尔南德斯岛。后来，为了纪念那个曾在这里生活过多年的“野人”，这个小岛又被更名为鲁滨逊·克鲁索岛。

从1940年开始，鲁滨逊·克鲁索岛突然变得热闹起来。一批批寻宝者带着大量古代文献资料和现代化的开采工具来到这个小岛，开始在岛上各处日夜不停地挖掘。

他们在寻找什么呢？

原来，有人根据古代史料发现，200多年前，英国海盗安逊曾在这个小岛埋藏下846箱黄金和大量的宝藏。

乔治·安逊是一位被英国女王加封的勋爵，同时还是一个声名显赫的海盗。1774年，英国海军部委托这名海盗去掠夺非洲南部西班牙帆船和殖民地上的财物。他所率领的中型舰队由8艘作战能力很强的舰船组成，这支海盗队伍曾令所有过往的西班牙商船闻风丧胆。当年，安逊就是把鲁滨逊·克鲁索岛作为他的大本营和避难所。他们每次对西班牙船只实施抢掠，都是从鲁滨逊·克鲁索岛出发。而安逊最为成功的一次胜仗，是对西班牙运宝商船的抢掠。据说，他那次共抢得846箱黄金和宝石，每箱重1300千克，总价值高达100亿美元，属于历代以来最为巨大的一笔海盗财宝。

由于安逊的“战绩”显赫，这位大名鼎鼎的海盗，后来被英国女王收封为勋爵，从此飞黄腾达。可是，这么冠冕堂皇的身份下，安逊只能玩味他那张当年画下的藏宝图，却再没机会到鲁滨逊·克鲁索岛来寻找那批黄金。而除了他之外，任何人又不可能找到那批黄金和宝石。

在他将那批黄金和宝石埋藏在鲁滨逊·克鲁索岛上200年之后的1940年，这个小岛开始变得热闹起来。一批又一批各种身份的寻宝者带着不知从哪得来的大量的文献和史料来到鲁滨逊·克鲁索岛，开始搜寻那里的每一寸土地，日夜不停地挖掘。然而，经过几年折腾之后，这些人全都两手空空地离开了。

转眼又过了40年，到了20世纪80年代，鲁滨逊·克鲁索岛上的一场瓢泼大雨再次点燃起寻宝者热情的火焰。

原来，大雨在岛上造成了泥石流。雨过天晴之后，有人在山谷中意外发现了裸露在外的好多银条和几粒红宝石。于是，人们立刻联想到是大雨把安逊当年埋藏的宝藏从高处冲刷出来又散落在山谷里。这个消息没几天就像长了翅膀一样传开了。随即，大批的寻宝者再次来到这个小岛，但是他们又一次失望而归。

10年之后，一位荷兰裔的美国人贝尔纳得·凯泽不知怎么对安逊当年埋藏的黄金产生了强烈的兴趣。他从岛上唯一一家名叫“阿尔达·丹尼尔·笛福”的旅店老板娘那里获得了有关“安逊黄金”的信息，便立即开始搜寻，并自称找到了当年埋宝深达7米的藏宝洞的确切地点。

智利政府有关部门也很快得到了这个消息，并立即发表声明，称这个岛属于智利领土，没有智利政府批准任何人不得私自挖掘宝藏。随后，他们和这个美国人开始了艰难的谈判。最后双方达成协议：假如他找到那846箱黄金，必须把所得宝藏的75%归智利政府及鲁滨逊·克鲁索岛上的居民，剩余的25%归他所有。

贝尔纳得·凯泽的挖掘小组开始寻宝。他们用小型推土机等现代化挖掘工具在山顶上昼夜不停地开始挖掘，但地下除了石头还是石头，最后只好宣布放弃。智利政府等待的利润分成也泡了汤。

当然，这个美国人走了，并不等于别的寻宝者不来。可以确信，在以后的岁月中，只要传说中安逊的那846箱黄金不见天日，鲁滨逊·克鲁索岛就永远无法安静。

帝国遗宝

路易十六的金宝是寻宝史上最著名的财宝之一。关于他的财宝，众说纷纭，莫衷一是。至于藏宝地点，至少有几个地方，有的甚至不在法国，而在西班牙。据说，他的行宫卢浮宫曾埋藏着一笔价值超过20亿法郎的财宝，包括金币、银币和一些价值连城的文物。不过，流传最广的还是路易十六隐藏在“泰莱马克”号船上的金宝。

“泰莱马克”号是一艘吨位达130吨，长26米的双桅横帆船。这艘船伪装成商用船，由阿德里安·凯曼船长驾驶。1790年1月3日，满载财宝的“泰莱马克”号在经塞纳河从法国里昂去英国伦敦途中，在法国瓦尔市的基尔伯夫河下游被潮水冲断缆绳出事沉没。

“泰莱马克”号由一艘双桅纵帆船护航，在港口受到革命者检查时，曾交出一套皇家银器。船上隐藏着路易十六一批金宝和玛丽·安托瓦内特王后的钻石项链。据推断，这艘船上的财宝包括以下东西：

属于国王路易十六的250万法国古斤黄金（法国1古斤在巴黎

为400克，各省为380克到550克不等。按这一标准计算，250万法国古斤约合95万～137万千克）；王后玛丽的一副钻石项链，价值为150万法国古斤黄金；金银制品有银器以及朱米埃热修道院和圣马丁·德·博斯维尔修道院的祭典圣器；50万金路易法郎；5名修道院院长和流亡大贵族的私财。

1774年，路易十六登上法国国王宝座时，法国封建制度已危机四伏，新兴资产阶级对束缚资本主义生产关系发展的专制政体日益不满，国内政治动荡，社会极为不稳定。但就在这种情况下，路易十六仍然四处搜刮金银财宝，过着十分豪华的生活。1789年路易十六召开等级议会，要第三等级即资产阶级和平民交纳更多的赋税，从而引发了资产阶级革命。

传说路易十六极为无能，1789年7月12日巴黎人民攻克巴士底狱的时候，路易十六直到晚上休息尚未得知，仍在日记上写下：7月12日，天晴，平安无事。迫于无奈，路易十六表面上接受立宪政体，实则力图绞杀革命。1791年6月他逃到法国瓦伦，被群众押回巴黎。9月被迫签署宪法，但仍阴谋复辟。1792年9月路易十六被正式废黜，次年1月被处死在巴黎革命广场（即今协和广场）。此后，路易十六的金宝便成为寻宝史上最著名的财宝之一。

这些财宝的确存在，毫不夸张地说，这已得到路易十六心腹和朱米埃热修道院一名修道士的证实。一些历史文献和路易十六家仆的一位后裔也认为，路易十六当年确把这笔财宝藏在船上企图转移出国。而传说中的财宝就放在“泰莱马克”上。

据说，“泰莱马克”号沉没在基尔伯夫河下游瓦尔市灯塔前几米深的河底淤泥里。1830年和1850年，人们争先恐后地企图打捞这艘沉舟。但是，在打捞过程中，所有缆绳都断了，结果沉舟重新沉没到水底。

1939年，一些寻宝者声称他们已找到了“泰莱马克”号沉舟的残骸，但没有确切证据表明，他们找到的就是“泰莱马克”号。

看来，要找到路易十六的宝藏绝不是一件轻而易举的事。

诡异金矿

1840年末，一位名叫伯兰塔的探险人几经艰险，深入美洲山区，发现了一处矿藏丰富的金矿。于是，他仔细作了标记，以便终生受用。从此，很多探宝人一直想找出这处金矿，但很多人不幸葬身荒野。有些人则在途中惨遭印第安人的伏击而身亡，在通往掘金的路上，障碍重重，充满了恐怖的气氛。

后来，有一位德国探险者华兹终于找到了这处金矿。他经常在山上待两三天，然后神秘地潜回老家，每次总会捎上几袋高品质的金砂。知道这个金矿地点的还有他的两个同伴，但后来他俩全被神秘人杀害了。凶手是谁不得而知，大概和这座金矿一样将成为永久的秘密。

1891年，华兹死于肺炎。临终前，他画了一张地图，标明了这处金矿的位置。1931年，一位名叫鲁斯的男子通过种种途径弄到了一张不知真伪的地图，于是他携带地图，前去寻宝。结果，他一去不返。6个月后，有人在山区发现了他的头颅，头上中了两枪，样子很惨，可以想象他一定被极为可怕的景象吓呆了。

那么杀手又是何人呢?

1959年，又有3位探险者在这处山区遇害，凶手仍然不得而知。

无论怎样，肯定是金矿的知情人。他们试图保留这不是秘密的秘密。然而，这一切仍然阻止不了一批批倔强的寻宝人。

探险者的身影、枪声、响尾蛇、血腥、死亡、荒野的呼啸，构成了亚利桑纳金矿恐怖的色凋，犹如笼罩在山区的迷雾使人混沌不安。

古墓幽灵

1960年深秋，欧洲各大报纸纷纷刊载了一件寻宝秘事：“在65摄氏度的高温下，65名大力士，光着膀子挥汗如雨，为的是寻找藏在200米深的塞提一世国王宝藏。一位50岁的阿拉伯富翁为此提供所需的全部资金。”

塞提一世是何方神圣？这些人到底在寻找什么样的宝藏呢？一

切谜团都吊起了所有人的胃口。

原来，塞提一世是埃及新王国时期第19王朝第二代法老，统治埃及长达27年。塞提一世即位后，为解除利比亚人和东克赫梯人，几个世纪来对埃及东西两面形成的威胁，亲自率军东征西讨，成功地消灭了两个宿敌。因此，他把自己的统治时期称为“复兴时期”。于是，四方贡品源源不断地涌进埃及，奉献给塞提一世。塞提一世因此成了埃及历史上最富有的国王。

近代最早在塞提一世墓里寻宝的是意大利人乔万尼·贝尔佐尼。据一个强盗家族的后代阿里·阿布德介绍，贝尔佐尼在帝王谷发掘时，曾得到他曾祖父的帮助。他的曾祖父是当时这个家族的族长。传说他能够准确无误地感觉到，哪棵树下或哪块巨石下埋藏着珍宝。1817年，贝尔佐尼来到帝王谷寻找塞提一世的陵墓。他在拉美西斯一世陵墓的入口附近清除了一些石头障碍之后就凭自己的感觉，认为这里有继续挖掘的必要。于是，他命令手下的劳工们在此处挥汗大干。挖至地下六米深处时，劳工们碰上了塞提一世陵墓的入口。之后，劳工们继续深挖，直到发现陵墓。阿里的曾祖父与贝尔佐尼一同下到地下数百米深的陵墓。

可是墓室里除了一口空荡荡的镶金雪花石膏的石棺之外，便什么也没有了。显然，该陵墓在古代曾被盗过。贝尔佐尼仍不死心，他打算凿开墓室的墙壁继续深挖，可阿里的曾祖父再三向他强调，再挖也是劳而无获，不会有其他东西了。无奈，贝尔佐尼只好将这口仅存的空石棺运到了他的第二故乡——英国。

其实塞提一世的木乃伊并未被盗，这不过是塞提一世为防盗而修建的一座假墓。现在真正的木乃伊仍完整地保存在开罗博物馆中。它是由阿里的祖父兄弟三人于1871年在靠近“帝王谷”的沙克·埃尔·塔布里亚的一个山崖洞穴中发现的。第21王朝法老彼内哲姆为防盗而将许多国王的木乃伊集中重葬在该洞穴中。10年之后，穆罕默德兄弟三人被捕，这些木乃伊遂归开罗博物馆所有。

在阿里家族中，至今还保存着他曾祖父留下的文字记载。文字记载最后说，当他本人看到墓室的墙壁及地面全由巨石所封闭，便断定塞提一世的宝藏并未被盗而就在这里。他骗了贝尔佐尼。阿里补充说，这个秘密一代传一代，他父亲临终前告诉了他。

阿里以前也像他的祖辈一样，曾是一位有名的掘墓大盗。而且，当时他还间接地参与了许多大宗倒卖文物的黑市交易。1960年，他将这个隐藏了近半个世纪的秘密告诉了国家古文物部门，并且主动承诺承担经费，倡议古文物部门寻找塞提的财宝。古文物部门接受了他的请求。在他们进行宝藏探寻的同时，媒体开始了大肆渲染的报道，于是就有了1960年欧洲各大报纸刊载的“寻宝秘事”。

阿里与古文物部门主要视察员阿布德·埃尔·哈飞兹以及数百名来自尼罗河西岸的民工正在为探寻宝藏工作。半年以后，雇工们由墓室的墙壁开出一条只有80厘米高、1.5米宽，但长达141米向下倾斜的隧道。雇工们猫着腰用篮子往外运送岩沙。

隧道在一米米地往里延伸，好不容易挖过200米，古人凿下的台阶也清理出了40级。此时，雇工们突然被一块巨石阻挡，另外有3块深深埋在地下的四方大石块垫在下面。由于狭窄的隧道没有回旋余地，撬开大石块是不可能的；即便大石块能够撬开，也无法搬运出去。如采用爆破手段，恐怕这条隧道也将毁于一旦，那更是前功尽弃。挖掘工程陷入了绝境。

此时，阿里投入的资金已经用完了，而政府又不肯为此增加一分钱。探宝工程只好不了了之。在这以后，古文物部门的官员们提出了两种猜测：其一，该隧道是不是用于存放塞提一世珍宝的仓库？其二，建筑陵墓的工匠们是否有意用这些巨石封住了这个专门存放财宝的墓室？其实最合理的推论是，要识破事情的真相，只有继续进行挖掘。

20世纪60年代初的埃及正是大规模的考古发掘时代，所以，古文物部门的官员们说，他们还有许多事情要做，此时只能暂时搁浅。

然而不管怎样，他们错过了如此重大的机会，实为一件憾事。

海底淘金者

自从1849年美国加利福尼亚州北部发现了金矿，一阵疯狂的淘金热开始突然在全美盛行起来。淘金者们从遥远的西部和东部千里迢迢地赶到加州。成千上万的人在这里翻地掘土，把泥土放在他们的筛子里摇晃，不断有新的人群被这种黄色金属的光芒吸引过来。加利福尼亚每一寸矿地都发出过锄头敲打的声音。

在淘金的8年中，淘金者仓促建立起来的暂住村庄中，一个鸡蛋价值10美元，一个土豆1美元，一个圆面包25美元，一张床位一个月租金500美元。法律已经失去了它应有的效用，在一把铁锹和一个平底锅就能一天挣100美元的男人中，赌博和流血冲突每天都会出现。整整8年过后，一群群人带着用血汗换来的黄金准备回家。他们再也不愿意过这种残酷而危险的日子。他们风尘仆仆地带着他们的妻子、孩子，辗转万里，从旧金山搭船到巴拿马，再搭骡车横越巴拿马海峡，最后乘船驶往纽约，从西海岸返回东海岸。

1857年9月10日，载运着这些淘金者的“中美”号汽船从旧金山出发了。这艘小小的汽船竟乘有750余人，其中有423名淘金者，还有他们随身携带的大批黄金。由于汽船严重超载，船体吃水太深，使航行的安全系数大大降低。再加上这一带海域是著名的热带风暴多发区，随时可能遇到风暴。

当这艘船离开巴拿马港两天之后，“中美”号汽船遇上了意料不到的灾难。正当这些人还在高谈阔论憧憬以后的幸福生活时，一阵突然来临的狂风暴雨袭击了汽船，使汽船的船舱中部破裂，船体破开了一个大口子，海水一下子就涌了进来。汽船开始无情地下沉。不久，船上锅炉的火也熄灭了，同时船帆也被强风吹断，船的面前只有一望无际的大海，和翻滚咆哮的飓风。人们都明白，死神已向他们召唤。这些人顿时陷入彻底的绝望中。

值得令人尊敬和让后人们永远敬仰的是，这些淘金者每一位都历经了重重磨难才来到这里。但在最后的生死关头，他们却勇敢而冷静地保持了生命的尊严和高尚的品格。平时在小酒馆里显得粗犷鲁莽的淘金者，平时在生活中相互间为了一个鸡蛋、一个土豆、一个面包、一块黄金打得头破血流的他们，在这关键的时刻，显示了高贵的绅士风度。

他们把生还的机会给了妇女和儿童，把死亡留给了自己。

他们都怀揣着大把大把的黄金，也知道只要闯过这一关，等待着他们的是豪华的别墅和享受不尽的荣华富贵。但此时，与人的生命价值比起来，黄金已黯然失色，变成了一堆废铁。

对淘金者来说，他们当然是为了追求成功。也可以说，每个淘金者都渴望在成功中衣锦还乡，荣归故里。然而，还有比成功更宝贵的东西，那就是人的生存尊严和精神追求。如果一定要以成败论英雄，这些在回家路上“失败”的淘金者，某些意义上，比荣归故里的成功者更有权被人视为成功者，并享受应有的尊重。

就像1898年震惊世界的泰坦尼克号上发生的悲剧一样，汽船上的妇女和儿童大部分获救。那些后来被经过这一带海域的船只救起的幸存者们，不断地诉说那些淘金者的英勇。但遗憾的是，423名淘金者连同那些无法估量的黄金全部葬身海底。

每当后人对沉船上的黄金产生兴趣，打算打捞时，人们都无法确定沉船的准确方位。所以这批加州黄金的下落，也成为不解之谜。

近年来，寻宝专家史宾赛宣布他找到了“中美”号沉船的地点。可迄今为止，他已花了20年时间来寻找这艘满载黄金的沉船。人们因他曾经打捞过几艘在美国内战中沉没的船只而对他满怀希望。可至今，人们也没有得到任何关于他已经打捞了这批黄金的消息。

羊背上的金山

在欧洲移民到来之前，澳大利亚约有30万土著人和托雷斯海峡居民。他们居住在澳大利亚的大部分地区。300多年前，这里是一片荒芜的草原，只有当地的土著人偶尔在这里狩猎。

就像我们提到美国就会想起西部牛仔，提到中国就会想起旗袍和陶瓷一样，提到澳大利亚，人们首先就会想到那里几近原始的土著人和金矿，想到羊背上的金山——墨尔本。

1788年1月26日，在澳大利亚悉尼附近的波特尼湾，一支舰队抛锚停泊，带来了第一批移民：从英国监狱流放到这里的刑事犯。他们成为澳大利亚最早的拓荒者。随后，移民们陆续来此定居，在青草茂盛的区域建立牧场，并将这里逐渐发展成为一个小镇。

1840年，在建筑新南威尔士的一条公路时，一个戴着镣铐的囚犯试图把一块挡在路上的岩石搬到一边，却意外地发现下面有一块金子。当他炫耀他的发现时，别人很自然地怀疑他是把偷来的表或链子熔化了。他受到了看守的鞭笞，并受到威胁，如果把他的发现告诉别人就要被处死。

当时，澳大利亚是英国用来流放犯人的地方，英属殖民地当局并不愿这些流放者知道金矿的存在。但后来，发现黄金的证据越来越多。1848年，人们发现了更多的金块。一个民众代表团申请进行地质勘查。但政府以"不打扰公众"为理由，拒绝了他们的申请。但很快，沉默突然被打破了。1851年5月15日，《悉尼晨报》发表了一个叫哈格里夫斯的人在巴瑟斯特附近的萨默河边发现了大量黄金的消息。这条消息在当时引起了轰动。

哈格里夫斯是一个来自英国的铁匠，原来在澳大利亚南部巴瑟斯特定居。1849年，美国南部的加利福尼亚发现黄金的消息传遍全球后，他迅速变卖了在澳大利亚的全部产业，搭上一艘轮船前往美洲。在那里，他发现内华达山脉金矿的山坡与他澳大利亚家乡的山坡地质构造惊人地相似。据此，他认定澳大利亚山脉的岩石中一定也含有黄金。于是，他很快返回了澳大利亚。

1851年2月 12日，他在今天墨尔本西部100千米的巴拉腊特发现了大金矿。消息传来，墨尔本居民倾城而出，用牛车载着衣物用品，争先恐后赶往金矿区；全体警察除两名奉命留守空城外，也都加入了淘金者的行列。淘金热迅速席卷全国，人群蜂拥而至。为了发财，商人们进而到世界各国用各种手段收罗劳动力，满载淘金者的船只使菲利浦港成为“桅杆之林”。在接下来的7年中，这个本来人烟稀少、殖民化毫无进展的大陆来了100多万淘金者，使澳大利亚人口激增到将近200万。

各国的淘金工人夜晚住在帐篷里，白天翻掘每一寸土地。他们动用了铁锅、篮子、脸盆、木桶等一切能用的器具，淘洗出一粒粒细微的金沙。繁重的劳动和艰苦的生活条件导致了不少工人死亡。英国殖民当局对淘金者的政治歧视和经济压榨引起了工人们极大的不满。

1854年10月，淘金工人组织了“巴拉腊特改革同盟”，提出一系列政治、经济要求。这次斗争虽遭镇压，但慑于工人的力量，殖民当局被迫给予淘金工人选举权，并取消了掠夺性的“试采执照费”。淘金工人的血汗为殖民者积累了财富，黄金口岸墨尔本随之迅速发展起来，1851年修建了全国第一条铁路，1880年建造了古希腊式的议会大厦和国际展览馆。

这座羊背上的“金山”有几个鲜明的特点：一是有很大的金块，纯度和规格是世界上任何其他地方都达不到的。在这儿能挖到重量超过50千克的金块，在1858年甚至还发现过一个将近100千克重的金块。在此之前，人们甚至想不到世界上还有一个地方，能有这样大的金块存在。第二是其黄金的储量和开采量十分惊人。据记载，在1852年11月的某一天里，就有三艘轮船满载7吨黄金开往英国。

值得一提的是，在巴拉腊特的淘金热潮中，有大批华工涌向澳洲。在 1857年前后，就有两万余名中国人远涉重洋，到那里去淘金。由于这一历史的原因，华侨把美国的圣弗朗西斯科称为旧金山，而把澳大利亚的墨尔本称为新金山。

巴拉腊特的淘金热刚刚平息，1892年，在澳大利亚西部的库尔加迪又有新的发现吸引了全世界的注意。有消息说，那里大块的黄金简直就像铺在地上。农场主贝利和福特是最早的发现者，他们是为了追踪偷牲口的贼偶然发现的。有一天他们曾在地上捡起了将近15千克的黄金。新一轮的淘金热又开始了，世界各地的淘金者立即赶赴库尔加迪。

来自维多利亚的水手刘易斯·拉塞特大约就在这个时候离开了他所工作的轮船，动身前往澳大利亚中部的麦克唐纳山脉，渴望在那儿找到丰富的红宝石沉积物。据他估计麦克唐纳山脉一直延伸到海边，但他在灌木丛和无边的荒漠中艰苦地走了40多天，还是没有看见海。他走到一座山脉的余脉，举目看见的除了山还是山，绵延数里除了红色的山崖再也看不见别的什么。

但幸运女神似乎格外中意他，在没有赐予他宝石的同时，在别的方面给了他补偿。

有一天，他发现一堆石头一条线地排得整整齐齐，看来好像是用于即将开工修筑公路的。但仔细看过之后，他注意到石头的颜色很奇怪，是绿色的。同时他也看到这里并不是在修路，而是这些石头的天然构造就这么奇特。他取了几块石头把它们劈开——里面有细细的黄金层！他兴奋地沿着岩峰跑了几英里，直至这种岩石消失在地下。他发现的是一个真正的黄金国！但由于粮食储备不足，他花了许多天才在一名当地人的帮助下获救，当他准备重返那个地方的时候，却再也找不到原来的位置。

1931年，又有一支探险队去寻找拉塞特黄金礁。他们在彼得曼岭的温特峡谷一个山洞里发现了拉塞特的日记本。从这个日记本中，他们了解到了拉塞特的最后一次寻宝历程。“我给石英矿围上了篱笆，在地图上标明了黄金礁的确切位置，地图在我的皮包里，我把皮包埋在沙地里了。在营地的火堆10英尺的地方，我的骆驼就是在那儿逃走的，我还在那儿留了一个驮垫。黄金礁的标记，有我名字和日期的牌子，以及其他的一切我都拍下了照片。我把3卷胶卷装入一个空的5磅罐头盒里埋在沙丘里了。”

他继续写道，在78天里他很少能找到东西吃。他跟土著人生活在一起，后来渐渐失明了。他最后的话是：“……吃熟无花果……一切都结束了。”死前几天，他还用刀在一棵橡皮树的树干上刻下了一条至今无法解释的信息：“不挖地首尾夹击。”带着这些信息，探险队又在沙地里寻找了几个月，但依然一无所获。

直到今天，有些寻宝者仍然对拉塞特的黄金礁念念不忘，搜寻还在继续。其中有的人倾家荡产，有的人失魂落魄，有的人至死还念叨着“黄金礁”……也有的人像他一样为寻礁付出了生命的代价。

迷湖下的纳粹宝藏

1945年4月，也就是在第二次世界大战结束前的最后几天，居住在托普利兹深水湖附近的居民们惊讶地发现，全副武装的纳粹德国党卫军封锁了托普利兹深水湖附近所有的交通要道，然后把一箱又一箱的神秘东西沉入湖中。知情者说，那些成箱的东西是纳粹德国从欧洲各国掠夺来的黄金珠宝、文物宝藏和绝密文件。从那以后，托普利兹湖底隐埋着纳粹宝藏和秘密的传闻不胫而走，吸引了一批又一批的寻宝探险家前去冒险。吸引世人瞩目的不光是神秘的历史传说，更主要的是发生在托普利兹深水湖真实的寻宝故事。

在这半个世纪里，人们在托普利兹湖里发现过以下财物：50箱黄金、一本珍贵的集邮册、50千克金首饰、5枚珍贵的钻戒、部分从匈牙利犹太人手中掠夺来的艺术品、22箱珠宝、20箱金币和3箱沙皇时代的金条。

德国皇宫中的名贵酒器

正因为有了这些真实的故事，加上神秘的历史传说，世界各地的寻宝探险家们才冒着生命危险一次次潜入托普利兹深水湖中，许多人甚至在此丢了性命。为此，奥地利内政部下达了严禁在托普利兹湖寻宝探险的命令。外界纷纷猜测说，奥地利政府禁止别人寻宝是为了“肥水不外流”。更重要的是，沉入湖底的绝密文件，可能会曝光奥地利政府二战期间许多见不得人的内幕，甚至会曝光奥地利现政府高官与纳粹的关系。

1963年，三名潜水员也想到托普利兹深水湖碰碰运气，其中一名潜水员不幸遇难。为此，奥地利政府下令严禁到湖中寻宝探险，300余名森林保护区工作人员封锁了托普利兹湖，并且全面搜寻湖区附近的山地。

2003年6月的某天，一名自称在南美某地看到过托普利兹深水湖纳粹藏宝图的神秘人物给美国一家专业寻宝探险公司——“海洋工程技术公司”发了一份传真。此人声称：纳粹分子在战败前，先后在奥地利4个湖中隐藏了大量的黄金宝贝。那些纳粹军人在湖边的岩石上炸开石洞，把无价之宝隐藏在洞中，然后原样封上，或者把财物装进特制的箱子，然后沉入百米深的湖底。至于他见到的藏宝图，现在都已经不见了。奥地利多数专家对这份神秘的传真都嗤之以鼻，就连美国“海洋工程技术公司”的发言人朱塔尔·费尔曼也给狂热者泼冷水说：“我们绝没把那份传真当回事。”

然而奥地利和美国的媒体却掀起了一阵寻宝狂潮。

奥地利的小报在7月5日纷纷打出醒目标题：“不管怎样，肯定有纳粹神秘的黄金之说！”奥地利国家电视台也开始每天报道现场情况。美国的哥伦比亚广播公司则准备大干一场，推出一个大型纪录片。于是，托普利兹神秘的历史传说再次被激活了。

要想揭开托普利兹深水湖的历史秘密绝非易事。湖周围恶劣的自然环境和复杂的湖况都大大限制了探秘行动的开展。尽管托普利兹深水湖距离奥地利重镇萨尔茨堡只有120多千米，但直到今天，仍只能靠步行穿越一条崎岖的山路才能抵达湖边，要想把大型探测机械运到湖边是极为困难的。而托普利兹湖一年中有6个月处于冰冻状态，适合探宝的时间因此十分有限。此外，托普利兹湖宽为250米，长1800米，水深达103米，三面悬崖绝壁，另一面是上百米深的湖水，所以寻宝探秘活动只能在船上进行。更奇怪的是，湖面20米以下居然没有氧气，这就进一步加大了湖底搜索工作的难度。

跨国宝藏——山下奉文藏金

1942年，由于美国的强势介入，日本战事每况愈下。天皇于是号令将到处掠夺的财宝埋藏于菲律宾。为什么埋在菲律宾而不是运到国内呢？因为当时美国在太平洋的封锁，导致了日本无法顺利运回大量宝藏。再则，当时菲律宾已被日本占领，日本原打算协议停战后仍保留对菲律宾的殖民性质，这样就可以在风声不紧的情况下，将宝藏运回国内。而这件事情便由大名鼎鼎的山下奉文来执行。

山下奉文是二战时期的陆军将军，负责日本在菲律宾的藏宝工作。这些宝藏是二战时期整个日本所有军人掠夺的。1945年，日本在菲律宾也宣告投降，山下奉文也投降了。由于在藏宝时期，山下奉文杀掉了很多具体的执行者，所以秘密被严格保守，只有美国人提前得知菲律宾境内有大量宝藏存在。藏宝曾被预估价值超过千亿美元，以至于美国可以利用被挖掘出的黄金作为冷战经费。

考古界通常认为分散在各处的埋宝点共有175处，这种说法的来源是山下奉文的司机被俘后的证词，此人还亲自带领挖掘了12处藏宝点。可疑的是，这12个藏宝点虽然黄金巨量，但比起整个藏宝只是小菜一碟。山下奉文至死未透漏半句藏宝的口风。在以后的几年内，美国陆续挖掘出价值几百亿美元的财宝运回国内。这时，另外一个贪婪之人出现了，就是菲律宾历史上臭名远扬的马科思总统。

由于地利之便，马科思大有收获。这些挖掘出的黄金珠宝，都成了他的私有财产。每次变卖黄金，都会引起伦敦黄金交易市场的剧烈波动，这也引起了很多国家的注意。秘密不再是秘密，很多国家派出秘密小组深入到菲律宾境内及海滨开始寻宝工作。

1945年到1948年之间，在美国战略情报局的秘密寻找下，价值几百亿美元的黄金被运回国，没有将其归还给东南亚国家的受害者，而是分别存入了42个国家的176家银行。其中瑞士联合银行日内瓦分行以“兰斯代尔”的名义开出了一个拥有上百亿美元的黄金账户。战略情报局解散后，这笔巨大的财富被中央情报局接收，成为其账面外资金，其使用和支配不受任何监督。

令人震惊的是，还有一部分黄金成为美国人的私财，其中最大的账户是以麦克阿瑟的儿子阿瑟·麦克阿瑟的名义在苏黎世的瑞士信贷银行开设的，黄金数目高达近百吨。而美国前总统胡佛在瑞士信贷银行的私人账户上也有7.5吨黄金。宝藏大大增加了美国进行冷战的资本。

纳粹遗金——“大德意志之宝”

1945年4月，人们发现，有近1000辆卡车在转移德国银行的财产。这笔财产按当时的估价相当于3500亿法郎。此外，还有大批首饰、金条、宝石、稀世艺术珍品，以及纳粹头子们的私人财产、教会财产，还有从意大利、南斯拉夫、希腊和捷克等国犹太人身上掠夺来的财产等。这就是著名的“大德意志之宝”，其总价值估计可达7000亿法郎。这是在执行希特勒1945年大决战前夕下达的命令：把当时还留在德国的所有财宝以“国家财产”名义隐藏起来。

1944年底，当纳粹德国在世界反法西斯武装力量的联合攻击下即将彻底崩溃前夕，希特勒已在考虑把德国政府的财产隐藏到安全的地方去，以便日后东山再起。这是欧洲历史上一个战败国第一次隐藏自己的财富。

这批财宝有一部分已经找到和收回，其中主要是1945年5月隐藏在上奥斯一座盐井底下的财宝，价值达100亿法郎。随后又找回了秘密警察头子卡顿布伦纳隐藏在奥斯克里加别墅花园里价值10亿法郎的财产，以及1946年埋藏在萨尔茨堡的总主教府邸地窖里的赫尔穆特·冯·希梅尔子爵的财产。后来，在纽伦堡附近韦尔顿斯坦别墅的钢筋水泥地窖里还找到了戈林元帅的部分私人财产：36只大金烛台、一个银浴缸、一批大画家的名画和极其罕见的白兰地酒等。

1946年的一天，有一个曾经参加隐藏财产行动的前中尉弗朗兹·戈德利奇透露说，有一笔相当大的财宝埋藏在奥地利伦德附近。他说：“我知道此事，因为我参加了那次行动。有30只货物箱被俄国战俘们埋藏了起来。不过，活干完了之后，他们再也不会讲话了，因为他们已经命归黄泉！”以后，又有几十人为了寻找这些巨宝而死于非命。

1960年，成了以色列人阶下囚、被纽伦堡国际法庭判处死刑的埃兴曼，曾在布拉亚·阿尔默的高山牧场区埋藏了价值190亿法郎的财宝。人们在富斯施克城堡附近的一个谷仓里找到了1945年纳粹党卫队头子萨瓦德埋藏的两只大箱子。在一个今天已成了屠宰场的混凝土地下室里，发现了当年纳粹德国外交部长的一个藏有黄金、外币和珍宝的小藏物处。

也有人认为，“大德意志之宝”的主要财宝已多次转移，其主要藏宝处分散在山区，主要是在奥地利加施泰因、萨尔茨堡、萨尔茨卡梅尔克附近地区。这些藏宝受到非常严密的监控，非熟悉内情的人看来是不大可能找到它们的。还有人认为，主要藏宝点是在奥斯小城周围。该城离萨尔茨堡的直线距离约60千米，处在两个长10千米的湖的西南尽头。奥斯在战争期间是纳粹德国最后顽抗的据点之一，是希特勒在1945年拟定的一个方案中的主要战略点。在纽伦堡审讯期间，人们估计有价值2亿多马克的财产被隐藏在奥斯地区。

1946年，两名寻找藏宝者赫尔穆特·迈尔和路德维格·皮切尔带着精确的平面图走进了奥地利山区。可是不久，人们就发现了他们的尸体。在离两具尸体不远的地方，人们找到了几处已经空空如也的埋藏财宝的秘密地点。这表明，被寻找的财宝已经被谨慎地转移到其他地方埋藏起来了。

1952年，有一个叫约瑟夫·马泰的野营者，在里弗莱科普山区神秘失踪了。1953年5月，在里弗莱科普山区还发现过一具尸体和8个已经空空洞洞的藏宝处。

所有这些稀奇古怪的暗杀和失踪事件明显地表明，隐藏在奥地利阿尔卑斯山区的财宝是被一些秘密的突击队严密控制和守卫着。这肯定是一笔相当巨大的财宝。因为，人们从一个当年被美国人逮住的德国嫌疑犯身上，找到了一份有纳粹德国党卫队将军弗罗利奇正式批示和签名的如下清单：66亿瑞士法郎，99亿美元，13.5吨金条，294颗钻石和数万件艺术品。

原联邦德国政府和奥地利政府都在竭力寻找这批财宝。法国、美国、苏联和以色列的秘密机构也曾窥视这批藏宝。因为，从法律上来讲，各方几乎都可以有权要求得到这笔财产。不过，谁也无法知道，这批神秘的“大德意志之宝”最后究竟会落到谁人之手。

“圣井”迷云

奇琴·伊察在玛雅语里是“水中之口的伊察城”的意思。在距离奇琴·伊察城15千米远的地方，有两个天然泉瀑布，水从40多米深处奔涌而出，形成两眼直径达60米的天然大水池。令人不可思议的是，这两个泉瀑尽管表面上看来没有太大的区别，但实际上却完全不同。一个池子水质甘美、一个池子浑浊幽黑。玛雅人用其中的一个水池的水灌溉农田和饮用，而把另一个奉为“圣井”。玛雅人认为，雨神就住在这水池下面。

为了表示他们对雨神的崇拜，玛雅人在圣井边用大理石建造了一座宏伟壮观的金字塔，即举世闻名的库库尔干金字塔。此塔高30米，边长55．5米。塔的四面各有91级台阶，四面共有364级，加上最上层的平台，正好是一年的天数。在玛雅传说中，库库尔干神又是羽蛇神的化身。在每年春分（3月21日）和秋分（9月21日）的清晨，阳光照射在金字塔东侧时，人们便可以看到在金字塔的阶梯两侧呈现出光和影组成的羽蛇图案。它沿着阶梯缓缓向下移动，像一条巨蛇从天而降，最后融入一片光明之中。

玛雅人对雨神极为崇拜，每到春季都要举行盛大的祭献仪式。在祭献当天，国王都要将挑选出来的一名14岁的美丽少女投入这口通往“雨神宫殿”的圣井，让她去做雨神的新娘子，向雨神乞求风调雨顺。在献美女的同时，祭司和贵族们也把各种黄金珠宝投入圣井，以示虔诚。

在玛雅人突然消失得无影无踪之后，传说中的这口聚集着巨大宝藏的圣井也渐渐被荒野丛林所湮没。

19世纪末，有个名叫汤普逊的人试图寻找这口“圣井”。此人并非等闲之辈，他曾连续25年任美国驻尤卡坦半岛的领事，对玛雅遗迹的研究有着40年的历史。

1903年，汤普逊把神庙中发现的宝藏公诸于世。但是汤普逊虽然找到了离圣井近在咫尺的这个人造洞穴，也发现了一些洞中隐藏的珍宝，却并未找到真正的玛雅人的圣井。

汤普逊后来公布于众的资料，被一个名叫丹尼尔的法国人看到，他决心来找圣井。1977年7月中旬丹尼尔来到奇琴·伊察。他和向导在此处勘查了十多天。后来发现了一大片荒芜的密林和一条隆起的道路。他们在密林中披荆斩棘，一步步向前深入，突然被一条巨大的藤条绊了一跤，爬起来时，他发现前面不远处有一块几乎被野草完全掩盖的石碑。丹尼尔意识到此处肯定隐藏着秘密。他连忙拨开那些荒草和紧紧缠绕着石碑的爬藤，发现石碑上雕刻的是一个姑娘伸出双手迎接雨水。丹尼尔认为眼前的这座石雕就是玛雅人的圣井遗迹。为了以后继续勘查，他马上从口袋里掏出笔记本想画下一个大概的方位图。就在他往日记本上做记录时，突然听到从远处传来向导惊恐万分的救命声。丹尼尔赶紧跑过去，原来，那个可怜的向导误入了一片沼泽地中。待丹尼尔赶到时，泥浆已把向导埋到齐胸深，尽管他伸出双手拼命挣扎，但只能眼睁睁沉入了浑浊的泥潭。

向导的死并未能阻挡住丹尼尔寻宝的脚步，他坚信自己终有一天会揭开圣井的秘密。据说，后来丹尼尔还真的掌握了那个圣井的秘密。但这个消息不知怎么传到了美国的黑手党“黑鹰”那里。1987年，“黑鹰”组织的头目本杰明找到丹尼尔，并开价100万美元试图购下圣井的秘密。丹尼尔拒绝了，于是本杰明便绑架了丹尼尔。几天后，本杰明和丹尼尔一行6人来到奇琴·伊察。当他们累得精疲力竭休息时，本杰明却掏出了枪对准其余4个同伙中的一个叫布鲁什的歹徒连开了4枪。原来，他想在找到宝藏之前一个个杀人灭口。丹尼尔明白，找到圣井之日，就是他自己的生命结束之时。

丹尼尔想到一个逃脱魔掌的计策。次日凌晨，他把那几个绑匪领到一个间歇泉旁。然后，让他们坐下来休息。原来，在1977年他单独来时，曾有个当地的印第安人告诉他：这个泉的喷发，是有规律和征兆的。每当它突然喷发之前，周围岩石的缝隙会冒出一种白雾状的水气泡，用不了几分钟，滚烫的泉水就会突然喷发出来。丹尼尔把这个印第安人的话铭记在心。果然，经过一段时间，丹尼尔发现缝隙间已冒出一丝丝白雾。他对本杰明说："我要到山上那块大石上去，判断一下方向。"本杰明命令一个叫哈特的人负责监视他。丹尼尔说完便沿着陡峭的石壁向上攀去，哈特寸步不离。丹尼尔瞅准机会，猛然用力把哈特一脚踹下去。本杰明发现自己上当，当即掏出手枪，丹尼尔躲闪不及身中数弹。与此同时地下一股股滚烫的水柱突然拔地而起，本杰明等人还未弄清楚是怎么一回事，也来不及躲闪就被滚烫的泉水吞没了。丹尼尔拼命爬上了崖顶。他知道自己的时间不多了，便用颤抖的手在日记本上写道："给人带来最有诱惑想象力的是宝藏，给人带来致命结局的也是宝藏。"后来，有个美国考古学家在崖顶上发现了丹尼尔的遗体和日记本，但圣井中的宝藏始终没有找到……

沥青下的陷阱

1875年，一批欧洲殖民者根据前人的记载到北美海岸山脉的西麓，即美国加利福尼亚州洛杉矶附近来寻找石油，意外地获得一块化石标本，顿时兴上心头。于是结合这里的沥青矿开采，有计划地进行发掘。一百多年来，在这个小小的沥青湖里，整理出数量惊人、种类颇多的化石清单：

1646条恐狼；2100只剑齿虎；239条山狗；159头野牛；130匹西方马；76只地獭；36匹骆驼；20余头猛犸象。

还有棕熊、獾、鼬、狐狸、鹿类、松鼠以及其他小型哺乳动物和133种鸟类、爬行类、蟾蜍和旧石器时代晚期有人工刻划痕迹的骨器。

在这里，到底发生了什么事情，为什么有如此多的生物葬身于此，是不可言传的宿命，还是不可思议的偶然？

1.5万年前的一个拂晓，雾气朦胧，云烟缭绕，在晨风吹拂之中，像轻纱似的漫飘舒卷，四围的山峦隐现于淡云薄雾之间，山下是一片葱绿的草地，露珠在草叶上滚动，虽是晨光熹微，却也晶莹耀眼，仿佛夜来的仙女把无数珍珠洒落在翡翠之上。山麓的树林之内，不时传来清脆悦耳的山雀鸡声，它首先向这块无人的原野报告了黎明。

草地上，有几只骆驼和野牛，或在悠闲地漫步，或在津津有味地吃草。野马不时穿过它们的身旁，东奔西跑。恐狼睁开狰狞的眼睛，从林间钻出，贪婪地东张西望，正在寻找着“早餐”。树丛间，猛犸象慢吞吞地举步前行，用它特有的长鼻探测开路，左右挥动，向草地走去，不时地还抽动自己的厚皮长毛，抖落背上的树叶和腹部的泥块。突然，一阵呼啸声，好几只野兽从它的身边奔驰而过，吓得它不明情由地也拔腿就跑。在惊魂未定时忙回头张望，原来在它们的身后有剑齿虎、棕熊、山狗在追赶，这群凶残成性的暴徒正要抓捕它们来充饥哩。在这紧张的片刻，树懒和松鼠慌忙地爬上树枝逃命，连快到嘴的果实也不敢多吃一口。野兔、蟾蜍及其他小动物听到这一阵急促的奔跑声，都迅速地找洞穴躲避，在草丛乱石之间，抱头鼠窜，竞相逃命。

一阵惊慌的窜逃之后，猛犸象、骆驼和野牛等得到一刻喘息的机会，才狼吞虎咽地吃上一顿草料。嘴巴干得发腻，找水来到沥青湖旁。

沥青湖位于绿草如茵的盆地中央，乌黑的表面在初升的旭日光芒下，反射出缕缕银光。特别是阵雨初过，湖山如洗，这里显得更加生气蓬勃，飞禽走兽往往不约而同来到湖滨聚会喧闹。

盈盈的积水吸引着它们。笨重的猛犸象伸过脖子去汲水解渴，第一口清凉的饮料流进肚底，顿时神清气朗。它仰天长啸以后，往前跨越一步，企图到湖中间再痛饮一顿，没想到前脚陷下去了。凭着它在陆地上的经验，借后脚用劲一蹬，想纵身跃起，不料反而更糟，四脚全都跃进黏糊的沥青湖内。虽几经奋力挣扎，咆哮助威，都无济于事。甚至比原先陷得更深。精疲力竭之余，只得垂头丧气，等待着死亡降临。可怜的骆驼和野牛也遭到同样的命运。

谁也没有料到，更残酷的悲剧紧接着开幕了。翱翔于天空的鹰、鹫凭着那敏锐的目光首先发现了愁困在湖中的诸物，一声鸣叫，划破长空，它们拍动双翅，斜冲而下，落脚在垂死的猛犸象、骆驼或野牛的背上，立刻伸出尖锐的喙啄食受难者的颈背上的皮肉。在一顿饱餐之后，猛禽得意地展开双翅，飞扑着准备起航，不料翅膀粘到了沥青，再使劲鼓翅，企图抖落，谁料沥青愈粘愈多。最后，成了猎物的陪葬。

恐狼、剑齿虎、棕熊和山狗，闻声而至，眼看湖内有那么一大批丰盛的美餐，垂涎欲滴。它们张开血盆大口，纵身一跃，敏捷地用匕首一样的特有犬牙直刺猎物，鲜血涌流而出，成块的肌肉被扒了下来。为了争食，它们你挤我夺，各不相让。结果有的四脚一滑，也掉进沥青湖中，再用劲上爬，无非是徒费力气，求生的希望终于破灭，半身陷进“沥潭”。

这些性情暴戾的禽兽，曾是陆上飞扬跋扈的霸主，此时到了穷途末路，与它们的猎物同归于尽。

飞禽走兽，虫豸蛇蜥，所有落到沥青湖上的动物，都难逃灭顶之灾。这个面积不过0.14平方千米（不及北京北海公园的1/3）的魔湖，竟成了可怕的天然陷阱。它诡秘地设置在北美海岸山脉的西麓，即美国加利福尼亚州洛杉矶附近的兰乔来布拉，如今人们已将上述生态景观复原，变成了洛杉矶市博物馆著名的汉柯克化石公园。

随着岁月的流逝，接踵而来的无知动物，年复一年地在此沥青湖内遇难并掩埋。它们的皮毛、肌肉虽已腐烂消失，而它们的骨骼、牙齿、蹄爪、坚角却成为无数珍贵的化石，记录了过去自然界的惨迹。其中有一处不到20平方米，深约3米的岩层中就采获到6000件以上比较完整的化石标本。

大约在50年前，正当挖掘“龙骨”（我国对古动物化石的一种称谓，应指新生代后期的哺乳动物化石）的高潮时，这里曾挖过96个坑洞。后来，一个名叫阿伦·汉柯克的土地领主就将这块土地捐献出来，开辟为化石公园，并以其姓名命名此公园，将各坑洞进行编号。现在，当地的管理机构正在设法将上述各种动物形象复原，陈列在博物馆内供游人参观和研究之用。

希腊之殇——“玛迪亚”号沉船

1907年，一位希腊的海绵打捞工人，在北非突尼斯东部的玛迪亚海的水深40米的海底，看到了像军舰大炮样子的文物。从此开始，潜水工人们又在附近海底发现了很多双耳陶瓶和青铜制品的碎片。人们将打捞上来的文物向当时法属突尼斯的海军司令官杰·拜姆海军大将做了报告并被移交给官方。拜姆动员了潜水员进行调查，其结果证明被看成海底大炮的文物并不是大炮，而是希腊浮雕的大理石伊奥尼亚式圆柱。

这一发现在欧洲的学术界引起了极大的轰动，为20世纪初考古学调查的发展提供了一个很大的实习机会。在法国海军的帮助下，突尼斯当局集中了希腊、意大利的一流潜水员，从1908年到1913年共进行了5次调查。

对于距陆地6千米，海流非常急，而且水深40米的海底调查作业来说，技术上受到各种限制，而且沉船完全被埋在海底淤泥中，使发掘作业极为困难。

沉船中，有最早报告说的像大炮的大理石圆柱，共6排，约60根，还凌乱地散布着柱头、柱础以及其他大理石的建筑材料和雕像等。虽然打捞上来了双耳陶瓶等部分文物，但大部分遗物仍然留在了海底，调查没有最后完成。

当时的潜水技术和调查方法不能绘制出能将船体复原的实测图，也不能将船体打捞上来。尽管如此，潜水工人们仍然打捞出了各种文物，并在海底淤泥的清除过程中，搞清了下面厚约20厘米的木材堆积层和其分布范围，并确认了这是船的甲板。还了解到打捞上来的遗物是甲板上的货物。在甲板下的船舱里装满了大量的细小贵重品，在更下面的船舱中贮藏着很多大理石艺术品，其中主要有希腊雕刻家加尔凯顿（约生活在公元前2世纪）的刻有“波埃特斯”铭文的“海尔梅斯”青铜像和同样大小的“奔跑的萨尔丘斯洛斯”青铜像、大理石“阿弗洛迪忒”半身像、牧神“波恩”的头像等。此外，还有烛台、家具等日用品和希腊阿提加工精美的酒杯。其中带有铭文的“海尔梅斯”像被认为是希腊时代著名的珍品。

据推测，这艘沉船是满载罗马从希腊掠夺的艺术品及其他货物的大型运输船。船从雅典的皮莱乌斯港出航，在驶往罗马的途中，向南漂流而沉没。该船长36米多，宽10米多，大概是无桨的椭圆形帆船。从当时的造船技术看，似乎是为了运送想象不到的沉重货物而设计的。其年代根据遗物的研究推定，在公元前2世纪末到公元前1世纪初。

据有关专家考证，该船属于公元前86年征服掠夺雅典的罗马执政官鲁希阿斯·斯鲁拉。

当时，斯鲁拉是罗马共和时代的猛将，深得人民的拥护。他在凯旋罗马时经常带回众多的俘虏和战利品向民众夸耀，以求得狂热的欢迎。据说他在当时已获得很多的战利品，但为了掠夺，他又率领罗马军队进一步侵入了有古希腊象征的雅典。他在那里下令拆毁奥林匹亚的一座神殿，将大理石建材和雕塑装上运输船送往罗马。有的史学家说，他打算用这些战利品在罗马复原神殿，以作为他的胜利纪念碑装点城市。据说这一船队绕行到意大利半岛与西西里岛之间的墨西拿海峡时，突然遇到风暴，其中一艘向西南方向漂流至北非近海沉没，在以后漫长的岁月里安眠在海底厚厚的淤泥之下。估计至今仍有大批珍宝沉睡在海底等待打捞。

沉睡在海底的珍宝公墓

据统计，每隔29个小时就有一艘船只葬身大海。这就是为什么在幽深的海底，会有比人们想象的还要多的财宝。在16世纪，每100艘从美洲殖民地运往西班牙去的金银船只中，就有45艘被海盗和风暴击沉到了海底。直到19世纪初，被海盗和风暴击沉的货船仍达30%~40%。每一艘沉船几乎多多少少都带有一笔财宝。

海底沉宝最多的地方据说是在拉丁美洲北部的加勒比海。自1498年哥伦布第三次横渡大西洋时到达这里以来，被风暴和海盗击沉的各种满载金银珠宝的船只少说也数以千计。除加勒比海外，南非的好望角海底里也沉睡着数百艘各种沉船，其中大多数都是当年荷兰人运载财宝的船舶。黄海、澳大利亚大陆和塔斯马尼亚岛之间的巴斯海峡、智利、秘鲁、委内瑞拉和巴西的沿海，以及西班牙、英国和美国南部的沿岸，也都是沉船较集中的海域。

在大西洋马尾藻海附近的某个海底，存在着一个“珍宝公墓”。据说，地球上1/10的黄金都沉没在那里，其中某些地方海深还不到30米。另一个“珍宝公墓”在古巴的贝尔穆德斯东南。第三个“珍宝公墓”在阿根廷的科里昂特角250海里的外海。第四个“珍宝公墓”在智利的奇洛埃岛附近。第五个“珍宝公墓”在塞内加尔的佛得角（绿角）海底。

历史上有名的一艘沉船是1643年沉没在圣多明各北面的大型船舶“康塞普西翁的圣母玛丽亚”号。这艘沉船吸引着好几代探险家，据说至今它仍沉睡在圣多明各的普拉塔港东北163海里和特克斯群岛东北98海里之间的海底。

韩国海底基地藏宝

日本在第二次世界大战期间，曾在侵略战争中从中国、朝鲜等处掠夺了大量的金、银、珠宝等作为军费，并在韩国的釜山市“赤峙湾”的海底建立了一个秘密的潜水艇基地，把它所掠来的财宝都藏在了这个基地中。据说，这批财宝按币值计算，要值现在的韩国币好几兆。

1982年1月，当韩国人得知这一消息后，韩国的主要大报用“釜山有日本秘密潜水基地”“去寻找通往一攫千金仓库的通道”等大标题，对此大肆渲染。至此在民间掀起了寻宝热潮。

据说，日本第122特攻部队司令曾遗留下来4张秘密基地的地图，在这些地图中提到，这里匿藏着几十吨金块、150 吨白银，还有1600颗钻石。

因为通往基地的入口处在韩国部队的兵营内，百姓是无法进入的。1982年7月，韩国军方在强大的社会舆论压力下，决定向民间发放发掘埋藏物许可证。当时公众对发掘这批金银财宝持乐观态度，可是发掘了1年却一无所获。

韩国陆军本部曾与发掘业者围绕着发掘许可证问题展开了激烈的争论。一个企业主声称，他在第一次发掘许可证有效期过后一个星期，在军营某地下10米深处曾发现了秘密基地的入口，但军方不允许他再挖了。他只好于1990年3月10日又向“青瓦台”军部提出申办发掘许可证的申请，但无人答复。

第五章

神奇的预言

诺查丹玛斯和他的《诸世纪》

出生于法国诺曼底省的诺查丹玛斯是十六世纪法国大预言家，他是一个犹太人的后裔，“诺查丹玛斯”是一个拉丁文的名字，他的家人在他还未记事时，就从犹太教改信天主教。他的童年受到神秘的犹太文学的影响，长大后，曾祖父鼓励他学习拉丁文、希腊文与希伯来文，并且从事星相学与天体科学的研究。这为他日后的预言方面的造诣奠定了坚实的基础。

对于星相学与天文学，诺查丹玛斯都非常熟悉，并富有洞察力，而且他充分运用这两种学科诠释他在秘密研究中所观察到的一切。他如同一位先知、一位活在两个世界的时光隧道中的旅行家。

诺查丹玛斯在世的时候，就以预言而著名，他曾经成功地预言了当时的法国国王亨利二世的死亡以及几位王子的命运，在宫廷内和社会上引起了巨大的反响。诺查丹玛斯曾经为此承受了相当大的压力。但是也正是由于这些准确的预言，使得他的作品在当时就受到人们的广泛关注。同时，他还预言了法国大革命、拿破仑与希特勒的诞生与掌权、肯尼迪的遇刺等事件，这些都写在《诸世纪》这本书中。

许多传记都认为，诺查丹玛斯于1522年离开家乡，前往蒙彼利埃学医。后来他的妻子和孩子在瘟疫中遇难。16世纪40年代末期，诺查丹玛斯再婚并迁居至萨朗，重新开始他的家庭生活，成为三个女儿与三个儿子的父亲。在此期间，他编了全世界第一本医疗手册。在接下来的十年里，他全身心地投入到了预言的撰写之中，大部分内容都是关于未来若干年内将爆发的战争和疾病的。正是这些预言使他在整个欧洲都声名远扬。

稳定的家庭生活给了他良好的思考环境。他将家里的顶楼作为书房，在那儿安装了一些在当时看来十分神奇的设备：天体观测仪、魔镜、神棒，与一个铜碗、三脚架，对于这段时光，诺查丹玛斯在《诸世纪》中描述道：

幽深夜里，独坐于秘密的书斋
黄铜三脚架之上
幽暗的火苗微微闪烁
难以置信的预言诞生了
将手杖放置于三脚架正中
将水泼向皮袍下襟与足面
神谕恐怖
令长袍之下的身躯战栗
神圣的光彩中
神与我同在

我们可以想象得到，诺查丹玛斯进行预言之前，独坐于自己的书房，在三脚架上的火苗和水蒸气中观察幻想。过了片刻，雾气散去，诺查丹玛斯开始读古代人们的书，穿越时空，思考着未来的故事。他端坐于书斋一侧的木桌前，开始兴奋起来，刚才神奇的景象又浮现于脑海中。若不是亲眼所见，他怎会想象得到未来的世界是那样的荒诞与恐怖？他非常明白，有必要把那些神秘的景象描述下来，传给后世的人们。

在西元1555年以前，诺查丹玛斯完成了他第一阶段的预言书。书的出版让他在欧洲声名鹊起。第一版的预言书包含了300首预言诗。他的书在文人与知识分子中很流行。当时的法国皇后凯萨琳对他的预言兴趣十足，曾在巴黎宫廷中约见他进行长谈，他们成了好朋友。诺查丹玛斯也谈到了对皇后的丈夫——法王亨利二世之死的预言，还谈到了许多关于未来世界的预言。当时的诺查丹玛斯被指定为亨利二世的私人医生与皇家顾问，后来也成为法王法兰西斯二世与查理九世的顾问。

诺查丹玛斯在世时最令人震惊的预言是：关于法王亨利二世之死的预言。在1555年，他在一首四行诗中写道：

年轻的狮子将战胜年老的

在一场单对单的战斗里

他将刺破金笼中的双目

两个伤口合成一个

他死于残酷的死亡

四年后的1559年6月28日，法王亨利二世在一次婚宴上，同一名年轻贵族比试武艺的时候发生了意外，枪头折断并刺穿了亨利二世头盔，深陷入眼中。后来亨利二世在极度痛苦中死亡。这一预言的应验使得有些人对诺查丹玛斯产生了憎恶，但其他的人则对其预言能力感到震撼。此后，诺查丹玛斯的名声更响亮了，他仍然在沙龙继续他的创作，而许多贵族与知名人士经常来拜访他。

在1565至1566年前后，诺查丹玛斯患了痛风病与关节炎，如他早已给自己的预言一般，他的全身开始腐烂，随之健康状况持续恶化，他在1566年6月17日写下了遗书。7月1日，他请来天主教牧师为他作最后的礼拜，并且告诉这位密友“明天就见不到他了”。如同他自己所预言的那样，7月2日的早晨，当助理陪同家人亲友来到他的书房时，他们发现他躺在床铺与长椅之间，已与世长辞。

在诺查丹玛斯死后的第二年，他的儿子恺撒收集了他所有未出版的预言，并且于1568年正式将其出版，这就是举世闻名的《诸世纪》预言。相传这本书的销量在西方仅次于《圣经》。

诺查丹玛斯是西方最具影响力的预言家，至今人们仍对他的预言津津乐道，并不断地为那些还没有应验的部分寻找答案。在民众眼中，他是个十分神秘的人物，然而，人们不能理解：为什么许多人不止一次地要否定他，却还一次又一次地拿起《诸世纪》揣摩？

勒诺曼预言拿破仑与约瑟芬的爱情

关于拿破仑与约瑟芬的爱情，有很多的传言，最让人惊奇的，莫过于神秘的勒诺曼预言。

勒诺曼出生于1772年3月，是一名棉花商的女儿。据说，她刚从娘胎里出来就引发了周围人们巨大的恐慌，认为她是“怪胎”，因为她天生有一头乌黑的长发和满口牙齿。但是幸运的是，由于勒诺曼的父母一直盼望有个孩子，所以他们并没有将这个奇怪的孩子丢弃，而是给她起名叫勒诺曼·亚德莱达·勒诺曼，并精心养育她。

但是，在那个蒙昧的年代，怪胎出生的消息迅速传遍了亚兰森。由于深恐会带来什么灾祸，当地的民众强烈要求把这个女孩丢掉。最终，勒诺曼的父母迫于压力，只好把她送到附近的本笃修道院中，并托付给院中的修女抚养。

在修道院中，她非同寻常的预言天赋开始崭露头角。在她6岁那年，她突然逢人便说修道院长将要离职。听到消息后，修道院长并未将这个小姑娘的话放在心上，可是，传言迅速扩散。愤怒的修道院长以为是某位修女为了争夺院长职位而散布谣言，于是就去责问勒诺曼，不料后者竟告诉她，她将结束修女生涯与一个富家子弟结婚。修道院长当然不信，认为勒诺曼是在胡言乱语。不料仅过了一个月，真的就有一位富家子弟向院长求婚。从此，人们都开始敬畏这个小预言家，很多上层人士都慕名前来请她预测自己的命运。

在勒诺曼所有的预言中，最震动世界的一次，就是她对拿破仑与约瑟芬二人命运的预言。

有一天，勒诺曼的占卜沙龙里来了一拨特殊的客人。一番寒暄后，其中一名叫特雷莎的年轻的女士对勒诺曼说，她想知道她是否会嫁个富人。闭目思考了片刻，勒诺曼告诉她：你将被册封为公主，并且还有一段刻骨铭心的爱情。不过特雷莎却似乎不以为然，她扭头对同伴抱怨说："约瑟芬，她只是看穿了我急切想嫁人的心情，只会说我爱听的。"听到特雷莎的话，那位叫约瑟芬的女士也对其貌不扬的勒诺曼有些怀疑，决定放弃请她占卜的打算。就在约瑟芬准备转身离开时，突然听到勒诺曼淡淡地说："夫人，你最好留下来，在一段时间里，法国的命运掌握在你手里。"这番话让约瑟芬十分好奇，于是她决定留下来听听勒诺曼的解释。

勒诺曼首先用金针戳破了约瑟芬的一个小指头，从约瑟芬的手指头上挤出一滴血，滴到一个装着不知名液体的碗里，这滴血在碗里不断地扩散，并不停地变换形状，最开始像紫罗兰和郁金香，然后又变成丁香，最后凝结成王冠的形状。"你将成为皇后。"勒诺曼用不容置疑的语气对约瑟芬说。经过一番推算，她预言约瑟芬——这个有两个孩子的寡妇将成为大富大贵之人。她不久即会遇到令她全身心去爱恋的男人，而这个男人则会让她无比荣耀。

就在约瑟芬与同伴离开后，一名年轻困顿潦倒的炮兵军官因为他希望传言中神奇无比的勒诺曼能够给他指出一条道路，看看自己的命运究竟是怎样的，而走进了勒诺曼的占卜沙龙，这位军官名叫拿破仑·波拿巴。不料他一进门，勒诺曼就令人惊奇地喊道："我的上帝，你来了！"对于勒诺曼的称呼，拿破仑非常恼怒，认为对方是在拿自己寻开心。不料就在他准备愤而离开时，勒诺曼又一口气对他说了一连串预言："你将要成亲了，不久你将遇到你的新娘。你将名震天下，过着奢华的生活并成为皇帝，但这只是你40岁之前的事，40岁时，将是你悲惨的后半生的开始，你抛弃天意安排给你的爱人，你将痛苦地死去，而且你所有的亲戚朋友都会声明从不认识你！"听完这些话，拿破仑更加怒不可遏，非常后悔来到这里。

1795年初的一天，约瑟芬在督政官巴拉斯的官邸遇见了一位名叫拿破仑·波拿巴的年轻军官——当时的巴黎卫戍司令。尽管这位军官相貌平凡，当时的地位也并不显赫，甚至举止有些粗俗，但约瑟芬仍然对他留下了深刻的印象。

经过一些时间的接触，拿破仑对这位年长自己6岁的年轻寡妇产生了好感。拿破仑相信，这位年轻寡妇对他实现壮志将是强有力的支持，同她的结合对于自己的幸福有重大关系。尽管最初约瑟芬对比自己小6岁的年轻军官并不是非常热情，但仍接受了他的爱情。1795年3月2日，拿破仑已被任命为法国驻意大利方面军总司令。就在此后的一个星期，他们便举行了婚礼。

据说，即使在硝烟弥漫的战场上，拿破仑每天都要抽时间给约瑟芬写一封热情洋溢的情书。

对于大多数女人来说，如果能从伟大的拿破仑那里收到这样的情书，一定会欣喜若狂。但曾经一度，约瑟芬对那些信竟毫不在意，甚至还背着前线的丈夫对别的男人卖弄风情。对丈夫炽热的来信，她甚至懒得回应，这使拿破仑急得快要发疯了。拿破仑的这些至今仍被保留着的信件，后人从中依旧能感受到他那炽热的爱情。

幸运的是，因为约瑟芬的悔悟，这桩婚姻又出现了转机。此后，她将自己同拿破仑的命运紧密地联系在了一起，极其巧妙地把她在社会上建立的各种关系，全都用来为雄心勃勃的丈夫效劳。她把无数对拿破仑事业无动于衷或者与之为敌的人都争取了过来，所以在拿破仑当政的极盛时期，他们在人民中得到了广泛拥护，而巴黎市民也称约瑟芬为“拿破仑洁白无瑕的天使”。

1799年11月9日，拿破仑发动了“雾月政变”，并成为法国第一执政官，轻而易举就获得成功使他成为一个独裁者。在凭借着杰出的军事才能打败反法联盟的军事干涉后，拿破仑的威望进一步上升。1802年8月，法国修改宪法，改第一执政为终身执政。但拿破仑并不以此为满足，他所渴望的是皇冠。1804年11月6日，经过公民投票，人民一致同意将法兰西共和国改为法兰西帝国，拿破仑·波拿巴为皇帝，称拿破仑一世。

1804年12月2日，拿破仑正式称帝。这一天，教皇庇护七世特地从罗马赶至巴黎圣母院，主持拿破仑的加冕典礼。此时的约瑟芬无疑成了世界上最幸福的女人，因为她是拿破仑的妻子。尽管遭到家族的一致反对，拿破仑仍满怀深情地亲自为约瑟芬加冕，将她扶上皇后的宝座。或许约瑟芬这时也在心底里暗暗感激那位女占卜师，并决定以后对其大加赏赐。

虚妄的希特勒预言成真

希特勒是第二次世界大战的元凶，他除了丧心病狂地发动战争，和拥有神经质的艺术细胞外，还会莫名其妙地说一些预言。他曾在一个夏天，在法国的郎斯突然对人说道："1935年后，人类将分成两类，无论国家社会，无论男女，都将两极分化。"

1939年8月末的一个夜晚，希特勒突然从睡梦中跳下床来大叫："到时候了，我已接到旨意！"几天之后，德国军队以闪电般的速度攻占了波兰，发动了第二次世界大战。不久，整个世界分化为以同盟国和轴心国为核心的两极，进行了一场波及全球的斗争，这和希特勒的预言几乎相同，让世人震惊。据他的私人医生记载，他经常会进入一种虚妄的状态，说出一些连他自己也不明白的话，结果却令人吃惊地成为某种预言。

莫勒尔是希特勒的私人医生。他医术高明，深得希特勒的宠信。在莫勒尔的日记里，记载着这样一件事：有一天，希特勒突然对莫勒尔说："莫勒尔，你不是军人，因此我什么都可以对你说。而这些如果对军人说了就会让人丧失斗志的。你听着，根据我的预知力，纳粹就快战败了。战败后什么都会失去，这里将变成一块美丽的草坪。但谁也不会到这儿玩，或者来参观。在这附近，将会筑起一面长长的墙壁，德意志会一分为二。这将继续到本世纪末。世界上前来参观的人也不会到这里来。在草坪的一角会竖立着一块木牌，上面写着'纳粹总部'。"时隔不久，希特勒的战败预言很快就应验了。而二战后希特勒的纳粹大本营原所在地确实变得如他所预言的那样成了一片草坪，边上不远是苏军修筑的分割东西德国的柏林墙。在几乎无人问津的草坪上，孤零零地竖立着一块石碑，上面刻着："这里曾经是纳粹的总部。"除了和"一块木板"的预言稍有出入之外，整个情景和预言惊人地相似。

在德国战败的不久前，希特勒又做出了另一个让人震惊的预言。

那是在1944年12月的一次英美空军对柏林的空袭中，希特勒在他地下大本营中的午餐会上突然对赫尔曼和海因里希两人说出了这样的话：“喂，赫尔曼，海因里希，你们觉得这儿的地下生活怎么样？我不觉得丝毫不悦。正相反，我觉得非常舒适，头脑也比以前清晰多了。你们呢？好像也不错嘛！你们和戈培尔都是我们纳粹最高级的领导人，是我最忠实的朋友。不过，我看得很清楚，在距我最后的日子到来之前的第七天，你们两人会共谋背叛我，那时你们将和美国人同一鼻孔出气。”

这两位希特勒的死心塌地的追随者当时对希特勒并无二心，不知他们的元首为什么会突然说出这样的话，他们立刻变得脸色发青，如临大敌，不知希特勒有什么意图。

在说完这句话的时候，希特勒似乎也被自己的话怔住了，如有东西梗在喉咙，半天说不出话。不知道是不是受到希特勒的提示，这两位纳粹死党最终真的在1945年4月23日，为了给自己找条生路，私下秘密与美国方面进行谈判，他们提出的条件竟是：“只要能够让我们免受战争审判，我们愿捉住元首并引渡给美军。”而这一天正是希特勒战败自杀之前的第七天。

图坦卡蒙的诅咒

古埃及人有制作木乃伊、修金字塔的习俗，因为他们有灵魂不死的观念，他们把人的死亡，看成是到另一个世界“生活”的继续。他们用盐水、香料、膏油、麻布等物将尸体泡制成“木乃伊”。再放置到密不透风的金字塔中，就可经久不坏。尸体不腐烂，在若干年后，灵魂就会回来，让他重生。

古代埃及的这种习俗，源于这样一个神话：很久以前，国王奥西里斯被自己的兄弟塞特通过阴谋残忍地杀害，并被碎尸扔到尼罗河。王后依西斯找到遗体后，伤心欲绝，哭声感动了太阳神。于是太阳神将她丈夫的尸体制作成了木乃伊，并让奥西里斯获得重生，成为冥界的统治者。从此以后，每一个埃及法老死后，下任法老都要把奥西里斯的神话表演一番，然后才把法老的木乃伊装入石棺，送进他们生前为自己营造的“永恒住所”——金字塔里去。

实际上，古代世界的许多帝王，为了能够在死去之后依然享受生前的奢华生活，他们实行极度奢侈的厚葬，将大批的珍奇异宝、黄金财富随同自己一同带入陵墓，豪华的墓葬让后世的人为之感叹。但，这也增加了修建墓穴的难度，为了防止政敌、盗墓者的侵袭，他们除了尽可能地把坟墓修建得更加隐蔽、更加坚固外，还役使能工巧匠设计了各种机关和陷阱，他们深信，这些机关和陷阱足以使普通入侵者付出惨重的代价，并为之望而却步。

在埃及尼罗河岸边沙漠中的帝王谷内，有一座属于法老图坦卡蒙的陵墓，在墓道的门上就镌刻着这样一行铭文：“谁打扰了法老的安宁，死神之翼将降临到他的头上。”这就是著名的“法老咒语”，这是帝王们经常用的手段，试图震慑胆敢骚乱自己陵寝的后来者而进行的诅咒。那么这位试图用诅咒保护墓葬的神秘的图坦卡蒙法老，又是什么样的人物呢？

公元前16世纪，古埃及出现了一个强大的第十八王朝。在古埃及的31个王朝中，第十八王朝是延续时间最长（公元前1570～前1340）、版图最大、国力最鼎盛的一个朝代。

公元前1361年，第十八王朝倒数第三位、时年仅9岁的法老图坦卡蒙登基了。由于在以前的记载中，几乎没有关于图坦卡蒙的文字记载，甚至在第十八王朝法老世系表上，他的名字也曾被删除，因此后人对他的了解少之又少。只是在他的陵墓被发现以后，人们才知道曾有一位小法老存在，并从一些陪葬物中依稀推测出他的生平事迹。

关于图坦卡蒙的身世至今仍是一个谜团，有待于科学家去破解。他的统治时间，大概在公元前1361～前1352年之间。客观地说，这9年的统治时间在古埃及的历史上并不是重要时期。他即位后不久，即与11岁的同父异母妹妹安克姗娜门结婚，他们后来曾育有二女，没有留下王子。实际上，前任法老死后，朝中大权基本上被两位大臣——阿伊与荷伦希布操纵。当9岁的图坦卡蒙登基后，他在政治上没有什么突出表现，如果不出大的意外，这位年轻的法老也许将会在平静中终老一生。

公元前1352年，埃及第十八王朝发生了一件大事。从王宫内传出消息称，年轻的法老图坦卡蒙突然去世了，从而结束了他9年的帝王生涯。紧接着，在一些朝中大臣的张罗下，匆忙为这位暴死的法老举行了一场葬礼。更令人生疑的是权臣阿伊继承了王位，而图坦卡蒙的妻子也随之嫁给了这位新任法老，并且仅过了几年就去世了。按照第十八王朝的惯例，图坦卡蒙被安葬在位于帝王谷的一处陵墓当中。随着陵墓大门的封闭，这位法老也从此成为古埃及历史上一段微不足道的插曲。在此后3000多年的时间内，他的名字基本已被彻底忘记。

应该说，这样的宫廷权谋政变在历史上并不少见，而且图坦卡蒙又是这么一位不见经传的法老，更是会湮没在历史的长河里。然而，图坦卡蒙这个名字似乎又注定有朝一日要轰动世界。在三千多年以后，他的陵墓终于被一群探险者发现。而当那扇封闭的石门缓缓开启之后，真正的惊人的故事才开始发生：从开启到此后的十几年内，进入陵墓的20多人相继离奇死于非命，没有人能解释为什么。图坦卡蒙的冥界诅咒，使得人们对于法老诅咒的这件事不得不产生敬畏。

如期而至的死亡：恺撒遇刺前的预言

公元前44年3月15日，古罗马共和国著名的军事家、政治家朱里乌斯·恺撒，在罗马元老院议事厅里，被一群手拿短剑和匕首的阴谋家团团围住，在身中23剑之后，他倒在了庞培雕像的脚下。这就是历史上赫赫有名的恺撒遇刺事件。

传说中，恺撒在遇刺之前碰见过一位占卜师，据说此人过去曾警告他3月15日会有危险。恺撒本人不相信占卜，就开玩笑地对占卜师说："3月15日已经到了！"占卜师反驳道："是啊，已经到了，但还没有过去。"其实，这个预言不过是恺撒遇刺前一系列奇异预言中微不足道的一个。

恺撒出身于一个破落的贵族家庭，从小就有着非常远大的志向和抱负，他聪明能干，工于心计，各方面的才能都很卓越。由于他是属民主派的执政官马略的内侄，也是大贵族秦那的女婿，这些关系使他从年轻的时候就很同情民主派。苏拉当权后，曾令恺撒与秦那的女儿离婚，恺撒不从，因此受到迫害。为此，恺撒长期躲避在外，并在罗得斯岛学了修辞学和哲学。

公元前60年，恺撒在罗马当时的权势人物庞培和克拉苏二人的支持下，与元老院贵族相抗衡，史称"前三头同盟"，并先后出任执政官和高卢总督。尤其是他在高卢总督任期内，通过10年征战，征服了高卢全境，为罗马搜罗了大量的财富和奴隶，也为自己积攒了丰厚的政治、军事资本。在转战埃及等地后，公元前45年9月，恺撒胜利凯旋。回到罗马后，他获得了至高无上的权力和荣誉。他集军、政、司法和宗教大权于一身，并且还获得了"祖国之父"的荣誉称号。

但是，当时的罗马是一个城邦制共和国，国家权力集中在元老院，国家事务都是元老院集体民主决议，而且人们在很早就定下不成文的规矩：如果谁想当国王，罗马神人共戮之。恺撒当然不敢公开称王称帝，但他的权势已胜似一国之君。得势的恺撒一改往昔讨好人民的政策，使得过去许多拥护他的人脱离了他。他还遭到一部分元老贵族的反对。这些人身居要职，留恋城邦共和制度，不满恺撒的独裁统治。他们暗中串通起来，组成了一个阴谋集团，准备伺机刺杀恺撒。

公元前44年3月，恺撒正在全力准备对小亚细亚地区的帕提亚人的一场战争。在此之前早有一则许多罗马人都信奉的预言：只有国王才能打败帕提亚人。于是社会上流言四起，认为恺撒是在找一个公开称王的机会。在他出发之前，元老院准备在3月15日召开一个会议，密谋分子们决定在会上动手刺杀恺撒。这群刺客中，就有他一向器重有加、深信不疑的部将布鲁图和加西阿斯。

3月15日的前夜，恺撒到他的部将雷必达家里赴宴。当话题偶然转到怎样的死法最好的时候，恺撒不假思索地说道："突如其来的！"有人据此认为，恺撒似乎已预感到了死亡的阴影。其实不然，当时，罗马人的平均寿命只有30多岁，他们一旦过了这个年纪，大都津津乐道自己的"死亡"。因此，50多岁的恺撒说这番话，并不值得奇怪。

晚上恺撒回到自己家里安寝，半夜里所有的门窗突然被风吹开了。恺撒惊醒后，看到妻子在睡梦中哭泣。他叫醒她后询问得知：原来妻子做了一个噩梦，梦见丈夫在自己的怀里被别人刺死了，并且在流血。日有所思，夜有所梦。罗马共和国后期政坛凶险，妻子担心丈夫会遭人暗算，也在情理之中。但罗马人相信，梦是神灵的"启示"。

天亮以后，妻子因梦中出现的"凶兆"，要求他不要离家，取消元老院会议。在妻子的坚持之下，恺撒决定派他的亲信马克·安东尼去通知取消会议。这时密谋分子之一布鲁图来到恺撒家，居心叵测地极力劝说恺撒不要给人留以指责他高傲的印象，请求他自己去元老院亲自宣布取消这次会议。在布鲁图的再三劝说下，恺撒最后答应由其陪同前往元老院。

恺撒进入议事厅后，密谋分子把恺撒团团围住，纷纷拔出匕首刺向恺撒。早在恺撒打败庞培后，罗马就有"恺撒笑，庞培哭"的说法，而他倒下的地方，也恰好安放着一尊庞培的雕像。

暴君黑手：尼禄弑母的预言

西方占星学中有一个十分准确的预言：尼禄弑母的预言。

尼禄是罗马著名的暴君，在他执政之初，国家方针由他的母亲阿格里庇娜、大臣塞内加、先皇旧臣帕拉斯与近卫军长官塞克斯图斯·布鲁斯共同决定，他们与元老院积极合作，维持前朝的稳定发展政策。但当时，尼禄的母亲阿格里庇娜拥有相当强烈的权力欲望。

尼禄逐渐成年之后，对母亲的摄政渐渐厌烦。在塞内加的建议之下，尼禄在一次朝见亚美尼亚使臣时，以皇帝的身份阻止母亲进入会场。阿格里庇娜对此反应激烈，曾以扶助即将成年的幼弟不列塔尼库斯来威胁尼禄。结果不列塔尼库斯在用餐之后中毒死亡，后人猜测是尼禄所下的毒。

后来，尼禄指控帕拉斯企图阴谋造反，流放了帕拉斯，帕拉斯是阿格里庇娜的朝中密友，此举无异表明尼禄在向母亲挑战。布鲁斯退休后，尼禄提拔提格利努斯为他新任近卫军长官。一天，尼禄突然大献殷勤，邀请母亲到坎帕尼亚海边的拜亚别墅度假。尼禄特别订制了一艘豪华的小船去接阿格里庇娜，企图制造意外的假象淹死阿格里庇娜。在航行途中船身突然解体，好在阿格里庇娜擅于游泳，被路过的渔船救起。阿格里庇娜派她的奴隶向尼禄报安，尼禄得知之后，指控该名奴隶是奉母之命来刺杀皇帝，便派兵到阿格里庇娜的别馆杀死了她。至此，尼禄弑母的预言被证实。

值得一提的是，暴君尼禄一生与星占学纠缠，结了不解之缘。他出生时恰逢旭日东升，这被认为是大异之兆。他自幼就受到星占学的教育，已知他的老师有三人：一位是来自亚历山大城的喀雷蒙，一位是历史上著名的作家、斯多噶派哲学家、大名鼎鼎的塞涅卡，还有一位就是一个星占学家。这三位“老师”教导尼禄这样乖戾残暴的学生，算是倒霉透顶（塞涅卡后来也被尼禄处死）。

星占家据此作出包括关于他将当上皇帝并弑母的预言。他母亲阿格里庇娜也是帝国历史上有名的惹是生非的女人。值得一提的是，她曾请星占学家为其子尼禄算命，星占学家告诉她：尼禄可以当上皇帝，但他为帝之后，却会弑母！据说阿格里庇娜当时表示：“只要是能做皇帝，杀就杀吧。”

《圣经》中的预言书——《启示录》

《启示录》又名《默示录》，是《圣经新约》的最后一章。据说作者是耶稣的门徒先知约翰，其内容主要是对世界未来的预警，包括对世界末日的预言。其中许多神话和比喻，成为基督教世界艺术的经久不衰的源泉，给了现代人很多启示。

因为《圣经》在西方社会的重要地位，所以在西方社会《圣经》中预言的影响力最大。而在《圣经》中最有影响力的预言则要属《圣经旧约》中的丹氏预言书和新约中先知约翰的《启示录》。《启示录》预言全面、系统、庞大，是圣经预言中最精华的部分，影响力最大，预言本身也非常玄妙，即使在基督教内部，能参悟《启示录》的牧师也不多，而且和其他预言不一样的是，在《启示录》的结尾严重警告不许任何人对《启示录》作任何更改，否则将受到惩罚，口气之大和强硬在圣经中少见。

《启示录》是《圣经》中唯一一篇讲述未来的文字，虽然结构跳跃，但主线清晰不乱，作者运用大量的象征手法，文意飘忽，场面和气势惊心动魄，其中有大量预言式的“启示”和神秘的表述，它们常常被运用到各类作品中。

《启示录》是《圣经》各卷中最难懂的一卷，解经家各作不同的解释，大致可归为四类：第一，过去式解释法。此说认为本书诸表征是指当时发生的事，所以已成过去，与现时代没有关系。第二，历史式解释法。此说认为本书是用预言的手法，写下自当时至主再来时的人类历史。各表征是显示在这段历史中陆续发生的事件。第三，未来式解释法。此说认为本书第四章以下皆为对未来的预言，它们将应验于教会被提之后，即七年大灾与千年王国时代。第四，灵意解释法。此说认为本书的一切表征是指示真神支配人类历史的原理与原则，不是预言特定的事实。所以当以原理或灵意解释之。

《启示录》中的预言对西方社会的影响是难以估量的，可以说影响到了世俗社会，包括社会和文化，而且还影响了许多国家的战略问题和许多国际关系。简单地说，《启示录》预言讲了人类的根本归宿问题，即西方社会宗教信仰的根本问题。圣经预言的根本一条是，在历史的一定时刻，人类的救世主弥赛亚要来到人间，这是基督教徒和犹太教徒最关心的事情，这也是西方宗教和犹太教的根本。而《启示录》预言全面系统地把救世主弥赛亚的出现，以及弥赛亚出现时前前后后世界所要发生的一切全部讲了出来，所以就不难看出来《启示录》预言的重要性了。

古希腊的《海尔梅斯》大预言

《海尔梅斯》被誉为西方四大预言书之一，它的成书年代相当久远。海尔梅斯学说在早期西方文化中占有重要位置，有完整的宇宙观，对宇宙、不息的生命、时间、神与人、世界的归宿等有十分深刻的认识，是人类文明所记录的最早的有关宇宙和生命的认识体系之一。

海尔梅斯是希腊神话中的一个神，是希腊神话中众神的使者，也称赫尔墨斯。在历史上他是著名的预言家。他深知宇宙与神的伟大和自己能力的局限，因而心中充满了对神的敬畏与感激。“他愿望的一切他都已拥有，他也只愿望他已经拥有的……我们人所看到的天国景象，只能是符合人的思想状态的景象，只是表面的。我们的能力，我们看到的那么多的事物，都是有限的、狭隘的，但神指引着我们，拨开云雾去看，最终我们能看到真相。”海尔梅斯认为人的认知是低能的，而神的智慧则是圣洁、永恒的。主神是一切生命的缔造者，而生命一经产生，必须通过符合生命的规律来维持。

《海尔梅斯》中也提到了关于灾难的预言：“黑暗遮蔽光明，死亡超越生存，没有人会抬眼看一下天，对神虔诚的人被认为是精神病……一个新的扭曲的社会将产生，人们走向精神混乱。他们的想法和言语中充满了自私，再也听不到爱的痕迹，人们将极度追求物质生活，这让他们的精神世界一片空白。一个黑暗的王朝将诞生，人们将被邪恶、腐败自私的政治家统治，他们只对金钱和权力感兴趣。自然会失去平衡，大难将临头，人们将自食其果。”但是，海尔梅斯接着又说：“当所有这一切降临时，一位圣人、父亲、上帝、主神，至高无上的创始神将来拯救这一切，他将指引那些走入迷途的人走向正途，水灾、火灾、战争、瘟疫会清除邪恶。这样，整个世界重新恢复原样，宇宙又成了一个值得朝拜、尊敬的地方。人们将时刻爱戴、赞美、祝福神。一个全新的世界诞生了，所有的一切将被重建，变得美好、神圣。这是神的意志。因为神的意志是不会被污染的，他永远是一样的，主神将以自己的意志再建这一时代正确的精神道路。”

他在预言里向我们表达了一个明确的信息：即人类破坏了世界的和谐，将来有一段时间大自然会失去平衡，人们的生活将失调，其结果将导致人类精神世界崩溃，战争、瘟疫、致命的疾病、自然灾害、干旱和各种各样的灾难。

北美大陆的霍比预言

北美印第安人并不是由一个单一民族组成的，而是拥有多个部落、多个民族。他们之间的语言、文化、历史彼此相似而又不尽相同。

在印第安人民族中流传着许多预言和传说，其中最为传奇的是被喻为“历史的记录者”的霍比部落。

“霍比”的原意是“和平的人民”，是最古老的印第安部落之一。他们拥有自己的文化和悠久信仰传统，一年四季都会举行不同的宗教仪式。他们通过口口相传等方式记录了许多古老的印第安传说，特别是从祖先那里流传下了许多关于人类的起源、历史及未来的预言。目前，霍比族主要生活在美国亚利桑那州北部的霍比保留地。

霍比文化所涉及的历史渊源很深，在北美大陆的历史有多久远至今还是个疑问，据说他们的预言石刻经测定有5万年的历史。他们认为人类现在正处在动物循环周期的结束和人类新一轮循环周期的开始。而矿物质、岩石也有一个循环周期，植物也有。

“当我们进入这一轮人类的轮回，我们与生俱有的伟大的潜能将从我们的光与灵中释放出来。但是我们现在正接近这一轮动物轮回周期的结束，我们知道了动物在地球是怎么回事……很久以前，在此次轮回周期的开始，伟大的神灵降临到地球，他召集人们到一个现在已沉入海底的岛上，他对人类说，我要把你们送到4个方向，并逐渐地使你们的肤色变成4种肤色，我要给你们一些教导，你们将称它是上天的训示，当你们再次相聚时，你们要分享这些教导，以使你们能和睦地生活在地球上，这将是人类文明的开始……他给每一方向的人类一个职责，我们把它叫做‘守护者’。很长一段时间过去了，伟大的神给每一个人种两块石刻，我们印地安人把它们保存在亚利桑那州的霍比保留地的一个耸立的高台之上。”

在霍比族的传说中，人们可以找到很多和西方《圣经》中所述的相似之处。关于人类的起源，霍比族认为，现在的人类已经经过了四次不同的文明交替。大体上讲起来，世界本来是无。造物主首先造了一个被称为造物主的侄儿的神，在造物主的指导下，造物主的侄儿创造了各种固态物质、七个宇宙、水和空气。之后又用泥土造了黄、红、白、黑4种不同肤色的人。并给了这四种不同肤色人智慧、繁育能力和不同的语言，并让他们去不同的方向迁移和生活。并且告诉四色人种：“我给你们的这一切，就是让你们幸福生活。但有一个要求，你们在任何时候都要尊敬造物主。尊敬造就你们的造物主的博爱，只要你们活着，就别忘了这些。”

但是，渐渐地，随着人类欲望的膨胀，他们对造物主产生了怀疑，不久后，造物主为了惩罚人类，就用冰冻摧毁了第二世界。接着，造物主又造了第三世界。从第二世界幸存下来的人就在第三世界里生活，繁衍后代。然而人性的弱点并没有因此而消亡。人们把自己的创造力用在了邪恶的方面，从而导致一场大洪水淹没了第三世界。幸存者进入了第四世界。这些幸存者就是我们现在的这次人类文明。

由于前几次人类文明被淘汰的主要原因是人类的腐败、私心变重，以及不相信伟大神灵的教诲。霍比族认为，伟大的神灵告诫他们要坚信伟大神灵的教诲，因为，上次大洪水几乎淹没了所有人类，只有少数几个相信伟大神灵的人活了下来。于是，霍比族和这位伟大神灵曾立下神圣的誓约——我们永远遵照你的教导去做。

对霍比族而言，造物主的天法是永恒不变的。

遗憾的是，由于这些预言是霍比族人代代以口述之法相传，很多预言都还未曾向外界公布。美国亚利桑那州奥莱比附近，曾有人发现了一块被称为“预言石”的石刻，所刻画的内容被人们猜测，是以象征手法表达的霍比部落中已有上万年历史的古老预言。无论事实是否真如人们所猜测的，这些都为现在的人留下了更多空间和机会去了解那些未解的预言和神奇的传说。